Gleichwertige Lebensverhältnisse in Deutschland?

Astrid Lorenz • Luisa Pischtschan

Gleichwertige Lebensverhältnisse in Deutschland?

Lokale Sichtweisen auf ein erklärtes Ziel deutscher Politik

 Springer VS

Astrid Lorenz
Fakultät für Sozialwissenschaften und
Philosophie
Universität Leipzig
Leipzig, Deutschland

Luisa Pischtschan
Forschungsinstitut Gesellschaftlicher
Zusammenhalt (FGZ)
Universität Leipzig
Leipzig, Deutschland

ISBN 978-3-658-46601-5   ISBN 978-3-658-46602-2 (eBook)
https://doi.org/10.1007/978-3-658-46602-2

Die Deutsche Nationalbibliothek verzeichnet diese Publikation in der Deutschen Nationalbibliografie; detaillierte bibliografische Daten sind im Internet über https://portal.dnb.de abrufbar.

Dieses Werk wurde gefördert durch Universität Leipzig.

Planung/Lektorat: Jan Treibel
Springer VS ist ein Imprint der eingetragenen Gesellschaft Springer Fachmedien Wiesbaden GmbH und ist ein Teil von Springer Nature.
Die Anschrift der Gesellschaft ist: Abraham-Lincoln-Str. 46, 65189 Wiesbaden, Germany

Wenn Sie dieses Produkt entsorgen, geben Sie das Papier bitte zum Recycling.

Danksagung

„Danke, dass Sie sowas machen", schrieb ein Teilnehmer unserer Gruppendiskussion in Zeven in das letzte Feld des Fragebogens, in dem wir wissen wollten, ob die Befragten uns noch etwas mitgeben möchten. „Danke!" hieß es an der gleichen Stelle in Chemnitz. Danke wollen auch wir nun sagen – den 183 Menschen, die uns Einblicke in ihr Leben vor Ort und ihre ganz persönlichen Sichtweisen auf ein gutes Leben und die Politik in Deutschland gegeben haben. Danke an die 24 Vereine und andere Partner, die uns offen und gastfreundlich aufnahmen und überhaupt erst dafür sorgten, dass die Gruppendiskussionen in dieser Form stattfinden konnten. Danke auch an die Vertreter der kommunalen Spitzenverbände, die uns ohne Zögern Interviews gaben.

Ein großer Dank gebührt außerdem dem Bundesministerium für Bildung und Forschung für die Finanzierung des ganzen Unterfangens. Von 2020 bis 2024 hatten wir im Rahmen der Förderung des Forschungsinstituts Gesellschaftlicher Zusammenhalt die Möglichkeit, uns intensiv mit den Lebensverhältnissen in Deutschland zu befassen. Der Austausch im Kollegium hat uns sehr inspiriert und geholfen – ob nun bei methodischen Fragen oder beim Nachdenken über die Ergebnisse. Die wichtigsten Erkenntnisse haben wir in diesem Buch zusammengetragen. Nun hoffen wir, dass es dazu beiträgt, mehr Aufmerksamkeit auf die Politik für den Ausgleich räumlicher Unterschiede zu richten und sie noch zielgenauer zu gestalten.

Inhaltsverzeichnis

Abbildungsverzeichnis

Tabellenverzeichnis

Anliegen und Struktur der Studie

Gleichwertige Lebensverhältnisse zu gewährleisten ist in Deutschland „ein rechtlich verankertes, politisch unstrittiges Ziel",[1] laut dem ersten Gleichwertigkeitsbericht von 2024 sogar „ein prioritäres Ziel der Bundesregierung".[2] Aber welche Aspekte sind Menschen wichtig, wenn es um ein gutes Leben geht? Mit welchen Orten oder Regionen vergleichen sie ihre Lebensverhältnisse? Und was erscheint ihnen politisch sinnvoll, um etwas für gleichwertige Lebensverhältnisse zu tun? Darüber berichtet die vorliegende Studie und erkundet zugleich, ob diese Sichtweisen Potenzial für räumliche Konflikte und damit Sprengstoff für den gesellschaftlichen Zusammenhalt bergen und ob sie von den Themen abweichen, die in der Politik als Kennzeichen für „gleichwertige Lebensverhältnisse" betrachtet werden. Dafür wurden 913 Seiten Datenmaterial aus Gruppendiskussionen in 24 deutschen Kommunen, 915 Seiten ergänzende schriftliche Befragungen sowie 203 Seiten Transkripte von einordnenden Interviews mit Vertretern kommunaler Spitzenverbände ausgewertet.[3]

Die meisten Analysen gesellschaftlicher Zusammenhänge konzentrieren sich auf die bundesweite statistische Verteilung von Einkommen, Bildung, politischen Einstellungen und anderer individuellen Merkmalen von Menschen ohne besonderes Augenmerk auf räumliche Aspekte. Aber 2022/23 gaben 44 % der Befragten in sehr ländlichen Regionen in einem Survey an, dass es sehr starke oder starke Konflikte zwischen Stadt und Land gibt; auch in anderen Raumtypen lag der

---

[1] Mäding (2021, S. 74).

[2] Bundesregierung (2024, S. 154).

[3] Transkripte standardformatiert in TNR 12, 1,5-zeilig, keine Abstände zwischen Absätzen, ohne Deckblatt. Für eine bessere Verständlichkeit nutzen wir in diesem Buch das generische Maskulinum für alle Menschen.

© Der/die Autor(er) 2025
A. Lorenz, L. Pischtschan, *Gleichwertige Lebensverhältnisse in Deutschland?*,
https://doi.org/10.1007/978-3-658-46602-2_1

Anteil bei einem Drittel der Befragten und höher.[4] Ob die Sichtweisen auf gleichwertige Lebensverhältnisse und die Politik zu ihrer Herstellung lokal variieren und Konfliktpotenzial bergen, ist daher eine relevante Frage. Zudem ist das Leben vor Ort ein Thema, das alle jeden Tag betrifft und für viele sehr wichtig ist. In Deutschland fühlen sich 89 % der Menschen mit ihrem Ort verbunden, 51 % sogar sehr; die Zahl übertrifft sogar die starke Verbundenheit mit dem eigenen Land.[5]

Die vorliegende Untersuchung ist deshalb raumsensibel angelegt; sie folgt dem Aufruf, Gesellschaft mehr „vom Lokalen her [zu] denken".[6] Wir leuchten besonders Einschätzungen in kleineren Orten intensiv aus, denn genau dieser Siedlungstypus ist der Lebensalltag für die meisten Menschen in Deutschland. 98 % der insgesamt 10.786 Kommunen sind Gemeinden mit weniger als 50.000 Einwohnern, die oft ihrerseits aus kleineren Orten zusammengesetzt sind. Hier wohnten 2021 fast 50 Mio. Menschen; das waren 58,7 % der Gesamtbevölkerung.[7]

Wir bildeten bei der Auswahl der Kommunen auch ab, dass Siedlungsstrukturen – z. B. kleine Orte und ländliche Regionen – ganz unterschiedlich beschaffen sind.[8] Sie umfassen wirtschaftlich stabile und wachsende Gemeinden ebenso wie strukturschwache. Eine Gegenüberstellung von „prosperierenden Städten, Metropolen und urbanen Räumen auf der einen Seite und der ‚Provinz', abgehängten Regionen oder schlicht ‚dem Land' auf der anderen Seite" wäre daher falsch.[9] Gerade ländliche Räume in ihrer Vielgestaltigkeit zu verstehen, ist wichtig für eine gute Politik. 2019 lebte in Ostdeutschland jeder Dritte in gering besiedelten Gebieten, in Westdeutschland jeder Fünfte.[10]

Es könnte den gesellschaftlichen Zusammenhalt gefährden, falls die lokalen Vorstellungen von einem guten Leben auseinanderklaffen, ebenso die Sichtweisen auf die Lage vor Ort – z. B. ob er „abgehängt" ist – oder die Erwartungen an die Politik. Denn gesellschaftlicher Zusammenhalt meint die Fähigkeit einer Gesellschaft zur Absicherung von Wohlstand für alle, zur Minimierung von Ungleichheiten und zur Vermeidung von Polarisierung.[11] Er äußert sich im aktiven Handeln und er wird in der sozialen Interaktion erzeugt, beeinflusst durch äußere Faktoren. Dabei sind

---

[4] Hirndorf (2024, S. 25).
[5] Europäische Kommission (2023, S. 9).
[6] Simmank und Vogel (2022, S. 9).
[7] Statista (2022a, b).
[8] Krajewski und Wiegandt (2020); Weingarten und Steinführer (2020).
[9] Kemper und Lorke (2023, S. 86).
[10] Statistisches Bundesamt (2019).
[11] Jenson (2010, S. 7).

„Ungleichheitsfragen, bei denen es um Ressourcen, Rechte und Anerkennung geht, [...] dafür prädestiniert, gesellschaftliche Konfliktthemen zu werden".[12] In Regionen der Bundesrepublik, die mit Strukturschwäche und -veränderungen zu tun haben, wurde auch „der soziale Zusammenhalt vor Ort als weniger gefestigt empfunden".[13]

Als „sozialräumliches Integrationsversprechen" bildet die Verbindung aus dem Sozialstaatsprinzip, d. h. der Abfederung von individuellen Wohlstandsunter-schieden,[14] mit dem Ziel gleichwertiger Lebensverhältnisse unabhängig vom Wohnort einen zentralen Legitimationsbaustein des demokratischen Wohlfahrts-staates.[15] In einem Land mit heute mehr als 84 Mio. Einwohnern, 16 unterschied-lich regierten Bundesländern, einem teils erheblichen Gefälle der Wirtschaftskraft und einer ungleich verteilten Siedlungsdichte ist das eine enorme Herausforderung für die Politik. Vielleicht auch wegen des Risikos, am eigenen Versprechen ge-messen zu werden, rangieren die Hinweise darauf, dass die Politik gleichwertige bzw. verbesserte Lebensverhältnisse im Blick haben soll, unauffällig im hinteren staatsorganisatorischen Teil des Grundgesetzes.[16]

Rechtlich leitet sich aus ihnen noch nicht einmal ein konkretes Staatsziel oder ein Verfassungsauftrag ab.[17] Und doch entfalteten die Verfassungsregeln zu den gleichwertigen Lebensverhältnissen einen ungeheuer starken Effekt zumindest auf die Abläufe und Entscheidungen der Politik, denn sie legen fest, dass der Bund in vielen Bereichen in die Länderhoheit (nur) eingreifen darf, wenn dies der Her-stellung gleichwertiger Lebensverhältnisse dient. Will er seine Gestaltungsmög-lichkeiten maximal ausschöpfen – und das will er oft –, so ist dies also mit dem Ziel gleichwertiger Lebensbedingungen zu begründen. Über die Zeit entwickelte sich aus den Verfassungsregeln im Zusammenspiel mit Raumordnungsgesetzen und regelmäßigen Raumordnungsberichten in Politik und Verwaltung ein Leitbild bzw. ideelles Gebot räumlich ausgeglichener Lebensverhältnisse (Abschn. 2.1). „Leitvorstellung" bei der Raumentwicklung sei es, „die sozialen und wirtschaft-lichen Ansprüche an den Raum mit seinen ökologischen Funktionen in Einklang" zu bringen und eine „großräumig ausgewogene Ordnung mit gleichwertigen Lebensverhältnissen in den Teilräumen" zu schaffen, heißt es in § 1 des Raum-ordnungsgesetzes des Bundes.

---

[12] Mau et al. (2024, S. 22).

[13] Brachert et al. (2020, S. 14).

[14] Weingarten und Steinführer (2020).

[15] So Kersten et al. (2012, S. 47); ähnlich Wachendorfer-Schmidt (2005, S. 273).

[16] Art. 72 (2), 91a (1), 106 (3) GG.

[17] Schuppli (2020, S. 67); Scheller (2005, S. 265 ff.); Brandt (2006).

Ergebnisse eines solchen Ausgleichsdenkens in Deutschland sind beispielsweise eine in wichtigen Bereichen bundeseinheitliche Gesetzgebung, ein um-
fassender Finanzausgleich von wirtschaftlich stärkeren zu schwächeren Gebietseinheiten, eine ähnliche Ausgabenstruktur der Länder sowie bundesweite Instrumente zur Förderung der Wirtschaftskraft in strukturschwachen Gebieten. Im
Idealfall stützen sich Koordinierungen zur Raumordnung und Raumentwicklung,
die Organisation oder Grundfinanzierung der flächendeckenden Energie- und
Wasserversorgung, des Zugangs zu Schulen, Telekommunikation und Verkehrsinfrastruktur sowie individuelle soziale Sicherungen wechselseitig ab und dienen
so der Gewährleistung ähnlicher Lebensverhältnisse in Nord und Süd, Ost und
West. Das „Recht auf schnelles Internet" und das bundesweit einheitliche Deutschlandticket belegen, dass auf Einzelpersonen zugeschnittene Anrechte und Angebote
einen räumlichen Bezug haben können. Seit 2020 gibt es auch einen Leitfaden für
einen „Gleichwertigkeitscheck" bei Gesetzesvorhaben des Bundes.[18]

Die Bilanz solcher Instrumente kann sich im internationalen Vergleich durchaus
sehen lassen. Ja, Angebote der öffentlichen Daseinsvorsorge sind in Deutschland
nicht überall in gleicher Weise verfügbar (Abschn. 2.4). Zwischen 1991 und 2022
schlossen bundesweit 518 Krankenhäuser; die Zahl der Betten sank um 185 183.[19]
Allein in Ostdeutschland wurden zwischen 1995 und 2020 3910 km Schienen-
strecke sowie zwischen 2001 und 2020 286 Bahnstationen stillgelegt.[20] Da nützt
das Deutschlandticket nicht jedem gleich viel. Ja, Beschwerden gegen ein zu langsames Internet oder andere Defizite greifen nicht, wenn die gesetzlichen Regularien „zu lasch" sind.[21] Und ja, Ungleichheiten setzen sich im Privaten fort. In Westdeutschland betrug das verfügbare Haushaltseinkommen pro Kopf im Jahre 2019
24.350 €, in Ostdeutschland 21.046 €; lediglich der Landkreis Potsdam-Mittelmark
erreichte den Durchschnittswert für Gesamtdeutschland. Zugleich lag das verfügbare Einkommen in Bayern und Baden-Württemberg bei 26.015 €, in den anderen
westdeutschen Bundesländern ca. 2600 € niedriger. Auch kleinräumig bestanden
teils deutliche regionale Einkommensunterschiede.[22]

Doch trotz vielbeklagter Krankenhausschließungen, Bahnstreckenstillegungen
(es gab und gibt auch Streckenmodernisierungen), „weißer Flecken" der Internetversorgung und regional ungleicher Einkommen klaffen die Lebensbedingungen in

---

[18] BMI (2020); Abschn. 2.2.

[19] Statistisches Bundesamt (2024a).

[20] DBT (2023, S. 32 f.).

[21] Blohm (2024).

[22] Werte für West- und Ostdeutschland jeweils ohne Berlin. Angaben nach Seils und Pusch
(2022, S. 4 f.).

Deutschland räumlich weniger auseinander als in Europa insgesamt. Im EU-weiten Vergleich zählen selbst bei Indikatoren, deren Werte innerdeutsch stark streuen, wie dem Bruttoinlandsprodukt pro Kopf oder der Erreichbarkeit, auch die schwächeren deutschen Regionen nicht zu den europäischen Schlusslichtern (Abschn. 2.4). Die Sozialstaatlichkeit, die in Deutschland im Gegensatz zu anderen föderalen Systemen weit ausgebaut ist,[23] bringt ebenfalls räumliche Ausgleichseffekte mit sich, so beispielsweise durch die Abstützung der Kaufkraft. Der Gleichwertigkeitsbericht der Bundesregierung von 2024 berichtet für 27 der 42 angelegten Gleichwertigkeitsindikatoren eine Annäherung zwischen den Regionen der Bundesrepublik.[24]

Effektiv sind die unscheinbaren Regelungen zu den gleichwertigen Lebensverhältnissen im Grundgesetz auch deshalb, weil es das bereits erwähnte komplexe Modell der Umverteilung von Steuereinnahmen gibt. Es versetzt viele Länder und Kommunen überhaupt erst finanziell dazu in die Lage, bestimmte Standards und Aufgaben zu erfüllen. Da beispielsweise das Steueraufkommen selbst der ostdeutschen Top-Runner-Bundesländer unter dem des Westbundeslandes mit dem niedrigsten Steueraufkommen liegt, erhalten Ostländer weit mehr Geld aus dem Bund-Länder-Finanzausgleich als die westdeutschen.[25] Ein „verkappter Einheitsstaat" ist das Ergebnis solcher Erwägungen und zahlreicher Kompetenzverflechtungen, sagen manche.[26]

Recht unklar ist, was jene, für die das Leitbild gleichwertiger Lebensverhältnisse entwickelt wurde, – die Bürger also – von diesem Ziel halten und was ihnen für ein gutes Leben wichtig ist. Richtet sich die Politik an Indikatoren für gleichwertige Lebensverhältnisse aus, die die Adressaten als richtig empfinden? Dies ist – wie bei etlichen anderen konkreten Verfassungsnormen auch – noch wenig systematisch erforscht. Die Lücke ist kein allein deutsches Phänomen. Betrachtet man die vorhandenen, teils widersprüchlichen Befunde der internationalen Forschung, dann haben wir „überraschend wenig gesichertes Wissen darüber, was die Bürger tatsächlich von der Demokratie wollen".[27]

Dieses Wissensdefizit ist problematisch, denn trotz der für Demokratien wesenstypischen regelmäßigen Wahlen sowie der umfassenden Beteiligungsrechte, die es allen ermöglichen, ihre Interessen zu signalisieren, könnte es durchaus sein, dass

---

[23] Schmidt (2000, S. 5).

[24] Bundesregierung (2024, S. 212) Siehe kritisch zu den zugrunde gelegten Indikatoren Abschn. 9.1.

[25] Hesse (2024).

[26] Abromeit (1992). Sturm sprach 2018 von einem „unitarischen Föderalismus".

[27] Goldberg et al. (2020, S. 312).

die Politik nicht oder nur teilweise regionalen Bürgerwünschen entspricht, z. B. weil die Verhandlungen und Koordinierungen im deutschen Föderalismus die Aufmerksamkeit der Beteiligten binden und Kompromisse zwischen Koalitionspartnern, Bund und Ländern nötig sind, sodass individuelle regionale Sachverhalte und Interessen ggf. zu wenig Beachtung finden (Abschn. 2.3). Auch sind weniger als 2 % der Deutschen Mitglieder von Parteien und versuchen, dort ihre Interessen jenseits von Wahlen an die Politik zu vermitteln. Die Quote der Mitglieder war 2022 im Saarland noch am höchsten, in Ostdeutschland am niedrigsten – in der SPD kamen 2022 nur 5 % der Mitglieder von dort, in der CDU haben die ostdeutschen Landesverbände zusammen weniger Mitglieder als der Landesverband von Hessen.[28] Die Verteilung von Parteimitgliedern in einer anderen räumlichen Dimension – nach Stadt und Land – ist gar nicht erfasst.

Umso wichtiger scheint es zu ermitteln, was die Menschen in den Kommunen eigentlich über gute Lebensverhältnisse denken, was für sie „gleichwertig" bedeutet und was sie in dieser Hinsicht von der Politik erwarten. Bislang liegen hierzu kaum Erkenntnisse vor, die raumsensibel angelegt sind. Zwar wurde für Deutschland ein Paradox zwischen Einheitlichkeits- und Subsidiaritätswunsch postuliert: „Die Bürger verbinden eine ‚ausgeprägte Präferenz für eine größere Rolle der regionalen Institutionen bei der Politikgestaltung mit einer allgemein überwältigenden Präferenz für eine landesweite Einheitlichkeit der politischen Ergebnisse'".[29] Häufig ist auch von einer „unitarischen politischen Kultur" die Rede.[30] Der diagnostizierte Einheitlichkeitswunsch ist aber nicht in größerer Detailschärfe für verschiedene Themenfelder, originäre Wünsche[31] und Siedlungstypen ausgeleuchtet worden.

Aus soziologischer Perspektive wurde vermerkt, dass Gleichwertigkeit im rechtlichen und politischen Diskurs zwar bisweilen als Gleichheit oder Einheitlichkeit interpretiert wurde, Ausgleich aber nicht Angleichung meine. Es müsse eine „Anerkennung der Gleichberechtigung von Differenz" der verschiedenen Räume in der Bundesrepublik geben.[32] Ob dies von jenen, die nicht explizit am öffentlichen Diskurs zu dem Thema teilnehmen, auch so gesehen wird, wissen wir nur ausschnitthaft. Das eher rudimentäre Wissen ist dann umso auffälliger, wenn die

---

[28] Zahlen nach Niedermayer (2023).

[29] Jeffery et al. (2014, S. 1353) unter Verweis (Binnenzitat) auf Oberhofer et al. (2013, S. 104–106).

[30] Z. B. Scharpf (2008, S. 510).

[31] Gemeint ist, dass Personen spontan sprechen und sich nicht zu vorgegebenen Antwortoptionen positionieren.

[32] Barlösius (2006).

Gleichwertigkeit der Lebensverhältnisse sogar dezidiert über subjektive Wahrnehmungen operationalisiert wird und insofern bedeutet, „dass die in jedem Teilraum erreichten Lebensverhältnisse von der dortigen Bevölkerung tendenziell als gleichwertig mit den Lebensverhältnissen in den anderen Teilräumen angesehen werden".[33]

Das vorliegende Buch will einen Beitrag dazu leisten, die Informationslage zu verbessern. Es präsentiert neue Befunde zu den eingangs gestellten Fragen. Die Hälfte der 24 Gruppendiskussionen fand in Landgemeinden und Kleinstädten statt. Wir sprachen aber auch mit Menschen in Mittelstädten und in Kommunen mit mehr als 100.000 Einwohnern. Spezifisch an unserem Ansatz ist, dass wir viel Raum für das Gespräch untereinander schufen, um lokale Sichtweisen und O-Töne zu Themen zu erfassen und das Spektrum der Aussagen nicht durch den Fokus auf allzu konkrete Fragen zu beeinflussen. Anschließend befragten wir Vertreter der kommunalen Spitzenverbände zu ihrer Sicht auf die in den Gruppendiskussionen angesprochenen Themen, um Hinweise darauf zu erhalten, ob sie die Vorstellungen und Wünschen der Menschen in ihrer Region gut kennen und vertreten, und um zu sondieren, wie Politik besser regionalen Interessen nachkommen könnte.

Die Studie basiert auf der demokratietheoretischen Annahme, dass die Bevölkerung einen eigenständigen Faktor in der Erklärung von Politik darstellt. Mit dem Ausgangspunkt bei der Gesellschaft betrachten wir die Menschen nicht vorrangig als Objekte ökonomischer oder politischer Strukturen, z. B. von Verdrängungs- oder Ermächtigungsprozessen, sondern nehmen sie als Akteure mit eigenen Vorstellungen in den Blick. Sie bewerten als Bürger die Politik und können, wenn Ungleichheiten sich nicht durch individuelles Verhalten beheben lassen, in Parteien und Wahlen Protest und Änderungswünsche signalisieren. Sie sind es, die in Taxierung ihrer Lebensverhältnisse beispielsweise aus ländlichen Räumen in Städte ziehen, um dort zu studieren, Jobs zu finden oder breitere Kultur- und Freizeitangebote zu genießen, was an ihren ehemaligen Heimatorten zu Leerstand, in den Zielregionen hingegen zu Wohnungsmangel und steigenden Mieten beitragen kann.[34] Sie beeinflussen mit ihrem Kauf- und Konsumverhalten, ob eine Kneipe oder ein Laden im Ort wirtschaftlich überlebt, und sie können als Ehrenamtliche oder über Nachbarschaftshilfe zu einem aktiven gesellschaftlichen Leben beitragen.

---

[33] Rosenfeld (2018, S. 838).

[34] Nach Zensus-Daten standen 2022 in Deutschland ca. 1,9 Mio. Wohnungen (4,3 %) leer, davon über 55 % seit mehr als einem Jahr. Besonders in Gebieten Ostdeutschlands, aber auch in der Eifel, in Franken und im Saarland waren teils mehr als 10 % der Wohnungen ungenutzt, u. a. wegen Abwanderungen (für die Daten siehe Statistische Ämter des Bundes und der Länder 2024).

Obwohl die vorliegende Studie hinsichtlich der Zahl der Befragten und der Kommunen nicht reklamiert, repräsentativ Auskunft darüber zu geben, wie Menschen in ganz Deutschland auf gleichwertige Lebensbedingungen schauen, nehmen wir doch systematisch verschiedene Lebenskontexte in den Blick. Bei der Auswahl der Kommunen, in denen wir Gruppendiskussionen durchführten, berücksichtigten wir neben ihrer Größe unterschiedliche sozioökonomische Rahmenbedingungen, die Lage in West- und Ostdeutschland sowie die politischen Mehrheitsverhältnisse vor Ort. Wir wählten außerdem „normale" Städte und Gemeinden aus, die nicht im medialen Rampenlicht stehen (Abschn. 3.1). Dort sprachen wir mit „normalen" Menschen unterschiedlichen Alters und Geschlechts. Nur sehr wenige von ihnen waren Mitglied einer Partei (Abschn. 3.2). Um auch in Bezug auf Beruf und andere Merkmale eine gute Mischung zu haben, die der lokalen Gesellschaftsstruktur ähnelt, kooperierten wir überwiegend mit örtlichen Sportvereinen.

Dieser Ansatz bietet aus unserer Sicht in fünffacher Hinsicht eine sinnvolle Ergänzung bisheriger Analysen:

Erstens wirft die Studie einen Blick auf die „Basis" der bundesdeutschen Ordnung für den Gegenstand gleichwertige Lebensverhältnisse, während politikwissenschaftliche Untersuchungen des politischen Systems und seiner Verfassung üblicherweise stark die Bundesebene fokussieren (Abschn. 2.1 und 2.2). Zwar werden die meisten und wichtigen Politikfelder in Deutschland dort reguliert – was den Fokus auf Berlin rechtfertigt –, doch ob die Bundespolitik den lokalen Sichtweisen gerecht wird, muss noch besser erforscht werden.

Zweitens trägt die Studie dazu bei, subjektive Sichtweisen auf gleichwertige Lebensverhältnisse zu rekonstruieren. Sie ergänzt so Analysen, die gleichwertige Lebensverhältnisse ohne eine Befragung von Menschen primär anhand „objektiver" Indikatoren messen, wie beispielsweise des Bruttoinlandsprodukts, der Erreichbarkeit oder der Nähe zu öffentlichen Versorgungseinrichtungen.[35] Diese Studien haben in den vergangenen Jahren einen unschätzbaren Informationsbestand zur regionalen Struktur und auch Lebensbedingungen geschaffen (Abschn. 2.4). Allerdings muss das Set der angelegten Indikatoren nicht zwangsläufig den Erwartungen der Bevölkerung entsprechen. Auch korrelieren die Wahrnehmungen etwa von Verschlechterungen oder Verbesserungen nicht immer mit den Daten zur Ausstattung der Kommunen mit Einrichtungen der Daseinsvorsorge, sondern sind von weiteren Faktoren abhängig.[36]

Drittens liefert die Studie mit ihren Informationen zu lokalen Wahrnehmungen in sozialräumlichen Lebenskontexten Hinweise für künftige Meinungsumfragen, die mit standardisierten Fragebatterien arbeiten. Sie erleichtern die Auswahl von

---

[35] Kawka und Sturm (2006, S. 309).
[36] Küpper und Steinführer (2017).

Themen und die Formulierung von Fragen und Antwortmöglichkeiten. Anders als standardisierte Befragungen, die kaum Möglichkeiten für Nachfragen und die Erläuterung von Sichtweisen bieten, die von den vorher formulierten Indikatoren abweichen, liefern wir Anhaltspunkte dazu, wie Menschen selbst ihre Sicht auf das Thema in Worte kleiden, sowie Hinweise auf Begriffsverständnisse und zu berücksichtigende Kontextfaktoren, die für die Verfeinerung künftiger repräsentativer Befragungen genutzt werden können.

Viertens wurden für die vorliegende Studie, wie erwähnt, Kommunen ausgewählt, die unterschiedliche Raummerkmale abdecken. Bisherige Analysen konzentrieren sich häufig dezidiert auf strukturschwache Gegenden, „Brennpunkt"-Kieze und Strukturwandelregionen oder aber umgekehrt auf „Leuchtturm"-Regionen. Solche Tiefenanalysen sind wichtig, um einen wissenschaftlichen Beitrag zur Problemlösung zu leisten. Doch weder gleichen in Deutschland alle städtischen Wohngebiete *failed communities*, noch ist es wahrscheinlich, dass sämtliche von Strukturwandel betroffene Kommunen durch smarte Technologien und Innovationen plötzlich zu „neuen Champions" werden. Eine realistische Bestandsaufnahme muss auch einen Blick auf die unspektakuläre Normalität werfen.[37] Dieser breiter angelegte Blick trägt aus unserer Sicht zu einer besseren Kontextualisierung anderer Analysen bei.

Fünftens wollen wir in diesem Buch durch die Bereitstellung eines großen Fundus an O-Tönen aus der Bevölkerung dokumentieren, wie Menschen sich dem Thema nähern und buchstäblich, welche Worte sie dafür verwenden. Dadurch wollen wir dazu beitragen, die Kommunikation von Wissenschaft, Politik, Verwaltung und Medien gegenüber den Bürgern effektiver und adressatengerechter zu gestalten. Ein „authentisches Sprechen" ist etwas, was viele Menschen im öffentlichen Raum vermissen und was dazu beiträgt, dass „die Eliten" oft als „abgehoben" wahrgenommen[38] werden.

Das Buch ist in 9 Kapitel gegliedert. Nach dieser Einleitung geben wir in Kap. 2 einen Überblick über die Politik zu gleichwertigen Lebensverhältnissen in Deutschland seit 1949, die zentrale Rolle der Parteien und die anspruchsvolle Ausgestaltung gleichwertiger Lebensverhältnisse im föderalen Kompetenzgeflecht. Die Themen, die in der Politik als Kennzeichen für „gleichwertige Lebensverhältnisse" betrachtet werden, lassen sich gut an Beschlüssen der Bundesregierung unter der Großen Koalition von 2019 festmachen, mit denen sie auf die Empfehlungen der Regierungskommission „Gleichwertige Lebensverhältnisse" reagierte.

---

[37] Für einen solchen Ansatz der Fallauswahl siehe z. B. Gesemann et al. (2019).

[38] Zur Wahrnehmung der „Abgehobenheit" und Prüfung der Annahme für Abgeordnete siehe Reiser (2018).

Außerdem verorten wir die Studie zu lokalen Sichtweisen auf (gleichwertige) Lebensverhältnisse in der Forschung. Dafür skizzieren wir politikwissenschaftliche, soziologische und raumwissenschaftliche Analysen mit Fokus auf responsive Politik, gesellschaftlichen Zusammenhalt und räumliche Unterschiede in Deutschland. Wir erläutern, wie die Studie an den jeweiligen Forschungsstand anschließt und zu seiner Erweiterung beitragen möchte und begründen Eckpunkte des Untersuchungsdesigns. Außerdem benennen wir Themen bzw. Indikatoren, die in der Forschung – teils in direkter Assistenz für die Bundespolitik – zur Messung gleichwertiger Lebensverhältnisse herangezogen werden.

Im Kap. 3 stellen wir den raumsensiblen Mixed-Methods-Ansatz vor, mit dem wir die lokalen Sichtweisen auf (gleichwertige) Lebensverhältnisse in Deutschland untersuchen. Dem Forschungsprozess folgend, beschreiben wir zunächst die Auswahl der Bundesländer, Orte und Personen, danach die Anlage der Gruppendiskussionen, Einzelbefragungen und Experteninterviews. Im letzten Teil geht es um die Auswertung, Interpretation und Präsentation des empirischen Materials.

Der Hauptteil des Buches gibt einen Einblick in die vielfältigen Erkenntnisse der Untersuchung zu jeweils unterschiedlichen Einzelaspekten – von der Sichtweise auf das Leben vor Ort über Vorstellungen von Gleichwertigkeit bis hin zu Erwartungen an die Politik und Aussagen zur Rolle der Bürger für die Bereitstellung gleichwertiger Lebensverhältnisse.

Im Kap. 4 berichten wir, wie die Teilnehmer der Gruppendiskussionen ihre lokalen Lebensverhältnisse beschrieben. Ihr Lebensumfeld war für sie aufgrund von Mobilität überall mehr als nur ein Ort; vielmehr setzt er sich zusammen aus verschiedenen Orten, die im Alltag parallel oder in verschiedenen Lebensabschnitten relevant sind. Der Wohnort wurde oft als Ergebnis einer aktiven Entscheidung dargestellt. Wir systematisieren räumliche Unterschiede der Ortsbeschreibungen durch die lokalen Gruppen, zeigen aber zugleich auf, dass auf einer abstrakten Ebene überall – d. h. unabhängig von der Siedlungsgröße und geografischen Lage – bestimmte Aspekte als wichtig benannt wurden: frische Luft und Grün, die Erreichbarkeit, das soziale Umfeld, Bildung und Wohnen. Schließlich belegen wir, dass die Teilnehmer ganz überwiegend befanden, gern an ihrem jeweiligen Ort zu leben, selbst dann, wenn die Kommune als relativ schlechter gestellt wahrgenommen wurde.

Im Kap. 5 beschreiben wir die Vorstellungen der Teilnehmer von einem guten Leben. Wir zeigen, dass sie sich über die Kommunen hinweg recht einig in Bezug darauf waren, dass Familie und Freunde, Gesundheit, Sicherheit, Grün und Wohnen zentrale Voraussetzungen für ein gutes Leben sind. Allerdings gab es räumliche Unterschiede in Bezug auf Aspekte, die manche Gruppen stärker betonten als andere. Dies waren die individuelle Entfaltung, ein guter Job, manche infrastrukturellen Angebote und der Schutz durch eine nahe Feuerwehr. Oper/Theater,

Kirche, Rathaus und andere Aspekte wurden vielerorts als nachrangig gegenüber den genannten erwähnt, aber nicht überall. Jenseits der Übereinstimmung beim Fundament besteht also durchaus Konfliktpotenzial mit räumlichem Muster. Im Kap. 6 analysieren wir, wofür sich die lokalen Gruppen von Teilnehmern politisch eingesetzt bzw. wofür sie Geld ausgegeben hätten, wenn sie selbst politische Entscheidungsträger gewesen wären. Auch hier waren sie sich in Bezug auf die wichtigsten Themen einig. Dies waren Gesundheit, Bildung/Soziales, Wohnen und Sicherheit. Konfliktpotenzial durch eine räumlich unterschiedliche Gewichtung betraf die Themen Umwelt, Jobs und Verkehr. Digitales, Kultur, politische Beteiligungsmaßnahmen und andere Dinge betrachteten die Gruppen überall als nachrangig, aber mit gewissem räumlichem Muster. Ebenso zeigten sich teils Meinungsunterschiede innerhalb der Gruppen, z. B. beim Thema Digitales je nach Alter.

Kap. 7 widmet sich Vergleichen der Lebensverhältnisse und Vorstellungen von „Gleichwertigkeit". Beides gehört zusammen, denn die Idee gleichwertiger Lebensverhältnisse impliziert ja einen Vergleich verschiedener Orte bzw. Regionen. Wie wir zeigen, waren Vergleiche beim Sprechen über die Lebensverhältnisse präsent. Wichtig ist: Es bestanden auch räumliche Unterschiede in Bezug darauf, was und womit verglichen wurde. Teilnehmer an Gruppendiskussionen in Großstädten nutzten eher allgemeine Vergleiche oder bezogen sich auf Großstädte, während Teilnehmer in Mittelstädten und kleineren Kommunen mehr Stadt-Land- und regionale Vergleiche ansprachen. Zudem wurde ein Vergleich zwischen West- und Ostdeutschland fast nur in ostdeutschen Kommunen thematisiert, aber nicht überall. Darüber hinaus beschreiben wir, dass die Teilnehmer den Begriff gleichwertige Lebensverhältnisse nicht spontan nutzten und ihn auf Nachfrage mit dem Ausgleich räumlicher, aber oft auch sozialer Unterschiede assoziierten. Er wurde praktisch nicht verwendet, um Anspruchshaltungen gegenüber dem Staat zu begründen. Generell zeigten sich die Teilnehmer auch in kleineren Orten realistisch in der Einschätzung, ob gleichwertige Lebensverhältnisse möglich sind. Dies kann räumliche Verteilungskonflikte abmildern.

Im Kap. 8 zeichnen wir die ambivalenten Sichtweisen der Teilnehmer auf die Politik für gleichwertige Lebensverhältnisse nach: Gefragt danach, wofür sich die gewählten Entscheidungsträger prioritär einsetzen sollten, unterschieden sich die spontan geäußerten Ideen nach Ost- und Westdeutschland und der Größe der Kommune. Als ein Set vorgegebener möglicher Maßnahmen im Fragebogen individuell bewertet werden sollte, ergaben sich hingegen unabhängig vom Ort, an dem die Gruppendiskussion stattgefunden hatte, relativ ähnliche Gesamthierarchien. Spitzenreiter waren das Engagement der Politik für die medizinische Versorgung und eine gleiche Grundversorgung in Stadt und Land. Die Meinungen zur staatlichen Finanzierung von Ausgleichspolitiken gingen überwiegend nicht auseinander. Umschichtungen in den Ausgaben und eine Reichensteuer fanden überall Unterstützung, Kürzungen im Politikbetrieb jedoch mehr in Ostdeutschland und kleineren Kommunen. Die Politik wurde eher kritisch oder neutral bewertet als gelobt; dabei zeigten sich teils räumliche Muster. Die Teilnehmer bejahten eine Eigenverantwortung in Bezug auf die Gewährleistung gleichwertiger Lebensverhältnisse, sahen aber die Hauptverantwortlichkeit klar bei der Politik. Zudem unterschieden sich die Überlegungen zur Eigenverantwortung teilweise räumlich.

Im abschließenden Kap. 9 resümieren wir die Befunde für Kommunen verschiedener Größe und geografischer Lage. Wir diskutieren, inwiefern die herausgearbeiteten lokalen Sichtweisen auf gleichwertige Lebensverhältnisse und die Politik dafür räumliche Muster bilden, Konfliktpotenzial bergen und im Einklang oder Kontrast zur Politik stehen. Außerdem beschreiben wir, ob die interviewten Vertreter der kommunalen Spitzenverbände in den ausgewählten Bundesländern ähnliche Sichtweisen wie die Teilnehmer der Gruppendiskussionen äußerten. Dies wären günstige Voraussetzungen dafür, dass sie effektiv die Interessen von Menschen in Kommunen unterschiedlicher Größe und Lage in die Politik einspeisen. Schließlich formulieren wir Handlungsempfehlungen für Politik und Wissenschaft. Sie sind inspiriert durch die Interviews mit den Vertretern der kommunalen Spitzenverbände und die Erkenntnisse aus der Studie.

Gleichwertige Lebensverhältnisse: was wir wissen und was nicht

2

In einer Demokratie ist die Politik „responsiv" gegenüber der Gesellschaft, d. h. sie reagiert auf deren Wünsche, Vorstellungen und Bedürfnisse.[1] Dies ist eine Grundannahme der Demokratieforschung.[2] Besonders für die in einer Verfassung genannten Anliegen sollte die Responsivitätsannahme zutreffen. Empirisch geprüft wurde dies aber bislang kaum für das in Deutschland verankerte Leitbild, gleichwertige Lebensverhältnisse zu gewährleisten. Wie wir nachfolgend zeigen, ist der Wissensstand, an den Studien zu gleichwertigen Lebensverhältnissen anschließen können, beträchtlich, aber es bedarf mehr Forschung dazu, welche Themen Menschen bei der Beschreibung des Lebens vor Ort bewegen, was sie sich unter gleichwertigen Lebensverhältnissen vorstellen und was sie sich von der Politik wünschen.

Politikwissenschaftliche Analysen zur Politik in Deutschland konzentrieren sich häufig auf das Handeln des Gesetzgebers und der Verwaltung; Verbindungen zur Gesellschaft erfassen sie eher abstrakt (Abschn. 2.1 und 2.2). Soziologische Untersuchen zoomen stärker an die Gesellschaft heran, sind aber oft raumblind (Abschn. 2.3). Was sich Bürger unter politischen Leitlinien vorstellen – hier unter guten und gleichwertigen Lebensverhältnissen –, wird auch in den Planungs- und Wirtschaftswissenschaften oft nicht näher thematisiert (Abschn. 2.4). Vor diesem Hintergrund arbeiten wir heraus, wie die vorliegende Studie zu einer Erweiterung des Forschungsstandes beitragen möchte.

---

[1] Uppendahl und Popp (1987, S. 252).
[2] Dahl (1971, S. 1); Lijphart (2012, S. 1); Gabriel (2023, 2024).

© Der/die Autor(en) 2025
A. Lorenz, L. Pischschan, *Gleichwertige Lebensverhältnisse in Deutschland?*,
https://doi.org/10.1007/978-3-658-46602-2_2

2.1 Räumliche Ausgleichspolitik in Deutschland: wechselnde Schwerpunkte der Parteien

In der Politikwissenschaft wird angenommen, dass in Demokratien der Parteienwettbewerb und Repräsentationsmechanismen die Berücksichtigung von
Bürgerwünschen (Responsivität) fördern. Im Wettbewerb um die Unterstützung
durch die Wähler stehen die Parteien permanent unter Druck, sich mit eigenen Forderungen von den Konkurrenten abzusetzen und dabei möglichst gut die Wünsche
relevanter Wählergruppen abzubilden. In Wahlen „belohnen" oder „bestrafen" die
Bürger die Parteien und beauftragen die künftige Politik.[3]

Auch der Föderalismus fördert theoretisch den Wettbewerb um eine bürgerfreundliche Politik. Da in föderalen Staaten Wahlen nicht nur auf der Bundesebene, sondern
auch in den Ländern stattfinden, sind unterschiedliche Lebensbedingungen, die zu variierenden politischen Mehrheitsverhältnissen beitragen, hier differenziert in den
Wahlergebnissen abgebildet. Die Koalitionen in den Ländern konkurrieren untereinander
mit ihren jeweiligen Gestaltungsideen und Politiken. Regierende in Einheiten, die
schwächer abschneiden, geraten unter Handlungs- und Argumentationsdruck.[4]

Parteien sind also für die Gestaltung der Politik in Demokratien zentral. Wenn
sie Verfassungsregularien oder bestimmte Ideen in einfachen Gesetzen, per Ver-
ordnungen und/oder konkreten Politikmaßnahmen des Bundes und je nach Materie
der Länder konkretisieren und rechtlich verankern, dann entfalten sie einen starken
Effekt – unabhängig davon, ob sie in der Verfassung ggf. weich und inhaltlich un-
scharf formuliert sind, wie dies für die „gleichwertigen Lebensverhältnisse" zutrifft.[5]

Besonders machtteilige Demokratien wie Deutschland, die Koalitionen, föderale Strukturen und andere Elemente der Machtaufteilung festschreiben, gelten als
inklusiv und kompromissorientiert bei der Umsetzung gesellschaftlicher Wünsche
und etwa auch bei der Anpassung der Verfassung.[6] Daraus ergibt sich theoretisch
eine höhere Responsivität als in Mehrheitsdemokratien, in denen üblicherweise
einzelne Parteien (statt Koalitionen) auf Zeit die Geschicke des gesamten Staates
lenken.[7] Zugleich gibt es aber in besonders machtteiligen Systemen eine höhere
Zahl an öffentlichen Kritikern als in Mehrheitsdemokratien – wegen der höheren
Zahl an Oppositionsparteien und mehr Ebenen.

---

[3] Zur Relevanz der Parteien siehe neben vielen anderen Gabriel (2024, S. 174).
[4] Lorenz et al. (2020).
[5] Mießner (2016); Mäding (2021, S. 74).
[6] Lorenz (2008, 2024).
[7] Lijphart (2012, S. 2).

Gerade anspruchsvolle (verfassungs)politische Schutznormen bieten Anlass für Kritik an einer mangelhaften Umsetzung, obwohl dem Anliegen möglicherweise bereits eine höhere Beachtung als in anderen Staaten geschenkt wird. In föderalen Systemen wird dies gut sichtbar thematisiert, denn sie weisen tendenziell größere räumliche Rechts- und Politikunterschiede auf[8] und es gibt immer irgendwo einen Wahlkampf zwischen Parteien, in dem dies angesprochen wird.

Diese Überlegungen werden durch die Politik für gleichwertige Lebensverhältnisse in Deutschland gestützt, wie nachfolgend beschrieben. Kurz gefasst, schenkten die Parteien dem Ausgleich räumlicher Unterschiede in den Lebensverhältnissen wiederkehrend (wenngleich mit unterschiedlicher Verve) Beachtung, entwickelten die inhaltlich relativ vagen Verfassungsformulierungen zu gleichwertigen Lebensverhältnissen Schritt für Schritt zu einem impliziten Leitbild der Raumordnungspolitik in ganz Deutschland weiter[9] und mobilisierten in verschiedenen Bundesländern Mehrheiten für eine Verpflichtung der Politik auf räumliche Ausgleichsmaßnahmen in der jeweiligen Landesverfassung. Dabei setzten sie im Laufe der Zeit unterschiedliche Schwerpunkte. Dies deutet auf eine Beweglichkeit der Parteien in Bezug auf Problemwahrnehmungen und Maßnahmen hin, auch wenn es keine lineare Entwicklung hin zu einer immer intensiveren Festschreibung von Gleichwertigkeitsnormen gab.

Bis 1989/90 fand die Politik für gleichwertige Lebensverhältnisse im Kontext der Systemkonkurrenz mit dem anderen deutschen Staat statt, der DDR. Eingebettet in den sozialistischen Block, gab dort die SED mit dem Ziel der materiellen Gleichheit und einer Angleichung der Lebensverhältnisse in Stadt und Land Steuerungsparameter für die politische, wirtschaftliche (einschließlich Eigentumsverhältnisse), soziale und kulturelle Entwicklung vor und beeinflusste damit auch, an welchen Orten Menschen lebten, lernten und arbeiteten.[10] Kulturmaßnahmen in jedem Betrieb – in Westdeutschland war dies undenkbar. Bereits seit den 1950er-Jahren befasste sich aber auch die bundesdeutsche Politik damit, wie man räumliche Unterschiede ausgleichen könnte, hier bezogen auf Stadt und Land und das „Zonenrandgebiet" und ab den 1960er-Jahren auf die niedergehenden städtischen Industriestandorte.[11]

Im Zuge der deutschen Einheit erlangten Ost-West-Unterschiede eine starke Aufmerksamkeit. Durch den Kollaps des sozialistischen Systems brachen viele staatliche

---

[8] Bednar (2019).

[9] Strubelt (2004, S. 251); Weingarten und Steinführer (2020, S 657).

[10] Grundmann (1997a) wies darauf hin, dass die Machtansprüche nicht automatisch die tatsächliche Realisierung von Steuerungszielen etwa in der Raumplanung bewirkten, und nannte Faktoren, die zu Abweichungen beitrugen.

[11] Steinführer et al. (2020); Kemper und Lorke (2022).

Angebote der Daseinsvorsorge weg. Es erfolgten enorme Finanztransfers von West- nach Ostdeutschland, aber obwohl das zentralistische Steuerungsmodell der DDR mit der friedlichen Revolution und dem nachfolgenden Beitritt zur Bundesrepublik Deutschland abgeschafft worden war, trugen strukturelle Pfadabhängigkeiten und Probleme des Systemwechsels in seiner spezifischen Form zu anhaltenden Unter- schieden zwischen Ost- und Westdeutschland bei.[12] Zugleich konzentrierte sich der Staat auch in Westdeutschland zunehmend auf Kernaufgaben, Leuchtturmregionen, Großstädte und Mittelzentren und zog sich aus der Fläche und Teilen der öffentlichen Daseinsvorsorge zurück. Die unterschiedlichen Lebensverhältnisse wurden aber mit der Zeit kritischer gesehen, auch in den regierungstragenden Parteien. Nach der Jahr- tausendwende erlangten Disparitäten zwischen städtischen und strukturschwachen ländlichen Räumen wieder mehr Beachtung.[13] Dies mündete in Prozessen einer Nach- justierung der Politik und einem breiten Bekenntnis, gleichwertige Lebensverhält- nisse als Leitziel im Blick zu haben.

Genauer historisch nachgezeichnet, war die Gleichwertigkeit der Lebensverhält- nisse in der Bundesrepublik Deutschland von Anfang an „ein zentraler politischer und verfassungsrechtlicher Baustein [gewesen], um soziale Teilhabe und Chancen- gerechtigkeit zu garantieren sowie sozialen Zusammenhalt und territoriale Kohäsion zu gewährleisten".[14] Im Grundgesetz wurden 1949 zunächst Eingriffsmöglichkeiten des Bundes zugunsten der Schaffung bzw. Wahrung *einheitlicher* Lebensverhältnisse verankert, gerade weil diese zum Zeitpunkt seiner Verabschiedung *nicht* einheitlich waren, die Parteien aber ein wohlfahrtsstaatliches Integrationsversprechen[15] abgeben wollten. Entsprechend wurde der Bedarf eines regionalen Ausgleichs sowie einheit- licher staatlicher Regelungskapazität formuliert.[16] Der Begriff „gleichwertige Lebens- verhältnisse" spielte aber als solcher in dieser Zeit im Diskurs keine besondere Rolle.[17]

Was die „Lebensverhältnisse" ausmachte, blieb verfassungsrechtlich unbe- stimmt.[18] Schon die Wortschöpfung „Lebensverhältnisse" folgte nicht der juristi- schen Logik einer hohen Präzision, sondern der politischen Logik, etwas für die Gesellschaft zu tun. Die politische Logik der Verhandlung des Ziels äußerte sich auch darin, dass im Bundestag und zwischen Bund und Ländern jahrelang umstrit- ten war, ob und wie die konkrete Umsetzung in einer einheitlichen Bundesgesetz-

---

[12] Vogel et al. (2024).

[13] Steinführer et al. (2020); Kemper und Lorke (2022).

[14] Kersten et al. (2019, S. 4).

[15] Kersten et al. (2012, S. 48).

[16] Lenk (1993, S. 107 ff.).

[17] Weingarten und Steinführer (2020, S. 657).

[18] Steinführer et al. (2020, S. 12); Kemper und Lorke (2022, S. 87).

gebung zu regeln sei.[19] Diese hätte den Ländern mit teils abweichenden Mehrheitsverhältnissen konkrete Vorgaben für politische Schwerpunkte und Umsetzungen erteilt. Die Landesregierungen hatten aber teils spezifische Präferenzen.

Die unionsgeführten Bundesregierungen konzentrierten sich auf die Ausreichung von Wirtschaftsförderung für benachteiligte Gebiete (Zonenrandgebiet und Notstandsgebiete) zur Erreichung einheitlicher Lebensverhältnisse.[20] Ab 1959 wurde ein „Entwicklungsprogramm für zentrale Orte in ländlichen, schwach strukturierten Gebieten" aufgelegt, um in den problematischen Regionen verdichtete Siedlungsorte zu fördern, die als zentrale Orte „einige für die Wirtschaft unabdingbare Standortvoraussetzungen wie vorhandene Arbeitskräfte und infrastrukturelle Mindestausstattung bereits erfüllten und deshalb zu Kristallisationskernen für künftige Industrialisierungsprozesse zu werden versprachen".[21] In der Folgezeit wurde die (wirtschaftspolitische) Strukturförderung auf Druck der Länder jedoch wieder auf mehr Orte ausgedehnt. Seit den Problemen in der Montan- und Textilindustrie Anfang der 1960er-Jahre, die sich an manchen Orten konzentrierten, wuchs die Aufmerksamkeit für Probleme auch in nichtländlichen Räumen. Ferner drifteten die Lebensverhältnisse in einigen Verdichtungsräumen und ländlichen Regionen außerhalb dieser Zentren trotz der Maßnahmen immer weiter auseinander.[22]

Diese Probleme wurden wahrgenommen und im Juni 1962 erfolgte im Bundestag eine fraktionsübergreifende Initiative für ein Rahmengesetz zu einer bundesweit abgestimmten Raumordnung; ihr folgte eine Regierungsvorlage, die den Interessen der Länder entgegenkam. Gemäß dem 1965 verabschiedeten Raumordnungsgesetz sollte die Entwicklung der allgemeinen räumlichen Struktur des Bundesgebietes der freien Entfaltung der Persönlichkeit in der Gemeinschaft dienen. Grundsätze waren die Verbesserung der wirtschaftlichen, sozialen und kulturellen Verhältnisse, der Wohnverhältnisse, Verkehrs- und Versorgungssituation der Verdichtungsgebiete, der ländlichen Gebiete einschließlich der Gebiete, in denen die Lebensbedingungen wesentlich unter dem Bundesdurchschnitt lagen, sowie des Zonenrandgebietes. Dies diente dem Ziel, hier Lebens- und Arbeitsbedingungen sowie eine Wirtschafts- und Sozialstruktur zu errichten, die gleichwertig zu den bundesweiten Verhältnissen waren. Aber auch in den Gebieten mit ausgewogenen wirtschaftlichen, sozialen und kulturellen Verhältnissen sollte die räumliche Struk-

---

[19] Halstenberg (1965).

[20] Zum Spezifikum des Lastenausgleichsgesetzes von 1952 für die Bewältigung von Kriegsfolgen siehe Kemper und Lorke (2022, S. 90) mit Quellenverweisen.

[21] Brede und Siebel (1975, S. 13 f.).

[22] Brede und Siebel (1975, S. 14 f.).

tur gesichert und weiterentwickelt werden. Zu diesen Zwecken sollten die Länder jeweils eigene Regionalplanungen vornehmen. Die Bestimmungen fanden eine breite Unterstützung im Bundestag und durch die Länder im Bundesrat.[23]

1969 wurde im Rahmen einer aus etlichen Einzeländerungen des Grundgesetzes bestehenden Finanz- und Wirtschaftsreform die Gemeinschaftsaufgabe „Verbesserung der regionalen Wirtschaftsstruktur" definiert (Art. 91a GG) und einfachgesetzlich unterlegt. Der Bund trägt von den entsprechenden Maßnahmen die Hälfte der Kosten. Seither entwickelte sich, auch forciert durch regional konzentrierte wirtschaftliche und demografische Probleme, eine engere Zusammenarbeit zwischen Bund und Ländern in der Raumplanung, beispielsweise in Form von Regionalen Aktionsprogrammen und einem über mehrere Jahre erarbeiteten, 1975 verabschiedeten Bundesraumordnungsprogramm, das horizontale und vertikale Koordinierungen vorsah. Es definierte gleichwertige Lebensverhältnisse als „gegeben, wenn für die Bürger in allen Teilräumen des Bundesgebiets ein quantitativ und qualitativ angemessenes Angebot an Wohnungen, Erwerbsmöglichkeiten und öffentlichen Infrastruktureinrichtungen in zumutbarer Entfernung zur Verfügung steht und eine menschenwürdige Umwelt vorhanden ist".[24] Durch die Einrichtung des Europäischen Fonds für Regionale Entwicklung im selben Jahr wurden die deutschen Bemühungen um einen regionalen Ausgleich auch europäisch bestärkt.[25]

Unter den SPD-geführten Bundesregierungen stiegen die Ausgaben für die Wirtschaftsförderung massiv an. Dennoch befand die Partei, dass „völlig gleiche Lebensbedingungen wegen der bestehenden Unterschiede zwischen weniger dicht besiedelten Gebieten und den Verdichtungsgebieten nicht an jedem Ort geschaffen werden können." Gemäß der Idee, dass ein Mindestmaß von Absicherung überhaupt erst die Wahrnehmung bürgerlicher Freiheitsrechte ermöglicht, müssten aber „Vor- und Nachteile, die sich aus der Raumstruktur ergeben, [...] soweit kompensiert werden, daß überall die für die Freiheit der Bürger notwendigen Voraussetzungen wertgleich sind".[26] Angesichts von „sektoralen Strukturkrisen", v. a. in alten Industrieregionen, wurden regionale Entwicklungspolitiken betrieben.[27] Zugleich wurden aber in den 1980er-Jahren – einhergehend mit veränderten Mehrheitsverhältnissen auf Bundesebene – Entwicklungsunterschiede zwischen verschiedenen Räumen politisch stärker akzeptiert.[28]

---

[23] Halstenberg (1965).

[24] Bundesregierung (1975, S. 6); zit. in Steinführer et al. (2020, S. 12).

[25] Kilper (2008, S. 265 ff.). Für eine kritische Sicht siehe Tetsch (1999, S. 373).

[26] SPD (1975, S. 86), zit. in Halstenberg (1965, S. 161).

[27] Kilper (2008, S. 265).

[28] Steinführer et al. (2020, S. 12).

Nach der deutschen Einheit 1990 erlangte das Anliegen, gleichwertige Lebensverhältnisse politisch zu unterstützen, wieder eine stärkere Aufmerksamkeit. Anlass waren die bereits erwähnten Verwerfungen, nun v. a. in Ostdeutschland als Folge des zusammengebrochenen Systems und des Systemwechsels. In vielen ostdeutschen Regionen verkrafteten die ehemaligen Staatsbetriebe den Übergang in die Marktwirtschaft nicht. Es kam zu Massenabwanderungen nach Westdeutschland und in die Städte sowie zu einem Geburtenknick. Die öffentlichen Kassen der Ostländer und Kommunen waren entsprechend leer, aber der Investitionsdruck hoch. Angesichts dieser Problemlagen rückten Unterschiede innerhalb Westdeutschlands vorerst in den Hintergrund.[29]

Die Parteien reagierten mit einem ganzen Set an Maßnahmen. Der Bundestag und Bundesrat passten 1994 das Ziel der „Wahrung einheitlicher Lebensverhältnisse" an und sprachen nun in Art. 72 (2) GG vom Anliegen einer „Herstellung gleichwertiger Lebensverhältnisse", das eine bundeseinheitliche Regelung anstelle einer Regelung durch die Länder begründen kann.[30] Der Bund reichte aber Fördermittel z. B. über die Gemeinschaftsaufgabe Verbesserung der regionalen Wirtschaftsstruktur aus, um das Problem zu beheben; ganz Ostdeutschland wurde Fördergebiet. Auch die Transferzahlungen durch europäische Fonds waren enorm. Etwa 90 % der entsprechenden Mittel an Deutschland gingen zwischen 1990 und 2014 in den Osten.[31] Sie konnten viele Probleme lindern, doch waren Gelder vielfach durch Mittelbindungen sowie notwendige Aufbau- und Auffangmaßnahmen inhaltlich verplant. Das dichte Netz ehemaliger staatlicher Angebote konnte außerdem nicht aufrechterhalten werden – von Jugendclubs, Kitas und Schulen über das Bahnnetz bis zu Kulturhäusern. Dies führte zu Protest, Resignation und Wegzug von Teilen der Bevölkerung, was die Problemspirale weiter antrieb.

Zugleich beförderten die Kosten der Einheit, die durch die Globalisierung gestiegene Wahrnehmung eines Wettbewerbs zwischen den Staaten um die günstigsten Standortbedingungen, die umfassenden Wanderungsbewegungen und der demografische Wandel innerhalb Deutschlands die Sichtweise, dass alte Mechanismen des Staatshandelns nicht mehr zeitgemäß sind und die Politik finanziell und organisatorisch überfordern. In dieser Gemengelage wurde dis-

---

[29] Kemper und Lorke (2022, S. 91).

[30] Ragnitz und Thum (2019b, S. 13). In Art. 93 (21) GG wurde eine Art Subsidiaritätsverfahren etabliert, das es dem Bundesrat, einer Landesregierung „oder der Volksvertretung eines Landes" ermöglichte, vom Bundesverfassungsgericht prüfen zu lassen, ob ein Gesetz diese Voraussetzung erfüllt.

[31] Kemper und Lorke (2022, S. 91); Grüner und Mecking (2017, S. 7).

kutiert, ob und wie man ähnliche Lebensverhältnisse in ganz Deutschland überhaupt aktiv herstellen kann.[32] Die Ministerkonferenz für Raumordnung unterstrich 1993, dass es keine „pauschale Verpflichtung des Staates zum Ausgleich" gebe und „[d]er Staat […] die Gleichwertigkeit der Lebensverhältnisse nur in bestimmten Bereichen – Rechtsordnung und Sicherheit sowie Daseinsvorsorge im infrastrukturellen Bereich (Sozial- und Bildungsinfrastruktur, technische Infrastruktur, regionale Standortvorsorge, Umweltvorsorge) – unmittelbar sichern" könne.[33] Dieser Interpretation entsprach die erwähnte, 1994 verabschiedete Grundgesetzänderung.

Jenseits der umfassenden Regionalförderung und Transfermaßnahmen, etwa für den „Aufbau Ost", die viele Mittel banden, handelten die Bundes- und Landesregierungen seit den 1990er-Jahren zunehmend unter dem neuen Paradigma des „schlanken Staates". In Bund und Ländern wurde im Einklang mit dem Beschluss der Ministerkonferenz für Raumordnung oft argumentiert, dass die Politik nicht alle wohlfahrtsstaatlichen, infrastrukturellen und anderen Leistungen vollständig selbst erbringen kann, sondern sich auf Kernaufgaben konzentrieren müsse und in anderen Fragen nur die Mechanismen und Instrumente bereitstellen sollte, die eine Umsetzung durch andere ermöglichen.[34] Der Staat, so der Tenor der politischen Debatten, sollte aus Kostengründen bestimmte Aufgaben der Wirtschaft, Zivilgesellschaft oder einzelnen Bürgern in Eigenverantwortung übergeben.[35] Bei ganz unterschiedlichen parteipolitischen Mehrheitskonstellationen wurden auch in Westdeutschland vielfach öffentliche Einrichtungen geschlossen oder gingen in andere Trägerschaften über. Die Rechtsprechung des Bundesverfassungsgerichts sah den Gleichwertigkeitsgrundsatz nur noch bei ganz erheblichen Disparitäten verletzt.[36]

Die Parteien erhielten den räumlichen Ausgleichsgedanken dennoch im 1997 novellierten Raumordnungsgesetz des Bundes aufrecht. Danach war es Leitvorstellung der Raumordnung, gleichwertige Lebensverhältnisse in allen Teilräumen herzustellen (§ 1 (2). Als ein Grundsatz galt es konkret, „ausgeglichene soziale,

---

[32] Vorher tauchte der Begriff etwa in Plenardebatten des Bundestags über Jahrzehnte wesentlich seltener auf, s. Suchmaschine Zeit Online 2019.

[33] MKRo (1993, S. 21).

[34] Schuppert (2001, S. 399); Kersten et al. (2022).

[35] In der Forschungsliteratur wird von einer Strategie der „Responsibilisierung" gesprochen. Siehe u. a. Steinführer (2015); Reda (2019).

[36] Kersten et al. (2012, S. 50, 2019, S. 6 f.).

infrastrukturelle, wirtschaftliche, ökologische und kulturelle Verhältnisse" in den Teilräumen „anzustreben" (§ 2) Die soziale Infrastruktur sei aber vorrangig in Zentralen Orten zu bündeln.[37]

In den Jahresberichten zur deutschen Einheit wurden seit 1999 zunehmend Binnendifferenzen unterschiedlicher Räume und eine besondere Problematik peripherer Räume thematisiert.[38] Schrumpfungsprozesse, beispielsweise in Ostdeutschland, erhielten öffentliche Aufmerksamkeit; 1,4 Mio. Wohnungen standen hier zu dem Zeitpunkt leer.[39] Die Länder zeigten sich außerdem an einer Entflechtung der Zuständigkeiten interessiert. Im Rahmen der Föderalismusreform 2006 wurde die Raumordnung Teil der konkurrierenden Gesetzgebung (Art. 74 [1 Nr. 31] GG). Um die nun möglichen Abweichungen der Länder von Raumordnungsentscheidungen des Bundes zu vermeiden, einigte sich die Bundesregierung mit den Ländern auf eine zurückhaltende Bundesraumplanung. Das 2008 neugefasste Raumordnungsgesetz sah weiterhin verflochtene Verantwortlichkeiten des Bundes und der Länder vor und enthielt keine bindenden Ziele.[40] Das angepasste Leitbild war eine „nachhaltige Raumentwicklung" angesichts des demografischen Wandels und Klimawandels; die Erhaltung der Innenstädte, der Schutz kritischer Infrastrukturen u. a. m. wurde als wichtig benannt.[41]

In Reaktion auf Abwärtsentwicklungen auch in einzelnen westdeutschen Regionen oder Gemeinden erlangten dortige Unterschiede zwischen strukturstarken und -schwachen Räumen (wieder) mehr Aufmerksamkeit. Die Bundesregierung aus Union und FDP nahm sich 2009 Maßnahmen für „starke, lebenswerte ländliche Räume sowie eine gleichwertige Entwicklung von ländlichen Regionen und

---

[37] Gesetz zur Änderung des Baugesetzbuches und zur Neuregelung des Rechts der Raumordnung vom 18. August 1997. dort Art. 2 „Raumordnungsgesetz".

[38] Kemper und Lorke (2022, S. 92).

[39] Lang (2012); Keim (2001).

[40] Durner (2009). Nach § 13 des aktuellen ROG entscheiden die Länder über die Ausweisung Zentraler Orte und die Mindesterfordernisse öffentlicher Leistungsangebote auf Grundlage von Art. 7 Abs. 3 und 4 GG, die Verantwortlichkeiten für die Leistungsangebote vor Ort liegen des Weiteren auf Seite der Kommunen, „die hierbei nur die allgemeinen Vorgaben der landesspezifischen Raumordnungspläne zu berücksichtigen haben" (Ragnitz 2020, S. 54 f.).

[41] Ebd., S. 378.

städtischen Ballungszentren" vor.[42] In der 2013 getroffenen Koalitionsvereinbarung von Union und SPD firmierte das Ziel „gleichwertige Lebensverhältnisse in ganz Deutschland" weiter vorn und wurde mehrfach erwähnt.[43] Es sollte durch eine regionale, v. a. auf die Förderung der Wirtschaft ausgerichtete Strukturpolitik und die Förderung strukturschwacher Regionen ohne Differenzierung zwischen Ost und West untersetzt werden. Dezidiert sollten „überall Voraussetzungen für eine gute Versorgung" geschaffen und „eine gleichwertige Entwicklung in Stadt und Land" erreicht werden. Ländliche Räume hätten wie städtische Gebiete „Anspruch auf gute Entwicklungschancen"; daher sollten die „Initiative Ländliche Infrastruktur" weiterentwickelt und „gemeinsam mit den Ländern Konzepte für strukturschwache und besonders vom demografischen Wandel betroffene Räume" entwickelt werden.[44]

In Plenardebatten des Bundestages thematisierten die Vertreter der Parteien ab 2014 „gleichwertige Lebensverhältnisse" häufiger als etwa in den 2000er-Jahren.[45] Damit reagierten sie auf Wählerabwanderungen unter anderem zur AfD.[46] Im Zuge des starken Zuzugs von Asylsuchenden ab 2015 empfanden es Teile der Gesellschaft als ungerecht, dass nach Jahren der Argumentation, der Staat habe für bestimmte Aufgaben kein Geld, kurzfristig hohe Summen für Nichteinheimische mobilisiert wurden. Es wurde ein gesamtdeutsches Fördersystem für die Regionalpolitik für die Zeit nach dem Auslaufen des Solidarpakts angegangen, wobei die traditionellen Instrumente, z. B. Wirtschaftsförderung, beibehalten wurden.[47]

In dieser Zeit nahmen auch mehrere Bundesländer einen Handlungsbedarf in Bezug auf gleichwertige Lebensverhältnisse wahr, der sich mit den traditionellen Förderprogrammen allein nicht decken ließ. In Bayern 2013 wurde unter einer CSU-Regierung in Art. 3 der Landesverfassung festgeschrieben, dass der Staat „gleichwertige Lebensverhältnisse und Arbeitsbedingungen in ganz Bayern, in Stadt und Land" fördert und sichert. 2014 beschloss der Landtag, eine Enquete-Kommission „Gleichwertige Lebensverhältnisse in ganz Bayern" einzusetzen.[48] Im selben Jahr

---

[42] CDU/CSU/FDP (2009, S. 50). 2012 legte die Bundesregierung auch eine Demografiestrategie vor, die aber komplexe räumliche Zusammenhänge in den schrumpfenden Regionen noch außen vor ließ.

[43] CDU/CSU/SPD (2013, S. 18).

[44] CDU/CSU/SPD (2013, S. 68).

[45] Opendiscourse.de.

[46] Ragnitz und Thum (2019b, S. 13); Lengfeld und Dilger (2018).

[47] Maretzke (2018, S. 32).

[48] Zum komplexen politischen Kontext der neuen Linie siehe in kritischer Perspektive Kallert und Dudek (2019).

wurde in Baden-Württemberg unter einer Regierung aus B'90/Grünen und SPD als Art. 3a (2) in die Landesverfassung eingefügt, dass der Staat „gleichwertige Lebensverhältnisse, Infrastrukturen und Arbeitsbedingungen im gesamten Land" fördert. In Brandenburg setzte der Landtag 2015 unter einer Regierung aus SPD und Linke eine Enquete-Kommission „Zukunft der ländlichen Regionen vor dem Hintergrund des demografischen Wandels" ein. Die höhere Sensibilität auch von Westländern für schrumpfende Regionen, regionale Unwuchten und Stadt-Land-Unterschiede trug zugleich dazu bei, dass ostdeutschlandspezifische Instrumente, wie sie der Solidarpakt II repräsentierte, immer stärker infrage gestellt wurden.

Vor der Bundestagswahl 2017 erwähnten die CDU und die Linke in ihren Wahlprogrammen gleichwertige Lebensverhältnisse – die CDU noch prominenter.[49] Sie unterfütterte dies mit den Anliegen, ländliche Räume zu stärken, Städte lebenswerter zu machen sowie in Ost und West gleiche Chancen zu schaffen. Die CDU plante auch die Einsetzung einer Kommission, die konkrete Handlungsvorschläge erarbeiten sollte. Die SPD nannte in ihrem Programm ähnlich gelagerte Vorhaben, berief sich aber nicht ausdrücklich auf den Begriff „gleichwertige Lebensverhältnisse".[50] Nach dem Wahlsieg der Union gingen die einschlägigen Anliegen der Union und der SPD in das Regierungsprogramm ein, sodass von der allgemeinen Stadt-Land- und Ost-West-Angleichung über die Stärkung der öffentlichen Daseinsvorsorge, der Kommunen und des Ehrenamts bis hin zu Infrastruktur- und Kohlepolitik in verschiedener Hinsicht die Gleichwertigkeit konkretisiert wurde.

Im Bundestag sprachen Vertreter der Parteien, wenn sie auf gleichwertige Lebensverhältnisse Bezug nahmen, v. a. über Stadt-Land-Unterschiede bzw. schlechter gestellte ländliche oder strukturschwache Räume, oder es wurde auf Disparitäten zwischen Ost- und Westdeutschland eingegangen.[51] Die Wortbeiträge zielten parteienübergreifend häufig auf die digitale Infrastruktur, die Wirtschafts-, Bau- und Wohnungspolitik sowie die Mobilität auf dem Land ab; darüber hinaus berührten sie Bildung und Forschung, Daseinsvorsorge, Arbeitsmarktpolitik oder zivilgesellschaftliches Engagement und Kultur.

2018 wurde die von der CDU versprochene Regierungskommission „Gleichwertige Lebensverhältnisse" eingesetzt, die sich mit „eine[r] gerechte[n] Vertei-

---

[49] CDU (2017, S. 27 ff.); Die Linke (2017, S. 60 ff.).

[50] SPD (2017).

[51] Siehe beispielsweise für die CDU/CSU Haase in PlPr 15/20: 6712; Wegner in PlPr 19/46: 4816; Bernstein in PlPr 19/77: 8967; für die SPD Brecht in PlPr 19/181: 22774, Kaiser in PlPr 19/108: 13491, Jurk in PlPr 19/129: 16255; für Bündnis 90/Die Grünen Göring-Eckardt in PlPr 19/60: 6698, Müller in PlPr 19/52: 5414; für Die Linke Bluhm in PlPr 19/49: 5200, PlPr 19/129: 16249; für die AfD Friesen in PlPr 19/87: 10323; für die FDP Ihnen in PlPr 19/47: 5018.

lung von Ressourcen und Möglichkeiten für alle in Deutschland lebenden Menschen" befassen sollte.[52] In ihren Schlussfolgerungen aus der eigenen Arbeit bezeichnete die Kommission 2019 die Schaffung gleichwertiger Lebensverhältnisse in ganz Deutschland als „prioritäre Aufgabe der Politik der nächsten Dekade".[53] Konkrete Vorschläge wurden gesetzgeberisch und politisch angegangen (Abschn. 2.2). Erstmals werde aktiv die tatsächliche Umsetzung von Gleichwertigkeit geprüft, lobte die SPD.[54] Die Regierungsfraktionen betonten, dass sie die vielen Fördermaßnahmen gezielt einsetzen wollten, um strukturschwache Regionen zu stärken, statt die Mittel gleich zu verteilen;[55] es gehe aber nicht darum, Geld „nur für die Braunkohlereviere" auszugeben.[56]

Die Oppositionsparteien unterstützten die Förderung gleichwertiger Lebensverhältnisse; Kritik bezog sich darauf, wer genau gefördert werden soll, wer dies finanzieren soll, wer die juristische Verantwortung trage (Bund oder Länder)[57] und ob die Absichten ausreichten.[58] Auch Teile der Koalitionspartnerin SPD forderten mehr Bemühungen. Ungeachtet des insgesamt erhöhten Wohlstands hätten sich die Unterschiede zwischen den Regionen vergrößert, und das BIP steige in den Bundesländern unterschiedlich stark. Daher seien deutlicher strukturverändernde Maßnahmen bzw. mehr Umverteilung zugunsten eines höheren Wachstums in weniger stark prosperierenden Orten sowie eine Angleichung der Löhne und Renten in allen Teilen Deutschlands nötig.[59] Raumbezogene Überlegungen spielten bei verschiedenen Gesetzesvorhaben eine Rolle. Um beispielsweise auch für finanzschwache Länder bzw. Kommunen die Digitalisierung der Bildung zu ermöglichen, änderten Bundestag und Bundesrat 2019 die Artikel 104c, 104d, 125c, 143e GG im Rahmen des Digital-Pakts Schule.

---

[52] BMI (2019a, S. 1).

[53] ebd., S. 26.

[54] Metzler in PlPr 19/122, S. 15161.

[55] Hauptmann und Schweiger in PlPr 19/122, S. 15148; 15181.

[56] Jurk in PlPr 19/110, S. 13564.

[57] Z. B Kaiser (SPD] in PlPr 10/108, S. 13491; Lange (CDU] in PlPr 19/199: 25047; Schipanski (CDU] in PlPr 19/3: 198.

[58] Der Bundesregierung fehle es an „echtem erkennbaren Willen", über konkrete Maßnahmen Gleichwertigkeit herzustellen (Müller in PlPr 19/52: 5414; Milahic in PlPr 19/49: 5162; Aggelidis in PlPr 19/122: 15202). Das Bundesinnenministerium setze sich zu wenig ein (Buschmann in PlPr 19/63: 7262; Perli in PlPr 19/112: 13728; Lötzsch in PlPr 19/23: 1971; Strasser in PlPr 19/108: 13492). Gefordert wurden weitere Maßnahmen etwa im Bereich der Daseinsvorsorge, die Förderung von Forschung und angeglichenen Löhnen in Ostdeutschland oder eine stärkere Förderung des Wohngeldes (Bartsch in PlPr 19/181: 77259; Kühn in 19/119: 14741; Meyer in PlPr 19/133: 16451).

[59] Kralinski und Schneider (2020).

Im Koalitionsvertrag von SPD, B'90/Grünen und FDP wurden in der 20. Legislaturperiode (ab 2021) vor allem bezahlbares Wohnen, schnelles Internet, eine erreichbare Gesundheitsversorgung und alltagstaugliche, nachhaltige Mobilitätsangebote zu den unterstützenswerten guten Lebensbedingungen gezählt.[60] Auch im Zusammenhang mit der Corona-Pandemie und den wirtschaftlichen Folgen der Sanktionen gegen Russland seit dessen Angriffskrieg auf die Ukraine brachte die Koalition zahlreiche Unterstützungsmaßnahmen auf den Weg, die teilweise mit regionalspezifischen Argumentationen begründet wurden. Im Frühjahr 2022 gaben der Bundeskanzler und die Ministerpräsidenten der Ostländer die „Riemser Erklärung" ab, in der Strukturförderung für Ostdeutschland aufgrund der besonderen Betroffenheit der Region von Ölembargo und Inflation angekündigt wurde. CDU/CSU und Linke forderten noch weitergehende Maßnahmen, darunter die Union den Ausbau der Schienenverbindungen nach Polen und Tschechien.[61]

Währenddessen befassten sich auch die Parteien in den Ländern weiter mit gleichwertigen Lebensverhältnissen. 2018 wurde beispielsweise in Hessen nach einer Volksabstimmung in die Verfassung eingefügt, dass „der Staat, die Gemeinden und Gemeindeverbände" die Errichtung und den Erhalt der technischen, digitalen und sozialen Infrastruktur und von angemessenem Wohnraum fördern und der Staat auf die „Gleichwertigkeit der Lebensverhältnisse in Stadt und Land" hinwirke (Art. 26d). 2020 wurde in Sachsen-Anhalt unter einer Regierung aus CDU, SPD und B'90/Grünen in Satz 2 der Verfassungspräambel der Grundsatz aufgenommen, die Gleichwertigkeit der Lebensverhältnisse im ganzen Land zu fördern, sowie als Art. 35a ergänzt, dass „das Land und die Kommunen" gleichwertige Lebensverhältnisse im ganzen Land fördern. Und in Thüringen beschloss der Landtag 2024 eine Aufforderung an das Land und seine Gebietskörperschaften im ersten Teil der Verfassung, „gleichwertige Lebensverhältnisse in allen Landesteilen, in Stadt und Land" zu fördern und zu sichern. Wenn Unionsparteien beteiligt waren, wurden fast immer ausdrücklich Stadt und Land als Räume genannt, in denen dies zu gewährleisten sei. Ansonsten wählten die Parlamente unterschiedliche Formulierungen und Erweiterungen (Wohnraum, Infrastrukturen).

Zusammengefasst diskutierten die Parteien in Deutschland wiederholt und intensiv über gleichwertige Lebensverhältnisse. Sie nutzten dabei den Begriff nicht immer als solchen, und die tatsächliche Politik variierte im Laufe der Zeit, auch im Zusammenhang mit veränderten Rahmenbedingungen und Mehrheitsverhältnissen. Seit etwa der Jahrtausendwende intensivierte sich eine Problemsicht in allen Parteien. Sie mündete in Bemühungen um Nachjustierungen der Politik.

---

[60] SPD, Bündnis 90/Die Grünen/FDP (2021, S. 5).
[61] DBT, Drs. 20/2345, 20/2334.

Ähnliche Entwicklungen gab es auch auf der europäischen Ebene. 1987 wurde in der Einheitlichen Europäischen Akte das Ziel formuliert, räumliche Unterschiede auszugleichen (Kohäsion).[62] Die Europäische Union, an deren Entwicklung sich Deutschland aktiv beteiligt (Art. 23 Abs. 1 GG), verpflichtete sich mit dem Vertrag von Maastricht auf eine „Politik zur Stärkung ihres wirtschaftlichen, sozialen und territorialen Zusammenhalts, um eine harmonische Entwicklung der Union als Ganzes zu fördern" und die Unterschiede im Entwicklungsstand der verschiedenen Regionen zu verringern (Art. 130a EGV, heute Art. 174 AEUV). Dafür werden in großem Umfang Gelder über die Europäischen Struktur- und Investitionsfonds (ESI-Fonds) ausgeschüttet, von denen in den vergangenen Jahrzehnten unter anderem Ostdeutschland – wie erwähnt – profitierte. Dennoch bestehen in der EU enorme Unterschiede der Lebensverhältnisse seit der großen Osterweiterung um zahlreiche Staaten mit geringerer Wirtschaftskraft.[63]

Ähnlich wie in Deutschland war in der EU politisch umstritten, ob eine Annäherung der Lebensverhältnisse vor allem über die Forcierung des wirtschaftlichen Wachstums erreicht wird oder auch spezifische Anstrengungen unternommen werden sollen, um eine sozial und territorial ausgewogenere Entwicklung zu erreichen. Der zweite Ansatz erhielt seit der EU-Osterweiterung „ein deutlich höheres Gewicht".[64] Die EU setzt nicht speziell auf die Förderung der allerschwächsten, sondern verfolgte eine breitere Förderung der Regionalentwicklung[65] und formulierte Standards für Elemente der öffentlichen Daseinsvorsorge.[66] „Ziel des territorialen Zusammenhalts" sei es, so die Europäische Kommission 2008, „die harmonische Entwicklung aller Gebiete sicherzustellen und dafür zu sorgen, dass die Bürger die jeweiligen Gegebenheiten dieser Gebiete optimal nutzen können".[67]

Angesichts der großen Strukturunterschiede ist es schwer, dieses Ziel zu erreichen. Der Ausschuss der Regionen, in dem auch die deutschen Bundesländer und die kommunalen Spitzenverbände aus Deutschland vertreten sind, rief 2020 gerade

---

[62] Faludi (2010, S. 1 f.).

[63] Europäische Kommission (2017).

[64] Hahne und Stielike (2013, S. 20).

[65] Ebd., S. 17 f.

[66] Universaldienstleistungen sind laut Europäischer Kommission technische Infrastrukturen wie Telekommunikation, Post, Verkehr sowie Elektrizitäts-, Gas- und Wasserversorgung (Europäische Kommission 2004) und soziale Infrastrukturen wie Bildung, Betreuungs- und Gesundheitsdienste bis hin zum sozialen Wohnungsbau (Europäische Kommission 2011). Für einen Überblick zu den einzelnen Schritten der europäischen Raumordnungspolitik siehe Böhme und Schön (2006).

[67] Europäische Kommission (2008, S. 3).

deshalb die Europäische Kommission dazu auf, als Konkretisierung der Art. 174 und 349 AEUV das Ziel der „gleichwertigen Lebensverhältnisse" auf EU-Ebene explizit zu verankern.[68] Die Regionalpolitiker drangen also darauf, das EU-Vertragsrecht – das funktionale Pendant zum nationalen Verfassungsrecht – dazu zu nutzen, auf die Bedeutung des Anliegens hinzuweisen.

2.2 Die anspruchsvolle Ausgestaltung gleichwertiger Lebensverhältnisse im föderalen Kompetenzgeflecht

Wie Abschn. 2.1 zeigte, haben die Parteien in Deutschland als Gesetzgeber den Bund ermächtigt, in bestimmten Gebieten der konkurrierenden Gesetzgebung aktiv zu werden, „wenn und soweit die Herstellung gleichwertiger Lebensverhältnisse im Bundesgebiet oder die Wahrung der Rechts- und Wirtschaftseinheit im gesamtstaatlichen Interesse eine bundesgesetzliche Regelung erforderlich macht (Gemeinschaftsaufgaben)" (Art. 72 [2] GG). Er darf ebenso auf den Gebieten der Verbesserung der regionalen Wirtschaftsstruktur, der Agrarstruktur sowie des Küstenschutzes bei der Erfüllung der Aufgaben der Länder mitwirken, „wenn diese Aufgaben für die Gesamtheit bedeutsam sind und die Mitwirkung des Bundes zur Verbesserung der Lebensverhältnisse erforderlich ist" (Art. 91a [1] GG). Die Parteien haben diese eher vagen Verfassungsregularien auch in konkrete Maßnahmen heruntergebrochen und damit wirksam werden lassen.

Dies war nicht immer leicht, denn das Anliegen ist komplex: Zum einen ergibt sich die Komplexität daraus, dass Maßnahmen für gleichwertige Lebensverhältnisse eine Querschnittspolitik sind. Wenn es darum geht, „für alle Menschen an allen Orten des Landes gute Lebensbedingungen [zu] schaffen und sich für eine ausgewogene Entwicklung ein[zu]setzen",[69] dann sind sämtliche Politikfelder und Ebenen potenziell berührt. Im vom Bundestag und Bundesrat beschlossenen Raumordnungsgesetz des Bundes, das die Gleichwertigkeit der Lebensbedingungen als Teil einer nachhaltigen Raumordnung einfachgesetzlich spezifiziert, wird die Breite der betroffenen Ressorts bzw. Politikfelder deutlich.

Die Komplexität ergibt sich zum anderen daraus, dass die Parteien in den föderalen Mehrebenenstrukturen agieren. Die entsprechenden Regeln und Strategien werden vom Bund und den Ländern formuliert, wobei die Länder „ein Quasi-Monopol im

---

[68] EAdR (2020: Nr. 27).
[69] SPD/Bündnis 90/Grüne (2021, S. 11).

Bereich der öffentlichen Verwaltung" haben.[70] Sie sind für Verwaltungs- und Durch-führungsaufgaben in zahlreichen Gesetzesmaterien verantwortlich.[71] Die Kooperation zwischen Bund und Ländern geht vor allem als Zusammenarbeit der Exekutiven von-statten.[72] Die Kommunen führen vielfach die Rechtsvorgaben vor Ort aus und sind im Rahmen dieser Rechtsvorgaben für Aufgaben der öffentlichen Daseinsvorsorge zu-ständig.[73] Je nachdem, welche Maßnahmen für die Gewährleistung gleichwertiger Lebensverhältnisse angestrebt werden, müssen die Parteien bei der Ausgestaltung der Politik die grundlegenden Kompetenzbereiche der staatlichen Ebenen berücksichtigen.

Dass die Parteien in Bund, Ländern und Kommunen dabei nicht immer die glei-chen politischen Präferenzen haben, liegt in der Natur der Sache. So spiegelt auch das Raumordnungsgesetz des Bundes den latenten Konflikt zwischen denjenigen Kräften, die ein hohes Maß an Gleichheit erzielen wollten, und denjenigen, die zu starke Eingriffe in die Vielfalt befürchteten: § 2 (2) postuliert einerseits, dass im Gesamtraum der Bundesrepublik Deutschland und in seinen Teilräumen „aus-geglichene soziale, infrastrukturelle, wirtschaftliche, ökologische und kulturelle Verhältnisse anzustreben" sind, betont jedoch andererseits die „prägende Vielfalt des Gesamtraums und seiner Teilräume", die zu sichern sei.

Wie im Folgenden dargestellt, beanspruchen die Aushandlungsbedarfe in Ko-alitionen und der föderalen Struktur die Aufmerksamkeit der Entscheidungsträger extrem. Im Kontrast zur optimistischen Deutung in Abschn. 2.1, nach der Parteien gerade in besonders machtteiligen Demokratien wie der deutschen responsiv agie-ren, könnte dies durchaus dazu führen, dass ihre Entscheidungen die Sichtweisen von Bürgern nicht immer angemessen repräsentieren, insbesondere wenn diese sich jenseits von Wahlen nicht spezifisch politisch engagieren und auf diese Weise Druck für ihre Anliegen erzeugen.

Der Bund verfügt über zahlreiche ausschließliche Gesetzgebungskompetenzen, die einheitliche Politiken für ganz Deutschland nach sich ziehen, so im Bereich Postwesen und Telekommunikation (Art. 73 GG) bzw. landesübergreifende Infra-strukturplanung. Auch in den Feldern der konkurrierenden Gesetzgebung (Art. 72 GG) hat er zumeist frühzeitig von seinen Rechtsetzungskompetenzen Gebrauch gemacht, was die Handlungsmöglichkeiten der Landespolitik hier stark eingrenzt.

---

[70] Scharpf (2008, S. 510).

[71] Laufer und Münch (2010, S. 132 f.).

[72] Behnke (2015).

[73] Ragnitz und Thum (2019b, S. 3); Kahl und Lorenzen (2019, S. 62). Aus der nachfolgenden Darstellung bleibt die Entwicklungspolitik in Regionen ausgeblendet, die durch andere In-stitutionen und Akteurskonstellationen gekennzeichnet ist (Kilper 2008, S. 281).

Darüber hinaus dominiert der Bund in der Steuerpolitik und bei der Verauslagung von Finanzen etwa über Förderprogramme.[74]

Die Länder sind gemäß Art. 70 (1) GG allein zuständig, wenn nichts anderes bestimmt ist (was de facto in nur wenigen wichtigen Bereichen zutrifft), und verfügen insbesondere über Gesetzgebungskompetenzen in den Bereichen Bildung, Inneres und Landesorganisation. Sie verantworten auch die Regional- und Landesplanung gesetzgeberisch.[75] In Fragen der Raumordnung, des Naturschutzes und der Bodenverteilung dürfen sie von Bundesregelungen abweichen (Art. 72 [3] GG). Ansonsten wirken sie über den Bundesrat an der Gesetzgebung und Verwaltung des Bundes mit (Art. 50 GG), wobei sie aufgrund der erwähnten Verantwortlichkeit für viele Verwaltungs- und Durchführungsaufgaben bereits früh auf Aspekte der Durchführbarkeit und Wirkung vor Ort hinweisen können.

In der Praxis sind die Kompetenzen von Bund und Ländern oftmals verschränkt und ihre Abgrenzung im Detail gelegentlich umstritten. So sind die Länder für die Krankenhausplanung zuständig, der Bund für die wirtschaftliche Sicherung der Krankenhäuser, die Regelung der Krankenhauspflegesätze (Art. 74 [1] Nr. 19a GG) und die Sozialversicherung (Art. 74 [1] Nr. 12 GG).[76] Die Bundesregierung beanspruchte daher bei ihrer 2024 vorgelegten Krankenhausreform Gestaltungsrechte, die von verschiedenen Ländern infrage gestellt wurden. Für Kindertagesstätten als weiteres Beispiel hat der Bund allgemeine Qualitätsrichtlinien und ein bundesweites Recht auf einen Betreuungsplatz ab dem ersten Geburtstag als Maßnahme zur Förderung gleichwertiger Lebensverhältnisse formuliert,[77] aber für die Kitas selbst sind die Länder und Kommunen zuständig. Im Bereich der Jugendförderung und politischen Bildung operiert der Bund mit einzelnen Förderprogrammen, um mitzugestalten, während die primäre Verantwortlichkeit bei den Ländern und Kommunen liegt.

Die Kommunen erledigen im Rahmen der Ausführung der Gesetze Pflichtaufgaben im Bereich der Daseinsvorsorge. Sie sind beispielsweise zuständig für erreichbare Schulen, den Straßen- und Radwegebau sowie funktionierende Busse und Bahnen, die alle für die Lebensverhältnisse vor Ort wichtig sind. Im Bereich der freiwilligen Aufgaben können sie selbst entscheiden, wofür sie vorhandene finanzielle Reserven einsetzen, beispielsweise für ein Schwimmbad oder den Bau eines Sportplatzes jenseits der schulischen Grundversorgung. Allerdings gibt es hierfür gerade in den finanzschwachen Kommunen wenig Ressourcen, weshalb Gemeinden mit geringen Grund- und Gewerbesteuereinnahmen im Bereich der

---

[74] Laufer und Münch (2010, S. 118 ff., 124–131).

[75] Ragnitz und Thum (2019b), S. 3; Danielzyk (2019, S. 60).

[76] Wollenschläger (2023, S. 2).

[77] DBT (2023, S. 11).

freiwilligen Aufgaben weniger aktiv sein können. Die Finanzausgleichssysteme auf der Ebene des Bundes und der Länder sowie andere Finanzierungswege bewahrten sie vielerorts nicht vor einer strukturellen Unterfinanzierung.[78]

Zu beachten ist auch die Beteiligung Dritter an der Gewährleistung von bestimmten Aspekten der Grundversorgung. So ist die medizinische Gesundheitsversorgung jenseits der Krankenhäuser bundesrechtlich geregelt, wird jedoch gemäß Sozialgesetzbuch V von den Kassenärztlichen Vereinigungen und Kassenärztlichen Bundesvereinigungen in Abstimmung mit den gesetzlichen Krankenkassen für gesetzlich Versicherte umgesetzt (u. a. § 75 SGB V). Ähnliches gilt für den Bereich der Pflege. In den Bereichen Bildung und Kultur sind oft Stiftungen des Bundes, der Länder oder Dritte – teils unter Beteiligung des Bundes in Aufsichtsgremien und co-finanziert durch die Bundes- und/oder Landespolitik – wichtige Akteure.[79]

Neben den Inhalten räumlicher Ausgleichspolitiken sind ihre Kosten Gegenstand politischer Verhandlungen. Bund und Länder müssen die ihnen überantworteten Aufgaben jeweils selbstständig finanzieren, soweit das Grundgesetz nichts anderes bestimmt (Art. 104a GG).[80] Insofern sind gerade Länder mit geringerer Wirtschaftskraft an der Unterstützung durch andere Länder und den Bund interessiert. Sie verhandeln daher intensiv Ressourcen angelegenheiten, darunter die Steuerverteilung und den Länderfinanzausgleich.[81] Die Anteile von Bund und Ländern an relevanten Steuern sollen gemäß Art 106 (3) GG „die Einheitlichkeit der Lebensverhältnisse im Bundesgebiet" gewährleisten. Der Länderfinanzausgleich verringert über mehrere Umverteilungsstufen die originären Finanzkraftunterschiede der Länder erheblich.[82] Mittlerweile ist dabei der konkrete Nexus zwischen Finanzströmen und den durch sie finanzierten Leistungen bzw. öffentlichen Gütern oft nicht mehr genau erkennbar.

Andere Finanztransfers bindet der Bund an konkrete Zwecke, wodurch sich der Effekt eines „goldenen Zügels" gegenüber den Empfängern ergibt. Ähnlich verhalten sich die Länder gegenüber ihren Kommunen, wenn sie Finanzen im Rahmen themenspezifischer Förderprogramme ausschütten. Ferner trägt der Bund bei Gemeinschaftsaufgaben zur Verbesserung der regionalen Wirtschaftsstruktur, wie oben erwähnt, die Hälfte der Ausgaben in jedem Land, in den anderen Fällen „min-

---

[78] Diemert (2013); Mäding (2013); Kralinski und Schneider (2020); Lenk und Glinka (2017a, 2019); Lenk et al. (2019); Junkernheinrich (2019).

[79] Lorenz und Pischtschan (2024).

[80] Zu den einschlägigen Ermächtigungen zählen Art. 91a GG zur Beteiligung des Bundes an Gemeinschaftsaufgaben, etwa zur Verbesserung der regionalen Wirtschaftsstruktur, sowie Art. 104b GG, der dem Bund im Rahmen seiner Gesetzgebungsbefugnisse „Finanzhilfen für besonders bedeutsame Investitionen der Länder und der Gemeinden (Gemeindeverbände)" beispielsweise „zum Ausgleich unterschiedlicher Wirtschaftskraft im Bundesgebiet" erlaubt.

[81] Scharpf (2008, S. 512); Renzsch (2017, S. 877); Lenk und Glinka (2017b, c).

[82] Lenk und Glinka (2019).

destens die Hälfte" (Art. 91a [3] GG). Für die Finanzierung der Regional- und Landesplanung sind die Länder selbst verantwortlich. Sie regeln auch landesinterne kommunale Finanzausgleichssysteme.

Für die Erreichung eines räumlichen Ausgleichs werden wirtschafts-, finanz-, sozial- und raumpolitische Instrumente eingesetzt, die auf verschiedenen Staats- und Verwaltungsebenen verantwortet, finanziert oder umgesetzt werden:[83]

Bundespolitisch sind insbesondere strukturpolitische Maßnahmen zu nennen, die auf eine Verbesserung der Wirtschaftskraft abheben.[84] Der Bund darf dabei jedoch nicht wettbewerbsverzerrend wirken und nicht einzelne Regionen ohne übergeordneten Grund besonders fördern. Vielmehr wird erwartet, dass die Länder sich dafür einsetzen, die eigene regionale Wirtschaft zu fördern. Wirtschaftsförderung und eine gezielte Standortpolitik entfalten, so die traditionelle Sichtweise, eine ausgleichende Wirkung, indem sie die Schaffung von Erwerbsmöglichkeiten, die Generierung von Steuereinnahmen und die Stärkung der lokalen Wirtschaftsstruktur anregen. Sie sorgen aber nicht für einheitliche Verhältnisse.[85] Der Bund fördert gemeinsam mit den Ländern umfassend Investitions- und Infrastrukturmaßnahmen, die eine substanzielle Verbesserung der Wirtschaftskraft insbesondere in strukturschwachen Gebieten versprechen.[86] Einige Maßnahmen gehen über die Wirtschaftsförderung hinaus. So stellte der Bund beispielsweise durch die Erweiterung von Forschungs- und Förderprogrammen, den Ausbau von Verkehrsinfrastrukturprojekten oder die Ansiedlung von Bundeseinrichtungen im Zeitraum 2020 bis 2038 26 Mrd. Euro an ehemalige Braunkohleregionen in Brandenburg, Nordrhein-Westfalen, Sachsen und Sachsen-Anhalt bereit, die ihnen dabei helfen sollen, den Kohlausstieg zu bewältigen („Strukturstärkungsgesetz Kohleregionen").

Bund und Länder teilen sich die gesetzgeberische Verantwortung für die Städtebauförderprogramme (der Stadtumbau Ost sollte z. B. lokale Schrumpfungs-

---

[83] Die Finanzierungskompetenz für finanzpolitische Maßnahmen obliegt neben dem Bund den Ländern bzw. Kommunen, die Durchführungskompetenz überwiegend den Ländern (außer bundesstaatlicher Finanzausgleich und Sanierungshilfen). Die Gesetzgebungs- und Finanzierungskompetenz für Strukturhilfen der EU (europäische territoriale Zusammenarbeit, Europäischer Fonds für regionale Entwicklung, Europäischer Sozialfonds u. a.) liegt bei der EU, die Durchführungskompetenz bei den Ländern. Die Finanzierungskompetenz für sozioökonomische Maßnahmen liegt neben dem Bund bei den Ländern bzw. Kommunen, die Durchführungskompetenz überwiegend bei den Kommunen. Ausnahmen sind die Sozialversicherung (Parafisci), das Steuersystem (Länder), die Arbeitsmarktpolitik (Berufseinstiegsbegleitung, Weiterbildungsmaßnahmen, Eingliederung von Langzeitarbeitslosen u. ä. – Bund) sowie Jugendhilfe (Länder/Kommunen) (Lorenz et al. 2020).

[84] Eckey (2005, S. 935).

[85] Pohl (2005, S. 509–514).

[86] GRW-Förderung; BMWK (2021a).

prozesse in ostdeutschen Kommunen abmildern) und die öffentliche Daseinsvorsorge (Straßeninfrastruktur, öffentlicher Personennahverkehr, Ver- und Entsorgungsleistungen etc.). Eine raumstrukturelles Instrument ist auch die Förderung der „Integrierten ländlichen Entwicklung" (ILE) im Rahmen der Gemeinsamen Agrarpolitik der Europäischen Union, die vom Bund kofinanziert wird.[87,88]

Die Länder fördern mit dem im Raumordnungsgesetz vorgesehenen Instrument Zentrale Orte v. a. ländliche Räume „durch ein ganzes Netz von Versorgungszentren (Klein- und Mittelzentren) in ihrer Entwicklung".[89] Die Finanzierungskompetenz teilen sich Länder und Kommunen. Die Länder unterhalten außerdem traditionell zahlreiche eigene Förderprogramme für die Regionalentwicklung.[90] Sie vergeben traditionell auch Mittel aus den EU-Strukturfonds für die Förderung wirtschaftsschwacher Regionen oder die Stärkung des ländlichen Raums (LEADER u. a.) und reagierten 2024 verärgert auf Bestrebungen der designierten EU-Kommissionspräsidentin, die Ausschüttung von Kohäsionsmitteln an die Mitgliedstaaten stärker zu zentralisieren.

Auch individuelle sozioökonomische Ausgleichsmaßnahmen, die keinen unmittelbaren Raumbezug haben, sind für die Chancengleichheit unabhängig vom Wohnort relevant. In gewissem Umfang tragen Geldleistungen wie das Kindergeld, Grundsicherungsleistungen und das Wohngeld sowie nicht-monetäre Transfers zum individuellen Ausgleich regionaler Arbeitsmarktprobleme bei.[91] Auch das Steuer- und Transfersystem sowie in Teilen die Sozialversicherungen erbringen Umverteilungsleistungen im Vergleich zum Markteinkommen.[92] Solche primär individuellen Maßnahmen können mithin durchaus dazu beitragen, Abwärtsspiralen in strukturschwachen Regionen entgegenzuwirken.

Angesichts verschiedenster Mechanismen und Instrumente, die sich auf die Ausgestaltung gleichwertiger Lebensverhältnisse richten, kann das Gesamtbild staatlichen Handelns in diesem Bereich verpixeln und die Beziehung der einzelnen Maßnahmen zueinander nicht immer erkennbar sein. Die in Abschn. 2.1 erwähnte, 2018 eingesetzte Regierungskommission „Gleichwertige Lebensverhältnisse" erhielt daher u. a. den Auftrag, „Vorschläge zur Stärkung gleichwertiger Lebensverhältnisse im Bundesgebiet zu machen und hierbei alle Aspekte der Daseinsvor-

---

[87] BMEL (2024a); DBT (2023, S. 12).

[88] Schmidt (2000, S. 12).

[89] Aring et al. (2011, S. 9).

[90] Kilper (2008, S. 277 f.).

[91] Bach et al. (2015, S. 150); Horschel und Pimpertz (2009).

[92] Peichl et al. (2013, S. 116–124); Orsetta und Hermansen (2017, S. 29 f.); Bach et al. (2015).

sorge genauso wie gezielte Strukturverstärkungen in den Ländern und Kommunen in den Blick zu nehmen".[93] Wegen der ohnehin hohen Komplexität der Akteure, die für die Umsetzung solcher Empfehlungen nötig sind, wurden gleich Vertreter aller Seiten in die Kommissionsarbeit eingebunden.[94]

Ausgehend von den Kommissionsempfehlungen, die Kritiker in Anbetracht ihrer thematischen Breite als einen „Gemischtwarenladen" bezeichneten,[95] beschloss die schwarz-rote Bundesregierung 2019 zwölf Maßnahmen, darunter die Förderung von strukturschwachen Regionen, des flächendeckenden Breitbandausbaus, verbesserter Verkehrsinfrastrukturen und des sozialen Wohnungsbaus (Tab. 2.1).[96] Diese Maßnahmen spiegeln gut die Themen, die in der Bundespolitik als wichtig erachtet wurden, um gleichwertige Lebensverhältnisse zu erfassen. Ein Fördersystem für strukturschwache Regionen in Deutschland und die

Tab. 2.1   Pläne der Bundesregierung aus Union und SPD für gleichwertige Lebensverhältnisse 2019

1	Mit einem neuen gesamtdeutschen Fördersystem strukturschwache Regionen gezielt fördern
2	Arbeitsplätze in strukturschwache Regionen bringen
3	Breitband und Mobilfunk flächendeckend ausbauen
4	Mobilität und Verkehrsinfrastruktur in der Fläche verbessern
5	Dörfer und ländliche Räume stärken
6	Städtebauförderung und sozialen Wohnungsbau voranbringen
7	Eine faire Lösung für kommunale Altschulden finden
8	Engagement und Ehrenamt stärken
9	Qualität und Teilhabe in der Kindertagesbetreuung sichern
10	Barrierefreiheit in der Fläche verwirklichen
11	Miteinander der Bürgerinnen und Bürger in den Kommunen fördern
12	Gleichwertige Lebensverhältnisse als Richtschnur setzen („Gleichwertigkeitscheck")

Quelle: BMI (2019a)

---

[93] BMI (2019a, S. 11).

[94] Sechs Facharbeitsgruppen der Kommission befassten sich mit „Kommunalen Altschulden", „Wirtschaft und Innovation", „Raumordnung und Statistik", „Technischer Infrastruktur", „Sozialer Daseinsvorsorge und Arbeit" sowie „Teilhabe und Zusammenhalt der Gesellschaft". Der Kommission gehörten die Bundesministerien einschließlich der Beauftragten für Kultur und Medien, für die neuen Länder sowie für Migration, Flüchtlinge und Integration, die 16 Länder sowie die drei kommunalen Spitzenverbände an.

[95] Mäding (2021, S. 75).

[96] BMI (2019a).

gleichmäßigere Verteilung der Bundesbehörden, um Arbeitsplätze in strukturschwachen Gebieten in Ost und West zu schaffen, sind darunter. Bundestag und
Bundesrat beschlossen ferner das Gesetz zur finanziellen Entlastung von Kommunen und der neuen Länder sowie das Gute-KiTa-Gesetz.[97] Um freiwilliges Engagement (vor allem in strukturschwachen und ländlichen Räumen) zu fördern,
entschied der Bundestag, die neue Deutsche Stiftung für Engagement und Ehrenamt mit Sitz in Neustrelitz zu errichten. Und es wurde ein (appellativer) Leitfaden entwickelt, um Gesetzesvorhaben des Bundes auf ihre Folgen für die
gleichwertige Lebensverhältnisse hin zu prüfen und somit einen „Gleichwertigkeitscheck" zu etablieren.[98]

Die komplexen Kompetenzstrukturen im deutschen Föderalismus,[99] die auch
für den Regelungsgegenstand gleichwertige Lebensverhältnisse zutreffen, verhindern das „Durchregieren" eines Akteurs gegen die Interessen anderer und zwingen zur Kooperation. Idealerweise sorgen Kompetenzabklärungen und Verhandlungen von Akteuren verschiedener Ebenen dafür, dass die Länder – mitsamt
den in ihren Verantwortungsbereich fallenden Kommunen – nicht übergangen
werden und somit regionale Besonderheiten und in Wahlen legitimierte Politik-
schwerpunkte (im Rahmen der Gesetze und finanziellen Möglichkeiten) Berücksichtigung finden.

Die Komplexität wurde aber oft kritisiert. Sie erzeuge eine „Politikver-
flechtungsfalle", erklärte etwa Fritz W. Scharpf.[100] Aufgrund der verflochtenen
Vetostrukturen würden allzu häufig Einigungen auf nur kleinstem gemeinsamem
Nenner erfolgen und dadurch inhaltliche Gestaltungsmöglichkeiten verschenkt.
Zudem sei ein unitarisches föderales System nicht dazu in der Lage, effiziente Lö-
sungen für regionalspezifische Probleme und Sachlagen zu finden.[101] Gerhard
Lehmbruch diagnostizierte einen latenten Strukturbruch, der durch das Zusam-
mentreffen von föderalen Strukturen, die auf Kooperation angelegt sind, mit der
Wettbewerbslogik in einem demokratischen Parteiensystem erzeugt werde.[102]
Durch die stärkere Integration in das EU-Mehrebenensystem, die für gleichwertige
Lebensverhältnisse v. a. mit ihrer Struktur- bzw. Kohäsionspolitik relevant ist, wur-
den die Verflechtungen noch weiter ausgebaut.

---

[97] BMI (2021, S. 58 f.).
[98] BMI (2020).
[99] Hesse (1962); Abromeit (1992).
[100] Scharpf (1976).
[101] Scharpf (2008, S. 517).
[102] Lehmbruch (2000).

In der Praxis kommt es seltener zu wechselseitigen Blockaden der Beteiligten, als es auf dem Papier scheint, und regelmäßige Konflikte, insbesondere in Finanzierungsfragen, werden vielfach durch Kompromisse beigelegt. Daher kann die föderale Ordnung trotz der Verhandlungs- und Entscheidungskomplexität als Solidarverbund wirken.[103] Das gemeinsame Agieren der Beteiligten als ein solcher Solidarverbund und die mit der Politikverflechtung einhergehende „Diskurs- und Kommunikationsverflechtung" können, so die optimistische Bewertung, einen problemangemessenen Informationsaustausch und eine entsprechende Entscheidungsfindung anregen.[104]

Allerdings sind räumliche Ausgleichsmaßnahmen in Deutschland weiterhin nicht als spezifischer Politiksektor mit eigenen Steuerungsinstrumenten organisiert, sondern reichen in verschiedene Politikfelder hinein. Dies erschwert die Herausbildung von Koordinierungsgremien, wie sie im deutschen Föderalismus und auch im europäischen Mehrebenensystem sonst üblich sind. Das eröffnet zwar auch Flexibilitätschancen,[105] aber zugleich sind noch weniger Praktiken zum Umgang mit der Komplexität etabliert als in klassischen Politikfeldern. Dies macht Abstimmungen besonders aufwändig, weshalb sogar die Anwendung einmal getroffener Verabredungen in den Hintergrund geraten kann. So wurden ausgerechnet die Vereinbarungen zum Kohleausstieg mit ihren weitreichenden Konsequenzen für die betreffenden Reviere *nicht* dem gerade erst beschlossenen „Gleichwertigkeitscheck" unterzogen.[106]

2.3   Responsive Politik, gesellschaftlicher Zusammenhalt und räumliche Unterschiede

Angesichts der permanenten Verhandlungen zwischen Bund, Ländern und Kommunen um Inhalte, Finanzen, Entscheidungs- bzw. Aufsichtskompetenzen könnte auch die Ausrichtung der Politik an den Bürgerwünschen in den Hintergrund geraten, beispielsweise wegen Eigeninteressen der Beteiligten sowie zahlreicher Kompromisse zwischen den mit der Regierungsverantwortung betrauten Parteien und anderen Vetospielern.[107] Die Verhandlungen binden außerdem viel Aufmerksamkeit, die von der Kommunikation mit den Bürgern abgeht. Die Entscheider in Politik und Verwaltung könnten daher u.U. der Interessen der Bevölkerung zu wenig gewahr sein.

---

[103] Scheller und Schmid (2008, S. 8); Benz (1992, S. 40); Scharpf (1976, S. 29).
[104] Scheller (2008, S. 28).
[105] Vgl. Benz (1998).
[106] Mäding (2021, S. 75).
[107] Stecker (2020).

Wie in Abschn. 2.1 erwähnt, haben Parteien in Demokratien wegen der regelmäßigen Wahlen theoretisch ein Eigeninteresse daran, gesellschaftliche Interessen dauerhaft in das politische System einzuspeisen und damit im Falle von Responsivitätsdefiziten Druck aufzubauen. Aber nur knapp 2 % der Menschen in Deutschland sind in Parteien organisiert und geben in diesen ihre Wünsche weiter. In Landgemeinden, Kleinstädten und kleinen Mittelstädten – wo 58,7 % der deutschen Gesamtbevölkerung leben[108] – sind Parteien oft weniger präsent und können insofern nur begrenzt Stimmungen aus der Bevölkerung aufnehmen. In Ostdeutschland als Großregion sind weniger Menschen Mitglieder von Parteien als in Westdeutschland.[109] 2022 lag ihr Anteil an den Mitgliedern der im Bundestag vertretenen Parteien bei nur 8,4 %[110] – bei einem Bevölkerungsanteil von ca. 18 %. Falls es regionalspezifische Sichtweisen auf gleichwertige Lebensverhältnisse geben sollte, so würden diese bei asymmetrischer Partizipation also nur begrenzt in die Parteien kommuniziert.

Auch der Wahlmechanismus kann mögliche Responsivitäts- und Repräsentationsdefizite nicht vollständig beseitigen. Von ihrem Wahlrecht machen bestimmte gesellschaftliche Gruppen systematisch weniger Gebrauch,[111] was zu einer Minderberücksichtigung in der Politik beiträgt.[112] Zudem stehen nur ganze Programme zur Wahl und die Bürger äußern sich auf dem Wahlzettel nicht ausdifferenziert zu thematischen Einzelangeboten. Die Komplexität der politischen Entscheidungsprozesse im bundesdeutschen Föderalismus geht außerdem damit einher, dass die Bürger oft nicht wissen, wer für einen Sachverhalt zuständig ist, und sie berücksichtigen bei ihren Wahlentscheidungen nicht immer die konkreten Politikangebote der zur Wahl stehenden Parteien[113] – ein Umstand, den die Parteien gelegentlich nutzen, wenn sie mit Positionen für Politiken antreten, die auf der entsprechenden Ebene gar nicht entschieden werden.[114] Bürger nehmen daher nur bedingt zielgenau Wahlentscheidungen vor und belohnen oder sanktionieren Parteien nicht für *spezifische* Politiken oder Positionen.

Nicht zuletzt leben Abgeordnete, andere politische Entscheidungsträger, die sie unterstützenden und beratenden Verwaltungsmitarbeiter und Experten sowie die sie bewertenden Journalisten weit überwiegend in Großstädten; ihr Blick auf das

---

[108] Siehe die Einleitung zum Band.

[109] Jaeck (2019, S. 49).

[110] Ohne Berlin; Niedermayer (2023).

[111] Schäfer (2015).

[112] Rosset und Stecker (2019).

[113] Rosset und Kurella (2021); Schoen (2005).

[114] Stecker (2015, S. 1306).

Leben in Deutschland ist möglicherweise durch dieses Lebensumfeld geprägt und sie haben daher weniger spezifische Kenntnisse von den Sichtweisen, Bedarfen und Interessen von Menschen in Klein- und Mittelstädten oder Dörfern, auch wenn sie vielleicht selbst dort geboren wurden. Gerade Menschen in ländlichen Regionen und in Ostdeutschland haben eher homogene soziale Netzwerke.[115] Ihre Sichtweisen könnten daher nur unzureichend bekannt sein bei denen, die entscheiden und das öffentliche Meinungsbild prägen.[116]

Tatsächlich verwiesen einige Studien der vergangenen Jahre darauf, dass die Politik in westlichen Demokratien zwar auf öffentliche Stimmungen reagiert, aber Defizite aufweist, gegenüber manchen Teilen der Bevölkerung systematisch responsiver ist als gegenüber anderen bzw. die Interessen nicht vollständig repräsentiert.[117] Die Bürger fühlten sich „entmachtet und apathisch, während die politische Klasse immer mehr abgekapselt ist, was zu immer größeren und verzweifelteren Versuchen der politischen Klasse geführt" habe, „sich als den so genannten einfachen Menschen ähnlich darzustellen", so die sehr generelle These von Castiglione und Pollak.[118] Vergleichsstudien deuten auf Differenzen zwischen den Vorstellungen oder Politiken der politischen Mehrheiten und der Bevölkerung hin, ohne dass aber bislang ein einheitliches Muster erkennbar wäre.[119] Für Deutschland wurde eine „Responsivitätslücke" postuliert, insbesondere in Ostdeutschland.[120] Es wurde aber auch betont, dass die Unterschiede je nach Thema mal kleiner, mal größer sind und die Datenlage unzureichend sei.[121]

Systematische Untersuchungen von Responsivität beziehen sich bislang nicht auf das Thema gleichwertige Lebensverhältnisse. Sie wurde anhand des parlamentarischen Handelns allgemein,[122] anhand der Präferenzen von Politikern oder Parteipositionen[123] oder von Politikergebnissen[124] erhoben. Responsivitätsanalysen konzentrierten sich auf die Messung der inhaltlichen Übereinstimmung von Ein-

---

[115] Teichler et al. (2023, S. 29, 34).

[116] Für weitere mögliche Ursachen von Responsivitätsdefiziten siehe Powell (2005).

[117] Schäfer und Zürn (2021); Persson und Sundell (2023); Jun (2011).

[118] Castiglione und Pollak (2019, S. 1).

[119] Z. B. Lupu und Warner (2022); Lefkofridi und Giger (2020); Pacheco (2013); Lax und Phillips (2012).

[120] Jaeck (2019, S. 43 f.).

[121] Gabriel (2023).

[122] Brettschneider (1995).

[123] Adams und Ezrow (2009); Bernauer et al. (2013); Petring (2015).

[124] Donnelly und Lefkofridi (2014).

stellungen der Eliten bzw. Politikentscheidungen[125] mit den Einstellungen der Bevölkerung bestimmter Raumeinheiten – gemessen über Umfragedaten.[126] Es gibt quantitative Untersuchungen für längere Zeiträume, verschiedene Politikfelder und Staaten sowie für die Übereinstimmung mit Wünschen bestimmter sozialer Gruppen bzw. Teile der Gesellschaft.[127] Für lokale feingliedrigere Analysen wurde die Responsivität der deutschen Bundesländer untersucht.[128] Oft fehlt es aber an räumlichen Ausdifferenzierungen und an qualitativen Daten zur Responsivität der Politik.

Traditionell beschäftigen sich soziologische, auf die Gesellschaft bezogene Studien primär mit Fragen individueller oder gruppenbezogener Ungleichheiten sowie mit Großkonflikten, weniger mit räumlicher Ungleichheit oder Effekten von Ausgleichspolitiken. Im Zentrum soziologischer (teils auch politikwissenschaftlicher und ökonomischer) Untersuchungen der letzten Jahre standen gesellschaftliche Transformationsprozesse,[129] die Entstehung neuer struktureller Konflikte im Zusammenhang mit der Globalisierung,[130] als Reaktion auf Modernisierung,[131] im Kontext von technologischem Wandel oder Krisen, z. B. die Weltfinanzkrise ab 2007, die Migrationskrise 2015/16 oder die Covid-Pandemie.[132] Für Deutschland wurden auch Probleme des Strukturwandels im Kontext der Energiewende untersucht.

Postuliert wurden das Wiedererstarken alter oder die Entstehung neuer kultureller oder ökonomischer Konflikte bzw. Konfliktlinien und/oder Populismus, die Gesellschaften spalten.[133] Zu den genannten Konflikten gehören nicht nur solche zwischen sozialen Gruppen, sondern auch zwischen Bewohnern verschiedener Raumtypen, darunter ein postulierter Konflikt zwischen Stadt und Land bzw. urbanen und peripheren Räumen sowie zwischen Ost- und Westdeutschland; beide werden mit verschiedenen Faktoren in Verbindung gebracht, z. B. mit einer unterschiedlichen Ausstattung mit Infrastruktur und Kompositionsunterschieden infolge von Wanderungsbewegungen.[134] Das Konfliktpotenzial steigert sich dann, so die

---

[125] Z. B. Elsässer et al. (2016); Lax und Phillips (2012); Brooks und Manza (2007); Page und Shapiro (1983); Wlezien (2004); Miller und Stokes (1963).

[126] Z. B. Vogel (2018); Powell (2004); Linden und Thaa (2011); Weßels (2011).

[127] Elsässer et al. (2016).

[128] Wenzelburger et al. (2020).

[129] Dörre et al. (2019).

[130] Kriesi et al. (2008, 2012).

[131] Dalton (2018).

[132] Milner (2021); Moffitt (2015).

[133] de Wilde et al. (2019); Norris und Inglehart (2019); Halikiopoulou und Vlandas (2020); Hooghe und Marks (2018); Zick (2019).

[134] Mau (2024, S. 286 f., 2019); Haffert (2022); Schmalz et al. (2021); Vogel et al. (2024).

Annahme, in ländlichen Räumen Ostdeutschlands. Ob Konflikte und Populismus tatsächlich systematisch im Zusammenhang mit den genannten Faktoren erstarkt sind, ob die Gesellschaft wirklich polarisierter ist, wie wiederholt suggeriert, wurde zwar untersucht, ist aber dennoch umstritten.[135]

Im Fahrwasser dieser wichtigen Forschung und in gewisser Weise als programmatischer Gegenpunkt erlangte auch gesellschaftlicher Zusammenhalt an Relevanz.[136] Gesellschaftlicher Zusammenhalt meint, wie in der Einleitung erwähnt, die Fähigkeit einer Gesellschaft zur Absicherung von Wohlstand für alle, zur Minimierung von Ungleichheiten und Vermeidung von Polarisierung.[137] Die gestiegene Aufmerksamkeit für dieses Thema spiegelte sich nicht zuletzt in der Gründung des Forschungsinstituts Gesellschaftlicher Zusammenhalt, in dessen Rahmen das diesem Buch zugrunde liegende Projekt realisiert wurde. In Erweiterung früherer Analysen zu sozialer Kohäsion[138] wurden und werden Vorstellungen von gesellschaftlichem Zusammenhalt, seine Determinanten, Gefährdungen und Effekte untersucht. Allerdings zeichnet sich bislang kein Set übergreifender Befunde ab, auch weil sich normative Bewertungsmaßstäbe offenbar unterscheiden.[139] Dies bestärkt auch den Ansatz der vorliegenden Studie, Sichtweisen in der Bevölkerung in Deutschland auf den Gegenstand gleichwertige Lebensverhältnisse als einen Baustein für ein Verständnis gesellschaftlichen Zusammenhalts detailliert vergleichend zu erfassen.

Der Zusammenhang zwischen gesellschaftlichem Zusammenhalt und den Lebensverhältnissen vor Ort scheint evident. „Eine Gesellschaft ist nicht deshalb kohäsiv, weil ihre Mitglieder unter guten Bedingungen leben und sich wohlfühlen, aber ein stärkerer gesellschaftlicher Zusammenhalt kann zum Wohlbefinden der Mitglieder der Gesellschaft beitragen, entweder als direkte Vorbedingung […[140]] oder als Moderator, der negative Auswirkungen schlechter Lebensbedingungen

---

[135] Spezifisch zu den postulierten Disparitäten von Meinungen zwischen Stadt und Land sowie Ost und West in Deutschland siehe Mau et al. (2024, S. 300 f.). Danach sind zwar Unterschiede in Bezug auf verschiedene Aspekte erkennbar, aber „sehr überschaubar" (Stadt-Land) bzw. lässt sich „keineswegs von einem grundsätzlichen Auseinanderfallen der Orientierungen" (Ost-West) sprechen. Für Zweifel an der These siehe auch Mudde (2013).

[136] Deitelhoff et al. (2020); Middell (2024).

[137] Jenson (2010, S. 7). Für andere Konzepte siehe z. B. Chan et al. (2006) oder aber Schiefer und Noll (2017), die soziale Beziehungen, Identifikation mit dem geografischen Lebensraum und Gemeinwohlorientierung als Dimensionen zur Messung gesellschaftlichen Zusammenhalts vorschlagen.

[138] Für einen Überblick siehe Schiefer und van der Noll (2017).

[139] Middell (2024).

[140] Beauvais und Jenson (2002); Delhey und Dragolov (2015); Jenson (2010); Putnam (2000).

wie Arbeitslosigkeit und Armut abpuffert",[141] argumentierten Schiefer/van der Noll nach Sichtung des Forschungsstandes.[142] Soziale Kohäsion wird maßgeblich auch auf lokaler Ebene etabliert und aufrechterhalten.[143] Der dortige Zugang zu öffentlichen Leistungen der technischen und sozialen Infrastruktur, insbesondere zu Bildung, Kultur, Verkehrseinrichtungen und Gesundheitsleistungen, ist eine wesentliche Voraussetzung für gesellschaftliche Teilhabe, Inklusion und Gerechtigkeit.[144] Gleichwertige Möglichkeiten des Zugriffs auf Ressourcen können das Vertrauen in die Mitmenschen und den Staat, die politische und gesellschaftliche Beteiligung, die Netzwerkbildung und das Zugehörigkeitsgefühl stärken.[145] Öffentliche Infrastruktur schafft auch soziale Räume.[146] Solche Orte der Begegnung fördern den Austausch verschiedener gesellschaftlicher Gruppen und damit möglicherweise auch das Verständnis und die Solidarität innerhalb der Gesellschaft. Kommen Teile der Menschen nicht in den Genuss dieser Vorteile oder haben den Eindruck, benachteiligt zu sein, so kann dies eine geringe Zufriedenheit mit dem Gemeinwesen und dem Zusammenhalt bewirken. In einer repräsentativen Befragung für Deutschland im Jahr 2023 korrelierte die Zufriedenheit mit dem Wohnort stark mit der Wahrnehmung des lokalen sozialen Zusammenhalts.[147]

„Maßstab für die Bestimmung der durch das Leitbild [gleichwertige Lebensverhältnisse] geforderten Gleichwertigkeit war und ist der gesellschaftlich akzeptierte Standard", schrieben Kersten et al.[148] Aber was der gesellschaftliche Standard ist, ob er innerhalb Deutschlands variiert und wie er gemessen wird, wurde bisher nur begrenzt soziologisch untersucht. Aspekte räumlicher Ungleichheit wurden in der Stadtforschung, der Forschung zu nichtstädtischen Kommunen oder spezifischen anderen Räumen thematisiert, aber nicht mit der Untersuchung von Ausgleichserwartungen an die Politik verbunden. „Zwar steigt gegenwärtig die Aufmerksamkeit gegenüber der Räumlichkeit sozialer Ungleichheiten", schrieben die Soziologinnen Barlösius und Neu 2008 über ihre Disziplin, „aber noch immer wird diese vorwiegend als Sekundärphänomen sozialstrukturell verursachter Ungleichheiten begriffen. Damit geht einher, dass (sozial)räumliche

---

[141] Unter Verweis auf Phipps (2003); Upperman und Gauthier (1998).

[142] Schiefer und van der Noll (2017, S. 594).

[143] Sackmann et al. (2024).

[144] Böhnke et al. (2015, S. 7, 11); Farrington und Farrington (2005, S. 4).

[145] Schiefer und van der Noll (2017, S. 594).

[146] Kersten et al. (2019, S. 8); Vargas Chanez und Merino Sanz (2014); Neu (2009).

[147] Hebenstreit et al. (2024, S. 65).

[148] Kersten et al. (2012, S. 47).

Ungleichheiten [...] als nachrangig aufgefasst werden. In dieser Lesart bleibt letztlich die Ökonomie (Markt, Produktion, Erwerbsarbeit) Hauptursache für soziale Benachteiligungen".[149]

Der Erfassung und Analyse gesellschaftlicher Normvorstellungen und Meinungen dienen beispielsweise repräsentative Bevölkerungsbefragungen wie Eurobarometer für die EU-Staaten und ALLBUS oder die Bertelsmann-Studien für Deutschland. Solche Erhebungen und die seit einigen Jahren von verschiedenen Bundesländern sowie dem Bund in Auftrag gegebenen „Monitore" der öffentlichen Meinung deuten auf mögliche Responsivitätsdefizite der Politik (auch) demokratischer Staaten hin, wie sie oben angesprochen wurden. In vielen Ländern sind substanzielle Teile der Gesellschaft mit der realen Funktionsweise der Demokratie unzufrieden und halten die Politiker und Parteien nicht für interessiert an den Ansichten der Bevölkerung.

Dabei zeigten sich räumliche Tendenzen. In Deutschland fiel gemäß einer repräsentativen Umfrage 2022/23 die Zufriedenheit mit der aktuellen Lage der Demokratie in kleinen Kommunen auf dem Land viel schwächer aus als in dichter besiedelten Gebieten.[150] Auch in Ostdeutschland ist demnach die Unzufriedenheit groß, besonders in ländlichen Räumen.[151] Allerdings lassen sich aus den verbreitetsten Meinungsumfragedaten aufgrund der begrenzten Zahl der Befragten kaum detaillierte regionale Zusammenhänge der Zufriedenheit oder anderer Parameter analysieren. Die Fragen im größeren Sozio-Oekonomischen Panel sind wiederum nicht darauf ausgerichtet, die Sichtweise auf die Lebensumstände vor Ort und Wünsche an die Politik ausführlich zu erfassen.

Möglicherweise in Ermangelung einer breiten Datengrundlage zu Sichtweisen in der Bevölkerung greifen die neueren Studien zu *spatial justice* bzw. zur räumlichen Struktur von Ungleichheit[152] oft auf räumliche Strukturdaten zurück, um die Lebensqualität zu erfassen, sowie auf räumliche Wahlergebnisse, um indirekt auf Meinungen in der Bevölkerung zu schließen.[153] Lokale Schrumpfungsprozesse – die beispielsweise durch Globalisierung, Deindustrialisierung oder eine auf andere Gebiete konzentrierte „Leuchtturmpolitik" ausgelöst werden[154] – führen demnach zu Unzufriedenheit und Unzufriedenheit mit der Politik.[155] Räumliche Ungleich-

[149] Barlösius und Neu (2008, S. 5).

[150] Hirndorf (2024, S. 24); ähnlich Pokorny (2020).

[151] Hirndorf (2024, S. 24).

[152] Z. B. Albrech et al. (2016); Fina et al. (2019); Fink et al. (2019); Heider et al. (2023).

[153] Siehe z. B. Dragolov et al. (2018).

[154] Lang (2012); Keim (2006).

[155] Rodríguez-Pose (2018); Lago (2022); Rodden (2019).

heit fördere speziell die Anfälligkeit für Populismus, d. h. die Vorstellung, dass die Eliten die Interessen bestimmter Bevölkerungsgruppen nicht angemessen berücksichtigen. Dies gehe mit rechten politischen Ansichten bei kulturellen und linken bei ökonomischen Konflikten einher.[156] In Deutschland tritt räumliche Ungleichheit ausweislich der Daten v. a. in Form eines großen Clusters weniger gut versorgter Räume in Ostdeutschland auf; hinzu kommen kleinere regionale Cluster in Westdeutschland, insbesondere das Ruhrgebiet.[157] Die Kennzeichen dieser Ungleichheit korrelieren teilweise mit nichträumlichen Indikatoren, d. h. den in der Soziologie traditionell analysierten sozialstrukturellen Kennzahlen. „Empirisch ist nachweisbar", so Kubiak, „dass die ostdeutschen Bundesländer in so gut wie allen relevanten sozialstrukturellen Kennzahlen" – er nennt Vermögen, Einkommen und Elitepositionen, aber auch Infrastruktur und Hauptsitze von DAX-Unternehmen – „den westdeutschen Bundesländern noch immer unterlegen sind."[158] Das Ruhrgebiet hat ebenfalls seit langem mit wirtschaftlichen Schwierigkeiten zu kämpfen.[159]

Belegt wurde für unterschiedliche Fälle und Zeitpunkte, dass schlechte sozioökonomische Rahmenbedingungen in bestimmten Gebieten mit einer geringeren Überzeugung von der Berücksichtigung der eigenen Bedürfnisse durch die politischen Entscheider einhergingen[160] und die Wahlbeteiligung dämpften.[161] Für ostdeutsche und strukturschwache Kreisen mit erhöhter Überalterung und Abwanderung wurde ein „Gefühl des Abgehängtseins" beobachtet, das statistisch eng mit populistischen Einstellungen verbunden war.[162] Vergleicht man spezifische Raumtypen, so vertrauten beispielsweise Menschen in Ostdeutschland (wo es anteilig mehr strukturschwache Regionen gibt) der Regierung weniger als ihre Landsleute in Großstädten.[163] Auch wurden divergierende Wahlergebnisse in (groß)städtischen und peripher-ländlichen Wahlkreisen mit der Unzufriedenheit über die urbanen Politikinhalte und Defizite in der Daseinsvorsorge außerhalb metropolitaner Verdichtungsräume in Zusammenhang gebracht.[164] In strukturschwachen kleineren Orten wurde stärker die

---

[156] Bayerlein (2020); Diermeier (2020); Rodríguez-Pose (2018).

[157] Bayerlein (2020).

[158] Kubiak (2020, S. 36).

[159] Hüther et al. (2019); Friedel et al. (2021).

[160] Brachert et al. (2020, S. 18).

[161] Schäfer et al. (2013, S. 10); Schäfer und Schmitt-Beck (2017, S. 125).

[162] Hebenstreit et al. (2024, S. 21).

[163] Teichler et al. (2023, S. 52–54, 100).

[164] Haffert (2022).

AfD gewählt,[165] weshalb bei der Analyse des Wahlverhaltens teilweise Bewertungen der öffentlichen Infrastruktur am Wohnort berücksichtigt wurden.[166]

Allerdings relativierten, wie erwähnt, mehrere Studien die Annahme, dass es in Deutschland unversöhnliche Gegensätze in den Meinungen verschiedener sozialer Gruppen oder einen generellen Stadt-Land-Konflikt gibt, auch wenn punktuell oder graduell Unterschiede nachweisbar sind. Zwar gebe es Konflikte oder Präferenzunterschiede, aber keine sich gewissermaßen dauerhaft antagonistisch gegenüberstehenden, strukturell verfestigten Gruppen, argumentieren Steffen Mau und andere.[167] Vielmehr seien Konfliktkonstellationen nuancierter, dynamischer und unterschieden sich nach Thema. Ein Konsens zu verschiedenen Themen kann an „Triggerpunkten", d. h. bei Reizthemen, in emotionalisierten Dissens umschlagen, der sich schwer sachlich diskutieren lässt.[168]

Fraglich ist, ob solche kontroversen Diskussionen eigentlich im Alltag lokal geführt werden. Betrachtet man die räumlichen Hochburgen der Grünen in Großstädten und der AfD in bestimmten peripher-ländlichen Räumen, so lässt sich vermuten, dass sich bestimmte Sichtweisen in einem räumlichen Muster ballen und abweichende Positionen jeweils weniger vorhanden sind oder geäußert werden.[169] In diesem Falle begegnen sich die potenzielle Konfliktparteien nicht persönlich, es wird nicht lokal „getriggert" bzw. gereizt, sondern gesellschaftliche bzw. politische Konflikte werden in der Diskursarena der allgemeinen Medienöffentlichkeit und politischen Entscheidungsorganen von Bund und Ländern ausgetragen, was dazu beitragen kann, dass Politik mit Streit assoziiert und dadurch negativ konnotiert wird.

Zu berücksichtigen ist auch die Interdependenz zahlreicher Faktoren, die nicht nur zur wechselseitigen Abstützung von Effekten im Sinne einer Ausprägung struktureller Konflikte mit verfestigten Konfliktparteien beitragen kann, sondern auch zur Abschwächung von Konflikten. So wurde in Umkehrung der erwähnten Hypothese zum Effekt einer Unzufriedenheit mit der öffentlichen Daseinsvorsorge am Ort vermutet, dass eine gute Versorgung mit öffentlichen Gütern, z. B. Gesundheitsversorgung, ÖPNV oder digitaler Infrastruktur, den Effekt individueller räumlicher Ungleichheit (niedrigere Einkommen o. ä.) auf das populistische Abstimmen in Wahlen zumindest dämpfen kann.[170] Auch kann es zu Anpassungsreaktionen in

[165] Gabriel (2019, S. 195); Giebler und Regel (2017, S. 16).

[166] Brachert et al. (2020, S. 7).

[167] Mau et al. (2024); Hirndorf (2024); Roose (2021).

[168] Mau et al. (2024, S. 24).

[169] Lorenz und Träger (2021).

[170] Bayerlein (2020).

Bezug auf die lokalen Gegebenheiten kommen, etwa in Form von Mobilität (man zieht weg) sowie unterschiedlichen Anspruchsniveaus und Praktiken sozialstruktureller Gruppen je nachdem, wo sie leben.[171]

Gemäß einer Analyse zur späten DDR mit Daten von 1987 streute trotz umfassender staatlicher Maßnahmen für einen räumlichen Ausgleich die Zufriedenheit mit Angeboten der öffentlichen Daseinsvorsorge und anderen Aspekten deutlich nach Siedlungsart, v. a. in Bezug auf Kultur- und Sportangebote, Einrichtungen für gesellige Veranstaltungen, Dienstleistungen, dem Arbeitsplatzangebot, Möglichkeiten der Berufsausbildung und Verkehrsanbindung. Die Zufriedenheit war in Bezirksstädten höher als in kleineren Orten und Ortsteilen.[172] Auch die Erreichbarkeit der nächsten Apotheke, des nächsten Kinos u. a. variierte stark nach Siedlungsart.[173] In kleinen Orten und Ortsteilen war zugleich die Bereitschaft wegzuziehen größer, v. a. aber derjenigen mit höherer formaler Bildung. Dies stärkte bereits in der DDR die Tendenz zur „räumlichen Entmischung sozialer Schichten". Zum Zeitpunkt der Datenerhebung war der Anteil von Akademikern, höheren Einkommen, auch von Parteimitgliedern in Bezirksstädten deutlich höher als in Kreisstädten, Dörfern und deren Ortsteilen.[174] Als Reaktionen der Bevölkerung auf die unterschiedlichen Lebensbedingungen wurden außerdem regelmäßige Einkaufsreisen in größere Orte sowie andere Anpassungen der Bedürfnisse und Praktiken an lokale Gegebenheiten bewertet.[175]

Räumliche Ungleichheiten können trotz staatlicher Gegenmaßnahmen strukturell verfestigt sein und selbst ungeachtet gravierender Veränderungen im politischen Kontext bestehen bleiben. Im Gegensatz zu Berlin und den Großstädten seien „einige periphere ländliche Gebiete" unter den gänzlich anderen politischen Rahmenbedingungen nach der friedlichen Revolution und deutschen Einheit „so gut wie chancenlos" gewesen; aus der DDR stammende regionale Disparitäten wurden „großenteils nicht überwunden, sondern reproduziert", wurde für Ostdeutschland in den 1990er-Jahren beobachtet.[176] Dies verstärkte sicherlich die bereits angelegte Neigung zum Weggang Höhergebildeter aus kleineren Orten.

---

[171] Grundmann (1997b).

[172] Grundmann (1997b, S. 47 ff.).

[173] Am wenigsten unterschied sich die Zufriedenheit mit den persönlichen Wohnverhältnissen, Kinderbetreuungseinrichtungen und sozialen Beziehungen vor Ort nach Siedlungsart.

[174] Die „Industriedörfer", die es v. a. in Erzgebirge und der Lausitz gab, entsprachen diesem Muster nicht (Grundmann 1997b, S. 49).

[175] Grundmann (1997b, S. 49–52).

[176] Grundmann (1997b, S. 39).

Für ganz Deutschland analysierte eine 2023 veröffentlichte soziologische Untersuchung repräsentative Umfragedaten zu Aspekten gleichwertiger Lebensverhältnisse u. a. hinsichtlich möglicher räumlicher Muster, v. a. Stadt – Land und Ost – West. Sie kam zu dem Ergebnis, dass mit abnehmender Siedlungsgröße die Zufriedenheit mit dem ÖPNV, dem Versorgungsangebot und der Erreichbarkeit von Ärzten und Kultureinrichtungen sank, v. a. in sozioökonomisch schwächeren Regionen. Hier wurde aber die Abwanderung junger Menschen als größtes Problem wahrgenommen. In Ostdeutschland fiel die Zufriedenheit mit der Gesundheitsversorgung schwächer aus als in Westdeutschland und die eigene Kommune wurde als ärmer bewertet. Zugleich war die Zufriedenheit mit Pflegedienstleistungen und Kinderbetreuung in Ostdeutschland größer. Kleinere Orte wurden generell als familienfreundlicher eingeschätzt, und hier wurde bezahlbarer Wohnraum weniger als Problem bewertet als in größeren Orten.[177]

Diese Studie erhellt viele Zusammenhänge, lässt aber Fragen etwa hinsichtlich der Gewichtung von Aspekten in Teilen offen. Falls Menschen soziale Aspekte bei der Bewertung (gleichwertiger) Lebensverhältnisse stark gewichten, könnte dies angesichts der guten Daten für kleinere Orte so manchen Nachteil dort ausgleichen, aber die Abwanderung Jüngerer deutet darauf hin, dass das nicht zutreffen muss. Klassisch wurde darauf hingewiesen, dass Menschen nicht primär nach objektiven Maßstäben handeln, sondern die Situation definieren und interpretieren.[178] Die „Marienthal-Studie" zu einer infolge wirtschaftlicher Rezession von Arbeitslosigkeit geprägten Kommune deutete, dass sich die dort lebenden Menschen schlicht daran gewöhnt haben, weniger zu erwarten.[179] Umgekehrt können aber sogar „durchaus gute Lebensbedingungen mit einer als schlecht wahrgenommenen Lebensqualität zusammengehen […] (Unzufriedenheitsdilemma) und schlechte Lebensbedingungen mit positiven Bewertungen (Zufriedenheitsparadox)".[180] Die Wahrnehmung beispielsweise von (Einkommens-)Ungleichheit kann verzerrt sein.[181]

Auch neuere raumbezogene Daten stützen die Aussage, dass wir Sichtweisen und Bewertungskriterien noch besser verstehen müssen. Beobachtungen zu ost-

---

[177] SPD/Bündnis 90/Grüne (2021, S. 46 f., 49, 50 f., 52, 60). Die Auswertung ergab eine hohe Zufriedenheit hinsichtlich der Erreichbarkeit der „Einkaufsmöglichkeiten des täglichen Bedarfs" (über 80 %), der Versorgung mit schnellem Internet, Pflegeleistungen, Kinderbetreuungseinrichtungen und Hausärzten (je ca. 60 %). Eine knappe Mehrheit war zufrieden mit der Erreichbarkeit von Kultur- und Freizeiteinrichtungen bzw. dem ÖPNV (ebd., S. 48).

[178] Klassisch Thomas (1928).

[179] Jahoda et al. (1975).

[180] Zapf (1984, S. 25).

[181] Engelhardt und Wagener (2014); Gimpelson und Treisman (2018).

deutschen Transformationsprozessen führten zur These, dass wahrgenommenes „geteiltes Leid" auch einen lokalen „sozialen Kitt" bildete,[182] und dass sich Arbeitslose in einem Umfeld mit höherer Arbeitslosigkeit relativ besser fühlen, weil sie für die schlechte Lebenssituation offensichtlich nicht selbst verantwortlich waren.[183] Ungeachtet ihres im Schnitt niedrigeren Haushaltseinkommens bewertete ein gleich hoher Anteil der Ostdeutschen wie der Westdeutschen (knapp 70 %) die eigene wirtschaftliche Lage als gut, und auch die Einschätzung der gesamtwirtschaftlichen Lage hat sich in den letzten Jahren angeglichen.[184]

Viele Studien deuten darauf hin, dass in Bezug auf wirtschaftliche Aspekte gar nicht deren objektive Ausprägung, sondern die Bewertung der relativen Lage relevant für viele Menschen ist und etwa die Zufriedenheit mit der Praxis der Demokratie beeinflusst. Trotz der im europäischen Vergleich nicht schlechten Lage in Bezug auf die Wirtschaftsentwicklung gaben beispielsweise in einer repräsentativen Befragung in Ostdeutschland 42 % der jüngeren und 53 % der älteren Menschen an, dass sie nicht den gerechten Anteil am Lebensstandard erhalten, während die weit überwiegende Mehrheit der westdeutschen Bevölkerung angab, sie erhalte einen gerechten Anteil am Lebensstandard.[185] Diese relativen Deprivationsgefühle stehen in einem engen Zusammenhang mit der Bewertung der realen Praxis der Demokratie. Dass die Anteile sich trotz objektiv verbesserter Lebensbedingungen nicht deutlich verändert haben, verweist auf die Möglichkeit spezifischer kollektiver Wahrnehmungen in Regionen bzw. Teilgesellschaften.[186]

Aus diesen lückenhaften und teils widersprüchlichen Forschungsergebnissen lässt sich die Vermutung ableiten, dass auch der Maßstab von Vergleichen der Lebensverhältnisse vor Ort relevant für die Bewertungen und die Erwartungen an die Politik sein kann,[187] also ob man die Lage etwa im europäischen Maßstab vergleicht oder mit anderen Regionen Deutschlands oder mit einem früheren Zeitpunkt. Quantitative Studien zu Europa zeigen, dass auch Orte, die wirtschaftlich nicht ausnehmend schlecht dastehen, von den dort lebenden Menschen als „abgehängt" wahrgenommen werden, wenn sie *vorher* bei objektiven Indikatoren bessere Werte aufwiesen.[188] In Ostdeutschland, das einen allumfassenden Struktur-

---

[182] Von Wolff (2018, S. 15).
[183] Silbereisen et al. (2008, S. 204). Diesem Befund widersprechen allerdings andere Analysen (BBSR 2020).
[184] Pickel und Pickel (2022).
[185] Gaiser und de Rijke (2019, S. 52).
[186] Pickel und Pickel (2022).
[187] Pollack (2020, S. 191).
[188] Rodríguez-Pose (2018); Dijkstra et al. (2020).

wandel durchlebte, bewerteten 2023 Befragte, die vor 1990 überwiegend in Ost-deutschland gelebt haben, das eigene Wohnumfeld kritischer als Befragte, die in dieser Zeit in Westdeutschland lebten.[189] Auch die generellen Bilanzierungen der deutschen Einheit unterscheiden sich in West- und Ostdeutschland.[190] Effekte könnten höhere Erwartungen an die Politik, Protest oder Resignation sein. So ist in „abgehängten" Regionen, wie erwähnt, die Zustimmung für rechtspopulistische Inhalte höher.[191] Dazu gehören vor allem ländlich-periphere Räume, aber auch Pro-blemkieze und als Großregion Ostdeutschland.[192]

Aber auch das bereits oben angesprochene Anspruchsniveau kann relevant sein. Nimmt man einen Sozialisationseffekt eingeführter Regularien an, so ist angesichts des in Deutschland verankerten Leitbilds gleichwertige Lebensverhältnisse ein hohes Anspruchsniveau zu erwarten. In Ostdeutschland ist es aufgrund von Rest-wirkungen der Sozialisation in einem zentralistischen Fürsorgestaat mit um-fassender öffentlicher Daseinsvorsorge, des tief sitzenden „Transformations-schocks" der Massenarbeitslosigkeit in den 1990er-Jahren und der geringeren Ver-mögen möglicherweise höher ausgeprägt. Gemäß Umfragen ist hier die Haltung, dass der Staat für individuelle Lebensrisiken vorsorgen soll, etwas ausgeprägter als in Westdeutschland.[193] Konsistent bezeichnete mit 70 % ein weit höherer Anteil von Menschen als im Westen den Sozialismus als eine im Prinzip gute Idee, die schlecht umgesetzt wurde.[194] Nach wie vor wünschen sich Ostdeutsche ein größeres Maß wohlfahrtsstaatlicher Leistungen in mehr Bereichen. Allerdings näherte sich die westdeutsche Bevölkerung hier der östlichen an.[195] In Bezug auf die Gesundheits-versorgung, die Bereitstellung von angemessenem und preiswertem Wohnraum sowie Wirtschaftsförderung/Arbeitsmarktpolitik sehen West- und Ostdeutsche gemäß einer Befragung im Jahr 2023 mehrheitlich eine Verantwortung der Politik.[196]

Ferner kann Medienrezeption Wahrnehmungen und Anspruchsniveaus beeinflus-sen. So hing der unterschiedliche Grad der politischen Unzufriedenheit in Stadt und Land in der späten DDR[197] unter Umständen auch mit dem räumlich variierenden Zu-

---

[189] SPD/Bündnis 90/Grüne (2021, S. 56).

[190] Giebler et al. (2020); Klein und Heitmeyer (2009); Klie (2019).

[191] Kersten et al. (2019); Böick und Lorke (2019).

[192] Küpper (2017); Deppisch (2019, S. 45); Dilling und Kiess (2021); Holtmann (2019b, S. 134 ff.).

[193] Heinrich et al. (2017, S. 22).

[194] Pickel und Pickel (2022).

[195] Hebenstreit et al. (2024, S. 180 ff.).

[196] Hebenstreit et al. (2024, S. 182 f.).

[197] Grundmann (1997b).

gang zu Informationen und Erfahrungen zusammen.[198] Einige Studien zeigen, dass heute – bei einem allgemein guten Zugang zu Medien – das Freizeitverhalten, beispielsweise junger Menschen, auch in Dörfern von regional ungebundenen, vielfältigen Medien geprägt ist,[199] und sich individuelle Mediennutzungsstrategien und Raumaneignungsprozesse unterscheiden.[200] Der Zugang zur digitalen Welt kann einen Beitrag zum Ausgleich einer lokalen Unterversorgung bei Freizeitangeboten leisten, aber auch das Anspruchsniveau steigern, wenn die virtuell erfahrene Welt in Konkurrenz zur real erlebten tritt. Auch kann der öffentlich-mediale Diskurs über „abgehängte Regionen" und Benachteiligungen die Wahrnehmung von Räumen beeinflussen,[201] kombiniert mit äußeren Zuschreibungen von Deutungen an Orte oder Regionen.[202]

Ferner ist ein Zusammenhang der Sichtweisen auf und Erwartungen an räumliche Ausgleichspolitik mit parteipolitischen Affinitäten und Mehrheitsverhältnissen nicht ausgeschlossen; wie in einem Ort gewählt wird, kann also in einem Zusammenhang zu Sichtweisen auf räumliche Ausgleichspolitiken stehen, und umgekehrt beeinflusst das Wahlergebnis den jeweiligen Policy-Output. In städtischen Räumen war in Meinungsumfragen 2022/23 und 2023 bei Menschen in Großstädten, wo die SPD, Linke und B'90/Grüne stärker gewählt werden als in ländlichen Räumen, die Zustimmung zu einem stärkeren Sozialstaat zulasten höherer Steuern größer als auf dem Land,[203] wo die CDU besser abschneidet. Traditionell gewichten linke Parteien den Zugang zu sozialstaatlichen Diensten und zu Kultureinrichtungen hoch, während konservative Parteien die nötige Gewährleistung innerer Sicherheit und Gefahrenabwehr betonen.[204]

Lokale Unzufriedenheit mit den Lebensverhältnissen muss nicht automatisch in politischen Protest münden. Sie war beispielsweise in der späten DDR in den Kleinstädten und Dörfern, wie erwähnt, am größten; dennoch kam „der ausschlaggebende Impuls zum Zusammenbruch der DDR" 1989 „[n]icht aus den ländlichen Gebieten

---

[198] Folgende Aussage in unserer Gruppendiskussion in Kamenz legt dies nahe: „Mann 1: „… der Charme der Provinz, das ist nicht böse gemeint, der hat absolut ein" Vorteil gegenüber den Großstädten. (…) Genauso wie's zu DDR-Zeiten (…) Wir haben doch hier kaum gemerkt, dass das blöde wird dabei. Also wenn ich in Berlin wohne, bin ich an der Basis gewesen. Wir haben hier gewohnt. Ja, wir haben von jedem etwas mitgekriegt, aber nicht so viel. Also man ist nicht so belastet (…).".

[199] Vogelsang et al. (2018, S. 127); Spellerberg (2014, S. 225 f.); Berg (2021, S. 115 ff.).

[200] Müller et al. (2021).

[201] Pollack (2020, S. 197).

[202] Lang (2018, S. 1690).

[203] Hirndorf (2024, S. 21) weist in diesem Zusammenhang darauf hin, dass Kompositionseffekte für städtische und ländliche Teilgesellschaften (auch) für die Unterschiede verantwortlich sein könnten.

[204] Vgl. Klingemann und Volkens (2001, S. 514 f.).

und den Dörfern, sondern aus den Industriegebieten und den Großstädten"; er speiste sich nämlich weniger aus materieller, sondern politischer Unzufriedenheit.[205] Alternativ zum Protest kann es bei Unzufriedenheit mit der Situation auch zu einer „Abstimmung mit den Füßen" kommen. Darauf deutet etwa der Weggang von Menschen aus strukturschwächeren Regionen hin.[206] Personen mit bestimmten Eigenschaften (z. B. Höhergebildete, Mittelständler, höhere Angestellte, Kulturschaffende) ziehen anteilig stärker aus bestimmten Siedlungsräumen weg, wie Analysen zeigen. Dies ändert die Zusammensetzung der lokalen Gesellschaft. Im Falle eines systematischen Wegzugs entfallen ggf. Bevölkerungssegmente mit bestimmten politischen Einstellungen und der Diskursraum kann sich verengen.[207]

Es scheint auch relevant, wie Menschen das Verhältnis zwischen dem Staat bzw. der Politik und der Gesellschaft betrachten. Über das Zahlen von Steuern und andere Aktivitäten leisten Bürger einen eigenen Beitrag zur praktischen Ermöglichung von staatlichen Maßnahmen, die neben anderem gleichwertigen Lebensverhältnissen zugutekommen können. In der Forschungsliteratur wird darüber hinaus bürgerschaftliches Engagement als freiwilliger sozialer Beitrag zum gesellschaftlichen Zusammenhalt betrachtet. Es folgt keiner ökonomischen Tauschlogik und dient dem Gemeinwohl,[208] kann Versorgungsdefiziten entgegenwirken und damit zu gleichwertigen Lebensverhältnissen beitragen, beispielsweise durch die Organisation von Bürgerbussen oder genossenschaftlichen Dorfläden.[209] Gleichzeitig wurde argumentiert, bürgerschaftliches Engagement bedürfe selbst gleichwertiger Lebensverhältnisse, z. B. im Sinne eines gleichen Zugangs zu Informationstechnologien und Gelegenheitsstrukturen für soziale Interaktion (Kneipen, Clubs etc.); eine prekäre Lage vor Ort sei schlecht für das Engagement, das gerade in diesen Orten wichtig wäre, um Versorgungsdefiziten entgegenzuwirken.[210] Noch intensiver wäre zu klären, ob Menschen in der Praxis diese Überlegungen selbst auch anstellen und was sie in Bezug auf die Gewährleistung gleichwertiger Lebensverhältnisse nicht nur von der Politik, sondern auch von sich bzw. den (Mit-)Bürgern erwarten.[211]

---

[205] Grundmann (1997b, S. 39).

[206] Lago (2022).

[207] Kersten et al. (2019, S. 8).

[208] Simmel (1999); Braun (2005); Simonson et al. (2016, S. 34).

[209] Dehne (2013, S. 8); Barlösius und Neu (2008, S. 3); für eine kritische Sicht darauf siehe Haunstein (2019, S. 269).

[210] Engel et al. (2022). Dazu, dass der Anteil der Engagierten in strukturschwachen Regionen niedriger ist, siehe Butzin und Gärtner (2017, S. 515). Kersten et al. (2019) plädieren für ein Soziale-Orte-Konzept zur Unterstützung zivilgesellschaftlichen Engagements vor Ort.

[211] Haunstein (2019, S. 270). Mit den Freiwilligensurveys (z. B. Simonson et al. 2016) wurden bisher wichtige Daten für die spezifische Gruppe zivilgesellschaftlicher Aktive bereitgestellt; hinzu kommen Informationen zu Aktiven in konkreten lokalen Initiativen.

Für das Anliegen der vorliegenden Studie folgt aus der Durchsicht all dieser einzelnen, teils widersprüchlichen Wissensbestände, dass es sinnvoll ist, vorhandene Studien durch breiter aufgestellte qualitative Analysen lokaler Sichtweisen zu ergänzen. Sie sollten sich auf die Themen richten, die Menschen vor Ort für die Beschreibung des Lebens vor Ort und eines guten Lebens wichtig sind, auf die Bedeutung gleichwertiger Lebensverhältnisse und auf lokale Erwartungen an die Politik. Eine solche Analyse kann dabei helfen, lokale Sinnkonstruktionen und räumliche Zusammenhänge in Bezug auf die Einschätzung der Lebensverhältnisse und Sichtweisen auf die Politik zur Herstellung gleichwertiger Lebensverhältnisse besser zu verstehen.

Orte sind relevante lokale Erfahrungs- und Diskursräume.[212] Wie erwähnt, wurden besonders für ländliche Regionen und in Ostdeutschland eher homogene soziale Netzwerke beobachtet.[213] Doch auch für andere lokale Räume ist anzunehmen, dass sich bestimmte Sichtweisen und Narrative im Alltagsdiskurs verfestigen. Soziale Praktiken und Narrative im lokalen Lebensumfeld erzeugen im besten Falle sozialen Zusammenhalt und können die Zufriedenheit mit verschiedenen Faktoren beeinflussen.[214] Eine Studie, die auf dieser Ebene ansetzt, erfasst damit nicht nur individuelle Meinungen, sondern ggf. auch lokale Meinungsmuster.

Das Sampling solcher Studien sollte außerdem verschiedene genannte mögliche räumliche Einflussfaktoren – v. a. die Größe der Kommune, die geografische Lage (die in Ostdeutschland mit sozioökonomischen Eigenschaften in Teilen korreliert) und Wahlergebnisse – im Blick haben. Die Zahl der Kommunen sollte außerdem nicht zu klein sein, um angesichts weiterer potenziell relevanter Faktoren Fehlinterpretationen zu vermeiden. Und es sollten wichtige potenziell relevante soziodemografischen Einflussfaktoren bei der personellen Zusammensetzung von Gruppendiskussionen „kontrolliert" oder zumindest bei der Interpretation des empirischen Materials berücksichtigt werden, um Verzerrungen zu vermeiden. Einen solche Ansatz nutzt die vorliegende Studie.

2.4   Umfassende Kartierung von Wirtschaft & Co. in der Raumforschung

Unsere Auswahl der Orte der Gruppendiskussion kann sich auf eine etablierte raumsensible humangeografische, planungswissenschaftliche und teils wirtschaftswissenschaftliche Forschung zu Deutschland stützen. Sie hat maßgeblich zur Er-

---

[212] Vgl. Kersten et al. (2012); Dimbath et al. (2018).

[213] Teichler et al. (2023, S. 29, 34).

[214] Holtmann (2019a, S. 72 ff.).

fassung der Lebensverhältnisse über objektive Kenndaten beigetragen. Der Fokus liegt dabei auf Kennziffern zur Wirtschaft und Infrastruktur und weniger auf der Erfassung von Sichtweisen der Bevölkerung auf die Lebensverhältnisse und die Politik für gleichwertige Lebensverhältnisse. Daher wissen wir nicht: Ist aus Bürgersicht, für lokale Diskursgemeinschaften das kommunale Steueraufkommen genauso wichtig für die Qualität der Lebensverhältnisse wie der Anteil Selbstständiger, die Wahlbeteiligung, die Arbeitslosigkeit von Menschen ausländischer Herkunft, die Kitaplätze pro Kind und die Stickstoffdioxidbelastung? All dies sind Indikatoren für Lebensverhältnisse, die – gestützt auf ein Forschungsgutachten – im Gleichwertigkeitsbericht der Bundesregierung 2024 herangezogen wurden, um die Gleichwertigkeit der Lebensverhältnisse zu messen (Tab. 2.2). Neben den Beschlüssen der Bundesregierung zu gleichwertigen Lebensverhältnissen von 2019 (Abschn. 2.2) dokumentieren auch diese Indikatoren, wie die Bundespolitik gleichwertige Lebensverhältnisse erfasst.

In der kontinuierlichen Raumbeobachtung und verschiedenen Studien wurden bereits vor der Herausgabe des ersten Gleichwertigkeitsberichtes für Deutschland differenziert verschiedenste Indikatoren kartiert, v. a. für die Bereiche Demografie, Wirtschaft/Arbeitsmarkt, Infrastruktur (darunter Zugang zu Angeboten der öffentlichen Daseinsvorsorge) und Wohnen. Normativer Ausgangspunkt der Erfassung und Analyse von Kennziffern zu den Lebensverhältnissen ist zumeist, dass in allen Regionen ungeachtet der Bevölkerungsdynamiken zumindest eine sichere Basisversorgung mit Leistungen der öffentlichen Daseinsvorsorge gewährleistet sein muss, damit gleichwertige Lebensverhältnisse herrschen.[215] Es werden aber teilweise auch andere, sozioökonomische Faktoren, die nicht unmittelbar politisch beeinflussbar sind, als Indikatoren gleichwertiger Lebensverhältnisse herangezogen, darunter Gehälter oder der Anteil von Menschen mit höherem Bildungsabschluss. Auch hier werden dann Unterschiede als Beleg nicht erreichter gleichwertiger Lebensverhältnisse interpretiert.[216] Insgesamt wird angenommen, dass räumliche bzw. raumsensible Politiken „eine Balance zwischen Zentralisierung und Dezentralisierung, Wachstum und Ausgleich herstellen" können.[217]

Häufiges Thema der auf Kennziffern beruhenden Forschung zu Lebensverhältnissen und regionalen Disparitäten sind der demografische Wandel und Wanderungsbewegungen. Sie manifestieren sich in manchen Orten in einem Bevölkerungsrückgang und einer alternden Bevölkerung und können mit Prozessen

---

[215]ARL (2020, S. 4); Tautz et al. (2018, S. 28 f.); ARL (2016).
[216]Heider et al. (2023).
[217]Kühn und Lang (2017, S. 11).

Tab. 2.2 Indikatoren für gleichwertige Lebensverhältnisse im Gleichwertigkeitsbericht der Bundesregierung 2024

Wirtschaft (16 Indikatoren)	Gesellschaft (12 Indikatoren)	Infrastruktur & Daseinsvorsorge (8 Indikatoren)	Klima & Umwelt (6 Indikatoren)
Bruttoinlandsprodukt	Bevölkerungsentwicklung	Erreichbarkeit von Bildungseinrichtungen	Feinstaubbelastung
Kommunales Steueraufkommen	Geburtenrate	Erreichbarkeit von Supermärkten	Stickstoffdioxidbelastung
Arbeitslosenquote	Altenquotient	Dichte an Kinderärzten	Bodenversiegelungsgrad
Langzeitarbeitslosenquote	Anteil Einpersonenhaushalte	Erreichbarkeit von Einrichtungen der medizinischen Versorgung	Anteil der Waldfläche an der Gesamtfläche
Medianentgelt	Lebenserwartung	Betreuungsquote von Unter-3-Jährigen	Wohngebäudedichte
Anteil der Fachkräfte an den sozialversicherungspflichtig Beschäftigten	Vorzeitige Sterblichkeit	Ganztagsbetreuung von 3-bis-6-Jährigen	Ozonbelastung
Anteil der Spezialisten an den sozialversicherungspflichtig Beschäftigten	Straftaten	Kitaplätze pro Kind	
Anteil der Experten und den sozialversicherungspflichtig Beschäftigten	Anteil der männlichen Elterngeldbeziehenden	Erreichbarkeit von Schwimmbädern	
Anteil der Wohngeldhaushalte	Ausländische Beschäftigte mit akademischem Abschluss		
Bereinigter Gender Pay Gap	Arbeitslosigkeit von Menschen mit ausländischer Herkunft		
Anteil Selbstständiger	Wahlbeteiligung bei Bundestagswahlen 2021		
Anteil der sozialversicherungspflichtig Beschäftigten in Wachstumsbranchen	Bezieher von Mindestsicherungsleistungen		
Wertschöpfung im Dienstleistungsbereich			
Anteil der sozialversicherungspflichtig Beschäftigten in Unternehmen mit mehr als 250 Mitarbeitern			
Baulandpreise			
Gewerbeanmeldungen			

Quelle: Bundesregierung 2024, S. 11

der Peripherisierung[218] und wachsender sozialer Ungleichheit einhergehen.[219] Für andere Orte wurden regionale Zuzugsbewegungen beobachtet. So wanderten Menschen aus Städten in umliegende Dörfer und veränderten die neuen urbanen „Speckgürtel" demografisch, kulturell, physisch oder wirtschaftlich.[220] Während manche Stadtteile oder Dörfer aussterben, wachsen also andere – vor allem im Umfeld von Städten oder auch regionalen Zentren[221] – und sehen sich konfrontiert mit rasant veränderten Bedarfen der Bevölkerung, etwa in Bezug auf Wohnraum, Arbeits- oder Kinderbetreuungsplätze. Beide Veränderungsrichtungen erzeugen demnach Druck auf den Fortbestand gewachsener Lebensverhältnisse und Versorgungsstrukturen.

Die vorliegenden Analysen zeigen, dass es Räume gibt, in denen die öffentliche Daseinsvorsorge stark ausgedünnt ist und angesichts weiterer Abwanderung und Schrumpfung die Kosten ihrer Aufrechterhaltung steigen. Zwar bedienen die Kreise Angebote der Daseinsvorsorge und Entfaltung, aber sie sind teilweise sehr groß, wodurch die Angebote nicht für alle gleich gut erreichbar sind. „Nicht nur der Deutschlandatlas,[222] sondern auch zahlreiche andere aktuelle Studien zeigten, dass die regionalen Unterschiede in den Teilräumen Deutschlands zum Teil immens sind", fasste eine Studie 2020 den Wissensbestand zusammen.[223] Auch der Gleichwertigkeitsbericht der Bundesregierung von 2024 konstatierte trotz des Hinweises auf Angleichungstendenzen bei den meisten Indikatoren teils deutliche regionale Unterschiede.[224]

Die Studien deuten aber auch an, dass sich diese Dynamiken klaren Mustern, etwa einer reinen Stadt-Land-Disparität, entziehen. Innerhalb von Städten unterscheidet sich die Entwicklung einzelner Viertel im Sinne von gentrifizierten und „Brennpunkt"-Vierteln. Neben peripheren ländlichen Orten mit wirtschaftlichen Problemen gibt es ländliche Gemeinden, die von Wohlstand gekennzeichnet sind

---

[218] Der Begriff Peripherisierung soll unterstreichen, dass solche Phänomene in Teilen nicht gegeben, sondern menschengemacht sind (vgl. Lang 2018, S. 688). Der Begriff Metropolisierung beschreibt demgegenüber Verstädterungs- und Zentralisierungsprozesse (Kühn und Lang 2017, S. 6).

[219] Barlösius (2010); BBSR (2017a, S. 7); Lang et al. (2015); Naumann und Reichert-Schick (2013).

[220] Andersson et al. (2009, S. 3).

[221] Münter et al. (2022); Heider et al. (2023, S. 1).

[222] BMI (2019b) (Quellenangabe im Original).

[223] BBSR (2020) unter Verweis u. a. auf BBSR (2017a); Prognos (2018/2019); Berlin-Institut (2019); FES (2019); IW Köln (2019).

[224] Der Bericht basiert auf Daten und Analysen eines Forschungsgutachtens. Siehe Bundesregierung (2024).

und wirtschaftlich wachsen.[225] In einigen Räumen scheinen sich durch Stadt-Umland-Verflechtungen, Digitalisierung und wirtschaftlich erfolgreiche Hidden Champions traditionelle Unterschiede zwischen Stadt und Land aufzulösen, in anderen zu verschärfen. Ländliche Gemeinden im Umland von Verdichtungsräumen sind eine empirisch „sehr differenzierte Raum- und Siedlungskategorie" mit unterschiedlichen lokalen Gegebenheiten.[226] Die Einkommensunterschiede zwischen Stadt und Land sind rückläufig.[227] Außerdem gibt es „multi-locals" – Menschen, die gleichzeitig in unterschiedlichen Gebieten leben und arbeiten.[228]

Nimmt man an, dass unterschiedliche Lebensumstände bei den Menschen die Wahrnehmung ihrer Lebenssituation, Problemsichten und Erwartungen an die Politik beeinflussen, so ist es erforderlich, in der vorliegenden Studie Kommunen in *unterschiedlichen* Regionen und Siedlungstypen zu erfassen, um ein realistisches Abbild der Sichtweisen auf gleichwertige Lebensverhältnisse unter variierenden Rahmenbedingungen zu erlangen.

Für die Messung gleichwertiger Lebensverhältnisse werden verschiedene Operationalisierungen und Messkonzepte genutzt.[229] Überwiegend wird die Ausprägung objektiver Einzelindikatoren gemessen, darunter zur Bevölkerungsentwicklung, Altersstruktur, wirtschaftlichen Lage, zum Arbeitsmarkt, Wohlstand, Verkehrsinfrastruktur, Wohnungsmarkt oder sozialer Infrastruktur.[230] Heider et al. beispielsweise messen räumliche Disparitäten anhand des Anteils hoch qualifizierter Beschäftigter, der Alters- bzw. Kinderarmut, der Lebenserwartung, der Erreichbarkeit von Ärzten, der Bruttogehälter sowie kommunalen Schulden, der Wahlbeteiligung, des Breitbandanschlusses und des Wanderungssaldos.[231] Auf Basis dieser Daten lassen sich die Kreise und kreisfreien Städte typisieren und Raumtypen (Cluster) oder Teilräume mit einer Kumulation stark unterdurchschnittlicher Werte der genannten Indikatoren für die Lebensverhältnisse identifizieren. So weist etwa das Bundesinstitut für Bau-, Stadt- und Raumforschung (BBSR) strukturschwache Regionen aus.

In die Analysen räumlicher Parameter wurden teils auch repräsentative Befragungsergebnisse, darunter zur Zufriedenheit mit dem Wohnort, einbezogen. Das BBSR verwendete dafür Daten aus eigenen Bevölkerungsumfragen sowie aus dem

---

[225] Kühn und Lang (2017, S. 6); Junkernheinrich (2019, S. 36).

[226] Dünckmann (2006).

[227] Fuest und Immel (2019).

[228] Mormont (1990); Andersson et al. (2009, S. 4).

[229] U. a. Danielzyk (2014); Scharmann et al. (2020); BBSR (2011, 2020); Strubelt (2004).

[230] Z. B. BBSR (2011, S. 16); Kawka und Sturm (2006, S. 309).

[231] Heider et al. (2023).

Sozio-oekonomischen Panel (SOEP), einer regelmäßigen Befragung des Deutschen Instituts für Wirtschaft (DIW). Darin wird unter anderem nach der Lebenszufriedenheit und der Zufriedenheit mit der Wohnumgebung gefragt. Die seit 1990 jährlich durchgeführte BBSR-Befragung von jeweils 3500 Menschen erbrachte den Befund, dass Personen, deren Region bei objektiven Faktoren unterdurchschnittlich abschnitten, sich „insgesamt auch unzufriedener mit ihrem Wohnort" äußern.[232] Das SOEP ist allerdings, wie in Abschn. 2.3 erwähnt, auf andere Fragestellungen ausgelegt und lässt hinsichtlich Einstellungen der Bevölkerung zur generellen Frage gleichwertiger Lebensverhältnisse, zur räumlichen Gerechtigkeit bzw. territorialen Integration und Sichtweisen auf die Politik nur begrenzt Aussagen zu.[233]

Das Berlin-Institut für Bevölkerung und Entwicklung und die Wüstenrot-Stiftung stellten im „Teilhabeatlas Deutschland" fest, dass die Menschen in ausgewählten Kreisregionen die genutzten Indikatoren für Teilhabechancen weitgehend ähnlich einschätzten wie die etablierte Messung anhand objektiver Parameter.[234] Entsprechend sahen sie sich darin bestätigt, erfolgreiche Regionen anhand der Demografie, sozioökonomischer und struktureller Faktoren zu messen.[235] Allerdings wurde hier nicht offen gefragt, sodass alternative Themenorientierungen nur eingeschränkt erfasst werden konnten.

Mit dem Ziel, die Entstehung von Abwärtsspiralen in strukturschwachen Regionen besser zu verstehen, bei denen sich ungünstige Verhältnisse gegenseitig verstärken können,[236] wurden außerdem die Wechselbeziehungen zwischen den Indikatoren statistisch analysiert und Regionen mit unterdurchschnittlichen Werten näher untersucht, z. B. Gelsenkirchen, die Landkreise Mansfeld-Südharz und Dithmarschen[237] oder aber der Bayerische Wald, die Eifel, Nordfriesland, Vorpommern, die Mecklenburgische Seenplatte und die Prignitz.[238] Diese Analysen leuchteten

---

[232] BBSR (2011, S. 28).

[233] Steinführer et al. (2020, S. 15).

[234] Ein Teil der Befragten übte politische oder Verwaltungsfunktionen aus, ein Teil engagierte sich ehrenamtlich oder hauptamlich in verschiedenen Bereichen wie der Kirche oder Leitungspersonen von Jugendhäusern, ein weiterer Teil wurde charakterisiert als „relativ gut gebildete, beruflich aktive und häufig ehrenamtlich engagierte" Gruppe (Berlin Institut/Wüstenrot Stiftung 2019, S. 34). Diese Zusammensetzung könnte die Ergebnisse der Befragung beeinflusst haben.

[235] Berlin-Institut/Wüstenrot Stiftung (2019, S. 6). Zu ähnlichen Erkenntnissen kamen z. B. Fink et al. (2019), für ländliche Räume Küpper und Peters (2019).

[236] BBSR (2011, S. 30).

[237] BBSR (2020, S. 69).

[238] Naumann und Reichert-Schick (2012, S. 27).

sehr gut räumliche Phänomene der Peripherisierung aus, d. h. Prozesse der Abwanderung, Abkopplung von Netzwerken, Abhängigkeit und Stigmatisierung.[239] Sie zeigen auf, dass die mit einer Peripherisierung einhergehenden territorialen Ungleichheiten einen Verlust von Teilhabechancen und eine Verengung von Handlungsspielräumen für die Bewohner bedeuten können.[240] Jedoch beziehen sich diese Erkenntnisse jeweils auf nur einen spezifischen Typ von Regionen.

Quantitative Messungen verschiedener Faktoren, die theoretisch relevant für die Bewertung der Lebensverhältnisse sein könnten, verweisen auf unterschiedliche Ausprägungen vieler Indikatoren in West- und Ostdeutschland, weshalb dieser Aspekt in der Auswahl der Kommunen für die vorliegende Studie berücksichtigt wurde. In der Karte der strukturschwachen Regionen, die den Fördermaßnahmen im Rahmen der Gemeinschaftsaufgabe zur Verbesserung der regionalen Wirtschaftsstruktur (GRW) zugrunde liegt (Abschn. 2.2), wurde bis 2022 noch ganz Ostdeutschland als strukturschwach bewertet. Mittlerweile konnten einzelne Regionen um Berlin, Leipzig, Dresden oder Erfurt aufholen, doch der Anteil strukturschwacher Regionen bleibt in Ostdeutschland weit höher als in Westdeutschland.[241] Er geht mit komplexen Problemen einher, die der Jahresbericht der Bundesregierung zum Stand der deutschen Einheit 2023 so beschrieb: „Fakt ist, dass ein höherer Anteil von Menschen in ländlichen Regionen in Ostdeutschland in einem Umfeld leben, das von einer stagnierenden oder schrumpfenden Bevölkerung, von anderen Familienstrukturen und von einer geringeren Ausstattung mit Einrichtungen und Dienstleistungen der Daseinsvorsorge geprägt ist".[242]

Die politisch angestrebte Ost-West-Angleichung ist insofern bislang nicht abgeschlossen.[243] Weder das andauernde Wirtschaftswachstum noch die positive Arbeitsmarktentwicklung der letzten Jahre konnten bestehende sozioökonomische Ungleichheiten einebnen, denn die Abstände zum ebenfalls wachsenden Westen blieben bestehen.[244] Die vorliegende Studie hat jedoch bei der Auswahl der Kom-

---

[239] Für die Peripherisierungsdefinition siehe Kühn (2016, S. 157).

[240] Barlösius und Neu (2005, S. 85, 2008); Naumann und Reichert-Schick (2012). Die Existenz von Peripherien bedeutet eine „ungleiche Verteilung von Zugangswegen, Wertschöpfungen, Abhängigkeiten, Entwicklungschancen und Ressourcennutzungen im Raum" (Barlösius und Neu 2008, S. 10). Dort lebende Menschen, so eine Studie, erleben „den Verlust früherer Funktionen, das Spannungsverhältnis von unterschiedlichen Zugehörigkeiten und die Asymmetrien von Chancen trotz formaler Gleichheit" (ebd., S. 8).

[241] Heider et al. (2023).

[242] SPD/Bündnis 90/Grüne (2021, S. 4).

[243] Hesse et al. (2020).

[244] Albrech et al. (2016); Fink et al. (2019).

munen die Lage in West- und Ostdeutschland auch zu berücksichtigen, dass Problemlagen und Wahrnehmungen in strukturschwachen ländlichen Regionen in Ostdeutschland unter Umständen jenen in westdeutschen Regionen mit ähnlichen Merkmalen näher sind als anderen ostdeutschen Kommunen.[245] So wie es für die Studie leitend ist, ländliche Räume zu differenzieren, so muss daher auch zwischen ostdeutschen Kommunen differenziert werden, ebenso wie zwischen westdeutschen.

Was die benannten Analysen aufgrund ihres geografischen Fokus nicht zeigen, ist die Lage in Deutschland im Vergleich zu anderen europäischen Staaten. Erweitert man den Blickwinkel, so zeigt sich, dass Deutschland bei wichtigen Indikatoren der Entwicklung und öffentlichen Daseinsvorsorge nicht schlecht abschneidet. 2017 hatte es mit dem Vereinigten Königreich und Frankreich in Europa die höchste Wirtschaftskraft.[246] Es wies auch eine vergleichsweise geringe Streuung der regionalen Werte des Bruttoinlandsprodukts pro Kopf für die NUTS-2-Regionen auf; die regionalen Disparitäten im BIP pro Kopf nahmen seit 2000 ab.[247] Auch wenn die Wirtschaftskraft Ostdeutschlands gegenüber der Westdeutschlands nach wie vor niedriger ausgeprägt war, zählten die dortigen Kreise nicht zu den schwächsten NUTS-2-Regionen mit einem Pro-Kopf-BIP von unter 50 % des EU-Durchschnitts. Diese lagen in Rumänien, Bulgarien, Ungarn und Polen. Die für Ostdeutschland beobachtbare Binnendifferenzierung in wachsende Metropolen, die sich vom jeweiligen Rest des Landes entfernen, erweist sich im europäischen Vergleich als typisch für postsozialistische Räume.[248]

Im Bereich der Infrastruktur ist selbst im teils schlechter an das Fernverkehrsnetz angeschlossenen Ostdeutschland die Gesamtlänge der vorhandenen Bahnkilometer in den NUTS-2-Regionen nicht geringer als in vielen anderen Regionen Europas, hinsichtlich des Anteils elektrifizierter Strecken gehört Deutschland nicht zu den Schlusslichtern.[249] Überall waren und sind aber Menschen in urbanen Regionen im Vorteil.[250] Bei der Gesundheitsversorgung, dem Zugang zur Bildung und der Umweltsituation stehen die Menschen in Deutschland im EU-weiten Vergleich sehr gut da, wobei die Lage je nach gewähltem Indikator variiert. Die Zahl der Krankenhausbetten pro Kopf war beispielsweise 2022 im EU-weiten Vergleich hoch und streute wenig zwischen den NUTS-2-Regionen; Deutschland zählte zu

---

[245] Ragnitz (2024).

[246] BpB (2019); Statistisches Bundesamt (2021).

[247] Monfort (2020, S. 17).

[248] Hahne und Stielike (2013, S. 19); Kühn und Lang (2017, S. 9); Pascariu und Pedrosa da Silva Duarte (2017).

[249] Eurostat (2022a, b).

[250] Smętkowski (2013, S. 155)

den EU-Staaten mit der besten Gesundheitsversorgung.[251] Es gehört außerdem zu den EU-Staaten mit dem höchsten Anteil an Menschen mit einem Bildungsabschluss der Sekundarstufe 2, wenngleich sich die Lage hier seit mehreren Jahren verschlechtert.[252] Außerdem emittiert Deutschland verhältnismäßig wenig Treibhausgase und liegt in Bezug auf die Umweltbelastungen unterhalb des EU-Durchschnitts.[253]

Ungeachtet des bedeutenden Beitrags der Raumforschung zur Kartierung von Lebensverhältnissen besteht in Bezug auf die Auswahl und Gewichtung der verschiedenen Kennzahlen sowie ihre tatsächliche Relevanz für die Menschen weiterer Diskussions- und Forschungsbedarf. Dies ist umso wichtiger, als die Politik in Deutschland eine evidenzbasierte Förderung anstrebt und sich auf die bereitgestellten Indikatoren stützt.[254] Die Auswahl der jeweils genutzten Faktoren und Indikatoren für die Lebensverhältnisse wird aber in den Studien oft nicht näher erläutert. Teilweise erfolgt ihre Verwendung unter Verweis auf andere Analysen, die dieselben Indikatoren nutzen, oder sie beruhen – bei planungswissenschaftlichen Arbeiten – auf Fachplanungen der Bundesländer.[255] Diese unterliegen Veränderungen und erfassen, beeinflusst durch den Paradigmenwechsel der Verwaltung hin zum New Public Management, in jüngerer Zeit mehr die Erreichung von Zielen, beispielsweise eines bestimmten formalen Bildungsniveaus, als Ausstattungen, bspw. mit bestimmten Schultypen.[256] Insofern gab es auch bei der Messung bzw. Kartierung einschlägiger Daten – ähnlich der Politik – Deutungskonjunkturen,[257] bei denen nicht klar ist, welche Logik eigentlich hinter der Auswahl der einzelnen Faktoren steht. Ist es eine theoretische oder eine politische?

Auch die Gewichtung von Indikatoren in Indizes gleichwertiger Lebensverhältnisse ist nicht immer näher begründet. Oft werden einfach verschiedene Kenndaten formell gleichgewichtet, wobei sich manchmal durch die Art der Erhebung

---

[251] Eurostat (2021a). In Bremen, Niedersachsen, Nordrhein-Westfalen, Baden-Württemberg und Rheinland-Pfalz waren die Werte etwas niedriger als in den anderen Bundesländern. Zur Zahl der Betten siehe auch Statistisches Bundesamt (2024a, e). Zur Bewertung des Gesundheitssystems Ardielli und Bémová (2021).

[252] Eurostat (2021b); Geis-Thöne (2023).

[253] Statistisches Bundesamt (2024e); García-Álvarez et al. (2016, S. 1383).

[254] Siedentop (2020, S. 27 f.); BBSR (2020, S. 8).

[255] Winkel (2018, S. 49).

[256] Weingarten und Steinführer (2020, S. 657). Diese Veränderung ist günstig angesichts der Vielgestaltigkeit der Landespolitiken bei der Erreichung der Ziele unter unterschiedlichen Rahmenbedingungen und bei unterschiedlichen parteipolitischen Ansätzen.

[257] Steinführer et al. (2020, S. 14 ff.).

implizit doch eine Höhergewichtung einzelner Indikatoren gegenüber anderen ergibt, etwa wenn mehr Indikatoren einer Dimension in den Index eingehen.[258] Die Aussagen, die mit der Gewichtung getroffen werden, sind teils recht weitreichend, haben aber nicht zwangsläufig etwas mit der Sichtweise der Bürger zu tun. „Leistungen der (öffentlichen) Daseinsvorsorge bestehen aus einem Bündel verschiedener Güter, die für die Bürger im Regelfall unterschiedlich bedeutsam sind", so Ragnitz und Thum. „Rein enumerative Auflistungen öffentlicher Leistungen und erst recht ihre Aggregation zu einem umfassenden Indikator zur Abbildung von Lebensverhältnissen" seien „daher vom Grundsatz her ungeeignet, eine Bewertung der Lebensbedingungen in einer Region vorzunehmen".[259]

Angesichts der beobachteten unterschiedlichen Ausprägung der Indikatoren der Daseinsvorsorge wird seit Jahrzehnten in der raumbezogenen soziologischen, bevölkerungswissenschaftlichen und wirtschaftswissenschaftlichen Forschung diskutiert, das im Grundgesetz festgeschriebene Ziel gleichwertiger Lebensverhältnisse aufzugeben oder neu zu interpretieren.[260] Auch diese Diskussion würde von einer Analyse der Sichtweisen der Bevölkerung, für die das Leitbild gleichwertige Lebensverhältnisse entwickelt wurde, profitieren. Erfassen die Daten der Raumbeobachtung die für die Bevölkerung relevanten Aspekte?

Wenn gemäß einer repräsentativen Meinungsumfrage von 2023 die Befragten trotz deutlicher Unterschiede in den Lebensverhältnissen vor Ort „ihren Wohnort mehrheitlich und eindeutig als einen attraktiven Ort zum Leben" wahrnahmen,[261] sind dann die in der Raumbeobachtung genutzten Indikatoren für gleichwertige Lebensverhältnisse überhaupt relevant? Die gleiche Frage stellt sich angesichts einer sozialgeografischen Studie zu schrumpfenden Städten im Harz, in der die Bewohner kaum ausschließlich oder sehr negative Bewertungen in Bezug auf die Lebensqualität vornahmen.[262] Zuschreibungen wie die einer Strukturschwäche müssen also nicht zwangsläufig die Sichtweisen der Bevölkerung auf ihre Lebenssituation widerspiegeln, wie ja auch schon in Abschn. 2.3 mit Verweis auf soziologische Studien argumentiert wurde.[263]

In Anbetracht der genannten Kritikpunkte plädieren einige Forscher dafür, die Indikatoren und Maßstäbe für die quantitative Erfassung der Lebensverhältnisse

---

[258] Ragnitz und Thum (2019b, S. 14 f.).
[259] Ragnitz und Thum (2019b, S. 16).
[260] Brake (2007); Berlin Institut (2009); Klingholz (2009); Ragnitz und Thum (2019a).
[261] SPD/Bündnis 90/Grüne (2021, S. 47).
[262] Steinführer und Küpper (2012, S. 20).
[263] Küpper und Steinführer (2017).

generell zu hinterfragen[264] und z. B. auch die in schrumpfenden und nicht primär städtischen Räumen günstigere Umweltsituation, die dort oft niedrigeren Lebenshaltungskosten bei größerer Wohnfläche mit Außenbereichen oder relativ geringeren Risiken für aufwachsende Kinder zu berücksichtigen.[265] Gemäß einer qualitativen Lokalstudie empfanden beispielsweise Einwohner von Randgebieten Hannovers Grün (in Form von Wiesen, Parks o. ä.) als angenehmen Aspekt ihrer Wohnumgebung.[266] Es wurde außerdem angemahnt, die wahrgenommenen Lebensrealitäten und individuellen Anspruchsniveaus *in verschiedenen Orten und eingedenk regionaler Differenzierungen* zu untersuchen.[267]

Die bislang widersprüchlichen Befunde subjektiver Einschätzungen der Lage mit verschiedenen objektiven Kennzahlen können auch durch die unterschiedliche Methodik begründet sein. Je offener Untersuchungen für unvorhergesehene Zusammenhänge sind und/oder je mehr auch Interpretationen von Befragten ohne vorgegebene Frage- und Antwortmöglichkeiten erfasst werden können, desto größer ihr Potenzial, auch neue Zusammenhänge zu erkennen. Gerade für die sensible Erfassung subjektiver Sichtweisen haben qualitative lokale bzw. regionale Studien einen Vorteil.[268] Hier können verschiedene Methoden zur Anwendung kommen – von leitfadengestützten Interviews über ethnografische Forschung bis hin zu gemeinsamen Dorfrundgängen, Haustürgesprächen oder Gesprächs- und Diskussionsrunden mit Einwohnern.[269] Zugleich können solche Studien aber nicht für sich beanspruchen, repräsentativ zu sein, und müssen daher in besonderem Maße die Auswahl der beforschten Orte und Menschen begründen. Dies tun wir in Kap. 3.

---

[264] Hahne und Stielike (2013, S. 1 f.).

[265] Hanf et al. (2011, S. 294 f.); Kollmorgen (2005, 2020).

[266] Göb (2021). In der Raumplanung in Europa wird Grünflächen mittlerweile generell eine größere Bedeutung beigemessen als früher (Kabisch et al. 2016).

[267] Steinführer et al. (2020, S. 15); Küpper und Steinführer (2017, S. 56 f.); Scharmann et al. (2020, S. 115); BBSR (2020, S. 12); Ragnitz und Thum (2019b, S. 16).

[268] Steinführer et al. (2020, S. 15).

[269] Simmank und Vogel (2019).

Das Untersuchungsdesign: ein raumsensibler Mixed-Methods-Ansatz

3

Die vorliegende Studie nutzt einen raumsensiblen Ansatz, um als Beitrag zur Erweiterung des in Kap. 2 beschriebenen Forschungsstandes lokale Sichtweisen der Bevölkerung zu rekonstruieren und ggf. räumliche Muster zu erkennen.[1] Die erste empirische Leitfrage ist: *Welche Aspekte sind Menschen wichtig, wenn es um ein gutes Leben geht?* Dafür analysierten wir thematische Schwerpunkte in Beschreibungen des Lebens vor Ort bzw. der lokalen Lebensverhältnisse (Kap. 4), bei der Beschreibung und Bewertung eines guten Lebens (Kap. 5) sowie in Vergleichen mit anderen Einheiten (Abschn. 7.1). Die zweite Leitfrage lautet: *Mit welchen Orten oder Regionen vergleichen Menschen ihre Lebensverhältnisse?* Diese Analyse erfolgt umfassend für verschiedene Themen, erläutert in Abschn. 7.1 Die dritte Leitfrage – *Was erscheint Menschen politisch sinnvoll, um etwas für gleichwertige Lebensverhältnisse zu tun?* – beantworten wir anhand einer Analyse der Priorisierungen in der Rolle fiktiver Entscheidungsträger (Kap. 6), der Assoziationen in Bezug auf den Begriff gleichwertige Lebensverhältnisse (Abschn. 7.2 und 7.3) sowie von Aussagen zur Politik für gleichwertige Lebensverhältnisse und der Verantwortlichkeit für die Erreichung dieses Ziels (Kap. 8) Die Studie schließt damit u. a. an Fragekomplexe an, die Steinführer et al.[2] nach einer Durchsicht des Forschungsstandes zu gleichwertigen Lebensverhältnissen zur weiteren Bearbeitung empfahlen.

Zu diesem Zweck wurden Aussagen von Menschen in einem Sample von Orten analysiert, das typische Siedlungsstrukturen in Deutschland umfasst. Wir nutzten

---

[1] Die Erklärung der Sichtweisen ist also nicht Ziel der Analyse. Sie bedürfte einer anderen Vorgehensweise.

[2] Steinführer et al. (2020, S. 17).

A. Lorenz, L. Pischtschan, *Gleichwertige Lebensverhältnisse in Deutschland?*,
https://doi.org/10.1007/978-3-658-46602-2_3

einen Methodenmix. Für die Auswahl von 24 Kommunen mit unterschiedlicher Größe und geografischer Lage werteten wir statistische Daten aus, die gemäß Forschungsstand (Kap. 2) relevant für Sichtweisen auf gleichwertige Lebensverhältnisse sein könnten, oder wir stützten uns auf bereits vorhandene Analysen. Dies beschreiben wir in Abschn. 3.1. Für die eigentliche Studie setzten wir leitfadengestützte Gruppendiskussionen und eine standardisierte individuelle schriftliche Befragung der Teilnehmer ein, erläutert in Abschn. 3.2. Wie wir das so gewonnene empirische Material mithilfe von MAXQDA und statistisch analysierten, beschreibt Abschn. 3.3. Außerdem setzten wir leitfadengestützte Experteninterviews ein, um die Befunde im Lichte von Aussagen von Vertretern kommunaler Spitzenverbände zu kontextualisieren. Solche Methodenkombinationen haben sich für viele Fragestellungen als nützlich erwiesen.[3] Spezifisch ist die umfangreiche Wiedergabe von O-Tönen in diesem Buch, die die Interpretation nachvollziehbar machen soll.

3.1   Auswahl der Bundesländer, Orte und Personen

Für die Rekonstruktion subjektiver Sichtweisen von Menschen auf komplexe Themen sind Gruppendiskussionen als Methode gut etabliert; eine Bevölkerungsbefragung, die forschungspraktisch überwiegend mit standardisierten Fragen arbeiten muss, kann nicht in gleicher Weise spezifische Aussagen und Deutungen erfassen. Gruppendiskussionen können aber nicht mit einer großen Zahl von Personen durchgeführt werden; eine systematische Auswahl der Orte und Personen ist daher besonders wichtig, um relevante Befunde erbringen zu können. Das Sampling der vorliegenden Studie erfolgt theoriegeleitet gemäß der im Kap. 2 zum Forschungsstand substanziierten Annahme, dass *space matters*, also die Lebensumstände vor Ort lokale Sichtweisen auf politische Themen beeinflussen, weshalb räumliche Muster möglich sind. Die Auswahl der Orte, in denen die Gruppendiskussionen durchgeführt wurden, deckt verschiedene Siedlungsmerkmale ab. Um die externe Validität der Untersuchung zu erhöhen, haben wir die Methode an 24 Orten in verschiedenen Bundesländern und unterschiedlicher Siedlungsgröße eingesetzt.[4] Damit gehen wir deutlich über die übliche Anzahl von Gruppendiskussionen hinaus.

---

[3] Kuckartz (2014).

[4] Für die Diskussion von Gütekriterien qualitativer Sozialforschung siehe Przyborski und Wohlrab-Sahr (2014, S. 23 ff.).

Im ersten Schritt wurden vier Bundesländer – Brandenburg, Hessen, Niedersachsen und Sachsen ausgewählt, die verschiedene potenziell relevante Rahmenbedingungen des Lebens in Deutschland abbilden, und zwar besonders in Bezug auf

- dichte und weniger dichte Siedlungsräume,
- die Lage in West- bzw. Ostdeutschland (einhergehend mit sozioökonomischen Unterschieden) sowie
- verbreitete parteipolitische Mehrheitsverhältnisse in den Ländern: unions- und SPD-geführte Koalitionsregierungen.

Um das Risiko von Fehlinterpretationen zu senken, sollte jede Merkmalsvariante durch zwei Länder vertreten sein. Mit Hessen und Sachsen sind zwei dichter besiedelte Länder dabei, mit Brandenburg und Niedersachsen zwei dünner besiedelte Länder.[5] Niedersachsen und Hessen stehen für unterschiedliche allgemeine politische, wirtschaftliche und gesellschaftliche Rahmenbedingungen in Westdeutschland, Brandenburg und Sachsen bilden eine ebensolche Varianz für Ostdeutschland ab. Mit Niedersachsen und Brandenburg hatten im Analysezeitraum zwei Länder SPD-geführte Koalitionsregierungen – davon je eines in West- und Ostdeutschland gelegen, mit Hessen und Sachsen zwei Länder mit CDU-geführten Koalitionen – wiederum eines in West- und eines in Ostdeutschland.

Die Siedlungsstruktur geht als Kriterium in die Ortsauswahl für die Gruppendiskussion ein, da mit ihr die Art der Herausforderungen an die Politik variiert. In dünn besiedelten Regionen ist es finanziell aufwändiger, Aufgaben der öffentlichen Daseinsvorsorge und weitere Dienstleistungen in Wohnortnähe bereitzustellen. Den deutschlandweiten Mittelwerten der Anteile von Menschen, die in Regionen mit dichter, mittlerer bzw. geringer Siedlungsdichte wohnen, kommt Sachsen sehr nah.[6] Zu den Ländern mit einem höheren Anteil von Menschen in dünn besiedelten Regionen, von denen es in Deutschland verschiedene gibt, zählen Brandenburg und Niedersachsen. Die geografische Lage in Ost- bzw. Westdeutschland berücksichtigen wir wegen der wiederholten Hinweise in der Forschung auf Unterschiede zwischen beiden Großregionen (Kap. 2),[7] die in Bezug auf unser Thema einen Einfluss haben könnten, aber nicht müssen.

Die politischen Mehrheitsverhältnisse beachteten wir bei der Fallauswahl, weil sie potenziell unterschiedliche gesellschaftliche Vorstellungen und Wün-

---

[5] Statistisches Bundesamt (2020a).
[6] Statistisches Bundesamt (2020a).
[7] Siehe auch Vogel et al. (2024).

sche und ggf. unterschiedliche Bedingungen vor Ort abbilden könnten (Kap. 2). Die Wahlergebnisse streuten in den ausgewählten Bundesländern angemessen, um solche eventuell wirksamen Mechanismen abzudecken. In Niedersachsen wurden die SPD und die CDU zum Zeitpunkt der Auswahl der Kommunen stark gewählt und B'90/Grüne gewannen an Unterstützung. In Brandenburg gründete die SPD-Regierung auf einem deutlich geringeren Wählerstimmenanteil als in Niedersachsen. Weitere Unterschiede Brandenburgs zu Niedersachsen waren zum Zeitpunkt der Auswahl der Kommunen die AfD als zweitstärkste Kraft, eine schwache CDU und eine noch recht starke Linke. In Hessen wurde die CDU traditionell stark gewählt, verlor aber an Unterstützung; auch die SPD war noch recht stark. In Sachsen hatte die CDU immer höhere Stimmenanteile in Landtagswahlen errungen als ihre hessische Schwesterpartei. Sie verlor aber zugunsten der AfD an Unterstützung aus der Bevölkerung. Wie in Brandenburg wurde die Linke regelmäßig in den Landtag gewählt, doch sank die Unterstützung für sie zum Zeitpunkt der Auswahl der Kommunen stark. Die SPD war eher schwach, regierte aber mit.

Mit der Auswahl je eines west- und ostdeutschen Bundeslandes mit ähnlicher Siedlungsstruktur und parteipolitischen Mehrheitsverhältnissen variieren wir theoretisch relevante Faktoren, beanspruchen aber keine Repräsentativität und können keine differenzierten Kausalanalysen zum Effekt etwa von Ost und West oder dem Zusammenhang von Wahlpräferenzen mit Einstellungen zu gleichwertigen Lebensverhältnissen vornehmen.[8] Allein schon die gleiche Zahl von West- und Ostländern (bzw. Kommunen in diesen) weicht ja – mit oben stehender Begründung – von der statistischen Verteilung der jeweiligen Bevölkerung ab.

Auch die Auswahl der Kommunen für jedes Bundesland soll dazu beitragen, dass eine gewisse Bandbreite der Siedlungsstruktur, sozioökonomischen Rahmenbedingungen und Wahlergebnisse abgebildet ist – nun jene innerhalb des jeweiligen Landes. Besonders die Abbildung unterschiedlicher Siedlungsgrößen und der vielgestaltigen Rahmenbedingungen in kleineren Kommunen, in denen 2021 58,7 % der Gesamtbevölkerung wohnten,[9] war uns wichtig. Hinsichtlich der

---

[8] Für eine Kausalanalyse wäre es beispielsweise ein Problem, dass die ausgewählten Länder mit einem höheren Anteil von Menschen, die in dünn besiedelten Regionen leben, jeweils SPD-regiert sind und die anderen Länder CDU-regiert. Damit sind nicht alle theoretisch denkbaren Varianten durch Fälle abgedeckt. Zudem müssten noch weitere Faktoren berücksichtigt werden.

[9] Statista (2022a, b).

Siedlungsgröße wird zwischen kleineren Kommunen, d. h. Landgemeinden und Kleinstädten mit bis zu 20.000 Einwohnern, Mittelstädten ab 20.000 und Groß-städten ab 100.000 Einwohnern unterschieden; in Zweifelsfällen orientierten wir uns an der Klassifizierung durch das BBSR.[10] Für die Berücksichtigung der all-gemeinen sozioökonomischen Lage und des Raumtyps nutzten wir den Thünen-Index zur Typisierung ländlicher Räume.[11] Er unterscheidet folgende Typen: nicht ländliche Regionen, sehr ländliche Regionen mit guter sozioökonomischer Lage, eher ländliche Regionen mit guter sozioökonomischer Lage, sehr ländliche Regio-nen mit weniger guter sozioökonomischer Lage sowie eher ländliche Regionen mit weniger guter sozioökonomischer Lage.[12]

Um die unterschiedlichen Ausprägungen der Siedlungsstruktur, der sozio-ökonomischen Lage und der parteipolitischen Mehrheitsverhältnisse einiger-maßen differenziert erfassen zu können, aber die Feldphase händelbar zu hal-ten, wurden 6 Kommunen pro Bundesland ausgewählt (Abb. 3.1). Im Sample enthalten sind letztlich 7 Großstädte, 5 Mittelstädte sowie 12 kleinere Kommu-nen (Kleinstädte und Landgemeinden) aus unterschiedlichen Regionen jedes Landes, die die unterschiedlichen lokalen bzw. regionalen Rahmenbedingungen gut abbilden. Die kleineren Kommunen liegen im Allgemeinen nicht zu groß-stadtnah und nicht zu peripher, um allzu spezifische Kontexte zu vermeiden. Die Gruppendiskussionen fanden jeweils in Ortsteilen statt, die die Gesamt-struktur der Kommune hinsichtlich der genannten Kriterien möglichst gut widerspiegelten.

Für die Gruppendiskussionen in **Brandenburg** wählten wir Cottbus, Doberlug-Kirchhain, Eberswalde, Luckau, Potsdam und Temnitz aus (Tab. 3.1). Das Land ist in 14 Landkreise und 4 kreisfreie Städte gegliedert; 2020 bestanden 389 Ge-meinden mit bis zu 20.000 Einwohnern, 27 Mittelstädte und 1 Großstadt.[13] Die Auswahl berücksichtigt, dass im Thünen-Index die meisten Kreise als eher länd-lich und mit weniger guter sozioökonomischer Lage bewertet wurden und wenige als sehr ländlich mit weniger guter sozioökonomischer Lage. Ebenso ist abgebildet, dass in Brandenburg die meisten Regionen mittel oder dünn besiedelt sind und

---

[10] Bogumil und Holtkamp (2023, S. 33); Klassifizierung des BBSR nach BBSR (2017b).

[11] Küpper (2016); Küpper und Milbert (2020); Weingarten und Steinführer (2020, S. 655 f.).

[12] Für die Ausprägung der einzelnen sozioökonomischen Indikatoren siehe https://karten.landatlas.de/app/landatlas/

[13] Bogumil und Holtkamp (2023, S. 35).

Abb. 3.1 Ausgewählte Kommunen. (Darstellung: Lars Vogel. Die Karte wurde unter Verwendung der Software R und der Pakete sf und leaflet erstellt. Kartografische Daten von OpenStreetMap, CC-BY-SA)

Tab. 3.1 Brandenburg: Ausgewählte Kommunen für die Gruppendiskussionen

Ort	Größe*	Merkmale	Stärkste politische Kräfte*
Potsdam**	185.750 Ew. 188,2 km²	überdurchschnittlich wachsende Großstadt in einem teilweise überdurchschnittlich wachsenden und teilweise wachsenden Umfeld mit günstiger Altersstruktur und hohen sozialen Herausforderungen	SPD, B'90/ Grüne, lokal: auch Linke
Cottbus/ Chósebuz	99.515 Ew. 165,6 km²	Schrumpfende Mittelstadt in einem teilweise überdurchschnittlich schrumpfenden und teilweise schrumpfenden Umfeld, in einer ländlichen Region mit erkennbaren sozialen Herausforderungen, Bevölkerungsrückgang und ungünstiger Altersstruktur	SPD, AfD
Eberswalde	41.461 Ew. 93,6 km²	Überdurchschnittlich wachsende Mittelstadt in einem wachsenden Umfeld, in einer Region mit erkennbaren Herausforderungen der Wirtschaftsintensität und günstiger Altersstruktur	SPD, AfD
Luckau[1]	950 Ew. 207,4 km²	Kleine Kleinstadt mit keiner eindeutigen Entwicklungsrichtung, in einem teilweise wachsenden und teilweise schrumpfendem Umfeld in einer ländlichen Region mit erkennbaren sozialen Herausforderungen, Bevölkerungsrückgang und ungünstiger Altersstruktur	SPD, lokal: Unabhängige, AfD
Doberlug-Kirchhain	9032 Ew. 150,4 km²	Überdurchschnittlich wachsende kleine Kleinstadt in einer schrumpfenden Umgebung, in einer ländlichen Region mit erkennbaren sozialen Herausforderungen, Bevölkerungsrückgang und ungünstiger Altersstruktur	SPD, AfD, lokal: CDU, Unabhängige, Bürgermeister: FDP
Temnitz***	5493 Ew. 249,7 km²	Wachsende Landgemeinde in einem teilweise wachsenden Umfeld und teilweise schrumpfenden Umfeld, in einer Region mit erkennbaren Herausforderungen der Wirtschaftsintensität und günstiger Altersstruktur	SPD, lokal: Unabhängige

*Stand 2022. Ausgewählter Stadtteil/Gemeinde: **Bornstedt, ***Märkisch Linden
Quelldaten: BBSR 2017b (Siedlungskategorie); BBSR 2024 (Größe); Berlin-Institut 2019
[1]In Luckau führten wir 2 Gruppendiskussionen durch, da in der ersten Runde kurzfristig 2 Personen wegen Krankheit verhindert waren. In der zweiten Runde ließen wir teilweise Gesprächseindrücke aus der ersten Gruppendiskussion als Impulse einfließen. Wir nutzen beide Runden für die Analyse.

nur etwa ein Fünftel dicht.[14] In den dünner besiedelten Regionen gibt es Doppel-
städte wie Doberlug-Kirchhain und Gemeindeverbände wie Temnitz, die verschiedene kleine Orte umfassen. Die Auswahl berücksichtigt auch die regional sehr
unterschiedlichen Wahlergebnisse. Allgemein wurde zum Zeitpunkt des Samplings
die langjährige Regierungspartei SPD (noch) stark unterstützt. In der Landeshauptstadt gaben aber zunehmend Wähler B'90/Grünen ihre Stimme, in der Lausitz erhielt die AfD die meisten Stimmen.[15] In der Lokalpolitik kleinerer Kommunen
wurden stärker Parteilose und Unabhängige gewählt und Parteien waren weniger
sichtbar. Wichen Ergebnisse der letzten Wahlen je nach Ebene voneinander ab, so
ist dies in der Tab. 3.1 bei den betreffenden Orten vermerkt.

In **Hessen** führten wir die Gruppendiskussionen in Frankfurt a. M., Hirschhorn
(Neckar), Kassel, Limburg an der Lahn, Stadtallendorf und Witzenhausen durch
(Tab. 3.2). Das Land ist in 21 Landkreise und 5 kreisfreie Städte gegliedert; 2020
gab es 363 kleinere Kommunen, 54 Mittelstädte und 5 Großstädte.[16] Zum Zeitpunkt der Auswahl waren gemäß Thünen-Index 9 Verwaltungseinheiten nicht ländlich[17] – in unserer Auswahl abgebildet durch Frankfurt a. M. und Kassel. Je eine
weitere Kommune steht für die 6 Landkreise und kreisfreien Städte mit eher ländlicher und guter sozioökonomischer Lage, für die 6 sehr ländlichen Regionen mit
weniger guter sozioökonomischen Lage bzw. für die 5 Landkreise mit sehr ländlicher und guter sozioökonomischer Lage. Wir ergänzten eine Gemeinde mit weniger guter sozioökonomischer Lage für eine breitere Streuung der Rahmenbedingungen. Zugleich achteten wir auf eine regionale Streuung der ausgewählten
Kommunen – so liegen die Großstädte in Süd- und Nordhessen. Ebenso berücksichtigte die Auswahl erneut die Verteilung politischer Präferenzen. Waren allgemein CDU und SPD stark, so schwankte ihr Stimmenanteil doch bei den dem
Sampling vorausgegangenen Wahlen. In den Großstädten votierte ein steigender
Anteil von Menschen für B'90/Grüne, in kleineren Kommunen hingegen für die
AfD. Die lokalen Ergebnisse der Wahlen unterschieden sich je nach Ebene
(Tab. 3.2).

In **Niedersachsen** wählten wir Apen, Bevensen-Ebstorf, Cloppenburg, Hannover, Osnabrück und Zeven für die Gruppendiskussionen aus (Tab. 3.3). Insgesamt
gibt es in Niedersachsen 8 kreisfreie Städte sowie 37 Landkreise; 2020 existierten
852 Gemeinden mit bis zu 20.000 Einwohnern, 84 Mittelstädte und 8 Großstädte.[18]

---

[14] Statistisches Bundesamt (2020b).
[15] Lorenz und Träger (2021).
[16] Bogumil und Holtkamp (2023, S. 35).
[17] Küpper (2016).
[18] Bogumil und Holtkamp (2023, S. 35).

Tab. 3.2 Hessen: Ausgewählte Kommunen für die Gruppendiskussionen

Ort	Größe*	Merkmale	Stärkste politische Kräfte*
Frankfurt am Main**	773.068 Ew. 248,3 km²	Überdurchschnittlich wachsende Großstadt mit günstiger Altersstruktur und hohen sozialen Herausforderungen, in einem teilweise wachsenden und teilweise überdurchschnittlich wachsenden Umfeld	BTW: B'90/ Grüne, SPD, LTW: CDU, lokal: Grüne, CDU
Kassel***	204.202 Ew. 106,8 km²	Wachsende Großstadt mit überdurchschnittlicher Wirtschaftsintensität und erkennbaren sozialen Herausforderungen, in einem teilweise wachsenden Umfeld und einem Umfeld mit teilweise nicht eindeutiger Bevölkerungsentwicklung	BTW: SPD, LTW: CDU, B'90/Grüne, lokal: Grüne, SPD
Limburg an der Lahn	36.053 Ew. 45,2 km²	Wachsende Mittelstadt in einem teilweise schrumpfenden, teilweise wachsenden Umfeld in einer durchschnittlich geprägten Region mit erkennbar günstiger sozialer Lage	BTW: CDU, SPD, LTW: CDU, AfD, lokal: CDU
Stadtallendorf	21.552 Ew. 78,2 km²	Wachsende Mittelstadt in einem teilweise schrumpfenden, teilweise wachsenden Umfeld, in einer Region mit erkennbaren Herausforderungen der Wirtschaftsintensität und günstiger Altersstruktur	BTW und lokal: SPD, CDU, LTW: CDU, AfD
Witzenhausen	15.005 Ew. 126,8 km²	Wachsende größere Kleinstadt in einem teilweise schrumpfenden, teilweise wachsenden Umfeld, in einer durchschnittlich geprägten ländlichen Region mit erkennbaren Herausforderungen bezogen auf die Altersstruktur	SPD, CDU
Hirschhorn (Neckar)	3449 Ew. 30,9 km²	Wachsende Landgemeinde in einem teilweise schrumpfenden, teilweise wachsenden Umfeld, in einer durchschnittlich geprägten ländlichen Region mit erkennbaren Herausforderungen bezogen auf die Altersstruktur	BTW: SPD, CDU, LTW: CDU, AfD, lokal: CDU, Unabhängige

*Stand 2022. Ausgewählter Ortsteil: **Höchst, ***Niederzwehren
Quelldaten: BBSR 2017b (Siedlungskategorie); BBSR 2024 (Größe); Berlin-Institut 2019

Tab. 3.3 Niedersachsen: Ausgewählte Kommunen für die Gruppendiskussionen

Ort	Größe*	Merkmale	Stärkste politische Kräfte*
Hannover**	545.045 Ew. 204,3 km²	Wachsende Großstadt in einem wachsenden Umfeld, überdurchschnittliche Wirtschaftsintensität und erkennbare soziale Herausforderungen	SPD, B'90/ Grüne
Osnabrück	167.366 Ew. 119,8 km²	Überdurchschnittlich wachsende Großstadt in einem teilweise wachsenden und teilweise schrumpfendem Umfeld, überdurchschnittliche Wirtschaftsintensität und erkennbare soziale Herausforderungen	SPD, CDU, B'90/Grüne in variierender Stärke
Cloppenburg	37.056 Ew. 70,9 km²	Wachsende Mittelstadt in einem überdurchschnittlich wachsenden Umfeld, durchschnittlich geprägte Region mit erkennbar günstiger sozialer Lage	CDU
Bevensen-Ebstorf	27.216 Ew. 482,2 km²	Kleine Kleinstadt ohne eindeutige Entwicklungsrichtung in einem Umfeld (in der Samtgemeinde) mit teilweise keiner eindeutigen Entwicklungsrichtung und teilweise wachsendem Umfeld, durchschnittlich geprägte Region mit erkennbaren Herausforderungen bezogen auf die Altersstruktur	SPD, CDU, Bürgermeister: B'90/Grüne
Zeven	23.571 Ew. 254,31 km²	Zeven wachsende größere Kleinstadt in einem wachsenden Umfeld (in der Samtgemeinde), durchschnittlich geprägte Region mit erkennbar günstiger sozialer Lage	CDU, Bürgermeister: SPD
Apen	12.226 Ew. 77,02 km²	Wachsende größere Kleinstadt in einem wachsenden Umfeld, durchschnittlich geprägte Region mit erkennbar günstiger sozialer Lage	SPD, lokal UWG

*Stand 2022. Ausgewählter Stadtteil: **Ricklingen
Quelldaten: BBSR 2017b (Siedlungskategorie); BBSR 2024 (Größe); Berlin-Institut 2019

In einer Clusteranalyse des Berlin-Instituts wurden Hannover und Osnabrück zum Zeitpunkt der Fallauswahl als attraktive Großstädte bewertet, die anderen Orte hingegen als ländliche Regionen mit vereinzelten Problemen.[19] Dies berücksichtigten wir bei der Auswahl der Kommunen, ebenso die stark variierende Relation aus Einwohnerzahl und Fläche der Kommunen. Mit Bevensen-Ebstorf und Zeven wurden

---

[19] Berlin-Institut (2019, S. 12 f.).

auch zwei Samtgemeinden ausgewählt. Dabei handelt es sich um Gemeindeverbände, die in dünner besiedelten Regionen bestimmte Aufgaben für verschiedene Gemeinden erfüllen. Sie bestehen aus einer namensgebenden Kleinstadt und weiteren Ortschaften. Die Auswahl der Kommunen berücksichtigt ebenfalls, dass die CDU traditionell in der Fläche gewählt wurde, v. a. „in den Gebieten mit hohem Katholikenanteil und im ländlichen Raum Nordniedersachsens", während die SPD besonders in der Landeshauptstadt Hannover und anderen Großstädten, „im Süden und im Südosten des Landes sowie im äußersten Nordwesten" des Landes Unterstützung fand.[20]

In **Sachsen** wählten wir für die Gruppendiskussionen Auerbach im Vogtland, Chemnitz, Kamenz, Leipzig, Mulda sowie Reichenbach im Landkreis Görlitz aus (Tab. 3.4). Das Land gliedert sich in 10 Landkreise sowie 3 kreisfreie Städte; 2020 gab es 394 Gemeinden mit bis zu 20.000 Einwohnern, 22 Mittelstädte und 3 Großstädte.[21] Gemäß der erwähnten Clusteranalyse des Berlin-Instituts 2019 handelte es sich bei Leipzig und Chemnitz um (wachsende) Großstädte mit Problemlagen, bei den anderen Kommunen um Orte in „abgehängten" Regionen.[22] Dies bildet die sozio-ökonomische Lage in den sächsischen Landkreisen zum Zeitpunkt der Auswahl der Kommunen ab. Der Großteil der Gemeinden schrumpfte, teilweise überdurchschnittlich. Dies galt vor allem weiter (nord-)östlich und südlich. Nur 6 Kommunen wuchsen. Mit abgebildet ist in der Auswahl der Kommunen, dass die CDU zu diesem Zeitpunkt im westlichen Teil Sachsens in der Fläche stark war und die AfD tendenziell nach Osten hin höhere Stimmenanteile erzielte.[23] B'90/Grüne und SPD wurden eher in den Großstädten Leipzig und Dresden gewählt. Je kleiner die Kommune, desto weniger spiel(t)en Parteien eine Rolle, v. a. in der Lokalpolitik. Wieder wurde in der Tabelle vermerkt, falls Ergebnisse der letzten Wahlen vor Ort je nach Ebene bzw. Art der Wahl voneinander abwichen

Für die Gruppendiskussionen wurden Teilnehmer gesucht, die sich vor Ort im Alltag treffen können, jedoch nicht in enger persönlicher Beziehung zueinander stehen. Der gleiche soziale Nahraum sollte das verbindende Element sein. Zugleich sollte die Zusammensetzung der Gruppen die Komposition der Gesamtgesellschaft in Bezug auf die Altersgruppen und Geschlechterparität einigermaßen abbilden und die Teilnehmer sollten möglichst nicht zu stark einem bestimmten Milieu angehören. Da für Gruppendiskussionen eine Teilnehmerzahl von je 8 Personen empfohlen wird, um eine angemessene Gesprächsbeteiligung aller zu er-

---

[20] Klecha (2016, S. 103).

[21] Bogumil und Holtkamp (2023, S. 36).

[22] Berlin-Institut (2019, S. 14 f.).

[23] Träger (2018).

Tab. 3.4 Sachsen: Ausgewählte Kommunen für die Gruppendiskussionen

Ort	Größe*	Merkmale	Stärkste politische Kräfte*
Leipzig**	616.093 Ew. 297,8 km²	überdurchschnittlich wachsende Großstadt in einem wachsenden Umfeld, Stadt mit günstiger Altersstruktur und hohen sozialen Herausforderungen	CDU, AfD, Linke, B'90/Grüne ähnlich stark, Oberbürgermeister: SPD
Chemnitz***	248.563 Ew. 221,03 km²	wachsende Großstadt, in einem schrumpfenden Umfeld in einer ländlichen Region mit erkennbaren sozialen Herausforderungen, Bevölkerungsrückgang und ungünstiger Altersstruktur	CDU, AfD, Oberbürgermeister: SPD
Auerbach/ Vogtl.	17.759 Ew. 55,52 km²	schrumpfende größere Kleinstadt in einem überdurchschnittlich schrumpfenden Umfeld, ländlichen Region mit erkennbaren sozialen Herausforderungen, Bevölkerungsrückgang und ungünstiger Altersstruktur	CDU, AfD, lokal: Unabhängige, Bürgermeister: Einzelbewerber
Kamenz/ Kamjenc	17.015 Ew. 98,3 km²	schrumpfende größere Kleinstadt in einem schrumpfenden Umfeld, durchschnittlich geprägte ländliche Region mit erkennbaren Herausforderungen, bezogen auf die Altersstruktur	AfD, CDU, lokal: Unabhängige, Bürgermeister parteilos
Reichenbach/ O.L.	7674 Ew. 117,63 km²	überdurchschnittlich schrumpfende Landgemeinde in einem überdurchschnittlichen schrumpfenden Umfeld, ländliche Region mit erkennbaren sozialen Herausforderungen, Bevölkerungsrückgang und ungünstiger Altersstruktur	CDU, AfD, lokal: Unabhängige
Mulda/Sa.	2428 Ew. 43,14 km²	schrumpfende Landgemeinde in einem schrumpfenden Umfeld, ländliche Region mit erkennbaren sozialen Herausforderungen, Bevölkerungsrückgang und ungünstiger Altersstruktur	CDU/Unabhängige, Bürgermeister parteilos

*Stand 2022. Ausgewählte Stadtteile: **Gohlis, ***Gablenz
Quelldaten: BBSR 2017b (Siedlungskategorie); BBSR 2024 (Größe); Berlin-Institut 2019

möglichen, lässt sich die gesellschaftliche Struktur Deutschlands bzw. der Kommune nicht im Detail abbilden So kann der Anteil von Personen mit bestimmten Merkmalen von der lokalen gesellschaftlichen Struktur abweichen. Um den Grad der Abweichung einschätzen zu können, erfassten wir bestimmte Merkmale in den individuellen schriftlichen Befragungen.

Für lokale und regionale Bevölkerungen liegen nicht systematisch erweiterte soziodemografische Daten vor. Um dennoch Teilnehmer mit der gewünschten Kombination von Merkmalen zu rekrutieren, kooperierten wir mit lokalen Breitensportvereinen,[24] denn mehr als jeder fünfte Verein in Deutschland ist ein Sportverein. „Sport und Bewegung" ist der am weitesten verbreitete Engagement-Bereich in Deutschland[25] bzw. das „Feld mit der höchsten Gemeinschaftsaktivität in der Bevölkerung".[26] Die Mitgliederzahlen stiegen zum Zeitpunkt der Organisation der Gruppendiskussionen.[27] Daher ermöglichte die Zusammenarbeit mit Sportvereinen es am ehesten, Personen mit den oben erläuterten soziodemografischen Merkmalen aus einem nicht zu engen sozialen Milieu zusammenzuführen. In Kommunen bzw. Ortsteilen, für die sich keine Kooperation mit einem lokalen Sportverein ergab, baten wir andere Akteure, die öffentliche Begegnungsräume bieten (z. B. die Gemeindevertretung, Mehrgenerationenhaus), um die Zusammenarbeit.[28]

In der Anfrage stellten wir das Projekt knapp vor und übermittelten als Kriterien für die Zusammensetzung der Gruppendiskussionen, dass an ihnen jeweils mindestens 3 Frauen und 3 Männer teilnehmen sollten, wobei die Altersgruppen 18 bis 29 Jahre, 30 bis 49 Jahre, 50 bis 69 Jahre sowie über 70 abgedeckt sein sollten. Verwandtschaftsverhältnisse sollten ausgeschlossen sein.[29] Die Kooperation umfasste auch die Bereitstellung von Räumen für die Gruppendiskussionen durch die Partner. Dadurch konnten die Teilnehmer sich in einer für sie gewohnten Umgebung unterhalten, was für das Gelingen der Methode wichtig ist (Abschn. 3.3). Durch-

---

[24] Zunächst hatten wir versucht, Menschen vor gut frequentierten Supermärkten, deren Kundschaft laut Marktanalyse die Bevölkerungsstruktur gut abbildet, an einem Donnerstagnachmittag bis -abend für die Gruppendiskussion zu rekrutieren. Allerdings war hier die Beteiligungsrate in Hannover, Chemnitz und Leipzig sehr gering und hinsichtlich Geschlecht und Alter sehr verzerrt. Wir gingen daher zur Kooperation mit Sportvereinen über.

[25] Schubert et al. (2023, 2024).

[26] Braun et al. (2022, S. 13).

[27] Lorenz und Träger (2020).

[28] Für genaue Angaben siehe Lorenz und Pischtschan (2024a, S. 7–8).

[29] Die Teilnehmer erhielten eine Aufwandsentschädigung von 15 €. Dies drückte Wertschätzung für ihre Mitarbeit aus, war aber zugleich so wenig, dass eine Beeinflussung des Antwortverhaltens unwahrscheinlich ist. Die Vereine erhielten eine Aufwandsentschädigung in Höhe von 180 €.

schnittlich nahmen 7,6 Personen teil. Die Differenz zu 8 ergab sich aus kurz-fristigen Ausfällen wegen Krankheit.

Die geforderte Mischung von Alter und Geschlecht sorgte indirekt dafür, dass die Teilnehmer der Diskussionsrunden nicht alle einer Mannschaft eines Ver-eins entstammten oder zwangsläufig dieselben Sportarten betrieben; einige waren nicht einmal Mitglieder im Verein (siehe unten). Allerdings ist nicht gänzlich aus-zuschließen, dass Personen sich teils gut kannten oder Nachbarn sind. Gerade in kleineren Kommunen haben Sportvereine oder andere Begegnungsräume indes ein nicht sehr eng lokal begrenztes Einzugsgebiet. So wies eine Person in der Gruppen-diskussion in Kamenz darauf hin, dass nur noch eine kleine Minderheit der Mit-glieder aus der Kerngemeinde komme und die meisten aus umliegenden Ort-schaften, wo Sport- und Freizeitangebote sehr ausgedünnt seien. Daher erreichten wir auch Menschen aus anderen Stadtvierteln oder Gemeinden im Umkreis.[30]

Nach einem Pretest in Leipzig im Juli 2021 wurden die meisten Gruppendis-kussionen im Zeitraum August 2021 bis September 2022 durchgeführt.[31] Um an-schließend die soziale Zusammensetzung der Gruppen einschätzen zu können und damit abzuwägen, ob ggf. extreme Verzerrungen vorliegen, wurden – wie erwähnt – soziodemografische Merkmale in einer anonymen schriftlichen Befragung der Teil-nehmer erhoben. Sie verweisen auf durchschnittlich gut integrierte, politisch inte-ressierte, aber nicht in Parteien organisierte Menschen mit auskömmlichem Lebens-standard, der nach Siedlungsgröße variierte; die Werte streuten auch in den einzelnen Gruppendiskussionen hinreichend. Tab. 3.5 informiert über die Mittelwerte pro Gruppe einiger soziodemografischer Angaben aus den Fragebögen. Um die Perso-nen nicht identifizierbar zu machen, sind Informationen, beispielsweise zu den Schulabschlüssen, zusammengefasst und es werden keine detaillierteren Daten (etwa zum Minimal- und Maximaleinkommen pro Gruppe) ausgewiesen.

Das Durchschnittsalter der Teilnehmer an den Gruppendiskussionen lag bei 49,7 Jahren und damit über dem Durchschnittsalter der Bevölkerung von 44,6 Jahren in 2022.[32] Zugleich war die gewünschte Altersstreuung in nahezu allen Diskussions-

---

[30] Nicht ganz auszuschließen ist, dass Personen mit Funktionen im Verein unter den Teil-nehmern überrepräsentiert waren.

[31] Der Zeitraum ergab sich daraus, dass alle Gruppendiskussionen, um Verzerrungen zu ver-meiden, von einer Person durchgeführt wurden. Darüber hinaus mussten sie zu Zeitpunkten durchgeführt werden, die für die Gesamtkomposition der Teilnehmer günstig war, der Raum war abzustimmen und im Falle von Ausfällen mehrerer Teilnehmer mussten neue Termine disponiert werden. In drei Kommunen, in denen die Zusammensetzung der Gruppen zu-nächst nicht dem methodischen Setting entsprach, organisierten wir nochmals Gruppendis-kussionen, die später stattfanden. Siehe Lorenz und Pischtschan (2024b, S. 7–8).

[32] Statista (2024a).

Tab. 3.5 Soziodemografische Zusammensetzung der lokalen Gruppen

Ort	Tn.	Alter	Schulabschluss	Haushaltseinkommen (netto)	Lebensstandard	Verbesserung	Ps. im Haushalt	Parteimitgl.
Apen	8	50,9	1 HSA, 3 RSA, 4 Abi	2.805,00	1,9	1,4	2,8	0,0
Auerbach/Vogtl.	8	50,1	3 RSA, 5 Abi	3.500,00	1,3	1,5	2,0	0,1
Bevensen-Ebstorf	8	47,5	4 RSA, 3 Abi, 1 NN	2.950,00	1,6	1,5	2,4	0,0
Chemnitz	7	44,9	2 RSA, 5 Abi	2.900,00	1,3	1,4	2,3	0,0
Cloppenburg	7	50,1	4 RSA, 3 Abi	3.500,00	1,0	1,3	2,9	0,1
Cottbus	8	50,6	3 RSA, 5 Abi	2.680,00	1,3	1,1	1,8	0,0
Doberlug-Kirchhain	6	56,2	1 RSA, 5 Abi	2.400,00	1,0	1,0	2,5	0,0
Eberswalde	8	49,1	4 RSA, 4 Abi	1.625,00	0,9	1,5	2,7	0,0
Frankfurt a. M.	8	50,0	1 HSA, 6 RSA, 1 Abi	2.985,71	1,6	1,3	1,9	0,1
Hannover	8	54,0	1 RSA, 7 Abi	3.628,57	1,9	1,3	2,1	0,0
Hirschhorn (Neckar)	8	48,8	5 RSA, 3 Abi	4.442,86	1,9	1,0	2,9	0,1
Kamenz	8	50,9	4 RSA, 4 Abi	3.933,33	1,9	1,8	2,3	0,0
Kassel	8	49,1	1 RSA, 6 Abi, 1 NN	3.550,00	1,6	1,8	2,1	0,1
Leipzig	8	47,8	1 HSA, 2 RSA, 5 Abi	5.316,67	2,1	1,5	2,6	0,1
Limburg a.d. Lahn	7	56,3	2 HSA, 3 RSA, 2 Abi	2.768,67	1,2	1,3	2,1	0,0
Luckau	7	50,7	4 RSA, 3 Abi	2.163,00	1,9	1,4	2,6	0,3
Mulda/Sa.	9	51,8	4 RSA, 5 Abi	3.128,57	1,8	1,6	2,2	0,0

(Fortsetzung)

Tab. 3.5 (Fortsetzung)

Ort	Tn.	Alter	Schulabschluss	Haushaltseinkommen (netto)	Lebensstandard	Verbesserung	Ps. im Haushalt	Parteimitgl.
Osnabrück	8	47,6	1 HSA, 3 RSA, 4 Abi	2.289,88	1,6	1,1	2,3	0,0
Potsdam	7	48,1	1 HSA, 2 RSA, 3 Abi, 1 NN	2.080,00	1,6	1,7	1,9	0,0
Reichenbach/O.L.	7	51,9	5 RSA, 2 Abi	1.941,67	0,6	1,3	2,0	0,0
Stadtallendorf	8	48,3	4 HSA, 1 RSA, 3 Abi	2.032,00	1,1	1,4	2,6	0,0
Temnitz	8	49,4	4 RSA, 4 Abi	2.400,00	1,0	1,0	2,6	0,0
Witzenhausen	6	39,0	5 Abi, 1 NN	2.626,00	1,7	1,5	2,5	0,0
Zeven	8	48,5	1 HSA, 3 RSA, 4 Abi	3.033,33	1,9	1,6	2,6	0,0
Mittelwert	*7,6*	*50,71*		*2.945,01*	*1,5*	*1,4*	*2,4*	*0,0*

Die Angaben für die Teilnehmer („Tn.") und den Schulabschluss beziehen sich auf die Anzahl, alle anderen Angaben auf den jeweiligen Mittelwert. HSA: Hauptschule, Volksschule; RSA: Realschule, erweiterter Realschulabschluss, POS; Abi: Abitur, Fachabitur, Fachhochschulreife; Schüler ohne Abschluss ihrer Schulart zugeordnet, sofern angegeben. Lebensstandard: „Meinen eigenen Lebensstandard schätze ich so ein …" 0 = einfach, 1 = eher einfach, 2 = eher gehoben, 3 = gehoben. Verbesserung: „Meine eigene Lebenssituation hat sich in vergangenen Jahren …" 0 = verschlechtert, 1 = gleich geblieben, 2 = verbessert. Parteimitgliedschaft: 0 = nein, 1 = ja
Quelle: Eigene Daten und Auswertung

runden gegeben. Das Durchschnittsalter der lokalen Gesprächsgruppen streute entsprechend wenig und korrelierte beispielsweise nicht mit der Einwohnerzahl der jeweiligen Kommune (− 0,01). Auch die erwünschte gemischte Zusammensetzung nach Geschlecht war infolge der übermittelten Wünsche an die Partner gegeben.

Der Anteil der Personen, die ein Gymnasium besucht bzw. die Fachhochschulreife hatten, lag mit 51,9 % (95) deutlich über dem Bevölkerungsdurchschnitt von 33,5 %.[33] Auch nach Gruppen ausgewertet, wies im Schnitt jeweils die Hälfte der Teilnehmer diese formale Bildung auf. Dabei korrelierte ihr Anteil an den Gesprächsgruppen nicht mit der Einwohnerzahl der jeweiligen (Gesamt-)Kommune (− 0,04).[34]

16,9 % (31) der Teilnehmer befanden sich in der Schul- oder Berufsausbildung, studierten (einschließlich Referendariat) oder leisteten den Bundesfreiwilligendienst. Die Zahl schwankte nach lokaler Gruppe, weil in einigen Gruppen die Personen aus der jüngsten Altersgruppe bereits berufstätig waren, beispielsweise weil sie eine Ausbildung abgeschlossen hatten, während sie in anderen studierten. Entsprechend variierte der Anteil der Berufstätigen nach lokaler Gruppe, aber ohne systematischen Zusammenhang mit der Einwohnerzahl.

Insgesamt gaben 47,5 % der Befragten (87) an, aktuell berufstätig bzw. selbstständig oder in Elternzeit zu sein. 1,6 % waren Nicht-Erwerbstätige. Für die Wohnbevölkerung in ganz Deutschland betrug die Summe der Anteile beider Kategorien, d. h. die Erwerbsquote. 2022 55,8 %.[35] Der Anteil der Nicht-Erwerbstätigen an den Teilnehmern der Gruppendiskussionen war geringer als in der Gesamtbevölkerung (2023 3,1 %[36]). In den allermeisten Gruppendiskussionen lag der Anteil der Berufstätigen zwischen 33 % und 57 %, womit diese Perspektiven ausreichend vertreten waren. Ausnahmen bildeten Limburg (15 %; 1 von 7), Cottbus und Stadtallendorf (je 25 %; 2 von 8). In Cloppenburg, Hirschhorn und Temnitz (je 62,5 %) sowie in Frankfurt a. M. und Kassel (je 75 %; 6 von 8) nahmen mehr Berufstätige an den Gruppendiskussionen teil.

41,4 % der beruflich Aktiven arbeiteten zum Zeitpunkt der Befragung in kaufmännischen und unternehmensbezogenen Dienstleistungsberufen (darunter Controller, Bankangestellte), 28,7 % in personenbezogenen Dienstleistungsberufen (z. B. Lehrer, Physiotherapeutin), 18,4 % in Produktionsberufen (z. B. Bauingenieur, Vermessungstechnikerin), 8,0 % in IT- und naturwissenschaftlichen Dienstleistungsberufen (z. B. Chemielaborantin, Produktmanager Softwareentwicklung) sowie

---

[33] Daten für 2019, Statistisches Bundesamt (2024b).

[34] Der höhere Anteil könnte widerspiegeln, dass formal höher Gebildete ggf. aufgeschlossener gegenüber Forschungsprojekten sind, oder dass sie eher Führungspositionen in Vereinen, z. B. Leitungen von Sportgruppen, übernehmen, falls diese gebeten wurde, noch aufzufüllende Leerstellen gemäß Sampling-Vorgabe zu füllen.

[35] Statista (2024b).

[36] Statistisches Bundesamt (2024c).

3,4 % in sonstigen wirtschaftlichen Dienstleistungsberufen.[37] Die gute Bandbreite an Berufen sorgte im Allgemeinen für eine sozial nicht zu enge Zusammensetzung der Teilnehmer, während in den einzelnen Gruppendiskussionen schon aufgrund der begrenzten Teilnehmerzahl nicht alle Berufsgruppen vertreten waren.

Ein Drittel der Teilnehmer (62) war in Rente oder Pension. Dies waren mehr als der Anteil der Menschen ab 65 Jahren im Bundesschnitt (22 % in 2022[38]). Der konkrete Anteil variierte nach Gruppendiskussion, lag aber nirgendwo über 50 %. Nur in Hannover betrug der Anteil 62 % (5 von 8), während an der Gruppendiskussion in Witzenhausen keine Personen im Ruhestand teilnahmen.

Gemäß den Angaben in den Fragebögen lag das durchschnittliche Netto-Haushaltseinkommen der Teilnehmer aller Gruppendiskussionen bei ca. 2988 € und damit unterhalb des durchschnittlichen Nettoeinkommens eines privaten Haushalts in Deutschland, das 2021 rund 3813 € im Monat betrug.[39] Dies korrespondiert mit der Auswahl der Kommunen, die Regionen mit den höchsten Einkommen nicht berücksichtigte. Das Primär-Einkommen pro Kopf betrug in den Kreisen, in denen sich die ausgewählten Kommunen befinden, 2022 86 % des deutschlandweiten Werts.[40] In Ostdeutschland, wo 12 der ausgewählten Kommunen liegen, ist das Einkommen generell niedriger. Dazu passt, dass auch das angegebene Netto-Monatseinkommen der 92 Befragten in den ostdeutschen Kommunen 2905 € betrug, das der 91 Befragten in den westdeutschen Kommunen 3064 €. Allerdings streuen die Einkommen auch innerhalb Ostdeutschlands. Darauf verweist der Fakt, dass das höchste Einzeleinkommen einer teilnehmenden Person in einer ostdeutschen Kommune angegeben wurde.

Die Mittelwerte der Einschätzung der eigenen Lebenssituation unterschieden sich wenig. Sie war nach Ansicht der Teilnehmer durchschnittlich gleich geblieben mit einer leichten Tendenz zur Verbesserung (1,4). Im Schnitt lebten im Haushalt der Teilnehmer 2,4 Personen. Das waren mehr als der Bundesdurchschnitt mit 2,0 Personen pro Haushalt gemäß dem Mikrozensus 2019.[41] Je höher die Einwohnerzahl der Kommune, in der die Befragten an der Gruppendiskussion teilnahmen, desto niedriger war im jeweiligen Gruppendurchschnitt tendenziell die Zahl der Personen im Haushalt (-0,3). Die Durchschnittswerte der Haushaltseinkommen

---

[37] Die Kategorisierung entspricht der Einteilung von Berufsgruppen der Bundesagentur für Arbeit (2020). Nähere Aufschlüsselungen nach Gruppen würden die Anonymität der Angaben beeinträchtigen.

[38] Statistisches Bundesamt (2024d).

[39] Statista (2023).

[40] Berechnung nach Seils und Pusch (2022).

[41] Zit. in BpB (2024).

pro Gesprächsgruppe korrelierten ebenfalls mit der Einwohnerzahl der jeweiligen
(Gesamt-)Kommune, jedoch in anderer Richtung (0,4). Je bevölkerungsreicher der
Ort, desto höher war das angegebene Einkommen. Insgesamt lag der Mittelwert
des Haushaltseinkommens je Gruppe bei den Befragten in kleineren Kommunen
bei 2944 €, in den Mittelstädten bei 2521 € und in den Großstädten bei 3250 €.
Innerhalb der Gruppen und zwischen ihnen streuten die Netto-Haushaltseinkommen
hinreichend, sodass wir die Abbildung nur eines ganz bestimmten Einkommens-
niveaus ausschließen können.

Die Angabe des Netto-Einkommens kann fehlerbehaftet sein, beispielsweise
weil das Haushaltseinkommen mit dem eigenen Gehalt verwechselt oder falsch geschätzt wird. Außerdem kann angesichts regional variierender Lebenshaltungskosten die Kaufkraft des Einkommens variieren. Daher ließen wir die Teilnehmer
der Gruppendiskussionen in der anonymen schriftlichen Befragung zusätzlich
ihren eigenen Lebensstandard einschätzen. Insgesamt bewerteten sie ihn durchschnittlich als genau in der Mitte (1,5) zwischen der Bezeichnung „einfach" (für
die Berechnung zugewiesener Wert 0) und „gehoben" (zugewiesener Wert 3). In
den ausgewählten ostdeutschen Kommunen tendierte der Mittelwert pro Gruppe zu
einem „eher einfachen" Lebensstandard (1,4 von 3 Punkten), in westdeutschen
Kommunen lag er etwas höher (1,6 von 3). Relevanter war die Varianz nach
Siedlungsgröße. In den ausgewählten Großstädten ging die Selbsteinschätzung in
Richtung „eher gehoben" (1,7), in den Mittelstädten zu „eher einfach" (1,1). In den
kleineren Kommunen lag der Wert dazwischen (1,5).

Im Vergleich zur gesamten Wohnbevölkerung in Deutschland war in den
Gruppendiskussionen der Anteil der Vereinsmitglieder deutlich erhöht. 86 % der
Teilnehmer gaben in der schriftlichen Befragung an, Mitglied eines Vereins zu
sein. Der hohe Anteil traf auf alle Gruppendiskussionen zu, mit der Ausnahme
Potsdam, wo kaum Personen Vereinsmitglieder waren. Weit überwiegend gaben
die Vereinsmitglieder die Zugehörigkeit zu einem Sportverein an; gelegentlich
wurden andere Organisationen genannt, darunter beispielsweise die Freiwillige
Feuerwehr, ein Gewerbeverein, Chor, Landfrauen, der Christliche Verein Junger
Menschen (CVJM) oder Karnevalsvereine. Selten wurden mehrere Vereine genannt. Dass aktive Vereinsmitglieder gut angebunden, lokal und sozial gut integriert sind,[42] ist bei der Interpretation des Materials zu berücksichtigen. Zivilgesellschaftliche Partizipation und Sozialkapital scheint das subjektive Wohlbefinden zu fördern.[43] Es ist nicht auszuschließen, dass die gute Vernetzung einen

---

[42] Kersten et al. (2022, S. 34). Eine aktive Vereinsmitgliedschaft ist nicht der einzige Indikator für gute Integration, aber *ein* guter Indikator.

[43] Dragolov et al. (2018, S. 49); Puntscher et al. (2015).

Effekt auf die Sichtweisen auf gleichwertige Lebensverhältnisse hat, z. B. in Form weniger kritischer Einschätzungen der Lebensverhältnisse vor Ort, weil die guten zwischenmenschlichen Kontakte Unzufriedenheit mit dem Umfeld kompensieren und dabei helfen, Strategien zu finden und zu nutzen, um auch unter widrigen Bedingungen gut klarzukommen. Diese Gruppe der nicht wohlhabenden, aber gut integrierten Menschen wird in der Forschung oft übersehen.

Ähnlich zur gesamten Wohnbevölkerung in Deutschland war der Anteil von Parteimitgliedern über alle Gruppendiskussionen hinweg sehr niedrig (Mittelwert 0,0). Nur in Luckau waren 2 Teilnehmer (von 7) der Gruppendiskussion Mitglieder von – unterschiedlichen – Parteien. 88 % aller Befragten gaben aber an, an der letzten Wahl teilgenommen zu haben. Der Wert lag höher als die bundesweite Wahlbeteiligung an der vorangegangenen Bundestagswahl 2021 (76,6 %). Die Frage nach der Wahlbeteiligung wird erfahrungsgemäß so beantwortet, wie es als sozial erwünscht wahrgenommen wird, besonders von Höhergebildeten.[44] Die Wahlbeteiligung könnte also real niedriger gelegen haben.

Das Informationsverhalten war über die Diskussionsrunden hinweg ähnlich ausgeprägt. Im Fragebogen hieß es: „Ich informiere mich über allgemeine Dinge über …" und die Teilnehmer konnten für verschiedene Antwortmöglichkeiten angeben, ob sie diese gar nicht (für die Auswertung wurde der Zahlenwert 0 zugewiesen), „selten" (1), „ab und zu" (2) oder „stark" (3) nutzen. Gemäß den Antworten informierten sie sich zum Zeitpunkt der Befragung über allgemeine Dinge primär in Gesprächen mit Bekannten und Freunden (2,4), Internet (2,3), Fernsehen (2,0) und die Regionalzeitung (1,9). In kleineren Orten informierten sich deutlich weniger Teilnehmer über überregionale Zeitungen als in Großstädten (0,8 vs. 1,6). Facebook und andere soziale Medien (1,6) wurden durchweg fast so stark zur Informationsbeschaffung genutzt wie Regionalzeitungen.

Um die Befunde der Studie kontextualisieren zu können, führten wir außerdem Experteninterviews mit Vertretern fast aller kommunalen Spitzenverbände in den untersuchten Ländern durch. Diese sind potenziell die effektivsten Repräsentanten raumspezifischer lokaler Interessen. In der Forschungsliteratur wird oft die Bürgernähe der Kommunen betont[45] und damit indirekt mit der Ferne anderer Entscheidungsträger kontrastiert. Als ausführende Instanz der meisten staatlichen Aufgaben sind die Kommunen nah an den Menschen und können deren Problemsichten leichter aufnehmen als Bund und Länder. Auch spezifische Partizipations- und Governance-Formen steigern potenziell das Sensorium der Kommunen für

---

[44] Bernstein et al. (2001).

[45] Z. B. Bogumil und Holtkamp (2023, S. 14); Vetter und Holtkamp (2008, S. 19); Rudzio (2019, S. 322).

Belange der Menschen vor Ort. So haben Politik und Verwaltung auch Kontakte zu nichtpolitischen Akteuren.[46] Darunter sind informelle Akteure, wie Bürgerinitiativen oder Protestgruppen, von denen angenommen wird, dass sie die Demokratisierung lokaler Politik vorantreiben.[47] Die Verbreitung von Partizipationsinstrumenten wie Bürgerbegehren und Direktwahl der Bürgermeister sowie neue Formen der Kooperation zwischen Staat, Zivilgesellschaft und Privatwirtschaft[48] fördern ebenfalls die Bürgernähe der Kommunen.[49]

Kommunale Spitzenverbände vertreten die Interessen der Kommunen. Sie können Ausgleichsbedarfe kommunizieren und Handeln koordinieren; als „Rauchmelder" geben sie Informationen über Missstände hinsichtlich der Lebensverhältnisse an Land und Bund organisierter und schlagkräftiger weiter als einzelne Kommunen. Diese Funktionen der kommunalen Spitzenverbände sind wichtig, weil die Kommunen räumliche Unterschiede in der öffentlichen Daseinsvorsorge, beispielsweise eine lokale Minderausstattung mit Ärzten, Polizeiwachen, Schulen o. ä., aus eigener Kraft nicht ändern können. Viele Kommunen sind strukturell unterfinanziert[50] und verfügen über zu wenig Ressourcen, um neben den Pflichtaufgaben in größerem Umfang freiwillige Aufgaben zu erfüllen, beispielsweise ein Schwimmbad zu unterhalten oder einen Sportplatz zu bauen, oder effektiv ihre Positionen gegenüber Bund und Ländern zu vertreten. Dies gilt besonders für kleinere Orte. Eine Voraussetzung für die effektive Ausübung der genannten Funktionen ist aber, dass die Vertreter der kommunalen Spitzenverbände die Situation in den verschiedenen Kommunen und die Sichtweisen der dortigen Menschen gut kennen.

Tab. 3.6 gibt einen Überblick über die Experten, die im Zeitraum von Mai bis Juni 2023 befragt wurden; die Interviews dauerten durchschnittlich 1 h und 5 min.[51] Wir schrieben alle 10 Landesformationen kommunaler Spitzenverbände in den ausgewählten 4 Bundesländern an; es gibt Verbände für verschiedene Typen von Kommunen. Die Anfrage adressierten wir an Personen mit dem geeigneten „Betriebs- und Deutungswissen"[52] für unser Thema – die Leitungsebene bzw. Personen, die in einer Untergliederung zu Raumordnungsfragen, länd-

---

[46] Uppendahl und Popp (1987).

[47] Roth (1999, S. 2).

[48] Schwalb und Walk (2007, S. 8 f., 14); Zimmer (2019, S. 44 f.); Sack (2013).

[49] Vetter (2008).

[50] Diemert (2013); Mäding (2013); differenziert Bogumil und Holtkamp (2023, S. 80 ff., 207 ff.).

[51] Mehrere Interviews führte gemäß dem vorgegebenen Leitfaden und der vereinbarten Vorgehensweise die Wissenschaftliche Mitarbeiterin Lea Fobel.

[52] Przyborski und Wohlrab-Sahr (2014, S. 121).

Tab. 3.6 Interviews mit kommunalen Spitzenverbänden

Land	Kommunaler Spitzenverband
BB	Landkreistag Brandenburg
	Städte- und Gemeindebund Brandenburg
HE	Hessischer Landkreistag
	Hessischer Städte- und Gemeindebund
NI	Niedersächsischer Landkreistag
	Niedersächsischer Städtetag
	Niedersächsischer Städte- und Gemeindebund
SN	Sächsischer Landkreistag
	Sächsischer Städte- und Gemeindetag

lichem Raum und/oder öffentlicher Daseinsvorsorge arbeiten. In dem Schreiben informierten wir darüber, dass wir die lokale Sicht auf gleichwertige Lebensverhältnisse in Deutschland untersuchen und in einem Einzelinterview zum Thema Gleichwertige Lebensverhältnisse in dem betreffenden Bundesland ins Gespräch kommen möchten. Dabei seien u. a. folgende Fragen von Interesse: Wie nimmt die Kommunal- und Regionalpolitik Interessen von Bürgerinnen und Bürger wahr und wie ist das Verhältnis zwischen den Akteuren? Wie nimmt die Politik die Herausforderungen gleichwertiger Lebensverhältnisse wahr? Von den angefragten 10 Organisationen stand nur der Hessische Städtetag nicht für ein Interview bereit.

3.2   Anlage der Gruppendiskussionen, Einzelbefragungen, Experteninterviews

Für die Studie bedienten wir uns deduktiver und induktiver Elemente. Die deduktive Vorgehensweise schließt stärker an den Forschungsstand an und konzentriert sich auf die Prüfung bestimmter, bereits als potenziell wichtig erachteter Faktoren. Sie folgt oft einer stärkeren Systematik. Beides ist hilfreich,[53] kann aber auch problematisch sein, weil potenziell relevante, aber noch unbekannte Aspekte übersehen werden können, wenn die leitenden Überlegungen, die möglicherweise nur für andere oder bestimmte Fälle oder andere oder bestimmte Zeiträume zutrafen, zu eng diese Faktoren im Blick haben und die Erhebung andere Aspekte

---

[53] Ein gutes Beispiel für den jeweiligen Ertrag der methodischen Herangehensweisen liefert Abschn. 8.1, wo sie jeweils zu unterschiedlichen Befunden führten, die in der Summe mehr liefern als jede Perspektive allein.

nicht erfassen kann. In unserer Studie kam die deduktive Methodik bei der Fallauswahl, einem methodischen Element in den Gruppendiskussionen (Bildkarten) und der schriftlichen Befragung zum Einsatz. Eine induktive Methodik ist
offener für neue Aspekte und die Rekonstruktion von Sichtweisen, birgt aber die
Gefahr von Schieflagen bei der Erhebung (weil Menschen nicht spontan relevante
Faktoren benennen) und Interpretation des empirischen Materials und einer Über-
differenzierung in der Analyse. Dennoch überwiegen für unsere konkrete Fragestellung die Vorteile. In unserer Studie nutzten wir daher eine induktive Vorgehensweise für die Gruppendiskussionen. In den Experteninterviews kombinier-
ten wir induktive und deduktive Elemente.

Gruppendiskussionen bzw. Fokusgruppen sind eine etablierte Methode, um
Sichtweisen auf ein Thema zu rekonstruieren. Sie sind „hervorragend dafür geeignet, komplexe Einstellungs-, Wahrnehmungs-, Gefühls-, Bedürfnis-, Orientie-
rungs- und Motivationsgeflechte von Menschen und Gruppen aus bestimmten sozialen Kontexten zu explorieren".[54] Die „Möglichkeit der Rekonstruktion *kollektiver Orientierungen*, also des milieu- und kulturspezifischen Orientierungswissens
innerhalb und außerhalb von Organisationen und Institutionen",[55] war für die Auswahl dieser Methode ausschlaggebend. Sie ermöglicht es außerdem zu erfassen,
wie Personen im Gespräch interagieren und was in einer Gruppe mehrheitsfähige
kollektive Sichtweisen sind.[56] Aufgrund ihrer Vorteile wurden Gruppendiskussionen
jüngst auch in der Forschung zu gleichwertigen Lebensverhältnissen eingesetzt,
allerdings oft eher als Nebenmethode mit nur wenigen Runden, oft in Berlin oder
größeren Städten, d. h. nicht dort vor Ort, wo die meisten Menschen leben – in
kleineren und mittleren Kommunen.[57]

Um die am Anfang von Kap. 3 genannten Fragekomplexe systematisch zu
untersuchen, entwarfen wir einen Leitfaden für die Gruppendiskussionen und visualisierten in einem Gesprächsabschnitt ausgewählte Aspekte von Lebensbedingungen in Form von Bildkarten. Dadurch erhielten wir empirisches Material, das offen für selbst gewählte lokale Narrative der Teilnehmer ist, aber sich
zugleich über die Kommunen hinweg vergleichen lässt und einen Anschluss der
Befunde an den Forschungsstand ermöglicht.[58]

---

[54] Kühn und Koschel (2018, S. 22).

[55] Bohnsack et al. (2010, S. 7) Der Band gibt einen breiten Einblick in verschiedene An-
wendungsgebiete.

[56] Lamnek (2005, S. 27); Przyborski und Wohlrab-Sahr (2014, S. 90 f.).

[57] Z. B. Hebenstreit et al. (2024); Bundesregierung (2024). Ähnlich bei Mau (2024).

[58] Vgl. Kühn und Koschel (2018, S. 93 f.).

Zu viele und konkrete Fragen können die Assoziationen und Gedankengänge von Menschen einengen. Sie können Aussagen zu Aspekten erzwingen, die nicht spontan getätigt worden wären, und andere Aussagen durch die Bindung an ein gegebenes Fragekorsett ausschließen. Zudem hat bei einer solchen Gesprächsstrukturierung die Moderation eine dominante Stellung inne, da von ihr alle Impulse kommen, und das freie Gespräch unter den Teilnehmern – die große Stärke von Gruppendiskussionen – tritt in den Hintergrund.

Um dies zu vermeiden und offen für selbst gewählte Formulierungen der Teilnehmer zu sein, nutzten wir zum einen allgemein formulierte Fragen sowie zum anderen oft Bündel von allgemeinen Fragen, deren Beantwortung (Auswahl der Fragen, Reihenfolge) Hinweise auf die Relevanzhierarchie der jeweiligen Gruppe gibt. Die offene Impulssetzung mit mehreren Fragen erleichterte es den Teilnehmern, einen Anknüpfungspunkt zu wählen, der ihnen liegt,[59] und ermöglichte es so, in der nachfolgenden Analyse zu erkennen, welche Prioritäten sie bei der Beantwortung setzten bzw. welche Relevanz sie den verschiedenen angesprochenen Aspekten beimaßen. Dafür nahmen wir in Kauf, dass sie sich ggf. nicht zu allen theoretisch *möglichen* oder in der Forschung als relevant erachteten Aspekten äußerten.

Bereits bei der Begrüßung betonte die Moderatorin, dass es bei den Fragen kein richtig oder falsch gibt und entsprechend gern zum Ausdruck gebracht werden soll, wo man eine vorgetragene Meinung nicht teilt. Danach wurden sieben offene Fragen bzw. Fragenkombinationen absolviert.[60] Diese Anzahl kündigte die Moderatorin an, um den Anwesenden eine Vorstellung davon zu vermitteln, wieviel Zeit für jeden Teil zur Verfügung stand.

Im ersten Abschnitt der Gruppendiskussion ging es um Beschreibungen des Lebens vor Ort und die Zufriedenheit mit den lokalen Lebensverhältnissen (Kap. 4). Damit wurde ein lebensweltorientierter Einstieg gewählt; die Teilnehmer sollten der ortsfremden Wissenschaftlerin die Lebenssituation in ihrem Wohnort beschreiben. Wir wählten aber mit weiteren Fragen einen umfassenden Stimulus,[61] um einen bestimmten Erzählrahmen anzuregen. Die Teilnehmer wurden

---

[59] Vgl. Kühn und Koschel (2018, S. 102).

[60] Die Tauglichkeit des Settings und der Fragen wurde wiederholt vor allem mit den Teilprojekten HAN_04 und HAN_05 sowie dem Leipziger Teilprojekt L_03 des Forschungsinstitutes Gesellschaftlicher Zusammenhalt diskutiert und in einem Pretest in Leipzig am 17.07.2021 geprüft. Die Formulierungen und Bildkarten wurden angepasst und die Anzahl der Fragen reduziert. Die beschriebene Anlage ist das Ergebnis dieser Nachjustierungen.

[61] Zum Einsatz eines umfangreichen Stimulus siehe Przyborski und Wohlrab-Sahr (2014, S. 115).

gleichzeitig gefragt, wie sie ihr Leben in der jeweiligen Stadt bzw. dem Ort so sehen, wie es sich hier so lebt, was wichtige Orte sind, an denen man sich trifft und wer die wichtigen Leute sind. Zusätzlich bauten wir eine auf die Gruppe bezogene Simulation ein. Die Moderatorin fragte nämlich auch, was sie ihrer Familie über den Ort erzählen soll, wenn sie nach Hause komme: Die Gruppe sollte sich dafür auf fünf Eigenschaften einigen, die den Ort insgesamt ausmachen. Dieser Einstieg sollte den Expertenstatus der Diskussionsteilnehmer betonen, die Wir-Perspektive bzw. Identifikation als sozialräumliche Gruppe stärken und eine typische Interpretation der sozialen Wirklichkeit vor Ort freilegen.

Den so gesetzten Erzählimpuls griffen die Teilnehmer im Allgemeinen sehr gut auf. Es entstand schnell eine persönliche Gesprächssituation mit biografischen Erzählanteilen in Bezug auf den Ort sowie mit wechselseitigen Bezugnahmen der Sprecher, in den die Moderatorin nicht eingriff. So ließen sich bereits Hinweise auf die Bedeutung finden, die die Teilnehmer spontan – d. h. ohne von außen gesetzte Vorgaben oder Antwortmöglichkeiten – bestimmten Versorgungsaspekten bzw. -indikatoren für das Leben vor Ort beimaßen. Dieses Material ermöglichte es später auch zu vergleichen, ob die Beschreibung der Gruppe ggf. mit bestimmten Merkmalen des Ortes (Größe, geografische Lage) korrespondierte.

Im zweiten Gesprächsabschnitt ging es stärker um relevante Aspekte und Indikatoren zur Beschreibung und Bewertung eines guten Lebens allgemein (Kap. 5). „Was macht für Sie ein gutes Leben aus? Was ist da wichtig?", fragten wir. Die Antworten auf diese Fragen ermöglichten es uns zu prüfen, ob die Aspekte, die zur Beschreibung des Lebens vor Ort herangezogen wurden, auch diejenigen sind, die den Teilnehmern abstrakt wichtig waren für ein gutes Leben. Sie erlaubten es auch zu prüfen, ob die Aussagen zur Zufriedenheit mit dem Leben im Ort, die im vorangegangenen Abschnitt getroffen worden waren, in sich plausibel waren oder ggf. bestimmte Aspekte stärker gewichtet wurden. Wiederum ergab sich auch genug Material, um eventuelle räumliche Muster aufzuspüren.

Im nächsten Gesprächsabschnitt nutzten wir eine Simulationsaufgabe, um das theoretisch sehr anspruchsvolle Konzept politischer Priorisierungen bei der Bereitstellung gleichwertiger Lebensverhältnisse dem spontanen Gespräch zugänglich zu machen und es herunterzubrechen.[62] Konkret wollten wir erfassen, was die Teilnehmer als relevante Aspekte und Indikatoren zur Beschreibung und Bewertung von (guten) Lebensverhältnissen betrachten. Die Teilnehmer wurden gebeten sich

---

[62] Zur Methode Gläser und Laudel (2010, S. 126).

vorzustellen, sie seien eine Gruppe politischer Entscheider. Sie sollten diskutieren und gemeinsam festlegen, für welche fünf Anliegen sie prioritär Geld ausgeben würden, welche fünf Themen weniger wichtig sind und welche fünf ganz unwichtig (für die Ergebnisse siehe Kap. 6). Diese Aufgabe zwang nicht nur zur Einigung als Gruppe, sondern auch zur Selektion. Damit stimulierten wir die Diskussion und den Austausch von Argumenten. Die Zuspitzung erleichterte die Sondierung von Gemeinsamkeiten und Unterschieden in den lokalen Sichtweisen je nach Siedlungsgröße und geografischer Lage, während die Ausführungen tiefere Einblicke in die Assoziationen und Argumentationen der Gruppen lieferten und anzeigten, ob die Entscheidungen kontrovers oder einmütig waren.

Um die Aufgabe von der anspruchsvollen Frage zu entlasten, was grundsätzlich an Ausgabenfeldern möglich wäre und was „gleichwertige Lebensverhältnisse" sind, wurden 15 Bildkarten in A5-Format ausgelegt. Sie symbolisierten Faktoren, die in der empirischen Forschung zur Messung von gleichwertigen Lebensverhältnissen, Peripherisierung und öffentlicher Daseinsvorsorge[63] genutzt werden. Darunter waren der Komplex Wirtschaft/Arbeit, Wohnen, technische und soziale Infrastruktur, Umwelt, Sicherheitsdienste, medizinische Versorgung, Kultur, Zugang zur Verwaltung sowie öffentliche Orte für Geselligkeit (in der Forschungsliteratur als Gelegenheitsstrukturen für soziale Interaktionen und Zusammenhalt betrachtet) und Partizipation.

Die jeweiligen Faktoren wurden auf der Rückseite der Bildkarten auf Formulierungen heruntergebrochen, die nah am Alltag der Menschen ausgerichtet sind, aber zugleich ausdrückten, dass es um das öffentliche und nicht das private gute Leben geht. Wir visualisierten z. B. Wirtschafts- und Arbeitsmarktpolitik mit den Bildern einer Büroangestellten und eines Handwerkers und benannten dies auf der Rückseite als „gute Jobs". Die öffentliche Verkehrsanbindung visualisierten wir mit Bildern eines Bus- und eines Fernbahnhofs usw.[64] Es war möglich, durch Beschreiben leerer Karten Dinge, die den Teilnehmern wichtig erschienen, zu ergänzen. Durch dieses Zusatzangebot wurde unterstrichen, dass man Lebensbedingungen unter-

---

[63] Zum Begriff Weingarten und Steinführer (2020, S. 656).

[64] Weitere Karten visualisierten Bildung/Soziale Dienste (Klassenzimmer, Seniorenbetreuung), digitale Infrastruktur (Smartphone, Streamingdienst), den einfachen Zugang zur Verwaltung (Landratsamt, Rathaus), Einkaufsmöglichkeiten (Bäckerei, Supermarkt), Gesundheit (Ärztin, Pflegerin), gute Umwelt (Park, Garten), gutes und bezahlbares Wohnen (traditionelles Eigenheim, moderne Wohnung), Kulturangebote (Kino, Theater), öffentliche Orte für Geselligkeit (soziokulturelles Zentrum, Weihnachtsmarkt), Sicherheit (Feuerwehr, Polizei), Sportmöglichkeiten (Schwimmhalle, Leichtathletikstadion) sowie die Möglichkeit der Religionsausübung (Kirchenfenster) und politische Beteiligung (Demonstration, Wahlurne).

schiedlich interpretieren und messen kann, damit eindeutig wird, dass die Aufgabe nicht darauf abzielt zu prüfen, ob die Teilnehmer Fragen „richtig" beantworten oder bestimmte Konzepte „richtig verstehen".[65]

Im Anschluss an die Bildkartenaufgabe wurden die Teilnehmer darüber informiert, dass die Politik in Deutschland gemäß Grundgesetz für gleichwertige Lebensverhältnisse in Deutschland im Blick hat. Sie wurden gefragt, inwiefern die Darstellungen auf den Bildkarten dem entsprechen, woran sie bei „gleichwertigen Lebensverhältnissen" denken (Abschn. 7.2). Die entsprechenden Aussagen lieferten uns Hinweise darauf, ob den Teilnehmern der Begriff geläufig war und inwiefern sie ihn – wie in der Politik üblich – mit dem Ausgleich räumlicher Disparitäten verbanden oder mit anderen Dingen.

Mit dem nächsten Gesprächsabschnitt wollten wir empirisches Material dazu sammeln, was für die Teilnehmer relevante Dimensionen des Vergleichs der Lebensverhältnisse waren, und was genau sie unter dem Stichwort gleichwertige Lebensverhältnisse verglichen (Abschn. 7.1). Wir wollten wissen, ob sie finden, dass man in ihrem Ort genauso gut lebt wie an allen anderen Orten Deutschlands, was im Vergleich zu anderen Orten fehle oder was besser sei als woanders und wo sie in Deutschland oder Europa am besten leben könnten, wenn Sie es sich aussuchen könnten und warum. Dieser Fragekomplex richtete sich ausdrücklich auf eine räumlich vergleichende Betrachtung des Themas und die Freilegung bzw. nochmalige Prüfung der Bewertungskriterien. Gleichzeitig ermöglichte die Kombination der Fragen es zu beobachten, welche Vergleichsdimension an besonders vielen Orten adressiert wurde und welche weniger. Generell ermöglichten die Aussagen auch wieder die Sondierung räumlicher Muster.

Im nächsten Abschnitt ging es um die Sichtweisen auf die Politik zur Bereitstellung gleichwertiger Lebensverhältnisse (Kap. 8). Gefragt wurde, ob die Teilnehmer finden, dass die Politik genug dafür tut, dass die Menschen überall in etwa ähnlich gut leben können, oder was sie anders machen sollte, z. B. auch „hier am Ort". Es wurde damit zwar zunächst eine Ja-/Nein-Frage formuliert, was den Gesprächsfluss nicht stimuliert, aber gleich mit einer Gegeninterpretation verknüpft, damit sich die Beantwortung nicht in der simplen Bejahung oder Verneinung erschöpft. Dies wurde verbunden mit der Frage, wo nach Ansicht der Teilnehmer gespart werden könnte, um Dinge, die als wichtig erachtet wurden, zu finanzieren. Diese Frage knüpfte an die Bildkartensortierung an und ermöglichte es zu validieren, wie verfestigt die dort vorgenommenen Aussortierungen von Aspekten aus der Finanzierung durch die Politik waren. Während die Bildkartensortierung stärker

---

[65] Diese Möglichkeit wurde aber nie genutzt, sondern nur gelegentlich in der Diskussion als Option angesprochen.

darauf ausgelegt war abzuwägen, für welche Politikfelder Geld ausgegeben wird, war die Frage hier so offen formuliert, dass sie auch zuließ zu argumentieren, dass z. B. von bestimmten Personenkreisen Geld abgezogen und umverteilt wird.

Im letzten Gesprächsabschnitt ging es um die Sichtweise auf die eigene Rolle bei der Bereitstellung gleichwertiger Lebensverhältnisse. Hier wurde eingeleitet, dass manche ja sagen, die Menschen sollen auch selbst Verantwortung dafür übernehmen, wie die Lebensbedingungen vor Ort sind; andere fänden, dass das eine Aufgabe der Politik ist. Wie sie das sehen, wurden die Teilnehmer gefragt, ergänzt um die Frage, was genau Menschen denn selbst beitragen könnten oder sollten. Die Aussagen zu dem Fragekomplex dienten zur Kontextualisierung der Aussagen zur Politik. Wir wollten besser verstehen, wie die Teilnehmer ihre eigene Rolle in Relation zur Politik sahen. Wie beim Abschnitt zuvor lieferten auch diese Aussagen wieder empirisches Material für einen Vergleich nach Siedlungsgröße und geografischer Lage.

Es ist nicht auszuschließen, dass in den Gruppendiskussionen Dinge, die den Teilnehmern wichtig waren, nicht angesprochen wurden, weil sie sie für selbstverständlich hielten. Eventuell dachten sie in der konkreten Gesprächssituation auch einfach nicht spontan an sie. Aus diesem Grunde führten wir im Anschluss an die Gruppendiskussionen eine individuelle schriftliche Befragung mit 24 Fragen durch, die auf Basis des Forschungsstandes Informationen und Meinungen zu verschiedenen Aspekten erfragte. Sie diente dazu, die soziale Komposition der Gruppe jenseits von Geschlecht und Alter (den bei der Zusammensetzung berücksichtigten Kriterien) einschätzen zu können, in den Gruppendiskussionen getroffene Aussagen zu validieren, individuellere und konkretere zusätzliche Informationen zu einzelnen Sachverhalten zu erhalten und die Gruppendiskussion inhaltlich zu entlasten. Ein Beispiel für die validierende Funktion war die Frage, wie man die Lebenssituation vor Ort beschreiben könne. Dies war bereits am Anfang der Gruppendiskussion besprochen worden. Die Antworten im Fragebogen ermöglichten in diesem Falle einzuschätzen, ob der Tenor zu Beginn der Gruppendiskussion mit den individuellen Aussagen nach der Reflexion verschiedener Aspekte in der Gruppe korrespondierte.

Wurden die Befragten in der Gruppe mehrfach durch Frageformulierungen dazu angeregt, sich als Gruppe auf eine gemeinsame Position zu verständigen, so äußerten sie sich in den Einzelbefragungen konkreter und anonym. Dies war sinnvoll etwa bei persönlichen Informationen (z. B. zum Haushaltsnettoeinkommen, bisherigen Wohnorten und Parteimitgliedschaft), die die Teilnehmer vielleicht nicht mit der Gruppe teilen wollten. Ebenso bot sich die Einzelbefragung für Aspekte an, bei denen die diskursive Interaktion in der Gruppe weniger relevant war als die Information an sich. Durch die Standardisierung war der Fragebogen in nur ca. acht bis zehn Minuten ausfüllbar und erbrachte dennoch etliche Informationen zur persönlichen Lebenssituation und den o. g. Themenkomplexen.[66] Die Fragebögen wurden vor Ort ausgefüllt.

Der Fragebogen umfasste im ersten Teil soziodemografische Daten und Angaben zur individuellen Lebenssituation, die uns dabei helfen sollten, die Zusammensetzung der Gruppe und mögliche Ausreißer bzw. lokale Besonderheiten einschätzen zu können (siehe Abschn. 3.1). Darunter waren das Alter, der Schulabschluss, der aktuell ausgeübte Beruf, das ungefähre Netto-Monatseinkommen im Haushalt, die Anzahl der Personen, die im Haushalt leben, ob es darunter Kinder gibt, die Einschätzung des eigenen Lebensstandards („einfach", „eher einfach", „eher gehoben" oder „gehoben"), die Einschätzung, wie sich die eigene Lebenssituation in den vergangenen Jahren entwickelt hat („gleich geblieben", „verschlechtert", „verbessert"). Zur allgemeinen Einschätzung der Perspektiven der Teilnehmer wollten wir auch wissen, ob die Befragten schon einmal länger als ein Jahr in einem anderen Ort gewohnt haben. In der Forschungsliteratur wird das soziale Kapital, wie in Abschn. 2.3 beschrieben, als förderlich für Integration und Zufriedenheit mit dem Leben benannt. Daher erfragten wir, ob die Teilnehmer Mitglied in einem Sportverein, Chor oder anderen Verein sind und ggf. welcher sowie wie viele Stunden pro Woche sie normalerweise mit Freunden und guten Bekannten verbringen. Der letzte Wert streute erheblich auch innerhalb von lokalen Gruppen.

Für die Kontextualisierung der Bewertungen der allgemeinen Lage, des Vergleichs mit anderen Orten und der Politik wollten wir erfahren, ob die Befragten Mitglied einer Partei sind, ggf. welcher, ob sie sich an den letzten Wahlen beteiligt haben, ob sie schon einmal persönlich mit einem Politiker gesprochen haben und, falls ja, ob es dabei um ihre Lebenssituation oder die Lebensbedingungen hier vor Ort ging. Ebenso wollten wir wissen, wie sich die Befragten „über allgemeine Dinge" informieren. „Gar nicht", „seltener", „ab und zu" oder „stark" waren die Möglichkeiten der Positionierung zu den Antwortoptionen Fernsehen, Regionalzeitung, Überregionale Zeitung, Facebook oder andere soziale Medien, „Allgemein Internet" sowie Gespräche mit Freunden und Bekannten.

Danach erfragten wir stärker evaluative Aspekte zum Thema gleichwertige Lebensbedingungen. Die Teilnehmer sollten angeben, was für sie in der Nähe sein muss, damit es ihnen „gut geht". Sie konnten zu jedem Item (Familie, Arzt, Feuerwehr, Kneipe, Auto usw.) gemäß der Logik der Likert-Skala vermerken, wie wichtig sie es fanden. Außerdem konnten sie bestimmten Aussagen (z. B. „Wir sind abgehängt.") graduell zustimmen oder sie graduell ablehnen. Durch die Vorgabe von nur vier Optionen anstelle von fünf mit einer mittleren Option (meist „teils, teils")

---

[66] Die Teilnehmer wurden darüber informiert, dass sie die Fragen auch nicht beantworten, d. h. die Antwortfelder freilassen können.

erzwangen wir Tendenzaussagen in eine bestimmte Richtung. Beispielsweise konnten vorgegebene Indikatoren als unwichtig, eher unwichtig, eher wichtig oder wichtig für die Lebenssituation bezeichnet werden.[67] Bei der Interpretation berücksichtigen wir, dass es eine mittlere Position nicht gab.

Bei der Erstellung des Fragebogens wogen wir ab zwischen dem Bedarf, die genannten Funktionen zu erfüllen, und dem Erfordernis, die Befragten nicht nach der Gruppendiskussion noch mit einem langen Fragebogen zu belasten, der zu einem Abbruch des Ausfüllens hätte führen können. Einzelne Fragen umfassten viele verschiedene Items, zu denen die Befragten sich jeweils positionierten. Für die Frage, was in der Nähe sein soll, damit es den Befragten gut geht, nannten wir beispielsweise 36 Items, darunter solche, die dem Forschungsstand entnommen wurden (zur Relevanz der Wirtschaft, von Angeboten der öffentlichen Daseinsvorsorge u. ä.), sowie weitere. Dies ermöglichte bei der Auswertung eine Validierung der Einzelantworten, z. B. wie differenziert geantwortet wurde oder ob Befragte ein generell höheres oder niedrigeres Anspruchsniveau hatten.

Eine weitere Frage richtete sich darauf, wie die Befragten ihre Lebenssituation vor Ort beschreiben würden. Sie war mit 12 Aussagen versehen, bei denen sie angeben sollten, inwieweit sie zutreffen: „Ich lebe gern hier.", „Die Wirtschaftslage ist gut.", „Die Situation ist schlechter als woanders.", „Die Situation ist ungefähr so wie in anderen Orten in Deutschland.", „Unser Ort wird von der Politik gerecht behandelt und finanziert.", „Das soziale Miteinander ist stark.", „Ich bin stolz auf meinen Ort.", „Wir sind abgehängt.", „Es wird schon sehr viel gemacht.", „Es werden die falschen Dinge finanziert.", „Es gibt viele Vereine und aktive Menschen." sowie „Die wichtigsten Dinge funktionieren gut." Diese Aussagen umfassen verschiedene Aspekte, bei denen wir nicht wussten, ob und ggf. wie genau sie in den Gruppendiskussionen angesprochen werden würden.

Auch bei der nächsten Frage, wer für die Bereitstellung gleichwertiger Lebensverhältnisse verantwortlich ist, konnte graduell angegeben werden, was zutrifft (Bundespolitik, Landespolitik, Europapolitik, Kommunalpolitik, „Die Wirtschaft", Vereine und Zivilgesellschaft, „Die Menschen selbst"). Anders bei der Frage: „Welches Niveau gleichwertiger Lebensverhältnisse ist anzustreben?" Hier konnte nur allgemein zwischen „mein eigener Lebensstandard", „ein niedrigerer Lebensstandard" sowie „ein höherer Lebensstandard" gewählt werden. Diese Fragen stellten wir, weil wir bei der Planung der Studie nicht sicher waren, ob sich die Teilnehmer der Gruppendiskussionen in diesen so spezifisch über diese Aspekte äußern würden – zu Recht, wie sich herausstellte.

---

[67] Beim Aushändigen der Fragebögen wurden die Teilnehmer darauf hingewiesen, dass sie bei einer Frage, die sie nicht beantworten möchten, das Antwortfeld einfach freilassen können.

Die nächste Frage lautete: „Wofür sollte die Politik sich besonders einsetzen?"
Hierzu gaben wir je 4 Optionen der Positionierung vor. Die Befragten konnten 12
vorgegebene Anliegen jeweils als unwichtig, eher unwichtig, eher wichtig oder sehr
wichtig bezeichnen. Darunter waren einige Themen, die auch auf den Bildkarten in
der Gruppendiskussion vermerkt gewesen waren, sowie eher abstrakte Ziele, teils
zugeschnitten auf spezifische Adressaten: „In Stadt und Land gleiche Grundversorgung", „Städte fördern". „Mobilfunk, Internetversorgung", „Dörfer benötigen
mehr Unterstützung", „Anreize für Umzüge in andere Orte, wenn irgendwo eine
Unterversorgung besteht", „Überall gleiche Einkommen", „Jeder sollte genau
gleich viel besitzen", „Keine Änderung zu jetzigen Schwerpunkten, denn es läuft im
Großen und Ganzen gut", „Gleicher Zugang zu öffentlicher Infrastruktur (Bus,
Bahn)", „Überall gleiche Mieten", „Treffpunkte für soziales Miteinander fördern",
„Wirtschaftsförderung", „Medizinische Versorgung", „Kulturangebote überall"
sowie „Polizeiwachen in Reichweite". Die individuellen Antworten ermöglichten es
uns, die Kohärenz der zuvor in den Gruppendiskussionen getätigten Angaben einschätzen zu können und ob Aussagen, die vor Ort von eher wenigen Personen angesprochen worden waren, auch von anderen unterstützt wurden.

Schließlich wollten wir noch wissen: „Wie sollte das ermöglicht werden?" Die
Befragten konnten hier 6 Antwortoptionen jeweils ganz ablehnen, eher ablehnen,
ihnen eher zustimmen oder voll zustimmen. Zu diesen gehörten: „Höhere Steuern
für Unternehmen', „Staatliche Kreditaufnahme", „Ich bin bereit, mehr Steuern zu
zahlen, damit es anderen besser geht.", „Höhere Steuern für Reiche", „An anderer
Stelle sparen" und „Allgemein Steuern erhöhen". Auch die Finanzierung war ein
Aspekt, von dem wir annahmen, dass er in den Gruppendiskussionen vielleicht
nicht angesprochen werden würde, zumal die Antworten kontrovers sein könnten
und Kontroversität bei der Kommunikation im sozialen Nahraum ggf. ver-
mieden wird.

An das Ende des Fragebogens platzierten wir zwei offene Fragen mit Frei-
feldern statt vorgegebener Antwortoptionen. Sie eigneten sich für Fragen, bei
denen wir mehr Flexibilität beim Antworten ermöglichen wollten und die Vergleichbarkeit der Antworten weniger wichtig war.[68] Eine stellte darauf ab, was genau die
Menschen selbst beitragen können oder sollten. Die andere ermöglichte es den
Teilnehmern, uns noch wichtige Hinweise auf nicht berücksichtigte, aber aus ihrer
Sicht wichtige Zusammenhänge zu geben.[69]

Die Konstruktion des Fragebogens besprachen wir in verschiedenen Diskussionsrunden im wissenschaftlichen Umfeld des Forschungsinstituts Ge-

---

[68] Wagschal (1999, S. 48).

[69] Für mehr Informationen siehe Lorenz und Pischtschan (2024b).

sellschaftlicher Zusammenhalt und im außerwissenschaftlichen Umfeld und wir erprobten die beschriebene Version in einem Pretest unter Feldbedingungen (allerdings mit weniger Teilnehmern) im Juli 2021 in Leipzig.

Wie erwähnt, führten wir auch leitfadengestützte Experteninterviews mit Vertretern kommunaler Spitzenverbände durch. Sie dienten v. a. der Kontextualisierung der Befunde. Speziell ging es uns darum herauszufinden, wie ähnlich ihre Aussagen denen der Bevölkerung sind. Bei einer hohen Ähnlichkeit ist die Wahrscheinlichkeit höher, dass sie räumliche Interessen bzw. Bürgerwünsche und -sichtweisen in den Kommunen gegenüber dem jeweiligen Land und dem Bund effektiv kommunizieren. Die Erfassung von Sichtweisen und Einstellungen ist – neben der Befragung von Experten als Spezialisten für bestimmte Themen – ein typisches Einsatzgebiet von Experteninterviews.[70] Die Prüfung der Übereinstimmung von Aussagen der Bevölkerung und von Funktionsträgern ist eine gängige Methode in der Repräsentationsforschung.[71] Diese Methode ist aber nur eine Annäherung; sie lässt keine Aussage darüber zu, ob und wie intensiv die kommunalen Spitzenverbände die vertretenen Sichtweisen tatsächlich weitergeben.

Um den genannten Zweck erfüllen zu können, orientierte sich der Leitfaden für die Experteninterviews grob am Leitfaden der Gruppendiskussionen, wurde jedoch leicht auf die Befragten zugeschnitten und teils ergänzt. Die Interviews fanden per Telefon im Frühjahr und Sommer 2023 statt und wurden wie die Gruppendiskussionen aufgezeichnet.

Nach einer dem Expertenstatus der Befragten würdigenden Eingangsphase, in der wir die Gelegenheit gaben, die eigene Person und Funktion vorzustellen,[72] baten wir – ähnlich den Gruppendiskussionen – um „eine kleine regionale Bestandsaufnahme, um besser zu verstehen, wie Orte und Regionen so funktionieren". Damit leiteten wir den besonders interessierenden Themenbereich, wie üblicherweise empfohlen, mit einer offenen Frage ein.[73] Die Befragten wurden gebeten zu erläutern, wie sie das Leben im jeweiligen Bundesland so einschätzen, was das Leben vor Ort dort ausmache u. ä. Danach interessierte uns, was die Befragten unter gleichwertigen Lebensverhältnissen verstehen. Wir sagten, dass sich der jeweilige Verband ja unter anderem mit Fragen der Regionalplanung und Daseinsvorsorge befasse, die ganz viele verschiedene Aspekte und Themen betreffen. Sie seien zum Teil gesetzlich festgeschrieben, können aber auch darüber hinaus-

---

[70] Gläser und Laudel (2010, S. 12).

[71] U. a. Vogel (2018); Powell (2004); Linden und Thaa (2011); Weßels (2011).

[72] Siehe dazu Przyborski und Wohlrab-Sahr (2014, S. 122 f.).

[73] Siehe ebd., S. 123.

gehen oder vielleicht in den Gesetzen gar nicht näher thematisiert sein. Uns interessiere, was die Person – „aus Ihrer beruflichen Warte heraus" – für besonders wichtig für ein gutes Leben halte und was sie im Blick habe, wenn sie sich für kommunale Belange unter dem Stichworte gleichwertige Lebensverhältnisse einsetze. Später fragten wir nach, ob das auch Themen sind, mit denen die Kommunen an den Verband herantreten.

Im darauffolgenden Abschnitt nannten wir den Experten 15 Themenfelder, „die für das Leben der Menschen allgemein wichtig sein könnten". Es handelte sich um dieselben Themenfelder wie in den Gruppendiskussionen, aber wir benannten sie, anstatt Bilder vorzulegen.[74] Zu jedem Thema sollte die Person sagen, ob sie sich evtl. in ihrer Verbandsarbeit besonders dafür einsetze, damit von politischer Seite genug Geld für das betreffende Themenfeld bereitgestellt wird, und ob das jeweils ein besonders wichtiger oder gar nicht wichtiger Bereich in ihrer Verbandsarbeit sei „oder so mittelwichtig" Wie in den Gruppendiskussionen verwiesen wir dann darauf, dass im Grundgesetz ja stehe, dass die Politik möglichst für gleichwertige Lebensverhältnisse in Deutschland sorgen soll, und erfragten, inwiefern die genannten Themen das seien, worum es geht bei gleichwertigen Lebensverhältnissen, und ob evtl. etwas fehlt, das aus der Sicht des Verbandes wichtig ist.

Danach fragten wir ähnlich zu den Gruppendiskussionen, ob man in dem betreffenden Bundesland überall genauso gut lebt wie in allen anderen Bundesländern, was besser im Vergleich zu anderen Ländern sei oder was schlechter. Wo dies nicht bereits gesagt wurde, hakten wir nach, ob innerhalb des Landes die Lebensverhältnisse „überall ungefähr gleich" seien. Danach interessierte uns, ob die Befragten das gegenüber den anderen kommunalen Spitzenverbänden, auch auf Bundesebene, thematisieren, oder ob sie das unterlassen, „um mit einer Stimme sprechen zu können".

Im nächsten Abschnitt ging es stärker um den Blick auf die Politik. Ob diese genug dafür tut, dass die Menschen überall in etwa ähnlich gut leben können, oder was sie anders machen sollte, z. B. auch im betreffenden Land, war die erste Frage hierzu. Falls nicht schon erwähnt, hakten wir nach, inwiefern nach Politik des Bundes, der Länder, der Kommunen zu differenzieren ist. Danach wollten wir wissen, ob die befragte Person finde, dass sich die faktische Politik hinsichtlich der Lebensverhältnisse unterscheidet je nachdem, welche Partei regiert, oder „ob es so viele

---

[74] In dieser Reihenfolge und Formulierung: Sportmöglichkeiten, Einkaufsmöglichkeiten, gutes und bezahlbares Wohnen, Kulturangebote, gute Umwelt, Bildung/Soziale Dienste, Möglichkeit der Religionsausübung, Sicherheit, gute Jobs, politische Beteiligung, öffentliche Verkehrsanbindung, Gesundheit, öffentliche Orte für Geselligkeit, digitale Anbindung, einfacher Zugang zur Verwaltung.

Vorgaben und strukturelle Zwänge" gebe, dass das am Ende gar nicht so unterschiedlich sei. Anschließend baten wir darum einzuschätzen, ob die Länder oder Kommunen mehr Kompetenzen erhalten sollten als der Bund, wenn es um die Gewährleistung gleichwertiger Lebensverhältnisse geht, „weil sie näher dran sind an den Bürgerinnen und Bürgern", oder ob das „schlecht" wäre, „weil sich dann alles unterscheidet". Der Staat brauche ja Geld, um diese Dinge zu finanzieren, ging es weiter. Eine Möglichkeit, dieses Geld zu beschaffen sei, an anderer Stelle zu sparen. Wo aus Sicht der befragten Person gespart werden könne. Falls dies nicht schon getan wurde, fragten wir nach, ob bei Sparmaßnahmen nach Bund, Ländern und Kommunen differenziert werden müsse.

Im letzten Abschnitt ging es wie in den Gruppendiskussionen um die Rolle verschiedener Akteure für die Bereitstellung gleichwertiger Lebensverhältnisse. „Manche sagen ja, die Menschen sollen auch selbst Verantwortung dafür übernehmen, wie die Lebensbedingungen vor Ort sind. Andere finden, dass das eine Aufgabe der Politik ist", eröffneten wir wie in der Gruppendiskussion. Wie das die befragte Person „aus der Warte ihres Verbands heraus" sehe. Und was genau „die Menschen" denn selbst beitragen könnten oder sollten. Außerdem fragten wir, wer die Akteure sind, die für die Gewährleistung und Entwicklung der Lebensverhältnisse in den Kommunen am wichtigsten sind, und wer für den Verband die wichtigsten Partner in den Kommunen und außerhalb seien.

Am Ende des Interviews wollten wir wissen, ob es etwas zum Thema gleichwertige Lebensverhältnisse gebe, von dem die Person meint, „dass die Menschen das immer missverstehen und was man besser erklären müsste", auf „das wir also auch besonders eingehen sollten, wenn wir später über unsere Forschungsergebnisse berichten", und ganz zuletzt, ob es sonst noch etwas gebe, was die Person zu dem Thema sagen möchte und was noch nicht erfragt wurde. Dies hat sich gelohnt: Trotz einer ganz offenen Frage nannten beinahe alle Befragten denselben Punkt – dass „gleichwertig" nicht „gleich" bedeute (Abschn. 9.2).

3.3   Auswertung, Interpretation und Präsentation des empirischen Materials

Im Anschluss an die Feldphase standen insgesamt 34 h (aufgezeichnete und transkribierte) Gruppendiskussionen, 183 Fragebögen sowie knapp 10 h (transkribierte) Experteninterviews als neues empirisches Material zur Verfügung. Dieses werteten wir nun systematisch mit Blick auf die eingangs von Kap. 2 genannten Aspekte aus. Wir erfassten die jeweiligen Aussagen zu den Aspekten pro Kommune, prüften dabei, ob sie unkontrovers getroffen wurden, d. h. als lokale Sichtweisen gelten kön-

nen, oder ob sie kontrovers waren. In diesem Falle wäre die Klassifizierung als lokale Gruppenposition falsch. Und schließlich wurden die Aussagen verglichen und
auf typische Muster je nach Siedlungsgröße und geografischer Lage geprüft. Hierfür bewährte sich die ähnliche Grundstruktur der Erhebung des Materials.

Um die Transkripte der Gruppeninterviews qualitativ zu analysieren, nutzten
wir die Software MAXQDA. Zunächst entwickelte eine Person deduktiv ein
Codesystem aus Codes und Subcodes mit Codierleitfaden. Es orientierte sich
am Forschungsstand und an den Leitfragen der Studie, wie sie sich im Leitfaden
für die Gruppendiskussionen manifestierten.[75] In einem ersten Schritt wurden
die Transkripte von einer anderen Person mithilfe dieser Codes sowie weiter-
gehend induktiv codiert. Induktiv gewonnene neue Codes wurden mit Beschreibungen versehen, um die intersubjektive Nachprüfbarkeit und eine einheitliche Verwendung abzusichern. Es wurde nur das codiert, was vor dem
Hintergrund des Forschungsstandes für die Erfassung der Sichtweisen der Teilnehmer relevant war.

Eine Textpassage konnte gemäß der Logik einer Verschlagwortung mit mehreren
Codes versehen werden, wenn die Sprechenden sich in ihr zu verschiedenen Aspekten gleichzeitig äußerten. Zusätzlich wurden kontroverse Passagen codiert.
Kontroversität wird an widerstreitenden Aussagen erkennbar, besonders wenn diese
gleichzeitig und mit besonderer Emphase vorgetragen werden.[76]

In einem nächsten Schritt wurden die Codes, die induktiv vergeben worden
waren, in das deduktiv entwickelte Codierschema integriert. Die induktiv entwickelten Codes gingen aufgrund ihrer Detailschärfe meist als Subcodes ein. Diese
Integration ließ sich sehr einfach vollziehen, d. h. die erfassten Aspekte passten gut
zu den theoretisch interessierenden Themen. Eine Ausnahme bildeten durch Teilnehmer der Gruppendiskussionen vorgenommene Vergleiche. Diese wurden nach
räumlich unspezifischen (ohne konkrete Referenzgruppe) und räumlich spezifischen Vergleichen in verschiedenen Dimensionen (z. B. Stadt-Land, Ausland)
nachcodiert.

Wenn Codes zu viele Textstellen zugeordnet werden konnten, wurden sie durch
Subcodes ergänzt, beispielsweise für positive oder negative Kommentierungen der
Politik. Erwiesen sich erzeugten die Codes bzw. Subcodes als nicht ausreichend,

---

[75] Dieser bezieht sich auf die unterschiedlichen Leitfragen bzw. Fragekomplexe zum Leben
vor Ort, zur Vorstellung von einem guten Leben und guten Lebensverhältnissen, zu den politischen Prioritäten, dem Verständnis von Gleichwertigkeit, den Maßstäben zur Bewertung
von Gleichwertigkeit, den Einschätzungen zur Politik sowie den Einschätzungen zur Eigenverantwortung der Bürger.

[76] Mau et al. (2024, S. 244 f.).

um das Material sinnvoll zu erfassen bzw. zu strukturieren, so wurden zusätzliche geschaffen, beispielsweise ein Code „PolPrioRest". Das Codesystem wurde so im Prozess nach und nach erweitert. Durch diese Vorgehensweise stand für später codierte Transkripte ein ausdifferenziertes Set an Codes zur Verfügung. Das entstandene integrierte Codebuch steht für die Nachnutzung zur Verfügung.[77]

In nächsten Schritt wurden alle Transkripte unter Nutzung aller vorhandenen Codes nochmals geprüft und ggf. nachcodiert. Auf diese Weise wurde gewährleistet, dass ggf. zuvor übersehene Aspekte ins Blickfeld gelangten.

Nach der Codierung wurden Einzelberichte zu allen Gesprächsabschnitten und den wichtigsten in diesen Abschnitten genutzten Codes/Subcodes erstellt. Sie enthielten jeweils die Eckdaten zur Methodik bzw. zu den codierten Codes und Subcodes, fassten Aussagen in einzelnen Kommunen zu diesen zusammen (trennten sich also vom Originaltext) und verglichen die Aussagen in den Kommunen mit besonderer Aufmerksamkeit für mögliche Muster nach Siedlungsgröße, Stadt-Land, Ost-West und Bundesland. Alle Vergleiche bezogen sich auf lokale Aussagen bzw. Gesprächsverläufe zum Thema, nicht auf individuelle Aussagen einzelner Teilnehmer. Im Vordergrund der Analyse standen unstrittige Aussagen, die von mehreren Personen aktiv getätigt oder erkennbar geteilt wurden. Gab es zu einem Punkt Kontroversen, so wurde auch dies vermerkt. Außerdem enthielt jeder Bericht die codierten Elemente, aufbereitet nach Ort der Gruppendiskussion, bei umfangreicheren Berichten nach Subcode oder Siedlungskategorien sortiert. Auch konflikthafte Passagen – die es allerdings selten gab – wurden vermerkt.

Im nächsten Schritt wurden die Berichte durch die zweite Person geprüft, indem alle codierten Elemente gesichtet und mit den Interpretationen abgeglichen wurden. Strittige Interpretationen wurden gemeinsam besprochen, um eine einheitliche Deutung zu gewährleisten. Hin und wieder wurden Codierungen in den Transkripten nochmals geprüft oder korrigiert. Der Text im jeweiligen Bericht wurde mit dem Ziel einer stärkeren Abstraktion von der Zusammenfassung der getroffenen Aussagen hin zur Selektion und Sortierung mit Blick auf die übergeordneten Forschungsfragen überarbeitet, um ähnliche Aussagen in Gruppendiskussionen an verschiedenen Orten zu identifizieren und systematisieren zu können. Auf dieser Basis wurden die lokalen Aussagen in dem betreffenden Bericht allgemein zwischen Kommunen, für Kommunen einer bestimmten Größe und geografischen Lage verglichen, um eventuelle Muster zu erkennen. Ergänzend wurden tabellarische Übersichten über die Nutzung der Codes für Transkripte nach Siedlungskategorie erstellt. Sie zeigten, in wie vielen Kommunen ein bestimmter Code oder Subcode zur Strukturierung des Transkripts verwendet wurde, ebenso

---

[77] Lorenz und Pischtschan (2024b).

die Anzahl der codierten Segmente. Diese Zahlen unterstützten bei der Identifikation von räumlichen Mustern der Aussagen.

Wiederholt lieferte uns die genaue Analyse des empirischen Materials Hinweise auf die Relevanz von Gesichtspunkten, denen wir bei der Planung der Untersuchung noch wenig oder eine geringere Aufmerksamkeit geschenkt hatten. Ein Beispiel sind die Aussagen zur individuellen Mobilität. In den Darstellungen waren sie von Anfang an präsent. Bei der Analyse sichteten wir daher noch einmal zusätzlich das Material, um zu verstehen, ob sich die Aussagen auf spezifische Formen der Mobilität beziehen, wie sie die Sichtweisen auf gleichwertige Lebensverhältnisse beeinflussen könnten und in welchem Zusammenhang sie getroffen wurden, etwa immer im Zusammenhang mit positiven oder negativen Bewertungen der Lebensverhältnisse vor Ort. Ein anderes Beispiel sind ausdrückliche Vergleiche mit anderen Orten oder Regionen. Wir hatten diese in einem eigenen Abschnitt der Gruppendiskussionen erbeten. Um die Antworten in diesem Abschnitt und die Relevanz der dort getroffenen Aussagen für die Teilnehmer noch besser interpretieren zu können, analysierten wir die Verwendung von Vergleichen – anders als bis dahin geplant – für alle Gesprächsabschnitte. Verglichen die Teilnehmer auch, wenn sie nicht explizit darum gebeten worden waren?

Bei der Interpretation berücksichtigten wir, dass nicht getätigte Aussagen nicht bedeuten, dass ein bestimmter Aspekt nicht relevant ist. Er kann für die Teilnehmer vielmehr so selbstverständlich sein, dass sie ihn nicht erwähnen. Der Methodenmix mit den Fragebögen sollte helfen, Leerstellen zu interpretieren. Außerdem berücksichtigten wir, dass bestimmte analytische Schritte von den Sprechern ggf. nicht ausdrücklich erläutert wurden und daher nicht immer offenbar werden. Beispielsweise können gedankliche Vergleiche angestellt worden sein und in Aussagen gemündet haben, ohne dass die Teilnehmer dies jeweils so äußerten. Die expliziten Vergleiche sind dann nur „die Spitze des Eisbergs".

Nach der Systematisierung, Interpretation und Bearbeitung des Materials wurden die lokalen Aussagen in den einzelnen Gesprächsabschnitten auf der Grundlage der entsprechenden Berichte miteinander verglichen. Ziel war es herauszufinden, ob sich die verschiedenen lokalen Gruppen konsistent zu bestimmten Aspekten äußerten oder ob sich die jeweils angesprochenen Aspekte und Aussagen unterschieden. Menschen reden oft nicht systematisch, insbesondere wenn sie sich noch nicht intensiv mit einem bestimmten Thema befasst haben. Gerade zu Beginn sind Aussagen spontan; im Laufe des Gesprächs werden auch Aussagen anderer Diskutanten und in den Fragen angesprochene Gesichtspunkte mit berücksichtigt. Durch den Abgleich der Aussagen in den verschiedenen Abschnitten der Gruppendiskussionen mit je eigenen Themen kristallisierte sich heraus, ob Aussagen verfestigt waren. Unterstützten Teilnehmer auch anders formulierte Varianten einer Aussage oder lehnten sie ab, dann waren dies Hinweise darauf, wie eher allgemein getroffene Aussagen in den Gruppendiskussionen zu interpretieren sind.

Für die Auswertung eines Abschnitts der Gruppendiskussionen nutzten wir auch eine einfache quantitative Methode. In der Simulationsaufgabe der Gruppendiskussionen hatten die Teilnehmer angegeben, welche Themenfelder sie politisch unterstützen und finanzieren würden und welche nicht. Für diese Aufgabe werteten wir zusätzlich zur qualitative Analyse des in den verschiedenen Kommunen Gesagten auch die Entscheidungen als solche aus. Dafür wiesen wir den in den Bildkarten visualisierten Themenfeldern Zahlenwerte von 0 (unwichtig), 1 (weniger wichtig) oder 2 (wichtig) zu. Wir verglichen die Priorisierung der abgebildeten Themenfelder in den 24 Kommunen sowie in Kommunen mit einer je spezifischen Siedlungsgröße und geografischen Lage. So konnten wir herausfinden, ob ein Themenfeld – beispielsweise Gesundheit – überall oder in Kommunen einer bestimmten Größe oder Lage als wichtig oder weniger wichtig bewertet wurde.

Die Antworten der Teilnehmer auf die schriftliche Befragung wurden digital erfasst und mittels Standardverfahren der deskriptiven Statistik ausgewertet. Die Analyse der Daten beansprucht nicht, generelle Aussagen für die Bevölkerung in Deutschland zu erbringen, sondern sie bezieht sich lediglich auf die 183 Teilnehmer der Gruppendiskussionen zum Zeitpunkt der Befragung. Auch diese Analyse folgte der Logik der einzelnen Gruppen bzw. Kommunen. Es wurden zunächst Mittelwerte der Antworten von Teilnehmern der Gruppendiskussionen in den Kommunen errechnet. Dadurch waren die lokalen Mittelwerte gleichgewichtet und eine unterschiedliche Teilnehmerzahl schlug nicht zu Buche. Individuelle Antworten in Gruppendiskussionen, an denen weniger Personen teilnahmen (z. B. aufgrund von Krankheit) erhielten ein leicht höheres Gewicht, als wenn die Werte für beispielsweise alle Teilnehmer aus großen, mittleren oder kleineren Kommunen ohne Berücksichtigung des Ortes errechnet würden.[78]

Im nächsten Schritt wurden die Mittelwerte der Gruppen nach Siedlungsgröße und -lage verglichen. Auf diese Weise ließ sich beispielsweise ablesen, ob die Teilnehmer der Gruppendiskussionen, die in einem Bundesland durchgeführt wurden, jeweils ähnliche lokale Sichtweisen (ausweislich der Antworten in den Fragebögen) vertraten, die sich zudem von der anderer Bundesländer unterscheiden. Und wir fanden heraus, ob die Sichtweisen von Menschen in kleinen Kommunen sich glichen und von Großstädtern unterschieden. Darüber hinaus prüften wir, ob starke Befunde der Analyse der Gruppendiskussionen (beispielsweise die Bedeutung von Familie und Freunden) sich auch in der schriftlichen Befragung zeigten. Fielen Aussagen auseinander, so mussten sie vorsichtiger interpretiert werden.

---

[78] Die Abweichungen gegenüber einer Mittelwertberechnung für alle Befragten in einer Siedlungskategorie (z. B. alle Personen aus Großstädten) lagen im geringfügigen Nachkommabereich. Sie betrafen primär Mittel- und Großstädte, von denen es weniger Fälle im Sample gab.

Für die Auswertung der Experteninterviews wurden deren Transkripte zunächst unter Nutzung des für die Analyse der Gruppendiskussionen entwickelten Codebuchs codiert. Danach wurden die Aussagen mit denen der Teilnehmer der Gruppendiskussionen verglichen. Uns interessierte primär, wie erwähnt, wie stark die Sichtweisen der Vertreter der kommunalen Spitzenverbände mit denen der Teilnehmer der Gruppendiskussionen übereinstimmten oder von ihnen abwichen.

Die Auswertung der Experteninterviews lieferte uns auch empirisches Material für die Entwicklung von Politikempfehlungen. Da die kommunalen Spitzenverbände Interessenvertretungen kommunaler Akteure gegenüber der Politik von Bund und Ländern sind, kennen sie die Logik politischen Handelns und übersetzen in ihrer Kommunikation bereits bestimmte wahrgenommene Bedarfe der Kommunen in die Logik landes- und bundespolitischer Akteure, Zuständigkeiten, Handlungsspielräume und Prozesse (siehe dazu Abschn. 2.1 und 2.2). Sie sind damit näher an der Zielgruppe als übliche politikwissenschaftliche Analysen mit einem hohen Abstraktionsgrad.

Für die Präsentation der Studienergebnisse wählten wir eine Struktur, die das Material und die Deutungen auch Lesern zugänglich macht, die nicht täglich zu verwandten Fragestellungen arbeiten. Um unsere Interpretation des Materials gut nachvollziehbar zu machen, orientiert sich die Darstellung an der Struktur des Leitfadens der Gruppendiskussionen. Dabei stellen wir in den Überschriften besonders hervorhebenswerte Ergebnisse heraus, um die Lektüre zu erleichtern. In einigen Punkten weicht die Struktur des Buches von der der Gruppendiskussionen ab, um bestimmte Befunde herauszuheben und zu vertiefen. Dies betrifft die erwähnte Mobilität von Menschen, die bei unseren Teilnehmern offenbar Kenntnisse und Erwartungshaltungen in Bezug auf die Lebensverhältnisse beeinflusste und eine Anpassungsstrategie darstellen kann (vgl. Abschn. 2.3). So geben wir in Abschn. 3.1 die in vielen Gruppendiskussionen geäußerte Darstellung wieder, dass das eigene Lebensumfeld ein Ort ist, den man selbst wählt. Und im Abschnitt zur Relevanz von Vergleichen präsentieren wir nicht nur die Ergebnisse der Analyse des Gesprächsabschnitts, in dem wir solche Vergleiche ausdrücklich erbaten, sondern auch spontan getroffene explizite Vergleiche. Dabei orientieren wir uns abschnittsintern für eine bessere Nachvollziehbarkeit wieder an der Abfolge der Äußerungen in den Gruppendiskussionen.

Der analytische Zugriff äußert sich neben der Struktur der Kapitel auch darin, dass wir Befunde aus der Auswertung der Fragebögen in die Kapitel integrieren und sie nicht separat darstellen. Auf diese Weise sollen Gesamtbefunde zu bestimmten Aspekten kompakt dokumentiert und plausibilisiert werden. Ebenso äußert sich der analytische Zugriff darin, dass wir bei der Beschreibung der Befunde im Buch immer wieder verdeutlichen, dass hier Äußerungen von Teilnehmern einer Studie zu einem bestimmten Zeitpunkt ausgewertet werden. Formulierungen wie „getätigte Vergleiche", „geäußerte Vergleiche" oder „ausdrückliche Vergleiche" sollen dies anzeigen. Ob und wie stark die Äußerungen mit inhaltlichen Überzeugungen und

Wahrnehmungen korrespondieren, kann man mit den von uns genutzten Methoden nicht abschließend klären. Auch können Aussagen zeitgebunden getätigt worden sein. Wir beschreiben das Gesagte daher nicht als unumstößliche Sichtweisen der Teilnehmer im Präsens, sondern als das zum Zeitpunkt der Gruppendiskussion Gesagte. Ebenso wird immer wieder transparent gemacht, dass wir keinesfalls eine Generalisierbarkeit unserer Befunde im Sinne einer repräsentativen Studie für Deutschland oder die jeweiligen Kommunen behaupten.

Die Präsentation der Ergebnisse unserer Untersuchung hebt sich von anderen Veröffentlichungen durch zahlreiche direkte Zitate einschließlich der Wiedergabe teils längerer Textpassagen ab. Diese Präsentationsstrategie soll verschiedene Funktionen erfüllen. Erstens sollen die Auszüge aus den Gruppendiskussionen und Freitextfeldern in den Fragebögen die Interpretationen transparent und nachvollziehbar machen und damit die Validität der Aussagen erhöhen. Teils werden längere Textpassagen dokumentiert, um die diskursive Interaktion zwischen den Teilnehmern einer Gruppendiskussion aufzuzeigen. Damit schöpfen wir den Wert von Gruppendiskussionen aus, denn bei dieser Methode geht es ja ausdrücklich nicht einfach darum, kompakt Aussagen zu verschiedenen Themen „einzusammeln", sondern diskursive Interaktionen in den Gruppen zu beobachten (Abschn. 3.2) Zweitens dient die prominente Verwendung von Zitaten dazu, breit empirisches Material zu spezifischen und relevanten Fragestellungen öffentlich zu dokumentieren, das bislang nur begrenzt in dieser Form publiziert wurde (Kap. 2). Auch Personen, die zu verwandten Themen arbeiten, können so direkt einen Einblick in das Material erlangen. Drittens soll die breite Verwendung von O-Tönen der Teilnehmer dazu dienen, die Sprache, in der sie sich zu ihrem Leben, zu gleichwertigen Lebensverhältnissen und zur Politik äußerten, authentisch wiederzugeben. Dies kann Wissenschaftlern, Personen aus der Praxis von Politik und Verwaltung und Journalisten dabei helfen, Bürger adressatengerecht anzusprechen und ihre eigene professionelle Wissenschafts-, Politik-, Verwaltungs- oder Mediensprache besser zu übersetzen, um effektiver zu kommunizieren.[79]

Wir berichten außerdem transparent über die Anzahl der Gruppendiskussionen in Kommunen mit bestimmten Siedlungsmerkmalen (Größe, geografische Lage), in denen bestimmte Aussagen getroffen wurden. Die Zahlen schreiben wir in Ziffernform, um ihren Charakter als Analysebefund herauszustellen. Sie geben die Relevanz bestimmter Aussagen aus einer lokalen Perspektive an, denn die Auswahl der Kommunen orientierte sich an den Siedlungsstrukturen in den betreffenden

---

[79] Um diesen Funktionen der Zitate gerecht zu werden, haben wir sie nicht bearbeitet. Kurze Redepausen der Sprecher sind mit ...vermerkt. Haben wir Teile des Originals weggelassen, so ist dies mit [...] gekennzeichnet.

Bundesländern. Allerdings weisen wir wiederholt auf die Gesamtzahl beispielsweise von Kommunen der betreffenden Siedlungsgröße in unserem Sample hin, um den Lesern eine Einordnung der Zahlen zu ermöglichen. Durch die Logik unseres Untersuchungsansatzes sind ja mehr kleinere Kommunen (Landgemeinden und Kleinstädte) als Mittel- und Großstädte im Sample. Wenn eine bestimmte Aussage in mehr kleineren Orten getroffen wurde, dann musste sie dennoch nicht typisch für unsere Gruppendiskussionen in kleineren Kommunen sein. Wenn beispielsweise eine bestimmte Aussage in 6 kleineren Orten und 6 Großstädten getroffen wurde, dann war sie typischer für unsere Gruppendiskussionen in Großstädten (da sie in 6 der 7 Großstädte im Sample getroffen wurde) als in den kleineren Kommunen, denn dort wurde sie ja nur in jedem zweiten Ort getätigt.

In zahlreichen Abbildungen in diesem Buch sind lokale Mittelwerte pro Gruppendiskussion sowie die Mittelwerte für Kommunen unterschiedlicher Größe (kleinere Orte, Mittel- und Großstädte) sowie unterschiedlicher Lage (Bundesland; Ost- oder Westdeutschland) angegeben, um die Deutungen nachvollziehbar zu machen. Die Achsenskala richtet sich nach den theoretisch erreichbaren Minimal- und Maximalwerten, um eine realistische Einordnung der Daten zu ermöglichen. Sie übertreibt also nicht durch verkürzte Skalen kleine Unterschiede und untertreibt nicht Unterschiede durch eine verlängerte Skala. Bei einzelnen Auswertungen geben wir die Antworten in Tabellen wieder. Diese Form der Darstellung ist zwar weniger eingängig als Diagramme, dokumentiert aber effektiv die Ergebnisse auf geringem Raum. In diesem Falle werden die Daten auch im Text dargestellt.

Weitere Informationen zur Anlage der Untersuchung, der Leitfaden der Gruppendiskussionen und Experteninterviews sowie die schriftlichen Fragebögen und das Codebuch sind, wie erwähnt, einsehbar und das Quellenmaterial steht – unter Berücksichtigung von Anonymisierungswünschen von Befragten – zur wissenschaftlichen Nachnutzung bereit.[80]

---

[80] Lorenz und Pischtschan (2024b).

Beschreibungen der lokalen Lebensverhältnisse

4

Wie lebt es sich vor Ort in Deutschland? Was macht für Menschen ihren Ort aus? Das wollten wir im ersten Teil unserer Gruppendiskussionen von den Teilnehmern in den 24 ausgewählten Kommunen wissen. Wie wir nachfolgend zeigen, beschrieben sie ihren Ort vor dem Hintergrund von Mobilität. Dies könnte ihre Wahrnehmung und Bewertung gleichwertiger Lebensverhältnisse beeinflussen (Abschn. 4.1). Überall zeichneten die Gruppen ein positives Bild vom eigenen Ort und erwähnten sehr ähnliche Aspekte als wichtig für das Leben dort. Dabei bestanden aber teilweise Unterschiede zwischen Großstädten und kleineren Orten hinsichtlich der konkreten Inhalte, die angesprochen wurden (Abschn. 4.2). Die im Nachgang zu den Gruppendiskussionen durchgeführte anonyme Befragung der Teilnehmer bestätigte die überwiegend positive Darstellung des Lebens vor Ort (Abschn. 4.3).

4.1   Das Lebensumfeld: durch Mobilität überall mehr als nur ein Ort

In den Diskussionsrunden zeigte sich schnell, dass die Menschen über ihr Leben im Ort nicht unabhängig von anderen Orten nachdachten und sprachen. Formen der Mobilität wurden häufig schon direkt bei der Beschreibung des Ortes mit angesprochen und auch in anschließenden Gesprächsabschnitten immer wieder erwähnt. Die teils gewünschte, teils nötige Ortsveränderlichkeit als Merkmal des eigenen Lebens wurde in nahezu allen Gruppendiskussionen unabhängig von der Lage in Ost- oder Westdeutschland, großen oder kleinen Kommunen erkennbar. Der Ort, an dem man sich aufhält und lebt, wurde insofern von vielen Personen unabhängig von räumlichen Siedlungsstrukturen nicht als stationär, gegeben und un-

© Der/die Autor(en) 2025
A. Lorenz, L. Pischtschan, *Gleichwertige Lebensverhältnisse in Deutschland?*,
https://doi.org/10.1007/978-3-658-46602-2_4

veränderlich dargestellt, sondern als Platz, den man sich aussuchen und ändern *kann* und den man für bestimmte Dinge auch verlassen *muss*.

Dies passt zum Ergebnis einer statistischen Untersuchung, nach der im Jahr 2022 allein 20,3 Mio. sozialversicherungspflichtig Beschäftigte in Deutschland in einer anderen Kommune arbeiteten, als sie wohnten, wobei Großstädte ebenso betroffen waren wie kleine Gemeinden,[1] ging aber eben deutlich über das Berufspendeln hinaus. Narrative des Wegfahrens, sich Bewegens als selbstverständliche Erfahrungen umfassten neben der Alltagsmobilität zwischen Orten des Wohnens, Arbeitens oder Lernens, also dem parallelen Leben in verschiedenen Umfeldern, auch die kurzfristige Mobilität per Reisen sowie die Mobilität mit sequenzieller Ortswahl (Umzüge) im Sinne von Lebensstationen.

Aussagen, die Hinweise auf Alltagsmobilität über die Grenzen des eigenen Ortes hinaus enthielten, wurden nicht nur, aber oft in kleineren Kommunen getroffen. Sie bezogen sich darauf, dass man unterwegs sein muss, um beispielsweise an den Arbeitsort, zur Schule oder zum Ausbildungsort zu gelangen, Fachärzte aufzusuchen und andere Angebote der öffentlichen Daseinsvorsorge wahrzunehmen (Abschn. 4.2). Andere temporäre Ortsveränderungen über die Grenzen des Ortes hinaus richteten sich in kleineren Kommunen auf das Einkaufen sowie die Wahrnehmung von Freizeit- und Kulturangeboten. Teilweise wurde diese Mobilität als sehr zeitintensiv beschrieben, aber in den Vordergrund gerückt, dass sie Treffen und bestimmte Angebote erreichbar mache.

Hirschhorn, Mann 1: Ähm, es lebt sich eigentlich gut [hier]. Wir sind etwas, in Hirschhorn, etwas unterversorgt im Bereich, äh, Lebensmittel und andere Dinge. Wir müssen dort fahren, haben aber eine super S-Bahn-Verbindung.
Temnitz, Frau 3: Neuruppin bietet ja auch eigentlich, äh, kulturell, äh, viele Sachen, die man dann auch nutzen kann, mit den Kindern, die Kulturkirche, die, das Kulturhaus. Die machen ja auch viele Veranstaltungen im, im Tempelgarten, sodass man nicht ganz so außen vor ist mit Kultur und Veranstaltungen und so. Berlin ist nicht weit weg, da kann man auch schnell mal hinfahren, wenn man da ins Konzert oder […] in die Oper oder, was weiß ich wo, hinfahren [will]. Also das liegt für uns wirklich so, wie sie schon sagte, sehr zentral, also, sodass wir schnell überall hinkommen können. Mit dem Zug nach Berlin ist kein Thema. Sehen Sie ja. Eine Stunde, ist man da. Und dann, äh, der fährt alle Stunde bis nach Spandau. Und dann kommt man immer weiter. Also das ist, äh, […] jetzt auch noch mal ein Pluspunkt, ne.
Doberlug-Kirchhain, Mann 1: Und für die dörfliche Region hier sind unsere zahlreichen Einkaufsmärkte natürlich auch ein großer Hotspot zum Treffen, weil, äh, aus dem Umkreis man hier herkommt.

---

[1] BBSR (2023).

In das Erzählte eingewobene Hinweise auf Alltagsmobilität wurden in den von uns durchgeführten Gruppendiskussionen überwiegend nicht gewertet, wobei zu berücksichtigen ist, dass die Teilnehmer vermutlich gut vernetzt und sozial integriert sind (Abschn. 3.1) und sich aus dieser Integration möglicherweise Unterstützungsleistungen ihres sozialen Umfelds bei der Bewältigung der Mobilität ergeben. Stellenweise wurde in Städten die Qualität des Öffentlichen Personennahverkehrs und Radwegenetzes kritisiert und in kleineren Kommunen eine Unterausstattung mit öffentlichen Mobilitätsangeboten für Kinder und Jugendliche, teils auch für ältere Personen problematisiert (Abschn. 4.2), aber diese Kritik bezog sich nicht auf die Mobilität als solche, sondern auf wahrgenommene Service- und Organisationsdefizite.

Andere häufig erwähnte Formen der Mobilität waren das Reisen sowie der Weggang zum Studium mit der Möglichkeit der späteren Rückkehr oder von Besuchen am Ort zwischendurch.

Cloppenburg, Frau 4: Diese kurzen Fahrten mit dem Fahrrad, hier überall hinfahren zu können, ja, sind einfach schön. Ich bin jetzt dieses Jahr fertig mit meiner Ausbildung, will aber auch erstmal weg. Will ein bisschen reisen, will das alles haben. Ähm, war natürlich aber auch schon in Großstädten und, ähm … Ja, es war immer nur so, es ist schön hier zu sein, aber ich finde es schön, ich habe die Möglichkeit, hier mit dem Zug wegzufahren, ähm, und da mal einen Urlaub zu machen oder einfach mal nur einen Tag da zu sein.

Teilnehmer von Gruppendiskussionen in Kommunen mit unterschiedlichen räumlichen Merkmalen thematisierten bei der Beschreibung des Ortes, dass sie einst aus diesem weggegangen und aus eigener Entscheidung zurückgekehrt seien.

Chemnitz, Frau 1: Ja, ich muss auch sagen, ich bin in den letzten Jahren einige Male umgezogen, auch städteübergreifend. Und tatsächlich bin ich sehr gerne wieder zurückgekommen. Nicht nur weil Familie und Freunde hier leben, sondern auch, weil es einfach wirklich ein schönes Leben ist […].

Oft und wiederum unabhängig von räumlichen Merkmalen der Kommune stellten Menschen bei der Beschreibung ihres Ortes das langfristige Weggehen, Zuziehen bzw. Zurückkehren (also Ortsveränderungen jenseits der Alltagsmobilität) als aktive Wahl eines guten Lebensumfelds aus zur Verfügung stehenden Alternativen dar, für die es gute Gründe gab, auch wenn die Entscheidungen nicht immer von langer Hand angelegt waren. Sie haben dabei nach eigenen Aussagen im Laufe der Zeit ihr individuelles Lebensumfeld selbstständig an veränderte persönliche Rahmenbedingungen und Wünsche angepasst und sich ganz bewusst für ihren Ort, z. B. eine kleinere Kommune, entschieden, um ihr Leben zu optimieren.

Witzenhausen, Frau 3: Also ich habe mich vor viereinhalb Jahren dazu entschlossen, nach Witzenhausen zu ziehen, und das ist meine Wahlheimat. Und hier ist es einfach noch so, dass man eine Immobilie finanzieren kann, dass es irgendwie noch Land gibt, was bezahlbar ist. Und vor allen Dingen ist auch Land da. Es ist Platz da. Die Menschen sind dadurch einfach auch entspannter als in den anderen Regionen, wo einfach weniger Platz ist, unter den Nachbarn auch und so und ich finde, diese ökologische Orientierung von Witzenhausen durch die Universität, die ja hier vor Ort ist, finde ich einfach toll [...].

Kamenz, Mann 4: Ich bin von auswärts hierhergezogen, hab hier gebaut, Deutschbaselitz, und fand das hier sehr, sehr toll, eine tolle Umgebung. Ja, hier ist ja Naturschutzgebiet und so weiter ringsherum, die Heide und Heidelandschaft und gleichzeitig am Stadtrand von Kamenz beginnt dann das Oberlausitzer Berg-, äh, Westlausitzer Bergland, sodass man alles in der Nähe hat. Der nächste Skilift ist fünf Kilometer weg. Ja und hier kann man sich wunderbar erholen. Kamenz ist eine schöne, eine ruhige Stadt. Ich kannte es schon mal aus der Vergangenheit über einige Jahre, weil ich damals in der Armee mal hier stationiert war.

Das Gleiche galt für Großstädte, wie diese Beispiele zeigen. Auch hier wurde der Wohnort als Ergebnis der Wahl bestimmter Rahmenbedingungen dargestellt:

Potsdam, Mann 2: Ich bin, ähm, beruflich 2013 nach Potsdam gezogen. [...] als meine, meine Freundin und ich entschieden haben, ein Kind in die Welt zu setzen, war natürlich die Überlegung, wo soll es hingehen für uns [...] und sind dann hier auf dieses, ähm, Wohnprojekt gestoßen, das uns sehr zusagte [...] Denn es ist hier sehr familienfreundlich. Also, es ist halt ... man ist recht schnell in der Stadt und dennoch hat man hier einfach die Möglichkeit, ähm, auch Ruhe zu haben. [...] Und da sind wir hierher gezogen und wir haben ja wirklich alles in der Nähe, was man irgendwie braucht.

Hannover, Frau 4: Ja, ich komme auch nicht aus Hannover, sondern ich komme von der Küste, von einem kleinen Dorf, ähm, und bin nach der Schule nach Hannover gekommen. Nach dem Abi, dann will man ja auch gerne in die große Stadt. Das hat sich dann irgendwie so ergeben. Ich habe schon in verschiedenen Stadtteilen gewohnt, erst in der Südstadt und Linden. Und dann sind wir, haben wir eine Wohnung gesucht, sind nach Ricklingen gekommen und haben dann, als wir Kinder hatten, auch gedacht, nein, hier wollen wir bleiben, weil es eben ja nett ist, eben schnell am Grünen zu sein, so wie zu Hause gleich die Felder sozusagen, ja und trotzdem die Nähe zur Stadt. Also mit dem Fahrrad fährt man ja nur, je nachdem, wo man in Ricklingen wohnt, 20 Minuten oder noch weniger, in die Innenstadt. Und ich finde, das macht es eben aus, dass man eben beides hat. Dass man super schnell in der Stadt ist, in die Fußgängerzone gehen kann, wenn man irgendwas nochmal besorgen will und trotzdem im Grünen ist, aber auch eben so im Ort Schule, Kindergarten, alles eben hat.

Die Relevanz solcher Aussagen zur Mobilität bestätigte sich nach den Gruppendiskussionen bei der Auswertung der Fragebögen. In 18 der 24 Gruppendiskussionen hatte mindestens die Hälfte der Teilnehmer bereits länger als ein Jahr in einem anderen Ort (oder mehreren) gewohnt; insgesamt betraf dies 60 % der Teilnehmer. Der Wert streute nach Orten, aber nicht systematisch nach Siedlungsgröße und geografischer Lage (Abb. 4.1).

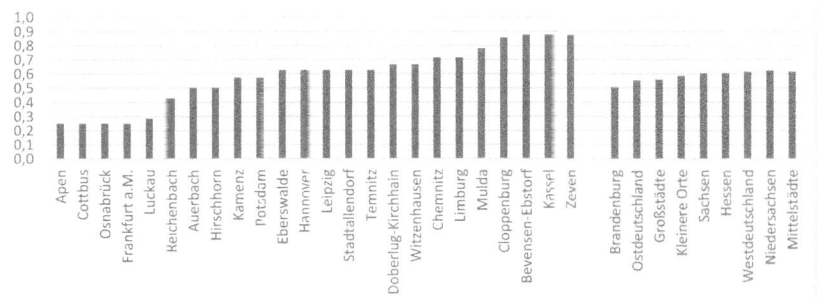

Abb. 4.1 Länger als 1 Jahr an einem anderen Ort gewohnt. (Mittelwert der Antworten im Fragebogen: 0 = nein, 1 = ja (N = 183). Quelle: Eigene Auswertung)

Das Narrativ der selbstbestimmten Ortswahl bedienten auch Personen, die angaben, überwiegend in ihrem Ort gelebt zu haben. Hier wurde argumentiert, dass es nicht genug Gründe gebe, vom Geburtsort wegzugehen.

Witzenhausen, Frau 1: Ja, ich bin in Witzenhausen geboren, tatsächlich noch hier im Krankenhaus. [...] Bin auch nie so wirklich weggekommen. Also studiert habe ich erst in Göttingen, dann in Kassel. Aber bewusst nicht weggekommen. Also ich wollte das auch gar nicht so, die große weite Welt. Also irgendwie mal im Urlaub irgendwo hinfahren, ja, aber ich wollte irgendwie immer hierbleiben. Referendariat habe ich dann in Eschwege gemacht und wollte aber unbedingt auch zurück. [...] Ja, [wichtige] Orte sind für mich auch hauptsächlich die Natur, die eben wirklich sehr schön ist rund um Witzenhausen. Man ist sehr schnell in der Natur, man kann [sie] eben haben und sehr schnell eben auch mit dem Hund spazieren gehen.

In Gruppendiskussionen in kleineren Kommunen wurde der Verbleib am Ort (oder die Rückkehr in diesen) oft als aktive Entscheidung für die Nähe zur Familie begründet (Abschn. 4.2).

Die beschriebene Normalität der Mobilität und Wahl des Lebensumfelds oder Aufenthaltsortes könnte mit der Sicht auf gleichwertige Lebensverhältnisse und ihrer Bewertung in dreifacher Hinsicht verwoben sein:

Erstens wurde eine zentrale, **gut angebundene, verkehrsgünstige Lage** der Kommune oft als positiver Aspekt des Lebens vor Ort erwähnt. Es wurde also betont, dass man von dort sehr gut wegkommt, um an andere Orte zu gelangen, z. B. ins Grüne oder aber an Plätze, an denen man arbeitet, bestimmte Tätigkeiten verrichtet, Angebote wahrnimmt, die es im eigenen Ort bzw. Ortsteil nicht gibt, oder die in anderen Regionen lebende Familie und Freunde besucht. Solche Aussagen gab es in Kommunen jeder Größe und geografischen Lage, z. B. in Westdeutschland.

Kassel, Mann 1: Und ich bin auch sehr zufrieden mit der Region, in der ich wohne, einfach aus dem Aspekt, weil wir immer zentral in Deutschland wohnen und ich von hier aus, wenn man, sage ich mal, Familie oder Verwandtschaft besucht, eigentlich jeden Ort in Deutschland, also den südlichsten und den nördlichsten, innerhalb von vier bis fünf Stunden erreichen kann, sowie den östlichsten und den westlichsten. Das finde ich eigentlich ganz schön hier. [...] Und natürlich haben wir hier auch ein super Verkehrsnetz. Dadurch, dass wir hier mehr Anbindungen an Autobahnen haben, kommen wir auch super in viele Regionen.

Bevensen-Ebstorf, Mann 2: Ich glaube, wir haben ziemlich Glück hier mit unserem Ort. Ähm, ist ja ein relativ kleiner Ort noch, ähm, und [bietet] trotzdem so viele Möglichkeiten [...] Ähm, und ich glaube, äh, wir haben hier eine super Infrastruktur insgesamt. Dafür, dass wir hier so mitten eigentlich im Nirgendwo, äh, wohnen, keine Autobahn direkt in der Nähe ist oder Ähnliches. Ähm, und auch, genau, Einkaufsmöglichkeiten. Ähm, wir kommen auch, wenn die Züge denn fahren, relativ schnell nach Hamburg und Hannover, ähm, und ich glaube, das, das ist schon, da kann man schon wirklich sagen, dass wir Glück haben.

Ganz ähnlich wurde in den ausgewählten ostdeutschen Kommunen gesprochen.

Auerbach, Mann 1: Und auch so von der Lage her, sind wir eigentlich schon relativ zentral, dass du auch so in die nächsten größeren Städte [kommst], wo du dann auch möglicherweise studieren kannst. Also Zwickau, Chemnitz oder die BA[2] in Plauen sind jetzt alles nicht so weit weg gelegen und von daher liegen wir dahingehend, finde ich, auch recht verkehrsgünstig, was [sich] dann auch relativ attraktiv gestaltet.

Cottbus, Frau 3: Und es ist halt in der Hinsicht zentral, dass man wirklich sagen kann: Spreewaldnähe. Also man ist ja mit dem Auto in 20 Minuten im Spreewald, vielleicht sogar noch schneller. Man hat zu diesem Tropical Islands, was jetzt auch relativ deutschlandweit schon bekannt ist, eine gute Anbindung. Züge fahren ja, da ist es, ja, die Deutsche Bahn auch schon sehr gut darauf abgestimmt, dass dann gut die Züge hinfahren. Und es ist auch relativ nah. Man ist schnell in Berlin, man ist schnell in Dresden, was jetzt auch schon Städte sind, die durch Cottbuser, glaube ich, sehr gerne besucht werden. Also ich kenne viele, die sehr gerne nach Dresden oder eben nach Berlin auch zum Shoppen fahren, ähm, oder generell Dresden halt auch als Kultur. Na also ...

Weit seltener wurde betont, dass andere gut in die Kommune kommen.

Limburg, Mann 4: In Limburg ist gegenüber anderen Städten immer viel los. Frau 1: Ja, Limburg hat auch ein sehr großes Einzugsgebiet, weil wir sehr viele Firmen an, [die sich] also in Limburg angesiedelt haben. Muss man schon sagen. Also, sehr viele Menschen kommen aus dem Umland, in Limburg zum Arbeiten. Frau 3: Ja, es liegt zentral. Also an Koblenz, an Frankfurt, an Köln. Frau 1: Auch, ja.

---

[2] Berufsakademie.

Zugleich genossen bei den Teilnehmern der Gruppendiskussionen auch die Qualität der Verkehrsinfrastruktur, ihre Passung zu den eigenen Lebensvorstellungen sowie ihre grundsätzliche Zugänglichkeit eine hohe Aufmerksamkeit (siehe dazu Abschn. 4.2).

Zweitens können die eingeübte Routine, den Ort gemäß eigenen Vorstellungen zu wechseln, und die Bereitschaft, das eigene Lebensumfeld im Zweifel freiwillig zu ändern, ggf. lokal **vom Druck zur Bereitstellung von Leistungen der öffentlichen Daseinsvorsorge und anderen Angeboten entlasten.**

> Frankfurt a. M., Mann 3: Mit 20, 30 geht man doch normalerweise abends in Diskotheken, also so kenne ich das eigentlich von, von früher her und da fährt man dann natürlich nach Frankfurt und dann hat man natürlich, ähm, ja von Höchst aus ist man schnell in Frankfurt. Somit hat man da abends genügend Programm [...].

Menschen hegen also möglicherweise geringere oder selektive Erwartungen an Leistungen der Kommune bzw. des Stadtteils, wenn bzw. solange sie grundsätzlich mobil sind bzw. den Ort wechseln können. Dann tolerieren sie etwa in kleineren Orten bzw. Stadtteilen weniger Angebote der öffentlichen Daseinsvorsorge und bewegen sich selbstständig an die Plätze, an denen sie vorhanden sind; analog könnten sie in größeren Kommunen negative Nebeneffekte des stärkeren Verkehrsaufkommens tolerieren und Entspannung an anderen Orten suchen.

> Hirschhorn, Frau 4: Wir sind es gewohnt zu fahren. Wir müssen, wir haben zwei kleine Kinder, wir müssen die Kinder, die Kinder in den Kindergarten fahren, müssen einkaufen fahren. Wir haben keinen Arzt, wir müssen immer fahren. Wir sind es gewohnt. Ich finde das weniger störend, weil ich das schon immer so mache. Ähm, aber ich glaube, ich kann mir auch vorstellen, dass es im Alter hin einfach auch schwieriger wird, dass man da, dass einen das mehr stört.

Sichtbar wurde auch: Menschen können Lebensarrangements finden, die verschiedene Orte einschließen, die ihre individuellen Wünsche befriedigen – ob nun zeitgleich oder als Abfolge von Wohn- und Arbeitsorten.

> Potsdam, Frau 3: Ja, also mir gefällt Potsdam. [...] nachdem ich in vielen Großstädten gelebt habe, 20 Jahre auch in Berlin, hat mir am Anfang eigentlich hier ein bisschen was gefehlt, muss ich sagen, äh, zum Beispiel eine schöne große Drogerie, Reformhaus, ne. Aber ich bin immer noch mit Berlin gut angebunden, weil auch mein jüngerer Sohn dort wohnt, meine Enkelkinder. Und mittlerweile habe ich mich aber so eingerichtet, muss ich sagen, ja, dass ich mich hier sehr wohl fühle.

Drittens könnte die Mobilität beeinflussen, dass Menschen das Leben vor Ort nicht nur oder weniger anhand theoretischer Überlegungen und Ideale bewerten, sondern im Vergleich mit anderen Orten. Sehr häufig stellten die Teilnehmer der Gruppendiskussionen bei der Beschreibung der lokalen Lebensverhältnisse **Vergleiche mit anderen Kommunen** an, beispielsweise Vergleiche zwischen dem Wohn- und dem Arbeitsort, früheren und aktuellen Wohnorten sowie bereisten Städten und dem eigenen Wohnort (Abschn. 7.1).

> Zeven, Frau 2: […] ich erlebe Zeven ja ausschließlich als Arbeitsort. Und manchmal ist das ja so, wenn man, ähm, dass man vielleicht an der einen oder anderen Stelle mal nicht so mitkriegt, wie gut man es hat. Weil im Vergleich zu Bremervörde haben es die Zevener und Zevenerinnen mit […] so einer wahnsinnigen Jugendbegegnungsstätte […] wirklich gut getroffen. Da haben wir nämlich nichts davon, bis auf am Bahnhof ein ganz altes, heruntergekommenes Haus mit zwei Gruppenräumen für ein paar Jugendliche. […] man darf diese Sachen auch nicht untern Tisch fallen lassen. Weil, wenn wir, wenn es in Zeven diese Orte nicht gäbe, wo die Stadt sich unheimlich dahinter stellt und auch finanziell Dinge möglich macht, die keine andere Stadt in, in dem Landkreis möglich macht oder in der, in, überhaupt in der ganzen Region, dann würden wir ja hier gar nicht so sitzen, wenn es nicht das hier alles um uns herum gäbe. Und ich finde, das macht die Stadt Zeven auch aus.
>
> Cloppenburg, Frau 2: Ich verreise gern, auch einmal im Jahr nach Leipzig. Aber wenn ich dann wieder auch im Zug zurück sitze hier[her] und [dann] ich freue mich auf mein schönes, langweiliges Cloppenburg. (lacht) Ich fühle mich hier wohl und ich lebe hier schon sehr lange.

Personen, die erwähnten, dass sie zugezogen oder wieder in den Ort zurückgekehrt sind, stellten oft einen Zusammenhang zwischen dem Umstand des Ortswechsels und ihrer Bewertung des Ortes her.

> Leipzig, Mann 3: Äh, ich bin vor 22 Jahren hierhergezogen […] Und man ist eben, hat ein anderes Angebot, wie die anderen schon gesagt haben. Das Gewandhaus und die kulturellen Angebote sind einfach … Ich komme aus Hannover, das kannst du mit Hannover gar nicht vergleichen. Hannover ist ähnlich groß, hat aber nicht dieses kulturelle Angebot […].
>
> Osnabrück, Mann 3: Ich glaube, es ist auch noch wichtig, wo man herkommt, also ob man hier aufgewachsen ist oder zugezogen ist. Ich bin Zugezogener. Ich habe vorher direkt in Hamburg gewohnt und, äh, ich vermisse es nicht in Hamburg, sondern ich mag das hier, dass tatsächlich alles sehr nahe ist, man, man nicht großartig planen muss, wenn man einen Freund besuchen will, dass man keine Stunde mit Bahn und Nahverkehr unterwegs ist, sondern einfach zehn Minuten mit dem Fahrrad oder zu Fuß, was auch immer. Und, ähm, also als Zugezogener, ich mag es sehr. Und, ähm, ja, also die Größe, das …, es reicht. Also, man hat alles und man könnte alles zehnmal so viel haben, aber man braucht es nur einmal und deswegen ist das sehr gut. Frau 1: Hast du schön gerade gesagt, hast du ganz toll gesagt.
>
> Luckau, Mann 4: Nummer eins wäre: Wunderschöne Altstadt. Das fällt mir jetzt auf, seit ich weggezogen bin.

Dennoch sollte die potenzielle Bedeutung von Mobilität für die individuelle Auswahl und Bewertung der Lebensverhältnisse nicht überschätzt werden; sie ist vielmehr ein Aspekt neben anderen.

4.2 Wichtig für die Ortsbeschreibungen: Grün, Erreichbarkeit, soziales Umfeld, Bildung und Wohnen

Darum gebeten, der Moderatorin den Ort zu beschreiben, entwickelten die lokalen Gesprächsgruppen unterschiedliche Charakterisierungen je nach Größe der Kommune:

In kleineren Kommunen wurde überwiegend[3] hervorgehoben, dass es viel Natur gebe, man sich kenne und ein ruhiges Leben führe. Heimatverbundenheit, ein gewachsenes, stabiles Sozialgefüge, die Familie in der Nähe bzw. Familienfreundlichkeit und Menschen im Umfeld, auf die man sich verlassen kann, waren weitere positiv besetzte Aussagen über die Orte. Man treffe sich regelmäßig, z. B. im Verein, auf dem Sportplatz. Gelobt wurden auch Veranstaltungen und günstige Grundstückspreise.

Hirschhorn, Frau 1: Die Wohnqualität würde ich hier [als] sehr hoch, ähm, einstufen. Ich denke, man hat eine gute Lebensqualität als solches. Äh, auch von der Kriminalitätsrate her so, wie mein Vorredner gesagt hat, ist das natürlich schon auch noch gut, hier zu wohnen, auch für die Kinder, viel Natur und so weiter. [...] Ja, und ansonsten ist zu sagen, dass ich gerne hier wohne. Ich bin auch, ähm, seit vielen Jahren Mitglied in dem Verein. Es ist auch sehr schön, weil man dadurch natürlich auch viel in der Freizeit unternehmen kann und sich eben auch engagieren kann und ähm, viele, liebe Menschen trifft, mit denen man auch im, ja, in seinen, ich sage mal, freizeitlichen, ähm, Aktivitäten da was unternimmt. [...] Mann 4: Und äh, ja, es ist toll, wenn man zur Arbeit laufen kann oder mit dem Fahrrad fahren kann. Das ist unheimlich viel wert. Und ja, wie gesagt, es gibt auch ein paar Abstriche. Ähm, zum Einkaufen fahren wir meistens auch weiter weg oder zumindest mal nach, mindestens mal nach Eberbach. Ähm, ja, das sind so Kleinigkeiten. Aber wie gesagt, im Großen und Ganzen ist es richtig schön hier.

---

[3] Anders war die Beschreibung des industriell geprägten Stadtallendorf: Die Kommune wurde als multikulturell und mit guten Jobmöglichkeiten in großen Industrieunternehmen gelobt. Sie profitiere von guten Gewerbesteuereinnahmen und könne dadurch viel tun für Straßen, Spielplätze und Engagement im Sport. Es wurde aber zugleich auf Belastungen der Bewohner durch Gerüche und Schwermetalle und Probleme im sozialen Miteinander verwiesen. Die Stadt sei geteilt: Im Norden wohnen „die Deutschen", der Süden – abgetrennt von der „Bahnlinie, Autobahn, Bundesstraße" – sei migrantisch geprägt (Zitat einer Teilnehmerin).

.

Wenn dann noch Jobmöglichkeiten und eine Basisinfrastruktur hinzukamen, wurde das Leben vor Ort als sehr gut beschrieben:

Doberlug-Kirchheim, Frau 4: Also an sich lebt es sich sehr gut [hier], weil man hat alles. Du hast deinen Kindergarten, du hast deine Schule, du hast deinen Einkaufs-markt, du hast deine Vereine, du hast den Bahnhof, was echt gut ist. Du kommst schnell nach Berlin, du kommst schnell nach Leipzig, du kommst schnell nach Dresden.

Mulda, Frau 1: […] es ist die Lage ziemlich gut in Mulda, man ist gut zum Ver-kehr, gut zum Verkehr angebunden mit öffentlichen Verkehrsmitteln, sodass man auch woanders hinkommt. Und grundsätzlich gibt's in Mulda alles. Es gibt 'nen Einkaufs-markt, es gibt 'nen Arzt, gibt 'ne Apotheke, es gibt […] 'nen Laden für den Bedarf des täglichen Lebens. Es gibt 'nen Sportangebot. Es gibt Freizeitmöglichkeiten, also Mulda ist aus der …. es gibt 'ne Schule, 'ne Grundschule und 'nen Kindergarten, also ist aus der Sicht eigentlich sehr, sehr gut aufgestellt. Das find ich ist auch ein Vorteil, warum man als Familie in Mulda gut leben kann, dass man das alles abdecken kann. Das sind für mich so die wichtigen Punkte in Mulda.

Kritisch angesprochen wurden in mehreren kleineren Kommunen Defizite des Öffentlichen Nah- und Fernverkehrs, die Unterversorgung mit kommerziellen Frei-zeitaktivitäten und die weniger gute Erreichbarkeit von Bildungsangeboten.

In Großstädten betonten Teilnehmer als positive Eigenschaften des Lebens vor Ort oft Grün in der Nähe, Kultur, Restaurants, die Vielfalt der Angebote, kurze Wege und leichte Kontakte zu anderen Menschen.[4] Dies kann mit der guten Einbin-dung über den Sportverein zusammenhängen.

Hannover, Mann 2: Und … mir hat also schon immer Hannover sehr gut gefallen, weil es wirklich eine Stadt ist, wo man also viel Grün, viel Natur hat, eine gute An-bindung und, äh, viele, äh, Wege halt auch mit dem Fahrrad noch erledigen kann und überall nicht immer gleich mit dem Auto losfahren muss. […] das Kulturangebot finde ich in Ordnung hier und wie gesagt, was eben schön ist, viel Grün und so weiter. Und natürlich kennen wir hier in Ricklingen eine ganze Menge Leute eben aufgrund des Sportvereins, [haben] aber auch einen anderen Bekanntenkreis. […] Die Herren-häuser Gärten sind in der Nähe, Verkehrsanbindung ist gut, öffentlicher Dienst, öf-fentliche Verkehrsmittel und so weiter. Also, das gefällt mir da also auch sehr gut.

Leipzig, Frau 1: Es lebt sich gut in Leipzig, wenn man genug Geld hat (lacht) [und] in so einer schönen Wohngegend wohnen kann wie ich, im Waldstraßenviertel. Ich habe meine Familie hier zum größten Teil, meine Sportsfreunde, meine Arbeit und ich vermisse nichts. Und ich, ich würde auch eigentlich nirgendwo anders hinzie-hen wollen, weil hier alles so eng beieinander ist. Grün, Seen, Kultur, alles, Einkaufs-möglichkeiten. Und wenn die Leute vom Dorf sagen, ach, hier ist ja alles anonym, ist es nicht. Also der Apotheker kennt mich genauso wie die Frau im Konsum, ja. Also das ist, ich, ich habe nie das Gefühl, dass wir in einer Großstadt leben. Und das finde ich schön, möchte ich auch nicht tauschen. (lacht leise)

---

[4] Kritischer war die Einschätzung im ehemals industriell geprägten Stadtteil Höchst von Frankfurt a. M.

Das Leben in Mittelstädten wurde verschieden beschrieben. In einigen Orten ähnelten die Beschreibungen den kleineren Kommunen und waren positiv besetzt, in anderen wurden Industrie und Phänomene des Wandels erwähnt und teils kritisch bewertet. Beispielsweise zeichneten die Teilnehmer in Limburg das Bild einer Stadt, in der „viel los" sei und die ein sehr großes Einzugsgebiet habe wegen der vielen Firmen. Menschen kämen zum Arbeiten hierher; mittwochs und samstags gebe es einen gut besuchten Markt mit vielen Ständen. Zugleich wurden das teure Parken und Vereinssterben infolge neuer Fitnessstudios bei der Beschreibung des Ortes erwähnt.

Limburg, Frau _: Man muss natürlich auch sagen, die Parksituation in Limburg, habe ich jetzt von vielen anderen gehört, ähm, wir kommen nicht mehr nach Limburg, das ist uns zu teuer mit dem Parken. Das ist so ein bisschen auch Kritik, was ich von den Menschen gehört habe aus den umliegenden Dörfern. […] Mann 1: […] Die Vereine, die werden einfach durch die moderne, äh, Lebensweise kommen die ganz unter die Räder. Der Turnverein wird meiner Ansicht nach nicht mehr lange bestehen, aus dem ganz einfachen Grund, die Gruppen, die hier Übungen machen und, und sich fit halten, äh, sind überwiegend ältere und ganz junge und der Mittelbau fehlt komplett, ne. […] Und ähm, die Fitnessstudios und was es da alles Neues gibt, machen die Vereine total kaputt.

Alles in allem dominierte in den Diskussionsrunden eine positive Darstellung des Lebens vor Ort, und zwar unabhängig von dessen räumlichen Merkmalen, auch wenn beispielsweise in vielen Kommunen (unterschiedlicher Größe) fehlende Angebote für Jugendliche bemängelt wurden.[5] Ob die insgesamt positive Darstellung der Orte ggf. mit den in Abschn. 4.1. skizzierten Effekten von Mobilität auf Lebensarrangements zusammenhängt, lässt sich aus den Aussagen nicht direkt erkennen.

Unabhängig von der Größe und Lage der jeweiligen Kommune sprachen die Teilnehmer der Gruppendiskussionen in ihren Beschreibungen des Ortes ähnliche Aspekte an. Dies waren:

- die landschaftliche Umgebung, Grün und Natur,
- Mobilitätsangebote und Erreichbarkeit,
- soziales Miteinander und Freizeitangebote (einschließlich Kultur),
- Bildungsbereich, Kinder und Jugendliche sowie
- Wohnen, Haus- und Grundstückspreise.

Trotz der ähnlichen Schwerpunktsetzung bei der Schilderung des Lebens vor Ort unterschied sich aber, was konkret zu jedem Aspekt angesprochen wurde. Was man beispielsweise als ansprechendes „Grün" bewertet, was beim Thema Verkehrsanbindung als relevant erachtet wird, worauf man den Fokus bei sozialen

---

[5] Nur in Kamenz und Bevensen-Ebstorf gab es in diesem Teil der Gruppendiskussion vollständig positive Aussagen zum jeweiligen Ort.

Interaktionen legt und welche Freizeitangebote überzeugen, war dann doch nicht überall gleich. Zu diesen Themen unterschieden sich die inhaltlich getroffenen Aussagen nach der *Größe* der Kommune, in der die jeweilige Gruppendiskussion stattfand. Unterschiede je nach der *Lage* in Ost- bzw. Westdeutschland betrafen Aussagen zum Bildungs-/Jugendbereich sowie zum Wohnen. Dabei umfassten die jeweiligen Ortsbeschreibungen in den Gruppendiskussionen wenig kontroverse Aspekte; Schilderungen und Bewertungen der Mitmenschen aus dem eigenen räumlichen Umfeld wurden demnach weit überwiegend nicht relativiert oder infrage gestellt.[6] Im Folgenden werden primär solche unkontroversen lokalen Aussagen zum Leben im jeweiligen Ort wiedergegeben.

In 22 der 24 Kommunen sprachen die Teilnehmer bei der Beschreibung des Lebens vor Ort die **Natur und Grün** an; im Sinne von Rückzugsorten zum Entspannen, zur Erholung und zur Nutzung von Freizeitaktivitäten (Spaziergänge, Radfahren, Wandern u. ä.) war dies durchweg positiv konnotiert. Die Art und Weise der Referenz auf das Grüne unterschied sich dabei nach der Größe der Kommune. In kleineren Orten wurde oft auf eine schöne landschaftliche Umgebung verwiesen.

Reichenbach, Mann 1: Also den Ort Reichenbach mit seinen Ortschaften ringsum macht aus […'] ländlicher Raum, gebirgig. Ich denke ja mal, für Fahrrad-Enthusiasten ist es schön zu befahren mit dem Fahrrad und die Steinbrüche ringsum laden im Sommer auch gut zum Baden ein oder haben früher zumindest zum Baden eingeladen. (Getuschel und Gelächter) Ansonsten, na ja, ich denke mal, es ist schon, das ist schon fast alles. Frau 1: Ja, zusammengefasst: Reichenbach ist eingebettet in eine schöne Umgebung, kann man sagen. Wie du schon gesagt [hast], das stimmt. Von dem Gebirge, was in der Nähe ist. Und ja, so landschaftlich ist es schon reizvoll.

Eberswalde, Mann 2: Also ich finde, finde auch, dass Eberswalde von, von der grünen Umgebung, äh, lebt, ähm, ringsherum eben schöne Wälder, aber auch […] schöne Seen und allgemein ganz viel Natur, das Biosphärenreservat Schorfheide-Chorin.

Apen, Mann 2: Und es ist ein schönes Leben hier, wirklich. Natur ist in Ordnung. Sie haben Seen, da kann, da baden Sie fast ganz alleine.

Hirschhorn, Mann 4: Ähm, ich liebe es, in Hirschhorn zu wohnen. Ähm, ich liebe sowohl die Spaziergänge im Wald als auch am, am Neckar direkt. Ähm, wir haben mit dem Neckar so viele Möglichkeiten direkt vor der Haustür. Das ist ganz toll. Ähm, ab und zu ein bisschen Hochwasser, ja, aber das hält sich noch in Grenzen.

---

[6] Einzelne Relativierungen von Aussagen oder Widerspruch gab es in Bezug auf die Qualität des öffentlichen Nah- und Fernverkehrs (Reichenbach, Mulda, Cottbus, Chemnitz), die Lokalpolitik (Witzenhausen, Reichenbach, Luckau), die Einwohnerentwicklung (Doberlug-Kirchhain, Auerbach), das soziale Miteinander (Frankfurt a. M., Cloppenburg), den Integrationswillen von Zugezogenen (Apen), ihre Bereitschaft zum Engagement (Temnitz), ein beobachtetes „provinzielles Denken" vs. „Gemütlichkeit" (Chemnitz), den Zustand der lokalen Gemeinschaft (Witzenhausen), Freizeitangebote (Zeven), die Rolle von Berliner Ausflüglern (Eberswalde), sowie Wirtschaft/Jobs (Eberswalde).

> Kamenz, Mann 2: Ja von der Region hier jetzt, was jetze Kamenz so betrifft, ist
> eben halt diese Lage zu den vielen Seen, die jetzt hier in der Gegend sind, Teiche. […]
> Ich kann hier ringsum mit 'm Fahrrad fahren. Ich kann joggen hier ringsrum. Ich kann
> mich hier austoben, sportlich, auch mit Familie, mit Kinderwagen. Ich hab's nicht
> weit in die Seenland-, nach Senftenberg. Ich hab's nicht weit, um ins leichte Gebirge
> zu gehen, [und] wenn ich jetzt Richtung Steina, Ohorn et cetera gehe, dort hab' ich
> doch schon höhere Berge […]

In Großstädten bezogen sich die Ausführungen hingegen auf Parks und Grünanlagen in der Kommune oder schnell erreichbare, oft spezifisch erschlossene Freizeitmöglichkeiten außerhalb der Stadt, die als Vorzüge des Ortes dargestellt wurden.

> Kassel, Mann 3: […] muss aber auch sagen, was Kolleger hier vorher schon gesagt
> haben – ich finde das Schöne, Wahlheimat sozusagen, wir haben die Aue, wir haben
> den Bergpark, wir haben kulturell einiges zu bieten. Also das, das Freizeitangebot,
> […] ob man jetzt baden geht, wandern geht, ob man Fahrradfahren geht, ja, also, [da]
> sind wir was gewohnt.
> Osnabrück, Frau 2: Dass Osnabrück also auch ein, einen riesigen Landkreis
> eigentlich hat, wenn man das sieht, mit vielen Möglichkeiten. Sei es im Freizeit-
> bereich oder auch, äh, im Erholungsbereich, weil wir ja auch mehrere Kurorte um uns
> herum haben, die auch mit dem Auto innerhalb von 20 Minuten erreichbar sind.
> Frankfurt a. M., Mann 3: Ja ich meine […], so Frankfurter Raum oder Höchster
> Raum wohnt man eigentlich auch relativ zentral. Sehr ja, quasi Vordertaunus vor der
> Tür. Also recht, sagen wir mal, sportliche Aktivitäten, ob das hier Wandern oder, oder
> Mountainbiken ist.
> Potsdam, Frau 2: Oder sonst, ähm, finde ich die Parks hier auch sehr schön. Also,
> ähm, ich treffe mich auch dann oft mit meinen Freunden hier im Park, ähm, weil es
> dort einfach viele schöne Ecken gibt und es ist alles grün oder äh, [man kann sich] mal
> am Wasser treffen. Und deshalb finde ich es sehr, sehr schön hier.

Die in 19 Gruppendiskussionen früh getätigten Aussagen zum **öffentlichen Personennahverkehr, zum Fernverkehr und zu den Autobahnanbindungen** entsprachen der erwähnten generell starken Bedeutung von Mobilität bzw. Ortsveränderlichkeit in den Gruppendiskussionen (Abschn. 4.1). Sie variierten wie die Ausführungen zum Grün erkennbar nach der Größe der Kommune.

In kleineren Kommunen, v. a. in ländlichen Umgebungen, sprachen die Teilnehmer bei der Beschreibung des Ortes primär die Nutzung des Autos an, die selbstverständlich zu sein schien. Entsprechend wurden Aspekte positiv erwähnt, die die Nutzung des Autos ermöglichen oder vereinfachen, wie die Personen, die ggf. als Kraftfahrer für Personen ohne eigenen Pkw zur Verfügung stehen, eine gute Autobahnanbindung oder günstige Preise, und es wurden Dinge kritisiert, die die Autonutzung erschweren.

Temnitz, Frau 3: Und ich hatte jetzt gerade so eine Begebenheit beim Arzt, werde Ende November am Knie operiert, und da sagt er zu mir, äh, wer fährt sie hierher? […] Ich sage, es wird sich jemand finden, es wird sich aus dem Ort jemand finden, der mich dann dorthin fährt […] Das kann ich jetzt, konnte ich mit gutem Gewissen sagen, irgendjemand fährt mich dahin und holt mich wieder ab […] Man kennt den und den und den und man hilft hier und da und dort und wenn das Auto gebraucht wird, dann ist man da, wenn man Zeit hat.

Apen, Mann 2: Nee, man kann nicht alles haben. Und das Lebensniveau ist ein ganz anderes. Ich erzähle das immer zu gerne mit meinem, mit meinem Auto. Ich fahre einen […], ähm, 500er […], das ist also ganz, eine Knutschkugel mit 150 PS, und dann war ich bei uns in der Werkstatt […] traut ihr euch da ran zur Reparatur? Ja, machen wir. In Heilbronn habe ich für das Wechseln einer Glühbirne vorn rechts 32,20 Euro bezahlt. Und hier […] unten bei uns in der Werkstatt, 12,25 Euro. So ist dieser Unterschied, ja. Das reicht erstmal von meiner Seite aus. (lacht leise)

Reichenbach, Mann 2: Wer hier wohnt, braucht zumindest ein Zweitfahrzeug, wenn beide arbeiten sind. Und das geht jetzt enorm hoch, wenn jetzt durch die ganzen Benzinkosten und alles was jetzt kommt und da … sieht natürlich schlecht aus.

Zugleich und im Zusammenhang damit wurden in kleineren Orten oft – z. B. in Zeven, Auerbach und Mulda bzw. dem Ortsteil Helbigsdorf (aber auch Cloppenburg als Mittelstadt) – fehlende Angebote des Öffentlichen Personennahverkehrs, eine schlechte Anbindung an regionale Zentren, Standorte von Ärzten oder umliegende Orte erwähnt. Gerade im Hinblick auf jüngere Menschen, die z. B. zur Schule müssen oder sich in Ausbildung befinden, oder ältere Personen ohne eigenes Auto wurde dies thematisiert.[7]

Zeven, Frau 1: Na ja und dann ist das Problem hier, ähm, mit den öffentlichen Verkehrsmitteln. Man kommt hier ja im Ort nirgends hin. Also wenn man kein Auto hat, dann ist man hier völlig aufgeschmissen. Dann kommt man auch nicht zu den Ärzten. Nach Rotenburg, vielleicht, wenn man dann zwei, drei Stunden hinfährt und zwei, drei Stunden wieder zurück. Und das dann vom Krankenhaus, muss man erstmal zum Bahnhof. Ähm, also das ist schon schwierig.

Mulda, Mann 3: Wir kommen aus dem Ortsteil Helbigsdorf. Da klappt das schon mit der Anbindung zum öffentlichen Nahverkehr gar nicht. Also bei uns fährt früh ein Bus sagen wir mal um acht, [das] ist der Letzte, der rausfährt, und 17 Uhr ist der Letzte, der reinkommt.

Auerbach, Mann 1: Also so gerade was die öffentlichen Verkehrsmittel angeht, ist … Frau 4: (fällt ins Wort) Ist furchtbar. Mann 1: Ist extrem schwierig irgendwie. Gerade was ins Oberland geht, da eine ordentliche Verbindung hinzukriegen, also da ist man wirklich darauf angewiesen, irgendwie Auto, irgendetwas zu haben, um da ordentlich von A nach B zu kommen. Frau 2: Oder du hast den ganzen Tag frei und

---

[7] In Luckau und Doberlug-Kirchhain wurde ein wahrgenommener Zusammenhang zwischen der ÖPNV-Anbindung und guten Jobs bzw. auch dem Wirtschaftszweig des Tourismus, für den ein funktionierender Nah- und Fernverkehr unabdingbar sei, angesprochen.

kannst dich so nach dem Fahrplan richten, dass es funktioniert. (Getuschel) Also, es sind ja um die [Jahres]zeit oft Fahrten, die einfach nicht stattfinden. Und dann fährt der Bus halt nicht alle Stunde, sondern dann nur alle zwei Stunden. (Zustimmung von Mann 1) Und wenn du das nicht eingeplant hast, dann ... Mann 2: (fällt ins Wort) Hast du Pech. Frau 2: Wartest du halt.

In größeren Städten stellten die Gruppen die Verkehrssituation dagegen oft als positives Merkmal des Lebens vor Ort dar. Sie verwiesen beispielsweise darauf, dass man aufgrund eines ausgebauten Öffentlichen Personennahverkehrs sehr gut ohne Auto klarkomme. Wenige kritische Anmerkungen bezogen sich in Chemnitz auf die Taktung und Tarife sowie die fehlende Anbindung an den Fernbahnverkehr.

Chemnitz, Frau 1: Mir gefällt es auch sehr gut, dass man irgendwie alles superschnell erreicht. Auch so von den Öffentlichen ist es total gut. Ich fahr' selber kein Auto und bin dadurch auf Bus und Bahn angewiesen und ich komme eigentlich überall richtig gut hin. Auch in Zeiten, die sehr akzeptabel sind. Genau. Und ich bin aber halt auch schnell mal irgendwie im Wald oder kann da abschalten. Also ich finde es auch sehr schön.
Hannover, Frau 1: Man hat die Anbindung zum Wald. Man ist aber auch, gerade wo ich dann älter wurde, Richtung Pubertät et cetera, war das schon schön, dass man dann recht schnell in der Stadt ist, gut vernetzt ist. Wir haben ja Bus, Bahn, S-Bahn. Wir haben eigentlich alles vor der Tür.
Frankfurt a. M., Frau 2: Das heißt, die urbane Mobilität ist da. Ich habe zum Beispiel schon mehrere Jahre kein Auto [...] Meine Kinder habe ich mit ..., als sie dann alleine Bahn fahren konnten, sind die alleine rumgefahren, konnten alles Mögliche machen, habe auch ein großes Netzwerk an Eltern. Und wenn ich das mit meinen Freunden von Zuhause vergleiche, die müssen halt mit dem Auto überall rumfahren, müssen ihre Kinder fahren. Die haben das Problem, auch weg zu kommen, weil wenn die in den Urlaub fahren, müssen die einen Tag vorher bei mir anreisen.

Oft stellten die Teilnehmer in größeren Kommunen das Fahrrad als gut nutzbares Verkehrsmittel dar. In Osnabrück wurde angemerkt, dass die Fahrradinfrastruktur aber noch optimierbar sei.

Potsdam, Mann 3: Ähm, da ist gleich der nächste (lacht) Vorteil von Potsdam. Und zwar: man kann alles mit dem Fahrrad erreichen. Die Fahrradwege sind sehr gut ausgebaut. Ich komme aus Kassel, da ist, das kann man nicht vergleichen. Also, äh, ich mache hier auch alles mit dem Fahrrad, [nutze das] Auto eigentlich nur zum Einkaufen.
Leipzig, Mann 3: Und ja, dass du eben mit dem Fahrrad alle Strecken machen kannst, dieses Grün, was aber durch die Stadt führt. [...] Ne, Auto brauchst du gar nicht mehr eigentlich.
Osnabrück, Frau 2: Ja, für eine Großstadt ruhig, aber man hat alles, was man braucht, in der Nähe, vor allen Dingen in diesem Stadtteil. (lacht) [...] Das heißt auch wirklich, alles mit dem Fahrrad erreichbar [...] sogar zu Fuß alles erreichbar. Ähm ...

Frau 3: Man ist schnell im Grünen. Frau 1: Ja, das ist auch wichtig. Frau 3: Man ist schnell auch hier, man ist schnell draußen. Also das ist gerade das, was auch sehr schön ist hier.

In nahezu allen Gruppendiskussionen sprachen die Teilnehmer bei der Beschreibung ihres Ortes von sich aus auch das **soziale Miteinander, Familie und nichtkommerzielle Freizeitaktivitäten** an. So wurde über das Vereinsleben, -feste und die Zusammenarbeit zwischen Vereinen gesprochen, und zwar bundesländerübergreifend sowie in Ost- und Westdeutschland. In Relation zu den anderen Aspekten standen solche Aussagen aber in kleineren Kommunen im Zentrum der Ortsbeschreibungen. Diese Aspekte wurden überwiegend unkontrovers als positive Eigenschaften des Lebens in der Kommune eingeordnet.

Hirschhorn, Mann 4: Ähm, es ist, wie schon gesagt, ganz toll hier das Vereinsleben, das Miteinander. Man kennt sich. In der Hinsicht ist Hirschhorn ein Dorf. Ähm, man kennt ganz viele untereinander.

Bevensen-Ebstorf, Mann 3: Ja, ich glaube, das lebt auch viel von der Dorfgemeinschaft. Also wie man hört, fühlt sich hier jeder wohl. Es hat, es gibt alles, was man braucht, für 's Leben und die Dorfgemeinschaft. Ist halt so, dass viele auch freiwillig irgendetwas machen, was so in großen Städten nicht so ist. Und wir sind alle sehr ambitioniert, sehr kommunikativ. Und es hilft eigentlich jeder jedem und es treffen sich alle gern. Und das ist, glaube ich, ausschlaggebend [dafür], dass so etwas funktioniert.

Kamenz, Frau 1: Also ich bin auch froh, wieder zurückgekommen zu sein. Da Kamenz wirklich 'ne kleine Stadt ist, das ist ... (Babylaute im Hintergrund) find' ich mittlerweile ganz toll, weil man kennt sich halt. Es ist nicht so anonym wie in 'ner größeren Stadt, was ja schon die anderen beiden gesagt haben. Und ja, dass man halt gleich um die Ecke viele kennt, auch Familie hat, auf die man sich jetzt verlassen kann. Kamenz hat doch relativ viel zu bieten, find' ich mittlerweile.

Mulda, Mann 1: Ja und dann gibt's auch ein vernünftiges Miteinander. Also, man kann, man kennt viele Leute, mit denen man untereinander redet.

Temnitz, Mann 1: Ich würde den Begriff Toleranz noch einbringen. Also, ich habe den Eindruck – ich gehöre nun zu denen, die über 20 Jahre lang ..., bin ein alter Hase –, du kannst hier eigentlich, äh, machen, was du willst. Da wird nichts krumm genommen. Weil, ich kenne keinen, der nur das erleben will in diesem Ort, was er gut findet. Das ist eine richtig breite Meinungsvielfalt. (Zustimmung von Frau 4) Und die wird gelebt, das finde ich gut. Und da, vor allen Dingen, Jung und Alt.

Vereine wurden generell als Möglichkeit erwähnt, sozial integriert zu sein und seine Freizeit gut zu verleben, auch weil das Angebot an kommerziellen Angeboten begrenzt ist.

Cloppenburg, Mann 2: Und, äh, wenn wir kulturelle Veranstaltungen besuchen wollen, ist Oldenburg, Osnabrück und Bremen nicht weit. Alles gut zu erreichen und das

Angebot hier in Cloppenburg ist, sagen wir mal, für den normalen Hausgebrauch ausreichend, aber nicht unbedingt jetzt, sagen wir mal, ganz hoch oben angesiedelt. Das spielt aber auch keine Rolle. Was hier gut funktioniert, ist insgesamt so das Vereinsleben, und wer sich hier in Cloppenburg, sage ich mal, integrieren will, äh, über die Vereine geht das ruckzuck, nicht. Also das ist, äh, äh, da muss natürlich das eigene, das eigene Wollen dabei sein.

In manchen Gruppendiskussionen (u. a. Doberlug-Kirchhain, Limburg) wurde diskutiert, dass in den Vereinen und bei Zusammenkünften die mittlere und jüngere Generation nicht mehr nachwachse, auch weil sie nicht immer am Ort ist. Zum Teil wurde geäußert, dass es in diesen Altersgruppen an Verantwortungsbereitschaft mangele.

Doberlug-Kirchhain, Frau 1: Bloß, bei den Vereinen klemmt es eben auch ein bisschen am Alter, nicht. Das ist natürlich das nächste Problem. Die jungen Leute, oder sagen wir mal, die Mittelaltrigen, die 40-, 50-Jährigen, arbeiten ja oft gar nicht hier. Mann 2: Das ist das Problem. Frau 1: Und dadurch sind die Vereine, na ja, sehr überaltert. […] Ich meine, es ist ja nicht so, dass wir keine Sänger hätten, aber die sind halt nicht da [..] So und das ist ja im Sportverein nicht so viel anders.

Gelegentlich wurden auch spezifische Angebote vermisst.

Luckau, Mann 3: Also, es geht. Für mich persönlich ist es nicht so gut, aber für die Kinder [schon]. Ich komme aus einem anderen Land, aus einer anderen Kultur. Es ist was ganz anderes. Auch aus Religionsgründen. Ich würde lieber in einer großen Stadt leben, da gibt es eine Moschee, da kann man sich mit seiner Familie treffen, Verwandte. Da ist das Leben nicht so alleine.

In vielen Gruppendiskussionen, v. a. in Mittel- und Großstädten, sprachen die Teilnehmer bei der Darstellung des Lebens vor Ort neben der guten **Erreichbarkeit der Freunde** auch (**kommerzielle**) **Freizeitangebote** an, darunter vielfältige Kulturangebote, Feste, Einkaufsmöglichkeiten und öffentliche Orte für Geselligkeit (Gastronomie-Bauwagen, Kneipen u. ä.).

Kassel, Frau 2: Ich find's total schön, hier in der Gegend zu wohnen. […] Man hat viele Möglichkeiten auszugehen abends und auch die Freunde wohnen eigentlich alle in der Nähe. Wir sind alle gut vernetzt miteinander, ist alles gut erreichbar mit Bus und Bahn. Also ich glaub', man lebt hier schon sehr, sehr gut.
Limburg, Mann 4: Im Juni, Ende Juni ist meistens immer ein ganz tolles Altstadtfest. […] Frau 1: Und ein wunderschönes Weinfest haben wir in Limburg. Mann 2: (fällt ins Wort) Genau, vier Wochen später dann das Weinfest, was auch, äh, extrem viele Leute anzieht, aus Umgebung et cetera. Also, die Winzer aus dem Rhein-, äh, Rheingau, die dann hier, ja, die Innenstadt quasi bevölkern mit Ständen.

Cottbus, Frau 1: Kulturell auch. Kulturell auf jeden Fall. Ich wüsste jetzt nicht, was man hier nicht hat, außer… Wir haben Stadthalle, wir haben ganz super tolles Theater, dann, äh, kleine Theater, Spielstätten…

Potsdam, Mann 1: Also in Potsdam lebt es sich gut […] die Umgebung hier, mit dem Volkspark und den ganzen Grünanlagen, Schlösser. […] Also wir fühlen uns hier sauwohl… Und wo man hingehen kann, hier gibt es ja viele Möglichkeiten, schöne Gaststätten vor allen Dingen, am Wasser, ist da herrlich für ältere Leute und auch für die Jugend.

In mehreren kleineren Kommunen wurden solche Angebote bei der Beschreibung des Lebens im Ort vermisst. Wurden hier Kulturangebote als positive Eigenschaften genannt, dann kam teilweise der Hinweis darauf, dass sie von der Kirche, Vereinen, der Gemeinde oder Hochschulangehörigen selbst organisiert wurden, oder ungewöhnlich für kleine Orte sind.

Auerbach, Mann 1: Ja. Und wenn man jetzt irgendwas, jetzt auch abends oder überhaupt mal was machen wöllte, müsste man jetzt immer weiter weg fahren in größere Städte. Also, dahingehend ist es bei uns noch ein bisschen…, mangelt es noch bisschen. Ist noch ziemlich schwierig, da irgendwie noch was zu machen, was zu finden. Da ist man dann wirklich, dann immer drauf angewiesen, irgendwo wegzukommen und da ist, hat man dann wieder die nächste Hürde […]

Witzenhausen, Frau 2: Aber es gibt auch so was wie den Stadtraum, wo kulturelle Veranstaltungen stattfinden und die, der von unterschiedlichen Initiativen genutzt werden kann. Es ist jetzt mitten auf dem Marktplatz ein Haus von einer Initiative gekauft worden, was restauriert wird, wo auch Dinge laufen sollen und politische Dinge laufen sollen. Das finde ich ganz toll. Und wenn es wieder wärmer wird, haben wir […] unten am Werra-Ufer ein Café, das aus zwei Bauwägen besteht und innen ein ganz schöner Ort, sich zu treffen. Und da sind dann auch Konzerte usw.

Doberlug-Kirchhain, Frau 2: Na ja, und auch, was […] gerade gesagt hat, halt Veranstaltungen. […] in der Kirche sind ja auch viele Konzerte und Sachen […] Puppentheater, Theater, alles eigentlich, Rock am Schloss. Also wirklich viele Veranstaltungen, die auch teilweise von Vereinen, aber auch teilweise von der Stadt organisiert werden. Also es ist viel eigentlich. Also für so einen kleinen Ort ist es viel, finde ich.

Luckau, Mann 4: In Luckau gibt es viele Kulturangebote, also CVJM. Dann gibt es ja den Cantemus-Chor, wo ich mitgesungen habe. Dann gibt es hier Konzerte in der Kirche und andere Veranstaltungen. […] Also Luckau hat schon was zu bieten, was kulturell und sportlich auch ist.

Bei der Beschreibung des Ortes wurden in kleineren Kommunen außerdem teilweise Einkaufsmöglichkeiten vermisst sowie teilweise die Schließung von Einzelhandelsläden und Leerstand angesprochen, aber das Thema spielte für die Beschreibung der Lebensverhältnisse im Vergleich zur Beschreibung nichtkommerzieller sozialer Netzwerke, Vereinsaktivitäten u. ä. eine untergeordnete Rolle.

Hirschhorn, Mann 2: Äh, wie schon angeklungen, ist die, die Lebensmittelversorgung ist natürlich weniger geworden. Wir haben keinen Metzger mehr, keinen Bäcker mehr. [...] In der Altstadt sind Leerstände in der Fußgängerzone. [...] Wenn die Außengastronomie also nicht is: in der Fußgängerzone im Sommer, äh, sagte mal eine Bewohnerin, wenn ich hinfalle, werde ich eher von einem Auto überfahren, als dass jemand kommt und mir hilft aufzustehen. Das ist unsere Situation.

Zeven, Frau 5: Äh, was jetzt vielleicht noch als kleines Luxusproblem, ähm, mir jetzt hier doch sehr auffällt, ist so ein bisschen die Freizeitgestaltung, wo man als erwachsene Person im Normalfall hingeht. Also es gibt halt hier keine attraktiven Lokale, Bistros, Cafés. Das ist halt sehr, sehr schade. Also es hat wohl in letzter Zeit hier einiges zugemacht, habe ich immer wieder mitbekommen. Also es gibt in Zeven kaum was, wo man vernünftig einkaufen kann. [...] Nee, also richtig bummeln in der Fußgängerzone hier in Zeven, braucht man nicht. Das kann man vergessen. Die ist tot.

Teilweise wurden auch in Großstädten zielgruppenspezifische Angebote in fußläufiger Entfernung vermisst, wobei die oft als gut beschriebene Verkehrsinfrastruktur die Wahrnehmung von Angeboten in etwas weiterer Entfernung grundsätzlich ermöglicht.

Frankfurt a. M., Frau 3: (fällt ins Wort) [...] Kneipen gibt es natürlich, was, also bei Kneipen muss ich sagen, das is: nicht mein Geschäft, wo ich gerne reingehe. Das ist eher was für das ältere [...] Aber grundsätzlich wird so nichts, ähm, für junge Leute angeboten.

In vielen Orten sprachen die Teilnehmer der Gruppendiskussionen auch Belange in den Bereichen **Bildung, Kinder und Jugend** bei der Beschreibung des Lebens vor Ort an und ordneten sie insofern als wichtig ein. Dies traf besonders auf Runden in kleineren bzw. ostdeutschen Kommunen zu. Häufig ging es dabei um die Verfügbarkeit und Erreichbarkeit von Schulen und Kitas, die generelle Familienfreundlichkeit der Kommune, Treffpunkte und Angebote für Kinder bzw. Jugendliche (Auerbach, Bevensen-Ebstorf, Cottbus, Doberlug-Kirchhain, Hirschhorn, Leipzig, Luckau, Potsdam, Reichenbach, Stadtallendorf, Witzenhausen, Zeven), Ausbildungsmöglichkeiten und Perspektiven für junge Menschen vor Ort.

Kinder- bzw. Familienfreundlichkeit wurden v. a. in den kleineren Kommunen in ländlichen Gegenden (Auerbach, Kamenz, Mulda, Reichenbach, Temnitz, Witzenhausen, Zeven) als positives Merkmal der Lebensverhältnisse vor Ort vermerkt.

Witzenhausen, Mann 3: Was auch eine coole Geschichte ist, ist kinderfreundliche Kommune, dass hier wirklich viel Wert auf Kinder gelegt wird, auf die Bedürfnisse. Ich hatte vorhin schon einen kleinen Kreis gehabt, ich bin auch im Jugendrat und das macht halt auf jeden Fall auch sehr viel Spaß [...].

Temnitz, Frau 2: Also jeder guckt auch so ein bisschen auf jeden, ja. Also, wenn die
Kinder hier manchmal vorbeigehen, dann guckt man, Mensch, sind sie vielleicht alleine, oder ist die Mama da [...] Mann 2: Man muss dazu sagen, das gibt aber auch
einem ein gewisses Sicherheitsgefühl, ne. Also, gerade so als, äh, für die auch noch
eigene Kinder haben, ne, kleine Kinder. Ich weiß, ich kann unbeschadet mein Kind hier
im Dorf unterwegs lassen, ohne dass ich Angst haben muss, das wird weggeklaut oder
so, weil ich weiß, irgendein anderer kennt eh mein Kind und hat ein, guckt eh, was
drauf, was los war, ne. Also, man fühlt, man fühlt hier, äh, sich als Elternteil, [...] zu
seinen Kindern natürlich, ne, viel besser auch, sicherer, geborgener, aufgehobener. Ja.

Kamenz, Mann 4: [...] und was mich ganz besonders auch wundert, was heißt
wundert, freut, dass wir unwahrscheinlich viele junge Familien haben, die hier wieder, hier speziell jetzt, Deutschbaselitz ist ja nur ein Ortsteil von Kamenz, dörflicher,
aber sehr, sehr viele junge Familien mit vielen Kindern. Ja, also das ist ganz, ganz doll
zu bemerken und etwas ganz Schönes, was man in anderen Regionen nicht so findet.

Die Situation von Jugendlichen und jungen Erwachsenen wurde kritischer beschrieben als die von Kindern – allerdings nicht in allen Orten. Vorrangig bezog sich
die Kritik – v. a. in kleineren Orten im ländlichen Raum – auf die Entfernung zu Schulen, Ausbildungsorten und Hochschulen (in Kombination mit einem ausgedünnten
Nahverkehr). In mehreren Kommunen jeder Größe sowie in West- und Ostdeutschland erwähnten Teilnehmer der Gruppendiskussionen außerdem bei der Beschreibung
ihres Ortes, dass es grundsätzlich an Angeboten für Jugendliche mangele (Auerbach,
Chemnitz, Cottbus, Frankfurt a. M., Limburg, Stadtallendorf, Witzenhausen, Zeven).

Stadtallendorf, Frau 3: [...] ich bin aber der Meinung, dass es viel zu wenig für
Jugendliche gibt. [...] Also es gibt, es gab zumindest kein Café. Also es gab einfach
keine Orte, wo man sich wirklich treffen kann, außer dieses Jugendzentrum. Und das
ist halt auch wieder so ein Ding. Entweder man gehört so dazu oder man gehört nicht
dazu, ist halt meine Meinung gewesen. Und ähm, ja, ich hoffe, dass ich nach meinem
Studium tatsächlich nicht mehr hier bleiben werde, mal sehen. (lacht) Ich finde es halt
einfach zu klein. Also es gibt halt viel zu wenige, ähm, Jugendliche.

Entsprechend konzentrierten sich die (als intakt beschriebenen) sozialen Kontakte in Orten mit unzureichenden Angeboten für Jugendliche auf die Familie und
Vereine.

Luckau, Frau 3: Also für mich ist das Leben in Luckau auch ziemlich gut. Also ich
gehe jetzt seit ein paar Jahren auf eine andere Schule. Also nicht hier in Luckau direkt. Deshalb ist es ein bisschen schwierig, so mit anderen jungen Menschen in Kontakt zu kommen, mit Menschen, mit denen man gerne Zeit verbringt im Endeffekt.
Aber ich habe doch so meine Gruppierung gefunden, also das geht schon. Ja, also
meine ganze Familie wohnt hier in Luckau, also meine Eltern, meine Großeltern. Dadurch macht es das noch lebenswerter, weil man halt jeden sehen kann eigentlich
wann immer man will, finde ich. Ja, das ist vielleicht deshalb also, so ein zentraler

Punkt. Also ich bin halt oft zu Hause, wenn ich jetzt nicht unbedingt in der Schule bin. Ich bin oft auf der Kegelbahn, weil das halt mein Hobby ist, so weil ich auch da mit Leuten connecte.

Apen, Frau 4: Ja, also ich bin auch hier geboren, wohne jetzt seit 19 Jahren hier. Und, äh, also ich finde das echt super. Man ist dann irgendwie mit vier oder fünf zum Sportverein gekommen, hatte dann seine Freundesgruppe da. Ähm, man hatte aber auch durch die Jugendzentren hier in der Nähe immer die Möglichkeit, da auch neue Freunde zu gewinnen. Aber ich denke mal, die, die ich noch hab sind auch aus dem Kindergarten tatsächlich. Ähm, alle wohnen noch in der Nähe. [...] Aber wir haben immer ein Maibaumsetzen zusammen gemacht, immer Osterfeuer, vielleicht auch irgendwie vor Weihnachten jetzt auch was zusammen getrunken oder so. Also, ich finde das echt super wieder. Jede Straße ist für sich.

Teilnehmer verschiedener Gruppendiskussionen brachten die fehlende Verfügbarkeit oder schlechte Erreichbarkeit von Bildungs- und Ausbildungsorten in der Region in einen Zusammenhang mit dem Wegzug junger und höhergebildeter Menschen (Auerbach, Cottbus, Limburg, Reichenbach Zeven), den sie bedauerten und der im Kontrast zur starken Betonung des ausgeprägten sozialen Miteinanders stand.

Auerbach, Mann 2: Ja, aber das sind so wirklich die Probleme, die ich auch beobachte. Gerade wie der [...], der jetzt das Abitur macht, der geht dann zum Studium. Und wenn er nicht eine Fachrichtung wählt wie Lehrer, Medizin, in die Richtung, kann ich ihm hier in der Region keinen adäquaten Arbeitsplatz für sein Studium anbieten. Das heißt, die Intelligenz zieht weg und kommt auch nicht mehr wieder. Und die jungen Menschen, die wir da haben, also die nach der zehnten Klasse einen Beruf lernen wollen, denen wird es dahingehend erschwert, dass wir keine Berufsausbildung am Ort mehr haben. Also die müssen immer irgendwo hinfahren an eine Berufsschule. Und gerade in diese Berufsschulen – Schneeberg ist noch so ein Ort, wo sie viel reingesteckt haben –, kommt man ganz schwer mit öffentlichen Verkehrsmitteln. Deswegen war vorhin meine Einschränkung etwas, was … die gute Erreichbarkeit betraf. (Zustimmung von Mann 1)
Reichenbach, Mann 1: Als Jugendlicher nach Reichenbach ziehen … hätte ich mir nie vorstellen können. Frau 3: Also die Kinder, beide sind auch weg. Und die kommen auch garantiert nicht zurück. Mann 2: (fällt ins Wort) Ja … Meine sind auch nach München, Augsburg. Die kommen nie mehr her. Die Arbeit. Frau 3: (fällt ins Wort) Also zumindest nicht als arbeitende Bevölkerung [...].

Umgekehrt hoben Teilnehmer – teils in denselben Kommunen – positiv hervor, wenn Kinder und Jugendliche die Möglichkeit haben, vor Ort die Kita oder Schule zu besuchen oder gar eine Einrichtung wählen zu können.

Auerbach, Mann 1: Zwei Förderschulen, stimmt. Das muss man auch mit an der Stelle anmerken. Also da sind wir wirklich breit aufgestellt wo ich auch sagen muss, dass das schon sehr attraktiv ist an Auerbach. Dass man da wirklich auch sagen kann, jetzt gerade mit Kindern oder wenn man jetzt selbst sagt, okay, ich möchte aufs Gymnasium gehen, dann hat man eben da wirklich viele verschiedene Wahlmöglichkeiten.

Reichenbach, Frau 3: Wir haben zumindest eine Oberschule, wir haben eine Grundschule, also die Kinder bleiben erst mal hier. Das ist erst mal so schlecht nicht. Wir haben eine sehr schöne Turnhalle, die auch genutzt wird.

In größeren Städten wurde die Schulsituation sehr selten angesprochen, um die Nähe oder Angebotsvielfalt als Pluspunkt des Lebens vor Ort darzustellen.

Cottbus, Mann 3: Ich kann nur zur Schule noch ein bisschen was sagen. Ähm, ja gibt's auch viele und auch eine große Auswahl an verschiedenen Sachen mit Evangelischem Gymnasium [...]. Ist ja so eine Art, also in Cottbus, schon so eine Art Elitegymnasium, aber nicht ganz. Also, ja, sagen wir mal so, Bildungschancen denk mal auch gut. Und auch dann in Bezug mit der Uni [...] Und dann hat man da auch schon gute Chancen.

Potsdam: Frau 1: Das war für uns praktisch, weil Kindergarten direkt vor der Tür war, Grundschule dann über die Straße. Das war alles, ne, sie konnte sehr schnell selbständig werden. Und das ist schön, wenn das in einem Stadtteil erst mal im Kleinen funktioniert. [...] Frau 2: [...] Und ähm, ich gehe auf eine Schule mitten in der Innenstadt. Und es ist trotzdem nicht mehr als zehn Minuten mit dem Bus von hier und ähm, ich kann ... alle fünf Minuten fahren die Bahnen. Dort kann ich dann immer mit, ähm, die Bahn nehmen morgens oder auch nach der Schule bin ich halt direkt in der Innenstadt und kann mit Freunden dort Eis essen gehen oder auch generell was machen in der Stadt.

Schließlich gingen die Teilnehmer einiger Gruppendiskussionen bei der Beschreibung des Lebens vor Ort auch auf die **Wohnverhältnisse und finanzielle Aspekte des Wohnens und Bauens** ein. Das Thema wurde aber überwiegend nicht spezifisch oder prominent platziert. Die entsprechenden Aussagen unterschieden sich nach Siedlungstyp. In kleineren Orten, in denen es verbreiteter ist, ein Haus zu besitzen, wurde teilweise die gute Finanzierbarkeit des Wohnens von Teilnehmern als positiver Aspekt des Lebens erwähnt (Kamenz, Witzenhausen).

Kamenz, Mann 5: Aber die Grundstückspreise sind aber auch hier bei weitem günstiger, na, das ist Wahnsinn.

In einigen Mittelstädten wurden bei der Beschreibung des Ortes günstige Mieten für Wohnraum sowie gute Wohnverhältnisse angesprochen.

Cloppenburg, Mann 2: Und was wir auch sagen können, ich glaube, das darf ich ruhig sagen, wir leben hier auch verhältnismäßig preisgünstig. Also die Mieten sind nicht überkandidelt hoch.

Cottbus, Frau 3: Ich bin ja eigentlich nur hierher gezogen, um in Cottbus zu studieren. Und mir war auch nichts anderes bis dahin bekannt bis auf die BTU.[8] Und ja, es ist eine sehr gute Stadt, auf jeden Fall zum Studieren. Die Wohnungspreise sind gut, ist nicht zu teuer und, ähm, man kann sich ein Zimmer im Studentenwohnheim nehmen oder eine eigene Wohnung suchen, das wird sich nicht über, eigentlich nicht über 300 Euro belaufen.

Ein ähnlich positives Bild des Wohnens wurde auch in den anderen ostdeutschen Kommunen gezeichnet.

Chemnitz, Frau 2: Die Mieten sind günstig, keine Frage. Also wahrscheinlich wie nirgendwo sonst in Deutschland. Das ist ein Riesenvorteil. Man kriegt wahnsinnig hohe Standards bei Wohnungen geboten für verhältnismäßig wenig Geld. Und das interessiert alle, die Wohnraum brauchen und gerade auch Kinder haben und ein bisschen mehr als vielleicht nur 30 Quadratmeter mieten wollen, ist das eine super Sache. Und das ist wirklich ein Riesenvorteil, den man nicht unterschätzen darf. Außerdem sind die Bodenpreise ja auch noch geringer, als wenn man Grundstücke kaufen will, Häuser bauen will, möchte ist es auch noch erschwinglich, was in München oder in Stuttgart schon lange nicht mehr der Fall ist.
Leipzig, Frau 2: Und äh, ich wohne hier [in] Gohlis, in einem sehr schönen Haus mit einem sehr schönen Garten. Und wenn ich bei mir im Garten sitze, habe ich nicht das Gefühl, dass ich mitten in der Stadt sitze. Aber ich fahre 15 Minuten mit dem Fahrrad und bin in der Innenstadt, ne.

Punktuell wurden die schlechtere Verfügbarkeit oder Finanzierbarkeit des Wohnens (Potsdam), die Entwicklung von Grundstückspreisen (Hirschhorn) oder ein Mangel an freien Grundstücken (Mulda) angesprochen.

Potsdam, Mann 3: […] habe dann hier aber auch einen Studienplatz bekommen und ähm, dann über viel Glück eben die Wohnung hier in diesem Wohnprojekt. Was auch noch zu erwähnen ist, finde ich, der Wohnungsmarkt ist einfach brutal. Für uns war es damals die einzige Möglichkeit, überhaupt an eine Wohnung zu kommen.
Hirschhorn, Frau 4: In Hirschhorn gibt es keine Möglichkeit, du hast sehr wenig Möglichkeiten, Häuser zu erwerben. Wenn, dann sind sie sehr teuer. (Zustimmung von Frau 3) Ähm, es gibt kaum Baugrundstücke und äh ja, es hat sich dann so ergeben […]

Weitere Aspekte, die Teilnehmer von Gruppendiskussionen bei der Beschreibung ihres jeweiligen Ortes – ohne erkennbares räumliches Muster – ansprachen, betrafen unter anderem die Wirtschaft (Arbeitsplatzsituation, Unternehmen, Fachkräftemangel), Sicherheit und die medizinische Versorgung. Diese tauchten aber nicht prominent auf. So wurde in Potsdam gelobt, dass es aufgrund eines neu ge-

---

[8] Brandenburgische Technische Universität Cottbus-Senftenberg.

bauten Medizinischen Versorgungszentrums in der Nähe genügend Ärzte gebe; auch in Mulda wurde betont, dass es einen Arzt in der Nähe gebe; dies sei für Ältere wichtig. In Zeven wurde hingegen ein Ärztemangel kritisiert; das Krankenhaus sei weggefallen und Kinderärzte seien weit weg (Zeven). In Doberlug-Kirchhain wurde der Stand der lokalen medizinischen Versorgung unterschiedlich bewertet. In einigen Kommunen wurden Themen wie die Orts-/Stadtentwicklung (inklusive Architektur und Sanierung/Erneuerung), politische Einstellungen und die Lokalpolitik angesprochen (Eberswalde, Kassel, Luckau, Reichenbach).

4.3 „Ich lebe gern hier" – eine raumübergreifende Aussage

Um die Aussagen in den Gruppendiskussionen zum Leben im Ort zu validieren und zu kontextualisieren, fragten wir in der anschließenden schriftlichen Einzelbefragung nochmals danach, wie die Menschen die Lebenssituation vor Ort beschreiben würden. Dabei wurden im Unterschied zur Gruppendiskussion verschiedene Antwortmöglichkeiten vorgegeben, die sie jeweils als nicht bis hin zu zutreffend einstufen konnten.

In der Gesamtauswertung für alle Teilnehmer der Gruppendiskussionen – die aufgrund der Siedlungsstruktur der 4 Bundesländer zur Hälfte in kleineren Kommunen stattfanden – stimmte der Großteil der Befragten der Aussage zu: „Ich lebe gern hier". Dieser Wert streute nicht nach Siedlungsgröße, Lage in Ost- bzw. Westdeutschland oder Bundesland; nur der Mittelwert der Teilnehmer an Gruppendiskussionen in Hessen war etwas niedriger, was an niedrigeren Werten in Stadtallendorf und Limburg lag (Tab. 4.1). Für 8 der 24 Orte ergab sich sogar der maximal erreichbare Wert von 3,0. Unmittelbar darauf folgten weitere 6 Orte, in denen nahezu alle Befragten angaben, gern dort zu leben (Abb. 4.2).

Damit bestätigte sich die alles in allem positive spontane Darstellung und Bewertung des Lebens vor Ort in der anonymen individuellen Befragung – und dies nach ca. 60 bis 90 Minuten Gespräch, in dem vielerorts im Laufe der Zeit auch negative Dinge angesprochen worden waren. Da die Positionierungen zu den vorgegebenen Aussagen variierten und mithin ein differenziertes Antwortverhalten gegeben war, kann die grundsätzlich positive Einschätzung des Lebens vor Ort bei den von uns Befragten als gefestigte Sichtweise betrachtet werden.

Die positive Bewertung des eigenen Wohnortes spiegelte sich auch in der hohen durchschnittlichen Zustimmung zu den Aussagen „Es gibt viele Vereine und aktive Menschen" sowie „Die wichtigsten Dinge funktionieren gut" – und zwar jeweils unabhängig von der Größe des Ortes, Lage in Ost- bzw. Westdeutschland und dem

Tab. 4.1 Das Leben vor Ort: Lokale Einschätzung nach Siedlungsgröße und -lage

	Klein	Mittel	Groß	Ost	West	BB	HE	NI	SN
Ich lebe gern hier.	2,8	2,6	2,8	2,8	2,7	2,8	2,6	2,8	2,8
Es gibt viele Vereine und aktive Menschen.	2,4	2,1	2,2	2,3	2,3	2,2	2,2	2,5	2,3
Die wichtigsten Dinge funktionieren gut.	2,2	2,0	2,2	2,3	2,1	2,3	2,0	2,3	2,2
Ich bin stolz auf meinen Ort.	2,4	1,8	2,2	2,3	2,2	2,3	2,1	2,3	2,3
Die Wirtschaftslage ist gut.	1,9	1,9	2,3	1,9	2,1	1,9	2,0	2,3	1,8
Das soziale Miteinander ist stark.	2,3	1,6	1,7	1,9	2,0	1,8	1,7	2,3	2,0
Es wird schon sehr viel gemacht.	2,0	1,6	1,9	1,9	1,9	1,8	1,7	2,0	2,0
Die Situation ist ungefähr so wie in anderen Orten in Deutschland.	1,7	1,4	1,7	1,6	1,7	1,6	1,5	1,8	1,6
Unser Ort wird von der Politik gerecht behandelt und finanziert.	1,4	1,4	1,6	1,4	1,6	1,4	1,4	1,8	1,3
Es werden die falschen Dinge finanziert.	1,3	1,4	1,5	1,5	1,3	1,4	1,3	1,3	1,5
Die Situation ist schlechter als woanders.	0,9	1,0	0,6	1,1	0,6	1,1	0,9	0,4	1,0
Wir sind abgehängt.	0,9	0,7	0,5	0,8	0,6	0,8	0,8	0,5	0,9

Frage: „Wie würden Sie die Lebenssituation hier vor Ort beschreiben?", angegebene Aussagen. (0 = trifft nicht zu, 1 = trifft eher nicht zu, 2 = trifft eher zu, 3 = trifft zu); BB Brandenburg, HE Hessen, NI Niedersachsen, SN Sachsen
Quelle: eigene Auswertung der anonymen schriftlichen Befragung (N = 183)

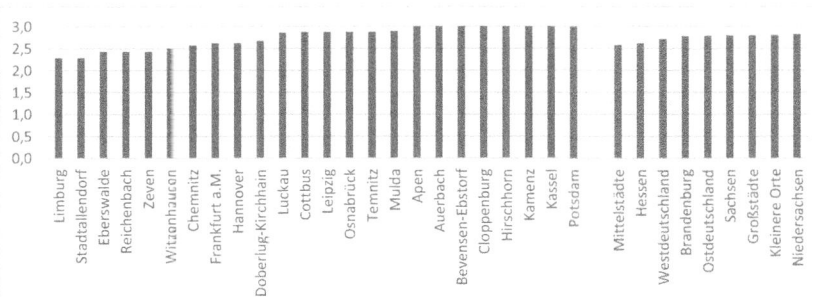

Abb. 4.2 Lokale Zustimmung zur Aussage: „Ich lebe gern hier". (Frage: „Wie würden Sie die Lebenssituation hier vor Ort beschreiben?", Aussage: „Ich lebe gern hier." (0 = trifft nicht zu, 1 = trifft eher nicht zu, 2 = trifft eher zu, 3 = trifft zu). Quelle: eigene Auswertung der anonymen schriftlichen Befragung (N = 183))

Bundesland. Bei der Aussage „Die wichtigsten Dinge funktionieren gut" streuten die lokalen Mittelwerte kaum. Bei der Aussage „Es gibt viele Vereine und aktive Menschen" variierten die Werte stärker. Der Mittelwert lag in Apen, Bevensen-Ebstorf und Hirschhorn bei 2,9 von 3 Punkten, in Limburg hingegen bei 1,3 (Tab. 4.1).

Auch die Aussagen „Ich bin stolz auf meinen Ort", „Die Wirtschaftslage ist gut", „Das soziale Miteinander ist stark" sowie „Es wird schon sehr viel gemacht" fanden die Teilnehmer unabhängig von Siedlungsmerkmalen durchschnittlich eher zutreffend, aber die lokalen Werte variierten. Die Aussage „Ich bin stolz auf meinen Ort" fand in Auerbach beispielsweise eine starke Zustimmung (2,9), in Stadtallendorf hingegen nicht (1,0). Dass das soziale Miteinander stark ist, fanden in Bevensen-Ebstorf fast alle Teilnehmer (2,9), während die Aussage in Frankfurt a. M. als eher nicht zutreffend gekennzeichnet wurde (1,0). Nach Siedlungsgröße ausgewertet, waren der Stolz auf den Ort (2,4) und die Zustimmung zur Aussage, dass das soziale Miteinander vor Ort stark ist (2,3), in kleineren Orten ausgeprägter als in Mittelstädten (1,8; 1,6) und Großstädten (2,2; 1,7) (Tab. 4.1). Das Muster nach Gemeindegröße korrespondierte mit der stärkeren Bezugnahme auf soziale Kontakte in kleineren Kommunen.

Stärkere Streuungen der lokalen Mittelwerte zeigten sich auch in Bezug auf die Positionierung zu den Aussagen „Die Situation ist schlechter als woanders" sowie „Wir sind abgehängt". Unter den Teilnehmern der Gruppendiskussionen in Mittelstädten und kleineren Orten fiel die Unterstützung zur Aussage „Die Situation ist schlechter als woanders" (1,0; 0,9) fast doppelt so hoch aus wie in den Großstädten (0,6). Das Gleiche galt in Ostdeutschland (1,1) im Vergleich zu Westdeutschland (0,6). Obwohl auch die kritischeren Werte letztlich bedeuteten, dass die Teilnehmer durchschnittlich „eher nicht" zustimmten, war doch ein gewisses Gefälle der Zufriedenheit erkennbar. Am stärksten stimmten der Aussage „Die Situation ist schlechter als woanders" die Teilnehmer der Gruppendiskussion in Auerbach zu (1,8), während sie in Cloppenburg und Osnabrück am stärksten abgelehnt wurde (0,1) (Abb. 4.3).

Ein ähnliches Muster ergab sich hinsichtlich der Positionierungen zur Aussage „Wir sind abgehängt". Der Zustimmungswert in kleineren Orten lag bei durchschnittlich 0,9 und in Großstädten bei 0,5. Die Teilnehmer der Gruppendiskussion in Auerbach, Doberlug-Kirchhain, Reichenbach und Zeven und unterstützten die Aussage am stärksten und positionierten sich damit durchschnittlich genau zwischen „trifft eher nicht zu" und „trifft eher zu". In einer Reihe anderer Kommunen stieß die Aussage hingegen auf klare Ablehnung. Bei genauerer Betrachtung zeigten sich Unterschiede besonders zwischen ostdeutschen kleineren Orten und anderen Kommunen, während insgesamt kein starker Unterschied zwischen Teil-

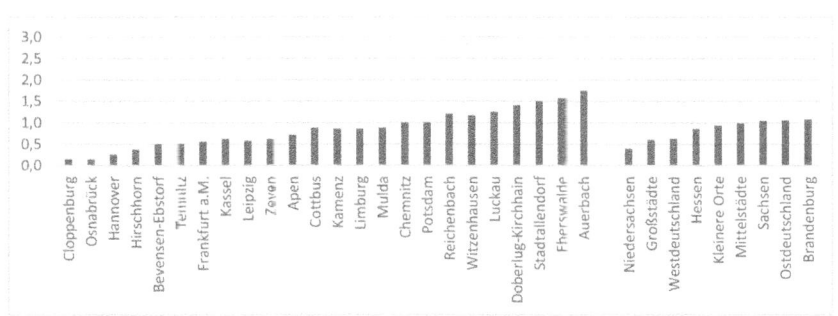

Abb. 4.3 Lokale Zustimmung zur Aussage „Die Situation ist schlechter als woanders". (Frage: „Wie würden Sie die Lebenssituation hier vor Ort beschreiben?", Aussage: „Die Situation ist schlechter als woanders." (0 = trifft nicht zu, 1 = trifft eher nicht zu, 2 = trifft eher zu, 3 = trifft zu) Quelle: eigene Auswertung der anonymen schriftlichen Befragung (N = 183))

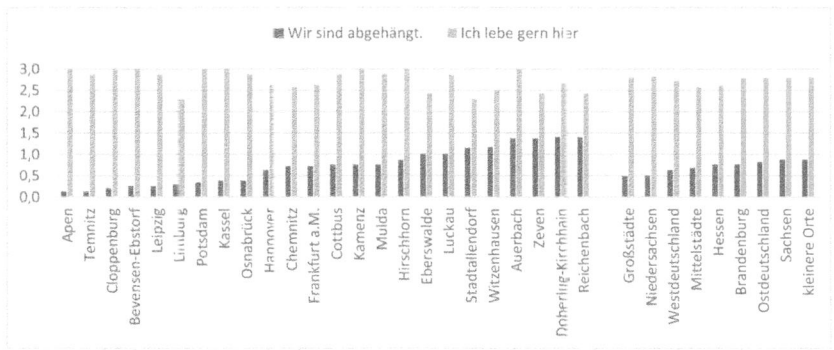

Abb. 4.4 Lokale Zustimmung zu den Aussagen: „Wir sind abgehängt" und „Ich lebe gern hier". (0 = trifft nicht zu, 1 = trifft eher nicht zu, 2 = trifft eher zu, 3 = trifft zu. Quelle: eigene Auswertung der anonymen schriftlichen Befragung (N = 183))

nehmern in Ost- und Westdeutschland bestand (Abb. 4.4). Bemerkenswert ist aber, dass in den Kommunen, in denen die Teilnehmer durchschnittlich stärker der Aussage „Wir sind abgehängt" zustimmten, trotzdem bekundet wurde: „Ich lebe gern hier". Dies ist ein weiterer Beleg für den Eindruck aus den Gruppendiskussionen, dass Menschen das Leben in ihrer Kommune teilweise recht unabhängig von objektiven Kenndaten einschätzen, wie sie bei der Messung der Gleichwertigkeit der Lebensverhältnisse verwendet werden.

Insgesamt war die lokale Zufriedenheit der Teilnehmer mit dem Leben vor Ort
(„Ich lebe gern hier") dann durchschnittlich höher, wenn die lokale Einschätzung
höher ausfiel, dass es viele Vereine und aktive Menschen gibt sowie die wichtigsten Dinge gut funktionieren. Wo umgekehrt die durchschnittliche lokale Zustimmung zur Aussage, dass die Situation schlechter ist als woanders, höher ausfiel, da wurde auch stärker der Aussage zugestimmt, dass der Ort „abgehängt" ist.
Der lineare Korrelationskoeffizient betrug jeweils 0,7. Die Aussage, dass die Situation schlechter ist als woanders und dass man „abgehängt" ist, ging aber bei
unseren Befragten *nicht* mit einer grundsätzlich negativeren Einschätzung der
Geltung der Aussagen zum sozialen Miteinander und Vereinsaktivitäten einher.
Auch in Orten, in denen die Menschen im Fragebogen etwas stärker angaben, dass
sie „abgehängt" seien, kann also das soziale Miteinander als positiv wahrgenommen werden. Dies deckt sich mit den Beschreibungen des Lebens vor Ort
in den Gruppendiskussionen.

Mit der Aussage „Unser Ort wird von der Politik gerecht behandelt und finanziert" baten wir die Teilnehmer um eine spezifischere Einschätzung der Behandlung durch die Politik. Auch hier gab es Unterschiede nach der Siedlungsgröße
(Abb. 4.5). Die Teilnehmer der Gruppendiskussionen in kleineren Orten und
Mittelstädten lehnten die Aussage etwas stärker ab als jene in größeren Kommunen (1,4 vs. 1,6), aber der Unterschied war geringer als bei den vorgenannten Aussagen. Das gilt auch für den Unterschied zwischen West- (1,6) und Ostdeutschland
(1,4). Die negativere Bewertung in kleineren Kommunen passte zur kritischeren
Darstellung des Öffentlichen Personennahverkehrs sowie der Freizeit- und Ver-

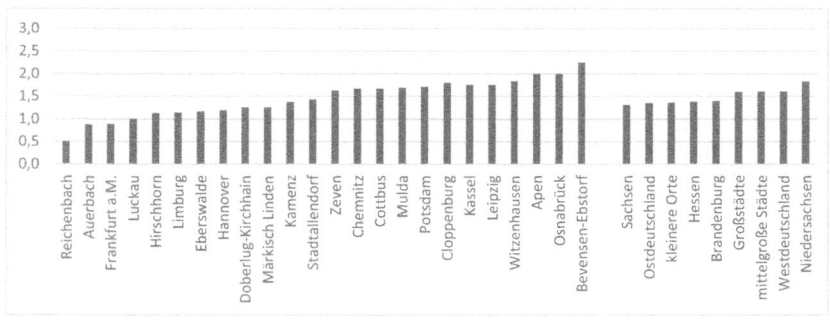

Abb. 4.5 Lokale Zustimmung zur Aussage: „Unser Ort wird von der Politik gerecht behandelt". (Frage: „Wie würden Sie die Lebenssituation hier vor Ort beschreiben?" (0 = trifft
nicht zu, 1 = trifft eher nicht zu, 2 = trifft eher zu, 3 = trifft zu). Quelle: eigene Auswertung
der anonymen schriftlichen Befragung (N = 183))

sorgungsangebote in den Gruppendiskussionen in Orten dieser Größe. Die niedrigste Zustimmung zu dieser Aussage ergab sich in Reichenbach (0,5).

Trotz der leicht kritischeren Sicht der Teilnehmer in Ostdeutschland und dort speziell in kleineren Kommunen ähnelte sich die weitgehend positive Einschätzung der Lage vor Ort. In Ostdeutschland war die durchschnittliche lokale Zustimmung zur Aussage „Die wichtigsten Dinge funktionieren gut" (2,3 vs. 2,1) sogar leicht höher als in westdeutschen Kommunen, die Wirtschaftslage wurde etwas schlechter bewertet (1,9 vs. 2,1). Dies deckt sich auch mit den strukturellen Daten zur Messung der ökonomischen Situation in der Großregion Ostdeutschland.

Im Vergleich nach Bundesländern lagen die Mittelwerte für die Teilnehmer an Gruppendiskussionen in den ostdeutschen Ländern Brandenburg und Sachsen jeweils näher beieinander als diejenigen der westdeutschen Länder Hessen und Niedersachsen. Dieser Befund entspricht Analysen der Wirtschaftskraft, von Einstellungen und anderen Parametern im Ost-West-Vergleich, die eine größere Heterogenität für Westdeutschland feststellen,[9] auch wenn innerhalb der Ostländer die beschriebene Varianz nach Siedlungsgröße genauso zu bemerken war wie in den westdeutschen Ländern. Die größten Unterschiede zwischen den westlichen Ländern: In Niedersachsen stimmten die Teilnehmer durchschnittlich stärker der Aussage zu als in Hessen, dass das soziale Miteinander stark ist (2,3 vs. 1,7) und ihr Ort gerecht von der Politik behandelt wird (1,8 vs. 1,4) und sie lehnten die Aussage stärker ab, dass die Situation schlechter ist als woanders (0,4 vs. 0,9 in Hessen). Damit trafen die Befragten in Niedersachsen durchschnittlich die positivsten Einschätzungen im Sample. Die grundsätzliche Hierarchie der Bewertungen variierte aber auch nach Ländern kaum.

Zusammenfassend bestätigt die Auswertung der anonymen schriftlichen Einzelbefragungen die in den offenen Gruppendiskussionen getroffenen Aussagen und zeigt eine grundsätzlich ähnliche Hierarchie der Bewertung von Aussagen zum Leben vor Ort. Es wurde unabhängig von der Siedlungsgröße und geografischen Lage weit überwiegend positiv bewertet; etwas geringer fielen die Zustimmungswerten hinsichtlich der relativen Lage im Vergleich zu anderen Kommunen und zur Wirtschaftssituation in kleineren Orten und in ostdeutschen Kommunen aus. Ebenso bestätigte sich der Eindruck aus den Gruppendiskussionen, dass die von uns befragten Menschen in kleineren Orten (bei grundsätzlich ähnlicher sozialer Komposition aller lokalen Gruppen) das als stark beschriebene soziale Miteinander vor Ort positiv hervorhoben, während dies in den größeren Kommunen weniger der Fall war.

---

[9] Vogel et al. (2024).

Vorstellungen von einem guten Leben 5

Gefragt nach ihren Vorstellungen von einem guten (persönlichen) Leben, betonten die Teilnehmer unserer Gruppendiskussionen teilweise ähnliche Aspekte, unabhängig von der Größe und Lage der Kommune, in der die Diskussion stattfand (Abschn. 5.1). Hier unterschieden sich nur die jeweils assoziierten Inhalte teilweise. Bei den Themen, die insgesamt etwas weniger angesprochen wurden, gab es teilweise räumliche Unterschiede. So wurden die infrastrukturelle Versorgung in bestimmten Bereichen sowie eine Feuerwehr in der Nähe in kleineren Orten als wichtiger für ein gutes Leben dargestellt (Abschn. 5.2). Darüber hinaus erwähnten die Teilnehmer in der späteren schriftlichen Befragung Dinge als wichtig, die in der spontanen Diskussion in diesem speziellen Abschnitt nicht angesprochen worden waren. Wie wir zeigen, lieferte sie wichtige Zusatzinformationen.

5.1 Einigkeit beim Fundament: Familie & Freunde, Gesundheit, Sicherheit, Grün, Wohnen

Die Teilnehmer der Gruppendiskussionen argumentierten unabhängig von der Größe und Lage der Kommune, in der die jeweilige Gesprächsrunde stattfand, überwiegend persönlich dazu, was wichtig für ein gutes Leben ist, und stellten dabei zumeist keine spontanen Bezüge zur Politik und zum Konzept „gleichwertige Lebensverhältnisse" her. Im Vordergrund standen Familie und Freunde, Gesundheit und eine Grundsicherheit v. a. im Sinne einer soliden finanziellen Basis. Diese besonders priorisierten Themen lassen sich von der Politik nur indirekt steuern, v. a. die Nähe zur eigenen Familie und Freunde. Andere fallen teilweise in das Spektrum der traditioneller Daseinsvorsorge, so die Gesundheit bzw. medizinische Versorgung. Mit dem Wohnen betonten die Teilnehmer einen Aspekt als wichtig,

A. Lorenz, L. Pischtschan, *Gleichwertige Lebensverhältnisse in Deutschland?*, https://doi.org/10.1007/978-3-658-46602-2_5

der über den sozialen Wohnungsbau, die Berücksichtigung von Mieten in sozialen Sicherungsleistungen, Mietspiegel und Mitpreisdeckel politisch bearbeitet wird, aber primär über Eigenverantwortung und den Markt geregelt ist.

In allen Gruppendiskussion wurden unabhängig von räumlichen Merkmalen des jeweiligen Ortes **Familie und soziale Netzwerke bzw. das soziale Umfeld** als wichtiges Fundament eines guten Lebens benannt. Familie, Freunde und soziale Netzwerke waren bereits zur Beschreibung des Lebens vor Ort recht prominent herangezogen worden; nun wurde ihnen überall auch eine ganz besondere Relevanz für ein gutes persönliches Leben zugeschrieben. Dazu gehörte, dass Familie bzw. Verwandte und Freunde im Umfeld leben. Häufig wurde ein Sportverein als wichtig beschrieben – ein möglicher Nebeneffekt der überwiegenden Rekrutierung unserer Gruppen über Kooperationen mit Sportvereinen. Auch Engagement, Nachbarschaft und gute nachbarschaftliche Beziehungen sowie die Möglichkeit, neue Bekanntschaften zu schließen, wurden als positive Aspekte erwähnt.

Gewisse räumliche Unterschiede zeigten sich in der Intensität und den Inhalten der betreffenden Gesprächspassagen. Vor allem in kleineren Kommunen wurde die Nähe zur Familie, zu Freunden und auch z. B. zum Sportverein mit „Heimat" assoziiert, zum Teil auch mit „Zusammenhalt". Dass man vor Ort bleiben könne, sei wichtig für das persönliche Leben. Oder es wurde gesagt, dass die lokale Gemeinschaft eine „große Familie" sei (Temnitz). Vielerorts wurde betont, dass es „die Menschen" seien, die den Ort zu einem lebenswerten Ort machen (z. B. in Auerbach, Hirschhorn, Kamenz).

Mulda, Mann 4: Soziale Kontakte für mich. Dass man, ja also dass, dass man Zusammenhalt hat, dass man sich gegenseitig hilft, sich gegenseitig voranbringt.
Doberlug-Kirchhain, Frau 4: Familie, Freunde, Garten … Frau 1: Familie fehlt mir noch. Frau 4: Ja, Familie finde ich auch wichtig … Zusammenhalt.
Temnitz, Frau 3: Da spielt das Umfeld ja auch eine große Rolle, dass man ein gutes Leben hat, ne. (allgemeine Zustimmung) Wenn man sich wohlfühlt in dem Ort, wo man wohnt, dann ist, oder in seinem Zuhause, dann ist das Zuhause auch schön, sage ich mal, und da spielt die Gemeinschaft natürlich auch ganz, eine große Rolle. […] Mann 2: Ich fasse das bloß zusammen als schönes Zuhause. […] Man muss sich ja immer nicht mit allen verstehen, sage ich jetzt mal so, ne. Aber im Großen, die große Gemeinschaft, das muss stimmen, das muss passen. Äh und äh, dann fühlt man sich auch wohl. Und wenn man sich dann wohlfühlt, dann ist doch das, was man will […]. Frau 1: (fällt ins Wort) Weil es sich anfühlt wie eine große Familie, finde ich. Also ich bin ja auch hier geboren und, na ja, am liebsten würde ich auch gar nicht weg hier.

Auch in Mittelstädten (Eberswalde, Limburg) sowie in Großstädten (Hannover, Kassel) wurden solche Aspekte angesprochen; dort waren aber solche Aussagen weniger typisch und es stand stärker im Raum, dass man sich die passenden sozialen Netzwerke sucht.

Hannover, Frau 1: Und ja, dass man einfach, äh, natürlich auch Menschen hat, auf die man sich verlassen kann. Genau, das, glaube ich, ist so das, was zum guten Leben dazugehört, ja. Mann 1: Und ich glaube, das ist am einfachsten, wenn man halt Freunde, Familie hat, ähm, vor allem eine familiäre Atmosphäre kennt, zum Beispiel die im Sportverein […] Frau 2: Für mich ist ganz wichtig, dass man Freunde und Familie, äh, viele Treffen, viele Zusammenkünfte hat, um, äh, ja, dass Beisammen zu fördern. Und, äh, wir haben auch, wir sind jetzt in einem Wohnprojekt vor sieben Jahren eingestiegen und haben also noch mit 16 anderen, 17 anderen Parteien gebaut, äh, was so eine kleine Gemeinschaft eben ist, wo alle, äh, jeder auf jeden aufpasst und, äh, das wichtig ist dann eben doch dann, die Freiheit trotzdem zu haben.

Die individuelle schriftliche Befragung ergab das gleiche Bild. Sowohl in kleineren Kommunen (2,6 von 3 erreichbaren Punkten) als auch in Mittel- und Großstädten (je 2,5) gaben die Teilnehmer der lokalen Gruppendiskussionen an, dass ihre Kinder bzw. Eltern in der Nähe sein sollten, damit es ihnen gut geht. In westdeutschen und ostdeutschen Kommunen wie auch in drei der vier Bundesländer lag der Wert bei 2,6. Im Bundesländervergleich fiel nur der Mittelwert für die Teilnehmer der Gruppendiskussionen in Niedersachsen mit 2,5 leicht darunter (Abb. 5.1).

In 13 der 24 Gruppendiskussionen wurde die eigene **Gesundheit** oder die der Familie bzw. des Umfelds als elementare Voraussetzung für ein gutes Leben genannt, darunter in Orten jeder Größe und Lage. Solche Aussagen waren wie die Statements zur Bedeutung von Familie, Freunden und sozialen Netzwerken un-

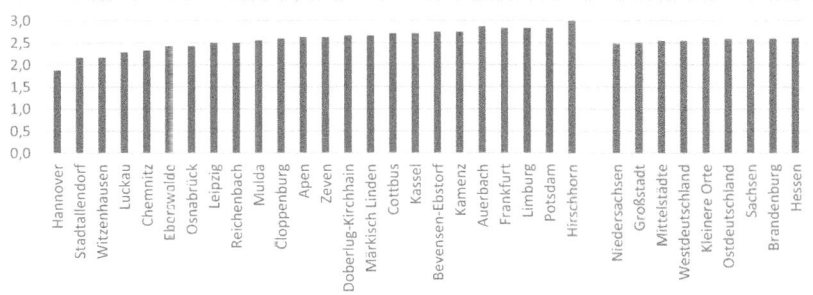

Abb. 5.1 Lokaler Wunsch nach den eigenen Eltern/Kind in der Nähe. (Frage: „Was muss in der Nähe sein, damit es Ihnen gut geht?" Antwortoption: „meine Kinder bzw. Eltern" (0 = unwichtig, 1 = eher unwichtig, 2 = eher wichtig, 3 = wichtig). Quelle: eigene Auswertung der anonymen schriftlichen Befragung (N = 183))

kontrovers und erhielten zum Teil viel aktive Zustimmung vonseiten der anderen
Teilnehmer (z. B. „Gesundheit ist das höchste Gut" – Apen, „Gesundheit an erster
Stelle" – Eberswalde, „Kein Geld der Welt kann Gesundheit ersetzen" – Frankfurt
a. M.). Häufig wurde die Gesundheit im selben Atemzug wie Familie und Freunde
erwähnt und in Verbindung zu einer Grundsicherheit gebracht, die auch materielle
Aspekte einschließt.

> Apen, Frau 1: Also für mich macht gutes Leben Gesundheit eigentlich aus. Frau 3:
> (fällt ins Wort) Ja, das ist wirklich … Frau 1: (fällt ins Wort) Für mich ist das das
> höchste Gut überhaupt. Frau 3: Ja, das ist es. Frau 1: Weil, wenn du nämlich krank
> bist, oder einen kranken Partner hast, hast du verloren. Was heißt verloren, aber es ist,
> beeinträchtigt das auf jeden Fall. Mann 3: (fällt ins Wort) Ich finde, was fehlt, sind
> Fachärzte. […] Mann 1: Soziale Kontakte, Freunde, Familie. Frau 3: Ja, das ist, das
> ist, glaube ich, das Wichtigste auch mit, mit Gesundheit und allem so. Mann 2:
> Gesundheit ist ganz wichtig.
> Limburg, Mann 2: […] Nee, also von daher, äh, ja, das normale Auskommen und
> vernünftige Gesundheit ist es eigentlich, ja. Die Kinder gesund sind. Mann 3: Genau.
> Und die Enkel gesund sind. Und man muss nicht jedes Markstück umdrehen, bevor
> man es ausgeben kann.
> Frankfurt a. M., Mann 2: Gesundheit und Zufriedenheit. Frau 3: Das sind so die
> Hauptsachen, die einem …, ja, die halt wichtig sind. Frau 4: Kein Geld der Welt kann
> so … Gesundheit.

Während die Gesundheit in diesem Teil der Gruppendiskussionen weit überwiegend als Zustand thematisiert wurde – man wünschte sich und seinen An-
gehörigen, gesund zu bleiben –, kam in 3 Orten (Auerbach – s. o., Cottbus, Apen –
s. u.) explizit die Versorgung mit medizinischer Infrastruktur zur Sprache.

> Auerbach, Frau 4: Gesundheitliche Versorgung. Das auf alle Fälle. (lacht) Mann 3:
> Das ist richtig, ja.
> Cottbus, Frau 1: […] Gesundheit, also Ärzte sollten ringsrum in der Nähe sein,
> dass das erreichbar ist.

In der schriftlichen Befragung gewann dieser Aspekt an Relevanz – bei leichter
räumlicher Streuung. Teilnehmer von Gruppendiskussionen in Kommunen jeder
Größe bewerteten es als wichtig, einen Arzt in der Nähe zu haben. In kleineren
Orten war der Zustimmungswert mit durchschnittlich 2,7 von 3 Punkten am höchsten; in Mittel- und Großstädten lag er bei je 2,4. Diese leicht unterschiedliche Priorisierung spiegelt sich darin, dass aus unserem Sample die Teilnehmer von 15
Gruppendiskussionen in überwiegend kleineren Orten jeweils im lokalen Mittel
angaben, dass sie einen Arzt in der Nähe sehr wichtig finden, während bei 9

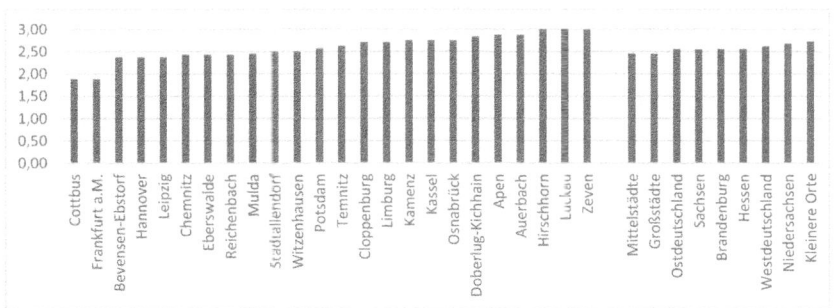

Abb. 5.2 Lokaler Wunsch nach ärztlicher Versorgung in der Nähe. (Frage: „Was muss in der Nähe sein, damit es Ihnen gut geht?" Antwortoption: „Arzt" (0 = unwichtig, 1 = eher unwichtig, 2 = eher wichtig, 3 = wichtig). Quelle: eigene Auswertung der anonymen schriftlichen Befragung (N = 183))

Gruppendiskussionen in Mittel- und Großstädten die Tendenz zu „eher wichtig" ging (Abb. 5.2).

Außerdem wurde in vielen (11 von 24) lokalen Gruppendiskussionen unabhängig von der Größe und Lage der jeweiligen Kommune eine gewisse finanzielle bzw. soziale **Grundsicherheit** als Voraussetzung für ein gutes Leben bezeichnet, ohne dass sich dies eindeutig einem bestimmten Politikfeld oder einer bestimmten politischen Maßnahme, etwa der öffentlichen Daseinsvorsorge, zuordnen ließe. Teilnehmer erwähnten etwa ein gutes Einkommen, soziale Absicherung oder die Abwesenheit von finanziellen Sorgen als wichtig.

Limburg, Mann 1: Gutes Leben, wenn ich 'ne Grundsicherung habe oder, äh, ein einigermaßen Einkommen und ich mich nicht nach der Decke strecke, dann habe ich doch eigentlich ein gutes Leben, ne? [...] Mann 3: Für ein zufriedenes und glückliches Leben würde ich auch [...] zustimmen, mit etwas Grundeinkommen, also finanzielle Absicherung' was zu haben, ähm, denke ich, viel mehr brauche ich dann auch nicht. Also, dass ich klarkomme mit dem, mit dem Geld und äh, sonst was halt in der Freizeit mit dem irgendwie Spaß verbringen, denke ich, ist das gut.
Witzenhausen, Frau 3: Also ein gutes Leben ist auch, finanziell keine Sorgen zu haben. Ja, ja, ja, irgendwie abgesichert zu sein. Mann 1: Denke ich mir auf jeden Fall auch. Also ich find' zum Beispiel neben einem festen und guten Job würde ich mir natürlich auch wünschen, eine tolle Familie später mal zu haben. Tolle Freunde. Das sind so, glaube ich, so die drei wichtigsten Sachen, die ich mir so aussuchen würde. Dann einmal finanzielle Sicherheit, dann Familie und Freunde. Das finde ich sehr wichtig.

Gelegentlich wurde der Gedanke an den Bedarf finanzieller Absicherung mit Beobachtungen über Missstände verbunden, wie Obdachlosigkeit.

Leipzig, Mann 3: Ja, man muss ja, du musst dir das Ganze leisten können. […] also entweder kommt es mir nur so vor, oder, dass deutlich mehr Leute die Flaschencontainer durchsuchen und äh, so andere echt fertige Typen rumlaufen so. […] Also das ist schon so, empfinde ich jetzt, ein bisschen offensichtlicher geworden. Das ist zwar anders als in anderen Städten, wo, also in Berlin ist das ja ganz schlimm, wo dann Obdachlose wirklich an der S-Bahn, unter den S-Bahnhöfen campen und auch in Hannover am, am Bahnhof, wo diese offene Drogenszene da ist. Das gibt es glücklicherweise nur am Bahnhof, diese Alki-Szene da, aber sonst.

Andere argumentierten, dass man sich auf den Bedarf einer finanziellen Grundsicherheit besinnen müsse, weil sie „so selbstverständlich ist" (Apen) und dass es in Deutschland hohe Sozialstandards gebe (Kassel).

Apen, Mann 1: Ja, finanzielle Grundsicherheit. (leise Zustimmung) Vergisst man immer leicht, weil das dann, wenn man es hat, so selbstverständlich ist. Wenn man das mal nicht mehr hat, dann wird alles andere schwer … Alles nicht, aber vieles wird schwer. (Getuschel) Frau 2: Wenn du das hast, das Problem, hast du auch wieder gesundheitliche Probleme. Mann 2: Ja, aber das Ammerland hat eins der niedrigsten Arbeitslosigkeiten in, in Deutschland, ja. Aber du hast keine Großunternehmen […], so große Industrie haben wir hier gar nicht, ne.
Kassel, Mann 2: Gut leben können. Wir sind sozial abgesichert. Das ist ein Wahnsinnsgut. Das ist im Rahmen der gelebten Demokratie. Wir haben Sozialleistungen […] die Kranken-Absicherung, dass du deine ärztliche Versorgung hast (Zustimmung von Frau 1 im Hintergrund). Du kriegst finanzielle Unterstützung, wenn es … Frau 1: (fällt ins Wort) Eng wird. Mann 2: … zur Insolvenz kommen könnte oder wie auch immer. Und so sind wir doch … meiner Überzeugung nach ist es ein unglaublich großes Gut, diese soziale Absicherung, in der wir hier leben.

Mit den Aussagen in den Gruppendiskussionen korrespondierte, dass in der schriftlichen Befragung ein gutes Einkommen im Vergleich zu anderen abgefragten Dingen als sehr wichtig bewertet wurde. Es erhielt eine Bewertung von 2,4 von 3 Punkten bei Teilnehmern an Gruppendiskussionen in kleineren Orten und Großstädten sowie 2,3 in Mittelstädten; in ost- und westdeutschen Kommunen sowie in allen 4 Bundesländern lag der Wert bei 2,4 (Tab. 5.1).

In einem weiteren Verständnis wurden auch Nachbarschaftsnetzwerke gelegentlich unter dem Aspekt der Sicherheit als wichtig bewertet, da sie Unterstützungsstrukturen liefern (in kleineren Kommunen) und damit verbunden ein subjektives Gefühl von Sicherheit vermitteln. Außerdem wurde Sicherheit im Sinne der Abwesenheit von Kriminalität und Gewalt, d. h. innere Sicherheit, in 9 Kommunen als Voraussetzung für ein gutes Leben angesprochen – sowohl in kleinen (Witzenhausen,

Tab. 5.1 „Was muss in der Nähe sein, damit es Ihnen gut geht?": Lokale Wünsche nach Siedlungsgröße und -lage

	Klein	Mittel	Groß	Ost	West	BB	HE	NI	SN
Frische Luft/Grün	2,7	2,9	2,8	2,8	2,8	2,8	2,8	2,7	2,8
Bezahlbare Wohnung	2,6	2,4	2,7	2,6	2,6	2,6	2,6	2,6	2,6
Arzt	2,7	2,4	2,5	2,6	2,6	2,6	2,6	2,7	2,6
Meine Kinder/Eltern	2,6	2,5	2,5	2,6	2,6	2,6	2,6	2,5	2,6
Gutes Einkommen	2,4	2,3	2,4	2,4	2,4	2,4	2,4	2,4	2,4
Supermarkt	2,4	2,3	2,3	2,3	2,4	2,3	2,3	2,5	2,3
Sportverein/Chor	2,5	2,4	2,1	2,3	2,4	2,1	2,3	2,5	2,5
Eigener Garten	2,5	2,3	2,0	2,3	2,4	2,2	2,4	2,3	2,5
Eigenes Auto	2,7	2,0	2,0	2,4	2,3	2,3	2,1	2,5	2,5
Job	2,3	2,2	2,1	2,2	2,3	2,2	2,5	2,1	2,2
Schnelles Internet	2,3	2,1	2,2	2,2	2,3	2,2	2,3	2,3	2,2
Orte für Geselligkeit	2,2	1,9	2,0	2,0	2,1	1,9	2,1	2,1	2,2
Feuerwehr	2,3	2,0	1,7	1,9	2,2	1,9	2,2	2,2	1,9
Eigenes Haus	2,3	2,0	1,5	1,9	2,1	1,8	2,2	2,0	2,0
Kindergarten/Schule	2,1	1,9	1,7	2,0	1,9	2,0	2,1	1,7	2,0
Bushaltestelle	1,9	1,7	1,8	1,9	1,8	1,9	1,8	1,7	1,9
Markt	1,8	1,9	1,7	1,7	1,8	1,8	2,0	1,6	1,7
Post	2,0	1,9	1,4	1,8	1,8	1,8	1,7	1,8	1,8
Fernbahnhof	1,5	1,7	1,6	1,5	1,6	1,8	1,6	1,6	1,2
Polizeiwache	1,7	1,7	1,4	1,6	1,7	1,5	1,7	1,8	1,6
Fernseher	1,7	1,7	1,3	1,5	1,6	1,5	1,6	1,7	1,6
Angebote für Senioren	1,7	1,5	1,2	1,5	1,5	1,6	1,8	1,3	1,4
Schwimmbad	1,5	1,3	1,6	1,5	1,5	1,3	1,7	1,4	1,7
Oper/Theater	1,1	1,4	1,4	1,3	1,1	1,3	1,2	1,1	1,4
Rathaus/Landratsamt	1,4	1,3	1,1	1,3	1,4	1,2	1,4	1,3	1,3
Kneipe	1,5	0,9	1,1	1,4	1,1	1,1	1,0	1,3	1,7
Stadtrat/Parlament o. ä.	1,2	1,2	1,1	1,1	1,2	1,1	1,2	1,2	1,1
Kino	1,0	1,0	1,0	1,1	0,9	1,1	0,9	0,9	1,1
Fitnessstudio	0,9	1,0	1,0	0,9	1,0	0,8	0,9	1,1	1,0
Kirche	1,1	0,9	0,9	1,1	0,9	1,1	1,1	0,8	1,1
E-Ladestation	1,0	0,6	0,6	0,7	0,9	0,7	0,7	1,0	0,8
Kraftwerk	0,8	0,7	0,6	0,7	0,8	0,8	0,7	0,8	0,5
Reisebüro	0,7	0,9	0,4	0,7	0,6	0,7	0,6	0,6	0,6
Flughafen	0,5	0,4	0,9	0,6	0,7	0,5	0,5	0,8	0,7
Moschee	0,2	0,5	0,2	0,2	0,4	0,2	0,4	0,3	0,1
Juwelier	0,2	0,3	0,1	0,2	0,2	0,2	0,3	0,2	0,2

Frage: „Was muss in der Nähe sein, damit es Ihnen gut geht? …" (0 = unwichtig, 1 = eher unwichtig, 2 = eher wichtig, 3 = wichtig). Bei gleichem Wert Sortierung gemäß Nachkommastelle absteigend bzw. alphabetisch

Quelle: eigene Auswertung der anonymen schriftlichen Befragung (N = 183)

Hirschhorn) als auch in großen Kommunen (u. a. Leipzig, Osnabrück) in allen 4 Bundesländern sowie Ost und West, nicht jedoch in den 5 Mittelstädten. Die Bedeutung von Frieden, d. h. äußerer Sicherheit, für ein gutes Leben wurde z. B. in Doberlug-Kirchhain, Potsdam, Frankfurt a. M. angesprochen. Diese Aspekte wurden aber oft nicht vertiefend besprochen, sondern eher von einzelnen Personen genannt und von den Gruppen unwidersprochen stehengelassen.

Um die Gewichtung der spontan geäußerten Gesprächsinhalte besser einschätzen zu können, baten wir die 183 Teilnehmer der Gruppendiskussionen nach der gemeinsamen Diskussionsrunde, in den schriftlichen Fragebögen unter anderem anzugeben, was in der Nähe sein muss, damit es ihnen gut geht – wir haben bereits teilweise zu den Antworten berichtet. Im Unterschied zur völlig offenen Frage in der Gruppendiskussion, die keine Impulse bezüglich möglicher Antworten bzw. Diskussionsinhalte gesetzt hatte, gab es im Fragebogen 36 vorgegebene Antwortmöglichkeiten zu dieser Frage. Mehrfachantworten waren möglich. Die Teilnehmer konnten jeweils angeben, ob ihnen die angegebenen Optionen unwichtig, eher unwichtig, eher wichtig oder wichtig sind. So erhielten wir differenzierte Antworten. Tab. 5.1 sortiert die Angaben in den Zeilen absteigend nach dem Mittelwert der Mittelwerte in den drei Siedlungsgrößenkategorien.

Die Befragung erwies sich als sinnvoll, denn sie ergab als Spitzenreiter in fast allen Gruppen **frische Luft und Grün** – ein Thema, dem in den Gruppendiskussionen bei der Beschreibung des eigenen Wohnortes eine große Bedeutung beigemessen worden war, das aber im Abschnitt über die Voraussetzungen für ein gutes Leben nicht nochmals intensiv besprochen wurde. In der schriftlichen Befragung bestanden nur kleine Unterschiede der Mittelwerte der Gruppen nach Siedlungsgröße der Kommune, in der die Gruppendiskussion stattfand, ihrer Lage in Ost und West und nach Bundesland. Tab. 5.1 zeigt, dass der Mittelwert auf einer Skala von 0 bis 3 überall nur marginal um den Wert 2,7 herum schwankte.

Nur in 2 Kommunen bedeutete der Mittelwert der Antworten, dass den lokalen Teilnehmern frische Luft und Grün in der Nähe „eher wichtig" ist; alle anderen Gruppen tendierten im Mittel zu „sehr wichtig" (Abb. 5.3).

Auch wenn der Zugang zur Natur in den Gruppendiskussionen in diesem Gesprächsabschnitt nicht intensiv erwähnt worden war, so wurde er doch dort, wo dies geschah, wieder positiv konnotiert. In kleineren Orten betonten Personen, dass man die Natur direkt vor der Haustür habe.

Apen, Mann 4: Ja, also zusätzlich zu dem, was jetzt eh schon gesagt wurde, Platz, Freiraum, das hier, im Vergleich zu Städten, nochmal ganz anders ist, was ich vor allem in, während Corona jetzt echt zu schätzen gelernt hab. Man [...] sitzt nicht irgendwo im

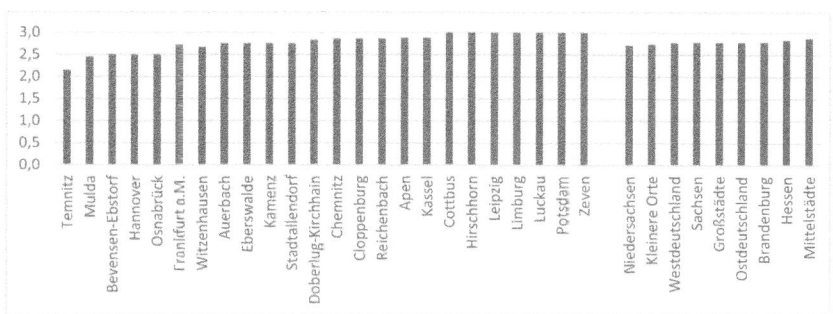

Abb. 5.3 Lokaler Wunsch nach frischer Luft und Grün in der Nähe. (Frage: „Damit es mir gut geht, muss in der Nähe sein: frische Luft und Grün" (0 = unwichtig, 1 = eher unwichtig, 2 = eher wichtig, 3 = wichtig). Quelle: eigene Auswertung der anonymen schriftlichen Befragung (N = 183))

dritten Stock im Block und kann nirgendwo raus. Das ist diese ländliche Struktur, dass man sich draußen besuchen kann und so weiter. Das ist hier doch ein Vorteil.

Reichenbach, Mann 1: Also ein gutes Leben, wie gesagt, erstmal die ländliche Luft. Frau 1: Ja, grade mit der Natur … Wir nehmen das gar nicht mehr wahr. Das ist alles normal, so isses eben halt. […] Solche Sachen also (zustimmendes Brummen von Mann 1). Das ist ne Sache, wo wir also gar nicht mehr das wahrnehmen. Das ist schon ne schöne Sache. Mann 3: Und Gesundheit, denk' ich, bringt vielleicht die Natur, auch wenn man es nicht mehr so wahrnimmt, und das alles. Gott sei Dank ist das ja hier ein Bonus so jetzt hier. Man hat vielleicht die ein oder andere Möglichkeit weniger irgendwo reinzugucker, aber man hat den Natur-Bonus dazu und bekommt vielleicht ein kleines bisschen mehr Gesundheitssachen mit rein.

Kamenz, Mann 3: Und es sagen ja die Leute nicht umsonst und wir sagen's auch, wir leben in einer Gegend, wo andere Urlaub machen. Es ist, es ist wirklich wunderschön mit einer reichen Tier- und einer reichen Pflanzenwelt, einer wie […] ja schon sagte, Seen-, kleineren, aber alles unmittelbar vor der Tür, alles zu Fuß, mit Fahrrad oder wie man will, erreichbar, unabhängig vom Alter, alles. Es ist eine Perspektive, wo ich sagen kann, hier kann ich von, von Kindesalter bis zum Tod leben. Frau 2: Aber Lebensqualität mittlerweile ist auch für mich, dass … diese, dass man die Natur fast vor der Haustüre hat, also dass ich nicht sonst wie weit fahren muss aus der Großstadt raus, das finde ich ganz toll.

Zeven, Frau 1: Natur drumherum. Frau 2: Natur drumherum würde ich auch sofort sagen. Frau 1: Ja, sofort. Frau 2: Dass man relativ schnell wirklich draußen ist.

Wurde frische Luft und Grün in den Großstädten erwähnt, dann mit der Betonung, dass man sich schnell in die Natur begeben kann. Dasselbe galt für Cloppenburg, wo unkontrovers der einfache Zugang zur Natur als gut für das persönliche Leben herausgestellt wurde.

Leipzig, Mann 4: Also ich, ich würde jetzt auch sagen, dass zu einem guten Leben, das was ich vorhin meinte mit den Parks und Seen und [...] man kann sich eigentlich überall einfach aufs Fahrrad setzen und dann kann man egal wohin fahren. Also man kann zu einem Sportverein fahren. Man kann in einen Park fahren. Man kann teilweise an einen See fahren. Da fährt man vielleicht länger, aber trotzdem, man hat von überall in Leipzig eine Möglichkeit, irgendwo hinzufahren. (allgemeine Zustimmung) Und ich finde, das gehört halt dazu, dass mein Leben auch, dass ich auch einfach glücklich bin. So und ich, ich, ja .... Mann 3: Dass du Orte hast, wo du gerne hinfährst. [...] Chemnitz, Mann 4: Die schöne Umgebung, dass man da schnell ist. Mann 3: [...] schnell im Erzgebirge. Mann 4: Genau.

Cloppenburg, Mann 3: Also ich finde trotzdem, auch wenn es dann wirklich in Zukunft dann immer anonymer werden sollte, was man auch an der Entwicklung sieht, ich finde, trotzdem haben ja die Kinder die Möglichkeiten, rauszugehen und auch wieder in der Natur zu sein und so. Ich finde, die Natur ist wirklich eine Eigenschaft, die, die macht wirklich Cloppenburg aus, wie ich finde.

In der schriftlichen Befragung bezeichneten die Teilnehmer auch überall eine bezahlbare Wohnung als wichtig, damit es ihnen gut geht. In den Gruppendiskussionen, in denen sie sich spontan zu den Voraussetzungen für ein gutes Leben geäußert hatten, spielte das Wohnen wie das Grün eine untergeordnete Rolle. Nur in Cottbus und Luckau wurde bezahlbarer Wohnraum jeweils von einer Person als wichtig genannt, in Hannover nicht singulär, sondern als Teil einer gewissen Grundsicherheit.

Cottbus, Frau 1: Na ja, ein gutes Leben, dass man gut aufgestellt ist, dass man sein Auskommen hat, sage ich mal so, dass man gut wohnt, vernünftig wohnt, Einkommen hat, dass man sich auch die Freizeit gestalten kann. Frau 3: Also ein gutes Leben für mich persönlich ist, dass ich meine Familie und Freundinnen hier hab, dass ich eine bezahlbare Wohnung habe.

Hannover, Mann 3: Also für mich gibt es zwei Sachen irgendwie. Das ist zum einen, finanziell abgesichert zu sein. Äh, das Wissen, dass man ausreichend Wohnraum hat. Das klingt jetzt so platt oder wieder aus, aus der Ecke raus. Aber ich sage, und gleichzeitig weiß, dass nicht jeder. Deshalb ist es für mich persönlich ein hohes Gut, ja. Äh, dass ich an der ein oder andere Ecke auch teile, ja, äh, aber auch in dem Bewusstsein entweder, dass es nicht allgegenwärtig ist irgendwie, dass jeder ausreichend Wohnraum hat, äh, und gute Versorgung hat.

Ansonsten wurde das Thema Wohnen, wenn überhaupt, eher im Zusammenhang mit dem Gedanken der Selbstentfaltung oder des Wohnens an einem Ort, den man sich aussucht, erwähnt. So wurde in kleineren Kommunen positiv erwähnt, dass man ein Haus haben könne.

Mulda, Mann 5: [...] was man da für einen Vorteil hat auf 'm Land, auf 'm Dorf. Die meisten haben ein Grundstück dazu und selbst wir haben ein großes Neubaugebiet und selbst dort gibt's immer Möglichkeiten, dass man rauskommt. Na also, man hat

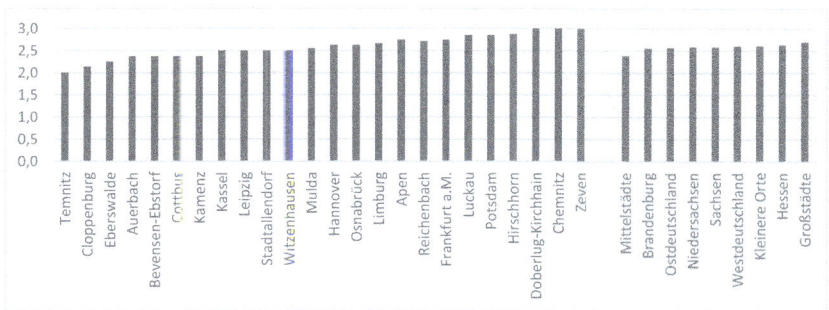

Abb. 5.4 Lokaler Wunsch nach einer bezahlbaren Wohnung in der Nähe. (Frage: „Was muss in der Nähe sein, damit es Ihnen gut geht?" Antwortoption: „bezahlbare Wohnung" (0 = unwichtig, 1 = eher unwichtig, 2 = eher wichtig, 3 = wichtig). Quelle: eigene Auswertung der anonymen schriftlichen Befragung (N = 183))

da weniger auszuhalten gefühlt als, als in der Stadt, wo man die Möglichkeiten nicht hat, grad Familien. Also bei uns war es nie ein Problem, selbst in den härtesten Lockdown-Phasen mit 'n Kindern wenigstens mal in den Garten zu gehen.

Kamenz, Mann 4: Ja, Lebensqualität heißt für mich, wir wollten schon immer ein eigenes Haus haben, mit so schönem Garten und so weiter. Das hat sich nicht immer erfüllen lassen. Zu DDR-Zeiten hatt' ich auch schon mal angefangen, sogar hier in der Nähe von Kamenz. Aber ich wurde dann versetzt und musste's wieder aufgeben. Das war drei Jahre vor der Wende und habe dann hier 'nen tolles Grundstück gefunden und ja mit 'nem großen Garten und also 1300 Quadratmeter großen Garten und das haben wir uns immer gewünscht. [...] Frau 1: Deswegen … Wir haben jetzt ein Haus, hatt' ich mir immer gewünscht, dass das jetzt mal dann passiert hatt' ich nicht, nicht unbedingt gedacht oder dass es so schnell passiert. Aber bin ich auch mittlerweile froh, 'nen eigenen Garten zu haben, weil man da machen kann, was man will.

In der schriftlichen Befragung bewerteten Teilnehmer in Großstädten (2,7) und kleineren Orten (2,6) eine bezahlbare Wohnung in der Nähe als wichtiger als solche in Mittelstädten (2,4). Zwischen Menschen in west- und ostdeutschen Kommunen sowie nach Bundesländern gab es keinen Unterschied (je 2,6) (Abb. 5.4).

5.2   Grundsätzlich ähnliche Gewichtung, aber räumliche Unterschiede beim Rest

Eine Reihe von Dingen nannten die Teilnehmer unserer Gruppendiskussionen ebenfalls als wichtig für ihr eigenes Wohlbefinden, priorisierten sie aber nicht. Dazu gehörten Möglichkeiten der individuellen Entfaltung, ein Job, Infrastruktur, die Feuerwehr in der Nähe. Verglichen mit dem Spektrum des Möglichen waren die Gewichtungen überwiegend ähnlich. Dennoch gab es durchaus räumliche Muster.

In 16 der 24 Gruppendiskussionen wurden Aussagen dazu getroffen, dass zu einem guten Leben **individuelle Entfaltungsmöglichkeiten** gehören. Im Detail wurden dabei unterschiedliche Dinge erwähnt. Verweise auf Entfaltungsmöglichkeiten kamen grundsätzlich in Gruppendiskussionen in Orten jeder Größe und Lage (Ost/West, Länder) zur Sprache, jedoch nur in 3 der 12 Gruppendiskussionen in kleineren Kommunen. Unter diesem Thema fassten wir Aussagen dazu zusammen, dass man die Möglichkeit haben wolle, Freiheit und Unabhängigkeit zu genießen, in „Ruhe leben" zu können, sich die Zeit frei einteilen zu können oder sich zu bilden und die Freizeit sinnvoll zu gestalten (z. B. einen „Sinn finden", Hobbys pflegen). Ebenso wurden Zufriedenheit, „Harmonie" und Selbstverwirklichung angesprochen.

In den Großstädten wurden in diesem Zusammenhang Ruhe, eine gute Versorgungslage, Unabhängigkeit und die Möglichkeit zur Weiterentwicklung als positive Aspekte erwähnt.

> Osnabrück, Frau 1: Einfach in Ruhe leben können. Das ist noch nie so wichtig gewesen wie jetzt im Augenblick. Dass man sagen kann, dass wir in Ruhe leben können.
> Frau 4: Für mich auch noch so Möglichkeiten, sich, äh, weiterzubilden, weiterzuentwickeln so in jeglicher Hinsicht, sei es auf Bildungsebene oder sportlicher Ebene oder einfach, dass man, ja, viele oder Freizeitmöglichkeiten hat.
> Potsdam, Mann 2: Aber auch vor allem, dass man selbst glücklich ist. (Zustimmung von Frau 3) [...] solange ich meinen Kühlschrank befüllen kann und ein Dach über dem Kopf habe, ähm und ich glücklich das Gelände verlasse und nächsten Tag wieder glücklich komme, dann geht es mir gut, unabhängig, unabhängig von dem, was ich für ein Einkommen habe. So, so es geht einfach darum, dass ich, dass ich zufrieden und glücklich mit meinem Leben bin und das so gestalten kann.

In den Mittelstädten wurden Selbstverwirklichung und das Führen eines sinnerfüllten Lebens genannt, u. a. in Eberswalde und Stadtallendorf.

> Eberswalde, Mann 4: Selbstzufriedenheit, würde ich jetzt sagen. Und persönlich [...]
> Mann 2: Ja, ich würde vielleicht als weiterer Punkt noch Selbstverwirklichung nennen. Das finde ich auch wichtig für ein gutes Leben. Den Raum haben für eigene Kreati-, für die Auslebung der eigenen Kreativität. Ja.
> Stadtallendorf, Mann 1: Ich finde, ein gutes Leben für mich, spiegelt sich darin wider, dass ich Sinn im Leben finde. Für mich ist das halt Glaube, deswegen, also wenn ich keinen Sinn hätte, wäre es für mich kein gutes Leben. Dann wäre es sinnlos. Dann wüsste ich gar nicht, für was ich was mache.

Die Gruppendiskussion in Witzenhausen war eine der wenigen Runden in kleineren Kommunen, in denen Selbstverwirklichung – meist nur punktuell – als wichtig für ein gutes Leben angesprochen wurde. Inhaltlich unterschied sich die Bezugnahme nicht von den Orten anderer Größe.

> Witzenhausen, Frau 1: [...] Aber wirklich für ein gutes Leben würde ich mir auch wünschen, dass ich in dieser Gesellschaft, in der ich dann bin, auch was machen kann, dass man da, es geht mir nicht darum, dass man gesellschaftlich akzeptiert wird oder so was, sondern dass man da irgendwie auch was verändern kann, an irgendwas arbeiten kann. Ähm, ja, dass, dass man da einen Einfluss hat. Also zum Beispiel wie mit der Amnesty-Gruppe. Sowas ist wichtig. Oder dass man eben irgendwie eine Mahnwache in der Stadt machen kann. Solche Sachen sind auch ziemlich gut für ein Leben. Also wenn ich irgendwo lebe, dann würde ich sowas auf jeden Fall machen wollen.

In 13 Kommunen kam ein (**guter) Arbeitsplatz** in der Diskussion von Voraussetzungen für ein gutes persönliches Leben zur Sprache. Der Job wurde in 8 Gruppendiskussionen in Ostdeutschland (5 der 6 sächsischen und 3 der 6 brandenburgischen Kommunen) spontan aus den Gruppen heraus als wichtig für ein gutes Leben thematisiert, aber nur in 4 (von 12) in Westdeutschland. Dass dieses Thema im Osten präsenter in der freien Diskussion war, könnte mit einer regional unterschiedlichen Wirtschaftsentwicklung und/oder Erfahrungen mit dem Zusammenbruch der Wirtschaftsstrukturen nach dem Ende der DDR in den 1990er-Jahren zusammenhängen.[1] Was in den Gruppendiskussionen in westdeutschen Kommunen beim Stichwort finanzielle Grundsicherung für viele bereits impliziert war (Abschn. 5.1), wurde in den ostdeutschen Kommunen nochmals separat unter dem Schlagwort Jobsicherheit und -verfügbarkeit thematisiert.

Konkret bezogen sich die entsprechenden Aussagen im Teil der Gruppendiskussion zum guten persönlichen Leben auf berufliche Sicherheit bzw. einen sicheren Arbeitsplatz, auf die Verfügbarkeit von Jobs, die als angenehm und passend empfunden werden, auf die Erreichbarkeit der Arbeitsstätte und die Bezahlung (Einkommen/Löhne) sowie die damit zusammenhängende spätere Rente.

> Cottbus, Mann 1: Und für mich ist einfach auch das Wichtigste, dass ich hier bleiben kann. Beruflich gesehen, dass man hier seine Arbeit hat, Arbeit behalten kann.

---

[1] Näher erläutert wurden die Gründe von den Teilnehmern nicht. In *communities of place* können auch wichtige Aspekte unerwähnt bleiben, wenn sie allen Teilnehmern als selbstverständliches Wissen erscheinen. Man könnte hier als Moderation nachfragen, würde aber dadurch den als Austausch unter Gleichen konzipierten Gesprächsfluss unterbrechen und die Sondersituation des Gesprächsumstandes und damit das Interviewhafte betonen, was methodisch nicht sinnvoll war.

Frau 3: Also ein gutes Leben für mich persönlich ist, dass ich meine Familie und Freundinnen hier hab, dass ich eine bezahlbare Wohnung habe, dass man, ähm, natürlich auch ja Möglichkeiten hat, in der Nähe einen Job zu finden, den man auch machen möchte, den man gerne macht und auch Aufstiegschancen in der Umgebung hat.

Kamenz, Frau 1: Für mich ist Lebensqualität ... gesichertes, gesicherte Arbeitsstelle beziehungsweise gesichertes Einkommen, (Babylaute) was auch wiederum ein Grund war, dass ich hierher komme, weil äh zurückgekommen bin, weil das mir hier geboten wurde. Ich war vorher auch an der Uni und hab' halt immer nur befristete Verträge bekommen. Frau 3: Genau, da kann ich eigentlich auch nur nochmal anknüpfen. Dieser gesicherte Arbeitsplatz ist für mich auch ganz wichtig. Hab grade Silberhochzeit gefeiert mit meiner Arbeitsstelle. (leises Gelächter im Hintergrund) Das finde ich ganz, ganz entspannt oder ganz schön ja, aber für mich auch ein Stück Qualität, dass auch, dass ich keinen weiten Weg hab' zu meiner Arbeitsstelle. Also ich laufe ne halbe Stunde, fahre zehn Minuten mit'm Fahrrad oder mit'm Auto. Das ist für mich auch ganz wichtig. Also ich hab' viele Kolleginnen und Kollegen, wo das nicht so ist, die einen doppelt langen Fahrtweg haben. Das also sehe ich schon, ja für mich als ein Stückchen, Luxus ist vielleicht falsch, aber es ist mir schon ziemlich wichtig, ja. Mann 5: Ja, ich denke mal, das ist bei jedem fast so. Wenn die Arbeit gleich in der Nähe ist, dass man das nicht missen möchte, dass man keine weiten Wege hat. [...] Mann 3: Also ich seh' das auch. Ist sehr wichtig, dass man irgendwo die Arbeit hat [...].

Eberswalde, Frau 4: Ohne Arbeit kannst du kein gutes Leben haben. Mann 3: Musst du ja ein gutes Leben finanzieren können. Frau 4: Richtig, ja, unter anderem. Mann 3: Ja, Gesundheit, Familie, Job. Frau 4: Freunde, auch viel wichtig. Mann 3: Aber auch Job, von dem man leben kann, ne. Frau 4: (lacht) Ja. Mann 3: Ist auch ganz wichtig. Mann 4: Ja, aber muss ja auch Spaß machen. Wenn du einen Job machst, der dich nur über Wasser hält, aber du hast keinen Bock drauf ... Mann 2: Aber wenn du nur Spaß hast und verhungerst geht auch nicht. Mann 4: Na ja ... Dann musst du, dann musst du ein Zwischending finden, ja. Mann 3: Ja, aber wir haben doch, aus meiner Sicht, haben wir zu viele Jobs, die, die gemacht werden müssen, die aber nicht die Anerkennung haben durch Gehalt, (allgemeine Zustimmung) dass die dadurch nicht leben können, ne. Und das Schlimme ist ja, wenn du so einen Job machen musst, warum auch immer du den machen musst, ist jetzt schon klar, dass du auch wenig Rente kriegst.

In der schriftlichen Befragung zu den 36 vorformulierten Dingen, die ggf. bedeutsam für das eigene Wohlbefinden sein könnten, zeigte sich kein Ost-West-Unterschied in den Antworten zur Wichtigkeit eines Jobs. Die Teilnehmer der Gruppendiskussionen in westdeutschen Kommunen bewerteten ihn wie jene in ostdeutschen Kommunen als eher wichtig (2,3 vs. 2,2), auch wenn sie das Thema in der Gesprächsrunde zuvor nicht aktiv selbst angesprochen hatten. In kleineren Orten lag der Mittelwert der Priorisierung bei 2,3, in Großstädten bei 2,1 und in Mittelstädten bei 2,2. (Tab. 5.1).

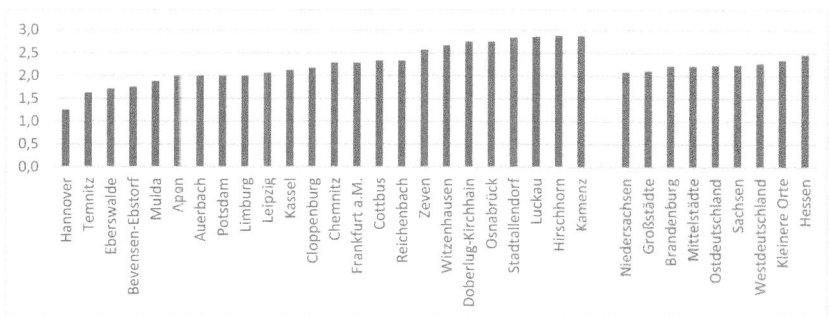

Abb. 5.5 Lokaler Wunsch nach einem Job in der Nähe. (Frage „Was muss in der Nähe sein, damit es Ihnen gut geht?" Antwortoption: „Job" (0 = unwichtig, 1 = eher unwichtig, 2 = eher wichtig, 3 = wichtig). Quelle: eigene Auswertung der anonymen schriftlichen Befragung (N = 183))

Abb. 5.5 zeigt aber, dass es stärkere *lokale* Unterschiede in der Priorisierung gab, die vermutlich mit kleinräumigeren Merkmalen des Arbeitsmarktes zusammenhängen und daher durch die Kategorien Ost/West, Bundesländer und Siedlungsgröße nicht hinreichend abgebildet werden.

Andere Themen – so Kultur – wurden in den Gruppendiskussionen zu den Voraussetzungen für ein gutes Leben angeschnitten, jedoch nur in einer kleineren Zahl von Orten. Zu diesen anderen Themen ergaben sich teils lokalspezifische Gesprächsverläufe, die kein überregionales Muster bildeten und daher hier nicht näher erläutert werden.

In der schriftlichen Befragung wurden auch Infrastrukturangebote sowie Sicherheit als wichtig oder eher wichtig dafür befunden, dass es den Teilnehmern gut geht.[2] Dabei zeigten sich lokale und andere räumliche Streuungen, die aber teils nicht hinreichend in den Kategorien Siedlungsgröße, Bundesländer und Ost/West abgebildet sind.

Im Allgemeinen zählte in der schriftlichen Einzelbefragung der Supermarkt in der Nähe übereinstimmend zu den stärksten Wünschen der Teilnehmer unserer Gruppendiskussionen. In kleineren Orten war der Mittelwert nur unwesentlich höher (2,4) als in Mittel- und Großstädten (je 2,3). Auch der eigene Garten rangierte hoch und vor dem eigenen Haus. In kleineren Orten lag der Mittelwert hier bei 2,5, in Mittelstädten bei 2,3 und in Großstädten bei 2,0. Der Wunsch nach einem eigenen Haus streute deutlicher nach Siedlungsgröße mit einem Mittelwert

---

[2] Zum Thema medizinische Versorgung, das ebenfalls abgefragt wurde, siehe Abschn. 6.1.

in kleineren Orten von 2,3 und in Großstädten von 1,5; Mittelstädte tendierten mit 2,0 in Richtung kleinerer Orte.

In der Wunschliste für das eigene Wohlbefinden folgte im Schnitt das eigene Auto. Dieses fanden aber Menschen, die an Gruppendiskussionen in kleineren Orten teilgenommen hatten, durchschnittlich viel wichtiger (2,7) als jene in Mittel- und Großstädten (je 2,0), die es nur als „eher wichtig" einstuften (Tab. 5.1). Im Bundesländervergleich war der Unterschied zwischen den Mittelwerten bei Teilnehmern aus Niedersachsen und Sachsen (je 2,5) zu Hessen (2,1) am größten. Die Mittelwerte für ostdeutsche (2,4) und westdeutsche Kommunen (2,3) sind mithin nur bedingt aussagekräftig. Insgesamt war die Spannbreite der lokalen Mittelwerte beträchtlich, mit einem Minimalwert von 1,1 in Frankfurt a. M. und 3,0 in Doberlug-Kirchhain (Abb. 5.6).

Schnelles Internet folgte durchschnittlich in der Wunschliste, aber auch hier gab es klare räumliche Unterschiede. So gaben im hessischen Hirschhorn fast alle Befragten an, dass der Zugang zu schnellem Internet sehr wichtig dafür ist, dass es ihnen gut geht, in Frankfurt a. M. deutlich weniger. Und im sächsischen Reichenbach erreichte das schnelle Internet nur einen Mittelwert von 1,6, in Leipzig hingegen lag er bei 2,5. Die lokalen Mittelwerte variierten aber nicht systematisch mit unseren Kategorien Siedlungsgröße, Ost/West und Bundesland (Abb. 5.7).

Eine regionale Streuung nach Siedlungsgröße ergab sich in Bezug auf die Frage, ob eine Feuerwehr in der Nähe sein soll, damit es einem gut geht. In kleineren Orten (2,3) war der Wunsch danach unter unseren Befragten weit stärker ausgeprägt als in Großstädten (1,7); Mittelstädte lagen dazwischen (2,0). Auch die Orte mit Maximal- bzw. Minimalwerten entsprachen diesem Muster: In Leipzig lag der Mittelwert

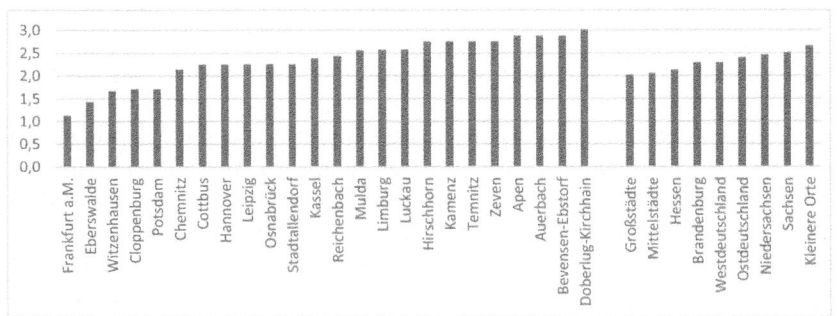

Abb. 5.6 Lokaler Wunsch nach einem Auto. (Frage: „Was muss in der Nähe sein, damit es Ihnen gut geht?" Antwortoption: „Auto" (0 = unwichtig, 1 = eher unwichtig, 2 = eher wichtig, 3 = wichtig). Quelle: eigene Auswertung der anonymen schriftlichen Befragung (N = 183))

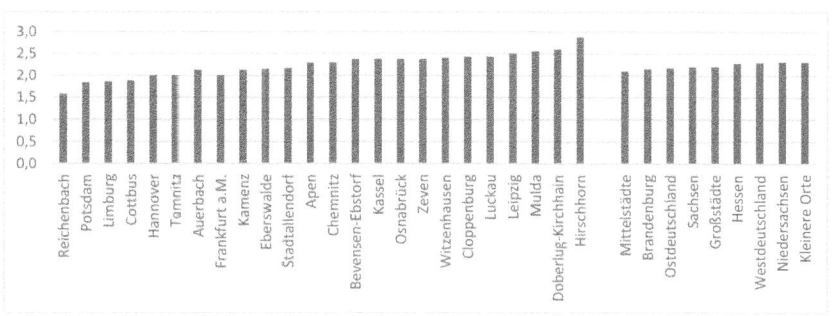

Abb. 5.7 Lokaler Wunsch nach schnellem Internet. (Frage: „Was muss in der Nähe sein, damit es Ihnen gut geht?" Antwortoption: „schnelles Internet" (0 = unwichtig, 1 = eher unwichtig, 2 = eher wichtig, 3 = wichtig). Quelle: eigene Auswertung der anonymen schriftlichen Befragung (N = 183))

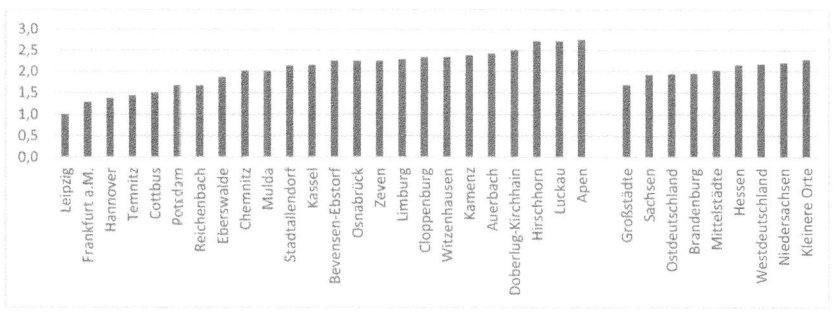

Abb. 5.8 Lokaler Wunsch nach einer Feuerwehr in der Nähe. (Frage: „Was muss in der Nähe sein, damit es Ihnen gut geht'" Antwortoption: „Feuerwehr" (0 = unwichtig, 1 = eher unwichtig, 2 = eher wichtig, 3 = wichtig). Quelle: eigene Auswertung der anonymen schriftlichen Befragung (N = 183))

bei 1,0 („eher unwichtig"), in Luckau bei 2,4 („eher wichtig"). In westdeutschen Kommunen sowie in Hessen und Niedersachsen betrug der Mittelwert jeweils 2,2, in ostdeutschen Kommunen sowie in Brandenburg und Sachsen jeweils niedrigere 1,9. Dennoch weisen alle Werte auf die Einstufung als „eher wichtig" (Abb. 5.8).

Auch einen Kindergarten bzw. eine Schule in der Nähe war vielen Teilnehmern „eher wichtig". Der Mittelwert lag in kleineren Orten (2,1) höher als in Großstädten (1,7); die Mittelstädte lagen dazwischen (1,9). Weniger groß waren die Unterschiede nach Ost (2,0) und West (1,9) sowie zwischen Bundesländern; abgesehen von einem deutlich niedrigeren Mittelwert in Niedersachsen (1,7).

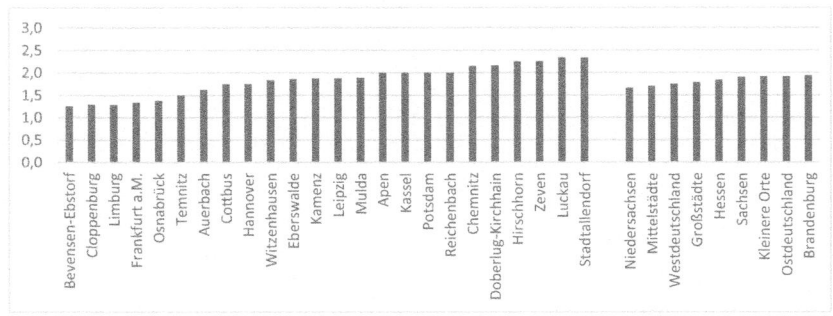

Abb. 5.9 Lokaler Wunsch nach einer Bushaltestelle in der Nähe. (Frage: „Was muss in der Nähe sein, damit es Ihnen gut geht?" Antwortoption: „Bushaltestelle" (0 = unwichtig, 1 = eher unwichtig, 2 = eher wichtig, 3 = wichtig). Quelle: eigene Auswertung der anonymen schriftlichen Befragung (N = 183))

Im Vergleich zum Auto war der Wunsch nach einer Bushaltestelle in der Nähe – als Symbol für die gute Anbindung an den Öffentlichen Personennahverkehr – weniger intensiv ausgeprägt. Teilnehmer aus kleineren Orten (2,0) und Großstädten (1,8) bezeichneten sie aber doch als „eher wichtig" für ihr persönliches Wohlbefinden – im Gegensatz zu solchen aus Mittelstädten (1,5) (Tab. 5.1; Abb. 5.9). Die Unterschiede nach Ost- und Westdeutschland (1,9 vs. 1,8) sowie Bundesländern waren kleiner als die nach Siedlungsgröße.

Ein Muster nach Siedlungsgröße zeigte sich auch beim Wunsch nach einer Post in der Nähe. Teilnehmer von Gruppendiskussionen in kleineren Kommunen und Mittelstädten wünschten sie sich mehr (je 1,9) als solche in Großstädten (1,4), die sie als „eher unwichtig" betrachteten. Am höchsten lag der Wert in Luckau (2,4). Am wenigsten wichtig schien eine Post in der Nähe den Befragten in Frankfurt a. M. (0,6) – trotz der Möglichkeit der Priorisierung einer unbeschränkten Anzahl von Anliegen. Der Unterschied nach Bundesländern (1,7 in Hessen, sonst 1,8) und nach Ost und West war gering (je 1,8; Abb. 5.10).

In Bezug auf einen Fernbahnhof in der Nähe gab es hingegen keine starke systematische Streuung nach Siedlungsgröße. Der Mittelwert für Teilnehmer aus kleineren Orten (1,5), Großstädten (1,6) und Mittelstädten (1,7) differierte kaum. Allerdings war Teilnehmern aus Brandenburg (1,8) der Fernbahnhof in der Nähe weit wichtiger als jenen in Sachsen (1,2); Hessen und Niedersachsen (je 1,6) tendierten eher zu Brandenburg.

Dass die Menschen in Bezug auf die Sicherheitsvorsorge fein differenzierten, darauf verweisen die Auskünfte zur Bedeutung einer Polizeiwache in der Nähe. Diese wurde als weniger wichtig für das eigene Wohlbefinden bewertet als die Nähe einer Feuerwehr. Der Mittelwert lag in kleineren Orten und Mittelstädten

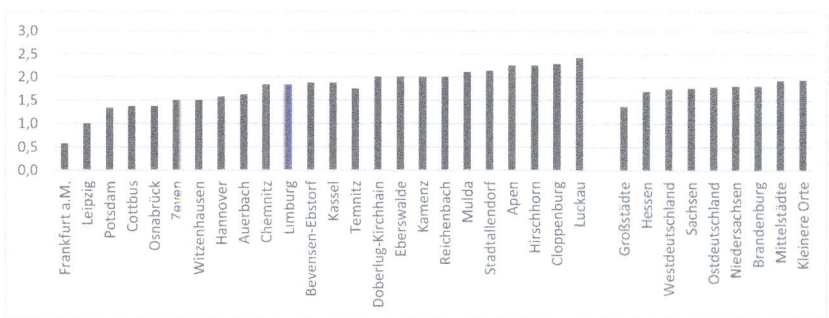

Abb. 5.10 Lokaler Wunsch nach einer Post in der Nähe. (Frage: „Was muss in der Nähe sein, damit es Ihnen gut geht?" Antwortoption: „Post" (0 = unwichtig, 1 = eher unwichtig, 2 = eher wichtig, 3 = wichtig). Quelle: eigene Auswertung der anonymen schriftlichen Befragung (N = 183))

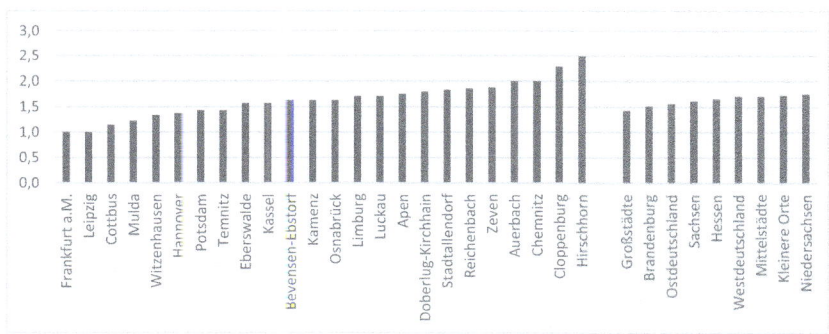

Abb. 5.11 Lokaler Wunsch nach einer Polizeiwache in der Nähe. (Frage: „Was muss in der Nähe sein, damit es Ihnen gut geht?" Antwortoption: „Polizeiwache" (0 = unwichtig, 1 = eher unwichtig, 2 = eher wichtig, 3 = wichtig). Quelle: eigene Auswertung der anonymen schriftlichen Befragung (N = 183))

höher (1,7) als in Großstädten (1,4). Im Bundesländervergleich war der Mittelwert in Niedersachsen höher (1,8) als in Brandenburg (1,5; Abb. 5.11).

Der Wunsch nach Angeboten für Senioren streute ebenfalls räumlich, wobei einige einzelne Kommunen besonders hohe Werte aufwiesen. Der Mittelwert war unter den Teilnehmern in kleineren Kommunen (1,7) durchschnittlich stärker ausgeprägt als in Großstädten (1,2). In Niedersachsen (1,3) und Sachsen (1,4) fielen die Werte deutlich niedriger aus als in Hessen (1,8), weshalb der Wert für Westdeutschland insgesamt wenig aussagekräftig ist (Abb. 5.12).

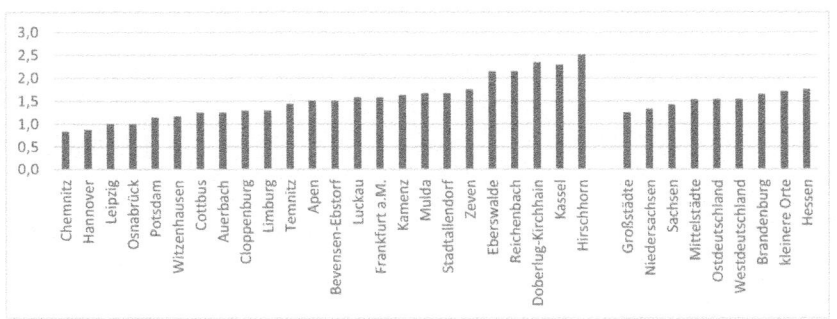

Abb. 5.12 Lokaler Wunsch nach Angeboten für Senioren in der Nähe. (Frage: „Was muss in der Nähe sein, damit es Ihnen gut geht?" Antwortoption: „Angebote für Senioren" (0 = unwichtig, 1 = eher unwichtig, 2 = eher wichtig, 3 = wichtig). Quelle: eigene Auswertung der anonymen schriftlichen Befragung (N = 183))

Ebenfalls im Mittelfeld der abgefragten Wünsche gelegen, aber ohne starke räumliche Streuung nach unseren Siedlungskategorien waren der Wunsch nach Orten für Geselligkeit, einem Markt und einem Schwimmbad in der Nähe (Tab. 5.1).

Was hinter diesen Zahlen steht – ob die Teilnehmer unserer Gruppendiskussionen den Service der öffentlichen Daseinsvorsorge beispielsweise schwächer gewichteten, wenn er als vorhanden und selbstverständlich galt und stärker, wenn sie ihn als nicht vorhanden oder gefährdet betrachteten, ist aus den Antworten nicht ablesbar. In jedem Falle muss eine responsive Politik damit umgehen, dass Menschen in den Kommunen unterschiedlich stark bestimmte Angebote in ihrer Nähe wünschen, ohne dass dies jeweils systematisch nach Siedlungsgröße oder geografischer Lage variiert. Auch lokale Umstände könnten eine Rolle spielen.

Bei als klar nachrangig für das persönliche Wohlbefinden bewerteten Dingen zeigten sich in der schriftlichen Befragung überwiegend nur kleinere räumliche Unterschiede nach Siedlungsgröße, teils auch zwischen Bundesländern. Ost-West-Muster waren hier nicht erkennbar.[3] Dass die Bewertung verschiedener Dinge als „eher unwichtig" und „unwichtig" im Mittel der verschiedenen Raumkriterien weitgehend übereinstimmte, ist angesichts der Vielzahl der abgefragten Items und der Möglichkeit, im Grunde alles als wichtig anzugeben, durchaus überraschend.

---

[3] Selten wichen die Mittelwerte der Teilnehmer an Gruppendiskussionen in ostdeutschen Kommunen mehr als 5 % von denen in westdeutschen Kommunen ab, und sie lagen dann auch nur geringfügig darüber. Der größte Unterschied bei den nachrangigen Aspekten betraf den Wunsch nach einer Kneipe in der Nähe; hier lag der Mittelwert für ostdeutsche Kommunen bei 1,4 gegenüber 1,1 in westdeutschen. Übereinstimmend war hier aber die Einschätzung als „eher unwichtig".

Die Hierarchisierung lautete in absteigender Reihenfolge durchschnittlich Oper/Theater, Rathaus/Landratsamt, Kneipe, Stadtrat/Parlament, Kino, Fitnessstudio, Kirche, E-Ladestation, Kraftwerk, Reisebüro, Flughafen, Juwelier und Moschee (Tab. 5.1). Größere räumliche Unterschiede betrafen hier nur den Wunsch nach einer Kneipe, einem Reisebüro und einem Flughafen in der Nähe. Teilweise gab es aber auch bei diesen Themen Unterschiede zwischen einzelnen Kommunen. Von allen 36 im Fragebogen abgefragten Dingen betrafen die größten Unterschiede zwischen den höchsten und niedrigsten örtlichen Mittelwerten die Frage, ob eine Kirche (Differenz 2,5 von maximal 3 möglichen Punkten) und das Rathaus bzw. Landratsamt (Differenz 2,4) in der Nähe sein sollte, damit es einem gut geht.

Eine Oper oder ein Theater in der Nähe fanden Teilnehmer von 17 Gruppendiskussionen durchschnittlich „eher unwichtig" dafür, dass es ihnen gut geht, obwohl sie unbeschränkt viele der Anliegen als wichtig bezeichnen konnten. In keiner Gruppendiskussion sagten Teilnehmer mehrheitlich, dass diese Kulturangebote für ihr Wohlbefinden sehr wichtig sind. Nach Siedlungskategorien streuten die Mittelwerte eher wenig mit z. B. 1,1 in kleineren Orten sowie 1,4 in Mittel- und Großstädten (Abb. 5.13).

Auch der Wunsch nach einer Kirche in der Nähe streute teils deutlich lokal, was die Mittelwerte nach Siedlungskategorie beeinflusste. Eine Kirche in der Nähe war den Teilnehmern in Cottbus und Frankfurt a. M. am unwichtigsten (Mittelwert jeweils 0,1) und jenen in Doberlug-Kirchhain am wichtigsten (2,7). Generell fanden Teilnehmer an Gruppendiskussionen in kleineren Ort eine Kirche in der Nähe nicht ganz so unwichtig (1,2) wie solche in Großstädten (0,9) und Mittelstädten (0,7). Teilnehmer an Gruppendiskussionen Brandenburg, Hessen und Sachsen (je 1,1) fanden dies wichtiger als in Niedersachsen (0,8).

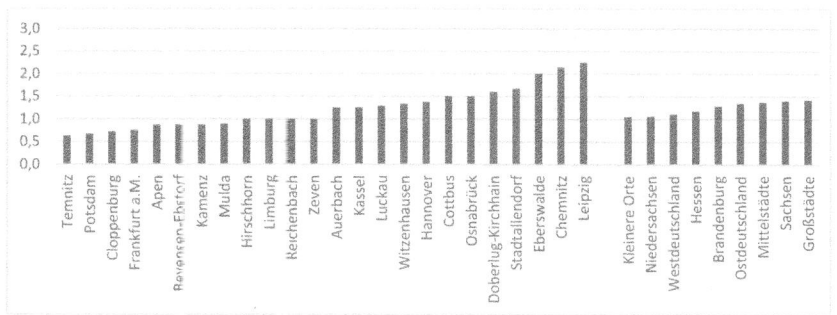

Abb. 5.13 Lokaler Wunsch nach Oper/Theater in der Nähe. (Frage: „Was muss in der Nähe sein, damit es Ihnen gut geht?" Antwortoption: „Oper und Theater" (0 = unwichtig, 1 = eher unwichtig, 2 = eher wichtig, 3 = wichtig). Quelle: eigene Auswertung der anonymen schriftlichen Befragung (N = 183))

Die Nähe des Rathauses bzw. Landratsamt fanden Teilnehmer der Gruppendiskussionen in kleineren Orten etwas weniger unwichtig (1,4) dafür, dass es ihnen gut geht als solche in Großstädten (1,1). Die Werte für Kommunen in Ostdeutschland (1,3) und Westdeutschland (1,4) lagen nah beieinander. Auch die Mittelwerte nach Bundesländern fielen nicht eklatant auseinander mit 1,4 in Hessen, 1,3 in Sachsen und Niedersachsen sowie 1,2 in Brandenburg. Teilweise unterschieden sich aber innerhalb der Bundesländer und Siedlungsgrößen die Werte deutlich, so beispielsweise die Mittelwerte in den brandenburgischen Gemeinden Temnitz (0,0) und Luckau (2,4; Abb. 5.14). Hierfür scheinen lokale Gegebenheiten relevant zu sein.

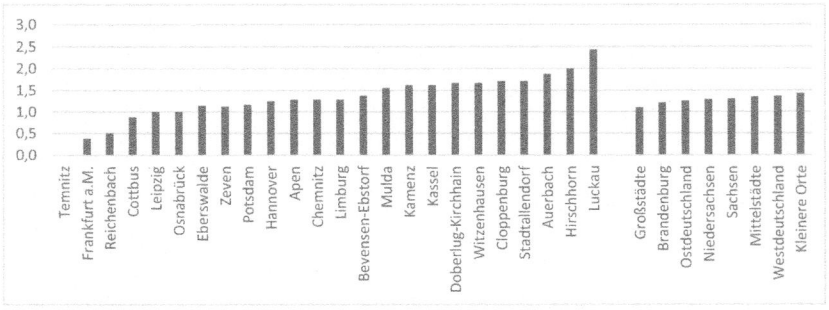

Abb. 5.14 Lokaler Wunsch nach dem Rathaus/Landratsamt in der Nähe. (Frage: „Was muss in der Nähe sein, damit es Ihnen gut geht?" Antwortoption: „Rathaus/Landratsamt" (0 = unwichtig, 1 = eher unwichtig, 2 = eher wichtig, 3 = wichtig). Quelle: eigene Auswertung der anonymen schriftlichen Befragung (N = 183))

Politik für ein gutes Leben: lokale Gewichtungen von Themenfeldern

6

Wofür würden die Menschen, die an den Gruppendiskussionen in 24 Kommunen teilnahmen, Geld ausgeben, wenn sie politisch entscheiden könnten? Die Antwort auf diese Frage fiel für viele typische Themen der öffentlichen Daseinsvorsorge eindeutig und unkritisch aus. Gesundheit, Bildung, Soziale Dienste, Wohnen, Sicherheit wurden weitgehend unkontrovers als wichtig bewertet – unabhängig vom Ort, in dem die Gruppendiskussion stattfand (Abschn. 6.1). Mehr politisches Konfliktpotenzial ergab sich bei anderen Themen (6.2), zu denen die Meinungen der Gruppen teils räumlich variierten, teils aber auch gruppenintern unterschiedliche Sichtweisen formuliert wurden. Hinsichtlich der weniger wichtigen Themen zeigte sich wieder mehr Einigkeit. Bemerkenswert war auch, dass die Teilnehmer der Gruppendiskussionen bereit waren, Themenfelder als politisches Anliegen zu priorisieren, die für andere wichtiger waren oder ihnen wichtiger schienen als für sie selbst. Dies betrifft v. a. politische Maßnahmen für das Wohnen, obwohl die Lage rund um das Wohnen häufig – v. a. in kleineren Orten – nicht als problematisch geschildert wurde. Dies sind sehr gute Voraussetzungen für die politische Kompromissfindung und den gesellschaftlichen Zusammenhalt.

Diese und die weiteren nachfolgend berichteten Befunde basieren auf der an die Gruppen gerichteten Aufgabe, sich vorzustellen, sie seien Entscheider in der Politik. Wir legten ihnen 15 Bildkarten vor, auf denen Symbolbilder für verschiedene etablierte Bereiche der Politik und öffentlichen Daseinsvorsorge sowie einige andere Themen abgebildet waren, von denen in der Vorstellung der Aufgabe gesagt wurde, dass sie für das Leben der Menschen wichtig sein könnten. Die Anwesenden sollten jeweils als Gruppe fünf Themen auswählen, für die sie sich einsetzen und Geld ausgeben würden, „damit das für die Menschen da ist". Fünf Bereiche, die

© Der/die Autor(en) 2025
A. Lorenz, L. Pischeschan, *Gleichwertige Lebensverhältnisse in Deutschland?*,
https://doi.org/10.1007/978-3-658-46602-2_6

unwichtig schienen, sollten aussortiert werden. Auf diese Weise wollten wir differenzierte und pointierte Diskussionen darüber stimulieren, was als Thema von öffentlichem Interesse ist und wofür Steuermittel aufgewendet werden sollten.

6.1   Einigkeit bei den Prioritäten: Gesundheit, Bildung/ Soziales, Wohnen, Sicherheit

Wenn sie zum Zeitpunkt der Gruppendiskussion politische Entscheider gewesen wären, hätten sich die Teilnehmer unserer Gruppendiskussionen sowohl in kleineren Orten als auch in Mittel- und Großstädten besonders für die medizinische Versorgung sowie für Bildung/Soziales eingesetzt (Tab. 6.1). Auch wenn in den

Tab. 6.1 Politisch unterstützenswerte Themen: Lokale Gruppeneinschätzung nach Siedlungsgröße und -lage

	Klein	Mittel	Groß	Ost	West	BB	HE	NI	SN
Medizinische Versorgung	2,0	1,8	2,0	1,9	2,0	1,8	2,0	2,0	2,0
Bildung/Soziales[a]	1,8	2,0	2,0	1,9	1,8	1,8	1,8	1,8	2,0
Gutes und bezahlbares Wohnen	1,9	1,6	1,9	1,8	1,9	1,8	2,0	1,8	1,7
Sicherheit	1,8	1,6	1,9	1,8	1,8	1,7	1,7	1,8	2,0
Gute Umwelt	1,4	1,8	1,3	1,4	1,3	1,7	1,7	1,0	1,2
Gute Jobs	1,1	1,2	1,1	1,2	1,1	1,5	1,0	1,2	0,8
Öffentliche Verkehrsanbindung	1,3	1,0	1,3	1,5	0,9	1,3	0,7	1,2	1,7
Kulturangebote	0,6	1,2	0,7	0,8	0,8	0,7	1,2	0,3	0,8
Digitale Infrastruktur	0,8	0,8	0,9	0,9	0,8	1,0	0,5	1,0	0,8
Sportmöglichkeiten	0,7	1,0	0,6	0,6	0,8	0,3	0,7	1,0	0,8
Einkaufsmöglichkeiten	1,0	0,2	0,4	0,7	0,8	0,5	0,7	0,8	0,8
Politische Beteiligung	0,6	0,4	0,6	0,3	0,8	0,3	0,7	1,0	0,2
Einfacher Zugang zur Verwaltung	0,2	0,2	0,1	0,3	0,1	0,3	0,2	0,0	0,2
Öffentliche Orte für Geselligkeit	0,0	0,2	0,1	0,0	0,2	0,0	0,3	0,0	0,0
Religionsausübung	0,0	0,0	0,1	0,1	0,0	0,2	0,0	0,0	0,0

Frage: „Stellen Sie sich vor, Sie sind als Gruppe Entscheider in der Politik. Wofür würden Sie sich einsetzen und Geld ausgeben, damit das für die Menschen da ist? Gruppieren Sie in sehr wichtig, eher wichtig und unwichtig." (je maximal 5 Bildkarten). Auswertung pro Gruppendiskussion: Einordnung als wichtig = 2 Punkte, eher wichtig = 1 Punkt, nicht wichtig = 0 Punkt; BB = Brandenburg, HE = Hessen, NI = Niedersachsen, SN = Sachsen
Quelle: eigene Auswertung
[a]Die Bildkarte für Bildung umfasste neben dem Foto eines Klassenzimmers soziale Dienste, symbolisiert durch das Foto von Seniorenbetreuung. Assoziiert wurde das Themenfeld aber stärker mit Bildung.

Diskussionen lokal unterschiedliche Problemlagen und Wünsche in Bezug auf diese Themenfelder geäußert wurden, so findet sich auf den ersten Blick kein ausgeprägtes Konfliktpotenzial und insbesondere kein Stadt-Land-Konflikt. Allerdings zeigten sich schon auf den nächsten Plätzen Unterschiede: Die Gruppen in kleineren Orten und Großstädten stimmten darin überein, Maßnahmen für Wohnen und Sicherheit zu unterstützten, während solche in Mittelstädten Maßnahmen für die Umwelt durchschnittlich wichtiger fanden. Im Kontrast zur öffentlichen Debatte über einen Stadt-Land-Konflikt fielen insgesamt die Ranglisten in kleineren Kommunen und Großstädten recht ähnlich aus; eher wichen hier die Mittelstädte ab.

Vergleicht man nach Ost- und Westkommunen, so führten die medizinische Versorgung, Bildung/Soziales, Wohnen und Sicherheit ebenfalls die Hitliste politisch unterstützenswerter Themen an. Und auch im Vergleich nach Bundesländern lagen diese vier Themenfelder überall vorn. Bei genauerer Betrachtung betraf die Übereinstimmung v. a. die Priorisierung der Gesundheitsversorgung als Top-Thema. Beispielsweise fanden in Sachsen *alle* lokalen Gruppen politische Maßnahmen für Bildung/Soziales und Sicherheit wichtig. In Hessen stuften alle sechs lokalen Gruppen das gute und bezahlbare Wohnen ebenfalls als sehr wichtig ein (2,0), während es in Sachsen einen niedrigeren Wert von 1,7 von 2,0 maximal möglichen Punkten erreichte. Die Sicherheit erhielt in Hessen einen etwas niedrigeren Mittelwert der lokalen Unterstützung von aber immer noch 1,7 (von maximal 2), gleichauf mit Umwelt.

Das im Allgemeinen hohe Augenmerk auf Gesundheit, Bildung/Soziales und Sicherheit war der markanteste Unterschied zur Beschreibung des Lebens vor Ort am Anfang der Gruppendiskussionen, bei der diese Themen keine Rolle gespielt hatten (Kap. 4). Maßnahmen für die Umwelt wurden wiederum geringer gewichtet, als es die Beschreibung des Lebens vor Ort vermuten lassen könnte. Die Gewichtung von Gesundheit, Bildung/Sozialem und Sicherheit passt zugleich zur Beschreibung der Voraussetzungen für ein gutes persönliches Leben (Kap. 5).

In den Gruppendiskussionen war erkennbar, dass den Teilnehmern die Verschiebung der Fragestellung von einer (zuvor thematisierten) individuellen, persönlichen Perspektive hin zu einer Betrachtung dessen, was von allgemeiner Bedeutung und von öffentlichem Interesse ist, bewusst war. So erklärte ein Teilnehmer mit Blick auf die Bildkarten vor ihm:

Limburg, Mann 2: Wenn ich das als Politiker sehen müsste, sage ich jetzt mal, ist das ja ein bisschen anders [...] Man kann ja nicht von sich selbst ausgehen. [...] (Getuschel)

In dem zitierten Fall wurden daher nach dieser gemeinsamen Überlegung die zuvor favorisierten Einkaufsmöglichkeiten ersetzt durch das für die Allgemeinheit als wichtiger erachtete Engagement der Politik für gutes und bezahlbares Wohnen. Die Wortwechsel setzten dennoch oft bei persönlichen Erfahrungen und Verweisen auf das lokale Umfeld an oder waren mit ihnen verwoben. So wurde mehrfach die Relevanz bestimmter Anliegen auch mit Defiziten vor Ort begründet, gegen die man etwas tun wolle. Oft war auch eine Metaperspektive erkennbar. Beispielsweise wurde argumentiert, dass die als wichtig ausgewählten Dinge (z. B. Bildung) solche seien, die nicht vom Markt geregelt werden sollten (Kassel) oder die besonders wichtig für Chancengleichheit seien. Hier wurden abstrakt-politische und alltagsbezogene Sichtweisen auch miteinander verwoben. So sagte beispielsweise ein Teilnehmer mit Blick auf die von der Gruppe ausgewählten Prioritäten („das erste oben"):

Osnabrück, Mann 3: Ja, das erste oben, würde ich sagen, ist so Allgemeinwohl und Zusammenleben. Also die Kinder sind [in der Schule; zeigt auf das Bild Bildung/ Soziales], währenddessen gehe ich zum Job, die Oma beim Arzt und, ich glaube, das ist so das, also die regeln das Allgemeinwohl. (allgemeine Zustimmung) [...] Es ist egal, wo man wohnt. Also, dass die Basis erstmal gleich ist. Und dann kann sich jeder frei, irgendwie individuell entwickeln und so weiter. Ne, ich glaube diese fünf oben, die wichtigsten, die sorgen dafür, dass gleiche Rahmenbedingungen sind. [...] Frau 3: (fällt ins Wort) Ja, der Grundstock.

Wie erwähnt, gab es ein klares, lokal übergreifendes Votum, dass sich die Politik besonders für die **Gesundheit bzw. medizinische Versorgung** einsetzen sollte. Nur in Cottbus wurde dieses Themenfeld nicht unter den Top 5 eingruppiert, sondern unter den mittelwichtigen 5 Themen. Der Mittelwert der Unterstützung für dieses Anliegen in den 24 lokalen Gruppen lag damit nur knapp unter dem maximal erreichbaren Wert von 2 Punkten für „sehr wichtig". Argumentiert wurde ansonsten einhellig, Gesundheit sei „das A und O" (Kamenz), „das Wichtigste überhaupt ... Na vor allem ärztliche Versorgung, für jeden, ne" (Zeven) oder „nicht selbstverständlich" (Frankfurt a. M.). Die Priorisierung von politischem Einsatz für Gesundheit schien so unstrittig, dass sie zumeist gar nicht näher begründet wurde, sondern jeweils sofort Einigkeit herrschte und das Gespräch zu anderen Themen wanderte.

Davon abweichend wurde in 7 der 12 kleineren Orte, überwiegend in Ostdeutschland, sowie in Chemnitz als ostdeutscher Großstadt die aktuelle Situation bezüglich des Gesundheitssystems angesprochen. Wo dies geschah, kamen durchweg wahrgenommene Defizite zur Sprache. Es ging fast ausschließlich um Kritik an der medizinischen Grundversorgung, z. B. am Ärztemangel, langen Wartezeiten für Arzttermine oder fehlenden Kliniken.

Kamenz, Mann 3: Gesundheit. Mann 4: Gesundheit. Mann 1: Gesundheit isses A und O. […] Frau 1: (…) Das ist in Kamenz gut, aber das ist glaube überall ländlich mit den Hausärzten, dass man da was machen müsste. Mann 1: Ja, aber das … ist absolut wichtig. Das müssen wir hier mit hinlegen.

Auerbach, Mann 2: Gesundheit, ganz wichtig, weil wir speziell viele ältere Menschen auch hier in der Region haben, die darauf angewiesen sind … Mann 4: (fällt ins Wort) Siehe Augenarzt, wo wir da […] Frau 4: (fällt ins Wort) Und und Ärzte hinten und vorne fehlen. Das ist bei uns das Drama.

Mulda, Frau 2: Gesundheit auf alle Fälle hier. Mann 1: Verkehrsanbindung ist auch wichtig. (Getuschel) Frau 1: Na als erstes würd' ich schon die Gesundheit. Frau 2: Genau. Frau 1: Sind wir uns glaube ich alle einig, dass das … Frau 4: (fällt ins Wort) Ja aber die Gesundheit kann ja die Politik nicht … Frau 1: Natürlich, indem sie die Ärzte … Frau 2: (fällt ins Wort mit lauter Zustimmung) Die Ärzte und alles, genau! Frau 1: Indem sie auch die, die unterstützt und auch dafür sorgt, dass weiter auch in den ländlichen […] Frau 2: (fällt ins Wort) Auf'm ländlichen, dass es Hausärzte gibt.

Teilweise wurden lange Reisezeiten für den Weg zum Facharzt erwähnt.

Doberlug-Kirchhain, Mann 1: Ja und … äh, ja Gesundheit ist Grundvoraussetzung. Dass du halt eben, nicht, wie es jetzt ist, von Großstadt zu Großstadt reist. Wir sind nächste Woche in Leipzig an der Uniklinik, weil … Was willst du denn machen? Frau 1: Na, ihr könnt das noch. Die Älteren können das ja nicht mehr. Mann 1: Genau, ja. Gerade für die Älteren, die halt eben nicht zwei Stunden mit dem Auto unterwegs sein wollen bis zur nächsten Uniklinik.

Luckau, Frau 2: Gesundheit ist, finde ich, auch wichtig. Also gerade bei dem Ärztemangel hier bei uns. Mann 2: Gesundheit ist hier ganz wichtig. Weil wir haben hier in Luckau schon langsam Ärztemangel. Mann 1: Nicht bloß in Luckau. […] Mann 3: Also, in Luckau gibt es alles, außer Kinderarzt. Frau 3: Ärzte sind echt ne Qual, also […] Mann 4: Katastrophe. Frau 3: Ich habe meinen Hautarzt, meinen Lungenarzt und meinen Augenarzt, alle drei in Berlin. Und meine Eltern fahren regelmäßig für irgendwelche Sachen, also meine Eltern haben beide Knieprobleme, so ein bisschen. Die sind nur in Berlin eigentlich deswegen. Also ja, das ist hier in der Region entweder nicht vorhanden oder komplett alles zu, von den Plätzen her, also es ist eigentlich […] Mann 4: Ja. Da kommt man nicht mehr rein. Frau 3: Nee. Ist eigentlich nicht möglich […]

Auch in Apen und Cloppenburg wurde die ärztliche Versorgung vor Ort kritisiert.

Apen, Frau 1: (fällt ins Wort) Wir einigen uns auch auf Gesundheit? Frau 3: Gesundheit muss eigentlich dabei bleiben […] Mann 1: […] Dass man überall Ärzte findet und nicht nach Bremen fahren muss für einen nächsten Augenarzttermin. Mann 2: Kannst du nach Westerstede fahren, die ist gut die Klinik da. Ja, also wir haben hier in Ammerland … Frau 4: (fällt ins Wort) Ich finde, es gibt viele Fachärzte in der

[Stadt]. Mann 2: (fällt ins Wort) Ja, aber wir haben momentan eine schlechte Versorgung mit Ärzten, das stimmt. Wartezeiten bis zu vier Monate. Frau 2: Musst du privat versichert sein. [...]
Cloppenburg, Frau 1: Also, das finde ich ganz wichtig, die Gesundheit ... die Gesundheitsversorgung. Also das ist wichtig, finde ich. Das, da muss ... Frau 3: Ja, ist eine richtige Katastrophe. Also das ist negativ. [...]

Von Gruppen in Großstädten wurde Kritisches nur in Chemnitz gesagt.

Chemnitz, Frau 3: Ich finde auch die Gesundheit wichtig. Das ist, finde ich, ein Grundbedürfnis, das würde ich auf jeden Fall mit dazu zählen. Mann 1: Es scheint auch ein Problem im Chemnitz zu sein. Also, ich kam her und das erste oder eine der ersten Sachen war: Es kann dauern bis zum Arzt gefunden. Und im September hatte ich dann einen Allgemeinarzt.

In wenigen Orten wurden andere Dinge thematisiert. Vermutlich vor dem Hintergrund einer jeweils als gut wahrgenommenen medizinischen Grundversorgung wurde die Eigenverantwortung für eine gute Gesundheit betont (Leipzig) oder die allgemeine Qualität sowie die Regulierung des Gesundheitssystems durch die Politik kritisch angesprochen (Witzenhausen). Das Gesundheitssystem solle „nicht der freie Markt" regeln (Kassel, Osnabrück).

In der individuellen schriftlichen Befragung nach der Gruppendiskussion sollten die Teilnehmer angeben, ob sich die Politik für bestimmte vorgegebene Themen besonders einsetzen soll. Darunter war auch die medizinische Versorgung. Die Mittelwerte der Gruppen lagen auch hier für alle Gruppen sehr hoch und bestätigten, dass die Teilnehmer dies als wichtiges Anliegen der Politik betrachten – auch dort, wo das Thema nicht intensiver besprochen worden war. Die Mittelwerte der Gruppen aus Mittel- und Großstädten (2,7 von maximal 3 Punkten) waren dabei noch etwas höher als die der kleineren Orte (2,6) und der Mittelwert für die Gruppen in Sachsen am höchsten (2,8) von allen vier Ländern.

In 21 Gruppendiskussionen wurde das Thema **Bildung bzw. soziale Dienste** als wichtige Aufgabe für die Politik bezeichnet; in 3 als mittelwichtige Aufgabe. Damit betrachteten die Teilnehmer dieses Themenfeld ebenfalls lokal übergreifend als Priorität.[1] Die entsprechenden Diskussionen waren erneut weitgehend unkontrovers und knapp. Es wurde argumentiert, „Bildung ist A und O" (Mulda),

---

[1] In Bevensen-Ebstorf, Luckau und Hirschhorn wurde dieses Thema nicht als eine der fünf Prioritäten für die Politik eingestuft. In Hirschhorn stand dahinter die Einschätzung, dass die Bildung vor Ort gut funktioniert. In Luckau konnten Teilnehmer die Situation nicht einschätzen oder wollten sich dazu nicht positionieren; in Bevensen-Ebstorf wurde das Thema nicht besprochen.

wichtig für die Aussicht auf einen guten Job (Potsdam) oder einfach wichtig. Da sich die Teilnehmer in der Einschätzung einig waren, sahen sie offenbar überwiegend keinen weiteren inhaltlichen Begründungs- oder Diskussionsbedarf.

In einigen Diskussionsrunden wurde jedoch Bildung explizit in einen Zusammenhang mit der Schaffung bzw. Wahrung von Chancengleichheit gebracht; allen Teilen der Gesellschaft sollten gleiche Bildungschancen zustehen, was sich nicht allein in dem formalen Recht auf Bildung erschöpfe (das als gegeben betrachtet wurde), sondern auch in der Schaffung förderlicher Rahmenbedingungen für die Nutzung dieses Rechts. Der Fokus unterschied sich dabei leicht. In manchen kleineren Kommunen wurden der Bedarf grundständiger Bildungsangebote (primär Schulen) vor Ort sowie die Kosten von Fahrten zur Schule und für die berufliche Ausbildung thematisiert.

> Apen, Mann 1: Bildung auch. Dass man in der Stadt die gleichen Bildungschancen hat, wie … Also da darf, da darf es keine Unterschiede geben. Die müssen eigentlich … Frau 1: (fällt ins Wort) Zwischen Dorf und Stadt. Mann 1: Die müssen überall gleich sein.
>
> Doberlug-Kirchhain, Frau 1: Na Bildung auf jeden Fall, nehmen wir mit rein. Mann 1: Sonst ist die Schere zu groß. […] Und dass die Bildungschancen für alle da sind, für junge Familien. Frau 2: Natürlich ist es für junge Familie noch ausschlaggebend, dass es hier alle Schulen gibt, einfach.
>
> Zeven, Frau 5: […] Ja. Bildung und soziale Dienste, ganz wichtig. Mann 2: Zukunftsentwicklung. Gesellschaftlich, auch persönlich. […] Frau 4: Das geht aber ja, glaube ich, […] um die sozialen Aspekte. Also, äh, jetzt sag ich mal, Menschen, die so ein bisschen bildungsfern groß geworden sind, äh, deren Kinder bleiben ja auch wieder bildungsfern. Die können also niemals das erreichen, was einer erreicht oder was einer hat, mit einem Job, [...] wo die Kinder eine ganz andere Chance auf die Bildung haben. […] Frau 3: Ich komme aus Rotenburg. Und wenn du da dein Abi machen möchtest, musst du dir ein iPad kaufen. Hast du das Geld dafür nicht, kannst du dein Abi nicht machen, weil du brauchst das für den Unterricht. […] Und auch die […] Bücher. [...] Oder auch die Busfahrt dahin. Frau 5: (fällt ins Wort) Aber das hat doch schon mit gleichwertiger Bildung nichts mehr zu tun. oder. Frau 3: Nee, wenn du das Geld dafür nicht hast, hast du keine Chance. Frau 5: Das ist doch, das ist doch diskriminierend sowas, ne. (Getuschel) Frau 6: Oder Ausbildungsberufe, für die man zahlen muss. Unfassbar.

In Frankfurt a. M. wurden hingegen – vermutlich vor dem Hintergrund einer als gedeckt betrachteten Grundversorgung – Angebote für Kinder zur Entfaltung ihrer Persönlichkeit und in Osnabrück und Kassel der gleiche Zugang zum Studium unabhängig vom persönlichen materiellen Hintergrund angesprochen.

> Frankfurt a. M., Frau 2: Die Bildung ist halt für die Kinder enorm wichtig, weil wenn es gute Kinderangebote gibt, dann können die sich entfalten …

Osnabrück, Frau 2: Genau, ohne Bildung kein Job. [...] Mann 3: Ja [...] Frau 4:
Ich glaube, so wäre das, wenn das ideal ist, also dass Bildungsmöglichkeiten für alle
die gleichen Verhältnisse verschaffen. Aber ich finde, in der Praxis ist es oft ganz anders. Also ich finde, viel spielt auch mit da rein, aus welchem Elternhaus man zum
Beispiel kommt. Also dann, ich sage mal, nur jetzt als Beispiel, ob die Leute nebenher
noch die Zeit haben, um irgendwelche ehrenamtlichen oder Praktika zu machen, oder
ob man halt irgendwie nebenher arbeiten muss. Äh, also ich finde, das spielt da auch
viel mit rein, was dem Ganzen so, ja was das Ganze so erschwert. Mann 3: Genau,
sollte eigentlich, die Startmöglichkeiten sollten unabhängig vom Elternhaus, vom,
vom, man weiß ja, dass glaube ich, Nicht-Akademikerkinder weniger oder selten studieren [...] und dass da die Möglichkeiten nicht gleich sind. Sei es dann auch dann Studienfinanzierung et cetera. Dass auch da einfach klar ist, ähm, dass das nicht an dem, an
dem Haushalt oder an dem Einkommen der Eltern scheitert oder meinetwegen auch
an der Unterstützung. [...] Und ich habe dann auch nicht nach Studienabschluss erst
einmal 60.000 Euro Schulden irgendwie, dass ich quasi dann zwar studiert habe, aber
dann, bis ich das abgearbeitet habe, bin ich auch wieder 60. [...]

In Kassel wurde zugleich ein zu starker Fokus von Bildungsförderung auf Gymnasium und Studium zum Nachteil anderer Bildungswege befürchtet:

Kassel, Frau 4: Und das hier ist für mich auch, wo ich die Gleichberechtigung sehe.
Denn nicht jeder, der quasi die Grundschule durchlaufen hat und dann die weiterführenden Schulen, hat hinterher die Möglichkeit, ähm, zu studieren. Das Finanzielle
zum einen oder eben halt auch einfach nur schon alleine die weiterführenden Schulen
durchzulaufen. Frau 3: Das hat ja auch viel mit dem familiären Background zu tun in
Sachen Bildung. Die Schule leistet einen Teil, den anderen Teil leistet aber das Umfeld. Frau 1: Sollte es leisten, sollte es. Frau 3: Ja, sollte es, tut es vielleicht nicht. [...]
Mann 4: Ja, wir müssen aber auch aufpassen, ähm, [...] Wir, wir laufen ja in eine
Richtung, wo jeder Schule, Studium und irgendwas macht. Facharbeiter haben wir
gar nicht mehr, ja. Frau 1: Das wollt' ich auch sagen. [...] Ganz wichtig, ist dass wir
diese Facharbeiter ... Frau 3: Aber das gehört doch zu Bildung auch dazu. Dass wir
den Jugendlichen ... Mann 2: (leise im Hintergrund) Recht hat sie. Frau 3: ... auch
ein Realschulabschluss oder Abitur. Zeigen, dass das Berufsfeld, äh, dass es viele verschiedene Berufsfelder gibt. Mann 4: [...] Also wir müssen, wir müssen, äh, wirklich
dahinkommen, dass wir sagen, hör' mal zu, auch mit einem Haupt- oder Realschulabschluss kannst du äh noch was werden [...].

Nur in 2 Gruppendiskussionen wurde im Zusammenhang mit der Priorisierung
von Bildung und Sozialem eine explizit positive Bewertung der Lage vor Ort vorgenommen. Dies galt für Doberlug-Kirchhain, wo eine für die geringe Einwohnerzahl ausdifferenzierte Schullandschaft gelobt wurde, und für Auerbach, wo die
Priorisierung des Themenfeldes damit begründet wurde, „dass wir einfach das
Niveau, was wir hier haben, halten und sichern". Zugleich wurde nur in wenigen
Gruppendiskussion in kleineren Kommunen die Lage von Bildung und sozialen

Diensten vor Ort kritisiert, sodass das Thema in den meisten der 24 Kommunen offenbar vor dem Hintergrund einer als befriedigend wahrgenommenen Versorgung priorisiert wurde.

> Luckau, Mann 1: Genau, aber ich kriege es halt auch bei meinen kleinen Brüdern mit, wenn die erzählen, die Klassen sind komplett überlaufen. Die Grundschule muss eigentlich noch mal anbauen, groß, weil ist eine Katastrophe. Das Gymnasium ist ja jetzt mittlerweile auch viergliedrig und hat keine Räume mehr wirklich. Also, Bildung [...] Frau 3: Da sind ja schon Container bei der Grundschule. Mann 1: Ja, die Grundschule hat mittlerweile schon einen Container.
>
> Temnitz, Frau 2: Also, ich denke mal, im Mittelpunkt steht, ähm, heutzutage echt die Bildung, denn die ist sowas von vernachlässigt, gerade hier bei uns in unsrer Region, ist Wahnsinn. Also wir hinken und hinken, habe ich jedenfalls das Gefühl. Also ich arbeite in der Kita und auch in der Schule und … oft fehlt es an simplen Dingen, wie, weiß ich nicht, mal ein bisschen Farbe zum Beispiel, ja, oder ein Tisch, der höhenverstellbar ist, weil das Kind so groß ist und am dem Tisch nicht arbeiten kann. Also …, meine Meinung.
>
> Zeven, Frau 2: Nee und bei der ganzen Altersarmut, die wir haben, muss man das ja überhaupt mal sehen, ob man ein Zimmer bezahlen kann. (allgemeine Zustimmung) Frau 5: Genau, so sieht das aus. [...] Ja. Bildung und soziale Dienste, ganz wichtig.

In 20 Gruppendiskussionen wurden außerdem Maßnahmen im Zusammenhang mit dem **Wohnen** als ein wichtiges Anliegen für die Politik bewertetet; 4 kamen zu einer Gewichtung als mittelwichtig (Chemnitz, Cloppenburg, Cottbus, Mulda). Trotz der überregional (also unabhängig von der Siedlungsgröße und -lage) hohen Priorisierung dieses Themas als Aufgabe der Politik unterschieden sich die Diskussionsinhalte. In fast der Hälfte der Diskussionen wurde das Thema schnell als wichtig („ganz doll wichtig" – Eberswalde; „Ohne dem geht ja gar nichts" – Luckau) oder mittelwichtig abgehandelt und nicht intensiv besprochen, darunter in 6 der 12 kleineren Orte (Bevensen-Ebstorf, Hirschhorn, Luckau, Mulda, Reichenbach, Witzenhausen), in 2 der 5 Mittelstädte (Cloppenburg, Eberswalde) sowie den 3 ausgewählten ostdeutschen Großstädten (Chemnitz, Leipzig, Potsdam).

Die hohe Gewichtung des Themenfelds wurde nur in einigen Orten mit einer akuten Problemlage vor Ort oder Erfahrungen von Familienmitgliedern begründet. Das waren Energiepreise (Temnitz), aber auch Mieten und Grundstücks- oder Baupreise (Apen, Hirschhorn, Stadtallendorf).

> Stadtallendorf, Mann 1: [...] gutes und bezahlbares Wohnen … Frau 4: Das finde ich ganz wichtig. [...] Frau 1: (fällt ins Wort) Ja, die Mieten sind auch sehr hoch zurzeit. Das ist auch sehr wichtig, finde ich. [...] da könnte man schon mal schauen, dass die Menschen auch entsprechend gute Wohnungen und auch Häuser bekommen. Mann 1: Sonst bleibt für den Rest des Lebens ja kaum was übrig.

Apen, Mann 1: Gutes und bezahlbares Wohnen ist deswegen wichtig, weil wir gerade alle erleben, hier in Augustfehn, dass wir da uns davon wegbewegen. Wenn ich jetzt höre, über 900 Euro Miete. Das ist schon krass. Und wenn man sieht, was man da für Bauplätze bezahlen muss und wie das gestiegen ist in letzter Zeit, das ist ja inflationär. Und deswegen ist das, glaube ich, hier allen wichtig, weil man das hautnah erlebt. Frau 1: Das ist ja auch ein heißes Thema hier bei uns mittlerweile. Wir bekommen ja teilweise für die jungen Leute, die bekommen keine Wohnung. Frau 3: Die kriegen keine Wohnung [...] Mann 2: Meine Tochter zahlt 2250 Euro kalt für 60 Quadratmeter in der Nähe von Hamburg.

Selbst wenn das Thema vor Ort, in der Region oder für die eigene Gruppe nicht als mit akuten Problemen verbunden bewertet wurde, konnte es von der Gruppe als wichtig eingestuft werden, da argumentiert wurde, es sei für andere Orte oder bestimmte soziale Gruppen wichtig. Hier war also eine Art Verantwortungsgefühl über die Region und das eigene Lebensumfeld hinaus erkennbar („die Masse wohnt in Blöcken" – Kamenz), auch wenn in diesen Fällen stärker überlegt wurde, ob das Wohnen höher oder niedriger als andere Themen gewichtet wird, sich einzelne Personen gegen eine Priorisierung aussprachen (Doberlug-Kirchhain, Kamenz) oder das Themenfeld am Ende als nur mittelwichtig bewertet wurde (Mulda). Letztlich bewerteten alle Gruppendiskussionen in kleinen Orten – außer die in Mulda – das Wohnen als wichtige Aufgabe für die Politik.

Auerbach, Frau 4: Bezahlbares Wohnen muss sein, wo wir sagen, äh, wo wir sagen, es kann nicht sein, dass es irgendwie, wo dann, wie in München, wo wir sagen, ausufert und du, wo wir sagen, äh, wenn du deine Miete bezahlt hast, nichts anderes mehr hast. Mann 2: Es muss jeder in der Stadt leben können, unabhängig von seinem ... Mann 3: (fällt ins Wort) ... sozialen Status und so weiter.
Doberlug-Kirchhain, Frau 1: Für die jungen Leute, gutes und bezahlbares Wohnen? Frau 4: Ich find's [immer noch] wichtig. Frau 1: Das ich finde ich auch. (allgemeine Zustimmung) [...] Mann 1: Äh, gutes und bezahlbares Wohnen, denke ich, äh, für eine ausgewogene Gesellschaft, weil, äh,... ist einfach eine Grundvoraussetzung. Weil, wenn das gesamte Einkommen für das Wohnen rausgeht, dann ist ja, die soziale ..., das soziale Gleichgewicht gefährdet.
Kamenz: Mann 3: [...] bezahlbares Wohnen hab' ich hier noch. Mann 1: Ja. Frau 1: Na gut, haben wir in Kamenz jetzt kein Problem [...] Mann 4: Na ja, aber wir sollen ja als Politiker. [...] Mann 1: Du musst ja für alle denken. Frau 1: Ach so. [...] Mann 1: Geh' mal davon aus, wir sind alle, die wir hier sitzen, wir haben alle ein Eigenheim [...] Da ist keiner aus'm Block da. [...] Die Masse wohnt in Blöcken. [...] Frau 2: Das hier, gutes und bezahlbares Wohnen. Mann 1: Ja. Frau 3: Und Einkaufsmöglichkeiten find' ich auch ganz wichtig. Ich find's ganz schlimm, wenn hier auf'm Dorf kein Laden, nichts mehr ist. [...] Frau 1: ... aber ich seh' jetzt grade bei uns in Kamenz die öffentliche Verkehrsanbindung zum Beispiel viel wichtiger. [...] Mann 4: Gutes und bezahlbares Wohnen haben wir ja hier. Für uns jetzt hier [...], im Vergleich

zu überall. Das brauchen wir, für uns brauchen das hier nicht. Frau 2: (redet im Hintergrund) Na eigentlich bräuchten wir das hier nicht mehr unbedingt. Mann 2: Und in der Region auch nicht, das ist eigentlich ...

Mulda, Frau 1: Gutes und bezahlbares Wohnen ist jetzt vielleicht nicht so das Problem auf'm Lande, das ist glaube ich eher so ... Frau 2: (fällt ins Wort) Mehr in der Stadt. Frau 1: ... so ein Stadt-Problem, aber ... natürlich sollte es so bleiben. Aber ich würde es da jetzt nicht unbedingt auf die ersten Agenda der Politik setzen. Mann 2: Aber du hast, du hast jetzt gesehen, wie die Hauspreise in die Höhe schießen.

Die weitgehende Unkontroversität der Priorisierung sowie der Beschreibung ortsbezogener Probleme in Bezug auf das Themenfeld wurde nur in zwei Gruppendiskussionen aufgebrochen – in Cottbus (Mittelstadt) und Kassel (Großstadt). Gerade die kontroversen Diskussionen in diesen Orten um die Frage, ob Wohnen ein politisches Anliegen sein sollte, unterstreichen, dass die übereinstimmenden Sichtweisen in den anderen Gruppendiskussionen keine Selbstverständlichkeit waren. In Cottbus wurden Maßnahmen für gutes Wohnen letztlich als mittelwichtig, in Kassel als wichtig eingestuft, obwohl einzelne Teilnehmer der Gruppendiskussion es nicht als relevant für die Politik fanden; hier ist eine originär lokale Sichtweise auszuschließen, vielmehr vertrat die Gruppe eher die Meinung der Mehrheit.

Cottbus, Frau 3: Ja gut, aber als würde man das als Politiker unterstützen, gutes und bezahlbares Wohnen? [...] Frau 2: Cottbus hat da weniger mit zu tun, also aus Berlin hört man das ja immer sehr viel. (Getuschel) Frau 4: Ich kann mich da auch nicht so richtig reinversetzen, wenn einen das nicht arg betrifft. [...] Mann 2: Wenn sich hier jetzt nicht in Cottbus was gravierend verändert, ist das kein Thema. Mann 1: Kein Geld [...] Frau 3: Also bezahlbares Wohnen würde ich nicht finanzieren. Frau 1: Nicht? Frau 3: Nein, also weil wenn man in eine Großstadt ziehen möchte, dann ist man ja irgendwo auch, da weiß man ja, wie dort die Preise sind. Und ich meine nicht jeder muss in Berlin studieren, nur weil es Berlin ist. [...] Und es ist ja auch nicht so, dass es kein bezahlbares Wohnen gibt. Mann 2: Trotzdem ist das ein Thema, dass sozialer Wohnungsbau zu wenig ist. Frau 3: Na ja gut, aber ich kann ja nicht verlangen, dass ich am Kudamm eine Wohnung für sechs Euro den Quadratmeter kriege. Mann 2: Nein, natürlich nicht. Frau 3: Und darum geht es ja aber bei der Politik. Es geht ja darum, dann das zu finanzieren, das mehr Sozialwohnungen sind. Die kosten aber eigentlich auch zehn, fünfzehn Euro [...] (Getuschel) [...] Frau 2: [...] Gibt ganz viele Menschen, die ich kenne, die sagen, die würden ja gerne da und da wohnen, und die Wohnung ist zu klein, und ich kann mir das aber nicht leisten. Ja sorry, selber schuld. Frau 4: Naa ... Frau 2: Ja, manchmal ist es ja so. Manchmal ist es so. Ich kann nur in der Wohnung leben, die ich mir leisten kann. Aber deshalb ist ja das wichtig, dass ich einen guten Job habe, um mir gutes Wohnen leisten zu können. Und wenn ich eben eine schlechte Bildung habe und einen schlechten Job habe, komme ich halt im Leben nicht weiter. Und dann kann ich eben nicht in Cottbus-Innenstadt wohnen. Dann wohne ich eben Rand Schmellwitz, Plattenbau. [...] Ich finde auch immer, es muss in Deutschland keiner unter einer Brücke schlafen, wenn er das nicht will.

Kassel, Frau 1: [...] wenn du, wenn du jetzt die Mietpreise so siehst, die da so hoch, da musst du eigentlich jetzt schon mal vom politischen Standpunkt einiges gestalten. Mann 4: Wenn ich, wenn ich einen guten Job hab und viel Geld verdiene, da kann ich auch ... Frau 1: (fällt ins Wort) Wenn! [...] Mann 4: Ja! Hallo, wir können nicht alle auf, auf Sozialstaat leben! [...] Jeder schafft sein Umfeld selber. Wir sind in der Lage, unseren sozialen Status zu halten, indem wir selber entwickeln, arbeiten, äh und Geld verdienen. So, dann kannst du auch ein gutes Wohnumfeld schaffen. Frau 4: [...] wenn die Generation, ich gehe jetzt mal quasi von uns aus, die vielleicht, wo nur einer gearbeitet hat und nicht diesen finanziellen Hintergrund hat bei einem supertollen Job, die [...] können sich keine Wohnung mehr leisten. Frau 3: Ja, Altersarmut. Frau 4: [...] Und dann wiederum die Jungen, die vielleicht nicht die Möglichkeit haben, weil sie diesen sozialen Hintergrund durch die Familie nicht hatten [...], und haben diese Möglichkeiten der Ausbildung nicht, vielleicht auch ein paar diese Intelligenz nicht, die ja im Kindesalter befördert wird, weil es durch die Familie nicht geleistet werden konnte, die hängen dann nämlich genauso dort ... Frau 1: Genau, so sehe ich das auch. Frau 4: Weil die können keinen tollen Job [...] Mann 2: [...] Was ich auch beobachte, dass trotz guter Jobs, trotz guter Bezahlung gutes, bezahlbares Wohnen nicht möglich ist. Also Beispiel: Jemand, der in der Industrie tariflich abgesichert Blablabla, ist privat zurzeit nicht in der ... oder äußerst, äußerst schwer in der Lage, sich ein Grundstück einzeln zu kaufen, sich ein Haus zu bauen [...] weil da Gesellschaften kommen, die Beteiligungen suchen, die im Grunde genommen, äh, die organisierte Bautätigkeit mit einzelnen Individuen im Prinzip in Konflikt treten. [...] Da muss ich steuern. Frau 1: Genau [...] Mann 2: (fällt ins Wort) [...] wir haben eben hier in der Eingangsrunde gesagt, wie gut es uns geht. Wir haben unser Haus hier. Wir haben unseren Garten und hin und her, aber die nächste Generation [...] sehe ich zurzeit stark, stärkstens gefährdet, dass das gar nicht mehr so möglich ist [...] stand in der Zeitung, dass vor 20 Jahren die Belegung der guten Wohnungen früher mit vier Personen war, heute mit einer Person war. Der Wohn-, Wohnraum wird enger, dadurch, dass ich nur eine Person in den Wohnraum, guten Wohnraum, reinpacke. Demzufolge wird natürlich der Wohnraum auch teurer. [...] Frau 1: Deswegen, das ist ja, weil wir ja alle, wir wollen ja alle mehr. Wir wollen ja mehr Freiheit. [...] Mann 4: Guter, bezahlbarer Wohnraum ist vorhanden, jede Menge. Der könnte auch vom Preis nach unten gehen. Das ist eine private Angelegenheit. Das ist keine politische Angelegenheit. [...] Mann 1: [...] guten Wohnraum gibt's, aber bezahlbar ist er nicht. (Zustimmung von Frau 1 im Hintergrund) [...] Leute, die Häuser haben, haben sie nicht, weil sie wollen, dass Leute drin wohnen, sondern sie wollen was mit verdienen, weil sie ihr Geld nicht mehr sparen können, weil Geld sparen, keinen Sinn mehr macht.

In 19 Gruppendiskussionen wurde das Themenfeld **Sicherheit** als wichtige Aufgabe für die Politik bewertet. Die Symbolbilder brachten das Themenfeld mit klassischen Schutzeinrichtungen zusammen – Feuerwehr und Polizei. Wie auch bei den vorgenannten politischen Prioritäten gab es dazu häufig – in 11 Kommunen – keine intensiven Diskussionen, sondern die Teilnehmer waren sich nach kurzen, unkontroversen Ausführungen einig, dass das Thema Sicherheit wichtig sei und von der Politik finanziert werden müsse. Besonders in den kleinen Kommunen (z. B. Auerbach, Hirschhorn, Reichenbach, Witzenhausen) wurde Sicherheit als relevant benannt.

Auerbach, Mann 2: Dann Sicherheit, essenzielles Thema, auch wenn wir gesagt haben, wir haben keine gravierenden Probleme. Aber wir müssen da rein investieren, dass es auch so bleibt.
Reichenbach, Frau 3: (fällt ins Wort) Wir können ja erstmal Sicherheit [nehmen]. Frau 1: Das ist wichtig. (allgemeines Zustimmen) […] Frau 2: Na ja, zum Leben brauche ich nur was zu essen, ein Dach über dem Kopf … Frau 1: Sicherheit … Mann 1: Ist ganz wichtig, ich meine … Frau 4: (fällt ins Wort) Ja, wenn's brennt, dann … Mann 1: (fällt ins Wort) Ich meine, […] wenn man … Frau 3: (fällt ins Wort) Na dann, erstmal zu den wichtigen . Mann 1: (fährt fort) die Kinder auf die Straße lässt, dass man genau weiß, die kommen auch wieder gesund nach Hause zurück.

Einzelne Teilnehmer stellten aber infrage, ob die Politik Sicherheit fördern könne oder solle ("Sicherheit gibt es nicht" – Frankfurt a. M.) oder sahen sie als gegeben an ("Ich brauche die Polizei nicht" – Kamenz).

Kamenz, Mann 1: Sicherheit … ist verdammt wichtig. Mann 4: Ja. Mann 1: Aber ich denke mal, das ist fast bei uns für alle Selbstverständlichkeit, oder. Mann 4: Das … Mann 1: (fällt ins Wort) Brauchen wir die Polizei? Also ich brauch' die die Nacht halb zwei nicht. Mann 4: Nee. Frau 2: Zumindest nicht so wie in der Großstadt.

Anders als bei den Themen medizinische Versorgung und Bildung/Soziales wurde beim Thema Sicherheit in vielen Gruppendiskussionen beraten, ob es in Abwägung mit anderen Themen, z. B. öffentlicher Personennahverkehr (Hannover) oder gute Jobs (Kassel), so relevant ist, dass es unter die Top 5 kommen soll. Als Grund für diese Diskussion wurde oft angebracht, dass man sich bereits sicher fühle oder Sicherheit automatisch entstehe, wenn andere Dinge, wie Bildung oder Jobs, funktionieren. Dabei gingen die Gruppen auch davon aus, dass die Unterhaltung der Polizei eine Pflichtaufgabe des Staates ist, die gut funktioniere ("Die haben immer genug Kohle. Die fahren gerade mit den teuren E-Bikes jetzt durch die Stadt" – Osnabrück) und daher keine zusätzliche Unterstützung durch sie als fiktive Gruppe politischer Entscheider benötige. So wurde beispielsweise in Doberlug-Kirchhain begründet, warum die Gruppe Sicherheit als mittelwichtiges politisches Anliegen bewertete.

Doberlug-Kirchhain, Mann 2: Sicherheit ist auch wichtig. Frau 3: Ja, das funktioniert ja noch in den kleinen Orten.
Luckau, Mann 2: Also Sicherheit ist auch wichtig. In den großen Städten, das fehlt. Mann 1: Ja. Aber ich würde es nicht in die Top fünf nehmen, weil ich glaube,

wir haben in Luckau größere Probleme. Wir haben eine sehr gut funktionieren Feuerwehr. Polizei? Ja, gut. Okay, wir haben keine Wache, aber die sind aus Lübben auch in 15 Minuten hier. Und ich höre jetzt nicht groß was von Problemen hier.

Die Diskussion in den Mittel- und Großstädten unterschied sich hierzu kaum.

Eberswalde, Frau 2: Aber Sicherheit ist ganz wichtig. Frau 3: Aber was nützt uns denn die Sicherheit? Mann 3: Was uns die nutzt? Ohne Sicherheit können wir nicht vernünftig leben. Frau 2: [...] Feuerwehr, das ist aber wichtig. Frau 3: Also ich fühle mich ganz sicher. Mann 3: (lacht) Ja, aber möchte ja, dass das so bleibt. Also muss ich die Polizei auch vernünftig ausrüsten.
Stadtallendorf, Frau 2: Aber wollt ihr die Sicherheit nicht nehmen? Ist doch wichtig. Mann 1: [...] Wir gucken nochmal, ob wir, was die anderen noch machen. Frau 1: (fällt ins Wort) Na, ist doch ganz wichtig, die Sicherheit [...] Frau 4: Die Sicherheit ist wichtig, ja. Frau 2: Sicherheit, ja. Also, [wenn] die Feuerwehr drauf ist und dann [...] Mann 1: (fällt ins Wort) Die gehört mit dazu. Dann wären das die fünf wichtigsten [...] Frau 1: Das könnte man wegmachen [...] das ist sowieso ein Muss, finde, finde ich, das würde ich auch wegmachen. (lacht)
Potsdam, Frau 3: Sicherheit ist für mich sehr wichtig. Frau 1: Das finde ich auch. [...] Frau 1: Aber das [machen] ja die von den anderen Parteien vielleicht. Da muss ich mich ja nicht drum kümmern. Das können ja die anderen machen [...] Mann 3: (fällt ins Wort) Was ist denn bei Sicherheit auf dem Bild? Das würde mich mal interessieren. Polizei und Feuerwehr. Hm ... Mann 1: Ja, die braucht man. Frau 1: Eigentlich schon, ne.

Oft waren die Feuerwehr auf dem Symbolbild und/oder der Verweis auf Kriminalität vor Ort wichtige Argumente dafür, die Sicherheit als wichtig einzustufen, während die Polizei allein weniger überzeugend bei der Abwägung mit anderen Themen war.

Mulda, Mann 2: Das brauchst du auf jeden Fall, hier Sicherheit. Frau 1: Sicherheit, ja, sehe ich auch so. (Getuschel) Mann 2: Dass sie dich nicht bescheißen können [...] Mann 5: Zählt ja auch die Feuerwehr dazu, das es, brauchst ja ... Mann 1: Eben, Feuerwehr, nu. Jetzt haben wir vier.

Dabei assoziierten Teilnehmer die Feuerwehr teilweise mit der freiwilligen Feuerwehr, z. B. in Witzenhausen und Cottbus.

Witzenhausen, Mann 3: Ja, die Sicherheit wird durch den Staat gewährleistet. Frau 2: Da brauchen wir eigentlich kein Geld für ausgeben. Wenn alles andere stimmt, habe ich auch wenig Kriminalität [...] Mann 2: Ja, ja, richtig. Ich denke, jetzt haben die aber auch Feuerwehr und Polizei. Mann 1: Ja, das ist. Das ist. Das ist ein bisschen tricky. Ja, ja, das hat dann wieder was haben wir das war eigentlich verantwortungsbewusst, aber sicher auch durch die Feuerwehr. Frau 3: Vergiss es. Mann 1: Ist die Feuerwehr in diesem Haus für mich? Sie ist ja freiwillig hier. Mann 2: Freiwillige

Feuerwehr? Frau 3: Ja, aber wenn die kein Geld kriegt, dann ist sie auch nicht mehr da. Was meinst du, wovon die Autos bezahlt werden? Die, die fahren.
Cottbus, Frau 2: Haben wir schon über das Thema Sicherheit gesprochen? Frau 1: Nee, noch gar nicht gesprochen. Mann 1: Ja, das ist schon, das ist schon wichtig. Frau 2: Also ich fühle mich hier zum heutigen Zeitpunkt hier, also generell auch in Deutschland, relativ sicher. Frau 3: Aber es geht ja eher darum in Sicherheit, zum Beispiel, dass ja jetzt auch Feuerwehr und Polizei, zum Beispiel die ganzen freiwilligen noch damit zu unterstützen oder zu finanzieren. Freiwillige Feuerwehr, äh, Rettungssanitäter. Frau 2: Also nichts ist schlimmer, als wenn du Hilfe brauchst und du sitzt in der Warteschleife bei der Leitstelle. Hab ich persönlich schon erlebt. (lacht) Mann 1: Na, da müssen wir das mal hierhin legen.

In einigen Orten jeder Größe und Lage wurde auf Kriminalität vor Ort verwiesen, um die Bedeutung von Ausgaben für Sicherheit im Vergleich zu anderen möglichen Anliegen zu begründen.

Zeven, Mann 1: Also wenn, wenn dir dein Haus abfackelt, dann hast du nix vom Bus, der vor der Haustüre wegfährt [..] Frau 5: Sicherheit ... ja, brauchen wir alle, nicht. Ich meine, es gibt ja nicht nur, nicht nur gute Leute, ne. Und so, wie wir, was man, also nach dem Standpunkt, wie es jetzt im Moment ist, also ich glaube, da ist das wichtiger als ... bisher, ne. [...] Frau 1: Und die Cyberkriminalität. [...] Mann 1: (fällt ins Wort) Ja gut, wir wohnen hier, äh, parallel Zum Kreuzkamp in Heeslingen und wir kriegen mit, wenn die Feuerwehr ausrückt und das ist so ungefähr dreimal in der Woche. Wenn wir die da jetzt nicht hätten, ja, ich glaube ... (allgemeine Zustimmung) [...] Frau 4: Und die organisierten Wohnungseinbrüche oder Hauseinbrüche hier, äh, wenn die Banden unterwegs sind. Ja.
Limburg, Mann 1: Äh, also ich würde Sicherheit auch, äh, ganz hervorheben, denn, äh, das ist hier in Limburg auch schon ein Problem äh, was, meiner Ansicht nach, überhaupt nicht gut gehandhabt wird. Äh, denn ... ja, haben auch Verkehrsdelikte. Da denke ich gerade an den, an die, äh,... Frau 2: An den Lkw-Unfall.
Leipzig, Frau 1: Ja, also Polizei. Dann nehmen wir die Sicherheit. So. Wenn noch Geld übrig ist und die Beamten endlich mit einzahlen, dann haben wir das. (lacht) [...] Mann 4: Ich finde auch Sicherheit ganz, sehr wichtig, weil einfach die, also was für Leute in den Parks rumlaufen, ei, da kannst du wirklich, da kannst du nur laufen. (Zustimmung von Frau 4) Wenn dir dann so Zwanziger-Gruppen entgegenkommen,... Frau 1: (fällt ins Wort) Ja, es ist schon ... Mann 4: (redet unvermindert weiter) ... die irgendwie alle mit der, mit der Hand in der, in der Arschtasche, äh, auf dich zulaufen und du das Gefühl hast, alle holen gleich ein Messer raus, wenn du dich nicht bis auf die Unterhose auszieht, was auch schon passiert ist so, fir de ich halt, ist Sicherheit relativ wichtig.

Die Auszüge aus den Diskussionen verdeutlichen, dass es in den entsprechenden Orten anders als bei den oben erwähnten Themen und in den genannten kleineren Kommunen nicht unbedingt originär lokale Sichtweisen auf das Thema Bereitstellung von Sicherheit gab, sondern sich die Positionierungen aus Mehrheitsentscheidungen innerhalb der Gruppen ergaben. Noch stärker galt dies für

Frankfurt a. M. und Chemnitz, wo sich lokale Bezugspunkte mit Elementen einer grundsätzlichen Debatte über Sicherheit verbanden. In Frankfurt a. M. mündete sie in einer Bewertung der Sicherheit als mittelwichtig, während in Chemnitz am Ende einer Abwägung gegenüber anderen möglichen politischen Anliegen (z. B. sozialen Maßnahmen) die Einschätzung als wichtig stand.

> Frankfurt a. M., Mann 1: (fällt ins Wort) Sicherheit kann raus. Frau 2: Sicherheit raus. Mann 1: Ja, das ist nur … Mann 2: (fällt ins Wort) Sicherheit ist eigentlich Landessache. Frau 1: Das gibt es überall, ne, eigentlich. Mann 1: Sicherheit ist nur ein Gefühl, keine tatsächliche. Es gibt keine … Sicherheit. Die gibt es nicht. Mann: (fällt ins Wort) Doch, die gibt es schon.
>
> Chemnitz, Mann 2: Ja, aber ich sag mal so, für unsere Sicherheit […] Mann 4: und das gehört ja unmittelbar zusammen. Das gehört ja zusammen. Also die Polizei kann es alleine nicht regeln. Dort muss sozialpolitisch etwas geschehen. Dort muss einfach auf die, die Bevölkerung, die sich dort trifft, dann eingegangen werden und dessen geregelt werden, was dort müsste. Dort könnte was getan werden. Mann 3: Also, bei mir wäre das einer der ersten Punkte gewesen, wo ich gesagt hätte, die können raus, aber sagen das ist alles. Also Präventionsmaßnahmen in Form von Sozialarbeit gehören dazu. Dann würde ich sagen, dann gehört das mit dazu.

6.2   Konfliktpotenzial durch räumlich unterschiedliche Gewichtung: Umwelt, Jobs, Verkehr

Im Gegensatz zu den Top 4 der Themenfelder, für die sich die Gruppen politisch eingesetzt hätten, fiel die Benennung der nachfolgenden Prioritäten unterschiedlicher aus. Obwohl im Gruppendurchschnitt Umwelt, gute Jobs und die öffentliche Verkehrsanbindung als wichtige politische Anliegen bewertet wurden, könnte in den Unterschieden der Bewertung eine besondere Brisanz für die Festlegung der Indikatoren und damit auch der Akzeptanz der Maßnahmen für gleichwertige Lebensverhältnisse durch die Politik stecken. Hieran könnten sich politische Konflikte entzünden.

Dabei zeigten sich in unserer Studie raumbezogene Unterschiede etwas stärker als gruppeninterne Differenzen, die also z. B. auf soziodemografischen Merkmalen der Sprechenden beruhen könnten. Diese Beobachtung ist gut belegbar, denn anders als bei den überregional als prioritäre sowie als nicht wichtige politische Anliegen eingestuften Themen sprachen die Gruppen zu den eher wichtigen Themen teilweise länger über die Abwägungen, die hinter den Einordnungen durch die jeweilige Gruppe standen. Die Relevanz räumlicher Aspekte trat daher nicht nur in Form der Einordung durch die Gruppen zutage, sondern auch durch die Gesprächsinhalte.

Die Priorisierung variierte nach der Siedlungsgröße. Maßnahmen für eine gute Umwelt erachteten die Gruppen in den Mittelstädten durchschnittlich als wichtiger (1,6) als jene in den kleineren Orten (1,4) und den Großstädten (1,3). Für gute Jobs wollten Gruppen in den 5 Mittelstädten ebenfalls durchschnittlich mehr politisch und finanziell tun (1,6) als die Gruppen in kleinen Orten (0,9) und Großstädten (1,1). Umgekehrt sprachen sich die Gruppen in den kleinen Orten und den Großstädten viel stärker für politische Maßnahmen zugunsten der öffentlichen Verkehrsinfrastruktur aus (je 1,3) als die Gruppen in den größenmäßig dazwischen rangierenden Städten (0,8 von 2). Obwohl sich die Priorisierungen der Gruppen in kleinen Orten und in Großstädten recht wenig unterschieden, assoziierten sie mit den Themen teils recht unterschiedliche Inhalte bzw. Problemlagen.

Die Unterschiede der Gruppenvoten in West- und Ostkommunen waren in Bezug auf politische Maßnahmen für eine gute Umwelt (1,3 vs. 1,4) und gute Jobs (1,1 vs. 1,2) gering. Hingegen sprachen sich die Gruppen in ostdeutschen Kommunen im Schnitt viel stärker als diejenigen in westdeutschen Kommunen für politische Maßnahmen für die öffentliche Verkehrsinfrastruktur (1,5 vs. 0,9) aus. Der Bundesländervergleich stellt die Relevanz des Ost-West-Vergleichs aber teils infrage. Die Gruppen in Brandenburg und Hessen bewerteten politische Maßnahmen für eine gute Umwelt als gleich wichtig (1,7) und im Schnitt als deutlich wichtiger als die Gruppen in Sachsen (1,2) und Niedersachsen (1,0). Auch in Bezug auf Maßnahmen für gute Jobs fielen die Mittelwerte nach Bundesland sehr verschieden aus. Und schließlich klafften die Mittelwerte für Maßnahmen zugunsten der öffentlichen Verkehrsinfrastruktur in Hessen und Niedersachsen sehr auseinander (0,7 vs. 1,7), und in Sachsen wurden solche Maßnahmen im Schnitt stärker priorisiert als in Brandenburg (1,7 vs. 1,3) (Tab. 6.1).

Eine **gute Umwelt** (auf Bildkarten symbolisiert durch Fotos eines Parks und eines Gartenteichs) wurde in Gruppendiskussionen in 12 Kommunen – also der Hälfte aller Orte – als wichtiges politisches Anliegen bewertet, darunter 5 der 12 kleinen Gemeinden (Luckau, Reichenbach, Temnitz, Witzenhausen, Zeven), 4 der 5 Mittelstädte (Cottbus, Eberswalde, Limburg, Stadtallendorf) und 3 der 7 Großstädte im Sample (Kassel, Leipzig, Potsdam). Dies entsprach 7 Gruppendiskussionen in Ostdeutschland (Cottbus, Eberswalde, Leipzig, Luckau, Potsdam, Reichenbach, Temnitz) und 5 in Westdeutschland (Kassel, Limburg, Stadtallendorf, Witzenhausen, Zeven) Als mittelwichtiges politisches Anliegen stuften eine gute Umwelt Gruppen in fast allen anderen kleineren Orten ein (Apen, Auerbach, Bevensen-Ebstorf, Doberlug-Kirchhain, Hirschhorn, Mulda), in 1 Mittelstadt (Cloppenburg) sowie in fast allen übrigen Großstädten (Chemnitz, Frankfurt a. M., Hannover). Mit 4 Ostkommunen (Auerbach, Doberlug-Kirchhain, Chemnitz, Mulda) und 6 Westkommunen (Apen, Hirschhorn, Bevensen-Ebstorf, Cloppenburg, Hannover, Frankfurt a. M.) glich sich der Ost-West-Anteil hier, bei einer insgesamt leicht höheren Gewichtung der Umwelt als politisches Anliegen in Ostdeutschland (Mittelwert 1,4) gegenüber Westdeutschland (1,3).

In 13 Gruppendiskussionen in Kommunen jeder Größe und geografischen Lage wurde die Bildkarte „gute Umwelt" von den Teilnehmern explizit oder implizit übereinstimmend bewertet. Im Vordergrund stand, dass die Umwelt auch in Zukunft geschützt oder besser geschützt werden müsse und daher politisch Vorrang genießen sollte.

> Eberswalde, Mann 2: Ich würde natürlich auch super gerne den Punkt gute Umwelt in den Fokus ... Frau 2: (fällt ins Wort) Ja, haben wir ja so viel von gesprochen, ne. Mann 2: (fällt ins Wort) Genau, weil das ist ja Basis, dass wir überhaupt [...] Frau 4: [...] Ach genau, eine saubere Umwelt brauchen wir, weil wenn wir die nicht haben, werden wir krank.
> Zeven, Frau 1: Gute Umwelt. Frau 2: Ohne, ohne gute Umwelt geht es halt, hilft uns alles nichts, ne. [...] Mann 2: Das sind die Basics. Frau 2: Ja, ja, das ist der absolute Grundstein. Mann 2: Dann ist das ja, gute Umwelt ist dann ja die Basis. Frau 5: Für was? Frau 2: Damit das hier überhaupt noch weitergeht. Frau 5: Ja, ja, ich meine, gut, das ist natürlich das für die Zukunft, für alle. Ne, also ich denke mal, ähm, das ist sowieso das Wichtigste für, für den Zukunftsbereich überhaupt, ne. [...] Frau 1: Gute Umwelt. Mann 1: Ist Voraussetzung für die Gesundheit. Frau 5: Voraussetzung für das weitere Leben. Mann 2: Genau.

Teilweise, wie in Cottbus, gab es wie bei den anderen unkontrovers als wichtig eingestuften Themen kaum eine Diskussion darüber, sondern einzelne Statements wurden von der Gruppe als augenscheinlich überzeugend stehengelassen.

> Cottbus, Frau 2: Also das ist für mich auch wichtig, weil Umwelt ist Zukunft. Ohne, ohne eine gesunde Umwelt sind wir alle raus.

In anderen Gruppendiskussionen, die sich auf eine hohe Priorisierung der Umwelt verständigten – überwiegend in hessischen Kommunen –, wurde über die Wertigkeit des Themas in Relation zu anderen Themen gesprochen, ohne in der Sache, dass Maßnahmen für eine gute Umwelt sinnvoll sind, unterschiedliche Positionen auszudrücken (z. B. Limburg, Stadtallendorf, Witzenhausen).

> Stadtallendorf, Frau 2: Gute Umwelt. Mann 1: Ja, ist schon wichtig, aber ... Mann 2: (fällt ins Wort) Aber nicht so. Mann 1: Nicht ganz so wichtig, ne. [...] Frau 1: Umwelt wäre wichtiger, weil ... Mann 1: (fällt ins Wort) Was wäre denn für dich noch wichtig? Frau 3: Ich wäre, ich bin auch für Umwelt [...] Mann 1: Weil es sonst nicht lebenswert ist. Also, wenn die Umwelt zerstört ist, oder [...] kaputt ist, ist keine Lebensgrundlage da.

Witzenhausen, Frau 1: Aber ein Problem ist, dass wir gar keine öffentlichen Verkehrsanbindungen haben. Frau 3: Ja, aber was willst du dafür wegnehmen? Den
Wohnraum? Das ist auch schwierig. [...] Frau 2: Umweltschutz, Autobahn, Wohnraum auch nicht haben. Mann 2: Aber wir wollen ja auch nirgendwo hin, weil wir
haben wunderschöne Umwelt. (Frau 2 lacht) Ja, nein, mal ehrlich, (...) Frau 2: [...],
es gibt keine Einkaufsmöglichkeiten. [...] Mann 3: Wenn wir nicht dafür sorgen, dass
wir eine gute Umwelt haben, dann können wir den ganzen Rest eh vergessen. Frau 2:
Ja, das ist eine unlösbare Aufgabe.

Limburg, Frau 1: Digitale Anbindung, sagten wir doch, wäre auch super wichtig,
um vernetzt zu sein. Frau 3: Ja, aber Umwelt ist halt auch extrem wichtig, ne. (Zustimmung von Mann 3) (Getuschel) Frau 3: Öffentliche Verkehrsanbindung finde ich
jetzt unwichtiger als Umwelt. [...] Mann 4: Also ich sage mal, gute Umwelt da ist
eigentlich hier die öffentliche Anbindung an den, Verkehrsanbindung, eigentlich
schon drin enthalten. Wenn ich für die Umwelt bin, dann will ich ja auch zusehen,
dass der CO$_2$-Anteil weiter runtersinkt und das kann ich eigentlich auch mit öffentlichen Verkehrsmitteln, indem ich das hier mit integriere, auch hinbekommen. Deswegen würde ich sagen, diese öffentliche Verkehrsanbindung ist, ist ... Mann 2: (fällt
ins Wort) Ist eher unwichtig, weil wir uns als Hauptziel die gute Umwelt gesetzt
haben. Genau. Bildung und soziale Dienste ist halt ganz wichtig.

In der hessischen Großstadt Kassel war dies anders; hier wurde das Thema prin-
zipieller diskutiert.

Kassel, Mann 1: Ich glaube nicht, dass die Marktwirtschaft daran Interesse hat an einer
guten Umwelt, weil ... alles ja irgendwie auf Ressourcen aufbaut und Ressourcen sind
im Endeffekt umweltschädlich, wenn man sie abbaut. Dementsprechend finde ich das
schon gut, was geschützt werden muss und das baut ja damit auf. Ich weiß nicht, wie ihr
das seht? Frau 3: Hm ..., kannst ja mal hinlegen. Ich finde den Gedanken aber eigentlich gut. [...] Frau 1: (fällt ins Wort) Schon klar, wenn du für die Umwelt nichts tust,
dann ... Mann 2: (fällt ins Wort) Dann macht's keiner, also die wenigsten ... Frau 3:
(fällt ins Wort) Ja eine gute Umwelt schließt ja auch vieles mit ein einfach, ne. Mann 2:
Also, wenn ich heute Politiker wäre und muss auch für die Zukunft und für die nächsten
Generationen mir Gedanken machen, dann sieht man ja ... Frau 1: (fällt ins Wort) Das
finde ich auch nicht schlecht, ja. Mann 2: (redet unvermindert weiter) [...], dass die
Umweltthemen einen riesen- oder das Thema der Zukunft sind. Und wir wissen alle –
wir sind vielleicht verschont persönlich von dem ein oder anderen Umweltkatastrophe,
wissen aber, dass es das gibt und trotzdem kann's uns auch erwischen und demzufolge,
äh, ist es das Thema Nummer eins neben dem Krieg für mich im Moment.

In Bevensen-Ebstorf und Leipzig gab es die Auffassung, dass die Umweltsituation vor Ort gut ist und damit war für die Gruppe indirekt verbunden, es nicht
als oberste politische Priorität einzuordnen. Dennoch wurde es als wichtiger als andere Themen bewertet, begründet meist mit abstrakten Verweisen auf den Klimawandel und beispielsweise der Unterstützung eines lebenswerten Lebens für die
heutige Jugend (Leipzig).

Leipzig, Mann 3: Na ja, ich finde das auch wichtig. Frau 4: Gute Umwelt? Ja. [...] Frau 1: Wo ist jetzt das wirklich, wo brennt es denn? Ich sage, in der Bildung. So. Ganz logisch, man hört es. Mann 3: Na, hier Natur auf jeden Fall. Da haben wir doch auch ein Problem. [...] Mann 3: Also, Umwelt ist doch klar. Äh, äh, vor dem Hintergrund der jetzigen Situation, wie das, äh, mit der Hitzeperiode und so läuft, wie dramatisch der Klimawandel jetzt kommt, ist doch klar, dass das uns wichtig ist. Mann 1: Also, für die Jugend auch. Für euch sollte das ja am wichtigsten sein. Frau 4: Richtig.

In der Hälfte der Gruppendiskussionen in kleineren Orten (6: Apen, Doberlug-Kirchhain, Hirschhorn, Kamenz, Mulda, Temnitz) gab es Kontroversen dazu, wie stark man als politische Entscheidungsträger dieses Thema unterstützen oder finanzieren sollte, darunter 4 in Ostdeutschland und 2 in Westdeutschland. In all diesen Orten wurde diskutiert, ob für die Relevanzbewertung die Umweltsituation vor Ort oder anderswo maßgeblich sein sollte. Einige Teilnehmer verwiesen darauf, dass die Umwelt vor Ort intakt sei und insofern keiner weiteren Unterstützung bedürfe, andere hielten dem entgegen, dass die Politik vorsorgen müsse, damit das so bleibe und Menschen vor Ort gut leben könnten oder weil es anderswo anders sei. Darüber hinaus wurde das Thema in Relation zu anderen auf den Bildkarten dargestellten Politikanliegen besprochen (Apen, Doberlug-Kirchhain, Kamenz, Mulda).

Apen, Mann 1: Die gute Umwelt muss [für mich] auf jeden Fall hierhin. Mann 2: Nee, da nicht. Wir haben sie ja. Mann 1: Ja noch. Wenn du nichts, wenn du nichts tust, hast du es nicht. Frau 2: Kommt hier wieder der Wasservogel raus. (Getuschel) [...] Frau 3: Diese Ausgleichungsgebiete haben wir ja, die können sie ja nicht mehr wegnehmen jetzt. Frau 1: Die müssen ja unterhalten werden, oder erhalten werden und gepflegt. Mann 2: Das ist sehr schwer.

Mulda, Frau 4: Ja, aber wenn du, wenn du ... mieses Umfeld hast ... Frau 2: (fällt ins Wort) Wenn du verseuchte Umwelt ... Frau 4: ... da kommt keiner. Da lebt keiner hier. [...] Frau 4: Na aber hier Umwelt muss sich die Politik auch kümmern. Wer ... (allgemeine Zustimmung) Frau 1: Aber je weniger sie sich kümmert, desto intakter ist es doch. Mann 2: Ja. (Gelächter) [...] Frau 4: Wenn nämlich hier keine gute Umwelt wär', würde keiner hierherkommen. Also es sind so paar Grundfesten, wenn die nicht funktionieren und eigentlich nicht dort liegen, dann haste hier keine Leute. Da ist kein Leben da. Mann 2: Das greift ja alles eins ins andere wie Zahnräder. Frau 4: Ja, das greift wirklich sehr ineinander.

Außerdem wurde diskutiert, ob eine prioritäre Behandlung anderer Anliegen, etwa der öffentlichen Verkehrsanbindung, nicht bereits hinreichend förderliche Effekte auch auf die Umwelt habe (z. B. Temnitz) oder ob die Priorisierung der Umwelt ihrerseits der Gesundheit dienlich sei (Hirschhorn).

Temnitz, Frau 1: Na, wir schwanken noch zwischen gute Umwelt und öffentliche Verkehrs- … Mann 2: (fällt ins Wort) Aber ganz ehrlich, Leute, wenn das nicht da ist, kannst du das knicken. Wenn die Umwelt im, im Arsch ist, brauche ich keine, brauche ich keine Verkehr-, öffentliche Verkehrsanbindung. Also, das … (lacht) Ja, aber also sorry. Man muss sich ja entscheiden. […] Frau 2: (fällt ins Wort) Ja, aber die Umwelt würde ja vielleicht besser werden, wenn ich jeden Tag mit dem Bus fahre. Und nicht immer alleine mit meinem Auto. (lacht, Zustimmung von Frau 4) Mann 2: Was? Frau 2: Na ja, wenn jetzt, sage ich jetzt mal, wir alle jeden Morgen in den Bus einsteigen würden, der den gleichen Weg hat, obwohl ich, oder wir sitzen alle in einem Auto, würde ja vielleicht die Umwelt auch nicht so drunter leiden. Macht bestimmt auch nicht jeder, aber mal so als Idee.

Hirschhorn, Frau 1: Also, ich würde zum Beispiel die, die Umwelt haben wir doch ganz gut, haben wir festgestellt, oder? Mann 4: Ja, bei uns. Frau 1: Wir gehen aber jetzt für uns, wo würden wir Geld, müssen wir in Hirschhorn für die Umwelt Geld ausgeben?

Auch in Kamenz und Osnabrück, wo sich die Gruppe letztlich jeweils dafür entschied, dass Maßnahmen für eine gute Umwelt nicht wichtig sind, standen hinter dieser Entscheidung unterschiedliche Einzelauffassungen, sodass nicht von einer originär lokalen Position zu sprechen ist.

Osnabrück, Frau 3: Gute Umwelt. (Stille) […] Frau 1: Eher unwichtiger, weil ich denke, für die Umwelt haben wir selber zu sorgen oder können wir selber sorgen. (Getuschel) Mann 3: Aber das sind ja auch Grünflächen und so, oder? Dafür können wir nicht selber sorgen. Frau 2: Ja, du kannst deinen Müll auch selber mitnehmen. Frau 1: Ja. […] Mann 3: Ja, aber dass da ein Schlossgarten ist, das, glaube ich, das ist … Frau 4: (fällt ins Wort) Ja, dass es den überhaupt gibt. […] Frau 2: […] Es ist ja jetzt die Frage, in welche Sachen wir jetzt Geld reinstecken. […] Mann 1: Können wir auch machen. Also Umwelt, finde ich, muss rein. Frau 4: Ja, also ich finde, Umwelt sollte nicht bei den unwichtigsten Sachen sein.

Die **öffentliche Verkehrsanbindung** wurde als Thema, wie erwähnt, viel häufiger in Gruppendiskussionen in Ostdeutschland (Mittelwert 1,5 vs. 0,9 für Westdeutschland), außerdem mehr in kleineren Orten und Großstädten (je 1,3) als wichtiges politisches Anliegen bewertet. Unter den Top 5 der politischen Anliegen platzierten es 6 der 12 Gruppen in Ostkommunen (Auerbach, Chemnitz, Doberlug-Kirchhain, Eberswalde, Kamenz, Mulda), aber nur 2 der 12 Westkommunen (Frankfurt a. M., Hannover). Unter den Gruppen, die die öffentliche Verkehrsanbindung als mittelwichtiges politisches Anliegen einstuften, waren die übrigen 6 Ostkommunen (Cottbus, Leipzig, Luckau, Potsdam, Reichenbach, Temnitz) und 5 Westkommunen (Cloppenburg, Osnabrück, Stadtallendorf, Witzenhausen, Zeven).

Inhaltlich wurde das Thema Verkehr breit verstanden, einschließlich Individual-oder Radverkehr. In kleineren Kommunen wurde in der Diskussion aber vor allem die örtliche Versorgung mit öffentlichen Verkehrsmitteln und ggf. Verbesserungs-bedarf angesprochen (Bevensen-Ebstorf, Doberlug-Kirchhain, Luckau, Mulda, Temnitz). Das galt auch für Chemnitz als Großstadt. Es gab hingegen räumlich übergreifend kaum Aussagen zu Tarifpreisen (nur Chemnitz) oder Autobahnan-bindungen (nur Doberlug-Kirchhain). In Orten, in denen die Verkehrsanbindung als wichtig eingestuft wurde, gab es dazu teils keine intensiven Diskussionen.

> Frankfurt a. M., Frau 2: Also, ganz wichtig ist [...] Dann würden wir die öffentliche Verkehrsanbindung, ähm, favorisieren, damit wir auch die Dörfer besser anbinden, also zum Busverkehr oder auch, ähm, manchmal also fahrerloses Fahren, autonomes Fahren, dass man auch on demand, dass man nicht warten muss auf einen Bus, son-dern einfach sagt, ich brauche jetzt mal so ein Taxi. Und dann gibt es ja schon gute Sachen. Deswegen, ich würde da auf jeden Fall investieren.
>
> Apen, Frau 2: Öffentliche Verkehrsanbindung, das haben wir ja sehr gut, das wol-len wir ja auch halten. Frau 3: Das wollen wir halten. Mann 2: Wahnsinnig, wahn-sinnig wichtig. [...] Frau 4: Gesundheit, öffentliche Verkehrsanbindung, gutes und bezahlbares Wohnen, finde ich persönlich auch ganz wichtig [...].

Typisch für das Themenfeld war jedoch, dass die Teilnehmer in den meisten Gruppendiskussionen keine eindeutige Meinung zu seiner Relevanz hatten und länger gemeinsam überlegten als beispielsweise beim Thema Gesundheitsver-sorgung. So war auch in manchen Gruppendiskussionen, in denen Verkehrsmaß-nahmen letztlich als wichtiges politisches Anliegen klassifiziert wurden, dies erst Ergebnis gemeinsamer Abwägungen zur Relevanz im Vergleich zu anderen Themenfeldern; Dissens hinsichtlich der konkreten Inhalte der Maßnahmen gab es nicht.

> Hannover, Frau 1: Also ich finde es eigentlich recht wichtig. Frau 3: Ich finde es auch wichtig, aber was nehmen wir raus? Frau 2: Gesundheit, Medizin? (Getuschel) Frau 1: Wir haben entschieden, oder wir haben uns überlegt, dass man ja auch mittlerweile bereit ist, weiter zu fahren als früher für Jobs. Frau 2: Guck mal, da ist dann das hier, die öffentliche Anbindung. Frau 1: Genau, da wäre dann die öffentliche Anbindung wiederum wichtig. [...] Frau 2: [...] Aber was ich eventuell noch tauschen würde, wäre öffentliche Verkehrsanbindung gegen Sicherheit. Also Sicherheit ist vielleicht noch wichtiger, weil du kannst fahren, aber Sicherheit brauchst du .... Auch in den öffentlichen Verkehrsmitteln. [...] Frau 1: [...] Öffentliche Verkehrsanbindung haben, da waren wir uns ein bisschen uneinig, haben wir jetzt aber auch zu den wichtigeren Dingen getan, denn man ist heute vielleicht eher bereit, für gewisse Dinge weiter zu fahren.

Für eine hohe Gewichtung finanzieller Aufwendungen bzw. politischer Maßnahmen für die öffentliche Verkehrsanbindung sprach aus Sicht von Teilnehmern eine als defizitär wahrgenommene Lage vor Ort – in Chemnitz kam beispielsweise die fehlende Anbindung an das Fernverkehrsnetz der Bahn zur Sprache – sowie dass eine bessere Verkehrsanbindung die Jobperspektiven und Erreichbarkeit des Arbeitsplatzes verbessern würde. Auch wurde argumentiert, dass eine gute Verkehrsanbindung Tourismus fördere und die Attraktivität der Region für Arbeitnehmer gewährleiste.

> Doberlug-Kirchhain, Frau 4: Also ich finde an sich, das ist schon wichtig. Also eine Anbindung … […] es ist immer perfekt, auch wenn ich eine Autobahn nicht eine Stunde hinfahren muss, sondern eine halbe Stunde. […] Mann 1: (fällt ins Wort) Unter gute Verkehrsanbindung würden ja dann auch Radwege zwischen Doberlug und […] fallen. […] Mann 1: […] Die öffentliche Verkehrsanbindung brauchst du, um überhaupt Leute in deine Region zu kriegen, entweder als Tourismus oder eben für Jobs. Frau 2: Geht schon bei den Schülern los. […] Mann 1: Genau, ja. Gerade für die Älteren, die halt eben nicht zwei Stunden mit dem Auto unterwegs sein wollen bis zur nächsten Uniklinik. Frau 4: (fällt ins Wort) Und deswegen braucht man vielleicht auch einen Zug zu den großen.

Wo die öffentliche Verkehrsanbindung als mittelwichtiges politisches Anliegen einsortiert wurde, äußerten Teilnehmer in ostdeutschen Kommunen (z. B. Luckau, Temnitz) ebenfalls Kritik an der Lage vor Ort, während in den westdeutschen Kommunen (z. B. Stadtallendorf) eher generelle Erwägungen zur Relevanz der öffentlichen Verkehrsmittel angestellt wurden.

> Luckau, Mann 4: Also ja, ich glaube […] der öffentliche Personennahverkehr ist Katastrophe. Das muss unbedingt besser […]. Frau 3: Das einzige, halbwegs akzeptable ist die Busverbindung nach Lübben. Das ist aber auch wirklich das einzige. Mann 4: Ja. Also das würde ich auch, definitiv sagen. […] Der öffentliche Personennahverkehr ist, hätten wir eine bessere Anbindung, würden hier mehr Leute hinziehen. Wir haben keinen Bahnhof mehr und damit, seitdem der Bahnhof nicht mehr ist, habe ich von vielen gehört, dass hier sehr viel Leute weggezogen sind. Man hat nicht mehr die Möglichkeiten, theoretisch, auf Pendeln. Mann 4: Ja, das ist ein Grund, weswegen die Leute hier auch wegziehen. Mann 3: Ja, das würde ich als wichtigstes von allen sogar sehen. Die Anbindung, weil du ist, man kommt man am Wochenende nicht weg. So, nachts ins Nachbardorf, muss man sich halt dann ein Moped oder ein Motorrad kaufen, um dahin zu kommen. Oder ein Auto, für drei Kilometer zum See.
> Temnitz, Frau 4: [Gerade] jetzt, wo ich kein Auto fahren kann, da ist das mit der Verkehrsanbindung, ist das ne Schwierigkeit. Ja, am Sonntag kommst du überhaupt nicht weg. Mann 3: Also, in der Woche kommst du morgens einmal hin und dann nachmittags einmal zurück, dann ist es auch wieder […] Frau 4: (fällt ins Wort) Ja, dann ist

wieder dann Schluss. (Stille) [...] Mann 3: (fällt ins Wort) Aber ich finde, das ist auf dem Dorf eigentlich ... eine der Sachen, die man, die mit vernünftig funktionieren müssen, dass man halt die Anbindung, äh, zur Stadt hat. [...] Frau 2: (fällt ins Wort) Da fahren nur die Schulbusse halt, ne, und die fahren dann am Wochenende nicht.
Stadtallendorf, Mann 1: Tja, weil ich finde, an sich finde ich gut für Kleinstädte Verkehrs-, öffentliche Verkehrsanbindung, das finde ich halt auch nochmal wichtig. Frau 4: Dass man wegkommt, ne.

Viele Gruppen, die sich letztlich für eine mittlere Priorisierung entschieden, waren unschlüssig, welches Anliegen man zugunsten einer höheren Gewichtung von Verkehrsmaßnahmen aus den wichtigen Themen herauslassen müsste. Wie in den Gruppendiskussionen, die das Themenfeld stark priorisierten, vertraten Teilnehmer hierzu unterschiedliche Auffassungen (Cloppenburg, Leipzig, Osnabrück, Reichenbach, Temnitz, Witzenhausen, Zeven).

Witzenhausen, Frau 1: Aber ein Problem ist, dass wir gar keine öffentlichen Verkehrsanbindungen haben. Frau 3: Ja, aber was willst du dafür wegnehmen? Den Wohnraum? Das ist auch schwierig. Frau 1: Na ja. Ich weiß es nicht. Ich sage ja nur, dass es schwierig wird, ohne öffentliche Verkehrsmittel ...
Cloppenburg, Frau 1: (fällt ins Wort) Verkehrsanbindung. Frau 3: Auch nicht unwichtig. [...] Mann 1: Und die Verkehrsanbindung, das funktioniert [...] trotzdem. Frau 2: (fällt ins Wort) Ja, ich sag ja, das ist die zweite Reihe. Und das ist die letzte Reihe.

Zudem unterschieden sich die Wahrnehmungen der Verkehrssituation (Mulda, Osnabrück, Reichenbach, Zeven) und der Relevanz öffentlicher Verkehrsmittel im Zusammenhang mit verschiedenen individuellen Bedarfslagen.

Osnabrück, Frau 3: Das ist hier öffentliche Verkehrsanbindung. Mann 3: Das ist mir nur wichtig, wenn ich natürlich irgendwie drauf angewiesen bin. Frau 3: Genau. Wenn ich da nicht drauf angewiesen bin, ist mir das auch nicht wichtig, genau. [...] Mann 3: Wir haben doch gerade gesagt, dass man alles mit dem Fahrrad erreichen kann, da kann man doch das Busfahren wegnehmen. Frau 3: Total nicht, aber das finde ich auch unwichtig. [...] da würde ich auch kein Geld reinstecken. (Getuschel) Mann 3: Also, ich würde das gerne zurücknehmen. [...] Ich würde gerne Bus gegen Umwelt tauschen.
Zeven, Mann 1: Also, wenn, wenn dir dein Haus abfackelt, dann hast du nix vom Bus, der vor der Haustüre wegfährt. Frau 6: Ja, dann müssen wir das wieder ... Frau 5: (fällt ins Wort) Dann müssen wir den Bus da mal weglassen, ne.

Schlagende Argumente dafür, Verkehr als unwichtiges politisches Anliegen zu klassifizieren, waren eine allgemein als gut bewertete Lage vor Ort (Bevensen-Ebstorf, Kassel, Limburg) und eine besondere Priorisierung anderer Themen.

Kassel, Mann 3: Verkehrsanbindung. Frau 4: (fällt ins Wort) Die ist vorhanden. Frau 1: Die ist vorhanden, die Einkaufsmöglichkeiten, seh' ich auch so. Da ist genügend vorhanden.

Bevensen-Ebstorf, Mann 1: Die Verkehrsanbindung würde ich auch. Wir sind alle mobil. Mann 3: Die haben wir eh nicht so richtig und wir kommen trotzdem klar. [...] Mann 2: Also, dass wir zum Beispiel eine öffentliche Verkehrs-, oder öffentliche Verkehre so haben, wie es beispielsweise in Berlin, Hamburg, Hannover ist oder so. Das ist für uns hier sowieso nicht möglich.

Auch in Gruppendiskussionen, in denen dies geschah, äußerten Teilnehmer aber durchaus Verbesserungswünsche (Limburg, Zeven)

Limburg, Frau 3: Öffentliche Verkehrsanbindung finde ich jetzt unwichtiger als Umwelt. [...] Frau 1: (fällt ins Wort) Wir tun die Verkehrsanbindung mal raus. Mann 4: Tu das mal weg. [...] Mann 1: (fällt ins Wort) Die, die öffentliche Verkehrsanbindung hier in Limburg ist an und für sich sehr gut, ne. Wir haben, äh, zig Bahnstrecken, die hier reinkommen, fünf glaube ich, ne und ähm, da müssten wir nicht unbedingt was tun. Anbindung nicht, aber, äh, Umgehungsstraßen bauen, das wäre wichtig.

Die beschriebenen Tendenzen bestätigten sich in der schriftlichen Befragung, in der die Teilnehmer individuell und ohne Limitation der priorisierbaren Themenfelder (also anders als in der Gruppendiskussion) angeben sollten, ob sich die Politik unter anderem für einen gleichen Zugang zu öffentlicher Infrastruktur (Bus, Bahn) einsetzen soll. Der Mittelwert der Gruppen, die in ostdeutschen Kommunen diskutiert hatten, lag deutlich über dem der Gruppen in Westdeutschland (2,5 vs. 2,2). Doch auch die Teilnehmer in Hessen (2,4) fanden das Anliegen eher wichtig, während die Teilnehmer der Gruppendiskussionen in Niedersachsen es als weniger wichtig einstuften (2,1 von 3). Teilnehmer von Diskussionsrunden in kleineren Orten und Großstädten (je 2,3) fanden es außerdem etwas wichtiger als solche aus Mittelstädten.

Bei der Gewichtung **guter Jobs** als Anliegen für die Politik zeigte sich in unseren Gruppendiskussionen praktisch kein Ost-West-Unterschied (Mittelwerte 1,2 vs. 1,1). Vielmehr ergab sich eine stärkere Priorisierung der Jobs in Mittelstädten (1,6) gegenüber anderen Siedlungsgrößen.

Von den 8 Gruppendiskussionen, die gute Jobs als wichtige Aufgabe der Politik einstuften, fanden 4 in Ostdeutschland (Doberlug-Kirchhain, Cottbus, Chemnitz, Luckau) und 4 in Westdeutschland (Bevensen-Ebstorf, Cloppenburg, Hirschhorn, Osnabrück) statt. Unter den 11 Diskussionsrunden, in denen gute Jobs als ein mittelwichtiges politisches Anliegen bewertet wurden, waren 5 der 12 kleineren Kommunen (Kamenz, Reichenbach, Temnitz, Witzenhausen, Zeven), 2 der 5 Mittelstädte (Eberswalde, Limburg) und 4 der 7 ausgewählten Großstädte (Frankfurt a. M., Kassel, Leipzig, Potsdam) bzw. 6 Kommunen in Ostdeutschland (Eberswalde, Kamenz, Leipzig, Potsdam, Reichenbach, Temnitz) und 5 in Westdeutschland (Frankfurt a. M., Kassel, Limburg, Witzenhausen, Zeven). Vergleicht man nach Bundesländern, so gab es in Brandenburg durchschnittlich eine viel höhere Bereitschaft, politisch etwas für gute Jobs zu tun (1,5) als in den anderen Bundesländern.

Die Entscheidung für die Einstufung erfolgte in etwa der Hälfte der Gruppendiskussionen einvernehmlich (Auerbach, Cloppenburg, Cottbus, Doberlug-Kirchhain, Frankfurt a. M., Hannover, Hirschhorn, Luckau, Osnabrück, Zeven), in den anderen gab es unterschiedliche Auffassungen.

In den 8 Gruppendiskussionen, die gute Jobs als *wichtiges* politisches Anliegen bewerteten, geschah dies fast überall ohne inhaltliche Kontroversen (außer Chemnitz, Luckau). In den ostdeutschen dieser Kommunen wurde das Thema mit Verweis auf örtliche und regionale Problemlagen besprochen, darunter Nachwuchsprobleme im Handwerk, Gehaltsunterschiede und ihre Folgen.

Doberlug-Kirchhain, Frau 4: Na, die Jobs sind ja wichtig, dass junge Leute hinkommen und nicht immer weggehen. [...] da sieht es schon ganz schön mau aus. [...] Mann 1: Das, da sind wir wieder. Wir haben zwar, in Elbe-Elster sind wir glaube das fünftletzte Schlusslicht beim, äh, beim, beim, beim Einkommen oder beim Wohlstand. Also, wir sind einer der ärmsten Landkreise hier.
Luckau, Frau 1: Ein gutes Leben ist nur durch gute Arbeit möglich. Mann 2: Was wir immer wieder merken, ist, dass Jobs fehlen. [...] Mann 4: [...] weil es hier ganz viele Handwerker und so gibt, die Leute suchen. Aber die Ausbildungsstellen hier sind nicht zu haben. Ich weiß nicht, wer hier überhaupt welche, alles ausbildet. [...] aber da geht ja ganz viel mit, weil die Bezahlung in der Ausbildung ist auch eine reine Katastrophe. Frau 3: [...] Und ich persönlich sehe jetze, für den Anfang meines Berufslebens nicht Luckau als perfekten Ort. Also, wahrscheinlich wie bei dir, erst mal irgendwo woanders hin, wo es erstmal mehr Angebot gibt. [...] Mann 4: Ja. Ich glaube, dann würde ich Jobs mit dazu nehmen. Oder?
Chemnitz, Mann 3: [...] Ein Haufen Handwerker wollen zumachen, weil sie noch nicht mal mehr Lehrlinge kriegen. Oder die Monteure sind alle über 60 Jahre alt. Na, das ist echt ein Problem. Und gleichzeitig gibt es genau das nicht, was du sagst. Berufe, die sehr gut qualifiziert sind. Und die kriegen dann hier ein Angebot. Also, warum sollen die herkommen? [...] Frau 2: Ich meine, es gehen ja de facto alle weg, die studiert haben und Geld verdienen wollen. Die gehen alle weg. [...] Und das ist schade, weil aus meinem Abiturjahrgang bin fast nur noch ich da ist [...] Mann 4: Meine Kinder sind auch alle weit weg. Frau 2: Und das liegt daran, dass in gewissen Bereichen, in dem oberen Segment fehlen, wie gesagt, da fehlen alle Jobs [...] Mann 4: Na die Jobs fehlen nicht, sondern die werden schlechter bezahlt. Frau 2: Die fehlen auch in manchen Bereichen. Mann 4: Ja, so ein Ingenieur hat drüben das doppelte Gehalt. Ganz einfach. Frau 2: [...] Das bricht jetzt hoffentlich auch auf durch Homeoffice.

In Gruppendiskussionen in westdeutschen Kommunen, in denen die Teilnehmer gute Jobs als wichtiges politisches Anliegen bewerteten, für das sie auch Geld ausgeben würden, wurde das Thema eher allgemein betrachtet und als bedeutungsvoll erachtet.

Cloppenburg, Frau 3: Aber der Job, aber Job muss da noch raus aus den unwichtigen. Frau 1: Sollen die Jobs denn in Reihe eins? Frau 3: Ja, weiß ich auch nicht, aber auf jeden Fall nicht dahin. [...] Wenn ich einen guten Job habe, dann kann ich ja auch gut wohnen. Dann kann ich das auch bezahlen, wenn ich einen guten Job habe. (allgemeine Zustimmung) Mann 1: [Obwohl] alles zusammenspielt.
Hirschhorn, Mann 2: Gute Jobs ist, glaube ich, wichtig um die Leute am Ort auch zu halten ... Sonst kriegen wir keine Einkommenssteuer. Mann 1: Ohne Jobs, kein Betrieb, [...] Mann 1: Gute Jobs ist der, ist der Eingang zu dem Kreislauf. Frau 3: Eben.
Osnabrück, Mann 4: (fällt ins Wort) Gute Jobs auf jeder Fall auch. [...] Vor allem keine unterbezahlten Jobs. Frau 1: Ja ... [...] Frau 2: Es wäre aber auch mal schön, wenn andere Berufe auch anerkannter wären und vielleicht mehr Gehalt in Berufen gezahlt werden würden, weil ..., wenn wir irgendwann keine Handwerker mehr haben, die aufs Dach steigen und unsere Dächer da machen, was machen wir dann? Das können die Studierten nicht. So, also ... das denke ich auch. Von daher auch das Geld, dass das irgendwann jetzt mal wirklich in die Jobs und in die Handwerksberufe mit reingeht. Frau 3: Und nicht nur in die, da gebe ich dir recht ... Frau 2: (fällt ins Wort) Akademischen Berufe. [...] wenn der bestbezahlte Job mal wieder der Dachdecker wäre, dann würden wir alle zusehen, dass unsere Kinder Dachdecker werden würden oder Friseure oder irgendwie so. Nur, das ist nun mal nicht so. Also sagen wir den Kindern eigentlich, lasst die Finger davon.

In den 11 Gruppen, die gute Jobs als mittelwichtiges politisches Anliegen einstuften, geschah dies vor dem Hintergrund einer als nicht besonders problematisch wahrgenommenen Lage vor Ort. In 6 dieser Gruppendiskussionen wurden konträre Argumente besprochen. So wurde hier diskutiert, ob die Förderung von Jobs überhaupt ein Anliegen der Politik sein sollte oder sich eher von selbst, privatwirtschaftlich reguliert.

Kamenz, Mann 1: Gute Jobs ... ist ja relativ [...] Also um die Jobs muss sich ja jeder größtenteils alleine kümmern. Mann. 4: Ja, da macht ja keiner was dafür, sondern [...] Mann 5: Was haltet ihr denn davon, was haltet ihr denn von guten Jobs? Das rausnehmen, weil wie ihr erst schon gesagt habt, ist ja das, wo die Firmen sich drum kümmern. Die wollen ja gute Jobs anbieten. Mann 1: (fällt ins Wort) Aber wenn du, wenn du zum Beispiel [...] nicht angesiedelt hättest (Zustimmung von Frau 1 im Hintergrund), was über die Politik geht, haste keine guten Jobs. Ob die gut sind, steht auf nem anderen Blatt. Eins steht fest, wenn du kein Geld hast, bist du der letzte Dreck in Deutschland, das ist Fakt. Deswegen brauchst du die. Mann 5: Ja, wir haben Fördergelder beantragt.

Eberswalde, Frau 4: Also, gute Jobs sind immer wichtig, sonst kannst du dir das andere ja alles ... Mann 1: (fällt ins Wort) Ich möchte sagen, die Jobs, die musst du dir ja sowieso alleine suchen. Da hat doch die Politik nichts mit zu tun.

Als Einwand gegen öffentliche Maßnahmen für gute Jobs wurde ins Feld geführt, ob man unbedingt einen guten Job braucht und dass man für einen guten Job auch weiter fahren bzw. pendeln könne.

Reichenbach, Frau 2: So was haben wir hier jetzt? Gute Jobs, brauchen wir ja, ansonsten ziehen wir ja weg. (lautes Getuschel und Gemurmel) [...] Frau 4: Gesundheit oder gute Jobs? Mann 3: Sag du mal. (Frau 3 lacht) Mann 2: Gute Jobs oder gute Umwelt ist auch ... (Gemurmel) Mann 2: ... für die Jungen wichtig. Frau 4: Ja, für die guten Jobs kannst du auch mal ... Mann 3: (fällt ins Wort) Na man kann im Leben auch mal einen schlechten Job machen. Frau 4: Genau!
Zeven, Frau 4: Ja, ist auch nice to have, ne, guten Job [...] Frau 1: Das ist natürlich auch ganz wichtig. Mann 1: Ja. Wie weit willst du fahren? Ne, das ist ja relativ. Man kriegt immer gute Job, ne. Wenn du pendelst. (Getuschel) Frau 5: So sieht das aus. Und ich meine, obwohl, wenn du das von, wenn du das von hier aus siehst, hier ist die Möglichkeit einen guten Job zu kriegen, nicht so schlecht, weil wir hier ja viel, wirklich viel Industrie [haben]. Mann 1: Es kommen, es kommen unheimlich viele Leute aus Hamburg, aus Bremen nach Zeven, um hier zu arbeiten.

Zudem fanden in solchen Diskussionen Abwägungen mit anderen Themenfeldern statt und es wurden grundsätzlich die Aufgaben der Politik bzw. des Staates diskutiert.

Potsdam, Mann 2: Aber ich meine, für all das und gutes und bezahlbares Wohnen, ähm und eine gute Gesundheit, brauche ich auf jeden Fall Geld, um mir was leisten zu können. Somit brauche ich die Möglichkeit, einen guten Job zu machen. (Zustimmung von Frau 1) Mann 3: Guter Punkt. Frau 1: Ist ein guter Job wichtiger als irgendetwas anderes von denen? Mann 2: Ja, also ich finde [einen guten] Job wichtiger als eine öffentliche Verkehrsanbindung. [...] Frau 2: Aber wenn man eine gute Bildung hat, dann bekommt man ja auch eigentlich gute Jobs. Mann 4: Jobs alleine würde ich ja sagen, ja, aber gute Jobs. [...] Mann 4: Ohne [...] Jobs würde alles andere nicht laufen. Mann 3: Das ist schon richtig, ja. [...] Frau 1: Aber kommen die guten Jobs nicht mehr oder weniger alleine. Muss ich mich nicht als Politiker mehr um soziale Sachen kümmern, weil die, um die kümmert sich keiner. [...] Mann 4: Für die Jobangebote und Möglichkeiten müsste der Staat sorgen, denn der will die Steuern einnehmen darüber. Mann 3: Das ist auch wieder richtig.

In Gruppendiskussionen, die die Förderung guter Jobs als für die Politik unwichtiges Anliegen bewerteten, geschah dies nach einer Auseinandersetzung mit teils konträren Argumenten. So wurden in Auerbach zwar gute Jobs einhellig als wichtiges Anliegen gesehen, aber nicht als Aufgabe, die die Stadt selbst effektiv

bearbeiten könne. Diese könne „zwar gute Rahmenbedingungen schaffen für Gewerbe, Industrie etc.", aber „die guten Jobs muss die Privatwirtschaft bringen". In
Stadtallendorf und Mulda wurde die letztendlich vorgenommene Gruppenbewertung damit begründet, dass es gute Jobs vor Ort gebe und/oder die Kommune
das nicht direkt regeln könne.

Stadtallendorf, Frau 2: Ja, Jobs und Arbeit und die Bildung ist auch wichtig. Mann 1:
Okay. Das wäre noch zu diskutieren vielleicht. […] Frau 3: Wenn wir, also wir haben
ja genug Arbeitsplätze hier. Mann 1: Hm … aber da, ja … Frau 3: Ich meine, du
kannst überall in der […], also du kannst in der […] 10.000 Ausbildungen machen.
Mann 1: Das stimmt schon. aber das kommt dann auch mit carauf an, wie siedeln sich
Firmen denn an? Bleiben sie hier […] Äh, wegen, weil das auch sich eher selber regelt. Da muss die Politik nicht zu viel rein geben […].
   Mulda, Frau 1: Na ja, gute Jobs ist […] Mann 2: (fällt ins Wort) Aber da kann man
ja auch ein Stückl fahren. (Zustimmung und allgemeines Getuschel) Frau 4: Da tun
wir das mal weg Wenn wir was wegsortieren müssen. […] Mann 1: Es gibt schon hier
gute Jobs. Mann 5: Das kommt immer auf die Gemeinde an Mann 2: Ja. Frau 4: Aber
das ist wirklich […] Mann 5: Aber ist ein guter Job was, wo du dir was von der Politik
erhoffst? Frau 4 und 1: Nee. Mann 2: Na doch. Das macht ja die Politik. Mann 1:
Rahmenbedingungen. Frau 2: Schaffen die Rahmenbedingungen. Mann 4: Aber ich
finde manchmal sollte die Politik sollte sich bei den Jobs bissel weniger sich einmischen. […] Mann 4: Genau und ob VW oder so was Riesen so an politischen Gelder braucht, weiß ich auch nicht.

Wie schon in dem Ausschnitt aus der Gruppendiskussion in Mulda ersichtlich,
wurde auch in diesen Gruppen oft argumentiert, dass man für einen guten Job auch
bereit ist, woandershin zu fahren, während andere Anliegen wichtiger vor Ort zu
regeln seien (Apen, Hannover). Es wurde also angenommen, dass Menschen individuell mobil sein sollten, um ggf. Defizite in der Versorgung auszugleichen.

Apen, Mann 4: […] Wofür ist man bereit, weiter zu fahren? Was ist im Zweifelsfall
[…] lieber weiter weg? Frau 4: Gute Jobs weiter weg. Mann 4: Hätte ich nämlich
auch gesagt. […] Frau 1: (fällt ins Wort) Aber andererseits, Stopp, jetzt komm ja ich
wieder. Hab ich gute Jobs, habe ich Gewerbesteuereinnahmen und damit bin ich ja,
ich brauche ja Kohle, um diese ganzen Sachen zu bezahlen. Also sorry. Mann 4: Ich
[will's] trotzdem nicht. Frau 1: (seufzt) Also … Also als Arbeitgeber würde ich sagen,
äh, muss er wieder zurück. Weil wir brauchen ja auch die Einnahmen. Irgendwo von
müssen wir ja diese ganzen Spaßbedingungen ja auch bezahlen. Da komm ich wieder,
ich kann's nicht ändern.
   Hannover, Frau 1: Also wir haben hier einmal gute Jobs. Ich weiß gar nicht, ob das
so relevant ist, weil viele Leute sind ja auch bereit weiter zu fahren, um zu arbeiten.
Also würde ich das erstmal zur Seite tun.

Insgesamt gab es beim Thema gute Jobs in einem Drittel der Gruppendiskussionen
lokal übereinstimmende Sichtweisen für eine starke Priorisierung, in anderen aber

nicht. Probleme wurden primär in ostdeutschen Kommunen berichtet, wenngleich nicht überall. Die nur mittlere Gewichtung des Anliegens für die Politik in den meisten Orten sowie die inhaltlichen Debatten in den meisten Kommunen verweisen auf ein Konfliktpotenzial für die politische Priorisierung, inhaltliche Ausgestaltung und finanzielle Unterfütterung von Arbeitsmarkt-, Wirtschafts- und Regionalpolitik in der Praxis. Das Konfliktpotenzial gründet nicht nur auf räumlichen, sondern auch auf subjektiv unterschiedlichen Einschätzungen, etwa im Zusammenhang mit eigener Betroffenheit.

Die räumliche Verteilung der Positionen in den Gruppendiskussionen entsprach in etwa dem Ergebnis der Auswertung der Fragebögen zur Relevanz des Jobs für das eigene Wohlbefinden. Der Fragebogen gab den Teilnehmern der Gruppendiskussionen auch die Möglichkeit anzugeben, ob sich die Politik besonders für Wirtschaftsförderung einsetzen soll. Der Blick wurde also nicht auf die Jobs allein gerichtet. Hier zeigte sich wieder ein Ost-West-Unterschied. Der Mittelwert für die Teilnehmer der Gruppen in ostdeutschen Kommunen lag bei 2,3 gegenüber 2,1 bei westdeutschen Kommunen. Im Bundesländervergleich liegen die Werte für Brandenburg und Sachsen nah beieinander (2,3), ebenso wie die Werte für Niedersachsen und Hessen (2,0). Im Allgemeinen befürworteten außerdem Teilnehmer von Gruppendiskussionen in kleineren Orten und Mittelstädten Wirtschaftsfördermaßnahmen etwas stärker (je 2,1) als solche in Großstädten (1,9).

6.3   Digitales, Kultur, Beteiligung & Co.: räumliche und andere Präferenzunterschiede

Im Zweifel weniger wichtig fanden die Gruppen politische Maßnahmen und Finanzierung für die digitale Infrastruktur, Kultur- und Sportangebote, Einkaufsmöglichkeiten, politische Beteiligung, den Zugang zur Verwaltung, öffentliche Orte für Geselligkeit sowie Religionsausübung (absteigend, siehe Tab. 6.1). Die durchschnittlich geringere Priorisierung entsprach den geschilderten Überlegungen dazu, was für ein gutes Leben etwas nachrangig ist (Abschn. 5.2). Die nachrangige Gewichtung (zusätzlicher) politischer Unterstützungsmaßnahmen für den Sport durch (in den meisten Gruppendiskussionen) sportlich aktive Menschen verdeutlicht nochmals, dass es den Teilnehmern wichtig war, in der fiktiven Rolle als politische Entscheider das Gemeinwohl über eigene Vorlieben zu stellen.[2] Für die politische Kompromissfindung ist dies von Vorteil.

---

[2] In 17 Kommunen fanden die Gruppendiskussionen in Kooperation mit einem lokalen Sportverein statt. In 4 der 12 kleineren Kommunen, 1 der 5 Mittelstädte und in 2 der 7 Großstädte arbeiteten wir jeweils mit einem anderen lokalen Partner zusammen.

Dennoch deutet die Auswertung der Äußerungen zu diesen Themen auf ein gewisses politisches Konfliktpotenzial, denn je nach Siedlungsgröße und Bundesländern fanden die Gruppen die Unterstützung von Kultur, Digitalem und Sport durch die Politik unterschiedlich wichtig. In Bezug auf Maßnahmen zur Unterstützung politischer Beteiligung ergaben sich deutliche Ost-West-Differenzen. Darüber hinaus zeigten sich bei der Besprechung der konkreten inhaltlichen Schwerpunktsetzung Unterschiede.

Die Gruppen in Mittelstädten bewerteten politische Maßnahmen und die Finanzierung von **Kulturangeboten** durchschnittlich als doppelt so wichtig (1,2) wie solche in kleineren Kommunen (0,6) und Großstädten (0,7). In 16 Gruppendiskussionen waren diese Einstufungen unkontrovers. Die Gruppen in Hessen hätten sich, wenn sie politische Entscheider gewesen wären, im Schnitt deutlich stärker für Kulturunterstützung eingesetzt (1,2) als jene in Sachsen (0,8), Brandenburg (0,7) und vor allem in Niedersachsen (0,3).

Der höhere Wert für Hessen kam dadurch zustande, dass die Unterstützung der Kultur in Frankfurt a. M. und Stadtallendorf als wichtiges politisches Anliegen bewertet wurde. In der Mittelstadt Stadtallendorf lautete das Argument (nicht ganz unumstritten – siehe unten): „Ohne Kultur keinen Spaß". In Frankfurt a. M. rangierten andere Themen, wie Gesundheit, vorn, aber da man kulturverwöhnt sei und um den Anschluss an andere Kultur-Metropolen nicht zu verlieren, wollte die Gruppe die Kultur unterstützen.

Frankfurt a. M., Mann 1: Also, ohne Kultur kann man keine Gesellschaft […] Frau 1: (fällt ins Wort) Kultur wäre jetzt Orte für öffentliche Geselligkeit. Wäre das Kultur? […] Mann 1: Also ohne Kultur geht gar nicht. Frau 2: Was soll ich raus tun? Wohnraum, Gesundheit, Sicherheit, Infra-… […] Also, ganz wichtig ist gutes und bezahlbares Wohnen, damit die Jugendlichen zu Hause feiern können […] Dann haben wir die Gesundheit. Das haben wir ja schon öfters gesagt, dass das das Wichtigste ist, weil man es nicht so beeinflussen kann. Wir haben oftmals Smogalarm, weil die Luft nicht abzieht. Der Taunus ist dann der Ausflugsort, aber auch durch die Industrie. Wir haben Industriepark Griesheim Höchst. Ähm, da passiert auch immer mal ein kleiner Ausbruch. Deswegen haben die Leute Angst, und da werden wir da investieren, aber auch in die Kultur, weil wir so kultur-, ähm, – verwöhnt sind und gesagt haben, wir müssen da up-to-date bleiben, dass wir den Anschluss nicht verlieren an New York, Paris und die Leipziger Buchmesse. Dann würden wir die öffentliche Verkehrsanbindung, ähm, favorisieren, damit wir auch die Dörfer besser anbinden […]

In den ebenfalls in Hessen gelegenen Kommunen Kassel und Witzenhausen teilten die Gruppen die von einzelnen geäußerte Ansicht, dass es keiner speziellen Kulturförderung bedürfe. Der Markt regele Kultur besser (Kassel) bzw. Kulturangebote könnten von den Bürgern selbst initiiert bzw. organisiert werden (Witzenhausen).

In Kamenz, Mulda und Doberlug-Kirchhain verwiesen Teilnehmer darauf, dass es Kulturangebote in nahe gelegenen Städte gebe und man die Fahrtwege in Kauf nehmen könne.

> Kamenz, Mann 1: Also Kulturangebote machen wir ja meistens alleine und es ist ziemlich gut […]. Müssen wir da irgendwie die Politik fordern. Kulturangebote, nee. Frau 1: Nee, weil wenn du öffentliche Verkehrsanbindung hast, kannste auch bis Dresden fahren zum Kino. (Gelächter und Getuschel) Frau 2: […] Kino, siehste. Mann 4: Dein Kino kriegste sowieso nicht wieder.

Auch in Cloppenburg vertraten die Teilnehmer übereinstimmend die Ansicht, dass es bereits Kulturangebote vor Ort gebe und es keiner (weiteren) Unterstützung bedürfe. In anderen Orten wurde das Anliegen schlicht unkontrovers als weniger wichtig als andere Themen bewertet (Apen, Bevensen-Ebstorf, Eberswalde, Hannover, Limburg, Reichenbach, Zeven).

> Bevensen-Ebstorf, Mann 1: Was ist denn mit dem Kulturangebot. Ist das lebenswichtig? Frau 2: Nein, ist nicht lebenswichtig.
> Reichenbach, Frau 3: Ich steck's mal hinten hin. Kulturanbindung, äh, -angebot. Frau 4: Das kannste eigentlich … (lautes Getuschel) Mann 4: Das ist nee eigentlich … das, das kannst du ja nicht essen. Frau 4: (lacht) Genau, das kannste auch alleine machen.

Stärker diskutiert wurde die Bewertung von Kulturförderung in 6 Kommunen (Chemnitz, Leipzig, Osnabrück, Potsdam, Stadtallendorf, Temnitz), darunter 4 Großstädte, 1 Mittelstadt und 1 kleinere Kommune. In Osnabrück, Potsdam und Temnitz empfanden Teilnehmer das Anliegen als unterschiedlich wichtig. In Leipzig wünschten sich einige, die Unterstützung der Kultur gegenüber der Sportförderung zu priorisieren, in Osnabrück wurde die Bedeutung der Kulturförderung im Vergleich zur Förderung politischer Beteiligung abgewogen. In Chemnitz wurde kontrovers darüber diskutiert, wie erschwinglich existierende kulturelle Angebote vor Ort sind. In Stadtallendorf plädierten junge Teilnehmer für eine bessere Berücksichtigung der Freizeitgestaltung und des „Spaßes" – darunter auch der Kultur – bei den prioritären politischen Maßnahmen.

> Stadtallendorf, Frau 1: Kulturangebote. Mann 1: Wichtig, weil wenn man keinen Spaß im Leben hat, dann lohnt sich es auch nicht. […] Mann 1: (fällt ins Wort) Also, ich finde das Argument gut, weil die tun sich meist selber organisieren (Zustimmung von Frau 1). Deswegen […] müsste man von der Politik da nicht unbedingt dafür noch zusätzlich [fordern]. Das passiert ja. Frau 1: Würde ich das dann wegmachen. […] Mann 1: […] die fünf wichtigsten, da haben wir bis jetzt da, kannst du gerne nochmal sagen, ob du das auch so machen würdest oder eben … Frau 3: Ja, aber da ist überhaupt kein Spaß dabei. Sorry, aber ich finde, ich fühle mich hier nicht … Frau 1: (fällt ins Wort) Ja, ich wollte gerade sagen, die […] Generationen merkt man

schon, ne. Frau 3: Also, ganz ehrlich, weil es gibt, äh … Mann 2: Aber, wenn das jetzt zehn Stück wären, dann wäre ich, wäre ich dabei. Aber dass du jetzt den Punkt wichtig … Frau 3: (fällt ins Wort) Aber was nützt mir das alles, wenn ich keinen Spaß im Leben habe. Dann bin ich die ganze Zeit hier und dort und keine Ahnung. Frau 4: Da merkt man schon wieder die Generationen […] Frau 2: Was gibt es denn als Spaß noch? Frau 3: Hier, zum Beispiel Kulturangebote, dann öffentliche […] Sportmöglichkeiten, öffentliche Orte für die Geselligkeit.

In der anschließenden individuellen schriftlichen Befragung, in der ohne Obergrenze angegeben werden konnte, um welche Themen sich die Politik besonders kümmern solle, sprachen sich Teilnehmer von Gruppendiskussionen in Großstädten (2,0) durchschnittlich etwas stärker dafür aus, „Kulturangebote überall" zu fördern als Personen in kleineren und mittleren Kommunen (1,8 und 1,9). In Hessen und Brandenburg (je 2,1) war die Unterstützung für das Anliegen höher als in Sachsen und Niedersachsen (1,9 und 1,8). Unter Teilnehmern der Gruppendiskussionen in ostdeutschen und westdeutschen Kommunen war die Zustimmung insgesamt gleich (je 2,0).

Im Vergleich zur Kulturförderung wurden Maßnahmen zugunsten der **digitalen Infrastruktur** in vielen Gruppen intensiver besprochen. Auch hier war die Spannweite der Bewertungen insgesamt recht groß, obwohl im Durchschnitt die Gruppen in den Großstädten (0,9) nur etwas stärker für sie votierten als solche in Mittelstädten und kleineren Orten (je 0,8). Politische Unterstützung für die digitale Infrastruktur war den Gruppen in Brandenburg und Niedersachsen aber durchschnittlich viel wichtiger (je 1,0) als den Gruppen in Hessen (0,5); die sächsischen lagen dazwischen (0,8) (Tab. 6.1). In Cottbus kam die Unterstützung der digitalen Infrastruktur in die Top 5 der wichtigen politischen Anliegen, aber in 5 der 24 lokalen Gruppendiskussionen (Doberlug-Kirchhain, Frankfurt a. M., Limburg, Reichenbach, Stadtallendorf) rangierte sie unten.

In Cottbus und vielen anderen Orten wurde die Relevanz einer guten digitalen Anbindung als gesetzt betrachtet und wenig besprochen. Beispielsweise hieß es in Eberswalde einfach:

Eberswalde, Mann 3: Digitalisierung ist auch wichtig. Mann 4: Definitiv.

In vielen Kommunen wurden aber durchaus unterschiedliche individuelle Sichtweisen auf den Bedarf politischer Maßnahmen für die digitale Infrastruktur sichtbar, wie etwa in Osnabrück.

Osnabrück, Mann 4: Digitale Anbindung kannst du von mir aus zu 80 % reduzieren. Frau 1: Ja, aber das wird immer mehr werden, das ist der wunde Punkt. Mann 4: Ja, das wird immer mehr. Frau 3: (fällt ins Wort) Wenn du da ins Hintertreffen gerätst […] Mann 3: Dann würde ich eigentlich digitale, ist das digitale Anbindung? Frau 3: (fällt ins Wort) Das ist digitale Anbindung. (allgemeine Zustimmung) Mann 4: Pff, ja, weiß ich nicht. Ganz ohne ist auch scheiße, aber …

Die digitale Versorgung wurde dabei oft als Thema für Jüngere dargestellt. Diese verwiesen wiederum auf den grundsätzlichen Bedarf beispielsweise für einen einfacheren Zugang zur Verwaltung, Bildungsangebote oder Homeoffice (Apen, Cloppenburg, Hannover, Kassel, Luckau, Potsdam, Temnitz, Witzenhausen).

> Hannover, Frau 1: [...] genau, die digitale Anbindung. Ich glaube, da waren wir uns auch so ein bisschen uneinig, denn ich glaube, wir Jüngeren würden eher sagen, dass ist für uns super wichtig, ähm, gerade, wo Homeoffice im, im Kommen ist, Homeschooling. Äh, alle saßen ja irgendwie zu Hause, die letzten zwei Jahre vor allem. Da war das Internet einfach entscheidend. Auch, egal, ob es die Schule ist, ob es die Uni ist, ob es die Arbeit ist, wenn [...] Mann 2: (fällt ins Wort) Auch die Verwaltung. Frau 1: Ja, genau. [...] Wenn man dann, denke ich, älter ist und da nicht mehr ganz so viel zu tun hat und vielleicht eher, ja, sich auf andere Dinge fokussiert, ist das vielleicht nicht ganz so wichtig. Wenn ich meine Großeltern sehe, die haben mit Digitalität nicht viel am Hut. (lacht)
> Potsdam, Frau 1: (fällt ins Wort) Ja, digitale Anbindung finde ich wichtig. (lacht) Frau 3: Für die jungen Leute. Mann 1: Für die jungen Leute, ja. Frau 1: Na erst wenn, erst wenn ich digitale Anbindung habe, habe ich einen einfachen Zugang zur Verwaltung, oder also ... Das ist so Basis für so vieles.

Dabei wurde teilweise anerkannt, dass eine breite Digitalisierung für Ältere problematisch sein könnte.

> Cloppenburg, Mann 2: Einfacher Zugang zur Verwaltung. Wenn, äh, damit eingeschlossen wäre der Zugang [...] zu den ganzen Behörden. Das ist katastrophal. [...] Mann 1: Das wäre der Punkt mit digital. Wenn du das digital machen würdest, das wäre, für die Älteren wahrscheinlich eine Katastrophe, für die Jüngeren total geil. Du kannst alles sofort erledigen von zu Hause. Mann 2: Ja, wäre, es wäre schön, wenn das so möglich wäre, aber digital [...]

Die Klassifizierung der digitalen Anbindung als mittelwichtig stellte in solchen Runden einen Kompromiss innerhalb der Gruppen dar.

> Luckau, Mann 2: Also die digitale Anbindung, die kriegen wir. Luckau wird jetzt digital. Mit Glasfaser. Wer möchte, kann sich anschließen lassen. Frau 1: Ja, pass mal auf. Brauchste dit jetzt oder oder brauchst du unbedingt ein Handy? [...] Frau 2: Du wolltest das nicht, aber? Mann 1: Ich brauch das nicht. Frau 1: Was ist denn wichtiger? Pff. Eigentlich ist das alles ... Mann 1: Es kann ja an zweiter Stelle kommen. Es muss ja nicht an erster Stelle sein.

In anderen Gruppendiskussionen – alle in dünner besiedelten Regionen – war die (schlechte) Verfügbarkeit digitaler Angebote ein viel größeres Thema, was auf die Relevanz lokaler/räumlicher Rahmenbedingungen für die Bewertung hindeutet. Sie beeinflussen die generellen Voraussetzungen auf digitale Angebote zugreifen zu können. Teilnehmer in Apen, Auerbach, Bevensen-Ebstorf und Mulda thematisierten die schlechtere digitale Anbindung der Kommune bzw. Ortschaften sowie Defizite in der Region.

> Auerbach, Frau 2: Ne, das, das Digitale ist doch jetzt das, was im Kommen ist. Mann 3: Das, das ist extrem wichtig. Frau 4: [...] das ist eigentlich nicht Stadtsache, in dem Sinn. Mann 2: [...] Na, dann tu die digitale Anbindung her, weil wir haben es ja. Frau 3: Ja und selbst wenn, wohnen ist, sage ich mal, so wichtiger, weil es hängt ja davon ab, auch [...] Frau 1: (fällt ins Wort) Haben wir schon so eine gute digitale Anbindung? Mann 2: In Auerbach ja. Frau 4: Ja. Mann 4: Eigentlich schon. Frau 1: Da habt ihr Glück. Bei uns bricht, bricht ständig das Fernsehen zusammen. Also wir in Falkenstein haben überhaupt noch nichts.

> Bevensen-Ebstorf, Mann 2: [...] Glaube, da sind wir hier zum Beispiel im Landkreis auch relativ weit, ähm weil bei uns auch das, was Glasfaserinfrastruktur oder so angeht, auch schon umgesetzt wurde oder wird. [...] wir sind ja jetzt hier im Verhältnis zu anderen Orten, äh, in der Samtgemeinde auch ein bisschen größerer Ort. Da gibt es natürlich auch Orte drumherum, wo dann vielleicht nur 200 oder 100 Einwohner sind und, äh, wo es dann ein bisschen schwieriger ist, was auch digitale Anbindung betrifft. Oder dass man an ein oder zwei Stellen, mir fallen insbesondere die [...] ein, wo man gar kein Handynetz hat oder so. [...] Mann 4: Zu dem Punkt digitale Anbindung [...], da haben wir eigentlich relativ gutes Netz, ne. Für so ein kleines Dorf, wie bei uns, haben wir eine relativ gute Ausleuchtung von teilweise auch 5G. Kann ich mich nicht beschweren.

Während in manchen Kommunen Menschen die gute digitale Versorgungslage vor Ort als Grund betrachteten, das Thema nicht stark zu priorisieren (Chemnitz, Kamenz), erkannten andere dennoch die Relevanz der Versorgung an (Mulda). Dies könnte dazu beigetragen haben, dass die Bedeutung, die die Teilnehmer der Gruppendiskussionen in den schriftlichen Fragebögen der Versorgung mit digitaler Infrastruktur beimaßen, wenig nach Ort variierte.

> Chemnitz, Mann 4: Also im digitalen Bereich sind wir eigentlich ganz gut aufgestellt. Hier in Chemnitz. Die Haushalte haben alle ihren Glasfaser-Anteil. Damit brauchen wir das nicht weiter.

> Mulda, Frau 1: Grade auch diese Digitalisierung, also da gab es ja wirklich Orte, die ganz lange vergessen wurden, die bis aufs Festnetz, keinen Handyempfang und nichts hatten. Das war, war da schon schwierig und das sind Bereiche, [...] wo die Politik da eigentlich auch mehr dran arbeiten sollte, um das gleichzustellen, weil das ja auch gerade heute die Voraussetzungen sind, um in einem Job gut arbeiten zu können und flexibel arbeiten zu können, um zufrieden zu sein, damit ich auch Familie und Freizeit und alles unter einen Hut kriegen kann.

Im Fragebogen konnten die Teilnehmer individuell angeben, ob die Politik sich besonders für Mobilfunk und Internetversorgung einsetzen soll. Hier gab es keine Unterschiede der Mittelwerte für Teilnehmer der Gruppendiskussionen nach Siedlungsgröße (überall ca. 2,2 von 3 erreichbaren Punkten). Das Votum war bei Teilnehmern in ostdeutschen Kommunen minimal höher als in westdeutschen Kommunen (2,3 vs. 2,2). Im Bundesländervergleich fanden mehr Teilnehmer aus Brandenburg (2,4), Niedersachsen und Sachsen (je 2,3) das Thema wichtig als solche aus Hessen (2,1).

Räumliche Unterschiede zeigten sich ebenfalls in Bezug auf die Priorisierung von Maßnahmen für den **Sportsektor**. In Niedersachsen (1,0), Sachsen (0,8) und Hessen (0,7) fiel die Unterstützung weit deutlicher aus als in Brandenburg (0,3). Dies lag auch daran, dass in Cloppenburg Maßnahmen für den Sport als wichtig bewertet wurden. Gruppen, die sich in Mittelstädten zusammenfanden, gewichteten politische Maßnahmen für Sportangebote deutlich höher (1,0) als Gruppen in Großstädten (0,6) und kleineren Orten (0,7). Doch auch hier rangierten sie meist nur unter den mittelwichtigen Anliegen, beispielsweise in Limburg. In Cloppenburg wurde die Priorisierung der Sportförderung nicht intensiver begründet als dass man Sport mag.

Limburg, Frau 1: Sportmöglichkeiten fände ich auch wichtig. Frau 3: Und Ort der Geselligkeit finde ich auch wichtig. Frau 1: Auch. Mann 4: Was ist, wenn wir noch mehr finden? […] Mann 1: Einkaufsmöglichkeiten, also das würde ich niemals als … Sportmöglichkeiten. Mann 2: Dann würde ich für Limburger Verhältnisse noch die öffentliche Verkehrsanbindung wegnehmen, oder? Noch zu unwichtig. Mann 3: Die haben wir ja.

Eine Nichtpriorisierung wurde beispielsweise in Reichenbach damit begründet, dass man auch privat Sport treiben könne.

Reichenbach, Mann 1: Ich hab hier sportliche Möglichkeiten Frau 4: Das ist […] Frau 3: (fällt ins Wort) Wichtig, wichtig. Wenn natürlich der Sportverein hier sitzt. […] Frau 3: Ich sag mal so, vielleicht sind die gar nicht so wichtig, weil Sport kannst du auch ausüben, ohne dass ich irgendeinen Verein hab. Frau 4: Ja ist richtig. Frau 3: Also diese Möglichkeit. Ich kann immer selber Sport machen, was jetzt entscheidend ist nach Prioritäten, würde ich vielleicht diese Sportmöglichkeiten … Mann 3: (fällt ins Wort) Wobei Verein zieht natürlich immer ordentlich … Frau 3: (fällt ins Wort) Ja, aber ja, das ist jetzt für mich für's Leben … ich kann selber Sport treiben, ohne dass ich mich jetzt …

In fast allen kleineren Orten bewerteten die Gruppen Maßnahmen der Politik zur Unterstützung von **Einkaufsmöglichkeiten** als mittelwichtig (1,0). Die Unterstützung von Einkaufsmöglichkeiten durch die Politik wurde in den kleinen Kommunen Apen, Hirschhorn und Mulda von der jeweiligen Gruppe sogar als wichtig bewertet. Gruppen in Mittelstädten (0,2) und Großstädten (0,4), aber auch in Brandenburg (0,3) betrachteten dies als nicht wichtig und besprachen das Thema auch nicht.

> Mulda, Frau 2: [...] die Einkaufsmöglichkeiten ist auch wichtig, ja. (allgemeine Zustimmung) Mann 5: Das ist eigentlich auch ziemlich wichtig. Grade im ländlichen Raum, wo das, wo's wirklich immer klemmt. (allgemeine Zustimmung) Mann 2: Ja, aber der ländliche Raum fährt da auf Arbeit und wenn [...] Freiberg, fährst du ja dort einkaufen.

Der größte Unterschied zwischen Gruppen in west- und ostdeutschen Kommunen bestand darin, dass sich solche in westdeutschen Kommunen durchschnittlich weitaus stärker als solche in ostdeutschen Kommunen für Maßnahmen der Politik zur Unterstützung **politischer Beteiligung** (0,8 vs. 0,3) aussprachen. Dies spiegelt sich in den Werten für die Bundesländer wider. In Bevensen-Ebstorf bezeichnete die Gruppe die Unterstützung politischer Beteiligung durch die Politik sogar als wichtiges Anliegen. Dabei wurde an die Unterstützung von Wahlen gedacht.

In vielen Gruppen wurde argumentiert, es gebe genug Beteiligungsmöglichkeiten, z. B. in Chemnitz, oder das politische Engagement sei eine Privatangelegenheit, das man nicht unterstützen müsse, z. B. in Auerbach. In ostdeutschen Kommunen wurde die Unterstützung politischer Beteiligung von manchen Teilnehmern mit der zentralistischen Organisation in der DDR assoziiert und daher skeptisch gesehen.

> Chemnitz, Mann 2: Ich wüsste doch nicht, was man da unterstützend als Politiker machen will. Also, wenn jemand auf eine Demonstration gehen will, kann er kann auf eine gehen. Polizeischutz ist immer da. Frau 1: Wer wählen will, kann wählen. Mann 4: Die Freiheit hat jeder. Ja, auch wenn auf den Demonstrationen immer gerufen wird: Freiheit!. Sie haben sie ja. Frau 2: Das stimmt. Sonst könnten sie das ja nicht rufen.
> Auerbach, Frau 1: Politische, das ist auch nicht, Beteiligung, das können wir auch nicht ... Mann 2: Nein, dafür gebe ich kein Geld aus. Frau 1: So, dann ... Irgendwie müssen wir uns ja entscheiden. [...] Mann 2: Die politische Beteiligung, ist auch der Bürger selber dafür verantwortlich. Da muss er das Interesse mitbringen. Frau 4: Das muss jeder für sich selber entscheiden und für was er ist.

In der schriftlichen Befragung nach der Diskussionsrunde konnten die Teilnehmer ohne den Bedarf einer Einigung in der Gruppe und einer starken Beschränkung auf nur wenige Prioritäten angeben, welche Anliegen die Politik unterstützen sollte. Dies entsprach stärker der realen Politik, in der mehr Anliegen gefördert und finanziert werden. Hier fanden denn auch andere vorformulierte Themen Unterstützung, die von den Gruppen selbst zuvor nicht spontan besprochen worden waren.

Unter anderem konnten die Befragten angeben, ob sich die Politik für die Förderung von Treffpunkten für soziales Miteinander einsetzen soll (analog zur Bildkarte „öffentliche Orte für Geselligkeit" in der Gruppendiskussion). Dies begrüßten besonders Menschen in dichter besiedelten Gebieten. Die Unterstützung war in Großstädten (2,3) sowie in Hessen und Sachsen (2,5 und 2,4) höher; das Anliegen wurde hier als „eher wichtig" bewertet. Doch auch Teilnehmer von Gruppendiskussionen in den kleineren Orten und Mittelstädten (2,2 und 2,1) bzw. Teilnehmer in Brandenburg und Niedersachsen (je 2,2) tendierten in diese Richtung. Es gab keinen Ost-West-Unterschied der Mittelwerte (je 2,3).

Vergleiche der Lebensverhältnisse und Vorstellungen von „Gleichwertigkeit" 7

Dass Politik und Verwaltung mit dem Konzept der „gleichwertigen Lebensverhältnisse" eine vergleichende Perspektive einnehmen, passt dazu, wie in unseren Gruppendiskussionen über den eigenen Ort, ein gutes Leben und politische Prioritäten gesprochen wurde. Überall stellten Teilnehmer nämlich von sich aus allgemeine oder räumliche Vergleiche an. Den in Politik und Raumplanung verbreiteten Begriff „gleichwertige Lebensverhältnisse" verwendeten sie dabei allerdings nicht, und ausgerechnet in Bezug auf die Politik waren Vergleiche weniger ausgeprägt. In diesem Kapitel berichten wir über räumliche Muster bei den Vergleichen. So bezogen Gesprächsrunden in Großstädten kaum kleinere Kommunen in solche Vergleiche ein (Abschn. 7.1). Außerdem zeigen wir, dass der Begriff „gleichwertige Lebensverhältnisse" nicht nur mit Bemühungen um einen räumlichen Ausgleich, sondern oft auch mit sozialer Gleichheit, d. h. einem individuellen Ausgleich, assoziiert wurde (7.2).

7.1 Was womit verglichen wurde: räumliche Unterschiede erkennbar

Vergleiche waren für die Teilnehmer unserer Gruppendiskussionen ein natürlicher Bestandteil des Sprechens über das Leben vor Ort und die Voraussetzungen für ein gutes Leben. In die Aussagen zu diesen Themen wurden fast überall ohne Aufforderung Vergleiche eingeflochten. Die Teilnehmer nutzten sie selektiv, um bestimmte Einschätzungen und Bewertungen argumentativ abzustützen oder mit Beispielen zu unterlegen. Spontane Vergleiche bezogen sich fast ausschließlich auf andere Kommunen oder Regionen in Deutschland, kaum hingegen auf Bundesländer und das Ausland. Sie standen somit in enger Verbindung zu persönlichen Erfahrungswelten; die abstrakteren, variierenden Landespolitiken in Deutschland

© Der/die Autor(en) 2025   195
A. Lorenz, L. Pischschan, *Gleichwertige Lebensverhältnisse in Deutschland?*,
https://doi.org/10.1007/978-3-658-46602-2_7

und die nationale Leistungsbilanz in Bezug auf Kohäsionsmaßnahmen wurden von den Teilnehmern nicht ohne spezifische Nachfrage durch die Moderation angesprochen, honoriert oder kritisiert.

Potenziell relevant für die Wahrnehmung von Leistungen der Politik ist auch, dass Vergleiche – obgleich sie grundsätzlich präsent waren – gerade im Zusammenhang mit politischen Fragen weniger zur Sprache kamen. Dies galt für einen Gesprächsabschnitt, in dem die Gruppen ihre eigenen politischen Schwerpunkte für die Förderung eines guten Lebens erörtern sollten, und jene Teile, in denen sie diskutierten, was „gleichwertige Lebensverhältnisse" für sie bedeuten und wie sie die Bemühungen der Politik um gleichwertige Lebensverhältnisse und die Finanzierung einschätzen. Hier dominierten eher persönliche Überlegungen oder abstrakte Normvorstellungen zur Relevanz von Politikfeldern.

Der im Grundgesetz angelegte räumliche Ausgleichsgedanke – der ja einen Vergleich voraussetzt und impliziert – fand somit im Sprechen speziell über die Politik und ihre Bemühungen um die Lebensverhältnisse nicht ausdrücklich Erwähnung. Dies muss nicht bedeuten, dass das Ziel nicht präsent war; möglicherweise betrachteten die Teilnehmer es als selbstverständlich und konzentrierten sich im Grundvertrauen in die Existenz räumlicher Ausgleichsbemühungen auf Zusatzmaßnahmen zur Optimierung. Aus dem empirischen Material der analysierten Gesprächsabschnitte lässt sich der genaue Hintergrund nicht erschließen.

Darüber hinaus zeigten sich in den Gruppendiskussionen räumliche Muster in Bezug darauf, wie sehr was womit und mit welchem Fazit verglichen wurde: *Unspezifische, abstrakte räumliche* Vergleiche wurden mehr in Großstädten angestellt als in kleineren Kommunen. Zudem unterschieden sich die Aspekte, die verglichen wurden, tendenziell zwischen Gruppendiskussionen in größeren und kleineren Kommunen. In den Großstädten verglichen Teilnehmer wiederholt die eigene Infrastruktur und die Länge der Wege, in kleineren Kommunen eher das soziale Miteinander. Sie sprachen dabei oft Vergleichsaspekte an, bei denen sie Unterschiede zwischen Räumen oder gesellschaftlichen Gruppen wahrnahmen. Ähnlichkeiten wurden eher indirekt beschrieben, indem etwa allgemein über den Vorzug bestimmter Räume oder gesellschaftliche Entwicklungen gesprochen wurde. Zugleich thematisierten Teilnehmer überall – außer bei der Einschätzung der Politik – Vergleichsaspekte, bei denen der Ort in der eigenen Darstellung gut „abschnitt". Gerade weil das Herausheben von Unterschieden und der Fokus auf spezifische, positiv konnotierte Distinktionsmerkmale des eigenen Ortes räumlich übergreifende Merkmale des Vergleichens waren, stützten sie im Ergebnis die räumlich unterschiedlichen Erzählungen ab (Kap. 4).

Bei den *Vergleichen in spezifischen räumlichen Dimensionen* dominierten, wie erwähnt, Vergleiche innerhalb Deutschlands, was Bewertungen der Politik beeinflussen kann. Die im internationalen Vergleich gute soziale Absicherung scheint dann beispielsweise „normal" und keine spezifische Leistung zu sein. Außerdem kreisten Diskussionen in Großstädten um das Leben in der Großstadt. Teilnehmer stellten innerstädtische Vergleiche an oder setzten die Lage vor Ort in Relation zu anderen Großstädten; nur punktuell kam es zu Vergleichen über die Großstadt hinaus. Dabei ist zu berücksichtigen, dass in Großstädten viele Menschen in verschiedenen Vierteln zusammenleben; diese Komplexität und die Binnenheterogenität, auf die Teilnehmer wiederholt hinwiesen, band möglicherweise Aufmerksamkeit. Die Gesamtlage des Lebens in Deutschland wurde aber in den Vergleichen nicht abgebildet. In kleineren Kommunen und Mittelstädten deckten Vergleiche ein größeres Spektrum von räumlichen Kontexten ab. Teilnehmer verglichen die Bedingungen in ihren Orten und in der Region sowie mit Großstädten und thematisierten territoriale Unterschiede. Zugleich differenzierten sie weniger zwischen dem Leben in verschiedenen Stadtteilen der durchaus heterogenen Großstädte.

Vergleiche mit ganz spezifischer räumlicher Dimension (einer spezifischen Referenzgruppe) waren nur in Großstädten überwiegend mit positiven Beschreibungen des Lebens vor Ort und der Voraussetzungen für ein gutes Leben verknüpft. Gruppendiskussionen in kleineren Kommunen umfassten auch kritischere Urteile beispielsweise zur Verkehrsanbindung, Wohnen und Einkommen, die mal zugunsten der eigenen, mal zugunsten anderer Kommunen ausfielen. Dennoch wurde keine Kluft der Lebensverhältnisse in Deutschland in Bezug auf eine bestimmte räumliche Dimension behauptet, und positiv bewertete Vergleichsaspekte (in kleineren Kommunen mehr soziales Miteinander, mehr Ruhe, Sicherheit) letztlich offenbar höher gewichtet. Insofern überrascht es nicht, dass in der anschließenden schriftlichen Befragung die Teilnehmer in allen Kommunen die Lage vor Ort als überwiegend ähnlich wie anderswo in Deutschland bewerteten.

Konkret wurden im Abschnitt über das **Leben vor Ort** (Abschn. 4.2) in 21 der 24 Gruppendiskussionen unspezifische räumliche Vergleiche angesprochen. Solche Vergleiche gab es in Kommunen jeder Größe und geografischen Lage, aber je nach Siedlungsgröße wurden teils unterschiedliche Themen angesprochen. Die Auswahl entsprach dem, was die Gruppen jeweils als charakteristisch für Orte der jeweiligen Siedlungsgröße herausstellten:

In den Groß- und Mittelstädten wurden unabhängig von deren geografischer Lage v. a. Aussagen zur Infrastruktur und Erreichbarkeit mit Vergleichen verbunden. So wurde in Eberswalde die Verkehrssituation in Stadtteilen und in der Stadt selbst verglichen, in Chemnitz, Cottbus und Kassel die Erreichbarkeit von Dienstleistungen und Angeboten der öffentlichen Daseinsvorsorge sowie Verbindungen zu anderen Orten. In Hannover, Osnabrück und Potsdam fußte das Lob der kurzen Wege auf einem Vergleich mit anderen Orten. Zur Sprache kamen aber auch andere Themen. So wurde in Limburg betont, dass in der Stadt im Vergleich zu anderen

Orten „viel los" sei, in Cloppenburg wurden Lebenshaltungskosten und die Verfügbarkeit von Arbeitsplätzen als Pluspunkte im Vergleich zu anderen Orten angesprochen. Die Ergebnisse des Vergleichs waren tendenziell positiv.

> Hannover, Mann 2: Und … mir hat also schon immer Hannover sehr gut gefallen, weil es wirklich eine Stadt ist, wo man also viel Grün, viel Natur hat, eine gute Anbindung und, äh, viele, äh, Wege halt auch mit dem Fahrrad noch erledigen kann und überall nicht immer gleich mit dem Auto losfahren muss. Ich bin also muss ich dazu sagen, in Berlin aufgewachsen, also eine richtige Großstadt.
>
> Cloppenburg, Mann 2: Und was wir auch sagen können, ich glaube, das darf ich ruhig sagen, wir leben hier auch verhältnismäßig preisgünstig. Also die Mieten sind nicht überkandidelt hoch. Äh, die Lebenshaltungskosten sind, wenn ich da so Märkte vergleiche, wenn man so mal in andere Gebiete kommt, so auch die Lebensmittelpreise scheinen mir dort durchaus höher zu sein. Ich weiß es nicht, ich kann es nicht hundertprozentig vergleichen, aber insgesamt, meine ich, leben wir in einem, ja, sagen wir mal, erschwinglichen Niveau, wenn man es mal so sagen will.

In nahezu jeder zweiten Gruppendiskussion in kleineren Kommunen – sowohl in Ost- als auch Westdeutschland – wurden bei der Beschreibung des Ortes das soziale Miteinander und nachbarschaftliche Beziehungen verglichen (5 von 12: Doberlug-Kirchhain, Hirschhorn, Luckau, Reichenbach, Temnitz). In 4 Orten wurden die Lebenshaltungskosten bzw. Rahmenbedingungen des Wohnens vor Ort verglichen (Apen, Hirschhorn, Kamenz, Witzenhausen). Die Ergebnisse solcher Vergleiche für die Bewertung des eigenen Ortes variierten; genannt für Apen *relativ* niedrige Lebenshaltungskosten, für Hirschhorn *relativ* hohe kommunale Abgaben, für Kamenz relativ günstige Grundstückspreise und für Witzenhausen *relativ* viel Platz zum Wohnen. Außerdem wurden Hinweise auf *relativ* begrenzte (Hirschhorn) oder gute (Doberlug-Kirchhain) Einkaufsmöglichkeiten oder kulturelle Angebote mit Vergleichen unterlegt. Auch in kleineren Kommunen waren diese allgemeinen räumlichen Vergleiche oft mit positiven Bewertungen des Ortes verbunden.

Unter den Vergleichen waren in einzelnen Kommunen (ohne räumliches Muster) auch Bezugnahmen zum Leben im eigenen Ort zu einem *früheren Zeitpunkt*. Dabei wurden größere Veränderungen der Lebensverhältnisse in Bezug auf das soziale Miteinander (z. B. Apen), Wirtschaft und Nähe von Einkaufsmöglichkeiten (z. B. Frankfurt a. M.) bzw. Wirtschaft und Freizeitangebote (Eberswalde) angesprochen.

> Apen, Frau 1: Ähm, also ich finde, der Ort hat sich schon sehr verändert. Wenn ich an meine, oh Gott, ja, an meine Kindheit denke … Früher war das so, wenn man in den Ort fuhr, ähm, man sagte „Moin", auch als Kind. [...] Heute ist es so, durch diese Zuzüge, die wir haben – ich möchte niemanden irgendwie qualifizieren oder so, aber es ist einfach so –, es hat sich sehr verändert. Kinder fahren an einem vorbei, du wirst

das auch kennen, ähm, das ist nicht mehr diese Gemeinschaft. Die hat sich sehr verändert. Also, ob es Nachbarn sind oder, also auch die Nachbarschaften waren, wurden früher bei uns viel mehr gelebt, ... finde ich.

Frankfurt a. M., Frau 1: Großer Chemiekonzern, äh, weltweit eigentlich auch bekannt gewesen. Und hat, äh, hier am Standort halt auch viel getan für seine, ich sage jetzt mal, umliegenden, äh ja, Vereine, auch für seine Anwohner. Es wurden Werkswohnungen gebaut, es wurde alles Mögliche gemacht. Das ist aber Historie. [...] Es gab Metzger, Bäcker, Schuhgeschäfte. Das alles hat sich jetzt halt auch verändert. [...] Also, der Einzelhandel hat hier geblüht und äh war auch irgendwie ..., man hat sich wohlgefühlt. Man hat alles gekriegt, was man gebraucht hat. [...] War alles gut durchstrukturiert, was die wirtschaftliche Seite betraf, ja. Hat sich jetzt auch, äh, sind viele Einzelgeschäfte, die haben halt eben ihr, haben aufgegeben, weil sich auch die Gesamtentwicklung geändert hat. Nicht nur in Höchst, sondern auch frankfurtweit. [...] Mann 2: Man muss schon ganz klar sagen, Höchst hat auch einen sozialen Abstieg hingelegt in den letzten 30 Jahren. (allgemeine Zustimmung)

Eberswalde, Frau 3: Also, ich kann mich dem nur anschließen. Bin wahrscheinlich genauso lange, wie er hier in Eberswalde. Ich bin hier geboren und bin jetzt gerade in Rente gegangen. Also, ich genieße die Natur. Ich genieße die Berlinnähe. Das ist schon was Tolles. Was weggebrochen ist in Eberswalde seit der Wende, sind die großen Gewerke. Das ist sehr zu spüren hier. Da fehlen dementsprechend auch andere Institutionen. Ich habe früher auch viel Sport getrieben. Ich weiß, wie es früher war und wie es jetzt ist. Das muss ich sagen, könnte man, müsste man reaktivieren. Viele gute Gewerke sind hier, wird nicht klappen, aber wäre ein Ansporn.

Nicht immer fielen die Ergebnisse solcher Längsschnittvergleiche kritisch aus (z. B. Leipzig).

Leipzig, Frau 2 Ich wohne auch schon seit knapp 50 Jahren in Leipzig und liebe eigentlich meine Stadt. Früher war sie sehr schmutzig, aber das hat sich ja inzwischen auch ein bisschen gebessert, ne.

Unter den Vergleichen in einer spezifischen räumlichen Dimension waren bei der Beschreibung des Lebens vor Ort am stärksten Vergleiche innerhalb der Region, in der die Teilnehmer lebten, vertreten. Sie wurden in 17 Gruppendiskussionen in ost- und westdeutschen Kommunen sowie dort jeweils in Orten jeder Größe vorgenommen. Obgleich also in Bezug auf die reine Thematisierung solcher Vergleiche kein räumliches Muster bestand, zeigte sich ein solches in Bezug darauf, welche konkreten Aspekte mit welchem Ergebnis regional verglichen wurden. Sie standen wieder in einem Zusammenhang mit der Siedlungsgröße:

In den Großstädten (in Ost und West) sowie in Mittelstädten führten Vergleiche innerhalb der Region oft zu positiven Ergebnissen. Dabei wurden die Bedingungen in unterschiedlichen Stadtteilen (Leipzig, Hannover, Potsdam, Kassel, Frankfurt a. M.) oder Großstädten verglichen; es gab hier kaum Vergleiche mit kleineren

Orten in der Region. In Potsdam kamen zu innerstädtischen Vergleichen Vergleiche mit dem nahen Berlin hinzu. Auch in Eberswalde war der Vergleich mit dem nahe gelegenen Berlin präsent, etwa in Aussagen, dass das „Umland lebt" (also man selbst neben Berlin gut bestehe) und Berliner und Eberswalder einen unterschiedlichen Habitus haben. In Chemnitz wurden die Lebenshaltungskosten und das Durchschnittalter mit den Bedingungen in Leipzig verglichen, in Leipzig die Lebensqualität mit Dresden.

> Chemnitz, Mann 1: [...] wir kommen aus Leipzig und die Lebensverhältnisse sind finanziell viel leichter. Also ich habe mal gesagt, es lebt sich wie Gott in Frankreich. Allein schon, weil die Mieten so viel geringer sind. Und ich habe auch immer das Gefühl, dadurch, dass es immer noch eine Großstadt ist, hat man das Gleiche, was ich aus Leipzig kenne, auch hier. Bloß, dass es näher beieinander ist.[...] Also es lebt sich eigentlich sehr gut.

In Gruppendiskussionen in kleineren Kommunen gingen beim Sprechen über die Voraussetzungen für ein gutes Leben Vergleiche innerhalb der Region mit positiven Bewertungen, aber auch mit Problematisierungen bestimmter Aspekte einher. Teilnehmer sprachen beispielsweise die Verteilung von finanziellen Ressourcen auf verschiedene Ortsteile und deren Konkurrenz untereinander an. So wurde für Luckau berichtet, dass die Kernstadt mehr Geld erhalte (aber auch mehr mache als andere), in Apen sahen Teilnehmer eine Konkurrenz zwischen Apen und Augustfehn, in Zeven wurde kritisiert, dass der Ort im Landkreis „totgelegt werden" solle. In Hirschhorn wurde beklagt, dass es im Gegensatz zu den umliegenden Orten keine Grundstücke mehr gebe. Vergleiche in Bezug auf den ÖPNV, Freizeitangebote und Vereinsengagement mit regionalen Vergleichen führten in Mulda und Reichenbach zu dem Ergebnis, dass es v. a. in kleinen Orten oder Ortsteilen wenig ÖPNV gebe.

> Zeven, Frau 5: Also ich habe immer das Gefühl, der Landkreis selber [...] äh, die von, von Rotenburg, äh, habe ich manchmal das Gefühl, die wollen Zeven tot legen, obwohl wir hier die meiste Industrie haben. Aber es gibt hier kein Arbeitsamt mehr, das ist nur noch besetzt, wenn man Termine hat. [...] Dann haben Sie was, die ganzen Krankenkassen, die hier mal waren, keine einzige Krankenkasse hier. Die AOK, alle anderen sind hier weg. Die sind alle weggegangen, die sind in Rotenburg. [...] Na, also, ich finde, das wird alles so, das wird alles hier abgeschafft. Alles.

Andere Vergleiche führten zu positiven Schlussfolgerungen oder waren neutral. In Kamenz hieß es beispielsweise, die Traditionen würden erhalten von vielen Gemeinden, die „mitziehen"; in Doberlug-Kirchhain ermöglichten laut Teilnehmern viele „doppelte Strukturen" in den Ortsteilen wichtige Angebote. Und in Witzenhausen wurde schlicht betont, dass manche Orte in der Umgebung eher ländlich und manche eher städtisch seien.

In 13 Gruppendiskussionen wurden bei der Beschreibung des Ortes Stadt-Land-Vergleiche angesprochen. Solche Vergleiche gab es relativ weniger in den Großstädten, in denen im Gegenzug mehr allgemeine Vergleiche angestellt wurden. Stadt-Land-Vergleiche tauchten in fast allen kleineren Kommunen auf (10 von 12: Apen, Auerbach, Bevensen-Ebstorf, Hirschhorn, Kamenz, Luckau, Reichenbach, Temnitz, Witzenhausen, Zeven), aber in nur 1 der 5 Mittelstädte (Cloppenburg) und 2 der 7 Großstädte (Hannover, Leipzig). Diese Art des Vergleichs war außerdem in Niedersachsen und Sachsen verbreiteter als in Brandenburg und Hessen. Es gab keine Ost-West-Unterschiede in der Thematisierung.

Inhaltlich stellten in mehreren kleineren Kommunen (Apen, Auerbach, Kamenz, Temnitz, Zeven) Teilnehmer das soziale Miteinander auf dem Land positiv den Großstädten gegenüber, erwähnten die informelle Unterstützung vor Ort, dass man sich grüße und aufeinander aufpasse. Es sei sicherer (Hirschhorn). Solche Aussagen fanden aktive Zustimmung von anderen. Positiv wurden ländlichen Räumen im Vergleich mit Großstädten auch eine gute Wohn- und Umweltsituation oder Naherholungsmöglichkeiten zugeschrieben (u. a. in Witzenhausen, Zeven). Sie wurden zudem als langsamer beschrieben – mal positiv bewertet im Sinne einer „Entschleunigung" (Reichenbach), mal kritisch, weil Dinge langsamer zu verändern seien. Auch wirtschaftliche Rahmenbedingungen waren Vergleichsaspekte mit mal positivem, mal negativem Fazit für den Ort. Mit einer negativen Bewertung des ländlichen Lebens im Vergleich zur Stadt verbunden waren fehlende Maßnahmen für das Halten von Fachkräften, Defizite der ärztlichen Versorgung vor Ort und zu wenig Freizeitmöglichkeiten (Zeven), langsames Internet (Hirschhorn), die fehlende Nähe zu Hochschulen und höheren Bildungseinrichtungen (Auerbach) sowie eine kleinere migrantische und muslimische Community.

Hirschhorn, Mann 1: Wir sind weg von, von Großstädten. Wir sind weg von, ähm, Gefahren. Wenn ich heute nach Mannheim gehe, Samstagsmorgens durch die Stadt laufe, dann möchte ich dort absolut nicht leben, möchte dort auch keine Kinder haben. […] Frau 3: Und der Verein macht auch viel für, für Hirschhorn. Und äh, es ist einfach, in Hirschhorn ist es so, dass äh, äh, man lebt zentral aber doch wieder etwas ländlich. Man hat die Möglichkeit, ähm, äh, … die Natur zu genießen, aber auch andererseits, äh, das Kleinstädtische ein bisschen zu haben. Und was, was ja die Vorredner schon gemeint haben, es ist, äh, äh, nicht so angenehm, dass so wenige Möglichkeiten sind, äh, für die Lebensmittel oder für, für Geschäfte und so, dass dieser Wettbewerb einfach bei uns nicht besteht, ne. […] Frau 4: Und wir finden es auch wichtig, das den Kindern zu vermitteln, die Vereinstätigkeit, und ich glaube, dass es einfach, ähm, hier im ländlichen Raum einfacher ist wie jetzt in der Großstadt. Also, wir können uns auch nicht vorstellen, ähm, mit den Kindern in die Großstadt oder in eine größere Stadt zu ziehen. […] Mann 3: Ähm genau, die Infrastruktur in Richtung Internet ist hier leider etwas langsam. Ich denke mal auf sehr vielen deutschen Dörfern.

Witzenhausen, Mann 1: [...] generell bin ich hier mit der Lage sehr, sehr zufrieden. Ich konnte es mir jetzt nicht wirklich aussuchen, weil ich noch so jung bin. Ich muss sagen, ich denke, direkt in Witzenhausen wohnen würde ich glaub ich nicht so gern, weil ich halt einfach das Dörfliche mehr schätze. Jeder kennt einen, das finde ich ja sehr cool. [...] Frau 1: Auch die Atmosphäre so zwischen den Menschen ist angenehm. Es ist halt einfach auch ländlich. Also Nahverkehr und so ist immer wieder ein Problem, der letzte Bus fährt einfach so um 18 Uhr, samstags 19 Uhr, glaube ich. Ja. Also man merkt halt den Unterschied. Meine Freunde in Heidelberg machen zu 90 Prozent nicht ihren Führerschein, braucht man halt nicht und hier warten alle darauf, einen Führerschein zu machen, um endlich mal was machen zu können. Oder?

Wenn Teilnehmer der Gruppendiskussionen in Groß- und Mittelstädten Stadt-Land-Vergleiche formulierten, dann verwendeten die Sprecher Zuschreibungen für das Ländliche, die sich auch in den Gruppendiskussionen in kleineren Orten fanden, bezogen sie aber auf ihr städtisches Lebensumfeld. Sie nahmen hingegen nicht Bezug auf negative Merkmale des Lebens in ländlichen Räumen, wie sie in dortigen Gruppendiskussionen getätigt wurden. Positive Beschreibungen des sozialen Miteinanders und der Naturnähe in der eigenen Kommune wurden mit der Aussage verbunden, dass der eigene Stadtteil im Grunde wie ein „großes Dorf" (Cloppenburg) sei; in Leipzig wurde von dorfähnlichen Bekanntschaftsstrukturen im Stadtteil gesprochen („man kennt sich") und die kurzen Wege betont, sodass man „nicht das Gefühl von Großstadt" habe.

Hannover, Frau 2: Meins ähnelt sich so ein bisschen. Ich bin ja auch in Limmer jetzt wohnhaft und, [...] äh, muss auch sagen das, was ihr aber auch gesagt habt, dass man, äh, irgendwo ... Es ist ein Dorf. (lacht) Ist ein Dorf. Man kennt eben ziemlich schnell die Leute und lernt die kennen. Und, äh, ich komme vom Dorf. [...]

In nur 5 Gruppendiskussionen wurden beim Austausch über das Leben vor Ort Vergleiche mit anderen Bundesländern vorgenommen. Sie bezogen sich auf unterschiedliche Aspekte und folgten keinem räumlichen Muster. In lediglich 3 Gruppendiskussionen und nur punktuell von einzelnen Teilnehmern wurden Ost-West-Vergleiche angestellt (Cottbus, Leipzig, Stadtallendorf). Einen spontanen Vergleich mit dem Ausland gab es nur in einer Kommune (Luckau).

Im Gesprächsabschnitt zu den **Voraussetzungen für ein gutes Leben** (Kap. 5) waren spontane Vergleiche seltener, aber weiter präsent. In jeder zweiten Gruppendiskussion wurden unspezifische räumliche Vergleiche angeführt. Dies traf aber nur auf 2 ostdeutsche Kommunen (Cottbus, Leipzig) und erneut weniger auf kleinere Kommunen zu. Es gab sie in 5 der 7 Großstädte (Frankfurt a. M., Hannover, Kassel, Leipzig, Osnabrück), 4 der 5 Mittelstädte (Cloppenburg, Cottbus, Limburg, Stadtallendorf) und 3 der 12 kleineren Kommunen (Apen, Hirschhorn, Witzenhausen).

In mehreren Orten – überwiegend Mittelstädten – ging es bei solchen räumlich unspezifischen Vergleichen um das soziale Miteinander und Bekanntschafts- und Vereinsnetzwerke (Cottbus, Cloppenburg, Eberswalde, Limburg, Luckau, Osnabrück, Temnitz). In anderen wurden wirtschaftliche Rahmenbedingungen (relativ niedrige Arbeitslosigkeit in Apen, Jobs und Karrierechancen im Umfeld in Cottbus), die relative Ruhe (Hannover, Kassel), die schnelle Erreichbarkeit von Angeboten (Leipzig, Stadtallendorf), Lebenshaltungskosten (Apen, Hirschhorn), die Verkehrsinfrastruktur (Frankfurt a. M.), Grün im lokalen Umfeld (Leipzig) und Sicherheit (Witzenhausen) verglichen – oft mit einem günstigen Ergebnis für den eigenen Ort.

> Stadtallendorf, Frau 1: Das wollte ich auch sagen, für die Familien, dass es auch alles gibt hier. Zum Beispiel Ärzte, Kindergarten, Schulen. Und das ist alles in der Nähe hier, nicht so weit weg. Zum Beispiel, wie große Städte, muss man so weg fahren, zum Beispiel Viertelstunde so mit Stau und so, damit man sein Kind abholen kann. Ja, aber hier leichter, so klein, Kleinstadt, so ist besser, finde ich.

In 8 Gesprächsrunden – ohne räumliches Muster – gab es Vergleiche innerhalb der Region. Sie betrafen etwa die Kultur/kulturelle Angebote (in den kleineren Orten Bevensen-Ebstorf und Temnitz) und den ÖPNV.

> Bevensen-Ebstorf, Frau 1: Und auch die Kultur zum Beispiel. Ob in Lüneburg oder in Uelzen oder in ... Frau 2: (fällt ins Wort) Genau, gibt es auch genug. Ja, selbst hier wird ja angeboten. Äh, Theater, Kulturbühne hier [...]. Okay, ist nicht ganz günstig, aber ... Mann 1 Aber auch hochwertig. Frau 2: Ja, eben. Frau 1: Oder [...] Lübeck, da Jahrmarkt-Theater. Frau 2: Ja genau, gehören ja auch n die Samtgemeinde mit rein. Oder Bevensen Kurhaus, da sind ja auch immer wieder Veranstaltungen, also. Frau 1: Es wird auch viel geboten, finde ich. [...] äh, was findet nochmal statt heute in Bad Bevensen? Frau 2: Tanztee, glaube ich, ne. Kann das sein? Frau 1: Nee, aber hier diese, wo die Stände alle aufgebaut sind, da beim Neptunbrunnen. Frau 2: Genau, Kunstmarkt. [..] Und vor Corona war, kann man sagen, in der Samtgemeinde an jedem Wochenende mehrere Veranstaltungen in den einzelnen Dörfern, ne, weil jedes Dorf, äh, mal einen Flohmarkt macht oder ein Straßenfest oder ein Dorftreffen oder irgendso, irgendwas ist immer.

In Mittel- und Großstädten wurden ausschließlich Stadtbezirke oder -teile miteinander verglichen, so in Potsdam hinsichtlich Kriminalität, in Leipzig hinsichtlich der Erreichbarkeit von Angeboten, in Limburg hinsichtlich der Anonymität und der Ruhe bzw. Verkehrssituation, in Kassel hinsichtlich des Zugehörigkeitsgefühls.

Stadt-Land-Vergleiche wurden in 6 Gruppendiskussionen angestellt – alle in kleineren Kommunen (Kamenz, Mulda, Reichenbach, Temnitz) und Mittelstädten (Eberswalde, Limburg), nicht in Großstädten, und nur 1 in Westdeutschland. Im

Kontrast zum Gesprächsabschnitt über das Leben vor Ort, in dem manche Stadt-Land-Vergleiche mit kritischen Bewertungen der Lage einhergingen, waren sie bei der Beschreibung der Voraussetzungen für ein gutes Leben oft mit positiven Bewertungen für das Leben in kleinen Kommunen verbunden. Dies kann so interpretiert werden, dass die in diesem Gesprächsabschnitt berichteten positiven Vergleichsaspekte den Personen, die sie ansprachen, besonders wichtig waren. Vergleiche bezogen sich erneut auf soziale Beziehungen bzw. das soziale Miteinander, die sich somit als wichtiger Indikator für die Güte der Lebensverhältnisse manifestierten. So wurde in Kamenz der „Charme der Provinz" im Kontrast zur (Groß-)Stadt betont (ähnlich Eberswalde, Limburg, Luckau, Mulda, Zeven).

> Zeven, Frau 2: […] ich fahre ja immer mit dem Studium von großen bis sehr, sehr großen Städten immer wieder mal in diese kleinen Ortschaften zurück. Für mich macht gutes Leben auf dem Land hier auch aus, dass man für jedes Problem jemanden kennt. (Zustimmung von Frau 4) Das ist ein Anruf und ein, du kannst du mal kurz, und in der Regel kommt sofort und trägt und repariert und holt ab und so, ne also … […] Mann 1: Weil, äh, das ist selbst, wenn man nicht eng befreundet ist, sondern ist nur ein Arbeitskollege oder sowas, der nimmt sich dann Samstag frei und hilft dir bei einer Aufgabe, wenn du keine andere Möglichkeit hast. (allgemeine Zustimmung) Frau 6: Sofort. Nachbarschaft, also das ist so hilfsbereit und das kenne ich aus der Großstadt so auch nicht. Also, das ist wirklich, äh, sehr positiv hier auffallend. (allgemeine Zustimmung) Mann 2: So ein gutes Gemeinschaftsgefühl, finde ich. Also, wenn jemand ein Problem hat, dann hilft man dem halt, ne. Und das kenne ich auch da vom Dorf.

Andere Stadt-Land-Vergleiche richteten sich auf Freiraum und Platz sowie Naturnähe, die eher in kleinen Kommunen verortet wurden (Apen, Kamenz, Mulda, Reichenbach, Zeven), sowie auf Sicherheitsdefizite oder Gefahren, beispielsweise für Kinder, die großen Städten zugeschrieben wurden (Hirschhorn, Zeven). In Temnitz wurde die Großstadt als „hektisch" wegen des Verkehrs und vieler Menschen bewertet, in Luckau die Versorgung mit (Fach-)Ärzten als besser in Städten bewerten.

> Temnitz, Mann 1: […] Also, ich kann es gut vergleichen mit den Städten, die, ne, das war … Klar, eine Großstadt hat auch was für sich. [Nur die Sache ist], Berlin nochmal zurück, nie wieder. Dabei habe ich nichts gegen Berlin. Das ist auch eine tolle Stadt oder Dresden. Aber […] Frau 4: Zu hektisch da, ja ja. Mann 2: Für mich ist das auch schon persönlich immer Stress, wenn ich alleine nach, nach Berlin mal fahre zum Einkaufen mit der Familie und äh, … nur dieser Straßenverkehr durch den man sich da durchschlängeln muss bis zu seinem Einkaufszentrum, finde ich schon stressig. (allgemeine Zustimmung) Hektisch, äh, ja irgendwie, man ist gleich so in diesem ganzen Stadtflair wieder drin, ne. Alles wuselt rum […]. Der eine mag es vielleicht so, der andere nicht so, ne. Und äh, ich finde es schöner, wenn ich mehr Ruhe, mehr

Natur und äh, einfach Gelassenheit habe. Ja und dazu dann auch ein entspanntes Umfeld, ne, wo man auch sagen kann, komm mal rüber ein Bier trinken oder ach, … jetzt ziehst du dich einfach zurück und du kannst das einfach so leben, ne, … das eine wie das andere.

Vergleiche mit anderen Bundesländern, zwischen Ost- und Westdeutschland und mit dem Ausland erfolgten wieder nur sporadisch. Eine Aussage in Kassel, die sich auf die soziale Sicherheit in Deutschland bezog, verdeutlicht, dass solche – weithin unterbliebenen – Vergleiche womöglich die Bewertung der Lebensbedingungen vor Ort beeinflusst hätten.

Kassel, Frau 1: […] Ansonsten ist hier das Leben in Deutschland schon mal vom sozialen Aspekt her weitaus fortgeschrittener als in anderer Regionen oder anderen Ländern würd' ich mal sagen. Da können wir uns eigentlich glücklich schätzen, hier zu leben.

Im Gesprächsabschnitt zu den **politischen Prioritäten** als Gruppe (Kap. 6), in dem die Teilnehmer über die Relevanz von auf Bildkarten abgebildeten Themenfeldern diskutierten, wurden weniger Vergleiche angestellt. Dies ist bemerkenswert, weil in der realen Politik bei wichtigen Entscheidungen Verteilungswirkungen regelmäßig thematisiert werden. Am häufigsten wurden hier Stadt-Land-Vergleiche angestellt. Sie kamen in 7 Kommunen zur Sprache, und zwar ausschließlich in kleineren Kommunen (Auerbach, Bevensen-Ebstorf, Doberlug-Kirchhain, Kamenz, Luckau, Mulda, Zeven). Solche Vergleiche bezogen sich auf unterschiedliche Themen und die Schlüsse variierten. Es hieß, in Großstädten seien die öffentliche Verkehrsinfrastruktur (Bevensen-Ebstorf, Doberlug-Kirchhain), die Gesundheitsversorgung (Doberlug-Kirchhain, Luckau), Möglichkeiten der politischen Beteiligung (Zeven) besser; auf dem Land seien die Sicherheit höher (Doberlug-Kirchhain, Kamenz, Luckau), Wohnen und die Mietpreise günstiger (Auerbach, Mulda) und die Verwaltung funktionstüchtiger (Luckau).

Zeven, Frau 3: Hier auf dem Land irgendwie gut politisch eingebunden zu werden, ist absolut schwierig. Frau 5: Weil die alten Leute keinen Platz machen, ne. Frau 3: Ja, die sagen, ja du bist ja erst 16, du weißt doch noch gar, was du redest. Frau 5: (fällt ins Wort) Ja, finde ich ganz, ganz schlimm. Frau 3: Ich habe mit 13 eine Demo gegen Rassismus mitgemacht, hab da eine Rede gehalten und … okay, danach wurde ich von Nazis bedroht, aber, äh … Ich finde es ganz schwierig hier, mich politisch zu engagieren, wenn ich jedes Mal nach Rotenburg fahren muss. Und das sind für mich auch wieder eine Stunde mit dem Bus und da geh ich abends dann auch nicht hin. Und außerdem darf ich nicht mit in die Kneipe da diskutieren, weil ich bin minderjährig. Ich bin jetzt gerade 17 geworden.

In ebenfalls fast jeder dritten Gruppendiskussion stellten Teilnehmer Vergleiche innerhalb der Region an, darunter in 3 der 7 Großstädte (Chemnitz, Hannover, Kassel) und 4 der 12 kleineren Kommunen (Doberlug-Kirchhain, Kamenz, Luckau, Temnitz) bzw. 5 ostdeutschen und 2 westdeutschen Kommunen (von je 12). Solche Vergleiche betrafen mehrfach die unterschiedliche Zugänglichkeit von Bildungsangeboten innerhalb der Stadt bzw. in der Stadt und der Umgebung (Chemnitz, Doberlug-Kirchhain, Hannover, Temnitz). Angesprochen wurden außerdem Wohnunterschiede innerhalb der Stadt bzw. in der Stadt und der Umgebung (Hannover, Kassel, Luckau) sowie die Sicherheit (Apen, Luckau), aber auch andere Aspekte, darunter die Verkehrssituation. Die Schlussfolgerungen variierten.

In 6 Kommunen kamen bei der Diskussion der politischen Prioritäten unspezifische räumliche Vergleiche hinzu, und zwar diesmal ausschließlich in Ostdeutschland (Chemnitz, Cottbus, Doberlug-Kirchhain, Luckau, Mulda, Temnitz). In Chemnitz und Luckau wurde beispielsweise erwähnt, dass Menschen wegziehen, um anderswo mehr Geld zu verdienen oder mehr Möglichkeiten nach dem Schulabschluss zu haben. In Doberlug-Kirchhain wurden die wirtschaftliche Stärke der Region im bundesweiten Vergleich sowie Sicherheitsaspekte thematisiert, in Temnitz die Mobilität bzw. Anbindung an die nächste Stadt und in Luckau die Möglichkeiten zur Religionsausübung.

Vergleiche mit dem Ausland, anderen Bundesländern und zwischen Ost und West erfolgten im Gesprächsabschnitt zu den politischen Prioritäten der Gruppen erneut nur sporadisch.

Im Gesprächsabschnitt, in dem wir fragten, ob die auf den Bildkarten abgebildeten Themenfeldern das darstellen, woran die Teilnehmer beim **Begriff „gleichwertige Lebensverhältnissen"** denken, wurden Vergleiche in etwa so häufig erwähnt wie im Abschnitt zu den Voraussetzungen für ein gutes Leben und also weniger als beim Sprechen über das Leben vor Ort. Dennoch: In jeder zweiten Gruppendiskussion stellten Teilnehmer allein räumlich unspezifische Vergleiche (ohne spezifische Referenzgruppe) an, in 13 Kommunen räumlich spezifische Vergleiche.

Räumlich unspezifische Vergleiche wurden in Bestätigung des schon beschriebenen Musters anteilig mehr in Großstädten angestellt (5 von 7: Chemnitz, Frankfurt a. M., Kassel, Leipzig, Potsdam) als in kleineren Kommen (6 von 12: Bevensen-Ebstorf, Doberlug-Kirchhain, Hirschhorn, Luckau, Mulda, Witzenhausen) und in Mittelstädten (2 von 5: Cottbus, Stadtallendorf); es gab keinen Ost-West-Unterschied in der Thematisierung.

Spiegelbildlich wurden die in 9 Gruppendiskussionen beobachteten Stadt-Land-Vergleiche (Auerbach, Eberswalde, Frankfurt a. M., Luckau, Mulda, Reichenbach, Stadtallendorf, Temnitz, Zeven) wieder stärker in kleineren und in

Ost-Kommunen angestellt. Wie die räumlich unspezifischen Vergleiche stützten sie spezifische Inhalte der Gruppendiskussionen zum Verständnis gleichwertiger Lebensverhältnisse ab, die sich daher in Großstädten einerseits und kleineren Orten und Mittelstädten andererseits unterschieden (Abschn. 7.3).

Erstmals wurden im Gesprächsabschnitt zur Bedeutung gleichwertiger Lebensverhältnisse in größerem Umfang Ost-West-Vergleiche angestellt. Dies galt für 8 Kommunen, die fast ausschließlich in Ostdeutschland lagen (Auerbach, Cottbus, Doberlug-Kirchhain, Eberswalde, Hirschhorn, Kamenz, Luckau, Mulda). Somit ist hier ein klares räumliches Muster erkennbar, das sich auch in den diskutierten Inhalten spiegelte (siehe Abschn. 7.3).

Ohne besondere inhaltliche Relevanz waren in diesem Gesprächsabschnitt weitere Vergleiche. Dazu zählten Vergleiche mit dem Ausland (Eberswalde, Frankfurt a. M., Hirschhorn, Reichenbach, Zeven)[1] sowie Vergleiche innerhalb der Region (Chemnitz, Cloppenburg, Doberlug-Kirchhain, Eberswalde, Mulda),[2] die jeweils in 5 Kommunen angestellt wurden und sich auf ganz verschiedene Einzelaspekte bezogen. Vergleiche zwischen Bundesländern wurden nur in 3 Gruppendiskussionen angesprochen und spielten eine untergeordnete Rolle.

Im Gesprächsabschnitt zum **Leben vor Ort im Vergleich zu anderen Orten** waren die Teilnehmer erstmals ausdrücklich dazu aufgefordert, die Lebensverhältnisse mit anderen Orten, Regionen oder Ländern zu vergleichen. Bei genauerer Analyse zeigt sich erneut, dass Menschen in Großstädten die Lage vor Ort eher mit anderen Großstädten oder innerhalb der eigenen Stadt verglichen, während es in kleineren Kommunen Vergleiche sowohl mit anderen kleineren Kommunen als auch mit Städten gab. Ost-West-Vergleiche wurden wieder ausschließlich in Ostdeutschland thematisiert.

Räumliche Vergleiche ohne spezifische Referenzgruppe wurden in allen 24 Gruppendiskussionen angesprochen. Besonders in kleineren und in ostdeutschen Kommunen wurden – in Bestätigung des nun schon bekannten Musters der Akzentuierung – Vergleiche der Lebensqualität anhand der sozialen Einbettung bzw. zwischenmenschlicher Beziehungen vorgenommen; sie gingen mit einem positiven Ergebnis für die eigene Kommune einher. Dieses Thema wurde in 8 kleinen Kommu-

---

[1] In 3 Orten wurden die sozialen Sicherungssysteme als positives Merkmal der Lebensverhältnisse in Deutschland erwähnt (Eberswalde, Hirschhorn, Zeven). Andere, punktuelle Vergleiche betrafen mit variierenden Schlussfolgerungen ÖPNV- und andere Preise, Politikverdrossenheit, die Mentalität und die Stärke des Mittelstandes in Deutschland.

[2] Die besprochenen Themen variierten dabei von der ungleichen Verteilung von Bundesbehörden (Mulda), einem ungleichen gastronomischen Angebot (Doberlug-Kirchhain) über Unterschiede in der Mentalität (Eberswalde) und Funktionsweise der Ausländerbehörden (Chemnitz) bis zur Kriminalität bzw. Sicherheit (Cloppenburg).

nen (Auerbach, Doberlug-Kirchhain, Hirschhorn, Kamenz, Luckau, Mulda, Temnitz, Zeven), 3 Mittelstädten (Eberswalde, Cloppenburg, Cottbus) und 1 Großstadt (Potsdam) mit einem Vergleich verbunden bzw. in 9 ostdeutschen und nur 3 westdeutschen Kommunen. Teilnehmer fanden, dass ein Gefühl der Verwurzelung und soziale Beziehungen den Ort für Menschen lebenswert machen. Ersteres wurde teils als „Heimatverbundenheit" benannt, besonders in kleineren ostdeutschen Kommunen. Allgemein wurden soziale Beziehungen zur Familie, zu Freunden und/oder die Anbindung an den Verein als entscheidend für das Wohlbefinden bezeichnet; aber gelegentlich zu wenig Kneipen und andere Orte für das Zusammenkommen und eine schlechtere Infrastruktur bemängelt (Auerbach, Kamenz, Reichenbach).

Auerbach, Mann 3: (fällt ins Wort) Ich habe gesagt, wenn ich, wenn ich wieder in der Heimat bin, kann ich nach Berlin fahren, kann nach Leipzig fahren, nach Dresden fahren, kann nach München fahren, kann Freunde besuchen, ja. Aber ich gehe von der Stadt wieder zurück und gehe in meine Heimat, dort wo ich mich wohlfühle. Frau 4: (fällt ins Wort) Wenn ich […] den Kirchturm sehe, bin ich immer zufrieden. (lacht) Frau 1: Ja, Heimatverbundenheit. Mann 3: Genau. Aber was mir halt, nach wie vor, fehlt, ist einfach abends mal zu sagen, hey, ich gehe jetzt mal Bier trinken ums Eck. Ich möchte mich nicht zum Griechen reinsetzen und möchte Bier trinken, sondern einfach ... Frau 2: (fällt ins Wort) Kneipe um die Eck. Mann 3: Genau. Einfach sowas. So einfach, ganz einfache, stinknormale Kneipe an der Ecke.
Reichenbach, Frau 4: Also, ich finde hier ist die Natur sehr gut und das alles, die Umgebung, das Dörfliche und so weiter, aber ist halt, was wir vorhin gesagt haben, die Anbindung, die ganze Infrastruktur, das ist halt in anderen Regionen sicherlich besser. […] Frau 3: Mir fehlt die Kultur. Also ich muss ehrlich sagen, Theater, Kino, das fehlt definitiv. Also, das wird hier nicht mein Lebensabend sicherlich werden. Sobald ich aufhöre zu arbeiten, werden wir sicherlich nochmal irgendwo hin ... Wo? Ich bin, wichtige Ziele sind öffentliche Verkehrsanbindung, also Verkehr, Straßenbahn und S-Bahnen, was weiß ich. Schon ruhig, ländlich, aber eben wirklich die Chance zu haben, sich abends in eine Straßenbahn oder in die S-Bahn zu setzen, sofort in einer halben Stunde in der Stadt zu sein, mal in ein Kino oder ins Theater zu gehen, ein Konzert zu besuchen. Das fehlt mir. […] Und das ist das, was definitiv für mich Lebensqualität mäßig für mich absolut fehlt. (kontinuierliche Zustimmung von Mann 1)

In 3 Kommunen wurde das gesellschaftliche Miteinander vor Ort ebenfalls als Vergleichsindikator herangezogen, aber mit einem negativen Ergebnis für die eigene Kommune verknüpft (Chemnitz, Frankfurt a. M., Stadtallendorf). In Frankfurt a. M. wurde beispielsweise kritisiert, dass es an Gelassenheit fehle; an der Küste gehe es entspannter zu. Insgesamt spielte somit die soziale Dimension für die Bewertungen der Lebensqualität vor Ort eine große Rolle.

In 11 Kommunen – d. h. fast der Hälfte aller Orte, in denen wir Gruppendiskussionen durchführten – trafen Teilnehmer allerdings relativierende Aussagen zur

Vergleichbarkeit der Lebensqualität vor Ort (Apen, Cottbus, Doberlug-Kirchhain, Eberswalde, Hannover, Kamenz, Kassel, Mulda, Potsdam, Temnitz, Witzenhausen). Solche Aussagen gab es in mehr ostdeutschen als westdeutschen Kommunen (7 vs. 4), davon die meisten in Brandenburg. Es wurde gesagt, dass man für sich selbst entscheide, wie man leben wolle, und die individuellen Wünsche entscheidend seien (Apen, Doberlug-Kirchhain, Eberswalde, Hannover, Kamenz, Kassel, Mulda, Witzenhausen). In 5 Kommunen wurde darauf verwiesen, dass es eine Altersfrage sei, für welchen Wohnort man sich entscheide bzw. was man präferiert (Cottbus, Hannover, Kamenz, Limburg, Mulda). Oder es wurde gesagt, dass man es „nicht anders kenne", was Zufriedenheit mit den Lebensverhältnissen vor Ort implizierte (Apen, Doberlug-Kirchhain, Potsdam, Temnitz). In jedem Ort gebe es Vor- und Nachteile, argumentierten Teilnehmer in 3 Orten (Cottbus, Eberswalde, Temnitz).

> Temnitz, Frau 4 An anderen Orten in Deutschland bin ich kaum, also kann ich das gar nicht beurteilen, ob das da irgendwie besser oder schlechter ist. Frau 3: Kann man schlecht beurteilen, ja, das würde ich auch sagen. Frau 4: Nee, nee, nee. Entsprechende Situation, äh, ja. … ist eben überall unterschiedlich und das lässt sich so, also für mich, auch gar nicht so beurteilen. Ist das nun woanders besser oder schlechter? Ja. Für mich ist das hier gut und das, ja, woanders ist, na gut, da müsste man erst einmal Wurzeln schlagen und äh, wäre schwierig, sich da zurechtzufinden, denke ich mir. Mann 2: Ich würde, äh, ich könnte nicht mal sagen, wo. […] und wohl würde ich mich eher da fühlen, wo ich auch meine, äh, meinen Lebensmittelpunkt dann später habe. Also sprich, äh, da, wo ich auch die näheren Bindungen, sprich, nachher die Kinder und so weiter sehe, da würde ich mich dann lieber eher in der Nähe aufhalten wollen. […], wo man auch weiß, da kennt man seine Leute, ne. Da hat man wieder so sein, ja seine eigentlichen Wurzeln. Ja. […] Mann 3: Also kann ich überhaupt nichts zu sagen. Ich meine, ich komme aus OPR.[3] Ich bin in OPR seit 19 Jahren und sonst, wenn man jetzt woanders schon gewohnt hätte, sage ich mal, in Sachsen oder sowas, äh, dann kennt man halt die andere Mentalität und so weiter, aber so an sich … kann ich jetzt nicht groß was zu sagen. Bin zufrieden mit dem, was hier ist und das reicht mir. (Stille) Mann 1: Ich sage ja auch nicht, dass die Städter doof sind. Die sind anders, weil sie woanders leben, mit anderen Verhältnissen leben, die wahrscheinlich auch gut finden, weil es gerade zu ihnen passt, zu der Situation. Ich habe mich ja in Dresden und Berlin auch nicht unwohl gefühlt. Aber im jetzigen, mit einem Vergleich jetzt, ist das eindeutig hier schöner. […] Ja, also das hängt davon ab, wo man zu Hause ist, wo man Bindungen hat, ein bisschen Geschichte hat, wo man auch ein bisschen mitmacht [..]

In Potsdam wurde auch die Bedeutung eines Arbeitsplatzes für die Wahl des Wohnortes betont und dass man sich wohlfühle.

---

[3] Autokennzeichen für den Landkreis Ostprignitz-Ruppin.

Potsdam, Mann 1: Wenn man keine Arbeit hat, dann geht man da hin, wo Arbeit ist. Frau 3: Natürlich. Mann 2: Also, ich glaube, am Ende kann man da leben, wo man glücklich ist, unabhängig davon, ob es jetzt Potsdam ist oder irgendeine andere Stadt. Wenn ich mich da wohlfühle und da mein Umfeld ist und ich bin glücklich, kann ich dort leben. Frau 3: (fällt ins Wort) Und die Harmonie der Familie stimmt. Mann 2: Und genauso sehe ich es aber auch unabhängig davon, ob es jetzt Deutschland ist oder ob jedes andere europäische Land oder eben nicht ist. (Zustimmung von Frau 3) [...] Mann 1: (fällt ins Wort) Ist doch genauso, wie du in Hamburg, der an der Alster wohnt, der würde doch nicht nach Potsdam gehen. Der fühlt sich da wohl. [...] Frau 1: Aber es sind ja immer viele kleine Faktoren, die du für dich zusammensetzt und dann deine Entscheidungen triffst. Also klar kann ich woanders einen besser bezahlten Job bekommen als hier. Dafür wohne ich hier. Dafür habe ich meine Familie hier, dafür, ja ..., ist meine Wohnung jetzt gerade ganz toll, also ne. Sind ja immer viele kleine Puzzleteile, die ich zusammensetze. Und dafür, glaube ich, können wir alle gerade sagen, die wir hier sitzen, dass wir ... Frau 3: (fällt ins Wort) Zufrieden sind. Frau 1: Zufrieden, zufrieden hier in Potsdam sind. (lacht) Mann 3: Also, ich finde auch, jede Stadt hat irgendwie so eine Besonderheit, mehr oder weniger. [...] Ähm ja, letztendlich muss man sich wohlfühlen und das für einen entscheiden, was ist mir wichtig, wo fühle ich mich glücklich, sodass ..., also würde ich mich dem anschließen. Mann 1: Und meistens, meistens ist es ja so, wenn man irgendwo anders ist, geht man immer wieder zu den Wurzeln zurück. Das habe ich schon, meine Schwiegereltern sind auch wieder zurück. Die waren bis vor Kurzem weg und sind wieder hierher. Die wollten wieder in ihre Heimat rein. [...] Mann 4: Ich kenne zu wenig andere Städte, um zu sagen ... Ich finde es hier schön. (Zustimmung von Frau 3) Aber ich weiß nicht, wie es in Hamburg ist. Ich war schon oft in Hamburg, aber wie es sich dort lebt, weiß ich nicht.

In 5 Gruppendiskussionen – überwiegend in Ostdeutschland – wurden bei den unspezifischen räumlichen Vergleichen auch in diesem Gesprächsabschnitt wieder Möglichkeiten der Berufsausbildung und Jobperspektiven im Ort bzw. in der Region als Indikatoren für die Einschätzung des Lebens vor Ort verglichen, was teils mit kritischen Einschätzungen der eigenen Lage verbunden war (Cottbus, Doberlug-Kirchhain, Luckau, Osnabrück, Potsdam). In 5 Kommunen – darunter 4 westdeutsche – wurde die Verkehrsanbindung oder zentrale Lage als Indikator für gute Lebensverhältnisse herangezogen, was überwiegend mit positiven Einschätzungen der Lage vor Ort verknüpft wurde (Frankfurt a. M., Kamenz, Kassel, Limburg, Witzenhausen). Weitere Vergleiche deckten eine Vielzahl von Aspekten – von der Schönheit des Ortes bis hin zu günstigen Mieten – ohne Häufungen bzw. räumliches Muster ab.

Neben den Vergleichen ohne spezifische Referenzgruppe gab es, wie erwähnt, Vergleiche mit bestimmten Orten oder Räumen. Erst hier wurden – nach ausdrücklicher Aufforderung durch die Moderatorin – Vergleiche der lokalen Lebensverhältnisse mit dem Ausland vorgenommen, und zwar in 21 Kommunen. In 8 Gruppendiskussionen – ohne räumliches Muster – erwähnten Teilnehmer in diesem Zusammenhang, dass es den Menschen in Deutschland „nicht schlecht" geht bzw. in Deutschland ein gutes Sozial- und Krankensicherungssystem vorhanden ist, das andere Länder nicht haben (Apen, Bevensen-Ebstorf, Doberlug-Kirchhain, Eberswalde, Frankfurt a. M., Hirschhorn, Osnabrück, Zeven). Im Sinne einer Relativierung der Identifizierbarkeit bester Lebensverhältnisse wurde in mehreren Gruppendiskussionen angemerkt, dass Orte im Ausland beispielsweise während des Reisens und Urlaubs schön erschienen, aber man nicht unbedingt dauerhaft da leben wolle (z. B. Cloppenburg, Bevensen-Ebstorf, Doberlug-Kirchhain, Hannover, Temnitz).

> Bevensen-Ebstorf, Frau 4: Ja, ich habe auch keinen Grund, woanders zu wohnen, weil halt alles hier ist. Ich bin auch kein Großstadtmensch, deswegen, wenn alles hier ist, kann man hier doch gut leben. Mann 4: Ich finde es auch, wir haben hier gut zu leben. Ich muss nicht unbedingt in eine größere Stadt, das wäre mir viel zu viel. Frau 2: Oder auch ein anderes Land in Europa, das ist schön für Urlaub, wenn man mal andere Eindrücke kriegt. Aber im Prinzip hat jedes Land da auch mit Schwierigkeiten zu kämpfen, die man hier hat und ich denke, wir leben hier schon auf sehr hohem Niveau. (leise Zustimmung) Mann 1: Auch klimatisch gesehen ist es einigermaßen. Frau 2: Ja oder auch mit, mit, mit Preisen mit Lebensmittelpreisen. Da wird jetzt zwar hier gejammert, wo die gerade jetzt alle am Steigen sind, aber in anderen Ländern Europas oder in vielen Ländern Europas sind die deutlich höher und von daher.

Die von der Moderatorin erbetene Benennung attraktiver Wohnorte im Ausland ging teilweise mit unterschiedlichen Begründungen bzw. angelegten Kriterien für eine hohe Lebensqualität einher. In jeder dritten Gruppendiskussion – relativ weniger in kleineren Kommunen – wurden Spanien und Italien genannt (Apen, Cloppenburg, Eberswalde, Hannover, Leipzig, Osnabrück, Temnitz, Zeven). Als Gründe dafür führten Teilnehmer unter anderem das Klima und die Mentalität bzw. Lebensart ins Feld. Frankreich wurde mehrfach mit ähnlicher Begründung genannt (Eberswalde, Frankfurt a. M., Potsdam, Stadtallendorf, Zeven). In jeder vierten Gruppendiskussion wurden – mit anderer Begründung für die Attraktivität – skandinavische Länder genannt (Hannover, Leipzig, Luckau, Reichenbach, Temnitz, Witzenhausen). Für sie sprachen aus Sicht von Teilnehmern Kinderfreundlichkeit, gute Jobs, das Bildungssystem, Ruhe und Entspanntheit sowie die Landschaft. Darüber hinaus wurden verschiedene weitere Länder ohne bestimmte Muster der regionalen Lage oder Begründungen genannt.

In 20 Kommunen stellten die Gesprächsgruppen nach Aufforderung Vergleiche zwischen Bundesländern an, um das Leben in ihrer Kommune einzuschätzen. In jeder zweiten Runde nannten Teilnehmer die südlichen Bundesländer – v. a. Bayern – als attraktive alternative Wohnorte (Apen, Hannover, Hirschhorn, Kassel, Leipzig, Limburg, Luckau, Potsdam, Stadtallendorf, Temnitz, Osnabrück, Witzenhausen). Als Faktoren, die für ein gutes Leben dort sprachen, wurden oft Freundlichkeit und die Lebenseinstellung (Doberlug-Kirchhain, Kassel, Limburg, Potsdam, Stadtallendorf, Temnitz) sowie die Landschaft und damit verbundene Freizeitmöglichkeiten genannt (Eberswalde, Hirschhorn, Kassel, Leipzig, Luckau, Stadtallendorf), aber auch die bessere Jobsituation (Luckau, Osnabrück, Potsdam) bzw. höhere Einkommen (Apen, Witzenhausen). Auch die Ostsee- bzw. Nordseeregion wurde als attraktive Wohngegenden genannt (Apen, Eberswalde, Frankfurt a. M., Kassel, Osnabrück, Witzenhausen, Zeven). Als Gründe führten Teilnehmer die Landschaft, Mentalitäten sowie verschiedene individuelle Punkte an. Genannt wurden auch Städte wie Hamburg (Cloppenburg, Eberwalde, Leipzig, Zeven) sowie Freiburg (Eberswalde, Hannover, Stadtallendorf) und Berlin (Cottbus), in denen Teilnehmer bereits gewohnt und positive Erfahrungen mit dem Leben vor Ort gemacht hatten. Andere vereinzelt genannte Regionen wurden wegen der Landschaft gelobt.

In den kleineren Kommunen, teils auch den Mittelstädten in Ostdeutschland, sagten Teilnehmer häufig, dass sie an keinem anderen Ort leben möchten, und verwiesen auf ihre Heimatverbundenheit (siehe Zitat für Temnitz oben). Ansonsten wurden dort verschiedene Orte oder Länder im Ausland ohne konkreten geografischen Schwerpunkt oder spezifische Begründung als attraktive Wohnorte genannt.

Vergleiche innerhalb der eigenen Region bzw. des Bundeslandes wurden in 16 Gruppendiskussionen thematisiert – ohne räumliches Muster. Die Analyse bestätigt einmal mehr den bereits erwähnten Befund, dass Menschen in größeren Städten eher innerstädtisch oder mit anderen Großstädten verglichen. In Hannover, Oldenburg und Osnabrück richteten sich Vergleiche auf die Stadtteile und jeweils andere Städte. In Cottbus und Potsdam wurde jeweils nur Bezug auf andere größere Städte oder Stadtteile genommen; Indikatoren für die Lebensqualität waren die Kürze der Wege und die Verkehrsanbindung. In Chemnitz und Leipzig gingen kursorische Vergleiche mit anderen Großstädten (in Bezug auf Mieten, Verkehr) mit positiven Ergebnissen einher. In Frankfurt a. M. wurden die Kulturangebote gelobt.

In den anderen Gruppendiskussionen in Brandenburg wurde v. a. das soziale Miteinander in mehr Orten bzw. Gebieten verglichen (Doberlug-Kirchhain, Eberswalde, Temnitz). Meist zogen die Teilnehmer den Schluss, dass sie vor Ort gut leben. In Apen wurde die Lage vor Ort mit der Küstenregion und Hannover verglichen; Kommunen mit zugleich städtischem und ländlichem Charakter galten als attraktiv. In den kleineren sächsischen Kommunen Kamenz und Reichenbach gab es Kritik an zu wenig Kultureinrichtungen im eigenen Ort, aber ebenso Lob dafür, dass es nicht überlaufen sei. Im hessischen Hirschhorn wurde z. B. als positiv bewertet, dass es vor Ort weniger Kriminalität als in Mannheim gebe, in Witzenhausen die gute Größe der Kommune.

Stadt-Land-Vergleiche wurden in diesem Gesprächsabschnitt in 15 Kommunen thematisiert. Darunter waren wieder deutlich mehr kleinere Kommunen – 10 der 12 kleineren Orte. Sie lagen überwiegend in Ostdeutschland (Auerbach, Doberlug-Kirchhain, Kamenz, Luckau, Mulda, Reichenbach, Temnitz vs. Bevensen-Ebstorf, Witzenhausen, Zeven). Hinzu kamen in diesem Gesprächsabschnitt zu erbetenen Vergleichen 3 der 5 Mittelstädte (Cloppenburg, Cottbus, Limburg) sowie 3 der 7 Großstädte (Chemnitz, Frankfurt a. M., Hannover). Mehrfach wurde erneut die Ruhe im ländlichen Raum bzw. als eher ländlich eingestuften Wohnregionen als Vorteil hervorgehoben (Bevensen-Ebstorf, Cloppenburg, Kamenz, Temnitz, Witzenhausen). Teilnehmer bewerteten außerdem wieder das soziale Miteinander in kleinen Kommunen bzw. auf dem Land überwiegend als besser als in der Großstadt (Cloppenburg, Doberlug-Kirchhain, Hannover, Witzenhausen). Ruhe und die Bedeutung sozialen Lebens wurden dem Land beispielsweise auch in Frankfurt a. M. und Limburg als wichtige Merkmale zugeschrieben, wenn mit dem eigenen Ort verglichen wurde.

Frankfurt a. M., Frau 4: Also ich bin mit einem halben Jahr hierhergekommen. Frankfurt würde ich niemals verlassen. […] Weil ich gerne hier lebe. Ich würde noch nicht mal ins Umland ziehen. Ja. Auch wegen der ganzen Anbindungen und was weiß ich nicht mehr alles. […] Frau 1: (fällt ins Wort) Du hast alles, was du dir, was du willst, in alle Facetten, ne. Kultur, in den Zoo vielleicht mal oder, oder alles mal […] Mann 2: Ja, einfach nur, äh, […] zum Beispiel an der Küste, ja. Da ist das Meer, du hast eine andere Luft, hast auch, glaube ich, äh, mehr Gelassenheit in den Menschen, ja. […] Frau 3: Ähm, ja, also grundsätzlich wäre ich, irgendwie woanders hinzuziehen, nicht abgeneigt, weil, ähm, diese Gelassenheit der Menschen an der Küste irgendwo, ähm, habe ich auch letztes Mal jetzt wieder, ich war auf Klassenfahrt und ähm, da habe ich einfach doch gemerkt, dass Stadtleben … Mann 1: (fällt ins Wort) Hektik. Frau 3: (redet unvermindert weiter) … und dort so an der Küste dieses, diese Gelassenheit, das ist einfach beruhigender. Ja, es ist beruhigender und dadurch, ähm, führt man auch, denke ich mal, also denke ich, ich gehe davon aus, dass die Leute deswegen dort auch ein ganz anderes Leben führen als wir hier in der Stadt.

Limburg, Mann 1: Aber hier in Limburg ist eigentlich das, was der Großstädter sucht, nicht ganz tote Hose, ne, äh, sondern Geschäfte und Gaststätten und so weiter und so fort. Man kann fortgehen, äh und schön und gut fortgehen. Früher konnte man auch noch zum Tanzen gehen und so weiter. Das ist ja heute auch alles nicht mehr, ne. Und äh, es ist aber auch noch kein Dorf. Limburg, obwohl es schon ziemlich provinziell ist (lacht) ähm, dass man sagt, es ist alles nur über die Gaststätte, so stelle ich mir das auf dem Dorf vor, Gaststätten und Vereine, was das öffentliche Leben ausmacht. Hier kann man auch noch ins Theater gehen, wo ich ja nie hingehe. (lacht)

Es gab aber auch Stadt-Land-Vergleiche in anderer Hinsicht und kritischere Einordnungen. In Hannover, Luckau und Witzenhausen wurde der engere Kontakt und Informationsfluss zwischen Menschen auf dem Land zum Teil negativ bewertet. In Auerbach und Reichenbach gab es Kritik an fehlenden Freizeitmöglichkeiten in kleinen Kommunen auf dem Land; dies galt in abgeschwächter Form auch in anderen Kommunen (Hannover, Luckau, Zeven). Es wurde ein höheres Angebot an Shopping-/Konsummöglichkeiten in Städten festgestellt, das teils positiv (Luckau), teils als übertrieben (Kamenz) bewertet wurde. Zum Teil wurden auch Mentalitätsunterschiede zwischen Stadt und Land angesprochen, so in Eberswalde und Temnitz („Städter sind anders"). In Eberswalde sahen Teilnehmer die Landbevölkerung als benachteiligt an, weil Großstädte zu stark gefördert würden.

Bei der Einschätzung der Lebensbedingungen im Vergleich mit anderen Orten wurde in nur 6 Gruppendiskussionen Vergleiche zwischen Ost- und Westdeutschland angestellt. Es gab sie ausschließlich in ostdeutschen Kommunen (Chemnitz, Doberlug-Kirchhain, Eberswalde, Kamenz, Leipzig, Luckau), aber auch dort letztlich nur in der Hälfte der Orte. In 4 Kommunen wurden Unterschiede im Zusammenleben und der Mentalität zwischen Ost und West thematisiert (Chemnitz, Doberlug-Kirchhain, Kamenz, Luckau). In Luckau wurde von allen Teilnehmern ein „Wir-sind-DDR-Kinder"-Gefühl mit eigenen Lebensauffassungen beschrieben. In Doberlug-Kirchhain sprachen Teilnehmer von der „Heimat" Ostdeutschland und dass dort Menschen wohnten und zurückkämen, weil sie sich der Region verbunden fühlten. In 3 Gesprächsrunden wurde auf die bessere wirtschaftliche Lage und höhere Einkommen in Westdeutschland verwiesen (Doberlug-Kirchhain, Eberswalde, Leipzig). Positiv erwähnt wurden relativ günstige Wohn- und Lebenshaltungskosten in Ostdeutschland (Chemnitz, Leipzig).

In den meisten Gruppendiskussionen fügten sich die Vergleiche in die geschilderte Bewertung des eigenen Ortes ein, mit kritischeren Sichtweisen zu bestimmten Aspekten in kleineren und ostdeutschen Kommunen. Dieses Muster bestätigte sich in der späteren individuellen schriftlichen Befragung. Auch hier wollten wir wissen, wie die Teilnehmer das Leben in ihrem Ort im Vergleich zu anderen Kommunen bewerten. Wie Abb. 7.1 zeigt, ergab sich dabei keine negative Bewertung. In nur 3 Kommunen tendierten die Teilnehmer der Gesprächsrunden durchschnittlich dazu, die Aussage „Die Situation ist schlechter als woanders" als „eher" zutreffend zu bezeichnen (siehe auch Abschn. 4.3). Höhere Werte zeigten sich – bei einem insgesamt niedrigen Niveau der Zustimmung – überwiegend für ostdeutsche Kommunen. Die Abbildung zeigt zugleich, dass die Befragten in den meisten Kommunen die Aussage „eher zutreffend" fanden, dass die Lebenssituation vor Ort „ungefähr so wie in anderen Orten in Deutschland" ist. In Eberswalde wurde der Aussage durchschnittlich „eher nicht" zugestimmt. Insgesamt gab es bei den Positionierungen zu dieser Aussage – im Gegensatz zur Aussage, dass die Situation vor Ort schlechter ist als woanders – kein Ost-West-Gefälle. Die unterschiedlichen Antworten könnten damit zusammenhängen, womit man vergleicht. Es gibt, so vielleicht die Überlegung bei Teilnehmern in ostdeutschen Kommunen, Orte, in denen die Lebenssituation besser ist, aber auch viele, in denen sie ungefähr gleich ausfällt.

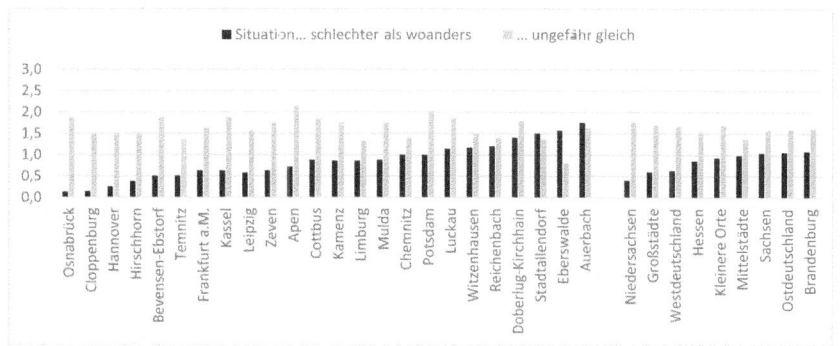

Abb. 7.1 Lokale Bewertung der Lebenssituation im Vergleich zu anderen Orten. (Frage: „Wie würden Sie die Lebenssituation hier vor Ort beschreiben?" Aussagen: „Die Situation ist schlechter als woanders." bzw. „Die Situation ist ungefähr so wie in anderen Orten in Deutschland." (0 = trifft nicht zu, 1 = trifft eher nicht zu, 2 = trifft eher zu, 3 = trifft zu). Quelle: eigene Auswertung der anonymen schriftlichen Befragung (N = 183))

Im Gesprächsabschnitt zu **Bewertungen der Politik und Diskussion ihrer Finanzierung** (Abschn. 7.3) nahmen Teilnehmer in jeder zweiten Gruppendiskussion räumliche Vergleiche ohne eine spezifische Referenzgruppe vor. Entsprechend dem bereits beobachteten Muster geschah dies relativ häufiger in Großstädten (6 von 7: Chemnitz, Frankfurt a. M., Hannover, Kassel, Leipzig, Potsdam) als in kleineren Kommunen (5 von 12: Bevensen-Ebstorf, Hirschhorn, Luckau, Mulda, Witzenhausen) und in Mittelstädten (1 von 5: Stadtallendorf) sowie etwas mehr in westdeutschen (7) als ostdeutschen Kommunen (5). Inhaltlich zeigte sich aber kein räumliches Muster. Über Investitionen bzw. das politische Handeln in Strukturwandelgebieten im Vergleich wurde in Bevensen-Ebstorf, Luckau und Mulda gesprochen.

Luckau, Frau 3: [...] Wir sind ja auch irgendwo im Gebiet für so Strukturwandel und so aktuell. Also wir sind ja da mit drinne. Und der Bund gibt ja relativ viel Geld für den Strukturwandel [...], also auch so für Infrastruktur, Verbesserung und so was. Die Frage ist, wie das hier Anklang findet und wir das hier [...] umsetzen? Also darüber habe ich mich noch nicht informiert, aber wahrscheinlich hapert's daran und das ist dann wieder Lokalpolitik.

Die Politik könne bei Standortentscheidungen von Unternehmen (Kassel) und der Wirtschaftsentwicklung einer Region (Frankfurt a. M.) oder in Bezug auf Landschaft und Gesellschaft „nicht viel machen" (Stadtallendorf), hieß es anderswo. Sie solle sorgsamer überlegen, wie und wo sie investiert, und die Gelder gerechter für eine ausgeglichene Regionalentwicklung verteilen, wurde in Leipzig und Mulda argumentiert. Auf unterschiedliche politische Schwerpunkte z. B. zwischen Bund und

Kommune wurde in Witzenhausen hingewiesen, auf die verschiedene Handhabung des Denkmalschutzes in Deutschland in Hirschhorn. Das „grottige" Zusammenspiel zwischen Politik und Verwaltung wurde in Hannover kritisiert.

In Bevensen-Ebstorf verbanden Teilnehmer den allgemeinen Vergleich innerhalb Deutschlands mit der Aussage, dass die Politik es mit anspruchsvollen Rahmenbedingungen zu tun habe. In Strukturwandelregionen würden Diskussionen über politische Entscheidungen anders geführt als in nicht betroffenen Regionen. Zugleich wurden Bemühungen anerkannt, in solchen Regionen verbesserte Lebensbedingungen zu schaffen. In Luckau wurde gesagt, dass der Bund relativ viel Geld für den Strukturwandel gebe, aber es an der Region liege, wie es eingesetzt werde. In Potsdam wurden die Lebensbedingungen in Deutschland allgemein als gut bezeichnet.

Vergleiche in der Stadt-Land-Dimension wurden im Gesprächsabschnitt zur Bewertung der Politik in jeder dritten Gruppendiskussion angesprochen, und zwar erneut nur *außerhalb* der Großstädte. Teilnehmer in den Großstädten erwähnten einen solchen Vergleich jenseits der zuvor gelegentlich erfolgten Referenz auf die angenommene Ruhe und engere soziale Verknüpfungen auf dem Land nicht. Thematisiert wurde ein Stadt-Land-Vergleich hingegen in fast allen Mittelstädten (4 von 5: Cottbus, Eberswalde, Limburg, Stadtallendorf) sowie gut jeder dritten kleineren Kommune (4 von 12: Apen, Auerbach, Doberlug-Kirchhain, Kamenz).

Wo Stadt-Land-Vergleiche angesprochen wurden, war dies fast durchweg mit kritischen Bewertungen der Politik verbunden. Das unterschied diesen Gesprächsabschnitt deutlich von den vorangegangenen, in denen es zwar kritische Töne gab, diese aber nicht dominant gewesen waren. Die Vergleiche betrafen überwiegend politisch beeinflussbare Aspekte und Aufgaben der öffentlichen Daseinsvorsorge – die Verkehrsanbindung (Cottbus, Eberswalde, Kamenz, Stadtallendorf), die medizinische Versorgung (Cottbus, Doberlug-Kirchhain) und die Nähe von Schulen (Cottbus) –, aber teils auch Aspekte, die nicht primär politisch geregelt werden – so Gehälter (Auerbach, Limburg), Mietpreise (Limburg) bzw. Preise (Auerbach). Gemessen am großen Umfang politisch beeinflusster Themen wurden insgesamt eher wenige Aspekte genannt und dabei zeigte sich kein bestimmtes Muster. Allerdings gingen in 3 kleineren Kommunen und 2 Mittelstädten die Vergleiche mit der Aussage einher, dass die Politik sich auf die (Groß-)Städte konzentriere und die Landbevölkerung nicht ausreichend sehe bzw. berücksichtige oder Maßnahmen zu lange dauern (Apen, Auerbach, Cottbus, Kamenz, Stadtallendorf) (siehe Abschn. 8.1 und 8.3).

In 8 Kommunen – darunter alle 6 niedersächsischen sowie 4 der 7 Großstädte – wurden Vergleiche innerhalb des jeweiligen Bundeslandes oder der Region angestellt (Apen, Cloppenburg, Doberlug-Kirchhain, Hannover, Kassel, Leipzig, Luckau, Osnabrück). Die Vergleiche in den Großstädten hatten wieder eine selbstreferenzielle Note und bezogen sich auf Stadtteile. Für diese wurden unterschiedliche

Lebensstandards (Osnabrück), eine unterschiedliche Verkehrsanbindung (Kassel), eine unterschiedliche Förderung im Hinblick auf Bildung und Investitionen (Hannover) sowie eine unterschiedliche Unterstützung durch Schulneubauten und Fördergelder für Vereine (Leipzig) beobachtet. In Cloppenburg verglichen Teilnehmer der Gruppendiskussion die ärztliche Versorgung in der Stadt mit der Region. In den kleineren Orten wurden die Verfügbarkeit von Fachkräften in der Region (Apen), die „Entsiedlungsstrategie" der Politik in Bezug auf Dörfer mit dem beobachteten realen Zuzug in die Region (Doberlug-Kirchhain) sowie die Finanzausgaben für die Kernstadt mit denen für andere Siedlungsteile und die Radwege in Brandenburg verglichen (Luckau).

In ebenfalls jeder dritten Gruppendiskussion wurden in diesem Gesprächsabschnitt Vergleiche mit dem Ausland angestellt (Apen, Cottbus, Eberswalde, Hirschhorn, Kamenz, Leipzig, Potsdam, Temnitz, Witzenhausen), möglicherweise als Nachwirkung auf die Anregung zu einem solchen Vergleich im vorangegangenen Gesprächsabschnitt. Die Runden in Apen, Leipzig, Potsdam und Temnitz kamen zu dem Schluss, dass sie über die allgemeinen Lebensverhältnisse in Deutschland „froh" (Leipzig) sind bzw. dass in anderen Ländern die Verhältnisse schlechter seien. Hingegen wurde mehrfach die Partei- bzw. Fraktionsdisziplin in Deutschland kritisiert; Debatten würden nicht in der Sache, sondern entlang der Parteilinien geführt (Cottbus, Kamenz, Witzenhausen). In Hirschhorn wurde die soziale Ungleichheit bzw. die Grundrente, v. a. für Frauen, im Vergleich zu Österreich kritisch gesehen, in Cottbus argumentiert, dass Unternehmen Standorte im Ausland bevorzugen. Die Idee, in Deutschland mehr Volksentscheide durchzuführen, war in Eberswalde mit einem Vergleich mit der Schweiz verbunden. Insofern richteten sich internationale Vergleiche hier auf verschiedene Aspekte und konnten mit positiven und negativen Ergebnissen verbunden sein.

In jeder vierten Gruppendiskussion kamen Vergleiche zwischen Bundesländern zur Sprache, und zwar entsprechend dem auch zuvor beobachteten Muster überwiegend in Großstädten (4 von 7: Chemnitz, Hannover, Leipzig, Potsdam, aber auch Apen, Doberlug-Kirchhain). In den entsprechenden Passagen ging es um die unterschiedliche Bildungspolitik der Länder; in Potsdam wurde argumentiert, dass man in Deutschland dank der Politik überall in etwa ähnlich gut leben könne und die Unterschiede in den Lebensbedingungen zwischen den Ländern vergleichsweise gering sind (Abschn. 8.3).

Explizite Ost-West-Vergleiche wurden im Zusammenhang mit der Bewertung der Politik für gleichwertige Lebensverhältnisse in nur 4 Gruppendiskussionen angesprochen (Bevensen-Ebstorf, Cottbus, Kamenz, Kassel). Aus dem Kontext erschließt sich, dass Personen, die sich primär zu Ostdeutschland äußerten, einen direkten Bezug dorthin hatten. In Kamenz wurde auf die spezifischen Erfahrungen mit Umbrüchen in Ostdeutschland verwiesen; die Menschen hätten daher „auch das Gespür dafür, was schlecht läuft und was gut". In Cottbus wurde kritisiert, dass die Angleichung der Löhne und Renten sehr lange dauere. In Bevensen-Ebstorf und Kassel[4] stellten Teilnehmer die Lebensverhältnisse in den östlichen Landesteilen, v. a. in Bezug auf die Infrastruktur, als schlechter im Vergleich zu West-Regionen dar.

7.2   „Gleichwertige Lebensverhältnisse" – auch assoziiert mit sozialer Gleichheit

Wie erwähnt, nutzten die Teilnehmer der Gruppendiskussionen im ausführlichen Austausch zu den genannten Themenkomplexen nicht von sich aus den Begriff „gleichwertige Lebensverhältnisse". Fast niemand verwies spontan auf das politische Ziel eines räumlichen Ausgleichs der Lebensbedingungen, und gleiche Lebensbedingungen wurden nicht spontan als Bewertungsmaßstab erwähnt. In einem eigenen Gesprächsabschnitt wollten wir wissen, was sich die Teilnehmer unter dem in der Politik verwendeten Begriff gleichwertige Lebensverhältnissen vorstellen und ob die Themen, die auf den 15 thematischen Bildkarten symbolisiert waren, das sind, woran sie bei „gleichwertigen Lebensverhältnissen" denken. Dazu entspannen sich jeweils längere Diskussionen und die Beteiligten entwickelten oft interaktiv ihre Gedanken. In diesem Kapitel analysieren wir die Gespräche zunächst in Bezug auf Aussagen zu auf den Bildkarten abgebildeten Themen. Sie wurden teils direkt, teils indirekt getroffen.

Auffallend ist, dass die Teilnehmer die Bedeutung gleichwertiger Lebensverhältnisse weit überwiegend aus einer Problemperspektive heraus diskutierten. Damit ist gemeint, dass sie ihre Argumentationen auf Aspekten oder Beispielen aufbauten, die sie als problematisch erachteten, und daraus gewissermaßen im Umkehrschluss ableiteten, was gleichwertige Lebensverhältnisse ausmacht. Dies ist plausibel, birgt aber die Gefahr, Themenfelder zu vernachlässigen, in denen es „gut läuft".

Die nachfolgende Analyse zeigt auch, dass die Themen, die in vielen Orten zuvor als politisch unterstützenswert priorisiert worden waren, auch als Indikatoren für gleichwertige Lebensverhältnisse betrachtet wurden. Das traf besonders auf die Bildung (18 Kommunen), Gesundheit/medizinische Versorgung (11) sowie Wohnen (10) zu. Den Komplex gute Jobs/Wirtschaft, der ebenfalls als politisch unterstützenswert galt, aber zuvor nicht unter den überregionalen Spitzenreitern gelandet war, bezeichneten Teilnehmer nun in mehr als zwei Dritteln der Gruppendis-

---

[4] Siehe den Auszug aus dem Transkript der Gruppendiskussion im Abschn. 8.2.

kussionen als wichtigen Indikator für „gleichwertige" Lebensverhältnisse. Die öffentliche Verkehrsanbindung, Sicherheit und digitale Infrastruktur wurden in (gut) jeder vierter Kommune als Indikatoren für gleichwertige Lebensverhältnisse angesprochen. Umgekehrt wurden Themen, die Gruppen zuvor als weniger wichtig eingestuft hatten, kaum als relevante Indikatoren gleichwertiger Lebensverhältnisse benannt. Die einzige Diskrepanz betraf die Umwelt, die als politisches Anliegen gut abgeschnitten hatte, nun aber weit überwiegend nicht als Indikator für gleichwertige Lebensverhältnisse genannt wurde.

Die nachfolgende Analyse zeigt außerdem, dass die Teilnehmer der Gruppendiskussionen in vielen Orten die Themen, an denen sie gleichwertige Lebensverhältnisse festmachten, nicht nur aus einer räumlichen Perspektive (interregionale Dimension von Gleichwertigkeit) diskutierten, sondern oft auch aus einer individuellen Perspektive (interpersonelle Dimension von Gleichwertigkeit). Teilweise gab es beide Perspektiven, etwa in Bezug auf Jobs und Bildung. Über die Themenfelder hinweg, für einzelne Themen oder Räume zeichnete sich kein klares Muster ab, ob aus individueller oder räumlicher Perspektive argumentiert wurde. Dennoch gab es einige räumliche Spezifika der Argumentation: In westdeutschen Kommunen dominierte im Gegensatz zu ostdeutschen die individuelle Perspektive auf Bildungschancen. In ostdeutschen Kommunen wurden anders als in westdeutschen Einkommen in einer räumlichen Perspektive diskutiert. Außerdem wurde das bezahlbare Wohnen primär für Großstädte als Problem benannt (das im Sinne der Gewährleistung von gleichwertigen Lebensverhältnissen durchausallgemein Beachtung erfahren sollte), aber in den ausgewählten Großstädten selbst dominierte diese Problemsicht in unseren Gruppendiskussionen gar nicht.

Die auf den Bildkarten abgebildeten Themen trafen als Kriterien für gleichwertige Lebensverhältnisse insgesamt nicht auf Widerspruch, auch wenn sich Aussagen auch in diesem Gesprächsabschnitt primär auf bestimmte Aspekte konzentrierten. Aktiv zustimmend wurden beispielsweise in Osnabrück die dort jeweils priorisierten Karten als „Grundlagen des Zusammenlebens" bezeichnet, als „Grundstock", der für alle gleich sein sollte. In Apen sagte ein Teilnehmer, dass man von den vorgelegten Themenfeldern „alles gebrauchen" könne.

Temnitz, Mann 3: Na, wenn wir jetzt in das Politische gehen, sind nicht alle Sachen, die da jetzt, die wir als wichtig, äh, eingestuft haben, die Kompetenz des Bundes. Darunter fallen Feuerwehr etc., trallala, Bildung als Kompetenzen der Länder und der Kommunen. Wenn man das jetzt auf politischer Ebene betrachtet. Ähm, wenn wir jetzt auf die individuelle Ebene gehen, dann ist das wahrscheinlich das, was wir jetzt rausgesucht haben, als die fünf wichtigsten für uns, auch das, was wir uns vorstellen würden, was in ganz Deutschland als wichtigstes dargestellt werden sollte. (allgemeine Zustimmung)

Nur in einer Gruppendiskussion wurde in diesem Gesprächsabschnitt ein zusätzlicher Aspekt als wichtig genannt, der nicht durch die Karten symbolisiert war – eine (sichere) Energieversorgung in Chemnitz. In Potsdam wurde die Themenpalette ebenfalls nicht infrage gestellt, aber ein Teilnehmer bezeichnete die spezifische Sortierung der Themenfelder auf den Bildkarten als „eine Momentaufnahme", die relativ losgelöst vom konkreten Alltag erfolgt sei. Wenn dies so zugetroffen haben sollte, zeigte diese Momentaufnahme doch einige recht deutliche lokal übergreifende Sichtweisen auf wichtige politische Themen und Indikatoren gleichwertiger Lebensverhältnisse. Konkret wurden, wie erwähnt, bestimmte Themen in sehr vielen Gruppendiskussionen angesprochen, als es um die Bedeutung gleichwertiger Lebensverhältnisse ging. Dies ist günstig für die politische Kompromissfindung und deutet Zielrichtungen für die Politik an, die überregional auf gesellschaftliche Akzeptanz stoßen könnten. Ebenso werden aber nachfolgend auch räumliche Unterschiede sichtbar.

In 18 Kommunen nahmen Teilnehmer ausdrücklich auf die Bildkarte **Bildung/soziale Dienste** Bezug, als sie darüber sprachen, was gleichwertige Lebensverhältnisse bedeuten. Auf den ersten Blick fallen hier keine größeren räumlichen Unterschiede ins Auge: Bildung wurde in 9 der 12 kleinen Kommunen (Apen, Auerbach, Doberlug-Kirchhain, Hirschhorn, Kamenz, Mulda, Reichenbach, Witzenhausen, Zeven), in 6 der 7 Großstädte (Chemnitz, Hannover, Kassel, Leipzig, Osnabrück, Potsdam) als relevanter Indikator gleichwertiger Lebensverhältnisse ins Feld geführt. Nur in Mittelstädten wurde das Thema etwas weniger angesprochen (3 von 5: Cloppenburg, Limburg, Stadtallendorf). Mit 10 Kommunen in Westdeutschland und 8 in Ostdeutschland zeigte sich auch in der Ost-West-Dimension kein großer Unterschied. Oft wurde unkontrovers der Zugang zu Bildung als Indikator gleichwertiger Lebensverhältnisse betrachtet.

Bei genauerer Analyse wurden aber in mehr Gruppendiskussionen in westdeutschen Kommunen *individuelle* Ungleichheiten beim Zugang zu Bildung als Problem für gleichwertige Lebensverhältnisse thematisiert – oft verbunden mit Kritik an Auswirkungen sozialer Unterschiede (z. B. mit Blick auf den Bildungsgrad oder das Einkommen von Familien oder ihre Herkunft) auf die Bildungsaussichten von Kindern und jungen Erwachsenen. Obwohl es nicht um räumliche Ungleichheit ging, wurde das Problem individueller Ungleichheit also *räumlich* ungleich – nämlich mehr in westdeutschen Kommunen – angesprochen. In 8 westdeutschen Kommunen (Cloppenburg, Hannover, Kassel, Limburg, Osnabrück, Stadtallendorf, Witzenhausen, Zeven), aber nur 3 ostdeutschen (Auerbach, Doberlug-Kirchhain, Reichenbach) kritisierten Teilnehmer solche ungleichen individuellen Bildungschancen. In Bezug auf die Siedlungsgröße bestanden keine Unterschiede in der Nennung dieses Problems; in 6 der 12 kleineren Orte, 3 der 7 Großstädte und 2 der 5 Mittelstädte wurde es aufgeworfen.

In den betreffenden Gesprächspassagen wurde meist implizit oder explizit zum Ausdruck gebracht, dass Bildungsangebote grundsätzlich überall existieren und dass Bildung im Prinzip ein Weg sei, sich aus ungleichen sozialen Verhältnissen zu lösen; die Realität sehe aber oft anders aus und verstetige soziale Unterschiede. So z. B. die Darstellung in Cloppenburg.

Cloppenburg, Frau 3: Na ja, es kriegen ja auch nur Leute einen guten Job, die eine gute Ausbildung haben. Die mit einer miesen Ausbildung, kriegen keinen guten Job. Das, da hat man keine Chance. Mann 1: Aber liegt das dann an den Kindern oder an den Eltern, für die Kinder es zu ermöglichen, dass die [...] Frau 3: (fällt ins Wort) Dafür haben wir ja, dafür haben wir ja die Bildungsgeschichte da, damit die aus den schwächeren Familien die gleiche Chance haben, wie aus den stärkeren, was auch niemals möglich sein wird, keine Frage. Aber man kann es zumindest versuchen anzugleichen. Mann 1: Also ich denke, in Deutschland hat jeder die Chance, aus seinem Leben etwas zu machen. Ist halt die Frage, wo will ich hin? Will ich Karriere machen? Will ich möglichst reich werden oder ... [...] Frau 3: Also bei der Bildung ist es tatsächlich ein Problem. Da hat man schon die Chance, wenn man genug Geld hat oder mehr Geld als andere, dann schickt man sein Kind auf eine private Schule. (Zustimmung von Mann 2) Jetzt nicht in Cloppenburg, gibt es keine, aber wenn [...]. Da kriegen die schon ihren Kram. Und das, da kann man schon mit Geld viel erreichen. Das ist nicht gleichwertig, und da kann, da kann nicht jeder hin. Definitiv nicht. Mann 2: Nee, das ist. richtig. [...] Mann 1: Also [dort] wo ich als Lehrer war, hast du wirklich Kinder im Unterricht gehabt, die sind dir eingeschlafen. Nicht, weil ich so schlecht war, sondern weil die nachts von ihren, von ihren Eltern wach geworden, wach gemacht worden sind. [...] zur Tanke, hole mir was zu trinken und Kippen und ... Also das war schon heftig. Deswegen ... clevere Kinder, aber unter Umständen kommen die in der Schule nicht weiter.

In Zeven wurden versteckte Zusatzkosten für eine höhere Bildung als Hindernis für gleichwertige Bildung bewertet.

Zeven, Frau 4: [...] Es geht ja auch überhaupt um, um, um die sozialen Aspekte. Also, äh, jetzt sag ich mal, Menschen, die so ein bisschen bildungsfern groß geworden sind, äh, deren Kinder bleiben ja auch wieder bildungsfern. Die können also niemals das erreichen, was einer erreicht oder was einer hat, mit einem Job, mit einem guten Einkommen, mit einer guten Wohnung, äh, wo die Kinder eine ganz andere Chance auf die Bildung haben. (Babygeschrei im Hintergrund) [...] Frau 3: Ich komme aus Rotenburg. Und wenn du da dein Abi machen möchtest, musst du dir ein iPad kaufen. Hast du das Geld dafür nicht, kannst du dein Abi nicht machen, weil du brauchst das für den Unterricht. Wo ich mir denke, ich habe nicht mal eben 500 Euro zu Hause rumliegen, die ich mal eben dafür ausgeben kann. Und auch die Bücher beim Abi. Wenn du kein, in der Schule, wo es keine iPads gibt, kannst du dir die nicht leisten, hast du Pech gehabt. Da kannst du es dir irgendwann nicht mehr ausleihen. Oder auch die Busfahrt dahin. Frau 5: (fällt ins Wort) Aber das hat doch schon mit gleichwertiger Bildung nichts mehr zu tun, oder. Frau 3: Nee, wenn du das Geld dafür nicht hast, hast du keine Chance.

In Hannover wurde angesprochen, dass die soziale Herkunft beeinflusst, wer Abitur macht, und die Schülerzahlen pro Klasse zu hoch seien, und in Kassel wurde argumentiert, dass die unterschiedliche technische Ausstattung von Haushalten mit Kindern und unterschiedliche Sprachfähigkeiten verhindere, dass alle gleich lernen können. In Reichenbach wurde kritisiert, dass zu wenig Geld in Bildung gesteckt werde und reiche Eltern im Vorteil seien.

Aufgrund solcher Schieflagen, so oft das Argument, bedürfe es staatlicher Maßnahmen, um Personen aus sozial schwächeren bzw. bildungsfernen Milieus zu unterstützen, damit sie die formal gleichen Bildungschancen auch nutzen können. Eine Maßnahme könnte, so der Vorschlag in Osnabrück, eine elternunabhängige Studienfinanzierung sein, die später nicht zurückgezahlt werden muss.

Osnabrück, Frau 2: Genau, ohne Bildung kein Job. [...] Mann 3: Ja, [...] dass alle die Chance haben auf gleiche Bildung. Also alle haben die gleichen Startmöglichkeiten, alle haben die gleichen Rahmenbedingungen, alle können zum Arzt. Es ist egal, wo man wohnt. Also, dass die Basis erstmal gleich ist. Und dann kann sich jeder frei, irgendwie individuell entwickeln und so weiter. [...] Frau 4: Ich glaube, so wäre das, wenn das ideal ist, also dass Bildungsmöglichkeiten für alle die gleichen Verhältnisse verschaffen. Aber ich finde, in der Praxis ist es oft ganz anders. Also ich finde, viel spielt auch mit da rein, aus welchem Elternhaus man zum Beispiel kommt [...], was das Ganze so erschwert. Mann 3: Genau, sollte eigentlich, die Startmöglichkeiten sollten unabhängig vom Elternhaus [sein], [...] man weiß ja, dass glaube ich, Nicht-Akademikerkinder weniger oder selten studieren [...] und dass da die Möglichkeiten nicht gleich sind. Sei es auch dann Studienfinanzierung et cetera. Dass auch da einfach klar ist, ähm, dass das nicht an dem, an dem Haushalt oder an dem Einkommen der Eltern scheitert oder meinetwegen auch an der Unterstützung. [...] Und ich habe dann auch nicht nach Studienabschluss erst einmal 60.000 Euro Schulden irgendwie, dass ich quasi dann zwar studiert habe, aber dann, bis ich das abgearbeitet habe, bin ich auch wieder 60. Also das ist dann ja, also deswegen, das ist für mich so, ja der Grundstock, die Grundlage, dass alle erst einmal gleich anfangen können.

Die Bildungsungleichheit wurde nicht als Ergebnis staatlichen oder politischen Handelns dargestellt, aber solches Handeln wurde als notwendig betrachtet, um Bildungsungleichheiten entgegenzuwirken und Chancengleichheit herzustellen. Diese Argumentation fand sich beispielsweise in Auerbach. Gelegentlich war aus Äußerungen nicht erkennbar, ob der Politik aber eine gewisse Mitschuld an Bildungsungleichheit gegeben wurde.

Auerbach, Frau 1: Dass jeder einen Kindergarten besuchen kann, jeder eine Schule besuchen kann und sich entsprechend seinen Leistungen bilden kann. Mann 2: Richtig. Mann 1: Und dass dahingehend dann auf Chancengleichheit, ähm, sag ich mal, besteht, dass man wirklich, egal aus welchem Haushalt man kommt, ähm, an eine gute Bildungseinrichtung gehen kann, wo man nicht unendlich viel Geld im Monat dafür ausgeben muss, um ordentlich Schulbildung zu erhalten. Frau 2: Dass mit den

Haushalten, das ist auch bei mir ein Reizthema. Also, wenn du die Familien siehst, wo manche Kinder herkommen, … Frau 3: (fällt ins Wort) Dann fragst du dich, wie die Kinder sich so entwickelt haben, beziehungsweise was aus den Kindern noch wird. […] Mann 1: Ja und das ist ja ein, denke ich, mal auch die Aufgabe des Sozialstaates, oder auch der unterschiedlichen Einrichtungen, eben das zu fördern und da wirklich darauf zu achten, dass da auch, wenn man aus solchen Haushalten, sage ich mal, kommt, da sich selbst ein eigenes gutes Leben aufbauen zu können, egal, mit welchen Voraussetzungen man startet. (kurze Stille) Mann 2: Also zumindest von, ist es in der Theorie so. (Zustimmung von Mann 1) Die Praxis wissen wir alle.

In Witzenhausen wurde ein Bildungssystem mit (mehr) berufsvorbereitenden Elementen, das Kindern schon ab dem Kindergarten eine gleiche Betreuung unabhängig von den Unterschieden in den Elternhäusern ermöglicht, als wichtig für gleichwertige Lebensverhältnisse und Entlastung für Familien bewertet.

Witzenhausen, Frau 3: So, aber die Schere geht tatsächlich schon im Kindergarten auf, oder wahrscheinlich noch früher. Also […] sind so viele Familien, die es schwer machen. Da guckt niemand nach den Kindern und die Kinder, wenn sie aus den Einrichtungen entlassen werden, egal ob die Stufe Kindergarten oder Grundschule, die kommen nach Hause und sitzen vor dem Bildschirm und verblöden dementsprechend. Und ich finde, da laden wir als Gesellschaft, weil wir das auch wissen und Wissenschaftler das seit Jahren sagen, unglaublich viel Schuld auch auf uns. […] Mann 3: Und du kannst doch gar nichts im Grunde genommen machen, weil das von den auch von den Schulen […] nicht gesehen wird. Und Eltern sind halt auch sehr überlastet […] Ja, es ist teilweise schon so, wenn wenn man, wenn man zum Beispiel alleinerziehende Mutter hat, die normal jetzt als Krankenschwester arbeitet, im Drei-Schicht-System, im Krankenhaus, da [ist] da ihre Arbeit […] ja eine Existenzgeschichte.

Nur sporadisch wurde in Gruppendiskussionen erwähnt, dass die Förderung von Bildungschancen sozial schwächerer Kinder auch von nichtstaatlichen Akteuren kommen kann, beispielsweise von Unternehmen (Stadtallendorf) oder Stiftungen (Doberlug-Kirchhain).

Stadtallendorf, Frau 1: (fällt ins Wort) Die Person stärken. Mann 1: Genau, das finde ich auch, dass die, die Benachteiligung von ganz vielen Kindern, die, weißt du, halt aus dem familiären Hintergrund nicht die Unterstützung haben für genügend Bildung zu erhalten, weil sie nicht mitkommen in der Schule. Die Eltern unterstützen nicht. Da müsste der Staat viel mehr, also … nicht unbedingt bevormunden, aber Unterstützungsmöglichkeiten geben. Frau 1: Genau. Das ist viel zu wenig. Frau 2: Obwohl mich wundert immer, ich hab jetzt wieder mitgekriegt, was in der Ferrero viel für die Leute gemacht wird. Die war sehr gut, also, wenn da auch ein Lehrling ist, der das nicht schafft und wo sie Angst haben, der packt das nicht, der kriegt dann Privatunterricht. Also, finde ich super. Mann 1: (fällt ins Wort) Die Firma, die hat vielleicht einiges gesehen, was gut sein könnte. Frau 2: Das kenne ich halt von früher auch nicht.

In einigen Kommunen, in denen die Bildungssituation in Deutschland kritisiert wurde, gab es auch relativierende Stimmen dazu, sodass Aussagen zu individuellen Bildungsungleichheiten zwar als häufig vorkommend, aber nicht spezifisch lokal gefärbt interpretiert werden können. In Limburg wurde beispielsweise geäußert, dass es das „absolut Gleichwertige" nicht geben wird. Es werde „immer einen Schlaueren geben [...], der aus irgendwas was macht".

Nur in 5 Gruppendiskussionen – darunter in 4 kleineren Orten – äußerten sich Teilnehmer ausdrücklich zu räumlichen Aspekten in Bezug auf den Zugang zu Bildung (Apen, Chemnitz, Hirschhorn, Kamenz, Mulda). Die Ausführungen zu räumlichen Aspekten bei der Bildung als Indikator gleichwertiger Lebensverhältnisse waren unkontrovers, aber zugleich knapp. Inhaltlich stützen sie unsere Interpretation, dass der gleiche Zugang zu Bildung überall als wichtiger Indikator für gleichwertige Lebensverhältnisse betrachtet wurde.

In Apen waren die Anwesenden sich einig, dass die Chancen auf Bildung überall gleich sein sollten. In Kamenz wurde mit gleicher Stoßrichtung gewünscht, dass der Bildungsbereich bundeseinheitlich geregelt sein sollte. Auch in Chemnitz wurden unterschiedliche Bildungsstandards in den Bundesländern und Bildungsunterschiede innerhalb des Stadtgebiets bemängelt; letztere hätten mit Gentrifizierung und sozialen Milieus zu tun. In Hirschhorn wurde die Bildungsinfrastruktur vor Ort kursorisch als eine Facette eines hohen Lebensstandards gelobt und in Mulda wurde en passant festgestellt, dass in Bezug auf den Bildungszugang in Ost- und Westdeutschland „gleiche Lebensverhältnisse" herrschten.

Die relativ knappen und unkontroversen Aussagen zur Bildung in Leipzig und Potsdam waren abstrakter und offen für räumliche und individuelle Aspekte. In Leipzig waren sich die Teilnehmer einig, dass gleichwertige Lebensverhältnisse in Bezug auf Bildung bedeuten, niemanden auszuschließen. In Potsdam wurde der gleiche Zugang zu Bildung als relevant erachtet für die Herstellung gleichwertiger Lebensverhältnisse, aber nicht ausführlicher besprochen.

Neben der Bildung sprachen die Teilnehmer in vielen Kommunen – insgesamt 17[5] – den Themenkomplex **gute Jobs bzw. Wirtschaft** an, als sie gemeinsam darüber nachdachten, ob die Bildkarten das darstellen, was sie sich unter gleichwertigen Lebensverhältnissen vorstellen. Dies überrascht zunächst, da gute Jobs/ Wirtschaft nicht zu den Themenfeldern gehörte, für die sich die Gruppen am stärksten einsetzen wollten, wenn sie politisch entscheiden könnten. Die Überraschung löst sich auf, wenn man genauer analysiert, was in Bezug auf das Thema gesagt wurde. Denn es ging in 15 Gruppendiskussionen spezifisch um den Aspekt

---

[5] Dabei zeigte sich kein räumliches Muster. Die Orte waren Auerbach, Chemnitz, Cloppenburg, Cottbus, Eberswalde, Hirschhorn, Kamenz, Kassel, Leipzig, Limburg, Luckau, Mulda, Osnabrück, Reichenbach, Stadtallendorf, Witzenhausen, Zeven.

Einkommensverteilung, und diese wurden offensichtlich nicht als direkt beeinflussbar durch politische Entscheider wahrgenommen.

Gleichwertige Lebensverhältnisse assoziierten die Gruppen demnach vielerorts mit einer nicht zu starken Spreizung der sozialen Verhältnisse. Kritisch kamen Einkommensunterschiede zwischen Akademikern und Facharbeitern (Auerbach, Cottbus, Hirschhorn, Kassel, Kamenz, Luckau, Osnabrück, Stadtallendorf,), Männern und Frauen (Auerbach, Cloppenburg, Luckau, Zeven), zwischen Familien und Alleinerziehenden (Witzenhausen), zwischen Ost und Westdeutschland (Auerbach, Chemnitz, Cottbus, Eberswalde, Kamenz, Luckau, Mulda) sowie zwischen gutverdienenden Singles und der Restbevölkerung (Frankfurt a M.) zur Sprache. Zusätzlich zu Unterschieden in der Vergütung beruflicher Tätigkeiten wurden Unterschiede zwischen arm und reich (Eberswalde, Hirschhorn, Limburg, Reichenbach, Witzenhausen) sowie Einkommensunterschiede zwischen Erwerbstätigen und nicht Erwerbstätigen angesprochen, darunter Rentnern (Hirschhorn) und Hartz-IV-Empfängern (z. B. in Kassel). Im Auszug aus der Diskussion in Stadtallendorf wird beispielhaft sichtbar, dass die Schuld dafür nicht unbedingt bei der Politik, sondern Prozessen und Strukturen in der Wirtschaft und Gesellschaft gesehen wurde.

> Stadtallendorf, Mann 1: Ja, die Gehaltsstruktur finde ich auch, das ist eher un-, ungerecht. Aber das ist weltweit. [...] Die Gehaltsstruktur, weil also für einen, für einen verantwortungsvollen Job, dass die ein bisschen mehr Geld kriegen, aber so viel, im Vergleich zu einem Arbeiter, wo Pflegekräfte, die ganz weng kriegen, aber jetzt viel, viel mehr gebraucht werden, als ein Manager, der manchmal Millionen in den Sand setzt. (Zustimmung von Frau 4) Das ist Ungerechtigkeit. Also eine Reichensteuer wäre zum Beispiel schon was Sinnvolles. [...] Frau 1: [...] Wir leben ja alle in Stadtallendorf [...], unsere Kinder gehen alle auf, äh, dieselben Schulen. Und es gibt halt Leute, die von Hartz IV sich ernähren und die auch viel Geld bekommen und dann gibt es halt auch mal Konflikte zwischen den Kindern auch immer so. Ähm, man sieht dann halt, also, wer es eher weniger Geld bekommt und wer mehr Geld bekommt. Und ja, es ist nicht schön. Frau 4: (fällt ins Wort) Das war aber schon immer so. Frau 1: Das war schon immer so und jetzt weiterhin. Es ist immer noch so, es ändert sich da nichts. Frau 4: (fällt ins Wort) Schon Kinder sind gegenseitig, also, ganz schlimm [...] Frau 1: (fällt ins Wort) Die mobben. Frau 4: (fällt ins Wort) Die mobben, ja. [...] Frau 2: (fällt ins Wort) Ja, ich glaube im Dorf war es noch viel schlimmer, halt wie jetzt in so einer kleinen Stadt. Das sehe ich ja in Allendorf immer, wo Geld immerzu Geld heiratet. Der Bäcker [im Ort], der größte Bäcker hat der größte Baustoffhändler seine Tochter geheiratet. [...]

In Witzenhausen argumentierte eine Teilnehmerin der Gruppendiskussion, dass nur bestimmte gleiche materielle Minima Chancengleichheit – von ihr assoziiert mit gleichwertigen Lebensverhältnissen – garantieren. Kritisiert wurde auch, dass „die Schere" bereits im Kindergarten aufgehe, Alleinerziehende Probleme haben und es teilweise „um die Existenz" gehe.

Witzenhausen, Mann 2: Mir kommt da direkt was, weil im Grunde gleichwertige Lebensverhältnisse für mich schon viel mit materieller Gleichheit zu tun hat. Und da sehe ich jetzt so direkt nichts [auf den Bildkarten]. Das eine ist ja Grundversorgung [...] Weil was jemand aus dieser materiellen Basis, aus der gleichwertigen macht, das ist dann wieder das, wo dann die Liberalen über Chancengleichheit sprechen. Aber wenigstens die Ausgangssituation sollte ja [...] natürlich gewährleistet sein. Da sollten dann alle an der gleichen Startlinie starten. Wenigstens.

In Frankfurt a. M. waren Teilnehmer der Auffassung, dass „die Umverteilung" in der Gesellschaft „nicht mehr" stimme (Abschn. 7.3).

Ähnlich wie bei der Bildung fällt in Bezug auf die Argumentation zu den Einkommen erst auf den zweiten Blick ein gewisser räumlicher Unterschied ins Auge. Insgesamt wurden Einkommen in 15 Kommunen angesprochen und problematisiert – in 8 kleineren Kommunen, 4 Mittelstädten und 3 Großstädten, davon 8 in Westdeutschland und 10 in Ostdeutschland. *Räumliche* Einkommensunterschiede sprachen Teilnehmer dabei ausschließlich in 7 ostdeutschen Kommunen an (Auerbach, Chemnitz, Cottbus, Eberswalde, Kamenz, Luckau, Mulda). Individuelle bzw. sektorale Einkommensunterschiede kamen hingegen sowohl in westdeutschen als auch in ostdeutschen Orten zur Sprache (5: Cottbus, Luckau, Stadtallendorf, Witzenhausen, Zeven). Andere Aussagen waren nicht genau der einen oder anderen Sichtweise zuzuordnen.

Die Verweise auf räumliche Einkommensunterschiede in Gruppendiskussionen in Ostdeutschland bezogen sich nahezu ausnahmslos auf Ost-West-Unterschiede der Gehälter. Sie wurden in Auerbach, Eberswalde, Kamenz, Luckau und Mulda angesprochen. In Chemnitz äußerten Teilnehmer, dass es vor Ort wenige gute Jobs gebe und die Bezahlung in anderen Regionen Deutschlands besser sei.

Eberswalde, Mann 4: (lacht leise) Wollte es ja nur, äh, was [...] jetzt gesagt hat, verdeutlichen quasi, dass man halt diese Unterschiede in manchen Städten halt, äh, diesbezüglich sieht. Also, sag ich jetzt mal, wer aus dem Osten kommt, kennt das, [...] wenn man halt nach Berlin fährt, dann ist halt alles ein bisschen schicker [...] (lacht) Kann ich jetzt nicht weiter ausholen. Ist immer, ja, dass man halt weniger Geld hat, äh, besser, ja doch. Man sieht, wo weniger Geld hinfließt, als, äh ... Frau 4: (fällt ins Wort) Also das finde ich auch ganz dolle unfair. Entschuldige bitte, dass ich dich da ... Aber West und Ost, dass die da diese, äh, Gehälter, diese Ungerechtigkeit, das geht für mich überhaupt gar nicht. Ja, weil im Endeffekt im Westen machst du nichts anderes, was du hier im Osten machst. Der Postbote macht dort genau die gleiche Arbeit wie hier oben bei uns im Osten. Mann 4: Ja [gut], aber, also der Lebensunterhalt in manchen Ländern oder Städten ist ja ... Frau 4: (fällt ins Wort) Ja, aber der [muss doch] angepasst werden. Dann müssen sie die Gehälter einfach anheben.

Teils wurden solche Aussagen kontextualisiert. In Mulda hieß es, dass sich das Einkommensniveau in Ostdeutschland langsam dem westdeutschen angeglichen habe. In Cottbus vertrat eine Teilnehmerin die Ansicht, dass es trotz Gehaltsunterschieden jedem Menschen gut gehe in Deutschland, der Arbeit hat. Mehrere Teilnehmer argumentierten jedoch, dass es ungerecht ist, wenn man in Ostdeutschland nicht den gleichen Lohn wie in Westdeutschland für die gleiche Arbeitsleistung erhalte, und dass z. B. die Gehälter in der Dienstleistungsbranche nicht immer dazu reichen, den Lebensunterhalt zu bestreiten.

Wie in Cottbus kritisierten Teilnehmer der Gruppendiskussionen in mehreren ostdeutschen Kommunen Einkommensungleichheiten jenseits der Ost-West-Dimension: In Auerbach wurde bemerkt, dass in vielen Berufen „Leute schlechter bezahlt werden" und dies eine Form von Diskriminierung („Hautfarbe, Religion, Mann und Frau") sei, in Luckau wurde angesichts von Einkommensunterschieden zwischen den Geschlechtern und der Lebensbedingungen von Rentnern und Studenten die Frage gestellt, „ob die Leute alle gleichwertig behandelt werden". In Kamenz gab es einen Seitenhieb auf die „idiotischen Gehälter" im Profisport, die „weit weg von jeder Realität" seien.

Da nur in jeder zweiten ostdeutschen Kommune räumliche Einkommensunterschiede angesprochen wurden, handelte es sich um ein Thema, für das Teilnehmer im Osten zwar rhetorisch sensibler waren, das aber kein „typisches Ost-Thema" war. Nicht überall gab es dazu nur kritische Töne, wie sich am beschriebenen Dissens in Cottbus zeigte. Auch in Reichenbach und Eberswalde wurde auf Kritik an sozialen Unterschieden von anderer Seite eingewandt, dass es den Menschen in Deutschland letztlich gut gehe und Beschwerden ein „Jammern auf hohem Niveau" darstellten.

In Gruppendiskussionen in westdeutschen Kommunen wurden diverse nichträumliche Einkommensunterschiede kritisch angemerkt, als es darum ging, was gleichwertige Lebensverhältnisse bedeuten. Teilweise wurde das Gehalt mit Anerkennung gleichgesetzt und Ausgleichsmaßnahmen des Staates erwartet.

In Stadtallendorf hieß es, die großen Einkommensunterschiede zwischen Branchen und Verantwortungsebenen seien ungerecht, etwa dass Pflegekräfte „ganz wenig kriegen" und ein „Manager, der manchmal Millionen in den Sand setzt", weitaus mehr. In Osnabrück wurde darüber gesprochen, dass es „schön wäre, wenn andere Berufe auch anerkannter wären und mehr Gehalt in Berufen gezahlt" würde, weil „wenn wir keine Handwerker mehr haben, was machen wir dann?" In Kassel betonten Teilnehmer ähnlich, dass es auch Facharbeiter brauche, sodass „wir wirklich dahinkommen, mit einem Haupt- oder Realschulabschluss kannst du noch was werden" und man sich „sein eigenes Haus bauen" kann. In Zeven sprachen Teilnehmer darüber, dass es in Bezug auf die Geschlechter keine „gleichwertige Bezahlung" gebe für „gleiche Berufe". Auch wurde kritisiert, dass man die Ausbildung in manchen Berufen mitfinanzieren müsse, während man gebührenfrei studieren könne. In Witzenhausen wurden niedrigere Einkommen von alleinerziehenden Müttern kritisiert. Wenig Geld für eine Frau, die „normal jetzt als Krankenschwester arbeitet [...] das ist eine Existenzgeschichte".

Beim Sprechen über individuelle Einkommensunterschiede und ihren Bezug zu gleichwertigen Lebensverhältnissen gab es wie bei der Diskussion um Ost-West-Unterschiede nicht selten abwägende Positionierungen, wie im Falle einer Teilnehmerin der Gruppendiskussion in Hirschhorn, die hervorhob, dass das soziale Netz in Deutschland insgesamt gut gespannt sei, aber sie sich dennoch mehr soziale Gerechtigkeit wünschte.

> Hirschhorn Frau 1: Ich finde aber trotzdem, dass Deutschland im Vergleich zu anderen Staaten in Europa, wenn man das mal sieht, trotzdem sozial auch unheimlich ein großes Netz hat und große, viel auffängt, meiner Ansicht nach, viel zu viel teilweise auffängt und ähm, dass auch viele private Initiativen dafür Sorge tragen. Ich rede zum Beispiel von den Tafeln, wo der Staat meines Erachtens, total versagt. Wenn ich nur daran denke, wenn es diese privaten Initiativen nicht gäbe, würden wir auch, ... Da wälzt der Staat ganz klar, meines Erachtens, Kosten ab wieder auf die Bürger. [...] Und insofern finde ich ganz einfach, Deutschland ist, im Vergleich zu Europa und ich war in vielen europäischen Ländern, wirklich, was das angeht, wenn man redet mit den Leuten, absolut toll aufgestellt. Hier wird einiges aufgefangen, was in anderen Ländern undenkbar ist. Und die soziale Ungerechtigkeit, da gebe ich dir recht, ist, finde ich, bei den Rentnern. Ich finde, es müsste jeder in unserem Land in der Lage sein, von dem, was er erarbeitet und erwirtschaftet hat, zu leben. Wenn man den ganzen Tag arbeiten geht. Und wenn ich dann sehe, dass heute junge Leute nicht genug verdienen, in den sozialen Berufen so unterbezahlt werden und ähm, da eine Ungerechtigkeit herrscht, da geht mir das Messer in der Tasche auf. Weil das müsste abgestellt werden. Es muss mehr soziale Gerechtigkeit deutschlandweit geschaffen werden.

Ähnlich abwägend verlief die Diskussion in Cloppenburg. Dort wurden Unterschiede der „Verdienstmöglichkeit zwischen Mann und Frau" als Problem angesprochen; aber im Großen und Ganzen bestünden gleichwertige Chancen. In Zeven entspann sich eine Diskussion um die Aussage, dass Menschen in der heutigen Zeit höhere materielle Ansprüche haben, z. B. in Bezug auf die Kleidung, und dass Menschen früher ihr Leben auch anders bestreiten konnten. Neben Differenzierungen deuten auch die erhöhte Anzahl der Sprecher und die Art der diskursiven Interaktionen darauf hin, dass die Äußerungen ähnlich wie bei der Bildung nicht unbedingt ausgeprägte *lokale* Sichtweisen abbildeten.

In 5 Gruppendiskussionen ging es auch um die Wirtschaftsstruktur als solche und die Frage, wer für die Wirtschaftsentwicklung verantwortlich ist. Implizit wurde angenommen, dass eine prosperierende Wirtschaft überall für gute und gleichwertige Lebensverhältnisse sorge. Dabei dominierte in 4 Kommunen – darunter in 3 ostdeutschen und 1 westdeutschen (Auerbach, Eberswalde, Leipzig vs. Kassel) eine raumbezogene Darstellung. Fast immer wurde eine Verantwortung der Politik und der Wirtschaft für die Wirtschaftsentwicklung und Lebensverhältnisse angenommen, allerdings unterschieden sich die Darstellungen.

In Auerbach wurde argumentiert, dass die Wirtschaft dafür sorgen sollte, dass überall Arbeitsplätze vorhanden sind, z. B. bei der Ansiedlung von Gewerbe oder Industrie. Problematisiert wurde der Fachkräftemangel im Gastronomiegewerbe. Dabei wurde ein Bezug zu Arbeitszeiten und Bezahlung hergestellt und kritisiert, dass durch die attraktiven sozialen Sicherungsleistungen des Staates der Anreiz zu arbeiten gesunken sei.

Auerbach, Mann 5: Weil auch der Anreiz zu arbeiten, äh, arbeiten zu gehen, immer geringer wird. Das ist leider so. Frau 4: Keiner will mehr mit den Händen arbeiten. Mann 5: Na ja, mein Bruder hat immer gesagt, dass Geld verdienen die, die die Arbeitshosen anhaben, die Latzhosen. Hat er vielleicht nicht mal so unrecht. Ähm, aber wenn ich das sehe, wenn ich früh zu meiner Brauerei fahre und am Neumarkt und in der Sonne sitzen unsere Neumarktunikate, ne. Kommen jetzt mit einem Elektroroller, weil die Bierflaschen zu, zum Tragen zu schwer sind. Und das geht auch. Und jeden Tag. Dann fragst du dich schon manchmal, warum tust du dir das denn überhaupt alles an?... Und das wird immer attraktiver, nicht arbeiten zu gehen. Mann 2: Also, wenn man es in Richtung Bundespolitik sieht, der Vorwurf, das Nicht-Arbeiten unattraktiver zu machen ... (allgemeine Zustimmung) Wenn Sie verstehen, was ich meine. [...] Frau 4: Ist, ist so. Es lohnt sich nicht zu arbeiten, muss man sagen, weil die, die Diskrepanz ... müsste so sein. Und bei uns ist sie [nicht] so. Ja, also ich gehe arbeiten oder nicht, aber ich habe nicht viel weniger. Und das passt nicht. Mann (5): Genau.

In Leipzig wurde die Meinung stehen gelassen, dass die Politik für die Gestaltung gleichwertiger Lebensverhältnisse verantwortlich und die Wirtschaft ebenfalls für die regionale Entwicklung und die Lebensverhältnisse bedeutsam ist. Unter Verweis auf die Braunkohlereviere wurde gesagt, dass Arbeitsplätze auch durch politische Entscheidungen entstehen oder verloren gehen können. In Kassel bestand Einigkeit darüber, dass die wirtschaftlichen Rahmenbedingungen in Süddeutschland, Nord- und Ostdeutschland sowie im Münsterland sich unterscheiden, manche Regionen weniger Möglichkeiten haben und die Politik dort Firmenansiedlungen unterstützen sollte.

In Eberswalde ging es um die angemessene Verteilung von Steuereinnahmen aus der Wirtschaft. Die Stärke des Mittelstands ermögliche die Finanzierung durch die Politik erst, aber Gelder, die vom Mittelstand bzw. von der Wirtschaft kommen, gingen durch politische Entscheidungen ins Ausland („in die halbe Welt") und kämen daher Deutschland weniger zugute, als es möglich wäre.

In einer nicht raumbezogenen Perspektive wurde in Limburg kritisiert, dass der Markt und die Preisgestaltung zu sehr von bestimmten starken Wirtschaftsakteuren beeinflusst sei, was für die Endverbraucher zu großen Problemen führen könne. Da die Politik hier zu wenig eingreife, bestehe eine Ungleichwertigkeit.

In knapp jeder zweiten Gruppendiskussion (11) wurde das Thema **Gesundheitssystem/medizinische Versorgung** angesprochen. Es bestätigte sich damit, dass die Teilnehmer die Gesundheitsversorgung als wichtigen Indikator für gleichwertige Lebensverhältnisse betrachteten. Dies galt unabhängig von der Siedlungsgröße und geografischen Lage: Unter den betreffenden Kommunen waren 5 kleinere Kommunen (Apen, Bevensen-Ebstorf, Hirschhorn, Luckau, Mulda), 4 Großstädte (Hannover, Kassel, Osnabrück, Potsdam) und 2 Mittelstädte (Eberswalde, Limburg) sowie 7 Kommunen in Westdeutschland und 4 in Ostdeutschland. Oft waren die entsprechenden Aussagen eher knapp – die Teilnehmer schienen sie für selbstverständlich zu halten. Nur in einigen Gruppendiskussionen deuteten längere Diskussionen auf besondere Problemwahrnehmungen zur Lage vor Ort hin.

In jeder vierten Kommune bezogen sich die Aussagen auf *räumliche* Aspekte der medizinischen Versorgung als Indikator für gleichwertige Lebensverhältnisse. Primär ging es dabei um eine ausreichende (fach-)ärztliche Versorgung vor Ort. Solche Ausführungen gab es v. a. in ländlichen Regionen, wenngleich nicht in allen ausgewählten ländlich gelegenen Kommunen. Erkennbar wurde, dass Teilnehmer in (manchen) kleineren Orten weiter zum Arzt reisen mussten und dadurch an der guten medizinischen Versorgung in Großstädten partizipierten, die ungleiche lokale Versorgung jedoch teilweise negativ sahen.

In Apen, Bevensen-Ebstorf, Limburg und Luckau wurde gesagt, dass es genug (Fach-)Ärzte geben muss. In Apen hieß es dazu, dann müsse man „nicht nach Bremen fahren […] für einen nächsten Augenarzttermin". In Bevensen-Ebstorf wurde auf die besondere Relevanz einer ärztlichen Versorgung aufgrund des höheren Altersdurchschnitts in der Region verwiesen. In Luckau beklagten Teilnehmer eine Ungleichverteilung von Ärzten in Berlin und vor Ort, in Mulda wurde darauf hingewiesen, dass es Aufgabe der Politik sei, eine Ungleichverteilung von Krankenhäusern durch Steuerung zu verhindern. In Hirschhorn wurde die Gesundheitsversorgung vor Ort als sehr gut beschrieben, auch dank der Nähe zu Heidelberg.

Luckau, Frau 2: Also Gesundheit ist auf jeden Fall. Hier sind keine Ärzte und in Berlin rennen sie sich um. Frau 1: Genau. […] Da sind ganze Ärztehäuser voll. Ja, genau, da kommt man hin. Da sitzen zwei Patienten […] Mann 2: Oder Randberlin, zum Beispiel. Frau 2: Ja, ich meine, die, die ich hab […]. Frau 1: Gerade, die, die Ärztesituation. Das stimmt. Ich mein, ich war auch schon öfter in Berlin jetzt mit, auch mit einer Kollegin oder mit meiner Schwester. Ja, da sind dann zwei, da sitzen wirklich zwei und zwei, drei Patienten und hier sind 20, 30, beim Hautarzt oder egal wo man hingeht, da ja schon lang, weil da kriegt man gar keinen Termin.

In 5 Gesprächsrunden wurde (auch) der individuelle Zugang zur Gesundheitsversorgung thematisiert. In Eberswalde, Kassel, Limburg, Mulda und Witzenhausen wurde kritisiert, dass es einen Unterschied mache, ob man Kassenpatient oder privat krankenversichert ist. Damit wurde indirekt infrage gestellt, dass es eine gleichwertige medizinische Versorgung gibt. In den konkreten Fällen könnte die begrenzte Zahl von Praxen die Relevanz des Themas erhöht haben, wie an der Passage aus der Gruppendiskussion in Limburg deutlich wird.

Limburg, Mann 4: Na, das geht doch schon, diese Gleichwertigkeit, geht doch schon los beim Arztbesuch. Ist man Privatpatient oder ist man Kassenpatient. Da fängt es doch schon an. Als Kassenpatient ist man sowieso zweiter Klasse. [...] Probieren Sie mal beim Augenarzt, oder ... einen Termin zu bekommen oder ob Sie einen finden, der Sie nimmt. [...] Mann 1: [...] das ist richtig. Ich, äh, habe das Glück, auch Privatpatient zu sein und manchmal schäme ich mich für, äh, diejenigen, die dann sagen, ich warte drei Monate auf einen Arztbesuch und so weiter und so fort, ne. Aber das müsste, das müsste doch von, äh, das müsste von der Politik geregelt werden [...] Frau 3: (fällt ins Wort) Das Problem ist aber, dass es zu wenig Fachärzte gibt auch, dass ein großer Mangel da, äh, besteht, meiner Meinung nach. Mann 2: Resultierend auch wieder aus einem jahrzehntelangen Staatsversagen, was das Ganze betrifft,... weil auch diese Gesundheitsgeschichte ist ja extrem, äh, falsch angegangen worden, weil deswegen kriegen Sie ja den [...] Hausarzt nicht, äh, für die Kassenpatienten. Also auch hier in Limburg [...]. Und äh, ich sage mal, früher hatte man halt wirklich massig Ärzte. Du konntest von da nach da gehen. Ähm, der ein oder andere geht dann halt eben altersbedingt in Rente und schließt seine Praxis und dann finde mal einen neuen Arzt. Also ich habe jetzt schon zweimal meinen Arzt wechseln müssen, weil mein Hausarzt dann eben in Rente gegangen. Und äh ja, durch Glück dann doch einen gefunden, der nochmal eine Praxis aufgemacht und auch inseriert hatte. [...] Und das hängt halt natürlich mit der Abrechnerei zusammen. Wenn sie halt immer nur pro Quartal 15 Euro pro Patient kriegen und dann natürlich nichts verdienen können. (Zustimmung von Frau 3) Weil wenn der seine Praxis bezahlen muss und noch die vier Krankenschwestern bezahlen muss, selbst noch was verdienen will, wie viele Leute soll er denn machen, wenn er für jeden nur 15 Euro kriegt im Quartal. Mann 1: Genau das ist das, was, äh, ich sagen wollte.

In Eberswalde wurde ebenfalls ein gleicher Zugang aller Menschen zur Gesundheitsversorgung als wichtig erachtet und in dieser Hinsicht Verbesserungsbedarf gesehen, aber auf Kritik am Status quo hin betont, dass die medizinische Versorgung in Deutschland doch relativ gut funktioniere.

Eberswalde, Frau 1: Ja, ich kann dem zustimmen. Aber was ich finde, im Vergleich zu anderen Ländern, gibt es trotzdem in Deutschland noch eben so etwas wie eine gesetzliche Krankenversicherung oder so. In anderen Ländern hat, kriegt man dafür nichts. Also ich schätze, dass man hier einfach ... zum Arzt gehen kann, wenn man irgendetwas hat. Und eben, man ist versichert und ähm, in anderen Ländern ... hab ich das schon anders erlebt, dass das nicht möglich ist. Und ich glaube, so diese, auch, wenn es vielleicht eben … noch nicht hoch genug ist oder so, aber man hat so eine Grundabsicherung. So empfinde ich das zumindest. […] Mann 3: Die Schere ist da wesentlich größer, wobei sie bei uns weiter auseinandergeht. Aber in anderen Ländern ist, äh, noch größer, das ist richtig. Hat man auch in der Pandemie deutlich gesehen, welche, also, dass Systeme wirklich belastbar sind. Und da ist Deutschland ganz gut bei weggekommen. Mann 2: Ich würde da vielleicht, also ich finde das auch, ist ein ganz wichtiger Punkt, dass wir diese Grundsicherung in Deutschland haben. […] Mann 3: Zur Grundsicherung noch, können uns auch auch darin noch wesentlich bessern eben gerade im Gesundheitswesen, wenn alle gleichwertig einzahlen. (Zustimmung von Frau 2) Das ist so ein Punkt, so ein, in Deutschland ein Thema, wo Beamte nicht müssen und das bleibt mir ein Rätsel, war mir immer ein Rätsel. Und das ist so ein Punkt, der wurde in den letzten Legislaturperioden nicht einmal […]. Sprechen immer von, aber bleibt so, wie es ist. Und das ist so ein Punkt, da würde es vielen Leuten besser gehen.

In den Großstädten Hannover, Kassel, Osnabrück und Potsdam betrachteten die Teilnehmer der Gruppendiskussionen den Zugang zum Gesundheitssystem als wichtigen Aspekt gleichwertiger Lebensverhältnisse, diskutierten darüber hinaus aber nicht weiter dazu.

Kassel, Mann 3: Ja gut, […] Gleichberechtigung, Gesundheit, genau, was du sagst. Ja, privat oder Kasse. Wie lange brauche ich, wenn ich keine Kontakte habe, einen Facharzt aufzusuchen. Drei Monate. Frau 1: […]. Ich hab das ja bei mir in der Familie. Ne, [ein Familienmitglied] ist ja nun privat und ich, wenn ich da anrufe, ist schon was anderes. Frau 4: Schon alleine bei Gesundheit, bei Gesundheit der Unterschied. Wenn du einen Psychologen-Termin zum Beispiel brauchst, dann hast du ja jetzt die Möglichkeit, mit diesen vier oder sechs Wochen, dass du einen Termin kriegst, ja. Du kriegst irgendwo einen Termin, aber … der ist dann in Timbuktu. Dann bist du Sozialhilfeempfänger womöglich noch, weil du mit deiner Gesundheit Probleme hast … Frau 1: (fällt ins Wort) Musst ja da erstmal hinkommen!

In 10 Gruppendiskussionen assoziierten Teilnehmer gleichwertige Lebensverhältnisse mit den Rahmenbedingungen des **Wohnens**. In Relation zur Anzahl der Kommunen einer Siedlungsgröße im Sample wurde das Wohnen etwas stärker in Großstädten angesprochen. Insgesamt fanden sich solche Aussagen in 4 der 7 Großstädte (Chemnitz, Frankfurt a. M., Hannover, Potsdam), in 5 der 12 kleineren Kommunen (Apen, Auerbach, Luckau, Witzenhausen, Zeven) sowie in 1 Mittelstadt (Eberswalde) bzw. in 5 ostdeutschen und 5 westdeutschen Kommunen.

Ähnlich wie die Gesundheitsversorgung wurde das Wohnen zumeist nicht intensiver besprochen. Im Vordergrund stand die individuelle Möglichkeit, gut zu wohnen, aber die Aussagen wurden oft auf eine bestimmte Kommune oder Großstädte bezogen und hatten damit auch eine räumliche Dimension. Problemhinweise bezogen sich auf Mieten und Immobilienpreise in Städten. Gefragt wurde, ob Wohnen noch bezahlbar ist. Dies geschah zwar in Kommunen jeder Siedlungsgröße (Apen, Auerbach, Cottbus, Frankfurt a. M., Luckau, Witzenhausen, Zeven), aber oft unter explizitem Verweis auf Großstädte bzw. Ballungsgebiete.

> Zeven, Frau 4: Ja …, [gleichwertige Lebensverhältnisse] kann es eigentlich gar nicht geben, weil die Menschen […] Mann 1: (fällt ins Wort) Der Wohnraum, ne, das stimmt. Wir fangen an, dass nicht für jeden Wohnraum zur Verfügung steht … egal, egal, in welchen, ähm, äh Gegenden Deutschlands wir uns da aufhalten, ob wir jetzt im Ballungsgebiet sind oder auf dem Land sind. Wohnraum wird immer mehr, äh, zum Luxus. Frau 3: Ja. Ich finde auch das mit der Bildung.

Obwohl in Bezug auf Wohnen und Mieten oft auf Großstädte rekurriert wurde, unterschieden sich die Aussagen zum Wohnen in diesen. In Frankfurt a. M. wurde die Macht der Immobilienbesitzer bzw. -firmen und der Rückzug der Kommunen aus dem Wohnungsmarkt beklagt und diskutiert, dass die Stadt zunehmend zur Singlestadt werde, was das Wohnraumproblem verschärfe (Abschn. 7.3). In Chemnitz wurden die Mieten vor Ort als viel niedriger als in Frankfurt a. M. bewertet, was für die Qualität der lokalen Lebensverhältnisse sprach. In Hannover wurde die „Ghettoisierung" in Bezug auf einen benachbarten Stadtteil problematisiert. In Potsdam wurde Wohnen am Rande thematisiert und infrage gestellt, dass Gleichwertigkeit bedeute, dass jeder den gleichen Wohnraum hat.

In Luckau wurde bei der Wohnraumproblematik noch ein anderer Aspekt angesprochen, und zwar dass aufgrund zunehmender Migration (z. B. Flüchtlinge aus der Ukraine) der Druck auf den Wohnraum wachse und damit Probleme entstünden.

In 7 Gruppendiskussionen wurde die **öffentliche Verkehrsanbindung** als Indikator für gleichwertige Lebensverhältnisse erwähnt. Dies war in 5 kleineren Kommunen (Bevensen-Ebstorf, Hirschhorn, Mulda, Reichenbach, Temnitz), in 1 Mittelstadt (Eberswalde) und 1 Großstadt (Kassel) der Fall: es gab keinen Ost-West-Unterschied. Die Ausführungen waren oft eher knapp, zumal der ÖPNV bereits vorher oft besprochen worden war. Sie unterschieden sich nach Ort und es zeigte sich in diesem Gesprächsabschnitt kein grundlegendes räumliches Muster, etwa spezifische Aussagen für kleinere Kommunen. Im Vordergrund stand die individuelle Perspektive auf die Nutzung von Verkehrsinfrastruktur.

In Temnitz und Reichenbach wurde argumentiert, dass man auf dem Land ohne Auto nicht mobil sein könne. Während es aber in Temnitz hieß: „hier bin ich auf mein Auto angewiesen […] das muss ich ja in Kauf nehmen", wurde in Reichenbach darauf hingewiesen, dass der Bedarf, mit dem Auto unterwegs zu sein, die Möglichkeiten vor allem älterer Menschen sowie von Jugendlichen ohne Führerschein beschränke. In Mulda wurde gewünscht, dass die Radwege ausgebaut werden; dies sei im Westen schon besser gelungen. In Hirschhorn wurde die ÖPNV-Verbindung zu nächstgrößeren Orten als zufriedenstellend empfunden. In Bevensen-Ebstorf gab es einen Dissens zwischen Teilnehmern, die betonten, dass in der Stadt die Verkehrsanbindungen zwar besser seien, die Ansprüche in Bezug auf gleichwertige Lebensverhältnisse in jeder Region jedoch finanzierbar sein müssten, und einer anderen Person, die eine nutzerfreundlichere Taktung der Busse wünschte.

In jeder vierten Gruppendiskussion wurde **Sicherheit** als Indikator gleichwertiger Lebensverhältnisse angesprochen – in 3 kleineren Kommunen (Apen, Hirschhorn, Temnitz), in 2 Großstädten (Chemnitz, Leipzig) und in 1 Mittelstadt (Cloppenburg). Es gab keinen Ost-West-Unterschied. Im Kontrast zur öffentlichen Verkehrsanbindung dominierte in den – eher knappen – Aussagen eine räumliche Perspektive. In Apen wurde gesagt, dass die Sicherheit vor Ort genauso gewährleistet sein müsse wie in Bremen. In Hirschhorn wurde die Sicherheitslage erneut mit der nahe gelegenen Großstadt Mannheim verglichen und als besser bewertet. Das Gleiche galt für Chemnitz, wo mit Frankfurt a. M., sowie für Cloppenburg, wo mit dem Delmenhorster Park die Sicherheitssituation verglichen wurde. In Temnitz sagte eine Teilnehmerin, gleichwertige Lebensverhältnisse bedeuten, Sicherheit – assoziiert mit Polizei, Feuerwehr – „für ganz Deutschland" zu gewährleisten. In Leipzig stand die Meinung, zu viele Straftaten in der Stadt würden nicht geahndet, der Auffassung gegenüber, dass die Medienberichterstattung über Straftaten nicht der Statistik entspreche.

Ebenfalls in jeder vierten Gruppendiskussion wurde die Versorgung mit **digitaler Infrastruktur** angesprochen, als es um das Verständnis gleichwertiger Lebensverhältnisse ging. Dies war in Apen, Bevensen-Ebstorf, Frankfurt a. M., Kassel, Limburg und Mulda der Fall – also in 3 kleineren Kommunen, 2 Großstädten und 1 Mittelstadt –, davon 5 in Westdeutschland und 1 in Ostdeutschland. In 3 Kommunen besprachen Teilnehmer das Thema in *räumlicher* Perspektive. In Bevensen-Ebstorf wurde die digitale Versorgung der Haushalte in den unterschiedlichen Regionen Deutschlands als realisierbar beschrieben, in Mulda davon gesprochen, dass Deutschland insgesamt gut und gleichwertig digital versorgt ist. In Apen hingegen beschrieb ein Teilnehmer die digitale Versorgung in den nichtstädtischen Regionen als verbesserungswürdig.

In Kassel und Frankfurt a. M. dominierte die *individuelle* Nutzerperspektive. In Kassel wurden gleichwertige Lebensverhältnisse mit der individuellen Versorgung mit Technik/Gerätschaften und damit entsprechenden Möglichkeiten wie etwa Home-Office oder Home-Schooling assoziiert, in Frankfurt a. M. mit der Möglichkeit von Online-Einkaufen, der Online-Buchung von Verwaltungsterminen u. ä. In Limburg kritisierte ein Teilnehmer die Marktstellung von Netzanbietern aus der Nutzerperspektive: „Aber eigentlich gibt es ja nur drei Netzanbieter. Wenn die drei sich einig sind, zahlen wir uns tot." In Kassel wurde die digitale Infrastruktur nur als Teil einer Aufzählung von Indikatoren für gleichwertige Lebensverhältnisse genannt.

Eine Reihe von Themenfeldern wurde hingegen nur wenig angesprochen oder diskutiert, was auf Ähnlichkeiten in der Sichtweise auf ihre Relevanz als Indikatoren für gleichwertige Lebensverhältnisse schließen lässt. Wo es Aussagen zu ihnen gab, konzentrierten sie sich mal mehr auf die individuelle Perspektive des Bürgers, mal mehr auf eine räumliche Perspektive. Einkaufsmöglichkeiten wurden in 5 Kommunen ohne räumliches Muster (Bevensen-Ebstorf, Chemnitz, Eberswalde, Kassel, Mulda) kurz als Indikator für gleichwertige Lebensverhältnisse angesprochen, der einfache Zugang zur Verwaltung in 4 Großstädten (Chemnitz, Hannover, Kassel, Potsdam) sowie Sportmöglichkeiten in 3 Kommunen ohne räumliches Muster (Doberlug-Kirchhain, Eberswalde, Hannover). Der Zugang zur Kultur wurde nur in Chemnitz und Eberswalde kurz angeschnitten, Möglichkeiten der politischen Beteiligung in Eberswalde und Mulda. Die Umweltsituation wurde in Chemnitz und Hirschhorn („wir sind direkt in der Natur") genannt, die Möglichkeit der Religionsausübung in Zeven (ungleicher Zugang zu Moscheen) sowie die Verfügbarkeit von öffentlichen Orten für Geselligkeit in Doberlug-Kirchhain (zu wenig Gaststätten und Kneipen).

In 6 Kommunen (Frankfurt a. M., Leipzig, Luckau. Potsdam, Witzenhausen, Zeven) – darunter 3 Großstädten und 3 kleineren Kommunen – wurde auch der Umgang von Menschen miteinander im Zusammenhang mit der Bedeutung gleichwertiger Lebensverhältnisse angesprochen. Dieses Thema war nicht auf Bildkarten symbolisiert worden. Entsprechende Aussagen wurden aber meist nur von einzelnen Teilnehmern getroffen, richteten sich auf verschiedene konkrete Aspekte und wurden nicht länger diskutiert. Beispielsweise wurde in Potsdam gesagt, dass Menschen zu Neid und Konkurrenzdenken tendieren und dies der Gleichwertigkeit im Weg stehe. In Frankfurt a. M. wurde in Bezug auf den Wohnungsmarkt angemerkt, dass „nichts mehr menschlich" sei, es „nur noch Profitorientierung" gebe und mehr Solidarität der Menschen gefragt sei. Und es wurde gesagt, dass die Nutzung von Social Media zu einer Art „politischen Verrohung" beitrage (Witzenhausen) sowie Neidgefühle und Unzufriedenheit fördere (Zeven).

7.3 Großstädte gegen Kleinstädte (im Osten)? Vorstellungen von gleichwertigen Lebensverhältnissen in der räumlichen Analyse

Die Auswertung der Diskussion zur Bedeutung gleichwertiger Lebensverhältnisse anhand von Themenfeldern hat nochmals bestätigt, dass unter den Teilnehmern unserer Gruppendiskussionen in ausgewählten Kommunen manche Themen stärker im Fokus standen als andere, und dass sie gleichwertige Lebensverhältnisse nicht nur mit einem räumlichen Ausgleich von Unterschieden verbanden, sondern auch mit sozialer Gleichheit. Das sind wichtige Befunde. Dennoch wird die Auswertung nach Themenfeldern allein der Komplexität des Sprechens über gleichwertige Lebensverhältnisse nicht gerecht. Denn typisch war, dass die Teilnehmer der Gruppendiskussionen gerade nicht separat Themenfelder „abarbeiteten", sondern verschiedene Aspekte integrierten und dabei Vergleiche einfließen ließen. Betrachtet man die Aussagen insgesamt, so ergeben sich bestimmte räumliche Muster der Diskussionen, die wir in diesem Kapitel erläutern.

In Großstädten gab es im Gesprächsabschnitt zur Bedeutung gleichwertiger Lebensverhältnisse teilweise starke Kritik an sozialen Unterschieden, aber räumliche Ausgleiche wurden nicht thematisiert. Zudem wurde oft infrage gestellt, ob man sich überhaupt auf einen Maßstab für das Ziel gleichwertige Lebensverhältnisse verständigen kann oder Gleichheit möglich ist. Gleichwertige Lebensverhältnisse als räumlich ausgeglichene Bedingungen in Stadt und Land wurden primär in kleineren Kommunen thematisiert, räumliche Ausgleichsmaßnahmen zwischen Ost und West in ostdeutschen Kommunen. Dabei waren die einzelnen Diskussionen in Bezug auf Stadt-Land-Unterschiede in sich homogener als in Bezug auf die Ost-West-Thematik.

Zusammengenommen lässt sich aus unserem empirischen Material schließen, dass räumliche Konflikte zwischen Menschen in Großstädten und kleineren Kommunen besonders in Ostdeutschland angesichts ihrer leicht unterschiedlichen Vorstellungen von gleichwertigen Lebensverhältnissen möglich sind, aber die verbreitete Abwägung von Realisierbarkeit, Kosten-Nutzen-Relation und Maßstab von Ausgleichsmaßnahmen zumindest bei den Teilnehmern unserer Gruppendiskussionen dieses Konfliktpotenzial abpufferte. Zudem zeigen sich keine homogenen, typisch großstädtischen oder typisch kleinstädtischen, West- oder ostdeutschen Sichtweisen auf gleichwertige Lebensverhältnisse, sondern verschiedene Diskussionsvarianten.

Um diese Befunde angesichts der komplexen Struktur der Diskurse und eines hohen Grades an diskursiver Interaktion zu belegen, dokumentieren wir in diesem Kapitel längere Textpassagen. Sie verdeutlichen nebenbei einmal mehr, dass die Teilnehmer nicht einfach fest gefügte Meinungen vertraten und verteidigten (dies entspräche dem Modell exogener Präferenzen), sondern sich in den Diskussionen auch bewegten und gemeinsam Positionen entwickelten (im Sinne endogener Präferenzen). Insofern deuten wir die Aussagen als in Teilen veränderlich bzw. reflexiv und beeinflussbar durch die Debatte.

In den **Großstädten** wurden gleichwertige Lebensverhältnisse, wie erwähnt, wenig mit raumbezogenen Ausgleichsmaßnahmen assoziiert und mehr aus einer individuellen Perspektive diskutiert, d. h. sie bezogen sich also auf individuelle Präferenzen und Chancen. Dabei zeigte sich indes ein gewisser Unterschied zwischen den Gruppendiskussionen in unseren ausgewählten ostdeutschen und westdeutschen Großstädten.

In allen 3 ausgewählten ostdeutschen Großstädten betonten Teilnehmer, dass es subjektiv oder relativ sei, was man unter gleichwertigen Lebensverhältnissen verstehe und wie man sie erfasst. Zur Einordnung: Solche Aussagen gab es ansonsten nur in 2 ostdeutschen Kommunen (Mulda, Reichenbach) und 1 westdeutschen Kleinstadt (Bevensen-Ebstorf). Beispielsweise wurde in Chemnitz gesagt, Individuen bräuchten unterschiedliche Dinge im Leben und setzten entsprechend verschiedene Prioritäten. In Orten mit einem geringeren Einkommensniveau – wie der Stadt Chemnitz selbst – seien die Preise für Kultur und andere Angebote erschwinglicher; letztlich sei es daher kaum möglich, die Gleichwertigkeit der Lebensverhältnisse einzuschätzen.

> Chemnitz, Mann 4: […] Wenn ich den Begriff Kultur noch mal aufgreifen darf, dann wird man sagen, aufgrund der moderaten Eintrittspreise, die hier laufen, ist eigentlich das ein breites Angebot. Das kann sich nahezu jeder leisten in eine Veranstaltung gehen […] Mann 3: Da würde ich aber ein bisschen widersprechen, weil es kommt natürlich auf die Einkommensverhältnisse an. Und wenn ich sehe, dass die jetzt meine ehemaligen Kollegen, die ein Leben lang als Elektromechaniker gearbeitet haben, dann mit 1.200 Euro Rente nach Hause gehen, da wird das schon ein bisschen eng. Frau 1: Aber auch da kommt es darauf an, wie man sich das Geld einteilt. Frau 2: Na ja, wo man Prioritäten setzt. Frau 1: Genau, wo man Prioritäten setzt. […] Also ich habe auch nicht mehr im Monat als 1.200. Und klar, ich kann jetzt nicht jede Woche irgendwie mal ins Ballett gehen oder ins Kino oder so, aber ich kann durchaus mein Geld so zusammenhalten und mir zurechtlegen und überlegen, wofür gebe ich was aus? Dass ich auch durchaus einmal im Monat mir so eine Veranstaltung leisten kann. Wenn ich das möchte […] Frau 2: Und gut, wenn du jetzt das Beispiel Frankfurt sagst, Frankfurt zum Beispiel hat natürlich mehr Möglichkeiten im Theaterbereich. […] Aber gleichzeitig sind die Preise […] exorbitant viel höher. Dann 80 Euro für eine Opernkarte ist normal. Und in Chemnitz kann ich tatsächlich für 20, 25 Euro in die Oper, habe ich fast nirgendwo in Deutschland gesehen. Auch in die Semperoper kommt man nicht für 20 Euro rein. […] Frau 1: […] Es gibt halt Städte, da wird der Manager besser bezahlt. Da ist dann aber auch alles andere teurer. […] Mann 1: Mir kam gerade der Gedanke, das ist das, was du angesprochen hast, dass es ja im Endeffekt vom Wohnort variiert. Und jetzt wird mir bewusst, es ist ja sehr individuell. Was sind meine persönlichen Präferenzen? Wann fühle ich mich wohl? Also weil sich schon beruflich ganz andere Probleme ergeben. Und dadurch entwickelt sich dann für jeden Menschen ein anderes Wohlfühl-Empfinden.

„Gleichmacherei" könne nicht das Ziel sein, waren sich auch die Teilnehmer in Potsdam einig. Ähnlich wurde in Leipzig argumentiert, dass Gleichwertigkeit nicht bedeute, alles gleichzumachen, sondern dafür zu sorgen, dass niemand abgehängt ist. Jeder definiere sein Glück anders. Hilfssmaßnahmen der Politik für Braunkohlegebiete wurden hier nicht per se positiv gesehen: Sie unterstütze den Strukturwandel in der Lausitz nur so umfassend, weil die Gewerkschaften sich stark gemacht hätten, während sie bei Problemen in anderen Branchen weniger getan habe; die Maßnahmen seien in rein ökonomischer Perspektive nicht sinnvoll, lautete eine unwidersprochene Aussage. Indirekt wurden hier auch Verteilungskämpfe um Ausgleichsmaßnahmen sichtbar.

Leipzig, Mann 1: [...] Wert ist kein Geld. (Zustimmung von Frau 3) Gleichwertig heißt, [...] ob ich, weiß nicht, arm aus Grünau komme, äh, und mich gerne grün-gelb anziehe und gehe zur Sparkasse, möchte ein Konto eröffnen, das geht genauso, äh, wie, äh, wenn ich, äh, irgendwie 2 Millionen auf der hohen Kante habe und fein adrett im Anzug daher komme. Genauso, wie in jeglicher Lebenssituation. Wenn ich irgendwas machen möchte, habe ich die Wahl, das zu machen, weil ich gleichwertig bin. [...] Also die Politik hat dafür zu sorgen, dass die, dass, dass Leute, egal ob sie jetzt gebildet sind, ungebildet sind oder irgendwas [...] dieselbe Möglichkeit haben und gleichviel wert sind, wenn sie etwas tun wollen. [...] [Aber] die Politik hat nicht, hat nicht die Aufgabe, das alles gleich zu machen. Wir müssen dafür sorgen, dass niemand abgehängt wird [...] (Zustimmung von Frau 1) [...] Frau 2: (im Hintergrund) [...] die Möglichkeit haben. Mann 1: Genau, richtig. (Zustimmung von vielen Teilnehmenden) [...] Mann 3: (fällt ins Wort) Aber jeder ist ja auch, jeder definiert Glück ja auch anders, ne. Also [ein anderer Teilnehmer] braucht [...] eine S-Klasse, dickes Auto. Und andere Leute sind auch damit zufrieden, wenn sie ganz entspannt zum See fahren und da in der Sonne sitzen. Also das ist ja und deswegen, wie du ja selber sagst, man kann nicht alle gleich machen, ne. Also, ich denke mal, bloß wichtig ist eben, dass die Politik gleichwertige, ähm, Umweltbedingungen zum Beispiel schafft, dass das überall ist. Dass du sagst, das Ruhrgebiet lassen wir über die Klinge springen oder die alten Braunkohletagebaue in der Lausitz [...] Wobei [...], die müssen ja immer gucken, wie viele Arbeitsplätze verloren gehen und das auch versuchen auszugleichen. Das ist ja auch eine Aufgabe der Politik. [Wobei] ich gerade beim Tagebau das ja nicht so sehe, ich würde die ja so über die Klinge springen lassen [...], weil das viel zu wenig, ähm, Mitarbeiter sind, die da an Stellen verloren gehen. Also, in der Windkraftindustrie sind 80.000 Stellen verloren gegangen und im Photovoltaik weiß ich nicht wie viele und [...] in der Lausitz gehen jetzt 30.000 verloren. Die machen ein Theater [aber] deswegen. Das ist völlig schwachsinnig, ja. Also ökonomisch ist das völlig, völliger Unsinn eigentlich, ja. Also weil die Politik hat schon so viele Branchen sterben lassen und jetzt nur die, die eine starke Gewerkschaft haben, die kommen plötzlich in den Fokus.

Auch in Kassel wurden Strukturförderungen hinterfragt. Sie sollten, so die unwidersprochene Aussage eines Teilnehmers, dort erfolgen, wo ein Bedarf bestehe, aber auch viele Menschen leben.

Kassel, Mann 2: [...] Wir haben es erlebt, äh, in der Gegend um Dresden, wo auch Chipfabriken gebaut worden sind und blühende Landschaften, ich bla bla bla ... Also Fakt ist, das Geld gleich zu verteilen, das war ja Ihre Frage, halte ich für, äh, ungerechtfertigt. Es ist abhängig davon, von der Stärke, von der Anzahl der Größe des Bundeslandes, nicht flächenmäßig, sondern von der, äh, Einwohnerzahl her, von der Infrastruktur und was brauche ich als Staat. Wo muss ich, wo habe ich Nachholbedarf? Wie eben, habe ich richtig gerade einen Appell rausgehört, wo kann ich da aktiv, proaktiv Gas geben als Politiker und kann da sagen, wir müssen unser, unser Land, damit das soziale Gleichgewicht bleibt, wo müssen wir da im Prinzip Gelder hinfließen lassen?

In Bezug auf eine gewisse Skepsis gegenüber regionalen Strukturfördermaßnahmen gab es hier also Ähnlichkeiten. In den westdeutschen Großstädten Frankfurt a. M., Hannover, Kassel und Osnabrück lag der Fokus des Austauschs über die Bedeutung gleichwertiger Lebensverhältnisse aber ansonsten stärker auf individueller Chancengleichheit und ausgeglichenen sozialen Verhältnissen als in den ostdeutschen Großstädten. In Kassel wurde darüber hinaus darauf hingewiesen, dass es unterschiedliche Lebensweisen und Ansprüche auch zwischen migrantischen und nichtmigrantischen Communities gebe.

In den ausgewählten westdeutschen Großstädten wurde kritischer über die Lage vor Ort gesprochen als in ostdeutschen; die Kritik bezog sich teils auf einzelne Themenfelder, v. a. Bildung, teils auf das Zusammenwirken von verschiedenen Faktoren. Ein besonders intensiver Austausch entwickelte sich in Frankfurt a. M., wo Teilnehmer der Gruppendiskussion verschiedene Probleme ansprachen, die ineinandergreifen – in Bezug auf die Wirtschaft den Einfluss von Immobilieneigentümern auf die soziale Komposition von Stadtvierteln und das Einkommensgefälle nach oben in Großstädten, das für Segregation bzw. „Schläfer-Stadtteile" sorge, in Bezug auf die Politik den Rückzug des Staates aus dem Wohnungsbau und leere Versprechungen von Parteien, in Bezug auf die Gesellschaft die Tendenz zu Single-Haushalten statt Familien in Städten, eine allgemeine Profitorientierung der Menschen sowie ihre Entsolidarisierung, die Problemlösungen behindere („Und wenn wir uns solidarisieren, können wir ...").

Frankfurt a. M., Mann 4: Das war jetzt aber auch zum Beispiel, wo wir ausgezogen in unsere erste Wohnung. Wir haben ewig gebraucht, um eine Wohnung zu finden. Keiner wollte uns haben. Ich war zu dem Zeitpunkt schon ausgelernt und das ist megaschwer, dann das finanzieren, wenn eine Wohnung knapp tausend Euro kostet. Frau 1: Was hinzukommt, ist noch nicht einmal der Preis der Wohnung, sondern das Erste, was du gesagt hast. Keiner wollte euch haben. […] Du hättest die Tausender in der Tasche haben können, es ging um Sympathie. Das ist auch ganz wichtig. Der, der Wandel ist nämlich, dass diese, ich sag jetzt mal, Eigentümer oder Investoren, wer auch immer da ist, gar nicht mehr, die sind in eine Position geraten, dass sie tatsächlich so eine Selektion vornehmen […], das ist schlecht. Ja, das läuft nicht gut. Mann 2: Ja, aber […] ein Problem ist doch zum Beispiel, dass sich Städte und Kommunen immer mehr aus dem Wohnungsbau zurückgezogen haben. […] Also es gibt sehr viele Singles in Frankfurt. Äh, teilweise ist es, ich sag mal, auch eine Schläfer-Stadt. Also da, wenn Sie ins Europaviertel gehen. Das ist ein neuer Stadtteil, der auf dem ehemaligen Hauptgüterbahnhof gebaut worden ist, da werden Sie am Wochenende in den Häusern kaum Licht sehen. Ja, weil die Leute […] die kommen Montag mittags kommen die auf die Arbeit und hauen Donnerstagabend wieder ab. [...] ist natürlich ein unwirtschaftlicher Markt auch, wie in allen großen Städten, ja, ob es in München, Köln, Hamburg, Leipzig mittlerweile ja auch. [...] Mann 3: (fällt ins Wort) Das, das Problem ist natürlich, dass die Tendenz zum Single-Haushalt dann immer äh eigentlich immer stärker wird. (Zustimmung von Mann 2) So die Großfamilie an sich gibt es nicht mehr. Und wenn jeder mehr oder weniger sein Eigenheim haben möchte, so viele Wohnungen gibt es wahrscheinlich gar nicht. Und ja, das, das wird wahrscheinlich auch in den nächsten Jahren eigentlich um so schlimmer werden. [...] Frau 4: Und was ganz schlimm in der Gesellschaft oder überhaupt ist, dass es nur profitorientiert ist. Es ist nichts mehr Menschliches dabei. [...] Und das ist, finde ich, das größte Problem. [...] Mann 2: Ja, es würde so eine Umverteilungskarte [unter den Karten, die Themenfelder für die Herstellung gleichwertiger Lebensverhältnisse abbilden] fehlen, ja. Ja ... Man könnte jetzt auch stundenlang darüber diskutieren, eine Grundrente, ein Grundeinkommen zum Beispiel, ja, was ja auch schon nachvollziehbare Ansätze sind ... Du hast natürlich auch in Frankfurt, genau wie in anderen Städten auch, einkommensmäßig ein Riesengefälle, ne. Ich meine, sonst könnten ja die ganzen Wohnungen und die ganzen Häuser für diese astronomischen Summen gar nicht verkauft werden. [...] Mann 1: Also, worauf es hinausläuft, ist die Solidarität der Menschheit. So wie wir uns nach dem Zweiten Weltkrieg und vor dem Zweiten Weltkrieg vor allen Dingen entwickelt haben und weiterentwickelt haben, gibt es da ab einem ganz bestimmten Zeitpunkt keine Solidarität mehr. [...] Die ganzen, die ganzen Genossenschaften ist eine Idee, die geboren wurde in der Solidarität. [...] Und wenn wir uns solidarisieren, könnten wir, warum wollen wir das nicht. [...] Frau 4: Das sind doch alles nur Versprechungen, die uns machen. Im Endeffekt tut dann die eine Partei dem anderen wieder [zuschustern] und, ähm, ändern tut sich sowieso nichts. Mann 1: (erregt, fällt ins Wort) Nein. Also, das ist zu wenig, das ist zu wenig. Wenn ich mich nicht engagieren würde, würde sich gar nichts ändern. Ja, ich war mal ...

In Hannover wurde das Thema soziale Ungleichheit am Rande auch mit einer räumlichen Perspektive verbunden, als von Segregation (bzw. „Ghettos") und damit zusammenhängenden „No-go-Areas" gesprochen wurde.

In **kleineren Kommunen** wurden gleichwertige Lebensverhältnisse stärker als in Großstädten mit der räumlichen Verteilung von Gütern und Dienstleistungen assoziiert. Es wurden weniger individuelle Präferenzen thematisiert, sondern eher aus der gesellschaftlichen bzw. einer kollektiven Perspektive heraus argumentiert. Das schloss ein, für bestimmte Lebensphasen unterschiedliche Bedürfnisse und Vorlieben anzunehmen. Man müsse bei der Auslegung von Gleichwertigkeit berücksichtigen, dass die jeweiligen räumlichen Strukturen historisch gewachsen sind, hieß es in Doberlug-Kirchhain, und es gehe dabei um Vielfalt und Akzeptanz von Menschen, in Luckau.

In vielen Gruppendiskussionen in kleineren Kommunen wurden in diesem Zusammenhang Stadt-Land-Vergleiche eingewoben, v. a. in kleineren Kommunen in Ostdeutschland (Auerbach, Luckau, Mulda, Reichenbach, Temnitz), aber auch in Bevensen-Ebstorf und Zeven. Dabei gab es nicht ein bestimmtes Muster der Aussagen, sondern wie in den Großstädten Varianten.

Beispielsweise waren Defiziterzählungen in Bezug auf den ländlichen Raum bei der Thematisierung gleichwertiger Lebensverhältnisse nicht typisch. Stadt-Land-Vergleiche gingen in diesem Gesprächsabschnitt in nur 3 kleineren Orten mit Defizitbeschreibungen für Landkommunen einher. Sie bezogen sich auf mangelhafte ÖPNV-Strukturen (Reichenbach), Ungleichheiten in der medizinischen Versorgung, z. B. im Zugang zu Fachärzten (Luckau). Umgekehrt wurden aber auch vereinzelt Defizite bei den Großstädten konstatiert, z. B. dass dort Wohnen nicht mehr bezahlbar sei (Auerbach, Zeven). In anderen Orten waren Unterschieds-beschreibungen neutral bzw. weniger kritisch (Apen, Bevensen-Ebstorf).

In Apen (ähnlich in Luckau) wurde betont, dass es gleichwertige Lebensstandards nicht nur in einzelnen, sondern in vielen Bereichen geben sollte, darunter Wohnen, medizinische Versorgung, Bildung(-schancen), Sicherheit und digitale Infrastruktur; in der Diskussion wurden bei allen diesen Punkten jeweils räumliche Unterschiede in der Gewährleistung gleichwertiger Lebensverhältnisse angesprochen.

> Apen, Frau 3: Na, ich meine, von diesen anderen ist es ja auch vieles wichtig, aber wir sollten ja nur fünf aussuchen, das ist schon schwierig [...] Mann 1: Bezahlbares Wohnen gehört ja dazu. Und dass man in Heilbronn auch eine Wohnung finden können muss, als Normalverdiener. Frau 2: Mit seinem Gehalt bezahlen kann. Mann 1: Hier auch. Dass man überall Ärzte findet und nicht nach Bremen fahren muss für einen nächsten Augenarzttermin. [...] Mann 1: Bildung auch. Dass man in der Stadt die gleichen Bildungschancen hat, wie ... Also da darf, da darf es keine Unterschiede geben. Die müssen eigentlich ... Frau 1: (fällt ins Wort) Zwischen Dorf und Stadt. Mann 1: Die müssen überall gleich sein. (allgemeine Zustimmung) Mann 1: Sicherheit – genau das Gleiche. Kann nicht sein, dass man in Bremen sicher lebt, aber in Augustfehn nicht, oder andersrum. [...] Mann 1: Es geht, bei mir ist das Gleiche, dass das immer gleich ist. Also auch die, die, die, die digitale Infrastruktur. Merken wir ja. Ist ein Unterschied, ob du in Oldenburg, Bremen, Leipzig unterwegs bist und über 5G hast, oder hier, habe ich ja gerade erzählt, nicht fünf Minuten fahren kannst, ohne Funkloch.

Auch in Mulda wurde gefordert, gleichwertige Rahmenbedingungen des Lebens in ländlichen und städtischen Räumen zu schaffen, so in Bezug auf die Gesundheitsversorgung, Einkaufsmöglichkeiten, Radwege und Kinderbetreuung. Im Bereich Sicherheit gebe es überall eine Grundversorgung, im Bereich Gesundheitsversorgung jedoch eine zu starke Konzentration auf Zentren. Die Politik habe den Auftrag zu erfüllen, räumlich ausgewogene Entscheidungen zu treffen und gute Rahmenbedingungen für das Leben vor Ort zu schaffen. Allerdings wurde in der Diskussion auch betont, dass es immer Unterschiede zwischen Stadt und Land geben werde und man nicht „gleichmachen" könne, was verschieden sei. Die Menschen müssten die Parteien wählen, die aus ihrer Sicht am besten das Postulat gleichwertiger Lebensverhältnisse vertreten und umsetzen; dadurch könnten sie steuern. Dieser Aspekt verband den Blick auf den Staat mit einer Rückbindung von dessen Handeln an die Bürger selbst und ihre Freiheit, aus unterschiedlichen politischen Programmatiken zur realen Umsetzung gleichwertiger Lebensverhältnisse die für sie passende auszuwählen.

Mulda, Mann 2: Gleichwertige Lebensverhältnisse wird's nicht geben. [...] Und alles hat seine Vor- und Nachteile. Ja, in der Stadt lebe ich in meiner 40m²-Wohnung und wenn mein Nachbar Samstag früh um halb sieben bohrt, hör' ich das. Bei mir hör' ich das nicht [...] Mann 1: Gleichmachen kannste sowieso nicht. Dorf und Stadt ist nicht vergleichbar. [...] Also gleichwertige Lebensverhältnisse ist nicht, dass man eins zu eins vergleicht, sondern [...] das Wohlfühlen der, der Menschen dort, wo sie leben [...] Mann 5: [...] Aber es ist natürlich in vielen Bereichen noch nicht so und das sind genauso Sachen wie Gesundheitsversorgung, Einkaufsmöglichkeiten. [...] Radwege ist glaube ich in Sachsen so ein eigenes Thema, was hier zumindest im ländlichen Raum noch gar nicht auf'm Schirm war die letzten Jahre. [...] Frau 1: Na was ich so ein bisschen sehe bei diesem bundeseinheitlich ist für mich auf jeden Fall, was ich bejahen kann, die Sicherheit. Also es gibt jetzt innerhalb von Deutschland wenig Orte, wo ich sagen würde, okay da fühle ich mich jetzt unsicher, also so generell. Das ist auch was, was ich denke, was die Politik gut geschafft hat. In den anderen Bereichen ist das sicher was, woran noch mehr gearbeitet werden muss. [...] gerade so die Digitalisierung und das schnelle Internet wäre was, was ich nicht mit diesem Grundsatz im Grundgesetz vereint sehen würde. [...] Frau 1: (fällt ins Wort) Dafür ist ja die Politik da, diese Rahmenbedingungen auch zu schaffen, damit ... dafür zahlen wir auf auch alle unsere Steuern, dass das auch in unserem Sinne gemacht wird. Dafür wählen wir ja die Parteien, die irgendein Programm anbieten, mit dem wir uns identifizieren können, die halt diese Fragen in irgendeiner Linie in unserem Sinne klären wollen. [...] grundsätzlich ist, liegt's ja dann schon in unserer Hand, indem wir dort auch diese politische Entscheidungen ein bisschen in die richtige Richtung führen können. Mann 5: [...] den Grundsatz seh' ich halt auch. Es gibt einfach den Auftrag der Politik, für gleichwertige Lebensverhältnisse zu sorgen [...] Na, in 'nem großen Industriebetriebe wird immer was anderes gezahlt als wie in 'nem kleinen Handwerksbetrieb aktuell. Da kann auch die Politik sicherlich 'nen geringen Einfluss haben, aber die, die Voraussetzungen für jeden, was die Bildung angeht, das jeder 'ne Möglichkeit hat mit 'm ÖPNV irgendwo hinzukommen, dass, dass es 'ne Gesundheitsvorsorge erstmal da ist. [...] Frau 4: Zum Beispiel, wo eben Krankenhäuser gebaut werden oder wo eben Zentren sind oder sowas. Das wird ja alles konzentriert in bestimmte Bereiche. Und da kann es ja Regionen geben, wo, dass nichts da ist und woanders sind dann eben zwei oder drei. Für sowas ist dann die Politik da, das dann zu regeln. [...] Mann 2: Ich hab vielleicht noch 'nen anderes Beispiel, wo es auch mal in die andere Richtung geht, grade was die Kinderbetreuung angeht, Rechtsanspruch auf einen Kindergartenplatz, Rechtsanspruch auf 'nen Hortplatz, was jetzt kommen soll.

In ähnlicher Weise wurden auch in anderen Gruppendiskussionen Unterschiede zwischen Stadt und Land zwar festgestellt, aber Einwände gegenüber einer Politik formuliert, die auf allerorten tatsächlich gleiche Lebensbedingungen gerichtet wäre. Zudem wiesen die Teilnehmer auf komplexe Wechselbeziehungen zwischen verschiedenen Faktoren hin. In Reichenbach stand dabei v. a. eine unterschiedliche Versorgung mit (bezahlbarem) öffentlichem Personennahverkehr im Fokus. Einzelne nahmen sich als von der Politik „abgeschnitten" wahr; die Politik konzentriere sich auf die Groß-städte. Zugleich wurde konzediert, dass es strukturell schwierig ist, wirklich gleiche Lebensverhältnisse ungeachtet der unterschiedlichen Rahmenbedingungen in Stadt und Land zu schaffen, und dass dabei die Kosten im Blick zu behalten sind. Diese hän-gen teils mit den Rahmenbedingungen zusammen. Vor Ort gebe es etwa weniger potenzielle Nutzer des ÖPNV, was eine Spirale aus höheren Kosten und (noch) weni-ger Nutzern antreibt. Verwiesen wurde auf den Bedarf, Prioritäten zu setzen, ebenso auf die Möglichkeit der Menschen, sich ihren Wohnort selbst auszusuchen. Letzteres ergänzte den politischen Auftrag an den Staat um eine Komponente der individuellen Eigenverantwortung der Bürger für ihre Lebensbedingungen.

Reichenbach, Mann 1: [...] Wenn ich hier auf dem Land kein Auto habe, bin ich er-schossen. [...] Also da finde ich mich schon ein bisschen wie ... von der Politik abge-schnitten, hier auf dem Land. Mann 2: Wegen den öffentlichen Verkehrsmitteln. Mann 1: [...] Bloß mal als Beispiel: Ich habe eine 90jährige Schwiegermutter, die wohnt in Dittersbach. Das ist ein Ort, der ist 20 km von hier weg. [...] Wie viele Male die uns schon angerufen hat, weil sie Hilfe braucht, weil sie keinen Rat mehr hat ... da ist nichts, da kommt niemand vorbei. Da ist kein Bus, wo sie sagen könnte, ich könnte schon mal mit dem Bus nach Bergstadt fahren. Die Busse von Dittersbach nach Bergstadt haben sie alle gekappt. (Zustimmung aus dem Hintergrund) [...] Für die, für die Politik dreht sich alles nur um die Großstadt. Wenn ich sehe die An-siedlungsgebiete in Dresden mit diesen riesen Gewerbegebieten. Die Großstädter, die steigen dort in den Bus ein, zehn Minuten später sind sie in dem Gewerbepark. Wenn ich so mal zurückdenke, dieses Bergbaugebiet, das wir hatten, da sind auch früher die Busse gefahren. [...] Das ist alles weg. Das gibt's nicht mehr. [...] Frau 4: Ich finde grundsätzlich ist gar kein gleichwertiges Leben möglich, weil jeder sucht sich ja aus, ob ich jetzt in einer Großstadt oder auf dem Land leben will. [...] Mann 1: Ja, ihr Jugendlichen seht das ein bisschen anders. [...] Frau 3: Ich denke, ich denke, das geht, das geht einfach nicht, das Gleichwertige. Weil es einfach bestimmte Bedingun-gen, also Lebensvoraus ... -situationen, -umgebungen gibt. [...] man kann natürlich sicherlich nicht erwarten, dass, was weiß ich, dort hinten in diesem Löbensmüh oder was es hier alles für Ortschaften gibt, wirklich zehn Mal am Tag der Bus vorbei-kommt, weil es wird wahrscheinlich bei diesem zehnmal am Tag der Bus vielleicht jeden vierten Tag mal einer in so einen Bus einsteigen ... [...] das ist in der letzten Zeit so teuer geworden, dass jeder sagt, wir sind also früher für 2,50 € nach Görlitz gefahren pro Person. Jetzt sind wir glaube ich bei 4,70 pro Person oder irgend sowas. [...] Das ist für mich das Problem. [...] Ich möchte das nicht beauftragen müssen mit diesen Bussen. Wenn man wirklich sieht, wie viele Leute dort manchmal bloß drinsit-zen und dann ist kein Wunder, dass sie einen nach dem anderen einstampfen nach der Linie, weil einfach das nicht sich rentiert. [...] Frau 2: (fällt ins Wort) Aber ich muss mal sagen, ich denk' die Politik steckt das Geld an den falschen Stellen hin. Wenn ich überlege, wie viel Milliarden irgendwo hingehen und nicht ins eigene Land fließen, den Aufbau.

In Temnitz wurde infrage gestellt, dass es gleichwertige Lebensverhältnisse geben kann, weil die strukturellen Unterschiede zwischen Stadt und Land kaum oder nicht angeglichen werden könnten; sie beinhalteten jeweils Vor- und Nachteile. Das müsse man „in Kauf nehmen".

Temnitz, Mann 1: Na und gleiche Lebensverhältnisse heißt ja nicht, dass hier überall alles identisch ist. Was weiß ich,... so gerne wir das wollen, dass hier so viele Busse fahren wie in Berlin oder so, dass wir hier eine U-Bahn kriegen …. (Gelächter) Wir haben ja vorhin, wir haben ja vorhin rausgearbeitet, jeder für sich, aus seiner Sicht, dass es auf dem Lande wunderbar ist (Zustimmung von Frau 4) und dass viele, mehr positive Dinge gibt als in der Stadt. Warum soll ich denn nun alles gleich machen? Geht doch gar nicht. Gleiche Lebensverhältnisse, was heißt denn das? Alle sollen gleich verdienen oder alle sollen denselben Nachbarn haben? [...] Frau 4: Ne, aber gleichwertige, wenn ich Stadt und Dorf so sehe, da, da ist überhaupt keine Gleichwertigkeit vorhanden. Das ist eine völlig andere Situation. Und äh, das kann, äh, ich weiß nicht, das, davon Gleichwertigkeit abzuleiten, finde ich, äh, etwas absurd. Ja, denn Dorf, na ja, wir haben hier eine ruhigere, ähm, Atmosphäre und ja und in der Stadt, diese Hektik, äh, das ist schon, da gibt es keine Gleichwertigkeit, finde ich. Frau 2: Na ja, wie du schon sagst, ne, ich sage mal, in der Stadt habe ich dann eben die Bequemlichkeit und steige mal in einen Bus und ‚ne Bahn', U-Bahn et cetera. Hab ich ja hier nicht. Hier bin ich auf mein Auto angewiesen und ähm, muss natürlich demzufolge auch mehr Sprit, mehr Versicherungen, brauche vielleicht sogar einen Zweitwagen, weil mein Mann oder die Frau ja auch zur Arbeit kommen muss. Ja, das kann ich ja jetzt …, was ja eigentlich auch logisch ist. Ja, so, also das muss ich ja dann, wenn dann, auch schon irgendwo in Kauf nehmen, ne.

In der Kleinstadt Bevensen-Ebstorf – als eher dörflich bezeichnet – wurden bestimmte Nachteile der Lage vor Ort gesehen, speziell die schlechtere Nahverkehrssituation, jedoch betont, dass eine gleiche Versorgung mit ÖPNV auf dem Land wie in der Stadt unverhältnismäßig und teuer sei, eine gleiche Versorgung mit digitaler Infrastruktur hingegen angemessen und machbar. Es sei wichtig, nach räumlichen Gegebenheiten Prioritäten zu setzen, so beispielsweise in ländlichen Regionen mit durchschnittlich älterer Bevölkerung mehr für die Gesundheitsversorgung zu tun, während der ÖPNV im Zweifel weniger wichtig sei. Zudem lieferten Unterschiede des Lebensumfelds auch Vorteile, sodass gleiche Lebensbedingungen gar nicht grundsätzlich erstrebenswert seien.

Bevensen-Ebstorf, Mann 2: [...] also man kann nicht eins zu eins sagen, das, was Leute, die in der Stadt wohnen, haben, kann ich hier im Dorf auch haben. [...] dass man versucht, so etwas wie zum Beispiel digitale Anbindung. Das ist meiner Meinung nach möglich und eins zu eins auch umsetzbar. [...] Aber insgesamt denke ich, äh, dass man das immer ins Verhältnis setzen muss, was man meint, wenn man sagt, für gleiche Lebensverhältnisse einsetzen. [...] Mann 3: [...] Und da muss man sich halt eine Prioritätenliste setzen, was braucht man, wo als erstes. Und das ist überall unterschiedlich, je nach, äh, Wirtschaftsbereich, ähm, Einwohnerdichte, Altersdurchschnitt und so weiter. Also wir sind hier in der ländlichen Gegend, da ist denke ich, auch gerade so im Wendland und so die Gesundheitsversorgung ein großes Thema, weil die Alterspyramide geht da halt nach oben und das muss gewährleistet sein. Und ob die irgendwo mit dem Bus hinfahren können, das ist nicht so wichtig wie in einer Großstadt. [...] Mann 1: [...] Und als dann die Kinder kamen, war es für uns ganz klar, wir müssen aufs Land. Und, äh, als die Kinder größer waren und wir wieder mal nach München gefahren sind, da haben wir dann gesagt, oh Gott, gut, dass wir aufs Land gezogen sind und nicht die Kinder hier großziehen mussten. Also das war schon ein Riesenunterschied. Und deswegen muss das auch nicht gleich sein. Man muss halt seine Prioritäten setzen. Und dann klappt das schon irgendwie. [...] Frau 4: Aber es ist ja oft, wenn dann meistens zur Ausbildung ziehen sie in Großstädte die Kinder und wenn sie eine Familie gründen, dann kommen sie wieder zurück ans Land. (leise Zustimmung) [...] Mann 4: Die öffentliche Anbindung könnte bei mir auf dem Dorf halt besser sein. Mann 3: Ja, das stimmt schon. (Mann 4 lacht) Mann 4: Also alle zwei Stunden ein Bus, das ist schon echt hart, äh, aber sonst. Mann 1: Aber im Zeitalter der Mobilität, Elektrofahrräder bist du doch in einer Viertel-... [...] Mann 3: Man muss es ja auch wirtschaftlich betrachten. Ne, wenn ich den Bus sehe, auch wenn er nur alle zwei Stunden fährt und da sitzen zwei Leute drin. Das muss ja auch finanziert werden. Ist ja nun mal so. Mann 4: Fahren ja auch nicht mehr viele mit dem Bus. Nur halt, wäre halt angenehmer, jetzt für junge Leute, aber wenn's nicht gebraucht wird, wenn es im Großen und Ganzen nicht so viel gebraucht wird, dann muss es auch nicht sein, ne.

Ähnlich wie in den kleineren Kommunen wurde in den Gruppendiskussionen in den **Mittelstädten** beim Austausch über die Bedeutung gleichwertiger Lebensverhältnisse stark auf bestehende räumliche Unterschiede verwiesen und eher eine kollektive Sichtweise vertreten. Wie in den kleineren Kommunen unterschied sich dabei der jeweilige lokale Tenor in Bezug darauf, inwieweit sich solche Unterschiede ausgleichen lassen.

In Eberswalde war der Tenor kritisch. Die Politik konzentriere sich allzu sehr auf die Städte und die Landbevölkerung sei „aussortiert" worden; es gebe auf dem Land weit weniger Angebote der medizinischen Versorgung, des ÖPNV und Einkaufsmöglichkeiten.

Eberswalde, Mann 3: Aber ich finde auch, die globalen Zentren werden, aus meiner Sicht, viel zu viel gefördert, gegenüber den Leuten, die auf dem Land wohnen, was Angebote betrifft, nicht. Frau 3: Ja, ja. Die Landbevölkerung wurde anders aussortiert. Hundertpro. Mann 3: Also, wenn ich die Uckermark sehe und sehe in Berlin, das sind für mich Welten. (Zustimmung von Mann 4) [...] Mann 3: Ist wirklich so. Frau 4: Ist krass, ne. Mann 3: Fahr mal irgendwo zum Dorf in der Uckermark, da denkst du, Leute, wo sind die 30 Jahre geblieben. (Zustimmung von Frau 4) Und dann Berlin dazu [...] Frau 3: Das sind die Verlierer, die Landbevölkerung, in allen Belangen. Ärzte, Einkaufsmöglichkeiten, öffentlicher Nahverkehr. Mann 3: Die sind auf's Auto angewiesen [...] Und das sind so Sachen, die finde ich dann schon schwierig. Die tragen die Last für sowas dann immer, ne. Neben der Zeit, die sie mehr brauchen, tragen sie auch noch die finanzielle Last. Und das ist nicht okay. Frau 1: Ja, ich kann dem zustimmen.

Hinter dieser Kritik stand die Sichtweise, dass die Politik mehr für gute Lebensverhältnisse in ländlichen Kommunen tun kann (und soll).

Auch in Limburg war der Tenor der Diskussion zur Bedeutung gleichwertiger Lebensverhältnisse sehr kritisch. Sie tendierte aber in Richtung der Merkmale westdeutscher Großstädte: Gleichwertigkeit wurde mit sozialer Gleichheit und dem Ausgleich materieller Unterschiede assoziiert, beispielsweise über ein bedingungsloses Grundeinkommen. Es wurde kritisiert, dass sich die „soziale Schere" öffne oder – so andere Teilnehmer – nie geschlossen habe, dass die Politik Unternehmen schütze und es eine Zwei-Klassen-Medizin mit Facharztmangel gebe.

Limburg, Mann 2: Bei gleichwertigen Lebensverhältnissen, äh, gehe ich jetzt gerade mal davon aus, dass ich darüber nachdenke, äh, gleichwertig ist für mich so ein Level und das haben wir ja definitiv nicht mehr in unserer Gesellschaft. Also ich sage mal, diese berühmte Schere geht ja immer weiter auseinander, was jetzt reich und arm betrifft, dementsprechend eben sozial Schwache und eben dann sozial sehr gut gestellte Haushalte, Personen, Menschen et cetera pp. Also von daher glaube ich schon, dass unsere Politik, was das betrifft, insgesamt mehr oder weniger seit Jahrzehnten versagt, ganz grob mal. Also, ich denke, dass, da hätte man ganz andere Richtlinien machen müssen. Globalisierung hin oder her, aber das Thema, äh, ja, Marktmonopole ausnutzen, dass nur noch eine Firma im Prinzip das Recht hat. Wenn morgen Nestlé zu macht, weiß kein Mensch mehr, was er essen soll, zum Beispiel. [...] Also, ich sage mal, das sind halt alles Sachen, die hätten eigentlich, meiner Meinung nach, von der Politik von vornherein besser kontrolliert werden müssen, was die Erdölkonzerne betrifft, Tankstellen et cetera pp, was unsere Handynetze betrifft. [...] Ich denke, dass da unsere Politik seit Jahrzehnten versagt kläglich. Mann 4: Na ja. Das Problem ist ja, die Politiker sitzen alle in den Aufsichtsräten von verschiedenen Firmen. Du glaubst doch nicht, dass die der Kuh, die die Milch gibt, [...] (Zustimmung von Mann 2) So sieht das aus. (Getuschel) Nee, weil die Politiker nicht unabhängig sind. Ja, die sollen uns eigentlich was Gutes tun. Die tun aber nur sich und der Firma, denen sie vor-, im Vorstand sind, äh, denen tun sie was Gutes. Dafür kriegen sie ja auch zur Wahl immer gute Gelder zugeschoben. Ist meine Meinung. Mann 1: Ja. Aus der Sicht der Älteren, ähm, ich habe es nie kapiert, dass es Rentner und vor allen Dingen -innen, Rentnerinnen, gibt, die mehr oder minder unter dem, ähm, wie heißt das? Mann 2: Armutsgrenze. Mann 1: Armutsgrenze, Rente bekommen und ihr ganzes Leben lang gearbeitet haben. Und dann gibt es Leute, die haben ihr ganzes Leben lang nix gearbeitet und kriegen vielleicht noch mehr da dafür. Ja, das ist mir unbegreiflich, wie so etwas sein kann, ne. Da muss man auch dazu nehmen, die Leute, die zu uns gekommen sind hier, und nie was in eine Rentenkasse einbezahlt haben, die kriegen auch ihr

Existenzminimum, beziehungsweise mehr als ihr Existenzminimum. Das wird mir also nie in den Kopf gehen, wieso arme Leute ... Gut, ich habe mein Auskommen als Rentner, aber, äh, die Leute tun mir echt leid. [...] Frau 3: Oder wo man hineingeboren wird, sagen wir es mal so. [...] Mann 3: Ja ähm, also das Erste, was mir einfallen ist bei gleichwertigen Lebensverhältnissen, wäre [...] das bedingungslose Grundeinkommen, dass man von einem Grundeinkommen ausgeht für alle. Ähm, aber auch, wie vorhin gesagt wurde, auch nicht alle gleichwertig leben können. [...] Mann 4: Ja, wenn ich jetzt sehe, gleich. Das heißt, jeder verdient jetzt, sagen wir mal eine fiktive Zahl, 2.000 Euro im Monat bekommt jeder, ne ... Mann 2: Das ist das Erste, woran wir denken, wenn wir über gleichwertig reden, denken. Frau 3: Oder eine Reichensteuer einführen beispielsweise.

In Cottbus wurde betont, dass Menschen auch aufgrund unterschiedlicher Lebensverhältnisse mobil sind und ggf. in ihre Heimat zurückkehren können, wenn es ihnen anderswo nicht gefällt. Der Heimatbegriff implizierte eine kollektive Perspektive, aber sie wurde teils verbunden mit dem Argument individueller Entscheidungshoheit über den Ort, an dem man lebt.

In Stadtallendorf wurde am Beispiel der sozialen Strukturen bzw. konkret der Eheschließungen „auf dem Dorf" eher neutral beschrieben, dass sich dörfliche von städtischen Lebensweisen unterscheiden. In Cloppenburg fanden Teilnehmer, dass es im Großen und Ganzen gleichwertige Lebensverhältnisse und Chancengleichheit in Deutschland gibt und beispielsweise Bildungsmaßnahmen dazu dienen sollen, trotz Ungleichgewichten Chancengleichheit zu schaffen, auch wenn es nicht überall ideal laufe.

Cloppenburg, Mann 2: Ja, wenn man das so sieht, gleichwertig, das heißt, dass jeder sich einigermaßen gegenüber den anderen gleichwertig im öffentlichen Raum, ich sage mal, darstellen, bewegen kann. Da wird natürlich ein Migrant, äh, mit Sprachschwierigkeiten, es bei den Behörden sehr schwer haben gegenüber einem Einheimischen, der vielleicht den Mann auf der Behörde vielleicht sogar persönlich kennt. [...] Mann 1: Also ich denke, in Deutschland hat jeder die Chance, aus seinem Leben etwas zu machen. [...] Natürlich sind die Lebensumstände dann da manchmal ein bisschen abweichend, so, wenn ich die Eltern pflegen muss oder sonst was, aus einem Job rauskommen muss und dann keinen Job mehr finde oder sonst was. Das ist immer individuell. Aber grundsätzlich hat jeder die Chance, denke ich. Mann 2: Ich wüsste auch nicht, wo, ich sage mal, die Gleichwertigkeit eingeschränkt wird. Gut, ich meine, es gibt Probleme. Kann man dran denken, Verdienstmöglichkeiten. Männer, Frauen, sind also so Themen. Ähm, da ist natürlich, da wird ja dran gearbeitet, sagen wir mal so. Das ist noch nicht ideal, aber, ähm, aber wo ist sonst Gleichwertigkeit. Also ich meine, ich kann, also jeder Bürger kann hier überall hingehen, wo er will, äh, das ..., wir haben doch hier kein Ghetto oder keine, äh, Einschränkungen, dass gewisse Leute an bestimmten Plätzen nicht [sehen werden], jeder kann den Bus benutzen. Egal, aus welchem Land er kommt.

In der Diskussion über die Bedeutung gleichwertige Lebensverhältnisse wurden in 9 Gruppendiskussionen **Ost-West-Unterschiede der Lebensverhältnisse** angesprochen. Dies, obwohl die Moderation in keinem Gesprächsabschnitt Hinweise oder Fragen in diese Richtung formuliert hat. Bezugnahmen auf Ost-West-Unterschiede wiesen dabei drei Besonderheiten auf:

Erstens wurden sie in diesem Gesprächsabschnitt (wieder) fast ausschließlich in Gruppendiskussionen in ostdeutschen Kommunen angesprochen. Dort geschah dies in 7 von 12 Orten (Auerbach, Cottbus, Doberlug-Kirchhain, Eberswalde, Kamenz, Luckau, Mulda). Zudem diskutierten Teilnehmer das Thema in teils längeren Gesprächspassagen. In Westdeutschland kam das Thema hingegen nur in Hirschhorn und Kassel punktuell auf. Für Teilnehmer an unseren Gruppendiskussionen in Westdeutschland waren die Lebensverhältnisse in Ostdeutschland in Bezug auf die Frage, was gleichwertige Lebensverhältnisse für sie bedeuten, demnach kein erwähnenswertes und diskussionswürdiges Thema, für Teilnehmer in Ostdeutschland durchaus.

Zweitens vermischten sich in den entsprechenden Gesprächspassagen Hinweise auf interregionale Ausgleichsbedarfe bei Versorgungsaspekten u. ä. mit Verweisen auf den Bedarf eines interpersonellen Ausgleichs etwa von Einkommens- und Rentenunterschieden. Auch dies ist wieder ein Hinweis darauf, dass das Konzept gleichwertige Lebensverhältnisse nicht ausschließlich mit dem Ausgleich räumlicher Unterschiede der Daseinsvorsorge assoziiert wurde (Abschn. 7.2). Die Überlappung kann das politische Konfliktpotenzial erhöhen.

Drittens waren die inhaltlichen Diskussionen jedoch in Teilen kontrovers, d. h. trotz der räumlichen Konzentration auf Kommunen in Ostdeutschland gab es weit überwiegend nicht identische oder unstrittige lokale oder ostdeutsche Positionierungen; zudem wurde das Thema nur außerhalb von Großstädten intensiv besprochen. Damit hatte es bei den Teilnehmern unserer Gruppendiskussionen doch überwiegend weniger räumlich aktivierbares Konfliktpotenzial als Stadt-Land-Unterschiede in den Lebensverhältnissen, bei denen die Menschen aus den jeweiligen Orten ähnlichere Ansichten vertraten.

Konkret wurden in allen 7 ostdeutschen Kommunen, in denen bei der Diskussion gleichwertiger Lebensverhältnisse Ost-West-Unterschiede zur Sprache kamen, Gehalts- und Rentenunterschiede thematisiert und zum Teil problematisiert. Darüber hinaus bezogen sich Aussagen auf die wirtschaftlichen Strukturen im Osten (Doberlug-Kirchhain, Mulda).

Am intensivsten und differenziert wurde das Postulat gleichwertiger Lebensverhältnisse im Zusammenhang mit Ost-West-Unterschieden in Mulda besprochen. Zur Sprache kamen dabei sowohl räumlich wahrgenommene interpersonelle Differenzen, v. a. Unterschiede der Gehälter und Renten, als auch raumbezogene Differenzen beispielsweise mit Blick auf die Infrastruktur sowie eine (vermutete) schwächere Vernetzung und geringere Einflusschancen ostdeutscher Politiker. Bei diesen Punkten wurden Gefühle der Ungleichbehandlung, einseitig westdeutsch gesetzte Maßstäbe und des „Neids" angesprochen. In teils kontroversen Diskussionsteilen wurden der gleiche Zugang zu Bildung, die gute Ausstattung von Schulen und in jüngerer Zeit die Rentenangleichung und verstärkte Ansiedlung von Bundesbehörden in Ostdeutschland positiv erwähnt. Verbesserungen in der bundesweiten Ausstattung mit Kita- und Hortplätzen als ebenfalls positive Entwicklungen in Richtung gleichwertige Lebensverhältnisse wurden auf den Einfluss Ostdeutschlands zurückgeführt. Letztlich komme es aber darauf an, wie man sich wohlfühle, denn alle Unterschiede ließen sich nicht ausgleichen.

Mulda, Mann 1: [...] der vergleichbare Verdienst in Ost und West, die Renten jetzt. Ich bleib bloß mal bei dem Materiellen, was 'ne große Rolle zu spielt. Man sieht's auch, wenn man verreist, dass die Bürger in den westlichen Bundesländern uns viel weiter voraus sind, was sie ... na ja, wie sie die Welt kennengelernt haben, das fehlt uns. Das wirst du nicht in, in 30 Jahren einholen. [...] es wird immer Neid geben, aber wenn das irgendwie ausgeglichen ist, dann hat man ungefähr gleiche Lebensverhältnisse. Frau 4: Na wenn man zum Beispiel bloß eben eine Sache, die Fahrradwege in den alten Bundesländern und die Fahrradwege bei uns, auch die, die in 30 Jahren geworden sind jetzt. Also das kann man ja vergessen. (Zustimmung von Frau im Hintergrund) [...] Mann 5: [...] Dann gibt's sicherlich Bereiche, wo man sagen würden, nu da haben wir zwischen Ost und West gleiche Lebensverhältnisse, also ich würde sagen, was den Zugang zu Bildung angeht, wenn man die Schulen anguckt. Da ist auch im Osten viel passiert. Da gibt's keine großen Unterschiede gefühlt, vielleicht sogar sind die dann Schulen zum Teil hier in 'nem besseren Zustand, weil sie einfach auch erst in den letzten zehn Jahren saniert worden sind. [...] Frau 4: Und für mich wäre noch diese Ungleichheit gerade in der Rente auch. Also wir wissen ja, wie viele Millionen das betrifft. Und da ist nach 30 Jahren immer noch keine Gleichheit eingezogen. Mann 2: Na ja, sind noch 3 %, die fehlen. Frau 4: Nee, es ist ja auch dieser ganze Maßstab, der da angesetzt wurde. Also, wir haben auch das ganze Leben lang gearbeitet. Mann 5: Ja, aber Rente ist ja, wie viel zahle ich ein, wie viel Rentenpunkte hab ich erreicht. Und so viel, wie ich einzahl', so viel kriege ich wieder raus. Das ist ja nun mal so. [...] Aber das, was in den letzten Jahren gemacht wird zunehmend, diese Bundesbehörden. Das ist ja direkt beeinflussbar, wo man sagt, ja, wie jetzt Braunkohlegebiete, wo man sagt, da siedelt man dort an, das sind gut bezahlte Jobs, die Mieter da im Umkreis mitbringen, wo man sagt, das hätte, hätte, hätte vielleicht eher gemacht werden können, aber es sollte auf jeden Fall ausgebaut werden, weil da ist ja zumindest glaub' ich auch statistisch das Verhältnis immer noch nicht so richtig ... gleichwertig. Mann 2: Na ja, aber das liegt doch dann an den Leuten, die im Bundestag sitzen. Ich will für meinen Kreis was erreichen. [...] Der Rest deutscher Abgeordnete macht das genauso, bloß der ist besser vernetzt. Es gibt ja auch viel mehr westdeutsche Parlamentarier. Mann 5: [...] ich will keine Ost-Quote, aber wenn man einfach beispielsweise festlegt, und das kann man ja, kann man ja beeinflussen in der Politik, wo ich sage, wo entsteht ne neue Bundesbehörde [...] Mann 3: Ja, das muss schon immer bissel passen. Ich finde auch, wenn du so ne riesige Bundesbehörde mitten in der Pampa hast, das ist ja auch immer bissel schwierig. Frau 4: Genau, geht auch nicht. Mann 5: Aber grundsätzlich sollte da eine gewisse gleiche Verteilung sein. Mann 2: Na du brauchst ja auch die Leute. [...]

Mit Quote erreichst du nicht das Beste. [...] Mann 2: Ich hab vielleicht noch 'nen anderes Beispiel, wo es auch mal in die andere Richtung geht, grade was die Kinderbetreuung angeht, Rechtsanspruch auf einen Kindergartenplatz, Rechtsanspruch auf 'nen Hortplatz, was jetzt kommen soll. Das sind natürlich so Sachen, die sind ausm Osten gekommen und hat auch bundesweit jeder das, den Anspruch mittlerweile, dass er sein Kind in die Betreuung geben kann. Das sind ja auch Verbesserungen, wo ich sage, der Rahmen wurde vorgegeben, am Ende macht dann jedes Land noch bissel seinen Einfluss über Betreuungsschlüssel, wie kann ich das umsetzen. Aber da sind ja auch positive Entwicklungen, wo ich mir sage das, das finde ich schon, dass das die Politik auch weiter angehen sollte [...] dass man sagt, es darf keinen Unterschied machen, ob ich in Hamburg, Bremen oder München wohne oder zwischendrin in Nordrhein-Westfalen oder in Sachsen. Auch wenn das nicht von heute auf morgen geht. Das ist keine Frage, aber es sollte zumindest deutschlandweit keinen Unterschied machen. Mann 4: Nee, das finde ich auch super und ich geh auch da mit, nur für mich ist halt die Politik zu weit weg und ich seh' nicht, dass ich dort irgendwas beeinflussen kann. [...] also nicht viel jedenfalls.

In Kamenz wurden andere Ost-West-Unterschiede angesprochen, v. a. die teilweise Nichtanerkennung bestimmter Bildungsabschlüsse. Zudem wurden die ungleichen Löhne in Relation zu den Lebenshaltungskosten oder als ethische Frage der Anerkennung gleicher Arbeitsleistung diskutiert.

Kamenz, Frau 3: Also erstmal Ost- und West-Tarif abschaffen, ja, x Jahre nach der Wende. Mann 5: Wird langsam mal Zeit. [...] Frau 2: Na, du kannst drüben einen Beruf gemacht haben oder bei uns einen, der wird entweder dort oder da nicht anerkannt. Das gibt's auch immer noch, nu, dass du immer noch sagen kannst, ich kann nicht überall mit meiner Ausbildung arbeiten. Das geht einfach nicht, nehmen die mich nicht. Gibt's noch. [...] Mann 3: Was man nicht vergessen darf, weil ja grad der Streit kam nach Angleich der Gehälter. Ich sag mal in München zahlst du für'n Wohnraum das Doppelte als hier und die Lebensmittel sind auch etwas teurer als hier. Und wenn man weggeht ist auch alles etwas teurer als hier. Da muss man aufpassen. Davon leben wir ja schon hier bei uns günstig. Mann 1: Ja, aber es gibt ja ... [...] Frau 2: Ja, man darf aber dabei auch nicht nur die Preise sehen, man muss auch sehen, welche Arbeitsleistung, was leiste ich. Ich leiste in den Berufen überall dasselbe. So geh' ich zumindestens ran. Also kann ich auch überall dasselbe verdienen und da muss es nicht sein, dass in einem Bundesland das verdient wird und 'nem anderen das. Also das kann einfach dann nicht mehr kommen.

Auch in Auerbach wurden eine gleiche Bezahlung und gleiche Renten in einen Zusammenhang mit gleichwertigen Lebensverhältnissen und der Gleichbehandlung als Bürger gebracht, allerdings nicht als erste Assoziation wie in Kamenz. Die Politik müsse gute Rahmenbedingungen für Wirtschaftsansiedlungen schaffen, etwa eine gute Infrastruktur bereitstellen, da in der Vergangenheit viele Betriebe vor Ort abgewickelt worden seien.

Auerbach, Frau 1: Nach 30 Jahren Wende haben wir noch nicht die gleiche Rente, von Ost und West. Frau 4: Ja, wir benötigen genau dasselbe. Wo wir sagen, wir hängen ja immer noch irgendwo im, im Tief drinne. Frau 1: Das ist eigentlich von der Politik her, müsste das jetzt endlich mal nach so vielen Jahren geschafft sein. Ja. Frau 4: Ich meine, 30 Jahre und wir sind Bürger zweiter Klasse. Was soll das? Frau 2: […] hat, glaube ich, gesagt, sie kriegt jetzt nach über 20 Jahren endlich mal einen Tarif-, Tariflohn, ne, ähm Tariflohn bezahlt. (Getuschel) Frau 2: Und ich glaube, jetzt hat sie es geschafft. Frau 1: Aber bei der Rente sind wir noch weit entfernt, also das ist […] genau so eine Sache. Frau 4: […] Das ist eine Aufgabe der Politik. Eindeutig … Und da hapert es schon, wo wir sagen, es ist nicht gut, äh, als 60-%-Bürger hier behandelt zu werden in dem Staat, seit 30 Jahren. Und das sind wir. […] Frau 1: Na und Aufgabe der Wirtschaft ist eigentlich auch wieder, gute Betriebe hierherzubringen, dass wir, dass eben wieder Arbeit ist. Denn wir hatten hier viele Betriebe, die einfach abgewickelt wurden und jetzt in der Zwischenzeit abgerissen sind. Das ist eigentlich auch eine Aufgabe, dass da wieder entsprechend auch von der Wirtschaft hier Betriebe hierherkommen und sich ansiedeln können. Frau 2: Aber das funktioniert nur, wenn man eine gute Verkehrsanbindung hat. […]

In Doberlug-Kirchhain wurden die umfassenden Maßnahmen für Ostdeutschland erwähnt und als Grund für (vermuteten) Unmut in Westdeutschland dargestellt. Zugleich erwähnte ein Teilnehmer unwidersprochen die schwächere Wirtschaftskraft in Ostdeutschland und stellte infrage, ob gleichwertige Lebensbedingungen in Anbetracht unterschiedlicher historisch gewachsener Regionen tatsächlich möglich sind. Hier wiederholte sich also ein Gedanke, der in vielen Gruppendiskussionen zum Thema Ausgleich räumlicher Unterschiede geäußert wurde.

Doberlug-Kirchhain, Mann 2: Na ja, sagen wir mal so, wenn man es richtig betrachtet, sind ja die Wessis (lacht leise), wenn man diesen Ausdruck überhaupt noch mit nennen darf, schon böse auf uns, weil hier, in der ehemaligen DDR, so viel Geld reingeflossen ist, Autobahnen gebaut, das, das, das und das, äh, dass die … da hinten hinter Bayern und hinter Baden-Württemberg, wo ich nächste Woche hinfahre, Hauptsache werde ich da nicht gesteinigt. Weil die kriegen doch (lacht leise), die fühlen sich vernachlässigt. […] Mann 1: Finde ich, ist eh alles ein bisschen relativ […] weil das, äh, gibt ja historisch gewachsene Regionen, die halt eben dadurch sowieso einen ganz anderen Entwicklungsstand haben. Also das muss man wahrscheinlich auch relativ weit gefächert sehen, äh, diese Maßgabe dort im Grundgesetz. […] aber, äh, die Unterschiede von hier zu so sehr alten, gewachsenen Strukturen in den alten Bundesländern, finde ich aber andererseits natürlich schon erheblich. Weil, wenn nicht dort übers Land fahre, auch abseits von größeren Städten, durch ein Dorf, hast du riesige

Werkhallen vor jeder, vor jedem … Vor jeder Kleinstadt wie Doberlug hätte an vier Seiten Gewerbegebiete mit großen Hallen und Fabriken, was eben hier in den Regionen überhaupt nicht der Fall ist. Und dadurch hast du natürlich, äh, ist es schwierig, mit, äh, Gleichwertigkeit reinzubringen. Mann 2: (fällt ins Wort) Außer in Sachsen. Mann 1: So viel ist da auch nicht.

In Cottbus verwiesen Teilnehmer als Reaktion auf Aussagen zur Ungleichbehandlung Ostdeutscher – erwähnt wurden unterschiedliche Löhne und Renten und ein herabsetzendes Reden über den Osten – auf insgesamt gute Lebensbedingungen und soziale Unterschiede innerhalb der Region, die es in ähnlicher Weise auch in anderen Regionen gebe. Hieraus ergab sich eine Anschlussfähigkeit an gesamtdeutsche Diskurse zum Ausgleich räumlicher und sozialer Unterschiede.

Cottbus, Mann 4: Ich finde, ich bin nun schon in einem fortgeschrittenen Alter und ich finde es immer noch eine Schande, dass 30 Jahre nach der deutschen Einheit noch so Unterschiede gibt. Gleicher Lohn für gleiche Arbeit ist ein Fremdwort. Frau 2: Noch immer noch dieses Ost-West-Ding. Mann 4: Ja! Wenn ich höre, dass die Mechaniker bei VW in Zwickau die gleiche Arbeit machen, wie in den alten Bundesländern, aber tausend Euro weniger kriegen. Das kann doch wohl nicht sein. Man hat es ja nun endlich geschafft, bis 2024 die Renten anzugleichen. Frau 2: Und den Soli haben sie abgeschafft. Mann 4: Und den Soli haben sie abgeschafft. […] Ich habe einige Jahre in den alten Bundesländern gearbeitet, da hat man mich gefragt, wo kommst du her? Aus Dunkeldeutschland? Das war ne Redeweise nach 2000. Zehn Jahre nach der Wende. Ich habe dann geantwortet, warst du schon mal in den neuen Bundesländern? Nein. Ich sage, wo hast du denn dein Wissen her? Aus der Bild-Zeitung? Da war dann Ruhe. Und jetzt sind wir schon wieder 20 Jahre weiter und viel hat sich noch nicht geändert. Die Renten sind zwar leicht gestiegen, ich profitiere auch davon, aber gleiche Lebensverhältnisse kann man noch nicht sagen. Frau 1: Ich weiß nicht, uns geht es ja nicht schlecht hier. Mann 4: Ja, das ist ja die eine Frage. Aber was die Löhne betrifft und die gleiche Arbeit, da gibt's noch erhebliche Unterschiede. Frau 1: Na ja, da kann ich nicht mehr mitreden, das weiß ich nicht mehr. […] Frau 2: Also ich finde immer so ganz allgemein, dass uns Deutschen geht's eigentlich gut, uns geht's sehr gut. Wir sehen bloß immer sehr, sehr häufig Dinge, die jemand anderes mehr hat und vergleichen uns damit. Und uns geht's gut. Frau 1: Wir jammern auf hohem Niveau. Frau 2: Ja, genau. Wir jammern, also generell so deutschlandweit das Problem […] es muss keiner hungern. Es muss auch keiner, äh, unter der Brücke schlafen. Frau 1: Wer Arbeit hat, wer einen Job hat, dem geht's schon recht gut. Frau 2: Genau. […] Aber es gibt es auch viele, die arbeiten gehen und eben nicht so gutes Geld verdienen. Ja, die eben wirklich … Und, und da finde ich es immer die Schneise. Es gibt, es gibt halt die Jobs, wo du gut verdienst, wo du auch gut leben kannst. Und dann gibt es ganz, ganz viele Jobs, im Bereich Dienstleistungen und Pflege, und Pflege gibt es hier ganz viele, ähm, die wirklich sehr, sehr gering verdienen, die zwischen 1200 und 1500 Euro nach Hause gehen und dafür gehen die Wochenende arbeiten im Schichtdienst und was weiß ich nicht alles. […] Das sind Welten, auch vom Geld, die dazwischen sind, und alle, die irgendwo der Stadt angehaucht sind, auch die Deutsche Bahn, alle, die aus dem Tagebau kommen. Die verdienen alle gutes Geld. Und da ist locker mal

1500 netto Unterschied. Na und gibt's eben viele, die aus dieser Niedrig[lohn]-Dienstleistungsbranche kommen, die natürlich auch gerne irgendwo dahin wollen. [...] Aber ich glaube, das ist allgemein, nicht nur hier bei uns, ist so ein gesellschaftliches Problem.

In Westdeutschland spielten die Lebensbedingungen in Ostdeutschland, wie erwähnt, bei der Diskussion über die Bedeutung gleichwertiger Lebensverhältnisse eine marginale Rolle. In Kassel wurde nur unwidersprochen festgestellt, dass die infrastrukturellen und wirtschaftlichen Voraussetzungen in den östlichen (Grenz-) Gebieten sicherlich andere seien als in westdeutschen Regionen. In Hirschhorn wurde kritisiert, dass „viel Geld in den Osten geschossen" worden sei und andere (westliche) Gebiete dadurch abgehängt wurden bzw. benachteiligt worden seien.

Zeigten sich also gewisse Unterschiede in den Akzentsetzungen und Argumenten der Gruppen je nach Größe und Lage der Kommunen, in denen die Gruppendiskussionen stattfanden, so gab es doch auch wieder eine bemerkenswerte Ähnlichkeit: Selbst in Bezug auf die Aspekte, bei denen jeweils ein Auftrag des Staates für die Gewährleistung gleichwertiger Lebensverhältnisse angenommen und befürwortet wurde, vertraten die Gruppen insgesamt jeweils keine Maximalpositionen. Vielmehr wurden oft strukturelle Grenzen von Ausgleichsmaßnahmen sowie der Bedarf der Prioritätensetzung und der Berücksichtigung von Kosten angesprochen und diskutiert. Mehrfach wurde eine Verbindung staatlichen Handelns zum Handeln der Bürger und ihren Entscheidungen hergestellt. Politik solle Ungleichgewichte, die ohne ihr Zutun bestehen, auszugleichen helfen, Bürger könnten aus politischen Angeboten zur Erreichung gleichwertiger Lebensverhältnisse wählen, und überdies könnten sie über den eigenen Wohn- und Aufenthaltsort und damit ihre Lebensverhältnisse selbst entscheiden.

In jeder dritten Gesprächsrunde (Bevensen-Ebstorf, Hannover, Limburg, Mulda, Potsdam, Reichenbach, Temnitz, Zeven) trafen einzelne oder mehrere Personen gänzlich skeptische Aussagen zur Realisierbarkeit und Wünschbarkeit von Maßnahmen für gleichwertige Lebensverhältnisse, denen von anderen meist nicht widersprochen wurde. Diese Skepsis wurde in 4 kleineren Kommunen, 2 der 5 Mittelstädte und 2 der 7 Großstädte geäußert. Es gab auch keinen Unterschied nach Lage in Ost- und Westdeutschland. Die ausgleichsskeptischen Aussagen reichten von: Gleichwertigkeit sei als Ideal wichtig, aber die Umsetzung eine schwere Aufgabe und „man kann es nicht allen recht machen" (Reichenbach) oder Gleichwertigkeit ist wichtig als Ideal, die Umsetzung wurde aber – bedauerlicherweise – bisher nicht erreicht (Hannover), über „Verhältnismäßigkeit" zählt (Bevensen-Ebstorf), „können nicht alles gleichmachen" (Temnitz), Gleichwertigkeit „kann es nicht geben" (Limburg, Zeven), „wird es nicht geben" (Mulda), bis hin zu „fernab der Realität" oder „wie in der DDR" (Potsdam).

Potsdam, Mann 3: Letztendlich wäre es natürlich schön, wenn alle gleichwertiges Leben, äh, Leben hätten. Wenn jeder das, was einem wichtig ist, dass das auch erfüllt wird, aber (lacht) ist ja nun mal fernab der Realität. Frau 3: Gut, dass es geachtet wird, nicht als Selbstverständlichkeit hingenommen wird, ne. Geschätzt, geachtet. Mann 2: Ich glaube ja, es geht um Akzeptanz. Ähm, also auch, auch damit leben zu können, wenn es Menschen gibt, denen es halt einfach besser oder schlechter geht. Also dieses, ich vergleiche mich mit anderen, akzeptiere es aber, dass es Menschen gibt, denen es finanziell einfach besser geht als mir. Also ohne, ohne es zu werten. Frau 3: Genau, ja. Das ist halt einfach so, ne, ja. Da wären wir ein ganzes Stück weiter auf dieser Welt … (lacht) Wenn wir ohne Wertung leben könnten.

Zu berücksichtigen ist, dass die Skeptiker bei solchen Aussagen gleichwertige Lebensverhältnisse zumindest teilweise – wie in Hannover – mit Gleichheit assoziierten und – wie in Potsdam – mit individuellen bzw. sozialen (und nicht räumlichen) Verhältnissen.

Hannover, Frau 1: [Gleichwertige Lebensverhältnisse bedeutet] Eigentlich, ne, dass jeder Stadtteil oder jedes Dorf, jede Stadt dieselben Möglichkeiten hat. (leise Zustimmung von Frau 2 im Hintergrund) Dass es keinen Ort gibt, wo man sagt, da kann ich nicht leben oder da möchte ich nicht leben aus bestimmten Gründen. [...] Mann 3: Also ich sage, ganz knallhart, das gibt es nicht, ne. Das ist eine Präambel, die nie erfüllt wurde bis jetzt in meinem Leben. [...] Also, da müssen wir nicht nur über Migration zu reden oder so Sachen, sondern so es stimmt nicht. Die gleichen Chancen haben wir nicht.[6] (leise Zustimmung von Frau 3 im Hintergrund) [...] Gleichheit gibt es nicht. Ja, ne. Es gibt immer Bessergestellte in der Gesellschaft und da hat sich politisch kaum was verändert.

In Limburg wurde angezweifelt, dass es „das absolut Gleichwertige" – hier primär assoziiert mit materieller Gleichheit – nicht geben kann, weil das auch in anderen Staatsformen nicht funktioniert habe.

Limburg, Mann 2: [...] Also ich weiß nicht, also alle gleich, das wird es so nicht geben. Also ich sage mal, das hat ja auch in verschiedenen Staatsformen auch nicht funktioniert. Ähm, entsprechend, äh, hat es da ja im Prinzip schon [...] gegeben. (Teilnehmende hustet im Hintergrund) Ist ja auch so der Grundgedanke, alle sind gleich und alles ist Arbeitervolk und werden dann regiert von irgendwem. Aber auch da gab es ja dann Unstimmigkeiten et cetera pp und gab es auch welche, die dann doch ein bisschen besser gestellt waren, wieder weniger gut gestellt waren. Also ich glaube, das gibt es gar nicht, gleichgestellt, absolut gleichwertig. Wäre auch, glaube ich, ein bisschen langweilig, wenn alle, was die Gesellschaft betrifft, alle gleich und alle gleichen Level hätten, so. Ich glaube, das macht es ja auch aus.

---

[6] Der Sprecher bezog sich hier konkret auf Bildungschancen.

In mehreren Gruppendiskussionen wurde von Teilnehmern hinterfragt, ob ein Ausgleich aller sozialen Unterschiede möglich und inwieweit er sinnvoll ist. So wurde in Luckau auf soziale Ungleichheit hingewiesen und Kritik an Kündigungen von Wohnraum durch Investoren in Großstädten geübt, aber zugleich erwähnt, dass die Politik finanzielle Hilfen ausschütte. Zudem wurde darauf hingewiesen, dass man bei der Verteilung von individuellen Leistungen wirklich „die Leute alle gleichwertig behandeln" und prüfen müsse, ob alle Menschen wirklich darauf angewiesen sind und es nicht zu Übervorteilungen bestimmter Gruppen kommt. Überdies wurden Verteilungskonflikte zwischen Gruppen (und also nicht Orten) angesprochen, v. a. im Zusammenhang mit Zuwanderung.[7]

Luckau, Mann 2: Wenn ich das in der Gegenwart sehe, gut, jetzt macht die Politik viel mit Finanzen, Finanzzuschüssen, die auch Rentner kriegen sollen. Und da habe ich dann so ein bisschen meine Zweifel, ob es alle, ob die Leute alle gleichwertig behandelt werden. Ob die Leute alle gleichwertig behandelt werden. Zum Beispiel [...] Mann 1: Richtig. Mann 2: [...] Studenten haben ja auch bestimmte Schwierigkeiten. Rentner haben bestimmte Schwierigkeiten. Jetzt sind wir erst dabei, diese Sachen zu erarbeiten. Frau 1: Aber [...] wenn sie allen gleich, allen alle gleich machen, dann geht dit ja nicht. Mann 2: Aber die müssen aufpassen, dass keiner benachteiligt wird. [...] Frau 2: Ich meine, bei uns gibt es bezahlbares Wohnen, oder nicht. Frau 1: Aber wie Berlin, wo Sie sagen, hier die Mieter raus. Ich habe gestern einen Beitrag gesehen – in München, die haben Angst, die haben in so einem tollen Viertel auch so eine Art Blockwohnung, wohnen dort und hat jetzt ein Investor gekauft. Die, die Kommune oder die Stadt hat kein Vorkaufsrecht mehr. Hat ein Investor gekauft und die haben Angst, dass sie jetzt gekündigt werden. Und dann wird das umgewandelt in Eigentumswohnungen. Die werden noch mal ausgebaut und dann können sie die [...] kaufen. Das ist doch der Wahnsinn. Man schmeißt vor dem Gesetz die auf die Straße. Mann 2: Oder die erhöhen die Miete einfach. [...] Mann 2: Das Problem, was die Kommunen jetzt kriegen, das ist der hohe Anteil an Ukrainern und Zuwanderern. Frau 1: Na diese Zuwanderer überhaupt. Mann 2: Die Zuwanderer überhaupt. Das wird, das wird jetzt so ein bisschen katastrophal [...]. Frau 1: Na, weil alle Pforten zu sind. Mann 2: Weil, weil jetzt kann ja Streit entstehen zwischen den unseren Einwohnern und diesem Anteil an Zugezogenen, [...] das ist dann schon bei Wohnungen und bei allen anderen Sachen so. Die Sozialleistungen zum Beispiel, die kriegen ja, die kriegen ja sofort ihre Sozialleistungen [...]. Und da gibt es also, ich sage es mal ganz ehrlich, unter der Bevölkerung irgendwo schon Diskussion. Frau 1: Das gibt es schon eine ganze Weile. Mann 2: Eine ganze. Ja, die gibt es jetzt durch die Ukraine. Aber jetzt, jetzt, jetzt haben wir schon fast eine Million drin, oder wie? Ich will jetzt nicht irgendwas Falsches sagen, aber die müssen alle untergebracht werden. Jetzt werden schon wieder Turnhallen eingerichtet. Und weiß ich was.

---

[7] Siehe eine ähnliche Aussage oben in Limburg.

In Eberswalde wurden zwar soziale Unwuchten kritisiert, aber auch darauf hingewiesen, dass es den Menschen in Deutschland insgesamt doch recht gut gehe. Gewünscht wurde eher mehr Mitsprache bei politischen Verteilungsentscheidungen.

Eberswalde, Frau 4: Wir meckern auf hohem Niveau bei uns, definitiv. [...] Mann 2: [...] es wäre natürlich noch ein toller, wenn es nicht nur die Grundsicherung geben würde, die dann die Gesundheit, ähm, einschließt, sondern, dass auch jeder Mensch Zugang hat zu einer Sporteinrichtung und zum öffentlichen Nahverkehr und zu Kulturangeboten und zu einem vernünftigen, ähm, Wohnen im Alter und welche Punkte das auch alles sind. [...] Mann 3: Die Verteilung der Staatseinnahmen, da bin ich auch der Meinung, das kann man besser machen, so in vielen Punkten. [...] die werden, aus meiner Sicht, nicht in jedem Fall durch die Politiker auch so verteilt, dass jeder was abkriegt. [...] Frau 3: Wäre schön, wenn wir ein Mitspracherecht hätten bei den Ausgaben der Steuern. [...] Mann 3: Trotzdem ist der soziale Frieden in Deutschland nicht gefährdet. Uns geht's allen noch so gut, dass keiner auf die Straße geht.

Hervorzuheben ist, dass unter den Kommunen, in denen sich Teilnehmer skeptisch hinsichtlich der Realisierbarkeit gleichwertiger Lebensverhältnisse äußerten, auch solche waren, in denen bestimmte Versorgungsaspekte vor Ort kritisiert wurden – in kleineren Orten beispielsweise oft der ÖPNV. Personen, die skeptisch waren, ob sich gleichwertige Lebensverhältnisse (zu angemessenen Kosten) schaffen lassen, argumentierten, dass man sich das Wohnumfeld nach eigenen Bedarfen und Interessen immer wieder selbst aussuchen kann.

Bevensen-Ebstorf: Mann 3: Ja, da muss man, also natürlich möchte man gerne, ähm, überall alles haben. Aber da muss man schon genau das Ganze differenziert betrachten. [...] Und dass man überall die gleichen Lebensbedingungen hat, das ist weder sinnvoll noch möglich. [...] Ja, und da ist auch schon jeder Bürger selber gefragt, [...] sein Wohnumfeld zu suchen und nicht zu erwarten, dass man alles vor die Haustür getragen bekommt, weil, wie gesagt, das funktioniert einfach nicht. Das ist eine Wunschvorstellung. Natürlich ist es gut, wenn man es angeglichen kriegt und sich jemand darum kümmert und ein Auge drauf hat. Ja, aber es muss natürlich auch alles realistisch sein. Frau 2: Ja, man hat sich ja auch bewusst für diesen, für diese Wohnraum Land irgendwo entschieden. Ich meine, gut Kinder nun natürlich nicht und die müssen dann irgendwann sehen, dass sie ihr Umfeld finden, dass sie haben wollen. Und uns reicht das hier halt. Oder wir sind damit zufrieden oder finden das toll, bestenfalls. [...] Mann 3: Und die Möglichkeiten hat ja jeder.

Wie erwähnt, tauchte auch das Motiv der Eigenverantwortlichkeit der Bürger auf, die ihren Wohnort selbstbestimmt wählen und damit „natürlichen" Unterschieden der Lebensverhältnisse ausweichen könnten.

Reichenbach, Frau 4: Ich finde, grundsätzlich ist gar kein gleichwertiges Leben möglich, weil jeder sucht sich ja aus, ob ich jetzt in einer Großstadt oder auf dem Land
leben will. Und wenn ich mich jetzt für die Umwelt, also für zum Beispiel eine gute
Umwelt entscheide, dann kann ich eben nicht erwarten, dass da alle drei Minuten ein
Zug kommt, der mich überall mit hinnimmt, weil sonst ist ja die Umwelt auch irgendwann weg.

Zusammengenommen lässt sich aus unserem empirischen Material schließen,
dass räumliche Konflikte zwischen Menschen in Großstädten und kleineren Kommunen besonders in Ostdeutschland angesichts ihrer leicht unterschiedlichen Vorstellungen von gleichwertigen Lebensverhältnisse möglich sind. Eine Abwägung
von Realisierbarkeit, Kosten-Nutzen-Relation und Maßstab von Ausgleichsmaßnahmen, wie wir sie bei den Teilnehmern unserer Gruppendiskussionen beobachteten, kann dieses Konfliktpotenzial aber abpuffern.

Sichtweisen auf die Politik für gleichwertige Lebensverhältnisse

8

In den ersten Abschnitten der Gruppendiskussion erwähnten die Teilnehmer von sich aus selten die Bundes-, Landes-, Europa- oder Kommunalpolitik, bestimmte Gesetze oder Akteure. Gelegentlich wurde Kritik geäußert, aber nicht systematisch und nicht in breitem Umfang. Im vorletzten Teil der Gruppendiskussionen interessierte uns der Blick der Teilnehmer auf die Politik genauer. „Finden Sie, die Politik tut genug dafür, dass die Menschen überall in etwa ähnlich gut leben können? Oder was sollte sie anders machen, z. B. auch hier vor Ort?", fragten wir dafür. Und der Staat brauche ja Geld, um diese Dinge zu finanzieren. Eine Möglichkeit, dieses Geld zu beschaffen wäre, an anderer Stelle zu sparen. Wo nach Meinung der Teilnehmer gespart werden könnte, fügten wir direkt an. In diesem Kapitel analysieren wir, wie die lokalen Gruppen dazu diskutierten. Die Reihenfolge der Darstellung orientiert sich daran, worüber die Runden am intensivsten sprachen. Das waren Erwartungen an die Politik, gefolgt von Überlegungen zur Finanzierung und Bewertungen der Politik. Die Befunde ergänzen wir jeweils um Auswertungen der schriftlichen Befragung. Ferner analysieren wir die Aussagen zur Rolle der Bürger für die Gewährleistung gleichwertiger Lebensverhältnisse, die räumlich variierten.

8.1 Politikwünsche: spontane Ideen mit räumlichem Muster

In Bezug auf die Erwartungen an die Politik bestand eine starke Diskrepanz zwischen den spontanen Äußerungen der Teilnehmer in den Gruppendiskussionen sowie ihrer anschließenden Auswahl und Gewichtung von Themen aus einem vorgegebenen Katalog. In den offenen Gruppendiskussionen zeigten sich viel stärker räumliche Unterschiede als in der strukturierten anonymen Abfrage. Die Dis-

© Der/die Autor(en) 2025
A. Lorenz, L. Pischeschan, *Gleichwertige Lebensverhältnisse in Deutschland?*,
https://doi.org/10.1007/978-3-658-46602-2_8

krepanz könnte bedeuten, dass die Teilnehmer beim spontanen Sprechen jeweils stark von ihren typischen lokalen Diskursen und Alltagsthemen geleitet waren, sich aber zugleich bereit dazu zeigten, eine überlokale Sichtweise einzunehmen, wenn konkrete räumliche Ausgleichsmaßnahmen, wie sie der Fragebogen benannte, zur Bewertung stehen, und wenn sie nicht gezwungen waren, sich auf eine kleine Zahl thematischer Schwerpunkte der Politik zu konzentrieren, wie dies in einer Aufgabe der Gruppendiskussion der Fall war. Ob diese Deutung zutrifft und wie die überlokale Sichtweise entsteht, lässt sich aus dem empirischen Material allerdings nicht erschließen.

In 21 und damit fast allen lokalen Gruppendiskussionen[1] wurden Wünsche („wäre schön") oder Erwartungen („soll") an die Politik formuliert. Die entsprechenden Aussagen haben wir induktiv im Material identifiziert und thematisch geclustert. Wenn kritische Positionen zur Politik sehr konkret waren, leiteten wir aus diesen ab, wie sie funktionieren müsste, damit die Kritik ausgeräumt wird. Folgende Themencluster ergaben sich – in Klammern ist die Zahl der Kommunen angegeben, in denen der jeweilige Aspekt angesprochen wurde:

- bessere Prozesse und Praktiken in der Politik und eine höhere Professionalität von Politikern (9*),
- Mehr Investitionen in Bildung und soziale Infrastruktur (8),
- Räumliche Schwerpunkte der Politik anders setzen (6*),
- Soziale Ungleichheit verringern bzw. sozialen Gruppen besser gerecht werden (6),
- Mittel angemessener verteilen und Verteilungstransparenz erhöhen (5*).

Teilweise floss die Diskussion dieser Themen ineinander, sodass es keine trennscharfen Einzelnennungen gab. Die Ausschnitte aus den Gruppendiskussionen unten belegen dies.

Neben dem Ineinanderfließen von Wünschen fällt auf, dass die Teilnehmer, gefragt nach ihren Erwartungen an die Politik, im Unterschied zu vorangegangenen Gesprächsabschnitten nicht einfach bestimmte klassische Politikfelder als wichtig benannten, um gleichwertige Lebensverhältnisse zu schaffen, beispielsweise Infrastrukturpolitik. Vielmehr waren ihre Wünsche an die Politik allgemeiner und grundsätzlicher formuliert, z. B. wenn gesagt wurde, dass sich räumliche Schwerpunkte der Politik ändern und die Suche nach Lösungswegen und Praktiken der Politik verbessern müssen. Das hing unter Umständen damit zusammen, dass die

---

[1] Ausnahmen waren Limburg, Mulda und Stadtallendorf.

Diskussion konkreter Politikfelder als zu kleinteilig empfunden wurde, sodass sie den Rahmen eines solchen Gesprächs gesprengt hätte.[2]

Gerade weil in den immerhin 24 lokalen Gruppendiskussionen gar nicht so viele verschiedene Anliegen an die Politik formuliert wurden, ist es umso bemerkenswerter, dass 3 der 5 genannten Punkte deutlich stärker in Kommunen einer bestimmten Größe oder geografischen Lage angesprochen wurden. Die meisten kamen in mehr kleineren Kommunen und/oder Kommunen in Ostdeutschland zur Sprache – in der obigen Auflistung sind sie mit Sternchen markiert. Das Thema Bildungsinvestitionen wurde hingegen primär in westdeutschen Mittel- und Großstädten als wichtiges Anliegen formuliert.

Gemessen an der enormen Spannbreite an Themen, die unter dem Stichwort gleichwertige Lebensverhältnisse politisch verhandelt werden (Abschn. 2.1 und 2.2), formulierten die Teilnehmer unserer Gruppendiskussionen beim spontanen Sprechen über Erwartungen an die Politik also insgesamt ein eher schmales Set an Anliegen. Zudem wurde keines der Themen jeweils in mehr als einem Drittel der Gesprächsrunden angesprochen. Das verdeutlicht eine gewisse Uneindeutigkeit gesellschaftlicher Wünsche an die Politik in Bezug auf gleichwertige Lebensverhältnisse. Auch in den Diskussionsrunden selbst wurde eine gewisse individuelle Unsicherheit kommuniziert, ob man den Punkt richtig trifft, den man sagen möchte; Personen unterstrichen mit Formulierungen wie „ich glaube", dass sie zum thematisierten Aspekt keine völlig fest gefügte Position vertraten. Insofern sind die angesprochenen Themen als solche relevanter für die Politik, die responsiv auf Sichtweisen in der Bevölkerung eingehen will, als die inhaltlichen Detailaussagen, die eher den Prozess des Nachdenkens abbildeten.

In der schriftlichen Befragung nach der Gruppendiskussion rangierten hingegen überall zwei Anliegen vorn: die medizinische Versorgung sowie eine gleiche Grundversorgung in Stadt und Land. Im Kontrast zu den räumlichen Hochburgen bei den meisten spontan genannten Wünschen priorisierten die Teilnehmer in der schriftlichen Befragung *unabhängig* von der Siedlungsgröße und geografischen Lage ihrer Kommune die dort in einer Liste vorgegebenen Themen relativ ähnlich; dies schloss Varianz bei einzelnen Themen nicht aus (siehe unten).

Konkret wurden zunächst in mehr als jeder dritten Gruppendiskussion (9) **bessere Prozesse und Praktiken in der Politik und eine höhere Professionalität von Politikern** gewünscht (Bevensen-Ebstorf, Chemnitz, Cottbus, Eberswalde,

---

[2] Beispielsweise sagte eine Teilnehmerin in Potsdam: „Das wird jetzt ja wieder so kleinteilig. Oder, das ist ja dann wieder so, keine Ahnung, könnten ja jetzt besseres Verkehrskonzept machen, könnten besseren Schulentwicklungsplan aufstellen oder sowas, ne. Das ist ja wieder ganz andere …".

Kamenz, Leipzig, Potsdam, Reichenbach, Zeven). Darunter waren 7 Kommunen in Ostdeutschland, einschließlich aller 3 Großstädte, und nur 2 in Westdeutschland. Schlüsselt man diesen Themenkomplex etwas genauer auf, so wurden bessere Politikprozesse in 6 Kommunen gewünscht (Bevensen-Ebstorf, Chemnitz, Cottbus, Eberswalde, Leipzig, Potsdam). Der Wunsch kam fast ausschließlich in ostdeutschen Kommunen vor sowie mehr in Großstädten (3) als in Mittelstädten (2) und kleineren Kommunen (1). Die jeweiligen Gruppendiskussionen waren eigentlich von einer allgemeinen Zufriedenheit mit den Lebensverhältnissen vor Ort gekennzeichnet und Personen argumentierten jeweils für eine differenzierte Sichtweise auf Möglichkeiten politischen Handelns. In allen 6 Runden sprachen eher wenige Personen über diesen Aspekt und die anderen widersprachen nicht.

In 3 Gruppendiskussionen wünschten sich Teilnehmer kürzere und übersichtlichere politische Entscheidungsprozesse, ohne dass sie den konkreten Weg dorthin spezifizierten. Da die Schwierigkeiten einer Einigung auch mit der Heterogenität von gesellschaftlichen Interessen in Zusammenhang gebracht wurden, richtete sich der Wunsch auch nicht allein an die Politik selbst. In Chemnitz wurde gewünscht, die vielen unterschiedlichen Interessengruppen besser für die Erarbeitung von Lösungen, beispielsweise für den Klimawandel, zusammenzubringen, und dass Politiker trotz Gegenwinds aus der Bevölkerung die Wahrheit über den Bedarf bestimmter Maßnahmen offen sagen sollten. Auch in Eberswalde diskutierten Teilnehmer darüber, dass es in politischen Entscheidungsprozessen schwer sei, Mehrheiten zu finden, und dies Problemlösungen behindere. Ganz ähnlich sprachen Teilnehmer in Cottbus über lange und mühselige Wege von Politikentscheidungen.

Chemnitz, Mann 2: Ich habe auch das Gefühl, dass Politik gerade relativ gehemmt ist, sag ich mal. Mir fehlen gerade so ein bisschen die richtigen Worte, weil die Gesellschaft innerlich so zersplittert ist. Ich will nicht sagen gespalten, sondern gesplittert, weil es so viele Interessengruppen gibt und es schwer ist zu verhandeln: Wie kann man jetzt einen gemeinsamen Weg finden? Also zum Beispiel Klimakrise. Also, wo dann irgendwie sich so zwei Blöcke gegenüberstehen und man irgendwie eigentlich die gar nicht zusammenbringen kann, weil wir sind halt auch irgendwie, also, ich bin total dafür, dass wir was verändern müssen. […] Aber es ist irgendwie schwer dazwischen diesen, also das ist jetzt ein Beispiel, zwischen diesen Gruppen zu vermitteln. Also vor allem ökologischer Wandel und Wohlstand erhalten. Und da reiben sich, glaube ich irgendwie so Energien auf. Das ist so meine Wahrnehmung. Mann 3: Vielleicht hat das was mit Werten zu tun. Wenn wir eine wertegeleitete Politik oder eine wertegeleitete Gesellschaft mehr hätten, die das hätte. Zum Beispiel Eigenwert der Wahrheit. […] Wenn Wahrheit ein Wert im Regierungshandeln ist, dann müsste ganz klar sein, dass der bayerische Ministerpräsident und auch der sächsische sagt: Der Wintersport in der Form, wie er bisher gewesen ist, ist völliger Unsinn. Weil wir machen unsere Landschaft kaputt und zerstören die Berge. Wir verbrauchen Ressourcen ohne Ende. Bloß damit Leute eine Woche lang auf einer bescheidenen Skipiste rumgammeln können. [...] Ich hatte immer den Eindruck, die Wahrheit ist spielt keine Rolle mehr, weil auch die Politiker sich nicht mehr trauen, ihrem Volk unliebsame Wahrheiten zu sagen, was nicht mehr geht.

In anderen Diskussionsrunden ging es aus unterschiedlicher Perspektive stärker um die wahrgenommene Kurzfristigkeit und mangelnde Effizienz von politischen Entscheidungsprozessen. Im Gegensatz zu den eben geschilderten Wünschen nach schnelleren Prozessen votierten in Potsdam Teilnehmer indirekt dafür, dass Politik weniger kurzfristig und oberflächlich abläuft. Politiker wollten oft schnelle Lösungen präsentieren und die Entscheidungen seien daher oft zu wenig substanziiert und strategisch. Dabei bezogen sie sich auf die Bundes-, Landes- und Kommunalpolitik. Darüber hinaus bedürfe es einer klareren und transparenten Kommunikation von konkreten Konzepten.

Potsdam, Mann 1: (fällt ins Wort) Das fängt doch, das fängt doch schon an, wenn man in Potsdam raus oder rein will. Bei zwei Eingängen in Potsdam. Im Berufsverkehr, das können Sie wissen, dass Sie die ganze Zeit im Stau stehen. Frau 1: Also für mich wäre ganz toll, wenn Politik mal klar kommuniziert, das ist unser Konzept, da haben wir überhaupt ein Konzept. (Frau 3 lacht) Mann 1: Wenn sie eins haben. Frau 1: Das ist unsere Vision für Potsdam. Das fände ich mal toll. Ich weiß nicht, ich habe immer den Eindruck, das ist ein Flickenteppich. Hier ein bisschen, hier ein bisschen, hier ein bisschen. Wer gerade schreit, der kriegt mal, ne. Ich hätte gerne eine Vision. Dass man sich hinstellt, sagt, und nicht so, wir wollen Potsdam kinderfreundlicher, familienfreundlicher machen. Was heißt das für die Politiker? Was wollen sie machen? Das, das, das, das und das. [...] Das fehlt mir auf Landesebene und das fehlt mir ganz oben. [...] Mann 4: Na, wir erleben es doch gerade. Was die Politik macht, unsere Regierung ganz oben und auch die in Potsdam oder im Land Brandenburg, ist Oberflächenpolitik. Es wird nur schnell, da ist ein [Loch], tut sich auf, oh, da müssen wir jetzt schnell was machen. Ich fahre schnell nach Kanada und hole von da ein bisschen, äh, Flüssiggas und so weiter. Und das kommt aber erst in fünf Jahren. Nützt uns in diesem Winter überhaupt nichts. Aber ich mache, ich mache viel. [...] Mann 2: Im Endeffekt ist es halt einfach auch ein Machtkampf. [...] Wo sind die Ressourcen, die man hat? So und dann geht es darum, wer hat den besten Preis? [...] Also es liegt an der Trans-, an der Transparenz. [...] Also, ich hätte dort, ich hätte gerne einfach dort Menschen, die ihren Job gern machen. (allgemeine Zustimmung) Die nicht ihren Job machen, weil sie ihren Job machen, sondern weil sie ihn gern und mit Herz [machen]. (Zustimmung von Frau 3) [...] Frau 2: Ähm, nein, ich finde auch, dass die Politiker auch vielleicht sonst gucken, ähm, was sie gerne erreichen wollen. Angenommen, wenn wir jetzt sagen, wir wollen gerne, dass, äh, die Umwelt noch besser wird und dass sie vor allem geschützt wird, dann wird es dafür auch Geld geben, um das finanzieren. Und wenn man das Ziel hat, man möchte gerne mehr grüne Wiesen haben oder ähm, die Parks so groß belassen, wie sie jetzt sind und nicht noch kleiner machen, wie das jetzt gerade hier hinten passiert, beim Volkspark, dann wird es da bestimmt auch einen Weg geben, dass das, ähm, so erreicht wird und dass auch da ein bisschen Geld dann quasi dafür auch bereitgestellt wird, wenn sie das gerne machen wollen und wenn sie, ähm, auch bereit sind dafür dann auch was zu [bezahlen].

Auch in Leipzig wurde die Auffassung vertreten, dass Politik weniger „kurzatmig" und um langfristige Lösungen bemüht sein solle. In Bevensen-Ebstorf hieß es, das politische Verwaltungshandeln habe Nachholbedarf, da es im Vergleich zu Unternehmen sehr ineffizient sei.

Verbesserungen im Verhalten und der Qualifizierung von Politikern wünschten sich Teilnehmer von Gruppendiskussionen in 5 Kommunen (Chemnitz, Kamenz, Potsdam, Reichenbach, Zeven). Darunter waren 4 Kommunen in Ostdeutschland – 2 Großstädte und zwei kleinere Orte, die meisten in Sachsen – und nur 1 in Westdeutschland.

So wurde in Kamenz gewünscht, dass Politiker in verantwortlichen Positionen besser für den Posten qualifiziert sein und sich mit den Rahmenbedingungen der Adressaten ihrer Maßnahmen auskennen sollten. Ggf. müsse man sich zusätzlich zielgenaue Expertise von außen holen, um gute Entscheidungen zu treffen, die den konkreten Rahmenbedingungen in der Praxis gerecht werden.

Kamenz, Frau 1: Was ich finde, was in der Politik bisschen schief läuft ist …, grade jetzt dieses grüne Umdenken, was man, wie gesagt, auch bei den Schülern merkt, solange man in 'ner großen Stadt wohnt und dort alles gut erreichbar ist und perfekt ist, ist das für die Menschen immer einfach. Aber grade jetzt auf 'm Land, ich habe halt nicht den Luxus, dass ich meine Arbeitsstelle zehn Minuten weg habe, ich fahr 60 km, das ist 'ne Stunde. Ich bin zum Beispiel aufs Auto angewiesen. Dass halt solche Sachen auch berücksichtigt werden und nicht immer nur die große Stadt, alles, was dort gemacht werden muss … Also das mehr auch auf die, weiß ich nicht, auf den kleinen Menschen zu hören, das ist vielleicht auch verkehrt, mehr mal so in den ländlichen Raum zu gehen. Frau 1: Ich bin vielleicht auch dafür, dass die, die ein Ministerium übernehmen, entsprechende Qualifikationen vorweisen. Also wenigstens bisschen Ausbildung in der Richtung haben, dass sie von der ganzen Thematik überhaupt 'nen Plan haben. […] Mann 2: Die Politik sollte sich von außen her mehr Einfluss reinholen lassen. Na ja, wenn ich im Verkehrsministerium bin, da gibt's die TU in Dresden zum Beispiel, die sich mit Verkehrs- […] (laute Babygeräusche) beschäftigt. Dann gibt's Gesundheitsprofessoren, die sich beschäftigen mit Gesundheit, dass dorte von außerhalb eben in die Politik auch nochmal 'ne Beratung erfolgen kann. Nu, das ist Wahnsinn. Wenn ich hier irgendwo das Schulsystem sehe – dort sitzt irgendjemand dort oben im Ministerium und entscheidet das, was wir vorher schon jahrelang hatten. […] Also einfach von außerhalb sich, die Politik sollte sich dort nochmal mit beraten lassen, sag' ich mal.

In Chemnitz hieß es, Politiker sollten die Konsequenzen für politisches Handeln tragen, Sachkompetenz für ihr Ressort haben sowie kontrolliert werden. Es könne nicht sein, „dass wir Ämter besetzen lassen von Leuten, die sich mit dem Fach de facto nicht auskennen bzw. dass dann niemand drauf schaut." In Reichenbach fanden Teilnehmer, dass Politiker „abgestraft" werden sollten, wenn sie für Fehlentscheidungen verantwortlich sind, während eine Person entgegnete, sie seien auch „nur Menschen".

In anderen Kommunen wurden mehr **Investitionen in Bildung und soziale Infrastruktur** gewünscht. Dies war in 6 Orten in Westdeutschland der Fall (Apen, Cloppenburg, Hannover, Kassel, Osnabrück, Witzenhausen) und nur 2 in Ostdeutschland (Cottbus, Doberlug-Kirchhain). Auch die angesprochenen Inhalte unterschieden sich in West und Ost. Darüber hinaus wurden Bildungsinvestitionen relativ mehr in Großstädten (3 von 7 im Sample) und Mittelstädten (1 von 5) gefordert als in kleineren Kommunen (2 von 12).

In Gruppendiskussionen in westdeutschen Kommunen stellten Teilnehmer Bildungsinvestitionen oft als Instrument dar, um individuelle soziale Ungleichheiten abzubauen. Meist trugen einzelne Personen dieses Argument unwidersprochen vor. In Hannover, Kassel und Osnabrück kritisierten jeweils mehrere Personen, dass das Bildungssystem nicht für Chancengleichheit sorge, in Hannover beispielsweise auf die Stadtteile bezogen.

Hannover, Frau 1: Ähm, es gibt auch hier gewisse … Ghettos nenne ich es jetzt mal. Man merkt das in den Klassen oder auch unter den Kindern. Es gibt Kinder, die werden gefördert und dann gibt es auch hier in Ricklingen einfach Kinder, die gehen komplett unter. Und, ähm, deswegen denke ich, man könnte hier schon noch einiges bessern, gerade was, äh, unsere Schulen hier in Ricklingen angeht. Da könnte man das Ganze viel mehr fördern. Es bräuchte viel mehr soziale Angebote. Ich weiß, also, da gibt es einfach einen riesigen Mangel. (…) Aber ich wüsste auch nicht, wo ich lieber leben wollen würde, weil ich glaube, das ist fast, sobald man Richtung Stadt geht, ist das fast überall der Fall. Ähm, vielleicht ist es auf den Dörfern weniger der Fall. Aber, äh, wenn man diese anderen ganzen Vorzüge genießen möchte, wie schnelle Anbindung et cetera, dann ist das, glaube ich, in keinem Stadtteil zu vermeiden, dass das man eben diese teilweise Ghettobildung hat und auch diese Ungleichheit gerade im Bildungssystem. Also, ja.

In Witzenhausen, wo gleichwertige Lebensverhältnisse mit (individueller) Gleichheit assoziiert wurden, sprachen Teilnehmer darüber, dass der Bildungssektor in Deutschland nicht sozial gerecht organisiert sei.

Witzenhausen, Frau 3: (W)enn ich jetzt sagen würde, ich wünsch mir was für Deutschland und die für die Menschen, dann würde ich mir wünschen, dass die Politik mehr Verantwortung übernimmt, dass ÖPNV kostenfrei ist und den Menschen wieder gehört, dass Geschichten wie die, die Post usw. auch nicht mehr privat [sind]. Dass es weniger Privates und mehr Gemeinschaftliches gibt. […] Frau 1: Ja, wenn halt irgendwie das gleiche bereitgestellt wird. Also ich habe gerade so Bildung im Kopf, ist halt trotzdem nicht gerade gleich oder gerecht. Es ist gleich, aber es ist nicht gerecht, weil man eben aus verschiedenen sozialen Verhältnissen zum Beispiel kommt oder auch während der Corona-Pandemie, da hat man das deutlich gesehen. Da wurde dann halt auf Online-Schooling umgestellt. Ähm, da wurde sich von keiner Seite aus, oder zumindest bei uns in der Schule von keiner Seite drum gekümmert, dass überhaupt alle

Schüler in Endgeräte haben. Ähm, wir mussten das irgendwie organisieren, dass alle in der Klasse zum Beispiel ein Tablet haben oder irgendwas zum Tippen, […] mit dem man von einem auf den anderen Tag Hausarbeiten schreiben musste und all sowas. Oder Nachhilfe. In unserer Schule gibt es dieses „Schüler helfen Schüler". Die Schüler, die das Angebot nehmen, die müssen kein Geld bezahlen für die Nachhilfe und man kriegt halt eine Aufwandsentschädigung für 6 €. Das ist eine gute Sache. Aber ich, also, ich gebe da Nachhilfe. Und ich habe da manche Schülerinnen, bei denen ich weiß, die bräuchten wirklich professionelle Nachhilfe, die sehr viel mehr Erfahrung und Zeit haben, weil sie nicht nur Probleme mal bei Simple Present haben, sondern wirklich teilweise Lernstörungen haben. Und die haben keine Möglichkeit, sich Nachhilfe zu leisten. Richtige. Ähm. Und all solche Sachen. Ich glaube, das ist voll wichtig, dass da eben auch individuell teilweise auf Familien geschaut wird, die Unterstützung brauchen. Frau 2: Es wär' schön, wenn keiner Nachhilfe bräuchte. Ja, weil eigentlich ist das nur das Stopfen des Loches. Weil es zu wenig individuell ist. Frau 1: Genau.

In Cloppenburg wurde (unter dem Eindruck der Corona-Pandemie) der Mangel an Personal in Schulen und Kitas erwähnt sowie indirekt eine bessere Grundfinanzierung der Ausbildung bzw. des Studiums gefordert, um gleiche Startchancen zu schaffen, den Fachkräftemangel zu beheben und Integration zu fördern. Es wurde aber auch angemerkt, dass diese Problematik sich politisch nicht mit einem einfachen Rezept lösen lasse.

Cloppenburg, Frau 3: Ja, für die Bildung. Für die Bildung und das Schulsystem. Das ist eine Katastrophe. Ich habe ganz viele Lehrerfreunde, die, ähm … Es gibt keine Förderstunden. Es gibt keine Lehrer vor allen Dingen. […] Frau 4: Aber Schulen, Kindergärten, Hort … Frau 3: (fällt ins Wort) Ja, ist alles das Gleiche, meine ich, ist alles das Gleiche. […] Ich verstehe die Eltern, dass sie auf die Barrikaden gehen, weil einfach, dass der Unterricht so schlecht ist, weil einfach keine Lehrer da sind. Und weil auch keine Mittel da sind. Frau 2: Gesundheitswesen ist es doch ähnlich, ne. Pflegekräfte, zum Beispiel, jetzt in den letzten Jahren ja auch. Das ist einfach ein undankbarer Job. Das ist ein undankbarer Job, ne. […] Mann 1: Also mein Problem bei der Frage ist, macht Politik genug dafür, dass es allen gleich gut geht. Spontan gesagt, nein, … aber meckern ist immer einfach. Ich wüsste jetzt nicht, was ich jetzt sagen [würde], was macht das besser […]. Das ist das Problem. Frau 3: Ich finde, da ist die Bildung aber ganz, ganz klarer Ansatz, weil die Kinder werden groß. Mann 1: Da bin ich dabei. Da bin ich dabei. Keine Frage. Frau 4: Aber Bildung, da ist, das fällt mir so ein, ich habe vier, vier Jahre eine Ausbildung gemacht, in der ich bezahlen musste und nicht einen Cent bekomme. […] Du suchst Leute im Bildungsbereich, aber machst es gar nicht interessant, so null. Mann 2: Ja, das ist da teilweise sehr unterschiedlich von den Berufen. Also wie gesagt, ich habe, also ich hatte ein Bauunternehmen. Da war immer schon die Lehrlingsvergütung extrem hoch, weil eben kaum Leute zu finden waren, nicht. […] Frau 4: Ob du dann jetzt auch BAföG oder sowas kriegst im Studium zum Lehramt, das zahlst du auch wieder zurück. Da kriegst du wieder was, aber im Endeffekt leidest du wieder drunter, weil du dann deinen Beruf hast und wieder alles zurückzahlen musst. Also ist nichts Halbes und nichts Ganzes. Es ist einfach so … Und du brauchst nicht, äh, [wenn] die Leute, die herkommen aus was für Ländern, brauchst du nicht sagen, nee, das geht nicht, wir haben die Unterkünfte oder die Fachkräfte nicht […].

Auch in Kassel wurden von der Politik (mehr) Bildungsmaßnahmen gefordert. Hintergrund war die Assoziation von gleichwertigen Lebensverhältnissen mit Gleichberechtigung. Hier wurden zudem räumliche Aspekte in Bezug auf den Zugang zu Bildung erwähnt und überlegt, dass die Politik mehr für die Infrastruktur tun könnte, um Kindern den Schulweg zu erleichtern. Verbesserungen im Bildungsbereich seien anspruchsvoll zu realisieren, könnten aber positive Effekte auf die gesamte Gesellschaft haben.

Kassel, Frau 1: Ja, ist ja hier bei uns auch, wenn wir hier, was weiß ich, in Calden, äh, da fährt auch nur einmal am Tag ein Bus, ne. […] ihre Tochter zum Beispiel, die wäre glaube zwei Stunden morgens unterwegs bis sie in die Schule kann, wenn die Mutter sie nicht fährt. Na das sind halt so Sachen, da muss von der Politik geguckt werden, dass die Randgebiete mehr mit einbezogen werden und das Geld hernehmen von der Politik. Man muss oben einfach mal eine Grenze setzen. Ne, man muss mal sehen, dass das Mittelfeld wieder ein bisschen mehr gefördert wird. […] Mann 2: […] Also Fakt ist, das Geld gleich zu verteilen, das war ja Ihre Frage, halte ich für, äh, ungerechtfertigt. Es ist abhängig davon, […] was brauche ich als Staat. Wo muss ich, wo habe ich Nachholbedarf? […] wo kann ich da aktiv, proaktiv Gas geben als Politiker und kann da sagen, wir müssen unser, unser Land, damit das soziale Gleichgewicht bleibt, wo müssen wir da im Prinzip Gelder hinfließen lassen? Mann 4: Anreize schaffen. Frau 3: Ich glaube, das ist denen schon bewusst. Aber die Umsetzung, das kommt ja vielleicht auch immer ein bisschen darauf an, vielleicht sitzen die auch da, wie wir überlegen, welches Thema gehen wir zuerst an und was als nächstes. Was ist jetzt für die breite Bevölkerung erstmal priorisierend oder auch nicht … Und für mein Verständnis, also für mein Empfinden, finde ich, man sollte vielleicht bei den Kleinsten anfangen, bei der Bildung, und, ähm, dass man da für mehr Gleichheit sorgt, versucht, die zu gewährleisten und das ist ganz schwierig. Und das ist ein ganz krasser Bildungsauftrag, den man da hat, wenn man wirklich für Gleichberechtigung sorgen will. Das umzusetzen, das ist mir schon klar, das ist eine Mammutaufgabe. Da müsste man beginnen und ich glaube, wenn man da so den Grundstock schafft, irgendwie zu legen, dann hat man die Chance, dass man auch ins Größere übergeht. Aber wir dürfen ja nicht nur an das denken, was jetzt gerade ist, sondern an die Kids. Die werden es irgendwann mal wuppen müssen.

Nur in Apen wurde indirekt eine bundeseinheitliche Bildungspolitik gefordert. Hier richtete sich Kritik darauf, dass es in jedem Bundesland „eine eigene Schulpolitik" gibt.
In den beiden ostdeutschen Kommunen, in denen mehr Engagement der Politik für den Bildungsbereich gewünscht wurde, geschah dies auf andere Weise: In

Doberlug-Kirchhain wurden Maßnahmen gegen den Mangel an qualifiziertem Personal in Schulen und Kitas im Zuge des flächendeckenden Generationswechsels gewünscht; im selben Atemzug wurde mehr Unterstützung für ehrenamtliches Engagement gefordert, um den Nachwuchsmangel bei den Tafeln, Kirchen und der Freiwilligen Feuerwehr zu beheben. In Cottbus wurden mehr Investitionen in Bildung nur von einer Person en passant gewünscht.

Doberlug-Kirchhain, Frau 2: Aber das ist ja gerade auch ein Problem der Kindergärten und Schulen hier. Gut, jetzt unser evangelischer Kindergarten ist der kleinste, aber trotzdem, die haben auch über 50 Kinder und wo würden die 50 Kinder hingehen, wenn es den Kindergarten nicht gäbe? [...] Das Gymnasium in Finsterwalde ist voll. Wo würden die Kinder zur Schule gehen? Die Kapazitäten gibt es doch gar nicht mehr. Frau 4: [...] gehen wir auch mal in die Stadt, in die Schulen rein, ich bin jetzt Referendarin, setze mich in ein Lehrerzimmer rein. Die jüngste Lehrerin ist 55. So und dann sagt der eine, 63 geworden, der sagt, ja ich bin in einem Jahr oder zwei Jahren raus und da sagt der nächste, ja ich gehe auch in drei Jahren, und ich denke mir, ja, in fünf Jahren bin ich hier alleine oder so. (Gelächter) [...] und an einer anderen Schule, vor vier Jahren war ich da im Praktikum, die sagten auch, in drei Jahren gehen sie die Lehrer. Frau 1: Na ja, sag ich ja. Aber Schule ist doch ganz was Wichtiges. So und da muss der Staat was tun. Und das hat er eben nicht gemacht. So und jetzt soll das im Schnelldurchlauf, aber ihr braucht fünf Jahre oder wie lange [für das Studium], na, und ich finde es deprimierend, dass diese Seiteneinsteiger da kommen jetzt für euch. Unmöglich. Ihr studiert und studiert und studiert. Und dann, ich meine, abgesehen davon, dass sie ja weniger verdienen, aber die müssen ja trotzdem die Arbeit leisten für die Kinder. Die Kinder sind ja das Wichtige. Und so kann es nicht weiter gehen. Frau 2: Nicht nur im Bildungssystem, auch bei dem ganzen sozialen System, finde ich. Also bei diesen, wie, wie Tafeln oder es gibt ja auch kleinere Organisationen oder, also die Kirche nimmt viel, aber Ehrenamt oder hier diese ganzen Freiwilligen Feuerwehren und ... Das müsste auch viel mehr, äh, gefördert und unterstützt werden. Was ist denn, wenn wir die Freiwilligen Feuerwehren nicht mehr haben? Wenn die ihren eigenen Nachwuchs nicht immer wieder akquirieren würden und Leute dafür begeistern würden? Wo stehen wir denn dann irgendwann? Da brennt dein Haus und es kommt keiner mehr, oder ... [...] Frau 2: Aber, aber da müsste es doch irgendwelche Förderungen, irgendetwas, man könnte doch was machen, um das auch für die Jugend attraktiver zu machen, so was zu machen. Oder so. [...] Frau 3: Und die Rentner. Die bleiben auch wieder auf der Strecke. Frau 2: (fällt ins Wort) Und die Rentner kriegen gar nichts. Du musst nach Dresden und bis Berlin zum Facharzt fahren und kriegst gar nichts. Frau 3: Ja, genau so. Frau 2: Oder auch die Rentner[...], die dann öfter auch eigentlich zum Arzt müssen und genauso auch Ausgaben haben.

Räumliche Schwerpunkte der Politik anders zu setzen wurde in Gruppendiskussionen in 6 Kommunen (Auerbach, Doberlug-Kirchhain, Kamenz, Kassel, Leipzig, Reichenbach) gewünscht, darunter in 5 Kommunen in Ostdeutschland – v. a. in Sachsen – gegenüber 1 West-Kommune. Hinsichtlich der Siedlungsgröße waren kleinere Kommunen relativ stärker vertreten als größere. In den kleineren

Kommunen wurde das Anliegen überwiegend von einzelnen Personen knapp angesprochen und es gab aus der jeweiligen Runde stillschweigende Zustimmung oder zumindest keinen Widerspruch.

In Kamenz wurde gesagt, dass die Politik „mehr in die ländlichen Räume" gehen sollte, in Auerbach für eine Stärkung des ländlichen Raums durch die Politik und mehr Dezentralisierung plädiert. Ähnlich wurde in Doberlug-Kirchhain am Beispiel der Corona-Pandemie argumentiert, dass Stadt und Land unterschiedlich funktionierten und die politischen Regelungen dies berücksichtigen sollten.

Auerbach, Mann 2: Sehr gut beschrieben ... Gerade die Stärkung des ländlichen Raumes, da muss die Politik was tun. (Zustimmung von Frau 4) Es ist in meinen, in meinen Augen ein Fehler, wenn man immer wieder neue Bundesministerien und sonst was immer wieder an Großstädte anpflanzt, wo alles so wahnsinnig teuer ist. Stärker wieder dezentralisieren, in den ländlichen Raum. Dort attraktive Arbeitsplätze schaffen [...].

In Reichenbach fanden Teilnehmer, dass es mehr „Inlandspolitik" und weniger Engagement für andere Staaten und Rüstungslieferungen brauche.

Reichenbach, Mann 3: Also mehr Inlandspolitik. Mann 1: Mehr Inlandspolitik machen, genauso ist es. Und da gibt's ja genug. [...] Mann 1: (fällt ins Wort) Politiker mal mehr abstrafen, wenn sie Scheiße bauen. Frau 3: Ja. [...] Mann 2: Und dass die Politiker mehr gegen rechts intensiver sprechen und durchgreifen müssten. Frau 3: Und gegen links, die Verrückten, die ganzen ...

In Leipzig wurden Fördermaßnahmen der Politik zugunsten strukturschwacher Gebiete grundsätzlich gutgeheißen, weil sie zur Chancengleichheit von abgelegenen Regionen beitragen könnten, aber „Großinvestitionen, die von wenigen Entscheidern abhängen", kritisch gesehen. Für solche räumlichen Ausgleichsmaßnahmen wurde eine bessere Steuerung gewünscht. Die Teilnehmer wandten sich dann aber rasch anderen Themen zu.

Leipzig, Mann 1: Also ich finde halt, dass ein bisschen Fördersachen gemacht werden, das hat eine gewisse Struktur. [...] Wie gut sind, äh, Regionen entwickelt, welche brauchen noch Förderung? Dass es so halbwegs ausgeglichen auch gefördert wird. Also in Regionen wie Leipzig wird halt jetzt weniger gefördert [...] als, äh, 50 km weiter oder irgendwas, ne. Das hat schon eine gewisse Struktur, das finde ich in Ordnung. [...] Mann 1: (fällt ins Wort) Ja genau, das meinte ich. Diese, diese Groß-, Großinvestitionen, die von wenigen Entscheidern abhängen, die laufen falsch. So diese, sagen wir mal, Töpfe, die ausgegossen werden sozusagen, die sind halbwegs strukturiert. Ich glaube, das führt auch zu mehr Chancengleichheit, auch von abgelegenen Regionen oder irgendwas. Aber so diese Großinvestitionen, da fehlt noch so ein bisschen Steuerung hinter. [...] Frau 1: Also, es wäre ja schon viel [...] möglich, wenn überhaupt Experten entscheiden, die bisschen zukunftsorientiert denken und hier nicht in Schlagloch, Schlagloch, Schlagloch, ne. So. (Mann 3 lacht) Diese Politik, das ist das, dieses Kurzatmige, so, hier und wir machen das jetzt und dann machen wir den Anfang, den ersten Schritt und keiner denkt nach, dass der dritte eigentlich völliger Blödsinn ist. [...] Mann 1: (fällt ins Wort) Ja, aber man sollte vielleicht auch Gesetze mal [einordnen], das Gesetz überprüfen. (Getuschel) Hat es, hat das Gesetz was gebracht? Hat es Relevanz überhaupt? Ich meine, ich kann ein Gesetz machen für irgendwo was. Wenn es nach 20 Jahren gar nicht mehr sowas gibt … Also, ich kann die Steinkohle-Bergleute mit einem Gesetz irgendwie schützen vor, äh, [...]. Wir haben gar keine Steinkohlekraft-, äh, Bergwerke mehr. Vielleicht sollte man einfach mal alles, was wir haben an Gesetze auf den Prüfstand bringen und sagen, ist es noch relevant für heute?

In Kassel wurde unter anderem auf ländliche Gebiete eingegangen und dass diese mehr von der Politik beachtet werden sollten. Ein Teilnehmer mit familiären Wurzeln in Sachsen betonte, dass es „im Osten" Nachholbedarf gebe, was sich seiner Ansicht nach auf die Zufriedenheit mit der Politik in bestimmten Gebieten auswirke; es brauche mehr Investitionen in Ostdeutschland, z. B. in Bildung, Infrastruktur und Arbeitsplätze. Andere Teilnehmer reagierten aufgeschlossen auf diese Argumentation.

Kassel, Mann 1: [...] bin gefühlt, ich weiß nicht, sechs, sieben, acht Mal im Jahr in Dresden [...] Also wenn ich, wenn die Autobahn da gerade mal zu ist wegen Unfall und ich über Land fahren muss, da kommt man sich manchmal vor, als ob man nicht mehr in Deutschland ist. Das ist 'ne ganz andere Gesellschaft, die halt nicht unbedingt immer gesehen wird. [...] oder jetzt halt auch in Mecklenburg-Vorpommern, wie viele, ähm, ich sag mal, wie viel Leerstand da herrscht. Ne, und daher kommt ja dann auch so ein bisschen, sage ich mal, die politische Unzufriedenheit und, ähm, das ist jetzt auch von A nach B ganz einfach dann gesagt, da sieht man vielleicht auch, wo dann, ich sage mal die neuen Konservativen oder mehr rechten Parteien, dann viel Zuspruch finden. [...] Und ich finde schon, das dort viel mehr investiert werden muss, heute noch. [...] Und wenn ich sagen würde, in was würde ich investieren, dann würde ich gucken, dass ich den Raum für Unternehmen, ähm, auf jeden Fall auch spannender macht. Also erstmal Schule, Bildung, was wir hier gesagt hatten, ne, ähm, soziale, äh, soziales Miteinander oder Bildung, weil das darauf aufbaut und dann aber auch den Raum attraktiver für Unternehmen mache, um praktisch die Verhältnisse dort, äh, zu verbessern. [...] Frau 3: Und die Politik muss eben dafür sorgen, dass 'ne gescheite Infrastruktur da ist, dass man eben auch die Möglichkeit hat, das Potenzial zu nutzen. [...] Wenn du sagst, ich fahre da durch Gegenden, da habe ich das Gefühl, wo bin ich denn hier eigentlich gelandet. Da fehlt's dann eben häufig an Infrastruktur. Der fährt dann einmal am Tag der Bus, äh, hin und abends wieder zurück und sammelt ein paar Leute ein, die arbeiten gehen. Ähm, da ist vielleicht die digitale Anwendungen auch nicht so der Knüller, wenn man eine Stunde wartet, bis 'ne Seite geladen ist, weil es da kein gescheites Netz gibt. Also da müsste man versuchen vielleicht noch ein bisschen ähm… Mann 2: [...] auch, äh, jetzt nach 30 Jahren kann man

immer noch nicht sagen, wir sind auf gleichem, auf Augenhöhe. So heißt ja immer
schön. Das ist so bitter, wie es ist, halt durch diese Nazi- oder beziehungsweise durch
die DDR-Zeit halt, sind die halt zurückgeworfen. Und wenn du hier auf 'm Dorf bist
in Nordhessen [..], da ist zwar auch Dorf, aber ich glaube, es hat einen anderen Charakter, als es noch, äh, in Dresden und Umgebung ist. Wenn du an die tschechische
Grenze kommst, wo du dann im Grunde infrastrukturelle, digitale Probleme hast in
dieser Richtung. Äh, aber das ist nicht nur, sicherlich nicht nur ein rein politisches
Thema. Die Politik kann die Weichen stellen. Die Wirtschaft kann dann dafür sorgen,
dass die Gesellschaft entsprechenden Wohlstand erfährt, wenn denn zum Beispiel,
wie jetzt [...] Intel [...] mehrere Milliarden, ich glaub es sind 17 Mrd., investieren
will in der Nähe von Magdeburg, um da 'ne Chipfabrik zu bauen.

**Soziale Ungleichheit zu verringern bzw. bestimmten sozialen Gruppen bes-
ser gerecht werden** wurde in 6 Kommunen als Erwartung an die Politik formuliert
(Doberlug-Kirchhain, Frankfurt a. M., Hannover, Hirschhorn, Temnitz, Witzenhausen). Ein räumliches Muster zeigte sich hier erst einmal nicht – die entsprechenden
Gruppendiskussionen fanden in 4 kleineren Kommunen und 2 Großstädten statt
sowie in 4 westdeutschen Kommunen und 2 ostdeutschen. Allerdings wurden in
west- und ostdeutschen Orten je etwas unterschiedliche Dinge angesprochen.

Wenn in Westdeutschland das Thema Soziales angesprochen wurde, dann standen Maßnahmen gegen soziale Ungleichheit im Fokus, so wie in Hirschhorn.

Hirschhorn, Mann 4: Aber nicht nur, zum Beispiel vielleicht, es würde ja schon reichen, wenn [...] nicht nur finanzielle Unterstützung, sondern dass einfach weniger
Abzüge sind. Wir hatten es doch vorhin gehabt, dass die Mittelschicht einfach, die die
[...] erarbeitet, die irgendwo die Wirtschaft in, in Deutschland auch stärkt und äh,
woher auch das ganze Geld auch kommt, ... dass die viel mehr, also, wie gesagt, nicht
unbedingt mehr Unterstützung, aber weniger Abgaben haben. Mann 1: Spitzensteuersatz liegt bei 20 %, ne. Frau 1: Was ich hätte, ist, ich finde es immer ein gutes Beispiel
aus Österreich. Dass man dort, ähm, eben auch von der Grundrente leben kann. Und
ich finde hier in Deutschland das Gefälle zwischen Mann und Frau noch nicht in Ordnung. Das Lohngefälle ist nicht in Ordnung. Da gibt es immer noch zu hohe Dis-
krepanzen und man sieht es gerade jetzt, wenn Frauen in den Ruhestand gehen, eben
aufgrund der Tatsache, dass sie Kinder zur Welt gebracht haben, nicht so lange einbe-
zahlen konnten, immer noch benachteiligt sind. Das ist eine Ungerechtigkeit bei uns.
Das müsste mehr ausgeglichen werden. [...] Mann 1: Ja, wenn man ansprechen, das
Ziel, was wir auch jetzt angesprochen haben, äh geht's glaube ich, äh, hauptsächlich
darum, jetzt älteren Menschen, sozial schwächeren Menschen da eine Hilfe zu geben.
Leuten, die es echt benötigen. Und da könnte man ansetzen. Frau 4: Bezahlbarer
Wohnraum, Unterhalt, Kinder, Familien mit Kindern. Da müsste mehr gemacht wer-
den. Weil die, das, das muss eine Zukunft haben.

In Hannover wurde die Zweiteilung des Stadtbezirks Ricklingen in Bezug auf
seine sozialen Strukturen als Problem angesprochen. Da dadurch auch unterschied-

liche Chancen auf Bildung bestünden je nachdem, in welchem Teil des Bezirks man wohne, solle die Politik Maßnahmen ergreifen, um mehr Chancengleichheit herzustellen. In Witzenhausen argumentierten Personen, dass die Politik die in der Corona-Pandemie wieder angewachsenen sozialen Ungleichheiten angehen müsse. In Frankfurt a. M. wünschten sich Teilnehmer knapp, dass die Politik Geld nach dem Robin-Hood-Prinzip mehr an die Armen umverteilen solle.

In den ostdeutschen Kommunen, in denen eine bessere Unterstützung im Sozialen angesprochen wurde, bezog sich die Rhetorik mehr auf gesellschaftliche Gruppen als soziale Schichten. In Doberlug-Kirchhain wurde gewünscht, dass Jugendliche mehr in ehrenamtliches Engagement eingebunden und Rentner mit Blick auf die Gesundheitsversorgung besser unterstützt werden sollten.[3] In Temnitz wurde kritisiert, dass „viele Bedürfnisse gar nicht mehr wahrgenommen werden" und „die Kluft zwischen verschiedenen Menschen und Gesellschaften", z. B. Hartz-IV-Empfängern und anderen, immer größer werde. Die existierenden Maßnahmen passten nicht immer zu den konkreten Bedarfen: „Ähm, … die tun bestimmt was, ja, aber diese punktuellen genauen Fäden, glaube ich, werden nicht mehr gezogen. Weiß ich nicht. Sehe ich so."

Etwas anders verlief die Diskussion in Potsdam, wo sich verschiedene Teilnehmer v. a. wünschten, dass Politiker ihren Job mehr „mit dem Herzen" und „für die Menschen" machen sollten.[4]

Die **Mittel angemessener zu verteilen und die Transparenz zu erhöhen** wurde in 5 Kommunen (Cottbus, Eberswalde, Luckau, Potsdam, Temnitz) als Wunsch formuliert. Dies waren alles Orte in Ostdeutschland und dort Kommunen jeder Siedlungsgröße. Auch wenn der Wunsch in weniger als jeder zweiten ostdeutschen Kommune im Sample angesprochen wurde, lässt sich hier doch eine Häufung im Sinne einer gewissen Sensibilität für die Prozesse um Verteilungsentscheidungen feststellen.

In Potsdam diskutierte die Gruppe darüber, dass die Politik transparenter kommunizieren müsse, wohin welche Gelder fließen, damit die Bürger besser wissen, wie mit den Steuergeldern verfahren wird und ob die Mittelverwendung angemessen ist: „Und wenn man sich überlegt, in der, in der, äh, Covid-Zeit, mit der Lufthansa und so weiter, was da für, für Gelder geflossen sind und so, das ist … Und irgendwie versickert die ganze Kohle. Und dafür ist Transparenz [wichtig]." Auch in Cottbus äußerte sich die Gruppe überrascht, dass der Staat in Corona-Maßnahmen und Investitionen in die Bundeswehr[5] plötzlich so viel Geld stecken konnte, ob-

---

[3] Siehe den Auszug aus der Gruppendiskussion oben in diesem Abschnitt.

[4] Siehe dazu den Auszug aus der Gruppendiskussion oben in diesem Abschnitt.

[5] Hintergrund waren die Sondermaßnahmen in Reaktion auf den Krieg Russlands gegen die Ukraine.

wohl vorher immer behauptet worden sei, dass für verschiedene Anliegen keine Mittel vorhanden seien. Ebenso wurde Skepsis dazu geäußert, dass die Bundeswehr trotz regulärer Finanzierung nicht einsatzbereit war. Daher wünschten sich Teilnehmer von der Politik mehr Transparenz dazu, wie die Gelder ausgegeben würden. Außerdem wurde die Angemessenheit von Ausgaben hinterfragt, die dazu führten, dass andere Dinge, wie Sportstätten, Straßenbau oder Maßnahmen gegen den Fachkräftemangel, nicht finanziert werden könnten.

Cottbus, Mann 1: Genau. Deutschland, politisch gesehen, macht dieses Land jetzt irgendwas Komisches mit ganz viel Geld, wo man jetzt, wo jeder Normalo von uns sagen würde, mit diesen Hundertmilliarden könnten die hier sonstewas bauen. Die könnten hier überall Sportsätten bauen, Straßen bauen. Da können Sie von mir aus auch das Geld in die Lebensmittelmärkte stecken. […] Mann 1: Sicherlich haben wir, ist das ein Land, dem es gut geht. Uns geht es gut. Gehe ich mit, gehe ich mit der Meinung mit. Aber es gibt auch viel, sagen wir mal, viele Sachen, wo viel Geld gebraucht wird. Es werden viele Menschen aufgenommen von überall. Aus der ganzen Welt kommen die Menschen hierher. Die müssen alle irgendwie versorgt werden. Ähm, Arbeit haben, sage ich mal viele. Haben wir heute auch schon drüber gesprochen, dass es an Fachkräften mangelt. Äh, irgendwo fehlt es dann wahrscheinlich doch an der Ausbildung. Es fehlt wahrscheinlich so ziemlich an vielem. Und wenn du dann hörst, dass eben viel Geld jetzt auf einmal ins Militär gesteckt werden soll, dann fragt man sich echt, ähm, da fragt man sich erst einmal, wo kommt auf einmal dieses Geld her, […] wo sie uns gesagt haben, da ist kein Geld da. Und jetzt auf einmal kommt so ein Batzen, dann fragt man sich echt, boah was ist hier los. Frau 1: Kredite. Mann 1: Ja, sicherlich. Mann 4: […] Es geht um hundert Milliarden, die sie in die Bundeswehr stecken. Die haben die ganzen Jahre auch nicht bloß Millionen gekriegt, sondern auch Milliarden. Wo ist denn das Geld hingeflossen? Das wissen wir alle gar nicht. Es fliegt kaum ein Hubschrauber, es fliegt kaum ein Flugzeug von der Bundeswehr, die […] sagt, sind wir 50 % einsatzbereit oder was weiß ich. Und auf einmal wollen sie die zur Angriffsarmee machen. […] Mann 2: Ich glaube, das ist für uns jetzt relativ schwer zu durchschauen und am Ende auch zu beantworten die Frage. Ich habe mir die Frage schon während der Coronazeit gestellt, wo kommen die ganzen Hilfen ständig her? Und jetzt ist es nochmal eine Stufe eskaliert, sage ich jetzt. Also und irgendwann aus dieser ganzen Geschichte heraus, wird das sicherlich auch zu Beeinträchtigungen des Einzelnen, also uns alle irgendwann treffen. Frau 1: Muss ja irgendwo wieder reingeholt werden, das Geld. Frau 1: (fällt ins Wort) Also ich möchte auch kein Entscheidungsträger sein. Das ist verdammt schwer in der Situation, das richtige zu machen. Was gibt's da für ein Rezept, keins. Mann 2: […] dreht den Gashahn zu. Wahrscheinlich wissen wir nicht, was dann passiert, so wie wir hier sitzen. Und scheinbar wissen das auch viele Politiker nicht, können es mit ihren Fachleuten, die heute da rumsitzen auch nicht, nicht entscheiden. Sonst, sonst würde an einigen Stellen das sicherlich auch noch schneller gehen können. […] Aber ich glaube, das, das ist schwierig, sehr schwierig, zumal wir uns mitten in Europa letztendlich auch noch mit den anderen Mitgliedsländern, äh, abstimmen müssen, wie wir verfahren in bestimmten Beziehungen. Frau 2: Und je mehr Leute mitreden, umso länger dauert es. […] Also der

Versuch, so wie du erst schon gesagt hast, dass es so Lohnangleich, Rentenangleich [in Ost- und Westdeutschland gibt], das sind ja Dinge, die von der Politik gesteuert werden, die auch passieren. Aber man hat als Bürger echt das Gefühl, das dauert Jahrzehnte bis das dann [...] mal auf einer Ebene ist. [...] So ähnlich wie das jetzt auch so sein wird, dass die, die beim Staat oder Stadt irgendwo angestellt sind, immer super gutes Geld verdienen werden und Dienstleistungsbranche, ich weiß nicht, ob das irgendwann mal kommt, dass es da irgendwo, dass jeder ähnlich viel verdient.

Ganz ähnlich wurde in Eberswalde mehr Transparenz in der Politik dazu gewünscht, warum und wie manche Gelder ausgegeben werden für spezielle Projekte. Darüber hinaus brauche es mehr Mitbestimmungsmöglichkeiten oder Beteiligung vonseiten der Bevölkerung in Bezug auf Verteilungsentscheidungen. In Luckau wurde kritisiert, dass zuletzt alle Mittelanmeldungen des Ortsteils in der Lesung der Gemeinde zum Haushalt abgelehnt worden waren, und eine gleiche Behandlung der Kernstadt und der umliegenden Ortsteile gefordert.

In Temnitz vertrat eine Teilnehmerin unwidersprochen die Ansicht, dass nicht ganz nachvollziehbar sei, warum manche Dinge finanziert würden. Ausgehend von der gestiegenen Zuwanderung wünschte sie sich, dass die Ressourcen „auch ein Stück weit gerecht aufgeteilt" und gezielt eingesetzt werden, damit auch Bereiche wie die Pflege, Sicherheit, Schulen und Kitas angemessen finanziert werden.

Temnitz, Frau 2: Ja, man müsste eigentlich gucken, ich meine, ohne dass sich das jetzt vielleicht falsch anhört, aber ich sag mal, Deutschland ist ja auch ein sehr weltoffenes Land geworden. [...] Also da muss man wirklich gucken, dass es auch ein Stück weit gerecht aufgeteilt wird, ja so. [...] Und das sind auch so, so Gelder, wo ich immer denke, so, ... warum, mit welchem Sinn, kann man das nicht, warum kann man das nicht ein bisschen gezielter einsetzen? Ja, vorausschauender denken, einfach ein bisschen besser planen. Ja, ähm, ... meine Meinung. Ja, also es gibt auch hier in Deutschland Menschen, die erhalten, ähm, Zuwendungen, wo ich denke, warum? Ja, das sind auch Gelder, die in meinen Augen ein Stück weit verschwendet werden, die zum Beispiel auch in die Pflege gehen könnten oder in die Sicherheit, ähm, in die Schulen, in die Kitas. Na also, das ist zum Beispiel in meinen Augen nicht gut durchdacht, ja. [...] Aber das müsste viel, viel besser geplant werden. Also ich erlebe ganz oft, ähm, Dinge, wo ich denke, ... warum, warum ..., wird denn das jetzt alles aufgenommen und bezahlt und finanziert und nochmal und nochmal und nochmal? Ja, so zum Beispiel, um mal einen Punkt anzubringen, wo man vielleicht auch das Geld besser einsetzen könnte.

Weitere Themen wurden nur in einzelnen Kommunen und von einzelnen Teilnehmern als Erwartungen an die Politik formuliert. Darunter waren Anpassungen im Kontext von Migration (Cloppenburg, Cottbus, Temnitz), die Überprüfung der Aktualität von Gesetzen (Leipzig, Zeven), weniger Privatisierung von Gütern, die der Allgemeinheit zugutekommen, z. B. ÖPNV (Witzenhausen, Eberswalde), und

Reaktionen auf den demografischen Wandel (Bevensen-Ebstorf), mehr Kulturförderung (Luckau) – mithin sehr unterschiedliche Dinge.

In der schriftlichen Befragung nach den Gruppendiskussionen wollten wir noch einmal individuell und anonym von den Teilnehmern erfahren, wofür sich „die Politik" besonders einsetzen soll. Wir gaben hierzu 15 verschiedene Anliegen vor, die als unwichtig, eher unwichtig, eher wichtig oder sehr wichtig bewertet werden konnten. Ähnlich wie die Teilnehmer nannten wir nicht nur klassische Politikfelder, sondern auch allgemeine Anliegen, die stärker räumliche Aspekte gleichwertiger Lebensverhältnisse berühren. Tab. 8.1 enthält die Mittelwerte für die verschiedenen Siedlungskategorien absteigend sortiert nach dem Mittelwert der Werte für die Siedlungsgrößen.

Tab. 8.1 Wofür die Politik sich bes. einsetzen soll: Lokale Einschätzung nach Siedlungsgröße und -lage

	Klein	Mittel	Groß	Ost	West	BB	HE	NI	SN
Medizinische Versorgung	2,8	2,8	2,7	2,8	2,8	2,8	2,8	2,7	2,8
In Stadt und Land gleiche Grundversorgung	2,6	2,5	2,4	2,6	2,4	2,6	2,5	2,4	2,5
Gleicher Zugang zu öffentlicher Infrastruktur (Bus, Bahn)	2,4	2,3	2,3	2,5	2,2	2,5	2,4	2,1	2,5
Treffpunkte für soziales Miteinander fördern	2,3	2,2	2,3	2,3	2,3	2,2	2,4	2,2	2,3
Dörfer benötigen mehr Unterstützung.	2,4	2,4	1,9	2,3	2,1	2,2	2,3	2,0	2,5
Mobilfunk, Internetversorgung	2,4	2,1	2,2	2,3	2,2	2,4	2,1	2,3	2,3
Wirtschaftsförderung	2,3	2,1	1,9	2,3	2,0	2,3	2,0	2,0	2,3
Kulturangebote überall	1,9	2,1	2,0	2,0	1,9	2,1	2,1	1,8	1,9
Polizeiwachen in Reichweite	2,0	2,0	1,9	2,0	2,0	2,0	1,9	2,1	2,0
Überall gleiche Einkommen	2,2	1,7	1,6	2,1	1,7	2,1	1,8	1,6	2,1
Überall gleiche Mieten	2,0	1,7	1,7	1,8	1,9	2,0	1,9	1,8	1,7
Städte fördern	1,7	1,9	1,7	1,7	1,7	2,0	1,8	1,6	1,5
Anreize für Umzüge in andere Orte, wenn irgendwo eine Unterversorgung besteht	1,5	1,6	1,5	1,5	1,5	1,5	1,5	1,5	1,5
Keine Änderung zu jetzigen Schwerpunkten*	1,3	1,2	1,3	1,3	1,3	1,4	1,1	1,4	1,2
Jeder sollte genau gleich viel besitzen.	1,1	0,9	0,8	0,9	1,0	0,9	1,2	0,9	0,9

Frage: „Die Politik sollte sich besonders einsetzen für: …" (0 = unwichtig, 1 = eher unwichtig, 2 = eher wichtig, 3 = sehr wichtig); BB Brandenburg, HE Hessen, NI Niedersachsen, SN Sachsen
* …, denn es läuft im Großen und Ganzen gut
Quelle: eigene Auswertung der anonymen schriftlichen Befragung (N = 183)

Zeigten sich in den Gruppendiskussionen noch Unterschiede zwischen Kommunen verschiedener Größe und geografischer Lage, so fielen die Rankings in der schriftlichen Befragung recht ähnlich aus. Die Teilnehmer äußerten sich in der schriftlichen Befragung mit vorgegebenen Optionen für Anliegen an die Politik also über die Gruppen hinweg ähnlicher als in den spontanen Gesprächen. Wie erwähnt, lag in der schriftlichen Befragung die medizinische Versorgung als wichtigstes Anliegen ganz vorn. Dies bestätigt die Entscheidung der Gruppen in einem vorangegangenen Gesprächsabschnitt (vor der Thematisierung von Wünschen an die Politik), sich besonders für die medizinische Versorgung einzusetzen, wenn sie politische Entscheider wären (Tab. 8.1). Teilnehmer von 8 Gruppendiskussionen bezeichneten die medizinische Versorgung sogar je ausnahmslos als sehr wichtiges Anliegen (Abb. 8.1). Darunter waren 6 der 12 kleineren Orte.

Danach folgte das Anliegen, in Stadt und Land eine gleiche Grundversorgung bereitzustellen. Dieses Ziel, das man als Umschreibung des im Grundgesetz begünstigten Hinwirkens des Bundes auf gleichwertige Lebensverhältnisse verstehen kann, erhielt also eine im Vergleich zu den anderen abgefragten Anliegen hohe Zustimmung. Die ähnlichen Werte nach Siedlungskategorie täuschen indes etwas darüber hinweg, dass hier die lokalen Werte stärker schwankten als beim Votum für ein hohes Engagement der Politik für die medizinische Versorgung (Abb. 8.1). Dennoch bezeichneten die Teilnehmer aller Gruppen durchschnittlich den Einsatz für eine gleiche Grundversorgung in Stadt und Land mindestens als eher wichtig.

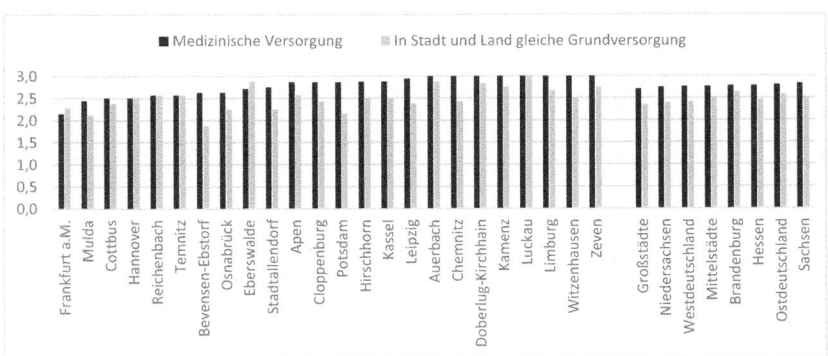

Abb. 8.1 Lokaler Wunsch nach besonderem politischem Einsatz für medizinische Versorgung und gleiche Grundversorgung. (Frage: „Die Politik sollte sich besondere einsetzen für:" Aussagen: „Medizinische Versorgung" bzw. „In Stadt und Land gleiche Grundversorgung". (0 = unwichtig, 1 = eher unwichtig, 2 = eher wichtig, 3 = sehr wichtig)". * …, denn es läuft im Großen und Ganzen gut. Quelle: eigene Auswertung der anonymen schriftlichen Befragung (N = 183))

Die Politik sollte sich außerdem besonders für einen gleichen Zugang zu öffentlicher Infrastruktur (Bus, Bahn), Treffpunkte für soziales Miteinander, für Dörfer sowie für Mobilfunk/Internet einsetzen. Abgesehen von der Förderung von Dörfern erhielten diese Anliegen in den Kommunen der drei Siedlungsgrößen jeweils durchschnittlich eine gleich starke Unterstützung. Besonderes politisches Engagement für den gleichen Zugang zu öffentlicher Verkehrsinfrastruktur wurde von den Teilnehmern der Gruppendiskussionen in Brandenburg und Sachsen sowie Ostdeutschland (je 2,5), aber auch in Hessen (2,4) stärker gefordert als etwa in Mittelstädten und Niedersachsen (je 2,1). In Sachsen war der Nachdruck für die Förderung von Dörfern ausgeprägter (2,5) als in anderen Siedlungskategorien. Wer sich für die Wünsche dieser Gruppen besonders einsetzt, könnte sich aber auch der Zustimmung durch die anderen Gruppen sicher sein.

Mit der seltenen Adressierung von Dörfern, Klein- und Mittelstädten in den Diskussionsrunden in Großstädten korrespondierte, dass Teilnehmer aus Großstädten die Förderung von Dörfern durch die Politik durchschnittlich schwächer gewichteten (1,9) als solche aus kleineren Orten und Mittelstädten (je 2,4). Dennoch hielten auch sie dieses Anliegen noch für „eher wichtig". Die Spannbreite an lokalen Mittelwerten war hier groß. Die Teilnehmer der Gruppendiskussion in Potsdam fanden die Förderung von Dörfern weniger wichtig (1,3) als in Chemnitz und Leipzig (2,3). Dörfern durch die Politik mehr Unterstützung zukommen zu lassen war in den Großstädten Teil eines Clusters von mehreren im Durchschnitt gleichstark unterstützten Zielen, darunter Kultur- und Wirtschaftsförderung sowie Polizeiwachen in der Nähe, mit denen es in der Praxis „konkurrieren" würde.

Ein besonderer Einsatz der Politik für Polizeiwachen in der Nähe wurde in den Gruppen unterschiedlicher Siedlungsgruppen ähnlich als „eher wichtig" bezeichnet. Wirtschaftsförderung als politisches Thema genoss unter den Teilnehmern in Brandenburg und Sachsen und damit in Ostdeutschland wieder mehr Unterstützung (2,3) als anderswo. Bei diesen Themen konnten die Werte für einzelne Orte vom allgemeinen Muster abweichen.

Auch „überall gleiche Mieten" und „überall gleiche Einkommen" sowie Städteförderung wurden durchschnittlich noch als eher wichtige politische Ziele eingestuft. Unterstützten Teilnehmer von Gruppendiskussionen in Großstädten letztlich die Förderung von Dörfern, die ihnen selbst nicht primär nützte, so sprachen sich umgekehrt besonders Teilnehmer in kleineren Orten für gleiche Mieten aus (2,0), wovon sie selbst nicht unmittelbar profitieren würden. Der Wunsch nach besonderem politischen Engagement für „überall gleiche Einkommen" war unter Teilnehmern in kleineren Kommunen (2,2) sowie in Brandenburg, Sachsen und Ostdeutschland (je 2,1) größer als in Mittel- und Großstädten (1,7 bzw. 1,6). Dies entspricht der stärkeren Thematisierung von Ost-West-Unterschieden in den Einkommen in Kommunen mit diesen räumlichen Merkmalen, spiegelt aber nicht die in Gruppendiskussionen in westdeutschen Kommunen verbreitetere Kritik an sozialen Unterschieden. Der räumliche Fokus auf „überall" gleichen Einkommen traf unter Umständen in westdeutschen Kommunen nicht auf Zustimmung. In Mittelstädten (und in Hessen) war das Votum für Städteförderung durch die Politik etwas stärker (1,9), nur übertroffen von Brandenburg (2,0).

Durchweg weniger unterstützten die Teilnehmer unserer Gruppendiskussionen im jeweiligen lokalen Durchschnitt den Ansatz, vonseiten der Politik Anreize für Umzüge in andere Orte zu setzen, wenn irgendwo eine Unterversorgung besteht, oder dass jeder genau gleich viel besitzen sollte. Aber auch ein „Weiter so wie bisher" sowie „Jeder sollte genau gleich viel besitzen" fanden allerorten wenig Zuspruch.

Ferner wollten wir wissen, welches Niveau der Lebensverhältnisse anzustreben ist: der eigene Lebensstandard der jeweils befragten Person, ein niedrigerer oder ein höherer Lebensstandard. Durchweg gaben die Befragten durchschnittlich pro Siedlungskategorie ihre eigenen Lebensverhältnisse als anzustrebendes Ziel an; die lokalen Mittelwerte variierten nur marginal.

8.2   Finanzierung durch Kürzungen im Politikbetrieb, Bürokratieabbau, Umschichtungen und Reichensteuer? Weitgehend Einigkeit statt räumlicher Meinungsunterschiede

Maßnahmen für gleichwertige Lebensverhältnisse sind finanziell aufwändig. Wie lassen sich Mittel beschaffen, um solche Maßnahmen zu realisieren? Dafür lieferten die Teilnehmer unserer Gruppendiskussionen differenzierte Ideen. In 22 der 24 Kommunen griffen sie unseren Impuls aus einer Frage auf, Vorschläge für mögliche Einsparungen an anderer Stelle zu unterbreiten, über die Maßnahmen für gleichwertige Lebensverhältnisse finanziert werden könnten.[6] In der anschließenden schriftlichen Befragung äußerten sie sich auch zum Thema Steuerpolitik. Insgesamt ergibt sich ein klares Stimmungsbild unabhängig von der Siedlungsgröße und geografischen Lage: Zugunsten von Kohäsionsmaßnahmen konnten sich unsere Teilnehmer Kürzungen im Politikbetrieb, Umschichtungen staatlicher Ausgaben und eine Reichensteuer vorstellen, aber eine allgemeine Steuererhöhung lehnten sie eher ab. Beim Geld waren sich die Befragten also einig, wie wir nachfolgend zeigen. Dies schloss Uneinigkeit bei einzelnen Punkten nicht aus.

---

[6] In Limburg und Stadtallendorf gab es dazu keine Aussagen.

Viele spontane Aussagen in den Gruppendiskussionen gingen in ähnliche Richtungen und lassen sich daher thematisch clustern. In Klammern ist wieder die Anzahl der Kommunen genannt, in denen der Vorschlag jeweils eingebracht wurde:

- Einsparungen im Politikbetrieb (17),
- Verwaltungsapparat reduzieren/Bürokratie abbauen/Genehmigungs- bzw. Planungsverfahren vereinfachen (10),
- unnötige Ausgaben begrenzen, v. a. für Rüstung, Aufwendungen für andere Staaten (8),
- Steuererhöhungen bzw. Beamtenbesoldung ändern (6).

Mit Aussagen zur Steuerpolitik in einigen wenigen Gruppendiskussionen gingen die Teilnehmer sogar über das hinaus, was unsere Leitfrage an Überlegungen erbeten hatte.

Insgesamt überlappten sich die Aussagen zu Einsparmöglichkeiten zugunsten von Maßnahmen für gleichwertige Lebensverhältnisse stärker als die in Abschn. 8.1 beschriebenen spontan geäußerten Wünsche zu diesen Maßnahmen selbst. Das traf besonders auf Einsparungen im Politikbetrieb zu, die in mehr als zwei Dritteln der Gruppendiskussionen vorgeschlagen wurden. Trotz der starken Verbreitung ergab sich selbst hier wieder ein räumliches Muster. Für die anderen, in weniger Gruppendiskussionen vorgebrachten Vorschläge galt dies aber nicht oder in geringerem Maße. Dieser Befund bestätigte sich auch in der schriftlichen Befragung, die primär steuerpolitische Präferenzen erfasste. Deren Hierarchie variierte nicht nach der Größe und geografischen Lage der Kommune, in der die Personen an der Gruppendiskussion teilgenommen hatten.

In den Gruppendiskussionen wurden Vorschläge zu verschiedenen Einsparmöglichkeiten häufig ohne strikte Trennung besprochen. Um dies zu belegen und einen Eindruck von der Verwobenheit, Emotionalität in Bezug auf manche Themen und die Abfolge der Nennungen zu vermitteln, ziehen die nachfolgenden Auszüge aus den Transkripten wieder nicht nur einzelne Sätze zu bestimmten Aspekten heraus, sondern dokumentieren oft längere Textpassagen, die verschiedene Vorschläge umfassen können.

Einsparungen im Politikbetrieb zur Finanzierung öffentlicher Ausgaben wurden, wie erwähnt, in 17 Kommunen vorgeschlagen (Apen, Chemnitz, Cloppenburg, Cottbus, Doberlug-Kirchhain, Eberswalde, Frankfurt a. M., Hirschhorn, Kamenz, Kassel, Luckau, Mulda, Potsdam, Reichenbach, Temnitz, Witzenhausen, Zeven). Bei genauerer Betrachtung wurden solche Vorschläge relativ mehr in kleineren Kommunen und in Kommunen in Ostdeutschland formuliert: In 10 der 12 Gruppendiskussionen in kleineren Kommunen brachten Teilnehmer diese Idee auf, in 4 der 7 Großstädte sowie in 3 der 5 ausgewählten Mittelstädte, außerdem in mehr Kommunen in Ostdeutschland (10) wie in Westdeutschland (7). Darüber hinaus waren solche Vorschläge in Gruppendiskussionen in ostdeutschen Kommunen unkontrovers, während es in westdeutschen Kommunen Einwände bzw. relativierende Reaktionen gab. Teilnehmer an Gruppendiskussionen in Ostdeutschland äußerten sich also sensibler in Bezug auf die Finanzierung des Politikbetriebs.

Noch genauer thematisch aufgeschlüsselt, fanden Teilnehmer von 11 Kommunen eine Kürzung von Diäten bzw. Gehältern von Politikern sinnvoll, um Mittel für die Schaffung gleichwertiger Lebensverhältnisse bereitzustellen. Diese Idee wurden jeweils auch recht früh spontan formuliert. Unwidersprochen blieb dieser Gedanke in Eberswalde, Hirschhorn, Kamenz, Potsdam, Reichenbach, Temnitz und Zeven. In Reichenbach beispielsweise wurden Diätenkürzungen im Kontext einer als unzureichend bewerteten Qualität der Politikentscheidungen vorgeschlagen und waren Teil eines Pakets aus verschiedenen Vorschlägen, darunter auch zur Absenkung von Rüstungsausgaben (siehe unten).

> Reichenbach, Frau 2: Die sinnlosen Ausgaben … Mann 1: An den Diäten der Politiker. Ganz eindeutig. Ganz eindeutig. Die haben so hohe Diäten… und machen so viel Scheiß! […] Frau 2: Sind ja auch die sinnlosen Ausgaben. Es werden Straßen gemacht, die noch gut sind und dann sind Straßen, das ist ein halber Acker, da wird nichts gemacht. (kontinuierliche Zustimmung von Mann 1) Es ist genauso dieses Sinnlose. Da werden Brücken ins Nichts gebaut und abgesperrt, weil irgendwie jemand, ein Architekt gesagt hat, dort muss eine hin, die nicht hinpasst. Mann 1: Und ein Politiker, der hat ja, ist ja nicht nur sein eigener Geist, den er da anwendet. Der hat ja für seine gut bezahlte Stelle hat der der ja vielleicht noch so 10, 15 Mann um sich rum, die auch gut bezahlt sind, die ihm zuarbeiten. […] Mann 3: Ich find' auch die, die Bürokratie, die teilweise (kontinuierliche Zustimmung von Mann 1) alles seine Daseinsberechtigung hat, aber da wird auch vieles ausgebremst, was halt nochmal geprüft wird und dann nochmal, was weiß ich, sich wieder dagegen jemand … Ich glaube, da könnte man auch bisschen Geschwindigkeit reinbekommen. […] Frau 3: Und auch sehr bei der Rüstung kürzen. Mann 1: Auf alle Fälle. Frau 3: Also was dort an Geld ausgegeben wird, ich meine… Also ich kenne die Zahlen nicht, ich weiß es nicht, aber ich weiß, dass dort in meinen Augen definitiv viel zu viel Geld ausgegeben wird für irgendwelche Heckler und Koch Gewehre und so einen Scheiß. Also das würde ich auch kürzen, also da, die bräuchten wir nicht. Mann 1: Ja, genauso is' es. Vor allen Dingen, die Politik, ich verstehe das immer nicht, warum muss sich die deutsche Politik in ausländische Politik reinhängen? Warum lässt man die Länder nicht gewähren, indem man sagt, die sollen mal in ihrem Land ihre Politik selber betreiben und die Krisen, die sie haben, selber bewältigen. Und nicht immer bloß, weil dieses Land Rohstoffe bessere oder mehr Rohstoffe hat, da müssen wir uns mit einmischen und da müssen bissel dort marschieren und machen und so. Das finde ich nicht gut, das ist … Jedes Land soll für sich sein eigenes Spiel spielen und, aber Deutschland … Frau 2: Und wenn was nicht stimmt, dann gibt es gleich wieder Sank-

tionen. Passt das nicht, ihr kriegt Sanktionen. Seh' ich ja an der Schweiz, wo die gesagt haben, wir machen nicht mit in der EU, na Momente mal.

Ähnlich fielen Teilnehmern in Temnitz spontan Kürzungen der Gehälter von Politikern als erste Maßnahme ein, um Gelder für die Unterstützung gleichwertiger Lebensverhältnisse bereitzustellen. Hier wurden sie nicht in einen Zusammenhang mit skeptisch bewerteten Politikleistungen gebracht, sondern mit den drastisch gestiegenen Benzinkosten, die Privathaushalte (vor allem in Orten wie Temnitz, in denen die Menschen auf das Auto als Mobilitätsmittel angewiesen sind) belasten, Politiker aber – so die Annahme – nicht.

Temnitz, Mann 4: Bei den Gehältern von den Politikern … (Zustimmung von Frau 3) … können wir sparen. Das reicht ja wohl. Frau 4: (fällt ins Wort) Da kann man schon mal anfangen. Da könnte man schon mal anfangen. Mann 2: Bei den Fußballspielern. (lacht) […] Frau 3: Ja … Ist ganz gut, dass man nicht immer alles weiß. Aber das ist gut und äh, Gehalt, Politikergehalt, genau … Ich glaube, wenn die alle mal von tausend Euro im Monat leben sollten, würden sie auch ein bisschen anders denken … Die brauchen kein Benzin bezahlen. Die brauchen keinen, die, die brauchen ja nichts bezahlen. Die brauchen keine Energie bezahlen. Und deswegen … sind die auch von der Realität wahrscheinlich auch ein ganz schönes Stück weiter weg. […] Mann 3: An den starken Spritpreisen. (Stille)

Als Variante wurde in Doberlug-Kirchhain unkontrovers vorgeschlagen, die Diäten nicht zu erhöhen bzw. an das Wirtschaftswachstum anzupassen oder Abgeordneten, die „da bloß sitzen und rumstänkern" die Diäten zu streichen. Darüber hinaus wurde hier skeptisch betrachtet, dass politische Maßnahmen nicht über Einsparungen finanziert werden, „sondern einfach indem Geld gedruckt wurde."

Doberlug-Kirchhain, Frau 3 Die Diäten nicht ständig erhöhen. Frau 2: Das wollte ich auch gerade sagen. Frau 3: (lacht) Da könnten sie eine ganze Menge sparen. Frau 2: Die Diäten mal dem Wirtschaftswachstum anpassen. Und wenn hier gerade Minuszinsen sind, dann müssten auch mal die Diäten minus gehen, echt, und nicht plus. Mann 2: Und solche Leute solche Leute wie Weidel und und und, wie heißt der andere, der Alte, solche Leute brauchen wir nicht mit hohen Diäten ausstatten, die da bloß sitzen und rumstänkern. Ich meine damit rechts. […] Mann 1: Das war ja der zweite Teil der Frage, was können wir sparen, um, äh, die Maßnahmen zu finanzieren? Die letzten Jahre haben wir ja das nicht übers Sparen gemacht, sondern einfach, indem Geld gedruckt wurde (Zustimmung von Frau 1) Die Geldmenge ist ja extrem, extrem gewachsen. Äh, jetzt wird es halt wieder, das entwertet die Geldmenge über die Inflation, die uns sicherlich noch eine Weile begleiten wird. Frau 2: Das ist immer vom Staat auch, finde ich, nur so ein Tropfen auf den heißen Stein. Da ist irgendwie sich gar nicht Gedanken gemacht. Man müsste doch mal gucken, was könnte ich mit diesem vielen Geld jetzt tun, um an der Situation was zu ändern? Das war wie bei Corona.

Gegenreden zu Vorschlägen, Diäten oder Gehälter von Politiker zu kürzen, beobachteten wir in Apen, Cottbus, Frankfurt a. M. und Witzenhausen. In Frankfurt a. M. war die Kürzung eine der ersten geäußerten Ideen, aber rasch verlagerten Teilnehmer die Diskussion auf alternative Varianten, die finanziellen Mittel für gewünschte Ausgaben zu erhöhen, weil die Einspareffekte von Diätenkürzungen zu gering seien. Auch wurde angeregt, ausgabenintensive politische Maßnahmen jeweils genau zu hinterfragen, statt immer „nach dem Staat zu schreien" und bei höheren Belastungen Politiker zu kritisieren.

> Frankfurt a. M., Frau 4: (fällt ins Wort) An den Politikern. Ganz einfach. Frau 1: Ja, richtig genau. (Getuschel) Frau 4: Die tun sich ihre Diäten erhöhen, egal wie was und andere müssen [...] Das ist einfach so. Frau 1: Nicht alle, aber ein großer Apparat, der an denen hängt, ist nicht bezahlbar, muss aber bezahlt werden und durch die Steuergelder und wir wissen ja gar nicht, was wir noch alles bezahlen bei denen oder die Steuern für verwendet werden. [...] Mann 1: Ich bin Sozialist. Ich habe gesagt, wir brauchen keine Waffe mehr. Frau 4: (fällt ins Wort) Ist doch die größte Lobby. [...] Mann 2: Überall. Du musst, du musst solidarisch sparen. Du kannst, du kannst sparen zum Beispiel im, im Straßenbau. [...] Natürlich sagt das immer jeder so, wie er es gerade als wichtiger empfindet, ja. Frankfurt steht ja jetzt vor der großen Entscheidung, oder besser gesagt, die Entscheidung ist gefallen, jetzt ist geht es nur darum, wie, ein neues Opern- und Schauspielhaus zu bauen, was in der Größenordnung um die 800 Mio. € liegt, ja. [...] Düsseldorf hat dasselbe Problem. So und dann, wenn Sie natürlich relativ kulturuninteressiert sind oder Kinder haben in Schulen, wo die Toilette schon seit 15 Jahren keine frische Farbe mehr gesehen hat oder weiß der Teufel was, dann haben Sie natürlich ganz andere Ansprüche jetzt. [...] Mann 3: (fällt ins Wort) Oder die Steuern erhöhen. Das wäre halt die Alternative. Mann 2: Na ja, die, die zweite These ist ja mehr Schulden machen, ja. Steuern erhöh, erhöhen ist ja auch nur noch irgendwann mal begrenzt machbar, weil die Leute ja sonst wirklich kaum noch leben können, ne. [...] wir, äh, wir wollen alle keine Steuern bezahlen oder weniger Steuern bezahlen, aber gleichzeitig, äh, in Anführungszeichen schreien wir alle nach dem Staat, ja. Letztendlich, wer ist der Staat? Sind ja doch alle wir alle. So. Das wird immer nur projiziert auf die Politiker, die da in Berlin, ja. Aber ich bezahle jede Schule mit als Lediger und das mache ich auch gerne. Und das ist auch okay. Aber das muss man halt auch wieder mal in die Köpfe der Leute kriegen. (Zustimmung von Frau 1) Natürlich haben wir das größte Parlament auf der Erde mittlerweile, ja. Dass da einiges im Argen ist oder auch in vielen anderen Dingen, was im Argen ist, auch im Gesundheitswesen, das könnten wir viel besser organisieren [...] Frau 1: Diätenkürzung. Mann 2: Und da sparst du wie viel? 10 Mio., 20? Frau 1: Sehr moderate Zahl, weiß ich jetzt nicht, aber ... da könnte man vielleicht mal eine Nullrunde einlegen. Mann 2: Ja, aber das ... Mann 3: (fällt ins Wort) Ich denke, Diäten, Diäten sind es gar nicht mal, sondern wenn man, wenn man dann, äh ja, sagen wir mal, eine gewisse Zeit in der Politik war, dass man da entsprechend lebenslang Ansprüche darauf stellen kann und das ist ... Frau 1: (fällt ins Wort) Das eine zieht das andere ja nach sich. Mann 3: Na ja, nicht unbedingt. Man könnte ja sagen, wenn man quasi sein Unternehmen verlässt, dann hat man quasi keine Ansprüche mehr. Frau 1: Ja, da könnten wir ja nochmal, auch

da noch den Hobel ansetzen. Mann 2: (fällt ins Wort) Wenn wir, wenn wir da jetzt mal
ganz ehrlich sind, wenn wir das alles umsetzen, ja, rein Politiker gesehen, wieviel Pro-
mille ist das vom Gesamtetat dieses Landes? Wir reden hier ja letztendlich in, von Ausgaben in Milliardenhöhe, ja. Und wenn du da, selbst, wenn du, ich sag jetzt mal,
100 Mrd. sparen würdest, was wir ja gar nicht sparen, wenn wir das so umsetzen. Frau
1: (seufzt, fällt ins Wort) Das eine ist, das eine ist das Sparen von dem, was man machen kann und das andere ist, wieder was Neues zu erfinden, wo man wieder was in
den Topf reinkriegt zum Beispiel. Mann 2: Natürlich kannst du sparen. Du kannst sparen, indem du sagst, äh, viele Dinge oder mache, mach, mach, mach zum Beispiel ein
Gesetz, wo Steuerverschwendung strafbar wird, für den, der es macht.

In 6 Gruppendiskussionen wurde vorgeschlagen, den Bundestag zu verkleinern.
Unkontrovers wurde dieser Vorschlag in Eberswalde, Hirschhorn und Potsdam
aufgenommen. In Hirschhorn wurde die Idee mit wahrgenommenen Leistungs-
defiziten der Politiker und Sonderregularien für sie in Verbindung gebracht, die im
Kontrast stünden zu den Arbeits- und Lebensbedingungen „normaler Menschen".
Mit ähnlicher Argumentation wurden Einsparmaßnahmen bei der Ausstattung von
einigen ehemaligen hochrangigen Amtsträgern und der Beamtenbesoldung angeregt.

Hirschhorn, Mann 1: Sparen bei den Diäten des Bundestags. (Zustimmung von Mann
4) Ganz klar. Mann 2: Und in der Anzahl. Mann 1: An der Anzahl der Vertreter. Frau 3:
Ja, ganz genau. (Getuschel) Mann 1: Wir haben zum Beispiel von 24 Stadtverordnungen,
die möglich gewesen wären, nur noch 17 und auch äh, um konzentrierter arbeiten zu
können, natürlich auch die Sitzungsgelder und die ganze Posten ringsum etwas, äh, ein-
zudämmen. Und ich glaube auch, wir haben im Bundestag einfach zu viele Leute. Mann
2: Durch die Überhangmandate gibt es viel zu viele Nachrücker. Das ist unnötig gebläht
das ganze Ding. (Zustimmung von Mann 1) Frau 1: Ja, ich finde auch die ganzen Bezüge, die da zur Verfügung gestellt werden teilweise. Wenn man dann hört, dass die
noch nicht mal zu den Sitzungen et cetera gehen, die müssen nur die Anwesenheit, das
ist ja Betrug am Bürger, finde ich. Die sacken Gelder ein, die ihnen nicht zustehen und
das finde ich, das finde ich unverschämt. Weil wir müssen ja auch für unser Geld arbeiten und physisch anwesend sein. Also das finde ich, finde ich schon teilweise, dass es zu
locker gehandhabt wird. Mann 3: […] Dafür muss unsereins mindestens mal einen Tag
arbeiten und die gehen dann nur fünf Minuten hin. Das ist, äh, Betrug am Bürger, weil
sie eben nichts leisten und nicht unsere, äh, deswegen wurden sie ja gewählt, um unsere
Belange durchzusetzen. Das wird in diesem Falle nicht gemacht. Äh, […] man kann
auch überprüfen, was die denn genau machen, mit was die sich da auseinandersetzen
und was die dann auch einbringen in die Diskussion im Bundestag oder ob die wirklich
nur Bankdrücker und ähm, zu den ganzen netten Banketts von den ganzen, ähm, ja Firmen gehen, um sich dann irgendwann in irgendeinen Vorstand wählen zu lassen. Mann
4: Ich finde auch, man hat jetzt auch, gerade in den vergangenen Monaten war es ja auch
ganz oft in der Presse, ähm, also hat es auch wirklich der Letzte mitbekommen, dass,
ähm, wirklich ein Unding ist, dass Politiker die, äh, zum Beispiel im sogenannten Ruhestand sind, nach wie vor Zugriff oder, oder Berechtigung haben für ein […] ein eigenes
Büro, plus nochmal vier oder fünf Mitarbeiter haben. Ähm, wo ich mich, wo ich mich

ganz einfach frag, ähm, wofür oder warum denn? Mein Amt als Politiker, ähm, egal wie hoch das jetzt war, ist abgeschlossen und somit würde, meiner Meinung nach, auch jegliche, äh, personelle Unterstützung dann untersagt werden oder, oder müsste man nicht mehr machen [...] Geld gibt es noch genug dafür, äh, für die sogenannte, was, Pension dann. Und aber... Frau 1: In dem Zusammenhang finde ich auch unser Beamtentum ganz, ganz übel. Entschuldigung. (lacht) Mann 1: Der, der Staat nimmt die laufende Besoldung der Beamten aus dem laufenden Haushalt, nicht aus Rentenkassen. So und das, wie gesagt, das, bin ich auch der Meinung, das Beamtentum ist völlig daneben. Die zahlen nichts an Versicherungen, an Gedöns, Rente. Die kassieren aus dem normalen Bundeshaushalt ihre Bezüge und vor allen Dingen auch, äh, wenn sie in Rente gehen, die sogenannten Pensionen, die weit über dem liegen, was ein Normaler schaffen kann durch seine normale, äh, Rente. Und da ist eine Riesendiskrepanz. Dort können wir, dort können wir sparen. Und [wie gesagt] wir müssen auch nicht überall in die Welt Geld schicken, wo es halt, wo es ruft, Deutschland wir brauchen Kohle, schickt mal was. Äh, ich hab es ja vorhin schon mal ausgeführt. Da sollten wir lieber mal gucken, dass die Leute hier alle versorgt, bevor wir ... Mann 2: (fällt ins Wort) Ja, eine richtige Hilfe, die auch ankommt. Das wäre es.

Kontrovers wurde der Vorschlag, den Bundestag zu verkleinern, in Apen, Cloppenburg und Witzenhausen besprochen. In Cloppenburg galt dasselbe für den Vorschlag, den Bundesrat zu verkleinern. In Witzenhausen richteten sich Einwände darauf, dass eine solche Maßnahme Politik an sich beschränke, dass die Zahlungen an Politiker letztlich niedriger seien als an Personen in der Wirtschaft und in der Sache gerechtfertigt seien, weil Politiker sehr viele Stunden am Tag arbeiten.

Witzenhausen, Frau 2: Ganz oben, wenn da die Politik könnte an sich selbst sparen. Also es gibt ja gerade die Diskussion, dass das viel zu viele, im Prinzip also das Parlament viel zu groß ist, eigentlich immer mehr Politiker dort sitzen, die da gar nicht sitzen müssten. Mann 2: Wobei das wieder Anti-Politik ist. Frau 2: Nee, nämlich, dass viele Sitze einfach verteilt sind für jede Partei. Mann 2: Aber das ist auch nur eine Sicht auf die Dinge. Frau 2: Und die kriegen unglaublich viel Geld. Die Frage ist, wenn ich irgendwo sparen muss, fange ich ja nie also die fangen ja nie bei sich selbst an. Und sagen also, ich brauche vielleicht nicht 15.000 € im Monat, sondern vielleicht tut's auch 13 auch. Mann 2: Ja klar. Aber das zum Beispiel Angela Merkel damals als Spitze der Nation 20.000 € im Monat verdient. Dieses, dass wir zu viele Politiker hätten und die zu viel Geld verdienen. Wir sollten noch weiter oben ansetzen und da gucken, die verdienen so viel. Es gibt Menschen, die verdienen noch weitaus mehr. Aber Politiker arbeiten halt wirklich 18 h am Tag.

Keine lebenslangen Zahlungen an ehemalige Amtsträger zu leisten, wurde in Eberswalde und Cloppenburg vorgeschlagen. In Eberswalde gab es dazu keine Einwände, in Cloppenburg schon. Verwandt war der Vorschlag in Hirschhorn[7] und Kassel, Altbundeskanzlern keine Personal- und Büroausstattungen zu finanzieren.

---

[7] Siehe den Auszug aus der Gruppendiskussion oben.

Weitere Vorschläge für Kostensenkungen im Politikbetrieb umfassten die Kürzung von Ausgaben für Berater in der Politik, eine unkontrovers in den Gruppendiskussionen in Chemnitz und Potsdam geäußerte Idee. Die Gremien der Politik und die Zahl der Mitglieder in Gremien zu reduzieren, wurde unwidersprochen in Mulda angeregt. Politiker sollten weniger Autos nutzen, hieß es unkontrovers in Luckau.

In 10 Kommunen (Apen, Bevensen-Ebstorf, Cloppenburg, Cottbus, Leipzig, Luckau, Mulda, Osnabrück, Reichenbach, Zeven) besprachen Teilnehmer der dortigen Gruppendiskussionen Einsparmöglichkeiten in Bezug auf die Verwaltung, darunter die **Reduktion von Verwaltungsapparaten, Bürokratieabbau und die Vereinfachung von Genehmigungs- bzw. Planungsverfahren.** Ein räumliches Muster zeigte sich nicht mit 6 (der 12) kleineren Kommunen, 2 (der 5) Mittelstädte und 2 (der 7) Großstädte bzw. je 5 Kommunen in Ost- und Westdeutschland. Im Gegensatz zu den Vorschlägen für Einsparungen im Politikbetrieb wurden Sparmaßnahmen in Bezug auf die Verwaltung überall unkontrovers besprochen, wenngleich oft nur wenige Personen aktiv beteiligt waren.

Allgemeine Sparmaßnahmen in Bezug auf die Verwaltung wurden in 4 Kommunen vorgeschlagen (Cloppenburg, Cottbus, Osnabrück, Zeven). In Cloppenburg kam der Vorschlag früh; die Verwaltung sei ohnehin „aufgebauscht". Mehr Aufmerksamkeit genossen aber andere Ideen. Im Vergleich mit Verwaltungseinsparungen wurde dem Kürzen von Subventionen ein noch größeres Einsparpotenzial beschieden; auch wurden Umschichtungen der Finanzierung im Politikbetrieb für sinnvoll gehalten.

Cloppenburg, Mann 2: Also, wo gespart werden könnte, wäre erstmal der gesamte aufgebauschte Verwaltungsapparat. Frau 2: Der Gedanke ist mir auch gekommen. (lacht) [...] Mann 2: Und dann, äh, also das ist mit dem Einsparen sicherlich ein großes Potenzial. Was nach meiner Ansicht auch ganz wichtig ist, wo man wirklich einsparen kann, diese ganze Subventionspolitik. Es kann nicht angehen, dass alles Mögliche subventioniert wird, äh, jetzt neu [...], was für Betriebe da gefördert worden sind. Ja, da muss ich sagen, wenn die nicht in der Lage sind, alleine klarzukommen, dann haben Sie selber schuld. [...] Also erstmal sollte man gar nicht mehr Geld ausgeben. Wir haben Schulden gemacht. [...] Mann 1: Bei den Subventionen bin ich voll dabei, die müssten wirklich rapide drastisch zurückgeschraubt werden. Wir haben hier eine gut funktionierende Wirtschaft, eigentlich. Äh, bei den Politikern bin ich nicht dabei. Also im Bundesrat, Bundestag, verkleinern das Ganze, weniger bezahlte Leute, die aber wesentlich besser bezahlen, als sie jetzt bezahlt werden. Dafür dürfen sie nur ihren Job haben, nichts anderes tun. (Zustimmung von Frau 3) Die sind nur dafür da. Und wenn sie das Dreifache, Vierfache bekommen, alles gut [...] (Getuschel) Frau 1: (fällt ins Wort) Keine Aufsichtsratsposten. Mann 1: Genau und dass sie auch verantwortlich sind. (Getuschel) [...] sondern nur ausschließlich für ihre Politik, für ihr Ressort. Frau: Ja, bin auch bei dir. Mann 1: Also, da bin ich, ob das nachher mehr kostet oder weniger kostet, oder sich die Waage hält, weiß ich nicht. Aber ...

Mann 2: Ja, du hast wirklich Recht. Äh, man kann die Politiker, die da im Rat, im Bundestag, im Landtag sitzen, durchaus besser bezahlen. Aber dann sollte man auch gleichzeitig anfangen und sagen, ja Bitteschön, was eure Rente und das anbelangt, da zählt euer Lebensverdienst. Nicht, dass ihr da paar Tage im Bundestag gesessen habt und dann könnt ihr bis zum Lebensende die Rente beziehen. Äh, jeder mit, jeder normale Mensch muss, also sagen wir mal, so seine Lebens-, seinen Lebensverdienst sich anrechnen lassen für die Rente. Anders geht das nicht. Mann 1: Keine Frage. Und ich bin verantwortlich, für das, was ich tue. Wenn ich was in den Sand setze, muss ich mich dafür verantworten. Mann 2: Ja, das wäre schön.

In Osnabrück wurde der Nutzen von Einsparungen bei der Verwaltung relativ begründet: Dies sei eher zu verkraften als Einschränkungen bei etwa der medizinischen Versorgung.

Osnabrück, Frau 1: Und von daher, denke ich, äh, bleibt es eigentlich nur bei der Verwaltung, dass da gespart werden kann. (Zustimmung von Frau 3) Denn alles andere ist ja wichtig, vor allen Dingen, weil wir es auch, so peu à peu, immer mehr gewohnt sind. Früher war das ja gar nicht so, äh, aber jetzt ist unser Lebensstandard dementsprechend auch mit gestiegen. Und für uns ist es selbstverständlich, dass ich zum Arzt gehen kann, dass ich den Notruf anrufen kann. Das sind alles Dinge, die für mich also sehr, sehr wichtig sind. Und da kann ich nicht sagen, da muss gespart werden.

Eine effizientere Aufstellung der Verwaltung bzw. die Straffung von Verwaltungsvorgängen wurden ebenfalls in 4 Kommunen angeregt, um Ressourcen zu sparen (Bevensen-Ebstorf, Leipzig, Mulda, Reichenbach).[8] Dabei wurde in Bevensen-Ebstorf argumentiert, dass man woanders weniger Einsparpotenzial habe als beim Verwaltungsaufwand und der Verwaltungsorganisation; das Thema wurde dort nicht weiter vertieft.

Bevensen-Ebstorf, Mann 3: Ja, im Rahmen der Möglichkeiten, denke ich, ist nicht viel mehr zu machen. Wenn man irgendwo was einsparen könnte, dann denke ich sicherlich in Organisationen und Verwaltungsaufwand. (allgemeine Zustimmung) Mann 3: Weil das findet in Deutschland auf der politischen Verwaltungsebene nicht so professionell statt, wie es in einem Unternehmen stattfinden würde. Da ist sicherlich eine Menge zu verbessern.

Anders in Leipzig. Dort entspann sich eine längere Diskussion um zahlreiche und unnötige Vorgaben, die Planungsprozesse für öffentliche Anliegen unproduktiv verlängern und so Geld kosten, das für die Umsetzung fehlt, sowie um fachfremde Juristen, die als Beamte aus Angst, fehlerhafte Entscheidungen zu treffen, Fachgut-

---

[8] Siehe dazu den Auszug aus dem Transkript oben in diesem Abschnitt.

achten beauftragen und so weitere Kosten erzeugen. Eine effizientere Verwaltung und Bürokratieabbau seien daher wichtig. Ein Teilnehmer wandte allerdings ein, dass dann auch die Fehlertoleranz der Wähler steigen müsse und auch Bürger selbst über zahlreiche Klagen Bauprojekte etwa für Windanlagen verzögern und verteuern.

> Leipzig, Mann 3: Also es gibt so Vorgaben, die, die einfach sowas auch verteuern. Und da muss man eben überlegen, man muss eben einfach mal gucken, wo mein Geld einsparen kann, aber das auch mit Experten, klar. Wenn du natürlich siehst, dass die Hälfte der Bundesminister, äh, Beamte, Lehrer und Rechtsanwälte sind, was soll dabei rauskommen? (leises Gelächter) Das ist ja so, klar. Also der, der ... Frau 1: (fällt ins Wort) Also, der Beamte, gutes Stichwort, die könnten eigentlich auch ein bisschen einzahlen, oder° (Zustimmung von Frau 3) [...] Mann 1: Ähm, aber was ich noch nicht erlebt habe, ist, dass irgendein Gesetz gestrichen wurde. Also teilweise muss ich 1963er Gesetze lesen und Vorschriften, damit ich weiß, wie eine Brandschutzwand zu sein hat, wo ich denke, das kann man ja einmal überarbeiten, dann streicht man drei weg und eins dazu. Aber das ist, wird immer nur eins dazugetan, weil niemand mehr überblickt, wo das eine Gesetz überhaupt Anwendung findet [...]. Und am Ende hat man irgendwie 70 Gesetze, die sich um Verkehrsschilder, ob sie so oder so, äh, gerade sind, wo ich sage, es reicht [...], es muss gerade hängen. (Zustimmung von Frau 1) Also, und diese zehn mal Gesetze für ein und das andere, das macht so teuer, das macht so kompliziert, dass man am Ende noch nicht mal ein, einen Radweg sanieren kann, weil man gar nicht weiß, ob man jetzt ein [...] überfährt, ob man den weißen Strich dahin machen kann, wei das Titandioxid die Windblume schädigt, ähm, ob man, äh, eine, eine Leitungsbahn eventuell, äh, blockiert oder irgendwas anderes. Es gibt 50 Sachen, die man beachten muss, oder 150. Ehe man die herausgefunden hat, sind drei Jahre rum. Das Geld ist weg für die Planung und nicht für die Förderung. Mann 3: Ja, aber das stimmt. Mit einem Bürokratieabbau könntest du ja auch Geld sparen (allgemeine Zustimmung) [...] Mann 1: (fällt ins Wort) [...] Mittlerweile haben wir ein Beamtentum wo alles studierte Beamte sind, Rechtspfleger oder wie die heißen, ähm die [...] nicht vom Fach sind und nicht mehr entscheiden, okay, es ist in Ordnung, wenn das Rohr so lang geht, sondern die machen, die beauftragen Gutachten [...]. Die entscheiden nichts mehr selber, weil wenn da irgendwas passiert, wären sie ja schuld. (Zustimmung von Mann 3) Niemand will da was entscheiden. Wo ich sage, wenn, wenn der Staat nicht mehr entscheidet, wie seine Gesetze auszulegen sind, wer denn dann? Wozu brauche ich die Beamten dann? So. Und da, da spart man ungemein Geld. [...] Mann 3: (fällt ins Wort) Aber ist ja klar, wenn du Angst vor Entscheidungen hast, musst du auf der anderen Seite aber auch sagen, dass dann die, die Wähler oder das Volk auch mehr Fehler zulässt, also akzeptiert. Also zum Beispiel ist ja so, wenn du eine Windkraftanlage bauen willst, dann klagen erstmal sofort alle dagegen, weil der eine verschattet, dem anderen ist zu laut [...], also es beschweren sich ja auch immer mehr Leute wegen irgendwas.

Die Einschränkung von Widerspruchs- bzw. Klagemöglichkeiten in Planungsverfahren wurde nicht nur in Leipzig, sondern auch in Apen ins Spiel gebracht. In

Luckau wurde am Rande und sehr allgemein die Modernisierung/Digitalisierung der Verwaltung als Möglichkeit gesehen, Kosten einzusparen.

In jeder dritten ausgewählten Kommune sahen die Gruppen Einsparpotenzial durch die Begrenzung unnötiger Ausgaben, v. a. für Rüstung und Aufwendungen für andere Staaten. Entsprechende Vorschläge wurden in Orten jeder Siedlungsgröße getroffen (Apen, Auerbach, Eberswalde, Frankfurt a. M., Hannover, Luckau, Mulda, Reichenbach) – in 5 kleineren Kommunen, 2 Großstädten und 1 Mittelstadt. Sie wurden in etwas mehr Kommunen in Ostdeutschland formuliert (5 vs. 3) und dort beteiligten sich mehr Personen an ihrer Besprechung als in Kommunen in Westdeutschland.

In fast allen Gruppendiskussionen, in denen die Begrenzung unnötiger Ausgaben angeregt wurde, wünschten sich Teilnehmer die Kürzung von Rüstungsausgaben (Apen, Eberswalde, Frankfurt a. M., Hannover, Luckau, Mulda, Reichenbach). Bei der Interpretation ist zu berücksichtigen, dass die Bundesregierung in der Zeit der Gruppendiskussionen als Reaktion auf den Angriffskrieg Russlands gegen die Ukraine Investitionen von 100 Mrd. € in die Bundeswehr (neben den regulären Verteidigungsausgaben) beschloss. In Apen wurde argumentiert, dass dieses Geld sozial Bedürftigen in Deutschland mehr nutzen würde.

Apen, Mann 2: Und wenn du dann so siehst, wie die das Geld rausknallen, hundert Milliarden für ein Unternehmen, was man 18 Jahre lang, äh, links hat liegen lassen. Bundeswehr, wir haben ja gar keinen Gegner, wir haben gar keinen Feind mehr, können wir doch runterfahren. Und jetzt hauen die da 100 Mrd. €, das müsst ihr euch mal auf der Zunge zergehen lassen, 100 Mrd., ja. Und wenn du dann siehst, wie die armen Leute, dann jetzt diese, diese Tafeln, die dann kein Geld mehr haben, um die Materialien zu kaufen für die ganz armen Leute, ja. (kontinuierliche Zustimmung von Frau 3) Die dann, wissen nicht, wo sie ihren morgigen Tag irgendwie versorgt, sich versorgen können. Und dann, da steht mir aber so weit der Hals. Und wenn du solche Tussis da hast, die dann im Außenministerium da rumrennen, mit ihren Covers und ihren Scheckkarten, die sie da verteilen an die ganze Welt, als wären wir die größten, größer zu werden. Sind wir gar nicht mehr. Das tut mir weh. Weil wir auch keine richtigen Politiker mehr haben.

In Hannover wurden die Rüstungsausgaben als ein weiteres Beispiel dafür betrachtet, dass die Politik für sehr viele überflüssige Dinge Geld ausgibt, ohne Verantwortung übernehmen zu müssen, und dass es nicht nachvollziehbar ist, warum für Dinge, die Menschen für „ihr normales Leben" benötigen, kein Geld da sei, für einzelne Vorhaben wie die Sonderausgaben für die Bundeswehr aber enorme Summen über Schulden bereitgestellt werden.

Hannover, Mann 2: Ja, aber die Frage war ja auch, wo man noch Geld herkriegt, für andere Dinge auch, nicht nur für die Bildung. Also wenn ich immer sehe, was der Rechnungshof jedes Jahr an Verschwendung an Geldern hat (Zustimmung von Frau 2), an Fehlplanung, an solchen Dingen und wo Politiker natürlich überhaupt keine Verantwortung zeigen müssen in irgendeiner Form. (Zustimmung von Frau 2 und 3) [...] Und da müsste man eigentlich versuchen, was zu ändern, was natürlich sehr schwierig ist. Und komischerweise für bestimmte Dinge sind, die dann auf einmal ganz wichtig sind, wo ganz viele Leute ganz viel Geld mit verdienen, wenn ich an die Corona-Geschichten denke, wo sich viele Leute dran bereichert haben, wo Geld rausgeschüttet wurde, ohne nach irgendwelchen Sachen zu fragen, einfach weg damit. Das nächste ist jetzt hier, äh, unsere Bundeswehr mit 100 Mrd. wird mal eben einfach was beschlossen. Da ist auf einmal Geld da, da kann man Schulden machen ohne Ende. (Zustimmung von Frau 1) Und, äh, für die Dinge, die halt die Menschen teilweise eben für ihr normales Leben brauchen, da wird geknapst und da heißt es immer, wir haben kein Geld [...].

In Auerbach, Mulda und Luckau wurde argumentiert, dass man Ausgaben für Entwicklungshilfe und andere Maßnahmen im Ausland kürzen könne, auch weil sie dort nicht für sinnvolle Maßnahmen ausgegeben würden. In Auerbach wurde die Streichung von Auslandseinsätzen der Bundeswehr als Einsparmöglichkeit bezeichnet, weil man das Geld sinnvoller in Deutschland einsetzen könne.

Auerbach, Frau 4: Was wollen wir in Mali? Wir haben dort absolut nichts zu suchen. Und das Geld können wir uns schon einmal sparen. Afghanistan ist genau dasselbe. Wir haben dort nichts zu suchen. Das Geld können wir uns alles sparen. Können wir alles hier einsetzen. [...] Frau 1: Ich denke halt, viele Gelder müssten im eigenen Land bleiben [...]. Frau 4: Ja, war ja mein, war ja mein Reden. Das Geld hat im, erst einmal im Land zu bleiben und nicht für irgendwelche osen Sachen ausgegeben werden müssen, äh, wo man sagen muss, wo wir eh nix machen. Gerade wenn wir sagen, wenn wir Mali [angucken], da war 30 Krieg. 30 Jahre ... Mann 2: (fällt ins Wort) Mit sinnlos meinst du jetzt die Militäreinsätze. Frau 4: Ja. Militäreinsätze, das auch und wir schießen ja überall noch, muss man sagen, Gelder hinterher, Entwicklungsgelder für nichts und wieder nichts. Und ... Frau 2: (fällt ins Wort) Sie sind einfach an der falschen Stelle eingesetzt, falsch dargeboten. Die, die müssten eigentlich darauf hinzielen, dass die Leute dort einen Anreiz kriegen, selber aktiv zu werden und nicht zu sagen, ich nehme mir jetzt was und dann warte ich wieder und dann kriege ich wieder was, sondern die müssten selber aktiv werden. Das ist der Ansatzpunkt, wo das Geld hinfließen sollte.

In Luckau wurden mehrere Vorhaben im Land genannt, die aus Sicht von Teilnehmern nicht dem eigentlichen Zweck einer Maßnahme dienten oder sinnlos seien. Vorgeschlagen wurden dort auch Einnahmesteigerungen durch die Anhebung des Spitzensteuersatzes, Verwaltungseinsparungen und die Streichung von Zahlungen an die Kirchen.

Luckau, Mann 4: Ich bin der Meinung, wir sollten erst übers Sparen und Einsparen reden, nachdem wir den Spitzensteuersatz extrem erhöht haben. Und da haben wir, da haben wir genug Potenzial. Kein Mensch braucht 20 Mrd. auf dem Konto. Da sollte man anfangen, finde ich. Frau 3: Das zieht sich ja weltweit durch, das ist in Deutschland ja nicht anders. Die Schere zwischen arm und reich geht auseinander wie sonst was. Mann 4: […] Schwierig. Ja, also es fließt so viel Geld in die Behördenapparate. Da sollte man auch Behörden einfach, weiß ich nicht, modernisieren. Ich würde am Anfang erstmal Geld schlucken, aber dann auch so viel einsparen. Frau 3: Aber das mit der Modernisierung, Digitalisierung, das ist so ein großer Punkt […] Also, was mir gerade einfällt, das war glaube ich auch in den letzten, also, letztes Jahr mal ein großes Diskussionsthema. Die Subventionen. Nee, warte mal. Nicht Subventionen, die, die Gelder, die der Staat immer noch an die Kirche zahlt, weil irgendwann vor ... Mann 4 (unterbricht): Ja, ja, ja. Frau 3: ... vor 300 Jahren mal die irgendwie, ich glaub enteignet wurden oder so, ich weiß es nicht. Mann 4: Ja, der Staat zahlt Millionen. Frau 3: Auf jeden Fall zahlen wir seit 200 Jahren Millionen Euro pro Jahr an die Kirche, also klar, die die Kirche nutzt die Gelder natürlich auch wieder für ihre Arbeit und das ist auch verständlich. Aber trotzdem, also wie? […] Ihr könnt euch darauf doch nicht verlassen, dass der Staat Geld für eine Sache von vor 200 Jahren megaviel Geld im Endeffekt, sorry, wenn ich es so ausdrücke, in den Arsch schiebt. […] Mann 4: Also, und auch Sachen, wo unnötig Geld rausgehauen wird. Das Land Brandenburg hat ein Paket gemacht, 2 Mrd. für die Entlastung von Bürgerinnen und Bürgern. Wo unter anderem Kitas und so ganz viel Geld bekommen haben. 2 Mrd. ist der Topf groß. Aber Punkt Nummer sieben, acht und neun – oder war es zehn, elf und zwölf oder so – sind drei gepanzerte Limousinen für die Landesregierung, zwei Wasserwerfer für die Polizei und noch ein bissel Schutzausrüstung für irgendwelche Leute, wo ich mir denke: Ey sorry, aber was hat das denn, das sind Einsparungen, das ist ein Paket für Bürgerinnen und Bürger. Das hat nichts darin zu suchen. Hätte man auch easy mal streichen können und sparen können, weil da sind ja 100.000 € reingeflossen und am Ende labeln sie es: Ja, das ist für alle da. Nein, das ist einfach damit unser Ministerpräsident vom Landtag ins Ministerium zwei, drei Kilometer mit einer noch besseren gepanzerten Limousine fahren kann. Frau 3: Was mir gerade im Aspekt auf unsere Ministerpräsidenten einfällt. Der war ja letztens hier. Also hier war ja so ein Bürgeraustausch mit der Landesregierung und das, also den lustigsten Fakt fand ich, dass wir, also, dass das das Land Brandenburg jährlich einen Haufen Menge an Geld zahlt, damit Windkraftfirmen ihren Strom nicht einspeisen und ihre Windräder stehen lassen. Weil wir müssen ja unsere Kohlekraftwerke am Laufen erhalten und die müssen ja den Strom bringen und deshalb können wir ja den Strom aus den Windrädern nicht nutzen.

In jeder vierten Gruppendiskussionen wurden **Steuererhöhungen und Änderungen der Beamtenbesoldung** als Möglichkeit genannt, Ressourcen für Maßnahmen zugunsten gleichwertiger Lebensverhältnisse bereitzustellen (Hirschhorn, Kassel, Leipzig, Luckau, Temnitz, Zeven).[9] Dies ist auffallend, weil nicht explizit

---

[9] Siehe die obigen Auszüge aus dem Transkript zu Hirschhorn, Leipzig und Luckau.

nach Steuererhöhungen, sondern nach Einsparmöglichkeiten gefragt worden war. Ein räumliches Muster ergab sich dabei nicht; unter den Kommunen waren 4 kleinere und 2 große sowie je 3 in Ost- und Westdeutschland. Der Vorschlag wurde meist von einzelnen vorgebracht und nicht intensiv besprochen.

In Zeven wurde argumentiert, man müsse gar nicht über Einsparungen nachdenken, um Maßnahmen für gleichwertige Lebensverhältnisse finanzieren zu können, sondern müsse nur den vorhandenen Reichtum durch höhere Steuern umverteilen.

> Zeven, Frau 2: Also, ich finde nicht, dass genug getan wird. Und ich finde, das ist, ähm, keine Frage, also für mich persönlich ist es keine, keine Frage von Sparen, sondern ich bin der Meinung, es ist genug Geld da. Wenn aber 60 % der Vermögenswerte in Deutschland bei zehn Prozent der Menschen liegen, dann frag ich mich nicht, warum wir, also, ob wir sparen müssen, sondern dann müssen halt die Menschen, die wahnsinnig viel Geld haben. ... Frau 1: (fällt ins Wort) Was bezahlen.

In Luckau wurde – siehe oben – eine Erhöhung des Spitzensteuersatzes gefordert, in Kassel gewünscht, dass Reiche mehr „zahlen" für „Grund und Boden" und dass dadurch mehr Gleichberechtigung entstehen würde. In Hirschhorn wurde indirekt die Schließung von Steuerschlupflöchern für Unternehmen als Möglichkeit ins Spiel gebracht, Einnahmen zu generieren.

Zur Beamtenbesoldung hieß es in Hirschhorn, der Staat finanziere sie aus dem laufenden Haushalt, nicht aus Rentenkassen; Beamte „zahlen nichts, an Versicherungen, an Gedöns, Rente. Die kassieren aus dem normalen Bundeshaushalt ihre Bezüge (...) Dort können wir sparen." In Leipzig wurde ähnlich vorgeschlagen, dass Beamte auch „ein bisschen einzahlen".

Neben diesen in jeweils mehreren Gruppendiskussionen genannten Vorschlägen gab es weitere einzelne. So wurden in Frankfurt a. M. Maßnahmen gegen Steuerverschwendung angeregt. In Potsdam wurde, wie oben bereits erwähnt, das „Versickern" öffentlicher Gelder kritisiert und die vorgeschlagene Erhöhung von Transparenz indirekt als Maßnahme gegen dieses „Versickern" betrachtet, was Ressourcen freisetzen würde. Außerdem wurde die Kürzung von Subventionen für „Betriebe" (Cloppenburg)[10] bzw. Landwirtschaft und Industrie in Form von vergünstigten Strompreisen (Mulda) als Option genannt, um die Liquidität zu erhöhen.

Um besser einschätzen zu können, inwieweit diese Aussagen auch individuelle Ansichten von Personen widerspiegeln, die sich nicht aktiv zu bestimmten Maßnahmen geäußert hatten, und um zu erfahren, wie sich die Teilnehmer der Gruppen-

---

[10] Siehe den Auszug aus dem Transkript oben in diesem Abschnitt.

diskussionen insgesamt die Finanzierung von Vorhaben für gleichwertige Lebens-verhältnisse vorstellten, wollten wir in der anschließenden schriftlichen Befragung wissen, wie Ausgaben für gleichwertige Lebensverhältnisse gestemmt werden sollten. Im Gegensatz zur Leitfrage in der Gruppendiskussion, die speziell Ideen für Einsparmöglichkeiten zugunsten von Maßnahmen für gleichwertige Lebens-verhältnisse erbeten hatte, gaben wir verschiedene Antwortmöglichkeiten vor. Dazu gehörten „höhere Steuern für Unternehmen", „staatliche Kreditaufnahme", „Ich bin bereit, mehr Steuern zu zahlen, damit es anderen besser geht", „höhere Steuern für Reiche", „an anderer Stelle sparen" und „allgemein Steuern erhöhen" (in dieser Reihenfolge). Die Befragten konnten die Optionen jeweils ganz oder eher ablehnen oder ihnen voll oder eher zustimmen.

Tab. 8.2 gibt eine Übersicht über die Antworten. Die Hierarchie der Unterstüt-zung bestimmter Finanzierungsarten fiel in den Kommunen mit unterschiedlicher Siedlungsgröße und geografischer Lage jeweils sehr ähnlich aus. Damit bestätigt sich der Eindruck aus den Gruppendiskussionen, dass die Aussagen zur Finanzie-rung weit überwiegend nicht oder kaum räumlich streuten, abgesehen von den in ostdeutschen Kommunen stärker vorgeschlagenen Einsparungen im Politikbetrieb. Diese Einsparoption hatten wir in der Befragung nicht vorgesehen, ebenso die häu-fig angeregte Reduktion von Verwaltung. Bei den Antwortoptionen fiel beides unter „an anderer Stelle sparen". Durch dieses Ineinanderfallen ist die feine Nuancierung der Aussagen in den Gruppendiskussionen über die Antworten im Fragebogen nicht prüfbar. Der Zustimmungswert für „an anderer Stelle sparen" war zwar in Ost-deutschland leicht höher, konnte aber mit Einsparungen im Politikbetrieb ebenso assoziiert werden wie mit Bürokratieabbau oder weniger Rüstungsausgaben.

Tab. 8.2 Lokale Vorstellungen zur Finanzierung nach Siedlungsgröße und -lage

	Klein	Mittel	Groß	Ost	West	BB	HE	NI	SN
Höhere Steuern für Reiche	2,5	2,3	2,3	2,5	2,3	1,5	2,3	2,4	2,5
An anderer Stelle sparen	2,3	2,5	2,1	2,3	2,2	2,2	2,2	2,2	2,4
Höhere Steuern für Unternehmen	1,8	1,5	1,8	1,7	1,8	1,7	1,8	1,8	1,7
Staatliche Kreditaufnahme	1,4	1,2	1,6	1,4	1,4	1,5	1,4	1,4	1,3
Ich bin bereit, mehr Steuern zu zahlen, damit es anderen besser geht.	1,1	1,1	1,1	1,0	1,2	1,0	1,2	1,3	1,0
Allgemein Steuern erhöhen	0,9	0,5	0,7	0,7	0,8	0,7	0,6	1,0	0,7

Frage: „Das sollte ermöglicht werden über: ..." (0 = lehne ganz ab, 1 = lehne eher ab, 2 = stimme eher zu, 3 = stimme voll zu); BB Brandenburg, HE Hessen, NI Niedersachsen, SN Sachsen
Quelle: eigene Auswertung der anonymen schriftlichen Befragung (N = 183)

Abb. 8.2 Lokale Vorstellungen zu höheren Steuern für Reiche und Einsparungen an anderer Stelle. (Frage: „Das sollte ermöglicht werden über: ... (0 = lehne ganz ab, 1 = lehne eher ab, 2 = stimme eher zu, 3 = stimme voll zu)". Quelle: eigene Auswertung der anonymen schriftlichen Befragung (N = 183))

Trotz der insgesamt ähnlichen Hierarchie der Zustimmung bzw. Ablehnung der Antwortoptionen streuten die Werte jeweils durchaus leicht nach Siedlungskategorie. Den stärksten Zuspruch erhielt überall die Option „höhere Steuern für Reiche". Teilnehmer in Sachsen fanden sie durchschnittlich besonders attraktiv (2,5). In Sachsen war auch der Zuspruch für die Option, an anderer Stelle zu sparen, am höchsten (2,4). (Teilnehmer von) Gruppen, die sich am wenigsten für höhere Steuern für Reiche aussprachen, votierten etwas stärker dazu, an anderer Stelle zu sparen (Abb. 8.2).

Auch höheren Unternehmenssteuern wurde durchschnittlich noch eher zugestimmt, allerdings weniger in den ausgewählten Mittelstädten (Tab. 8.2). Dies galt hingegen nicht für die Optionen staatliche Kreditaufnahme und allgemeine Steuererhöhung sowie die Bereitschaft, selbst mehr Steuern zu zahlen, damit es anderen besser geht. Die Teilnehmer an Gruppendiskussionen in Großstädten und in Brandenburg waren hinsichtlich der staatlichen Kreditaufnahme unentschieden, in Hannover (2,0) und Potsdam (1,9) fand die Option eher Zustimmung als in den anderen Großstädten und als in Mittelstädten (1,2) und kleineren Orten (1,4). In anderen Kommunen fiel das Votum ähnlicher aus. Allgemeine Steuererhöhungen fanden unter den Teilnehmern unserer Gruppendiskussionen in den ausgewählten Mittelstädten (0,5) und in Hessen (0,6) eine noch deutlich höhere Ablehnung als anderswo.

Unabhängig von der Größe und geografischen Lage des Ortes, in dem die jeweilige Gruppendiskussion stattfand, befürworteten die Teilnehmer also eher eine höhere Besteuerung Reicher und Umschichtungen in der Ausgabenpolitik zugunsten staatlicher Maßnahmen für gleichwertige Lebensverhältnisse. Auch höhere Unternehmenssteuern erschienen noch denkbar; höhere steuerliche Belastungen der Privathaushalte sollte es aber nicht geben.

8.3 Bewertungen der Politik: Kritik ohne Hochburgen, weniger Lob in Ostdeutschland

In allen 24 Kommunen nahmen Teilnehmer der Gruppendiskussionen unseren Impuls auf, die Politik für gleichwertige Lebensverhältnisse zu bewerten. Wie wir nachfolgend zeigen, dominierten kritische Kommentierungen, die es überall gab und die teils einigen Raum in den Diskussionen einnahmen, v. a. in Hannover, Luckau und Temnitz. Abgesehen von einem Thema zeigten sich aber keine Hochburgen der Kritik. Anders verhielt es sich mit dem Lob, das in Niedersachsen stärker ausgeprägt war und in Ostdeutschland verhaltener ausfiel. Sowohl in Bezug auf die Kritik als auch auf das Lob äußerten sich die Gruppen zurückhaltend und wenig kontrovers. Da die Teilnehmer ausweislich der schriftlichen Befragung besonders die Bundes- und Landespolitik in der Verantwortung für gleichwertige Lebensverhältnisse sahen, waren dies die Hauptadressaten ihrer Einschätzungen.

Die häufigsten kritischen Kommentare lassen sich zu folgenden Themenbündeln zusammenfassen; in Klammern ist wieder die Zahl der Kommunen vermerkt, in denen Kritik zum jeweiligen Thema aufkam:

- fehlende Fachkompetenz und zu wenig Bürgernähe von Politikern sowie langwierige politische Prozesse (15),
- eine räumlich unausgewogene Politik (11),
- zu wenig Maßnahmen gegen soziale Ungleichheit (8),
- fehlende bzw. zu schwache Rechenschaftspflicht von Politikern und eine zu geringe Transparenz von Entscheidungen (5),
- zu wenig Maßnahmen für bezahlbares Wohnen (5).

Die meisten Themenkomplexe korrespondierten mit Wünschen für die Politik, die in Abschn. 8.1 beschrieben wurden. Nicht in der Liste erfasst wurde das Thema Bildung; mehrfach führte Kritik an der Bildungssituation zur Forderung nach einem besonderen Engagement der Politik für die Bildung, aber dies wurde bereits in Abschn. 8.1 beschrieben. Anders als bei der Bildung führte Kritik an der Untätigkeit der Politik in Bezug auf teures Wohnen nicht zu konkreten Vorschlägen für entsprechende Maßnahmen der Politik. Generell wurde mehr Kritik an der Politik als konkrete Wünsche für Verbesserungen vorgetragen.

Eine **fehlende Fachkompetenz bzw. zu wenig Bürgernähe von Politikern sowie langwierige politische Prozesse** wurden in fast zwei Dritteln der ausgewählten Kommunen beanstandet (Apen, Chemnitz, Cottbus, Doberlug-Kirchhain, Frankfurt a. M., Hannover, Hirschhorn, Kamenz, Leipzig, Limburg, Potsdam, Reichenbach, Temnitz, Witzenhausen, Zeven). In Großstädten wurde das Thema relativ häufiger angesprochen (5 von 7), gefolgt von kleineren Kommunen (8 von 12) sowie Mittelstädten (2 von 5). Einen Unterschied zwischen Kommunen in Westdeutschland (7) und Ostdeutschland (8) gab es nicht. Weit überwiegend – und wenn nicht anders angegeben – war diese Kritik jeweils nicht kontrovers.

Fehlende Fachkompetenz von Politikern im weiteren Sinne monierten Teilnehmer von Gruppendiskussionen in 9 Kommunen. In Chemnitz und Potsdam wurde gesagt, Politiker seien nur bzw. allzu oft an kurzfristigen Maßnahmen interessiert, in Frankfurt a. M., sie seien im „Feuerwehr-Modus", und in Temnitz, es mangele an „Weitblick" und Verlässlichkeit.

Temnitz, Frau 4: (fällt ins Wort) Irgendwo hat man immer das Gefühl, der Weitblick fehlt. Früher die Politiker, wenn ich die so sehe, wenn ich an Weizsäcker denke oder äh, Helmut Schmidt, je Mensch, die haben, äh, Jahrzehnte vorausgedacht. Adenauer und so weiter. Ja, heute hat man das Gefühl, die, die gucken mal bloß über den Gartenzaun [...]. Also, das sind irgendwie alles so kurzfristige Entscheidungen. Nicht durchdacht, das ist keine, keine Perspektive drauf auf Weitblick und das fehlt für meine Begriffe heutzutage. Frau 2: Also ich finde auch, dass die Politik sehr kurzfristig geworden ist. Also, ähm, für meine Verhältnisse. Ja also, ich höre Montag was in den Nachrichten, was Freitag schon wieder widerrufen wird. (Zustimmung von Frau 4) Ähm und dann ist es auch so, für mich nicht mehr verbindlich genug. Ja, also, ich kann nicht sagen, ok, jetzt wurde das entschieden. Ich kann mich jetzt darauf verlassen, dass es jetzt so und so funktioniert. Es funktioniert nicht mehr. Ja, also aus verschiedensten Gründen, sei es jetzt Corona, sei es jetzt der Krieg, sei es die Wirtschaft, ... sei es, weiß der Fuchs was, ja, hier im kleinen Kreis. Keine Ahnung, ja, ähm, egal. Und das ist es, was mir auch im Moment ganz große Sorgen macht. [...] Frau 4: (fällt ins Wort) Mühe alleine [genügt nicht]. Da fehlen manchmal auch die Fähigkeiten, hat man so den Eindruck. Frau 2: (fällt ins Wort) Also, ich sehe das auch ganz oft, dass, das, dass viele Bedürfnisse gar nicht mehr wahrgenommen werden [...] Frau 3: (fällt ins Wort) Entscheidungen von jetzt auf nun und ohne, ohne ... irgendwie konkrete Ziele, ohne einen Leitfaden zu haben und zu wissen, Mensch, da will ich hin und so möchte ich das gestalten. Ne, das ist heute so und morgen so und übermorgen noch einmal wieder anders. Also das ist alles so unsicher. Äh, das strahlt eine gewisse Unsicherheit aus für mich. Ja, na ja. Frau 2: Und ich denke auch, dass viele Menschen unzufrieden sind, obwohl sie sich wahrscheinlich große Mühe geben. Also ich möchte das auch nicht machen, jeden Tag irgendeine andere oder mehrere Situationen da bearbeiten, ja, um Gottes willen. Man muss ja auch Dinge entscheiden, ja, und man kann es auch nicht jedem recht machen, ja, davon mal abgesehen, ne. [...] Frau 4: Und die Fehler, die sie machen, die brauchen sie auch nicht korrigieren. (Zustimmung von Frau 3) Ja, das ist, muss ich bloß denken an die Maut, die dieser

Verkehrsminister damals [angerührt] hat. Aber was kostet das den Staat. Ja, das zahlen alles wir, ja. Da, ich meine, da sollte man schon einmal rigoros eingreifen und sagen, Mensch, wenn Fehler gemacht werden, dann müsst ihr auch dafür gerade stehen. Aber … dann würden sie auch vielleicht ein bisschen genauer nachdenken und ein bisschen gründlicher recherchieren, ob das alles funktioniert.

In Doberlug-Kirchhain hieß es, Politiker gingen Probleme zu spät an, ihre Konzepte würden teils von der Realität überholt, was auch mit einer falschen Datengrundlage zusammenhänge.

Doberlug-Kirchhain, Frau 2: Aber ich finde schon, die, also, nee, viel tut die Politik jetzt nicht. […] was man hier jetzt auch vor Ort erreichen kann, sei es Veranstaltungen, sei es jetzt, denke ich mal auch an die Kleiderkammer, Verein Menschen für Menschen hier, in Kirchen oder so, das wird alles ehrenamtlich, die ganzen Freiwilligen, Feuerwehr, Jugendarbeit, Jugendsportvereine, ganz viel Sport, Tafeln, alles ist ehrenamtlich oder auf Schultern der Kirchen. Also, ich finde, der Staat tut nicht viel, äh, um, um hier eine Gleichstellung zu erreichen. Das interessiert da oben gar keinen. […] Mann 1: Ein schönes Beispiel, dass halt, äh, die Politik nicht für gleichwertige Verhältnisse sorgen wird oder interessiert ist, das ist doch schon eine Weile her, das war kurz nach der Wende. Da fiel in Potsdam unter den Politikern der Brandenburger Landesregierung so der Satz, wer im Süden von Brandenburg auf dem Dorf leben will, äh, der soll sich doch bitte ein Satellitenhandy kaufen, weil dort wird kein Geld mehr reingemacht. Die Dörfer sollten ja entvölkert werden. Bloß noch in Mittelzentren sollten Leute rein. Davon sind sie sicherlich etwas weggekommen. Aber dass die Dörfer hier mittlerweile voll sind, dass es kein Grundstück mehr gibt, ist, glaube ich, noch nicht wirklich angekommen, weil die Statistiken sagen ja angeblich immer noch oder die Zukunftsperspektiven, die Dörfer würden leergezogen. Frau 4: (fällt ins Wort) Es wird halt immer auf irgendwelche Statistiken geschaut oder auf Zahlen, die irgendwie erhoben werden. Aber die spiegeln halt meistens, oder nicht meistens aber oftmals, nicht die Realität wieder. Oder man wartet so lange, bis das Problem auf einmal akut ist und dann ist es aber eigentlich zu spät, um vorher dafür gehandelt zu haben. Frau 3: Nee, oder man wartet solange, bis sich das Problem von selber gelöst hat. (lacht)

Es fehle in der Politik an kompetentem und gut ausgebildetem Personal, hieß es in Kamenz und Zeven. Während in Zeven argumentiert wurde, dass dies an den hohen Einstiegshürden der Politik liege und daran, dass in der Wirtschaft besser bezahlt werde, fanden Teilnehmer in Cottbus und Limburg, dass die dominante Parteidisziplin negative Auswirkungen auf die Qualität der politischen Entscheidungen und die politischen Prozesse als solche habe. In Frankfurt a. M. und Limburg wurde darüber hinaus die Nähe der Politiker zur Wirtschaft kritisiert (Limburg: „die sitzen da in den Aufsichtsräten").[11]

---

[11] Siehe den Auszug aus dem Transkript weiter unten in diesem Abschnitt.

Frankfurt a. M., Frau 2: Genau, weil die sehr stark von, von der Industrie beeinflusst wird und die auch gar keine ... selbst, äh, wahrscheinlich Handlungsmacht mehr hat. [...] Und ähm, die machen nur noch Feuerwehrmodus, in meinen Augen. Wenn es halt brennt, dann löschen sie so ein bisschen und das ist halt jetzt gerade sozusagen das politische Weltgeschehen. Und deswegen, ähm, tun die da für, für die Bürger erstmal wenig. [...] Frau 1: Sehr schön aus formuliert. Ich schließe mich an.

Kritik an zu wenig Bürgernähe der Politik(er) wurde in 6 Kommunen verschiedener Größe und Lage vorgebracht, aber überwiegend in Hessen (3 Kommunen) und nicht in Niedersachsen. In Frankfurt a. M. (dort kontrovers), Kamenz, Potsdam, Temnitz und Witzenhausen hieß es, die Politik tue zu wenig für „den Menschen" oder Bürger im Allgemeinen. In Kamenz argumentierten Teilnehmer, wenn Politiker keine Lebenserfahrungen haben und „nicht aus der Welt des Berufes" kommen – so am Beispiel des Gesundheitsminister ums –, könne ihnen doch „jeder was auf den Tisch legen"; sie hätten „doch gar keine Ahnung, was dahinter steckt". In Hirschhorn wurde angenommen, dass die hohen Diäten zu einer Entfremdung von „da unten" beitragen.[12]

In 6 Kommunen ohne räumliches Muster wurden die politischen Prozesse für zu langwierig und wenig konstruktiv befunden. In Apen, Cottbus, Kamenz und Potsdam argumentierten Teilnehmer, „es wird viel zerredet", es herrsche kein guter Umgang der Politiker untereinander, und die Bewilligungs- und Planungsprozesse seien zu lang. In Apen, Hirschhorn und Zeven wurden politische Planungsprozesse sowie zu viele Auflagen für und von Behörden kritisiert, in Apen standen zu lange Planungsprozesse mit zu vielen Akteuren und Instanzen, die widersprechen dürfen, in der Kritik.

Apen, Mann 3: Aber auch die Einspruchsmöglichkeiten. Wenn ein großes Objekt geplant wird, da wird ja in Deutschland fünf Jahre diskutiert wegen Einsprüche oder sowas. Wenn das nach dem Krieg passiert wäre, dann würden wir noch in Schutt und Asche sein. Also das finde ich auch, dass halt viele Sachen viel zu lange dauern. Jeder Umweltverband, -verband, der legt Einsprüche ein und ... das geht nicht. Mann 2: Windräder, guck dir das an. Frau 3: Ja, genau. Mann 2: Da steht, schaltet die Atomkraftwerke ab. [...] will man da sechs Windräder errichten, nee. Da kommt jeder her, jeder Bauer, der sieht auch genauso aus, wie der richtige Bauer mit seinem Haus, wie das richtige Haus aussieht (lacht) und sagt, nein, kommt gar nicht in Frage. Und der winkt dann mit so einem Geldsack.

Würde man den Fokus auf Verwaltungsprozesse erweitern, so kamen entsprechende Monita noch in mehr Kommunen auf. So wurde in Osnabrück be-

---

[12] Siehe den Auszug aus dem Transkript weiter unten in diesem Abschnitt.

mängelt, dass es in Planungsverfahren manchmal unnötige Schritte gebe und es chaotisch zugehe („Hü weiß nicht, was Hott macht", siehe auch Abschn. 8.1).

In fast jeder zweiten Kommune kritisierten Teilnehmer eine aus ihrer Sicht in Teilen **räumlich unausgewogene Politik** (Apen, Auerbach, Bevensen-Ebstorf, Chemnitz, Cottbus, Doberlug-Kirchhain, Kamenz, Kassel, Leipzig, Osnabrück, Stadtallendorf). Darunter waren 5 kleinere Kommunen, 4 Großstädte und 2 Mittelstädte. In Sachsen wurde die Kritik in mehr Gruppendiskussionen geäußert (4) als in den anderen Bundesländern, aber wegen der geringeren Verbreitung in Brandenburg standen 6 Kommunen in Ostdeutschland 5 in Westdeutschland gegenüber.

Schlüsselt man diese Kritik genauer auf, dann monierten Teilnehmer in 7 Kommunen (Apen, Auerbach, Cottbus, Doberlug-Kirchhain, Kamenz, Osnabrück, Stadtallendorf) eine zu starke Fokussierung der Politik auf (Groß-)Städte; die Problemlagen und Perspektiven ländlicher Räume fänden bei politischen Entscheidungen zu wenig Beachtung. Darunter waren relativ mehr kleinere Orte (4) als Mittelstädte (2) und Großstädte (1). Damit bestätigt sich nochmals, dass beim spontanen Sprechen eher Menschen in ländlichen Räumen die Beachtung ländlicher Räume thematisierten.

In Auerbach wurde kritisiert, dass frühere Versorgungsstrukturen im Zuge einer Zentralisierung abgebaut worden seien. Zwar komme man noch zurecht, aber nur mit dem Auto. Die hohen Spritpreise bei geringeren Gehältern als in den Städten führten zu schlechteren Lebensbedingungen in kleineren Orten und begünstigten die Abwanderung.

> Auerbach, Mann 2: Sehr gut beschrieben. Gerade die Stärkung des ländlichen Raumes, da muss die Politik was tun. Es ist in meinen, in meinen Augen ein Fehler, wenn man immer wieder neue Bundesministerien und sonstwas immer wieder an Großstädte anpflanzt, wo alles so wahnsinnig teuer ist. Stärker wieder dezentralisieren, in den ländlichen Raum. Dort attraktive Arbeitsplätze schaffen […]. Frau 2: Das Dezentrale, das, was wir hatten. Also wir hatten Wirtschaft hier, wir hatten höhere Bildung hier und das ist alles in, in die Großräume abgezogen worden. Und in dem Moment, wo die Jugend zur Ausbildung in Großräume abwandert, ist die Verlockung groß. Mann 1: Und man hat dann ja auch in den Großstädten oft viel bessere Perspektiven schon. Es jetzt fängt ja schon mit dem Gehalt an. (Zustimmung von Mann 4) […] wenn man jung ist, will man erstmal raus, will man was Neues kennenlernen und sehen und hat da eben die besten Chancen in der Stadt, in der Großstadt. […] Frau 4: Wo wir sagen, ist alles noch erreichbar, weil, […], also ich gehe ins Konzert nach Reichenbach, das sind 17 km. Ich fahre nach Plauen 20 km, zum Theater, äh, ist alles noch, äh, wo wir sagen, im Bereich des Möglichen, aber ohne Auto nicht machbar. Mann 4: Wie du vorhin schon gesagt hast, die, die Löhne und sowas, die, die Einnahmen sind niedrig hier bei uns, aber die ganzen Kosten, Energie momentan, wenn du da siehst, das sowas … Das steigt dermaßen und das bleibt bei uns, bei uns hier

hängen. Und ich denke schon, dass das große Auswirkungen hier bei uns in der Gegend hat. Frau 4: Das wird, das wird noch schlimm werden. Ich sehe es ja beim […], wo wir sagen, ich werde das Haus auch nicht mehr halten können.

Auch in Cottbus wurde von einer Benachteiligung der Landbevölkerung gesprochen; der Fokus der Politik liege auf den Städten.

Cottbus, Frau 1: Ich denke mal, dass die Landbevölkerung benachteiligt wird. Frau 2: Ja. Es wird in die Städte reingeschaut. Frau 1: Es wird zwar jetzt immer diskutiert und der Blick wird drauf gerichtet, da müssen wir, da müssen wir. Da ist alles kaputtgemacht worden erstmal, da gab es ja eine Infrastruktur auch, vielleicht nicht so, wie in den Großstädten ist ganz klar, aber die gab's. So und das ist ja alles erstmal zunichte gemacht worden. Und die sind, glaube ich, ganz weit abgehängt, die auf dem Lande leben. Mann 1: Das fängt mit der medizinischen Versorgung an. 20 km weiter […], wo ich sage mal, jetzt zwischen 10.000 und 20.000 Leute leben. Da gibt es keine Ärzte, die fahren sonstwohin wegen medizinischer Versorgung. Ähm, Einkaufsmöglichkeiten, da gibt es vielleicht noch einen guten Discounter im Ort, wenn überhaupt. Frau 2: Keine Schulen, die sind ewig unterwegs. Mann 1: Ja, die Schulen. Die Kinder müssen durch die Gegend fahren. Und ich sag mal so, das war zu DDR-Zeiten besser organisiert gewesen. Da gab es in den kleinen Orten, in den Dörfern Kindergärten, Schulen, das wurde alles abgeschafft, das wurde alles zusammengefasst, wurde alles in die größeren Kommunen geschafft.

In anderen ostdeutschen Kommunen wurden durchaus regionalpolitische Bemühungen der Politik wahrgenommen, aber ihre Ausrichtung kritisiert. In 3 sächsischen Kommunen (Chemnitz, Leipzig, Mulda), darunter den beiden ausgewählten Großstädten, kritisierten Teilnehmer, dass sich politische Entscheidungen auf spezielle Regionen konzentrieren und Mittel dorthin lenkten. In Leipzig und Mulda erwähnten sie die Braunkohleregionen, die mehr bekommen, weil sie „laut schreien"; in Leipzig wurden auch Deals kritisiert, die zu Förderungen eigentlich gut entwickelter Regionen wie in Bayern führen.

Leipzig, Mann 1: Also in Regionen wie Leipzig wird halt jetzt weniger gefördert in den Perioden als weiter, äh, 50 km weiter oder irgendwas, ne. Das hat schon eine gewisse Struktur, das finde ich in Ordnung. Was mich dann immer [stört], was auch so in die Richtung geht, äh, sind solche Großprojekte, wie Kohleausstieg oder irgendwas, wo dann wirklich Lobbyismus durchkommt, wo dann, weiß nicht … Es gibt ein Wasserstoffzentrum in Chemnitz, was gebaut werden soll für, ich weiß nicht, muss raten, anderthalb Milliarden Förderung oder irgendwas. Davon kriegt 850 Mio. Bayern, als Außenstelle, weil das hat der Herr Söder so gewollt. Sonst hätte er nicht Ja dazu gesagt. Das heißt, von den anderthalb Milliarden oder irgendwas fehlt über die Hälfte, weil es nach Bayern abwandert. Wo ich sage, das ist halt dann keine gezielte Förderung mehr, um irgendwas gleich zu machen […], das führt dann wieder zu Ungleichheiten, ne.

Auch in Chemnitz wurde Regionalförderung mit Provinzdenken („Provinzialität") und (parteipolitischem) Lobbyismus assoziiert; dieser Punkt wurde mit der Kritik an „kurzfristigem Denken" verbunden.

> Chemnitz, Mann 3: Nee, glaube ich nicht. Mir ist das mit der Regionalisierung Deutschlands wirklich ein Dorn im Auge. Diese, auch wieder, Provinzialität. Wir Bayern, wir Hessen, wir Niedersachsen. Jeder für sich, jeder das meiste. Also ist zum Beispiel dieses Verkehrsministerium, in den letzten 16 Jahren war immer von CSU besetzt und 40 % aller Straßenbaumittel flossen nach Bayern. Der Rest hat die nie interessiert. Das sind Sachen, die gehen nicht, wenn, wenn ich Bundespolitiker bin, kann ich nicht diesen Regionalscheiß bedienen. Das ist wirklich nicht gut. Mann 4: Die Lobbyarbeit ist schon sehr verstärkt. Mann 3: Ja, gut gesagt. Mann 2: Ich habe das Gefühl, dass die Politik überfordert ist mit der Vielzahl der Probleme, die es gibt. Frau 3: Ja, ich finde auch, es werden auch nur sehr kurzfristige Lösungen gefunden, nur für den Augenblick und nicht richtig durchdacht. […] Es tritt ein Problem auf und da wird gar nicht geprüft, was es für Lösungen schon gibt, sondern es wird irgendwas ganz schnell zusammengezimmert und was auch anderen Dingen manchmal widerspricht und was es für langfristige Folgen hat, das ist da völlig außer Acht gelassen. Finde ich in vielen Dingen so. Mann 4: Die Schnellschüsse, die wir jetzt mit Unterstützung und so weiter haben, die sind alle nicht fertig diskutiert worden.

In 2 westdeutschen Kommunen erwähnten jeweils Einzelpersonen eine kritische Sicht von Menschen in bestimmten ostdeutschen Regionen auf die Politik, traten also als Botschafter für Dritte auf. Sie bezogen sich auf politische Unzufriedenheit in ländlichen Räumen Sachsens und Mecklenburg-Vorpommerns mit schlechterer Infrastruktur und Wirtschaftslage (Kassel) bzw. auf ländliche Regionen und Tagebaue, „wo große Veränderungen anstehen" und man nicht alle Wünsche der Menschen sofort erfüllen könne (Bevensen-Ebstorf).

> Bevensen-Ebstorf, Mann 2: Also, ähm, wenn ich mir das vorstelle, wo zum Beispiel jetzt keine Kohle mehr abgebaut werden darf oder Ähnliches, ähm, da glaube ich, dass es da vielleicht eine ganz andere Diskussion gibt. Also wir sind ja jetzt hier auf, wir haben gesagt, wir haben unsere Jobs, wir haben Arbeit, wir haben Sicherheit und so weiter und ich glaube, dass das für die Leute wo große, äh, wo große Veränderungen anstehen, also wo dann hinsichtlich Tagebau und so weiter geguckt werden muss, was man da zukünftig machen kann, dass die das vielleicht noch ein bisschen anders sehen, auch das, was denen an Möglichkeiten gegeben werden kann. Also da werden ja zum Beispiel, äh, große, ja Gebiete geflutet, damit man da neue Freizeitmöglichkeiten schaffen kann, worauf die Leute dann auch wieder Jobs bekommen können und dass sich auch verändern kann. Ich denke, da ist das schon, da wird auch geguckt und da kann man halt auch nicht alles immer sofort erfüllen und das ist auch sicherlich schwierig.

In Stadtallendorf wurden Bemühungen der Politik durchaus gesehen, aber die Stadt-Land-Unterschiede bekomme sie nur unzureichend in den Griff. An sich innovative Landprogramme kämen nicht richtig an, es gebe allgemein nicht ausreichend Maßnahmen für ländliche Bereiche und die Menschen vor Ort würden zu wenig einbezogen.

Stadtallendorf, Mann 1: Ansonsten, ähm, für die, wegen der Politik nochmal da, da würde ich sagen, ähm, sie versucht es schon ... relativ gut. Wo ich noch, äh, ja das nicht so gut sehe, ist zwischen Land und Stadt, der Unterschied. Städte werden sehr gefüttert. Es gibt zwar auch innovative Landprogramme, aber gefühlt kommt das nicht an. Ich, meine ganzer Familienhintergrund lebt auf dem Dorf, und wenn ich meine Cousins und Bekannten da sehe, ähm, ... merke ich nicht, dass da so viel Entwicklung ankommt. Alleine, wenn man das Thema Auto nimmt, da kann ich das, den, den, das einfach nachvollziehen, wenn die sagen, wie können wir auf unser Auto verzichten? Es gibt keine Busanbindung. Also so ganz plattes Beispiel halt. Also, da ist nix. (Zustimmung von Frau 4) Und natürlich verbessert sich das nicht, wenn man nicht erstmal ein Angebot schafft. Und da finde ich für das Land, also für die ländlichen Bereiche wird, ja vielleicht, vielleicht wird was getan, aber eben nicht ausreichend oder nicht mit, nicht genug die Leute mit einbezogen.

In weiteren Gruppendiskussionen war die Kritik moderater, spezifischer oder differenzierter. In Apen wurde beispielsweise eine zu geringe Berücksichtigung ländlicher Räume beim Ausbau von digitaler Infrastruktur kritisiert, und in Osnabrück darauf hingewiesen, dass sich die Lebensstandards auch innerhalb der Stadt und zwischen Stadt und Landkreis unterscheiden.

Apen, Mann 1: Also alleine, dass, die Tatsache, dass das so lange dauert, bis, bis man da zu einer Entscheidung kommt, finde ich, spricht schon dafür, dass sie [die Politik] einiges tut. Weil sonst [...] hätten wir die Antwort schneller bekommen. Ob es genug ist, das ist, glaube ich, sehr subjektiv. Also bei der digitalen Infrastruktur, das ist für mich nicht genug. Das dauert alles viel zu lange ... und da tut sich irgendwie ... Doch da kommt jetzt langsam ein bisschen was in Schwung, auch hier bei uns in der Ortschaft. Da könnte man und müsste man mehr tun für die nichtstädtischen Bereiche.

In 2 Kommunen wurden falsche innerörtliche Prioritäten bei Investitionsentscheidungen bzw. eine ungleiche Verteilung von Finanzmitteln auf kommunaler Ebene kritisiert. In Hannover ging es dabei um den Neubau und die Instandhaltung von Schulbauten bzw. Sportanlagen und in Luckau um die wahrgenommene Bevorteilung der Kernstadt.

In jeder dritten Kommune richteten sich kritische Aussagen auf **zu wenig Maßnahmen der Politik gegen soziale Ungleichheit** (Doberlug-Kirchhain, Eberswalde, Hannover, Hirschhorn, Limburg, Osnabrück, Teltnitz, Zeven). Einen Ost-

West-Unterschied gab es nicht. In Niedersachsen wurde das Thema gleich in 3 Gruppendiskussionen angesprochen, in Sachsen nur in 1. Bei 4 (von 12) kleineren Orten, 2 (von 5) Mittelstädten und 2 (von 7) Großstädten wurde dieses Thema relativ etwas stärker in Mittelstädten angesprochen. Da in westdeutschen Großstädten Teilnehmer zuvor mehr und negativ über soziale Unterschiede gesprochen hatten, fällt auf, dass sie in Frankfurt a. M. und Kassel nun keine Kritik an der Politik in Bezug auf das Thema vorbrachten.

In den meisten der genannten Kommunen war die Kritik allgemeiner Art. So waren sich in Limburg fünf Teilnehmerinnen darüber einig, dass die Politik zu wenig gegen Einkommensunterschiede und das hochpreisige Wohnen tut („da versagt für mich die Politik"). In Eberswalde fanden Teilnehmer, dass die Politik angesichts großer Gehaltsunterschiede „schon ein bisschen aufpassen und gegensteuern" müsse. In Zeven wurde die ungleiche Vermögensverteilung in Deutschland angesprochen; da im Grunde genug Geld da sei, „müssen halt die Menschen, die viel Geld haben, was bezahlen", damit die Lebensverhältnisse ausgeglichener seien. In Hirschhorn wurde kritisiert, dass die Politik zu wenig für Ältere und „sozial schwächere Menschen" tue, auch weil die Politiker sich nicht in prekäre Lebenslagen hineinversetzen könnten.

Hirschhorn, Frau 4: Bezahlbarer Wohnraum, Unterhalt, Kinder, Familien mit Kindern. Da müsste mehr gemacht werden. (allgemeine Zustimmung) Weil die, das, das muss eine Zukunft haben. Mann 1: Da ist jemand nicht empfänglich, der zwischen 16 und 18.000 € im Monat kassiert als Diäten. Der ist nicht empfänglich für jemanden, der vielleicht nur 5, 600 € hat. Der ist einfach nicht auf der Stufe, um das nachempfinden zu können, wie, wie ist es da unten denn? Könnte man, könnte man viel machen. Frau 3: Da schließe ich mich total an. Das ist genau meine Meinung.

In Temnitz hieß es, dass soziale Unterschiede von der Politik nicht mehr adressiert würden, in Doberlug-Kirchhain, dass die Politik nicht viel tue, um „Gleichstellung" zu erreichen und ehrenamtlich betriebene Hilfen, wie Kleiderkammern und Tafeln, zu unterstützen („(D)as interessiert da oben keinen").

Nur in Hannover und Osnabrück äußerten sich Teilnehmer bei Kritik an sozialer Ungleichheit direkt zur Lage vor Ort. In Hannover wurden soziale Unterschiede im Stadtteil und zu wenig soziale Angebote, die darauf reagieren, kritisiert: „Es gibt Kinder, die werden gefördert und dann gibt es auch hier in Ricklingen einfach Kinder, die gehen komplett unter." Dass es „enorm klafft" zwischen grundgesetzlichen Vorgaben und Realität, hieß es weiter – „da kann unsere Politik derzeit nicht vernünftig reagieren". In Osnabrück wurden ebenfalls ungleiche Lebensstandards (auch) in der Stadt moniert.

Auf aus ihrer Sicht zu schwache Schalthebel, um Fehlverhalten von Politikern aufzuhalten, verwiesen Teilnehmer in 6 Kommunen (Hannover, Leipzig, Potsdam, Reichenbach, Temnitz, Witzenhausen). Diese Kritik wurde überproportional in Großstädten vorgetragen; einen Ost-West-Unterschied gab es nicht. Beklagt wurden eine **zu geringe Transparenz** von Entscheidungen im Hinblick auf die Verwendung von Steuergeldern (Cloppenburg) oder allgemein von **Verantwortlichkeiten** (Potsdam) sowie eine **fehlende bzw. zu schwache Rechenschaftspflicht von Politikern**.[13]

> Hannover, Mann 2: Ja, aber die Frage war ja auch, wo man noch Geld herkriegt, für andere Dinge auch, nicht nur für die Bildung. Also wenn ich immer sehe, was der Rechnungshof jedes Jahr an Verschwendung an Geldern hat, (Zustimmung von Frau 2) an Fehlplanung, an solchen Dingen und wo Politiker natürlich überhaupt keine Verantwortung zeigen müssen in irgendeiner Form. (Zustimmung von Frau 2 und 3) Ne, wenn ich daran denke, was Herr Scheuer mit seinem [...] (Getuschel) Und solche und, äh, das ist aber eben, weil es auch eben teilweise Ländersache ist, weil irgendwo der Bund... und zu viele Komponenten da, äh, mitzureden haben und da irgendwo, ... ja, sich da dann vor ihrer Verantwortung hinterher drücken können. Und da müsste man eigentlich versuchen, was zu ändern, was natürlich sehr schwierig ist. Und komischerweise für bestimmte Dinge sind, die dann auf einmal ganz wichtig sind, wo ganz viele Leute ganz viel Geld mit verdienen, wenn ich an die Corona-Geschichten denke, wo sich viele Leute dran bereichert haben, wo Geld rausgeschüttet wurde, ohne nach irgendwelchen Sachen zu fragen, einfach weg damit. Das nächste ist jetzt hier, äh, unsere Bundeswehr mit 100 Mrd. wird mal eben einfach was beschlossen. Da ist auf einmal Geld da, da kann man Schulden machen ohne Ende. (Zustimmung von Frau 1) Und, äh, für die Dinge, die halt die Menschen teilweise eben für ihr normales Leben brauchen, da wird geknapst und da heißt es immer, wir haben kein Geld und ...

In der Gruppendiskussion in Potsdam wurde sichtbar, dass Teilnehmer bei aller Kritik auch versuchten zu differenzieren und zu kontextualisieren, dass es aber genau da an Informationen fehlte.

> Potsdam, Mann 4: Ich, für meine Meinung, würde sagen, die Politiker machen für die Menschen nicht genug. Sie könnten mehr machen. Sie machen mehr für die Lobbyisten, für die Industrie, für alles Wichtige, was die Wirtschaft... nach oben treiben, weil immer Zuwachs sein muss, muss sein, Minus können wir uns nicht erlauben. [...] Ich sage nur, Masken-Deal. Mit einmal war, das geht dann, da machen wir [...] Das ist nicht jeder Politiker und nicht alle, aber die kleinen [...], die das, die den Bundestag

---

[13] Siehe z. B. oben in diesem Abschnitt den Auszug aus dem Transkript der Gruppendiskussion in Temnitz.

füllen, äh, die machen in ihrem Wahlkreis vielleicht ein kleines bisschen, aber das ist mir auch zu wenig Einblick, wer da was, welche Arbeit macht. [...] Mann 2: Ich glaube auch, dass, da fehlt, also ich habe mir auch gerade nochmal Gedanken darübergemacht, es fehlt einfach ein Stück weit in der Politik, ähm, Akzeptanz und Menschlichkeit. Also tatsächlich auch das, dieses Gefühl von, was brauchen denn die Bürger und Bürgerinnen, ähm, also was, ... Natürlich muss man, muss man auch grundlegend sagen, natürlich sind aber auch die Dinge, die für die, für die Wirtschaft wichtig sind, sollte man alles nicht außer Acht lassen, ne. Also, was braucht man, wie, weiß ich, [...] bla bla bla. Aber dennoch, da finde ich, darf man die Bürger und die Bürgerinnen einfach nicht außer Acht lassen und nicht verlieren. [...] Mann 3: Aber ähm, wenn man es vergleicht mit anderen Ländern, wobei ich jetzt auch noch nicht in so vielen anderen Ländern gelebt habe, ähm, finde ich, macht die Politik schon viel. Ähm, ja, aber es würde schon auch noch mehr gehen, ne. Also, Sozialwohnungen und solche Geschichten sind immer noch Mangelware, ähm und trotzdem, finde ich, äh, ist das schon, also geht es uns in Deutschland, was das angeht, eigentlich schon ganz gut auch so.

In 5 Kommunen (Chemnitz, Hirschhorn, Limburg, Luckau, Potsdam) – ohne räumliches Muster – kritisierten Teilnehmer der Gruppendiskussionen **zu wenig Maßnahmen der Politik für bezahlbares Wohnen**. Die Ursache der Probleme wurde nicht in der Politik selbst gesehen, sondern auf dem Wohnungsmarkt, der zu wenig bezahlbaren Wohnraum biete. Indirekt argumentierten kritische Teilnehmer aber, dass sie mehr tun könnte, um das Problem zu lindern. Konkret wurde beispielsweise in Chemnitz und Potsdam bemängelt, dass zu wenig Sozialwohnungen gebaut würden bzw. vorhanden seien. Dabei hatten sie offensichtlich primär die Lage in anderen Kommunen im Blick, denn in Potsdam wurden in größerem Umfang Sozialwohnungen gebaut und in Chemnitz war zuvor das günstige Wohnen vor Ort als ein positives Merkmal der Stadt hervorgehoben worden. Auch in Limburg kritisierten Teilnehmer hohe Mietpreise als Botschafter von Interessen der „Großstädter".

Limburg, Frau 1: [...] Die Großstädter ... Frau 3: (fällt ins Wort) Ja ja, in Frankfurt, da kann man überhaupt gar keine Wohnung mehr bezahlen, also. Hier auch schon kaum noch. Also die letzten zehn Jahre, wie sich der Preis verändert hat, das ist der Wahnsinn. [...] Frau 3: Ja, alleine die Studenten. Wie sollen die sich ihre Wohnung finanzieren? (Zustimmung von Frau 1) Also, WGs klar, aber ... [...] Mann 4: [...] Und diese Neubauten, die da gebaut werden, da kann, kein Normalsterblicher kann sich das doch gar nicht leisten. Das sind alles Eigentumswohnungen, die 300, 4, 500.000, wenn sie sie günstig kriegen, bezahlen müssen. Und da stimmt irgendwas nicht. Mann 1: Tja, die, äh, diese Ungleichheit, äh, [wo] auch die Politik genug dafür tut, die sind, meiner Ansicht nach, ja viel zu abhängig von, äh, den großen Konzernen und so. Wenn Opel sagt, was, wir kriegen die Vergünstigung nicht? Gehen wir ins Ausland und produzieren, ne. Das, das, aber das, das ist dann, greift dann schon wieder in den globalen Handel rein, da, da kann man auch wieder nichts unternehmen. Aber äh, dass man mal da Zugriff bekäme auf, äh, solche Machenschaften da, dass nicht diese Skandale und alles überhaupt, äh, entsteht, das, das entzieht sich mir als einfachen Kleinbürger, äh, entzieht sich das, wie das alles sein kann überhaupt. Und da kann ich wählen, was ich will, alles dasselbe, ne. (Stille) Mann 4: Das ist das. Weil die meisten Politiker sitzen in den Aufsichtsräten. Mann 1: Eben. Mann 4: Das ist das Problem. Die müssten alle unabhängig sein, total unabhängig, auch von, vom Parteienzwang. Unabhängig. […] Mann 1: Ja, also unzufrieden sind wir schon.

Neben diesen Hauptthemen wurden vereinzelt weitere Dinge mit Bezug zur Politik kritisch vorgetragen, so in Cloppenburg ein Mangel an Personal im Bildungsbereich. In Hannover wurden zu große Klassen und fehlende Sporthallen in der Nähe moniert. In Hirschhorn kritisierten Teilnehmer, dass die Politik durch ein schlechtes Steuerrecht Schlupflöcher für Großkonzerne geschaffen habe und sich so Einnahmen entgehen lasse.

Hirschhorn, Mann 2: Vor allen Dingen auch die, die eigentlich legalen Steuerschlupf-löcher der Großkonzerne. Die verlagern auf die Insel und da geht das Geld verloren, ja. Aber wie ist es gekommen? [Die Unternehmen] haben unseren Politiker die Vor-schläge gemacht, das Gesetz und die haben das abgewinkt. Mann 1: Das ganze Erb-recht ist, ist desolat. Mann 2: Da geht uns Geld verloren. Das ganze soziale […] Mann 3: (fällt ins Wort) Ja, ja. Genauso wie damals die, äh, Cum-Ex- oder ich glaube Cum-Cum-Geschäfte, die damals Milliarden verschluckt haben, genau, alles mit diesem Steuerrecht. Da gibt es ja, also unsereins bezahlt immer brav ein, brav ein und nutzt eben nicht dieses Steuerrecht und die, die eigentlich schon mehr als genug haben, auch Privatpersonen, schaffen sich dann dort, äh, Konten auf den Cayman Islands und anderen und schaffen es, äh, Tausende oder Millionen zu sparen.

Nicht zwangsläufig griffen Teilnehmer bei der Kritik an bestimmten Umständen originäre Entscheidungen der Politik an. So sprachen in Cottbus, Frankfurt a. M., Kassel und Limburg Personen darüber, dass die Politik von Unternehmensent-scheidungen abhängig sei bzw. diese die politischen Handlungsspielräume ein-schränken. Sie stellten aber nicht die Ausgestaltung des Wirtschaftssystems als sol-ches durch die Politik infrage. In Frankfurt a. M. argumentierte ein Teilnehmer, dass die Gestaltungsspielräume der Politik begrenzt seien, sie durchaus etwas tue, beispielsweise Subventionen für Standortansiedlungen ausschütte, aber letztlich die Firmen entschieden. Dadurch würden Kommunen teils in Konkurrenz unter-einander treten.

Frankfurt, Mann 2: (fällt ins Wort) Na ja gut, die Politik hat natürlich auch nur be-grenzte Mittel, was zu tun, ja. Also äh, es gibt ja genug Beispiele, wo die Politik, ähm, mehr machen würde, wenn es ginge, weil letztendlich, zum Beispiel eine Standortfrage, wird ja nicht von der Politik unbedingt entschieden, sondern dann schon von der Firma, ne. Das sehe ich ja auch bei uns in der [Firma], wir haben uns ja auch, äh, entschieden, europäisch, im europäischen Ausland jetzt Standorte neu zu kreieren und Arbeitsplätze dahin zu verlagern. Oder wenn Sie, wenn Sie … BMW nehmen, die jetzt in Ungarn [ein] großes Werk neu bauen, dann glaube [ich] schon, dass man das auch gerne in Deutschland gehabt hätte. Also, ist natürlich schwierig, ne. Man sieht es ja auch in, im Kleinen. Dann werden natürlich Subventionen rausgegeben. Das haben Sie hier in Hessen. Da sind dann die Kommunen schon… die wirtschaftlichen Feinde, ja, weil irgendwelche Gewerbegebiete dann neu generiert werden, zum Beispiel in Hanau, wo dann, weil Frankfurt relativ wenig Platz hat oder keinen Platz mehr, ein Stück große Gewerbe, gehen die Gewerbe dahin. Es ist, also der Politik das jetzt so pauschal vorzuwerfen, finde ich jetzt falsch.

Ähnlich wurde in Auerbach konstatiert, dass sich Unternehmen zumeist in Großstädten ansiedelten und sich daraus ein Nachteil für den ländlichen Raum ergebe. Ebenso wurde kritisiert, dass Lehrer durch Unternehmen, die höhere Löhne zahlen, aus dem Lehrerberuf „abgezogen" würden, was nachteilig für die Bildung sei, ohne dies der Politik konkret anzulasten. Die Teilnehmer der meisten Gruppendiskussionen stimmten in der anschließenden schriftlichen Befragung außerdem „eher nicht" der Aussage zu: „Unser Ort wird von der Politik gerecht behandelt und finanziert". Das galt besonders für solche in kleineren Orten in Brandenburg und Sachsen.

Angesprochen auf ihre Bewertung der Politik für gleichwertige Lebensverhältnisse, dachten aber Teilnehmer auch wieder über die Angemessenheit von Kritik und die Umsetzbarkeit von Forderungen nach oder erwähnten, dass es sich um komplexe, anspruchsvolle Anliegen handele. Teilweise wurde in der Gruppe diskutiert, ob und was Politik überhaupt gegen bestimmte Unterschiede in den Lebensverhältnissen tun könne, z. B. in Osnabrück. Es werde immer bestimmte Unterschiede geben, und nicht jeder wolle einen Beitrag zu solchen Ausgleichsmaßnahmen leisten. Aufgabe der Politik sei primär, allen einen gleichen Grundstock der Versorgung, einschließlich Bildungsangeboten, bereitzustellen, und dieser sei ja da.

Osnabrück, Mann 1: Ja, das kommt ja dann auch immer darauf an, ob man, äh, stadtnah wohnt oder halt eher im Landkreis. Das ist ja auch im Landkreis dann, [dass es] nicht so viel Kinos oder Kultur oder so die Richtung gibt, nicht so viele Ärzte, nicht so viele Schulen. Und ich glaube, das hat auch immer was da zu tun, ob man eher ländlich oder eher städtisch wohnt. (Stille) Frau 3: Aber das ist, also die Frage, dass sie mehr machen müssen, ist, ist klar, ist logisch. Da muss immer mehr gemacht werden. Also, ich glaube, es gibt kein Land, wo, wo es ausgeglichen ist. Frau 1: Wo kein Bedarf ist. Frau 3: Genau. Also dementsprechend muss immer was gemacht werden. […] Frau 3: (fällt ins Wort) Das [genug dafür zu tun, dass die Menschen überall in etwa ähnlich gut leben können] wird auch schwer sein, genau. Frau 1: Weil jeder

Einzelne auch, äh, ich will nicht das Wort willig benutzen, aber, äh, nicht unbedingt dazu bereit ist, sich an die Gemeinschaft, in der Gesellschaft zu beteiligen. Der eine arbeitet und der soll auch dementsprechend entlohnt werden, denke ich, und der andere, der es ein bisschen schüren lässt, ... Wie, wie soll Politik dafür sorgen? Also der Grundstock, das haben wir ja festgestellt, der ist ja da. Gleiche Chancen für alle, gleiche Bildung für alle. Aber jeder macht ja aus seinem Leben etwas anderes. Also kann es ja gar nicht, äh, für alle gleichgestellt sein. Jeder stellt die Weichen für das Leben anders. Frau 4: Aber ich finde, das ist so genau das Ding. Weil ich finde, also, dass es schwer ist, das zu erreichen, dass jeder die gleichen Chancen hat.

Solche Überlegungen trugen möglicherweise dazu bei, dass die Kritik an der Politik unter den Teilnehmern unserer Gruppendiskussionen alles in allem nicht sehr umfassend und grundsätzlich war. Sie sprachen der Politik nicht jegliche Eignung ab oder äußerten Präferenzen für ein ganz anderes politisches oder Wirtschaftssystem, und die in Abschn. 8.1 formulierten Wünsche beinhalteten eher moderate Änderungen der Politik.

Allerdings: Dezidiert positive Bewertungen der Politik gab es eher selten. Sie wurden in diesem Abschnitt der Gruppendiskussionen in weniger als der Hälfte der ausgewählten Kommunen vorgebracht – in 11 (Apen, Bevensen-Ebstorf, Cottbus, Frankfurt a. M., Leipzig, Limburg, Luckau, Osnabrück Potsdam, Stadtallendorf, Temnitz). Darunter waren relativ mehr Großstädte (4 von 7) und Mittelstädte (3 von 5) sowie relativ wenige kleinere Kommunen (4 von 12). Positive Aussagen zur Politik waren in kleineren Kommunen auch je weniger ausführlich als in einwohnerstärkeren Kommunen.[14] In Bezug auf die Lage in Ost- und Westdeutschland allgemein bestand kein Unterschied (5 vs. 6), aber in ostdeutschen Kommunen war das Lob stärker auf bestimmte Aspekte beschränkt oder wurde nicht von allen geteilt. In 8 der 11 Kommunen wurden die entsprechenden positiven Kommentierungen der Politik unkontrovers von der Gruppe aufgenommen.

In weniger als jeder vierten Kommune (5) bewerteten Teilnehmer die Politik für gleichwertige Lebensverhältnisse insgesamt positiv. Dies war fast ausschließlich in westdeutschen Kommunen mit Schwerpunkt Niedersachsen der Fall. Am zufriedensten äußerten sich die Teilnehmer in der Kleinstadt Bevensen-Ebstorf; sowohl allgemein als auch speziell vor Ort tue die Politik genug, um das Leben für alle Menschen gleichwertig zu gestalten, auch wenn die finanziellen Möglichkeiten nicht alles zuließen und es immer Dinge gebe, an denen noch gearbeitet werden könnte.

---

[14] Es handelt sich hier um Tendenzaussagen, da die Codes für positive oder negative Aussagen zur Politik, zu Erwartungen u. a. aus inhaltlichen Gründen nicht wechselseitig exklusiv waren und einzelne Textsegmente mit verschiedenen Subcodes codiert werden konnten.

Bevensen-Ebstorf, Mann 2: Vielleicht ist das so, wenn man weiter zum Beispiel in den östlichen Teil fährt und da auf dem Land ist, wo es teilweise schwierig ist, dann würden die Leute das von dort aus vielleicht auch anders beurteilen. Aber unsere Sicht oder meine Meinung ist auch, dass für, wenn man das hier, äh, auf uns bezieht und das, was wir jetzt ja so an Vorteilen, insbesondere auch benannt haben, äh, dass da schon ziemlich viel getan wird und dass man nicht alle Wünsche erfüllen kann, das ist auch klar. Ähm, und ich glaube, es wird halt nach und nach, so wie zum Beispiel Glasfasernetz oder Ähnliches.

In Apen stellten Teilnehmer in Rechnung, dass es schwer ist, derartige Entscheidungen zu treffen und dass „sich einiges tut", auch wenn es lange dauert und es in Teilen subjektiv sei zu beurteilen, ob die Politik genug tut oder nicht. In Osnabrück konstatierte eine Frau unwidersprochen, dass die Politik „schon eine Menge tut" und es sicherlich nicht einfach ist, Entscheidungen zu treffen, in Stadtallendorf ein Mann, dass die Politik „versucht (…), sich zu bemühen" und es „relativ gut" tut. In Luckau wurde ebenfalls honoriert, dass die Politik sich bemühe; für notwendige Maßnahmen sei sie aber auf die entsprechenden finanziellen Mittel angewiesen.

In jeder achten Kommune (3) lobten einzelne Personen unwidersprochen bestimmte Aspekte. In Leipzig fand ein Teilnehmer, dass die „Fördersachen" in der Politik schon „halbwegs strukturiert" sind, ergänzte aber, dass noch mehr „ausgeglichen" gefördert werden müsste. In Limburg wurde anerkannt, dass die Politik gut für die Landschaft sorge. In Cottbus konstatierte eine Person, dass Deutschland ein Land ist, dem es insgesamt „gut geht" (worin wir ein indirektes Lob für die Politik erkennen), auch wenn es Probleme gebe.

In ebenfalls jeder achten Kommune war eine geäußerte Anerkennung für die Politik beschränkt oder traf auf Einwände aus der Gruppe. In Potsdam zeigten sich mehrere Personen zufrieden mit den allgemeinen Lebensverhältnissen und der Politik. Sie mache „schon viel", schaffe überall „den gleichen Rahmen" für die Menschen, z. B. in der Gesundheitsversorgung und mit Blick auf die Bundesländer-Kompetenzen, man befinde sich „im sehr gut behüteten Deutschland" und sei „sozial gesichert". Andere Teilnehmer fanden, dass zu viele Unterschiede zwischen den Bundesländern bestünden, was sich auch in der Corona-Zeit gezeigt habe, und die Politik da „nur dumm rumgeredet" habe.

Potsdam, Frau 1: Na ja, aber die Rahmenbedingungen, das macht doch die Politik, dass sie, egal in welchem Bundesland wir sind, egal, wo wir jetzt hinziehen würden, grob wäre es doch überall der gleiche Rahmen für alles. Wir wissen, dass die gesundheitliche Versorgung mehr oder weniger gleich ist, die Bildung, gut, die mag in Bayern etwas besser sein. […] Also, ob ich jetzt nach Niedersachsen oder nach Schleswig- Holstein ziehen muss, ich weiß immer, ich bin immer noch im einigermaßen sehr gut behüteten Deutschland. Ja, es ist jetzt nicht ... Frau 3: (fällt ins Wort) Sozial gesichert. Frau 1: Genau, halbwegs sozial gesichertes Deutschland, wo ich mir eigentlich keine Sorgen machen muss. (Zustimmung von Mann 2) Und dass jetzt in einem Bundesland das eine besser ist als das andere, das sind dann für mich Kleinigkeiten.

In Frankfurt a. M. konstatierte eine Person, dass die Politik genug tue. Eine andere argumentierte, dass sie „nur begrenzte Mittel" habe, um dafür zu sorgen, dass man in Deutschland überall gleich gut leben könne, und unter anderem von Unternehmensentscheidungen abhänge (siehe oben). Daraus ergäben sich Nachteile für bestimmte Regionen und ungleiche Lebensverhältnisse, für die die Politik „nichts kann". In Temnitz wurde anerkannt, dass die Menschen in Deutschland „nicht schlecht" lebten, auch im Vergleich mit anderen Ländern, und dass die Politiker sich Mühe geben. Es sei schwer, für alle das Richtige zu entscheiden oder das Beste zu tun. Aus der Gruppe kam aber auch Kritik an der Politik (siehe oben).

Bei der Bewertung der Aussagen zur Politik in den Gruppendiskussionen ist zu berücksichtigen, dass die Teilnehmer – wie in Abschn. 3.2 erwähnt – politisch interessiert, aber nicht parteipolitisch engagiert waren. Unter den 183 Teilnehmern der Gruppendiskussionen waren nur 6 Parteimitglieder, aber immerhin 56,8 % der Teilnehmer (104) gaben an, schon einmal persönlich mit einem Politiker gesprochen zu haben. Am höchsten war der Anteil[15] in Bevensen-Ebstorf, wo dies für alle Teilnehmer zutraf (1,0), gefolgt von Kassel, Luckau (je 0,9), Hirschhorn, Leipzig und Zeven (je 0,8). Am niedrigsten war der Anteil derjenigen, die schon einmal mit einem Politiker gesprochen hatten, in Stadtallendorf (0,1), Frankfurt a. M. (0,2), Cottbus, Reichenbach (je 0,3), Mulda, Temnitz und Osnabrück (0,4). Wie zu erkennen ist, streute der Wert nicht systematisch nach der Siedlungsgröße und geografischen Lage. 55 der Personen, die schon einmal mit einem Politiker gesprochen hatten, gaben an, dass es dabei um die eigene Lebenssituation oder die Lebensbedingungen vor Ort gegangen sei; ein räumliches Muster war dabei erneut nicht zu erkennen.

Die schriftliche Befragung lieferte auch wichtige Informationen zu den Sichtweisen auf die Verantwortlichkeit für gleichwertige Lebensverhältnisse. In den Gruppendiskussionen unterschieden die Teilnehmer beim Sprechen über die Politik, Wünsche an sie und ihre Leistungen nicht systematisch nach den verschiedenen Ebenen der Politik – Bund, Ländern, Kommunen und die EU –, und es war nicht immer erkennbar, auf welche Ebene sich bestimmte Aussagen bezogen. Zudem erwähnten die Teilnehmer extrem selten bestimmte Parteien. Daher ist auch anhand

---

[15] Frage: „Haben Sie schon einmal persönlich mit einem Politiker gesprochen?" mit den Antwortmöglichkeiten Nein sowie Ja.

Tab. 8.3 Verantwortlich für gleichwertige Lebensverhältnisse: Einschätzung nach Siedlungsgröße und -lage

	Klein	Mittel	Groß	Ost	West	BB	HE	NI	SN
Bundespolitik	2,5	2,2	2,4	2,4	2,4	2,3	2,3	2,4	2,5
Die Menschen selbst	2,3	2,2	2,3	2,4	2,2	2,3	2,3	2,2	2,4
Kommunalpolitik	2,4	2,2	2,2	2,4	2,2	2,4	2,0	2,4	2,4
Landespolitik	2,4	2,1	2,2	2,3	2,3	2,3	2,2	2,5	2,3
Die Wirtschaft	1,8	2,0	1,7	1,9	1,7	2,0	1,6	1,8	1,9
Vereine und Zivilgesellschaft	2,0	1,6	1,7	1,9	1,8	1,7	1,6	1,9	2,1
Europapolitik	1,6	1,4	1,5	1,4	1,6	1,5	1,5	1,8	1,4

Frage: „Für die Bereitstellung gleichwertiger Lebensverhältnisse ist verantwortlich: …"
(0 = trifft nicht zu, 1 = trifft eher nicht zu, 2 = trifft eher zu, 3 = trifft zu); BB Brandenburg,
HE Hessen, NI Niedersachsen, SN Sachsen
Quelle: eigene Auswertung der anonymen schriftlichen Befragung (N = 183)

der mündlichen Aussagen schwer einzuschätzen, wem die Kritik und das Lob an der Politik jeweils beschieden waren.

Im Fragebogen wollten wir wissen, wer besonders für die Bereitstellung gleichwertiger Lebensverhältnisse verantwortlich ist. Tab. 8.3 zeigt, dass die Teilnehmer der Gruppendiskussionen primär die Bundespolitik in der Verantwortung sahen, dicht und gleichauf gefolgt von „den Menschen selbst" und der Kommunalpolitik, aber auch der Landespolitik. Dabei war im lokalen Gruppendurchschnitt eine gewisse generelle Zurückhaltung bei der Inhaftungnahme spürbar: Dass die Politik bzw. „die Menschen selbst" verantwortlich sind, wurde im Durchschnitt jeweils als „eher" zutreffend bezeichnet.

Eine Verantwortung der Bundespolitik sahen v. a. Menschen in kleineren Orten und in Sachsen (je 2,5), aber die Mittelwerte lagen auch anderswo wenig niedriger, abgesehen von Mittelstädten (2,2). Die Teilnehmer in Hessen fanden die Kommunalpolitik weniger verantwortlich (2,0), wodurch der Wert für die westdeutschen Kommunen gegenüber den ostdeutschen abfiel. Für die Befragten in Hessen kam der Landespolitik und den Menschen selbst eine größere Bedeutung zu als der Kommunalpolitik. In Brandenburg lag die Kommunalpolitik hingegen durchschnittlich vor der Bundespolitik.

Der Unterschied zur Verantwortung, die der Bundespolitik im Vergleich zur Kommunal- und Landespolitik zugeschrieben wurde, war in den Orten unterschiedlicher Siedlungsgröße bei je variierendem Gesamtniveau gering; auch Teilnehmer in Brandenburg, Sachsen und Ostdeutschland machten hier kaum Unterschiede. Dies waren genau die Orte, in denen die Menschen durchschnittlich diesen als nicht gerecht von der Politik behandelt und finanziert sahen; entsprechend schrieben gerade sie das Problem offensichtlich *nicht* nur oder primär der Bundespolitik zu, sondern verschiedenen verantwortlichen Ebenen. Besonders die Landespolitik wurde von unseren Teilnehmern aus kleineren Orten stärker in der Pflicht gesehen, zu gleichwertigen Lebensverhältnissen beizutragen, als von Teilnehmern in Mittelstädten und Großstädten.

In der Hierarchie der Verantwortungszuschreibung lag die Europapolitik bei allen Siedlungskategorien am Ende, obwohl die EU eine ausgedehnte Kohäsions- und Strukturpolitik betreibt, von der gerade ostdeutsche Regionen über Jahrzehnte durch Förderungen in Milliardenhöhe für Wachstums- und Beschäftigungsmaßnahmen, Stadt- und Regionalentwicklung und andere Bemühungen profitiert haben.[16]

8.4 Die Politik und wir: räumliche Muster in der Sicht auf Eigenverantwortung

Wie eben erwähnt, sahen die Teilnehmer unserer Gruppendiskussionen nicht nur die Politik in der Verantwortung für die Bereitstellung gleichwertiger Lebensverhältnisse. Die „Menschen selbst" betrachteten sie überall als ähnlich verantwortlich dafür wie die Bundespolitik. Insgesamt sahen die Befragten vielerorts die Verantwortung für die Gewährleistung gleichwertiger Lebensverhältnisse auf vielen Schultern verteilt, darunter auch jenen der Wirtschaft, Vereine und Zivilgesellschaft.

Wenn sie also nicht nur den Staat, sondern auch ihre Mitmenschen als wichtig für die Bereitstellung gleichwertiger Lebensverhältnisse betrachteten, was genau hatten die Befragten dabei im Sinn? In einem Teil der wissenschaftlichen Literatur zu gleichwertigen Lebensverhältnissen wird ja die Verantwortungsübernahme durch Bürger durchaus kritisch gesehen, weil der Staat hier seine Verantwortlichkeit „abwälze" und Kosten für eigentlich öffentliche Anliegen individualisiere. Im letzten Abschnitt der Gruppendiskussionen fragten wir: „Manche sagen ja, die Menschen sollen auch selbst Verantwortung dafür übernehmen, wie die Lebensbedingungen vor Ort sind. Andere finden, dass das eine Aufgabe der Politik ist. Wie sehen Sie das? Und was genau könnten oder sollten die Menschen denn selbst beitragen?"

Die Gespräche zu diesem Fragekomplex wiesen erneut einige überlokale Ähnlichkeiten auf, v. a. in Bezug darauf, wie genau Menschen zu gleichwertigen Lebensverhältnissen beitragen können. Weitere Ähnlichkeiten betrafen die Aussagen, dass der Eigenbeitrag sich nur auf bestimmte Bereiche beziehen soll[17] und

---

[16] Dettmer und Sauer (2019); Bachtrögler-Unger et al. (2023).

[17] Dies wurde eher implizit aus dem Gesagten deutlich, unter anderem dadurch, dass von einem „Beitrag" gesprochen wurde und die Politik „nicht alles schaffen" könne.

dass es hier Potenzial für Verbesserungen gibt. Zugleich unterschieden sich die Schwerpunkte der Aussagen nach Siedlungsgröße und geografischer Lage. Im mündlichen Austausch ging es mehr um ehrenamtliches Engagement als in der anschließenden schriftlichen Befragung, und dieses ehrenamtliche Engagement wurde intensiver in Westdeutschland und kleineren Kommunen besprochen. In mehr ostdeutschen Kommunen betonten Teilnehmer mündlich, dass die Politik die Rahmenbedingungen für die Mitwirkung der Menschen schaffen müsse und diese selbst stärker in der Breite initiativ werden müssten. Doch auch in westdeutschen größeren Städten wurde eine mangelnde Unterstützung des Gemeinwohls in der Gesellschaft beklagt. Die schriftliche Befragung bestätigte, dass die Teilnehmer in kleineren Kommunen mehr Verantwortung bei den Menschen sahen und solche in Großstädten relativ mehr Änderungen im Verhalten für notwendig erachteten.

Die Ausführungen dazu, wie Menschen zu gleichwertigen Lebensverhältnissen beitragen können – der Begriff selbst wurde allerdings wie schon zuvor praktisch nie benutzt –, waren oft mit ortsspezifischen Beispielen verknüpft. Die häufigsten Vorschläge umfassten (in Klammern ist die Anzahl der Kommunen angegeben):

- ehrenamtliches Engagement (15),
- das Schönhalten des Ortes (13),
- Nachbarschaftshilfe und individuelle soziale Hilfeleistungen (7) sowie
- politische Partizipation im weiteren Sinne (7).

Als Aussagen zum ehrenamtlichen Engagement erfassten wir Ausführungen zur Übernahme von Aufgaben als Helfer, Übungsleiter, Trainer, Nachhilfelehrer u. ä. in einem Sport- oder Jugendclub, Kultur- oder anderen Verein, (seltener) in der Kita oder Schule, bei der Kleiderkammer, der freiwilligen Feuerwehr oder in der Kirche. Solche Aussagen wurden in drei Vierteln der 12 ausgewählten kleineren Orte getroffen (9: Apen, Bevensen-Ebstorf, Doberlug-Kirchhain, Hirschhorn, Kamenz, Luckau, Mulda, Witzenhausen, Zeven). In den Großstädten (4: Chemnitz, Hannover, Kassel, Osnabrück) und Mittelstädten (2: Cottbus, Stadtallendorf) traf das jeweils nur auf etwa die Hälfte zu. Dies entspricht der Tendenz der Antworten in der schriftlichen Befragung. Ehrenamtliches Engagement wurde außerdem in mehr westdeutschen als ostdeutschen Kommunen als wichtige Möglichkeit genannt, etwas für gleichwertige Lebensverhältnisse zu tun (9 vs. 6), besonders in Niedersachsen, wo Entsprechendes in nahezu jeder Gruppendiskussion gesagt wurde. Dies weicht von den oben beschriebenen Ergebnissen der schriftlichen Befragung ab.

Als Maßnahmen für das Schönhalten des Ortes, die in mehr als jeder zweiten ausgewählten Kommune als Möglichkeit der Verantwortungsübernahme der

Menschen für gleichwertige Lebensverhältnisse genannt wurden, erfassten wir das Sauberhalten öffentlicher Flächen, die Entsorgung von Müll, das Schneiden von Hecken, Urban Gardening oder die Beteiligung an der Gestaltung des Ortes (Apen, Cottbus, Eberswalde, Hirschhorn, Kamenz, Leipzig, Limburg, Luckau, Osnabrück, Potsdam, Temnitz, Witzenhausen, Zeven). Solche Beteiligungsformen wurden in mehr als jeder zweiten kleineren (7 von 12) und Mittelstadt (3 von 5) getroffen, aber auch in fast jeder zweiten von uns ausgewählten Großstadt (3 von 7). Mit je 5 west- und 7 ostdeutschen Kommunen war die Ost-West-Relation hier ausgeglichen, aber die individuelle Beteiligung am Schönhalten des Ortes wurde in Brandenburg in viel mehr Orten erwähnt als in Sachsen (5 vs. 2).

Mit beträchtlichem Abstand folgten Nachbarschaftshilfe und Aktivitäten im Bereich der politischen Partizipation im weiteren Sinne. Als Ausführungen zu Nachbarschaftshilfe und individuellen sozialen Hilfeleistungen fassten wir solche zusammen, die die gegenseitige Unterstützung im Nahbereich (Auerbach, Chemnitz, Cottbus, Frankfurt a. M., Osnabrück, Temnitz) sowie Hilfe für ältere Menschen (Cloppenburg, Witzenhausen) in den Blick rückten. Solche Unterstützungsleistungen als Beitrag für gleichwertige Lebensverhältnisse wurden relativ mehr in Mittelstädten genannt (3 von 5) und seltener in Großstädten (2 von 7) und kleineren Orten (2 von 12). Inhaltlich wurde räumlich unspezifisch betont, dass es wichtig sei, für andere da zu sein, nach den Nachbarn zu schauen bzw. mit ihnen zu sprechen.

Unter Aussagen zu politischen Aktivitäten subsumierten wir solche zu Engagement in der Kommunalpolitik, zum Wählen gehen, zum Mitmachen bei lokalen Beteiligungsverfahren, zu Fridays-for-Future-Demonstrationen sowie zum „Mitdenken in der Öffentlichkeit". Dies wurde in 7 Kommunen als Möglichkeit des Einsatzes von Menschen für gleichwertige Lebensverhältnisse angesprochen, und zwar in Auerbach, Doberlug-Kirchhain, Leipzig, Luckau, Mulda, Potsdam und Zeven. Hier gab es ein räumliches Muster: Die Aussagen wurden in 5 kleineren Kommunen und ansonsten nur in 2 Großstädten getroffen, außerdem in 6 ostdeutschen und nur 1 westdeutschen Kommune. Aussagen zur Bedeutung solcher Aktivitäten gingen in mehreren Kommunen mit Aussagen zur Relevanz ehrenamtlichen Engagements einher, schlossen es also nicht aus.

Jeweils nur in einzelnen Kommunen wurden weitere Möglichkeiten erwähnt, sich individuell für gleichwertige Lebensverhältnisse zu engagieren, darunter das Organisieren von Veranstaltungen, u. a. Dorffeste oder ein geselliges Beisammensein (Cottbus, Kamenz, Temnitz), die Rettung von Gebäuden für eine Nutzung durch Vereine und die Bürger (Mulda) und die Gestaltung und Realisierung kultureller Initiativen (Witzenhausen). In einigen Orten wurde auch das Verhalten im

Privaten als relevant bezeichnet, so in Leipzig, dass man „in kleinen Läden" einkauft, um deren Bestand zu erhalten, und dass man die Oma zu Hause pflegt, in Potsdam, dass Hundebesitzer „die Häufchen" des eigenen Hundes entsorgen, und in Witzenhausen, dass man Wege zu Fuß oder mit dem Fahrrad zurücklegt.

Obwohl die Teilnehmer der meisten Gruppendiskussionen – und somit ohne grundsätzlich räumliche Logik – das Engagement von Menschen als wichtig bezeichneten, unterschieden sich die Aussagen in Bezug darauf, wie weit der Beitrag über den privaten Bereich der Verantwortungsübernahme hinausgehen sollte, in welchem Verhältnis die Verantwortlichkeit der Politik und der Menschen stehen sollte und welche Probleme beklagt wurden. Die spezifische Schwerpunktsetzung des Sprechens wies, wie erwähnt, ein räumliches Muster mit Unterschieden nach Größe der Kommune und der Lage in Ost- bzw. Westdeutschland auf.

In den meisten kleineren westdeutschen Orten fiel die Formulierung, Menschen sollten „vor der eigenen Türe kehren", um einen individuellen Beitrag zu leisten. Der Staat könne nicht alle Aufgaben übernehmen und sei auf Unterstützung durch die Bevölkerung angewiesen. Auch in ostdeutschen kleineren Kommunen wurde die Bedeutung eines Beitrags durch die Bevölkerung hervorgehoben, aber oft betont, dass die Politik den Rahmen für bürgerschaftliches Engagement setzen und Aufgaben erfüllen müsse. Darüber hinaus gab es hier oft Bemerkungen, dass die Menschen erst noch lernen müssten, dass sie selbst aktiv Verantwortung zu tragen hätten, was auf die DDR-Vergangenheit mit einem von oben durchorganisierten Staat anspielte.

Dieses Muster des Sprechens traf beispielsweise auf das ostdeutsche Mulda zu. Dort wurde argumentiert, dass „jeder das versuchen sollte, was ihm möglich ist beizutragen (…) für die Region", auch weil der Staat nicht bis ins Lokale hinein alles steuern könne, aber mehrere Personen betonten, dass er den Rahmen für bürgerschaftliches Engagement bereitstellen müsse und die lokale Politik (der Gemeinderat) gemeinsam mit Bürgern dann viel erreichen könne. Das Engagement müsse vom Staat mit gewissen finanziellen Ressourcen untersetzt werden, sonst lasse es schnell wieder nach, und es könne auch nicht jeder Bereich, beispielsweise die öffentliche Sicherheit, von bürgerschaftlichem Engagement allein getragen werden.

Mulda, Frau 4: Na für die Region sollte schon jeder selbst versuchen, das, was ihm möglich ist, beizutragen. Also das … Ich mein' die Politik wirkt in ganz hautnahen Dingen ja kaum bis auf die unterste Ebene. Frau 1: Also ich find', es gibt auch genug Möglichkeiten, sich selber einzubringen, ist dann sicher auch im kleinen Rahmen im Ort oder im Ortsteil oder … diese ganzen Ehrenämter, man hat ja überall die Möglichkeit, sich da einzubringen, statt nur zu meckern. Hängt natürlich oft an der Zeit und am Interesse und erfahrungsgemäß trifft man eigentlich immer dieselben in, in vielen verschiedenen Ämtern, sei das nun in der Kita, in der Schule, im Sportverein oder in irgendwelchen Ortsverbänden. Also es sind immer die Leute, die denken, okay, ich kann nicht nur meckern, sondern ich muss auch mal was machen. Das könnte man vielleicht so auch noch so ein bissel mehr in Fokus rücken oder diesen Leuten auch so, ein bisschen das wertschätzen einfach, weil da wirklich viel Zeit nebenbei draufgeht, die man sich ja woanders freischaufeln muss [...] Gibt natürlich auch Bereiche, wo's weniger sinnvoll ist, also hier Sicherheit oder so was, also wäre jetzt kein Bereich, wo ich das, das Recht des Einzelnen sehen würde, das wäre ne rein staatliche Aufgabe. [...] Mann 5: Also ich find' auch, dass grade die Beteiligungsmöglichkeiten, die man hat, die sind schon, sind schon umfangreich. Meistens is' es immer 'ne Frage der Kommunikation, dass viele Leute gar nicht wissen, was sie für Beteiligungsmöglichkeiten haben. Also in vielen, ob das Bauplanungen sind, ob das Hochwasserschutzkonzepte, was es da alles gibt, also Radwegekonzept, na das ist natürlich immer, was im Angebot ist. Man sollte es auch nutzen. Das ist natürlich auf der anderen Seite auch immer so ein bissel das Problem, aber ich finde auch, dass je weiter man von der Basis weg ist einfach der Rahmen vorgegeben werden sollte, der ausgestaltet werden sollte konkret vor Ort unter weitestmöglicher Beteiligung. Das geht natürlich auch immer bissel mit 'ner finanziellen Ausstattung einher, weil das bei vielen die Motivation natürlich lindert, wenn man sagt, es gibt Bürgerhaushalte, [...] es gibt ganz viele, ganz viele Ideen, [...] aber wenn man alleine dann dort dasteht als Gemeinde, grade im ländlichen Bereich, zu sagen, ja wir können das aber leider nicht finanzieren, dann ist das meistens so das Ende der Beteiligung. Da macht man ein-, zweimal so ,ne Beteiligung mit und lässt's dann sein, weil man müsste dann eben auch was sehen davon. Mann 1: [...] Also, wie schon gesagt wurde, der Rahmen muss von der Politik gemacht werden oder eben von denen, die sich dafür verantwortlich fühlen und... das Kleine vor Ort macht jeder selber, organisiert jeder selber. Immer im Rahmen, was er kann. [...] Frau 4: Gute Beispiele sind hier in der Gegend, muss ich sagen, auch jetzt hier Helbigsdorf der Gasthof. Wenn dort die Gemeinde und die Bürger dort nicht so dahintergestanden hätten, das wär' abgebrochen worden. Und es wär jammerschade, wirklich so ein Gebäude, auch wie's jetzt genutzt wird [...] als Gemeinschaftszentrum [...] Natürlich ein Einzelner kann nichts machen, aber man muss sich dann eben verbünden so. Auch in Muldas Sägewerk na, da lag der Abbruchantrag, das wär' lange weg gewesen, wenn's nicht auch Interesse von der Gemeinde, von den Bürgern, wenn das nicht gebündelt worden wär'.

Als Variante dieses Musters wurde in Reichenbach ebenfalls betont, dass die Rahmenbedingungen für bürgerschaftliches Engagement „von oben" durch den Staat geschaffen werden müssten, damit „wir kleinen Menschen" dann die Lebensbedingungen vor Ort selbst gestalten könnten, mit Hilfe etwa der Stadt. Dafür gebe es auch eine gewisse Mitwirkungspflicht, was viele erst noch begreifen müssten.

Reichenbach, Frau 4: Ich finde, den Rahmen muss die Politik machen, gestalten müssen wir dann selber. [...] Frau 3: Denn ... wir brauchen 'ne Turnhalle. Wir brauchen 'ne Kegelbahn, wir brauchen erstmal Voraussetzungen, damit wir dann das ausfüllen können. Oder wir brauchen das Feuerwehrhäuschen oder oder wir brauchen den Heimatverein oder was auch immer. Das braucht erst mal, muss gegeben sein von oben und dann können wir kleinen Menschen loslegen. Und das muss definitiv jeder selber machen. Und das müssen manche eben noch begreifen. Dass eben nicht jeden Tag einer klingeln kommt und sagt, och kommst du heute mal mit oder so. Sondern, dass man einfach seinen Hintern erstmal selber vor die Tür setzen muss [...] Mann 3: Und vorher irgendwie seine Meinung bekommen, was man wirklich will, also was, was wirklich wichtig ist. Frau 3: Ja und dann kriegt man aber auch Hilfe. Ich glaube, da gibt es schon Ansprechpartner, auch in der Stadt jetzt bei uns. Wenn man da hingeht, hier die, die neue Maus, wie heißt sie jetzt, die [...]. Da kann man fragen gehen. Die werden auch informieren, also das ist ... Aber die Rahmenbedingungen brauchen wir von der Politik.

In Auerbach wurde in ganz ähnlicher Wortwahl ausgeführt: „Die Politik kann die Rahmenbedingungen schaffen. Aber letztendlich muss der Mensch aktiv werden." Leider seien die Menschen in den „letzten Jahrzehnten" dazu „erzogen" worden, nur zu konsumieren, weshalb die Bereitschaft zur Beteiligung abgenommen habe. In Kamenz wurde anerkannt, dass in fast jeder Kommune Bürger ehrenamtlich, beispielsweise in Dorfclubs, etwas für das Außenbild der Gemeinden tun. Dies erfolge freiwillig, aber die Politik könnte „die Gelder vielleicht zur Verfügung stellen" und „dorte [von der Politik] müssten dann sicherlich von oben herunter eben einfachere Dinge kommen", z. B. weniger Bürokratie, die die Umsetzung von Ideen behindere. Die vergangenen Gebietsreformen wurden als Problem benannt, da die kleineren Orte abgehängt worden seien, keinen Bürgermeister hätten, es dort an eigenen Ressourcen mangele sowie an Freiwilligen, die weggefallene Leistungen der Kommune, z. B. in Bezug auf das Stadtbild, ehrenamtlich übernähmen. Es brauche auch mehr Anerkennung für die ehrenamtlich organisierten Angebote der Vereine, die die Kommunen als selbstverständlich betrachteten.

In den 3 anderen ostdeutschen kleineren Kommunen wurde das Verhältnis zur Politik nicht thematisiert. In zwei von ihnen ging es mehr um die Schwierigkeiten, Freiwillige zu finden. In Luckau hieß es, dass Menschen „viel dafür machen" könnten, die Lebensbedingungen vor Ort zu gestalten, aber die Bereitschaft abgenommen habe, selbst wenn es Aufwandsentschädigungen gebe. In Doberlug-Kirchhain wurde gesagt, dass die zahlreichen ehrenamtlichen Initiativen durch „dieselben 20 Leute" getragen würden, weil die anderen der Meinung seien: „ach, die anderen werden das schon machen", und die vielen Berufspendler keine Zeit dafür hätten. In Temnitz wurde betont, man solle „sich ja eigentlich als große Gesell-, Gesellschaft sehen (...) und jeder hat seinen Beitrag zu leisten." In durchaus auch kritischer Sicht auf das Verhalten der Mitmenschen hieß es, jeder solle gewillt sein, etwas für die Allgemeinheit zu tun, ob nun auf andere Rücksicht zu nehmen, den Rasen zu mähen, eine Aufgabe beim Dorffest zu übernehmen, Blumenkübel zu bepflanzen oder im Großen zur Entwicklung beizutragen. „Und so ergibt sich ja schon in der dörflichen Gemeinschaft, ähm, ja ein Wohlgefühl".

Die erwähnte stärkere Betonung in westdeutschen kleineren Kommunen, dass der Staat nicht alles tun könne, ließ sich beispielsweise in Hirschhorn beobachten. Dort wurde gesagt, dass Politik „auch nicht alles regeln" könne und solle. „Jeder vernünftig denkende Mensch weiß, dass ich in gewisser Weise für mich sorgen muss, im, im privaten Bereich, im Bereich der Familie " Es sei aber „schon viel getan", „wenn jeder guckt, das Eigentum erhalten wird, dass man die Straßen sauber macht". Jeder habe „die Verantwortung, das, was er hat, zu pflegen und auch ein bisschen über den Tellerrand hinweg zu gucken, dass es keine Zumutung ist und dass kein Verfall da ist.‘ Das ehrenamtliche Engagement sei sehr ausgeprägt, auch „weil man weiß, der Staat, (…) der kann nicht alles machen". Die Kommunen sollten das ehrenamtliche Engagement aber mehr wertschätzen und unterstützen.

Ähnlich hieß es in der Kleinstadt Zeven, „in seiner Kommune oder in seiner Stadt im Sportverein zu sein und ehrenamtlich da mitzumachen (…) und sich auszutauschen und ein bisschen was mitzuhelfen (…)" sei keine Aufgabe von Politik. Die Teilnehmer waren sich einig: „Uns geht es gut und damit das so bleiben" kann, müsse „jeder auch ein bisschen was geben". Jeder könne schon im Kleinen irgendetwas tun; dies sei „gesellschaftliche Kompetenz". Und auch in Apen wurde gesagt, dass jeder das tun sollte, „was im Rahmen seiner Möglichkeiten machbar" sei und jeder „vor seiner Haustüre" kehren sollte. Das ehrenamtliche Engagement nehme aber „beständig" ab und der Egoismus sei ausgeprägt; Menschen investierten weniger Zeit etwa dafür, Jugendtrainer zu sein. „Also fehlt wieder ein Stück Gemeinschaft. Und dann kann ich mich auch nicht beschweren, dass es das nicht gibt. Weil viele beschweren sich ja immer, ja, es gibt das nicht und es gibt dies nicht."

Auch in Witzenhausen wurde die Eigenverantwortung betont. Es gebe in Deutschland viele Ehrenamtliche, ohne die „unsere Gesellschaft komplett zusammenkrachen würde". Anders als in anderen kleineren Kommunen forderten aber einige Teilnehmer mehr vom Staat: Er solle Anlaufstellen für Hilfebedürftige bieten, Räume, Gemeinschaftsküchen u. ä. bereitstellen, damit „man sich da selber engagieren kann", sowie über Bildung und „Programme" dafür sorgen, „dass der Mensch mehr dazu angeleitet wird, eigenverantwortlich zu denken und nicht immer sofort, wenn irgendetwas ist, nach dem Staat zu rufen."

Die Gruppendiskussionen in den Mittelstädten fielen beim Thema Rolle der Menschen für die gleichwertigen Lebensverhältnisse anders aus als die in den kleineren Kommunen. Sie waren aber sehr unterschiedlich, sodass sich kein klares Profil benennen lässt. Das deutet darauf hin, dass die Lebenslagen in Städten dieser Größe unterschiedlicher sind. In den beiden ausgewählten Mittelstädten in Ostdeutschland waren die Meinungen zur Eigenverantwortung der Menschen auch in sich heterogener als in den kleineren (ostdeutschen) Kommunen und beinhalteten

u. a. Kritik am Verhalten der Mitmenschen. Die Aussagen deuteten auf lokale Gesellschaften im Wandel hin, in denen unterschiedliche Deutungen zur Rolle der Bürger nebeneinander bestehen. In den westdeutschen Mittelstädten gab es hingegen kaum oder nur punktuell Kritik und die Runden verliefen unkontrovers.

Im ostdeutschen Eberswalde gab es ein ausgeprägtes Votum für Engagement der Menschen über das Private hinaus, von dem es viel mehr geben müsse. Mehrere Teilnehmer stellten dies als Mittel der Selbstermächtigung der Gesellschaft gegenüber dem Staat dar: „man muss selbst Initiative ergreifen. Das machen wir nicht, wir lassen uns so viel aufdrücken, machen zu wenig von unten." Auf Skepsis anderer Teilnehmer hin konzedierten sie, dass die Politik die Infrastruktur bereitstellen und das Engagement fördern müsse, damit das klappt, z. B. durch die Bereitstellung von Räumen und Flächen, etwa für öffentliche Bücherschränke. Einig war sich die Runde, dass die Politik die Meinungen der Bürger zur Ausgestaltung gleichwertiger Lebensbedingungen besser berücksichtigen solle, etwa über Volksbefragungen auf Bundesebene.

In Cottbus lobten die einen, dass die „weit über 130 Sportvereine" sowie die Kulturinitiativen in der Stadt nur dank staatlicher Fördergelder sowie der Mitwirkung der Menschen existierten: „das ist nichts, wofür jemand privat Geld in die Hand nehmen würde, weil du davon nicht leben kannst". Daher könne man hier „ein gutes Leben führen". Für Engagement gebe es „tausend Möglichkeiten, da kann man sich da anmelden, kann einen Verein gründen, es gibt Fördergelder, man muss sich bloß kümmern." Andere Teilnehmer bedauerten, dass es in der Stadt anders als früher recht anonym zugehe; es sei schwierig, dass die „sehr vielen alten Menschen" auf der einen Seite und die „sehr vielen jungen Menschen, die hier einfach nur wirklich zum Studieren herkommen", auf der anderen Welten darstellten, „die aufeinanderprallen", und es kein Hausgemeinschaftsleben mehr gebe wie zu DDR-Zeiten.

In Stadtallendorf hieß es eher kurz, die Grundlagen für gleichwertige Lebensverhältnisse müssten vom Staat bzw. der Politik bereitgestellt werden; mehr Raum beim Sprechen erhielt die Aussage, es sei sehr wichtig, dass Menschen auch „selbst (…) beitragen".

Stadtallendorf, Frau 4: Ja, ich denke schon, dass man auch selbst dazu beitragen muss. Ist doch unser Leben, unsere Stadt. Finde ich eigentlich schon. Frau 2: Ich finde das immer toll, wenn ich auf Dörfer oder […] so lese, dass die Eltern für den Kindergarten was getan haben oder so. Nicht, dass die Stadt immer kommen muss […]. Wenn im Kindergarten was fehlt, wenn was gemacht werden muss, dann finde ich das einfach gut. Mann 1: Ja, ich finde auch. Also, die Grundlage, also viele Grundlagen sollte die Regierung oder der Staat, die Stadt bieten. Aber das Ausleben, das können nur die Bürger oder auch … ein breiteres Angebot schaffen. Denn alleine durch Geld finanzierter Spielplatz, den keiner nutzt, ähm, das bringt es auch nicht. Also, ich finde es genauso wichtig, dass sich die Menschen engagieren. Ähm, ja. Und dass eine Stadt, äh, als lebendig bezeichnet wird, äh, das kann nur durch die Menschen selber mit geschehen, finde ich. Oder? Frau 2: Das gibt doch so tollen Zusammenhalt, wenn man zusammen irgendwas ... Also wir haben uns immer engagiert, wenn in der Schule irgendwas, oder egal Kindergarten, Schule, Elterntag, welche Eltern gehen mit oder der Vater [...].

In eine ähnliche Richtung ging es in Cloppenburg und Limburg, wo es Kritik an zu wenig Eigenverantwortung der Mitmenschen gab. In Cloppenburg fand ein Teilnehmer unwidersprochen, dass Aktivitäten des Staates für „jeden Mist und jeden Kleinkram" die notwendige Eigenverantwortung zerstöre, aber es wurde auch bedauert, dass viele Menschen Vereine und den Staat als bloße Dienstleistungsbetriebe sehen; sie zahlten ihren Mitgliedsbeitrag und Steuern und dächten: „soll der Staat" bzw. der Verein „doch was machen." In Limburg wurde beklagt, dass es unter den vielen älteren Menschen nicht sehr viel Engagement gebe. Man bekomme einfach keine Übungsleiter, auch weil potenzielle Kandidaten lieber im Fitnessstudio tätig seien, „wo die gut Geld verdienen". Aber auch die Kommune werfe manchmal „Knüppel zwischen die Beine" und unterstütze Initiativen nicht genug.

In den Gruppendiskussionen in Großstädten gab es jeweils wenig Dissens. Die Runden in Ost- und Westdeutschland unterschieden sich dabei. In Ostdeutschland wurde die Eigenverantwortung der Menschen stark auf deren Gestaltung ihrer eigenen Lebenssituation bezogen, es gab wenig Problemdarstellungen und die vorgeschlagenen Beiträge waren eher „klein". Dies deutete auf eine sehr gut funktionierende allgemeine Infrastruktur hin. In den ausgewählten westdeutschen Großstädten wurde das ehrenamtliche Engagement intensiver angesprochen als in den ostdeutschen Großstädten, ebenso (außer in Frankfurt a. M.) Probleme im Zusammenhang mit der Finanzierung und dem wahrgenommenen Egoismus von Menschen. Dass die Politik die Rahmenbedingungen des Ehrenamts beeinflusse und nicht jeder seinen Beitrag zu gleichwertigen Lebensverhältnissen leiste, wurde also in westdeutschen Großstädten ähnlich betont wie in ostdeutschen kleineren Orten.

In Leipzig wurde unisono betont, dass „jeder sich irgendwo beteiligen müsste", weil die Politik nicht alles tun könne. Müll aufzusammeln, Äste vom Radweg zu nehmen, das seien Kleinigkeiten, „(d)as macht aber die Gesellschaft am Ende lebenswerter". Es gebe aber „die Tendenz gerade in der Gesellschaft (...), dass viele erwarten, da kommt die Stadtreinigung halt sowieso". In Potsdam wurde argumentiert, die Politik sei „ein Stück weit" zuständig, dass die Bedingungen stimmen, „aber jeder Mensch ist für sich selbst verantwortlich". Jeder könne ein wenig dafür tun, dass das Leben für alle angenehm ist, z. B. die Häufchen des eigenen Hundes wegräumen, und ein Vorbild sein, aber man könne nur begrenzt auf das Verhalten anderer Einfluss nehmen. Auch in Chemnitz wurden eher private Dinge als Möglichkeit genannt, sich zu engagieren, wie Müll aufheben oder mit „unseren Rentnern im Haus" sprechen. Ansonsten wurde auf das Ehrenamt und viele Vereine verwiesen, deren Arbeit vom Staat unterstützt werden und „bissel mehr Anerkennung" erfahren könnte.

In Osnabrück wurde wie in anderen westdeutschen Großstädten intensiver die Bedeutung ehrenamtlichen Engagements angesprochen. Es helfe beispielsweise, Kinder aus Elternhäusern zu fördern, die es nicht so leicht haben. Die Politik müsse aber den gesetzlichen Rahmen schaffen und den Ehrenamtlichen dabei helfen, solche Aufgaben zu erfüllen. „Natürlich" könnten Ehrenamtliche auch „nicht alles machen". Beklagt wurde, dass immer mehr Menschen sich mittlerweile „nur um sich selber kümmern" und sich wegen unterschiedlicher Interessen nicht auf bestimmte Maßnahmen einigen können.

In Kassel wurde beklagt, dass Eltern von den Schulen zu viel Erziehung der Kinder und von Vereinen eine Rundum-Betreuung der Kinder erwarteten, statt selbst mehr Verantwortung zu übernehmen. Die Rahmenbedingungen an sich seien „nicht so schlecht"; es gebe viele Angebote dafür, „dass man mit dem, was man hat, auch ein gutes Leben aufbauen kann", auch dank ehrenamtlichen Engagements. Dieses nehme jedoch ab, da junge Menschen „heute nicht so die Gemeinschaft in der Region oder in der Ortschaft suchen", sondern Studien- und Jobangebote in ganz Deutschland und Europa nutzen, wodurch sozialer Kitt vor Ort entfalle. Anonymität und Egoismus seien „für eine Gesellschaft einfach absolut nicht förderlich". Man müsse darüber nachdenken, wie man es schaffe, dass mehr Menschen ehrenamtliche Aufgaben übernehmen. Auch eine Demokratie brauche ein „Wir-Gefühl" und Gemeinschaftssinn.

In Hannover wurde beklagt, dass die Politik zu wenig Geld für Vereine gebe, als dass diese in größerem Rahmen die Gesamtsituation beeinflussen könnten, und dass im Falle der Privatisierung von Aufgaben die privaten Träger Dinge nicht machen, wenn sie keinen Gewinn erbringen. Ehrenamtliches Engagement sei „von vielen politischen Entscheidungen abhängig"; Vereine fühlten sich mit Aufgaben von der Politik „alleine gelassen" und nicht ausreichend gewürdigt. Beklagt wurde auch das sinkende Engagement der Mitmenschen. Gründe seien, dass es bei Beteiligungsverfahren auf kommunaler Ebene oft keine Resonanz der Politik dazu gebe, ob die Ergebnisse umgesetzt werden, dass Menschen generell nur (noch) Dinge machten, die ihnen einen persönlichen Nutzen versprechen, und dass sie die Vereinstätigkeit zunehmend als Dienstleistung betrachteten; über den Mitgliedsbeitrag hinaus steuerten sie daher nichts bei. Viele (ehemals) Engagierte seien daher „frustriert"; es sei „viel kaputtgegangen".

Im auffallenden Kontrast zur durchaus kritischen Beschreibung von Problemen in der Gruppendiskussion in Frankfurt a. M. zuvor war der dortige Austausch zum Beitrag der Menschen zu den Lebensverhältnissen wenig problemorientiert. Wie in vielen Gruppendiskussionen in westdeutschen Kommunen hieß es, Menschen sollten bei „sich zu Hause anfangen" und „vor der eigenen Tür kehren", dann klappe es auch „mit dem großen Ganzen", weil man dem anderen nicht seine Meinung oder seine Wünsche aufdrücke, sondern „man sich selber ein gutes Leben schafft und die anderen natürlich nicht vergisst." Man könne in seinem Umfeld anderen helfen und im Verein – der „kleinsten Zelle der Demokratie" – „Verantwortung für den anderen" übernehmen, ob nun in Sport-, Kultur- oder anderen Vereinen.

In der anschließenden schriftlichen Befragung konnten die Teilnehmer in einem Freitextfeld noch einmal angeben, was genau die Menschen selbst beitragen können oder sollten. Diese Möglichkeit nutzten fast alle. Erneut betonten Teilnehmer in Kommunen jeder Siedlungsgröße und geografischen Lage die Bedeutung gesellschaftlichen Engagements und die Notwendigkeit, individuell Verantwortung zu übernehmen. Allerdings zeigten sich wieder auch Unterschiede nach Siedlungsgröße und Lage, hier v. a. im Hinblick darauf, ob Änderungen am Status quo für erstrebenswert gehalten wurden, was betont wurde und mit welchen Begriffen.

In kleineren Kommunen nutzten viel mehr Menschen den Begriff des verantwortungsvollen Handelns. Dabei gab es graduelle Unterschiede zwischen Ost- und Westdeutschland. In 4 der 7 ausgewählten kleineren ostdeutschen Kommunen (Kamenz, Luckau, Reichenbach, Temnitz) verwendeten Teilnehmer, um den Beitrag der Menschen zu gleichwertigen Lebensverhältnissen zu beschreiben, neben dem Begriff der „Verantwortung" auch „aktiv werden", „mitwirken" oder „anpacken". Oft wurde hier gesagt, dass Menschen umdenken und mehr mitmachen sollten.

Temnitz, Person 1: Jeder sollte ein Teil beitragen und sich nicht zurückziehen und sich denken andere machen das schon. Person 2: Über den Tellerrand gucken und selbst mitmachen, zu tun gibt es schließlich genug; Person 3: Umdenken im Kopf, das Ich-bezogene Denken vielleicht etwas ablegen. Person 4: Alles das, was jeder Einzelne kann entsprechend seinem Können, Wissen, Fähigkeit. Person 5: Verantwortung für sich selbst und andere.

In 2 dieser Kommunen (Luckau, Reichenbach) betonten mehrere Personen zugleich, dass man sich auch politisch einbringen solle.

Reichenbach, Person 1: Motivation, Vertrauen, sich mit anderen verknüpfen, Kräfte komprimieren. Auf die Straße und laut sein! Person 2: Steuern für alle Unternehmen wie Amazon usw. Person 3: sich bereit erklären, ihren Möglichkeiten entsprechend mitzuarbeiten; Person 4: aufeinander zugehen, in der Politik mitwirken.

In den 3 anderen ausgewählten kleineren ostdeutschen Kommunen unterstrichen jeweils mehrere Befragte die Bedeutung von „gesellschaftlichem Engagement", sich „gesellschaftlich einzubringen", „gesellschaftlichem Mehrwert" bzw. (seltener) vom „Sinn für die Gemeinschaft". Die Begriffe „Eigenverantwortung" bzw. „Eigeninitiative" wurden hier aber ebenfalls genutzt und es gab auch Plädoyers für politisches Engagement (Auerbach, Mulda).

Auerbach, Person 1: Einfach mit kleinen Dingen tagtäglich seinen Mitmenschen/ Nachbar/Kollegen mit Rat + Tat zur Seite stehen. Sich ehrenamtlich ins Leben einbringen; Person 2: Eigenverantwortung stärken, Selbstwirksamkeit neu beleben, Miteinander statt Gegeneinander; Person 3: Sich in der Gesellschaft, im Miteinander mehr engagieren, mehr Zeit investieren um einen gesellschaftlichen Mehrwert zu erreichen und dazu beizutragen. Durch politische Einflussnahme und Bereitschaft zur Mitwirkung bspw. in Vereinen; Person 4: Mehr Zeit für andere Menschen aufbringen; Person 5: Sich gesellschaftlich einbringen; Person 6: Die Menschen sollten aufhören, sich gegenseitig zu diskriminieren und keine Vorurteile haben. Sollten sich gegenseitig unterstützen und gemeinsam an den Defiziten der Politik arbeiten. Füreinander da sein und nicht an sich selbst denken. Person 7: Sich in Gesellschaft einbringen.

Die Formulierung, dass man sich „gesellschaftlich engagieren" solle, wurde in westdeutschen Kommunen nicht genutzt. Stattdessen dominierte der Begriff der „(Eigen-)Verantwortung" und des „selbst-verantwortlich"-Seins bzw. die Idee, dass man selbst schauen solle, wo es des Engagements bedarf. Dies wurde v. a. in Hirschhorn und Witzenhausen, aber auch in Zeven gesagt.

Hirschhorn, Person 1: Selbstverantwortung; Person 2: Jedem sollte klar sein, dass Eigenverantwortlichkeit zählt; der Staat kann nicht für alles verantwortlich gemacht werden; Person 3: Eigeninitiative dort, wo es möglich ist; Person 4: Zu allgemeine Frage; Person 5: Sich um angenehmes Miteinander bemühen; Person 6: Eigenverantwortung für Familie etc., Für Umwelt und Naturschutz sorgen, Sauberkeit, Nachbarschaftshilfe; Person 7: ein soziales Miteinander, die Lage anderer besser verstehen, mehr Rücksicht.

In einem ähnlichen Anteil der kleineren westdeutschen Kommunen (2 von 5: Witzenhausen, Zeven) wie der kleineren ostdeutschen Kommunen (4 von 7) betonten Personen, dass man sich nicht nur sozial oder ehrenamtlich, sondern auch politisch engagieren solle. Der Begriff „soziales" oder „politisches Engagement" ähnelte dem des „gesellschaftlichen Engagements" in ostdeutschen kleineren Kommunen, fokussierte allerdings stärker auf die individuelle Vertretung von Interessen in einer liberalen Demokratie.

> Zeven, Person 1: Jeder sollte schauen, wo in seinem Umfeld persönliches Engagement eingebracht werden kann, z. B. Ehrenamt usw. Person 2: Weniger Kritik, mehr Aktionismus. Person 3: Zufriedener sein und selbst verantwortlich für sich sein, soweit möglich. Hilfsbedürftigen sollte natürlich geholfen werden. Person 4: Sich einbringen in Politik und Ehrenamt; Person 5: sich sozial/politisch engagieren; Person 6: Engagement politisch, aktivistisch aber auch ehrenamtlich usw.; wählen gehen; Person 7: persönlich engagieren (örtlich, kommunal) egal ob in Bereichen Politik oder in der Gesellschaft

In Mittelstädten wurde im Vergleich zu den kleineren Orten etwas stärker ein „Mehr" von bestimmten Verhaltensweisen gefordert.

In den ausgewählten 2 ostdeutschen Mittelstädten gab es eine Mischung aus Plädoyers für individuelle Verantwortung, Toleranz, soziales Miteinander und gemeinsames Handeln ohne spezifische sprachliche Muster; das „gesellschaftliche Engagement" tauchte gelegentlich auf. Dies entsprach der Mischung in den Gesprächsrunden. Im Kontrast zum mündlichen Austausch erwähnte in der Befragung nur 1 Person in Cottbus politische Beteiligung als Beitrag zu gleichwertigen Lebensverhältnissen.

> Eberswalde: Person 1: Kreative Teilnahme am Leben, in Vereinen usw.; Person 2: Soziales Engagement, gesellschaftlich einbringen, bewusstes Handeln; Person 3: ein mehr miteinander und nicht gegeneinander, mehr auf die Umwelt achten, öfter mal lächeln; Person 4: aktiv gestalten, Freizeit nutzen, Respekt und wertschätzen; Person 5: auf zwischenmenschlicher Ebene sich gegenseitig unterstützen, Toleranz; Person 6: Über den Tellerrand hinaus schauen.

In den ausgewählten westdeutschen Mittelstädten gab es mehr Hinweise auf Eigenverantwortung und „selber engagieren" als in den ostdeutschen Mittelstädten. Mehrfach wurde auch der Bedarf des „sozialen Miteinanders" betont, v. a. in Kassel.

> Kassel, Person 1: Soziales Miteinander stärken, verantwortungsvolles Verhalten; Person 2: Eigenverantwortung; Person 3: Sich an der Gesellschaft/Verein mehr persönlich beteiligen. Offener, freundlicher werden. Person 4: Soziales Miteinander fördern, Vorurteile abbauen, Toleranz und Akzeptanz. „Wir"-Gefühl stärken. Person 5: Über die eigenen Grenzen hinaus denken, etwas für das soziale Miteinander tun; Person 6: sich selbst stärker engagieren; Person 7: proaktives Ehrenamt; weniger reden, mehr tun!!

Wie in den ostdeutschen Mittelstädten empfahlen nur einzelne Teilnehmer politische Beteiligung – in Limburg (Person 3) und Cloppenburg (Person 1).

> Limburg, Person 1: Verantwortung für sich selbst und Mitmenschen übernehmen; Person 2: Nachbarschaft im Auge behalten, um ggf. helfen zu können; Person 3: politische Beteiligung, Bürgerinitiativen, Demonstration; Person 4: Menschen zu helfen, die sozial benachteiligt sind und unbürokratisch Hilfe leisten, finanziell oder sonstige Unterstützung, die gebraucht wird! Person 5: Jeder sollte für sich ein vernünftiges Leben führen! Gesellschaft fängt bei jedem einzelnen an! Mehr Miteinander als Gegeneinander!

In den Großstädten nutzten, verglichen mit Kommunen anderer Größe, die relativ meisten Teilnehmer eine Rhetorik, die auf den Bedarf von Veränderungen verwies: Es sollte „mehr" oder „weniger" von einem bestimmten Verhalten geben. Außerdem war der Anteil von Personen höher, die auf den Bedarf von Offenheit, Toleranz bzw. Akzeptanz bzw. des „Vorurteile-Abbauens" gegenüber verschiedenen Kulturen und Lebensformen (Chemnitz, Hannover, Kassel, Osnabrück, Potsdam) sowie auf Respekt bzw. Wertschätzung jedes Menschen (Hannover, Leipzig) verwiesen, auch wenn der Aspekt nicht dominierte. Einzelne Teilnehmer nannten Maßnahmen als möglichen Beitrag, die in Kommunen anderer Siedlungsgrößen nicht erwähnt wurden, wie „Ärmeren helfen", „kleinere Unternehmen unterstützen". Zudem erwähnten etwas mehr Teilnehmer den Umweltschutz als in Kommunen anderer Größe.

Auch bei den Großstädten gab es graduelle Unterschiede zwischen Ost- und Westdeutschland. In den ausgewählten 3 ostdeutschen Großstädten wurde viel weniger von „Eigenverantwortung" oder „Verantwortung" gesprochen als in den kleineren Kommunen und in westdeutschen Großstädten. Erwähnt wurden Nachbarschaftshilfe, gutes und unterstützendes Verhalten im persönlichen Umfeld (Nachbarschaft/Wohnumfeld, Bekanntenkreis) und ehrenamtliches, teils karitatives Engagement als mögliche Beiträge zu gleichwertigen Lebensverhältnissen.

> Chemnitz, Person 1: Ich glaube Anonymisierung ist ein großes Problem. Menschen sollten mehr Kontakt zueinander suchen. Person 2: Ehrenamtliche Tätigkeiten, gesellschaftliche Verantwortung vermitteln und unterstützen, Achtung auf und vor Mitmenschen/Nachbarn, Verantwortung für Wohnumfeld; Person 3: Nachbarschaftshilfe, sich politisch engagieren, Zivilcourage in der Öffentlichkeit ausüben; Person 4: Freundlicher Umgang; Person 5: Miteinander: mehr aufeinander achten (sehr wichtig), nicht nur auf Mitmenschen, sondern auch auf Umwelt achten; Fairness, offen sein, ehrenamtlich engagieren; Person 6: Sich ehrenamtlich engagieren und im eigenen kleinen Kreis (Nachbarschaft, Bekanntenkreis etc.) Unterstützung o.ä. anbieten; Person 7: soziales Engagement im Wohnumfeld, Akzeptanz verschiedener Kulturen/ Lebensformen, Umweltschutz in der Region.

In Potsdam betonten fast alle Teilnehmer den Bedarf von (mehr) „Miteinander" bzw. „Füreinander"-da-sein.

Anders als in den ostdeutschen Großstädten nutzten in den ausgewählten 4 westdeutschen Großstädten sehr viele Teilnehmer den Begriff des „sozialen Miteinanders" oder „verantwortungsvollen Miteinanders" oder verwiesen auf „Eigenverantwortung", „Selbstverantwortung" bzw. „Selbstbestimmung". Häufig waren die Aussagen abstrakt und es wurden weniger konkrete Beispiele oder Maßnahmen genannt als in den ostdeutschen Großstädten. Mehrere Teilnehmer sagten direkt oder indirekt, dass Menschen mehr über die eigene Person hinausdenken und sich engagieren sollten.

> Frankfurt a. M., Person 1: Mehr auf sich selbst achten. Person 2: Verantwortungsvolles Miteinander; Selbstbestimmung; Person 3: Mehr Solidarität in der Wohnumgebung
>
> Osnabrück: Person 1: offener werden im sozialen Miteinander, Umweltbewusstsein stärken, auch an nachfolgende Generationen denken; Person 2: Mehr Miteinander fördern; Person 3: Egoismus muss gesenkt werden Person 4: Soziales Miteinander; Person 5: Vorbild sein, Ehrenamt bekleiden; Person 6: Anfangen mehr auf andere zu achten. Respekt gegenüber anderen Personen/Kulturen zeigen.

Zentrale Befunde, Einordnung und Handlungsempfehlungen

9

In der vorliegenden Analyse wollten wir herausfinden, welche Themen Menschen in Deutschland wichtig sind, wenn es um ein gutes Leben geht, mit welchen Orten oder Regionen sie ihre Lebensverhältnisse vergleichen, und was ihnen politisch sinnvoll erscheint, um etwas für gleichwertige Lebensverhältnisse zu tun. Dafür ließen wir 24 Gruppen aus Menschen unterschiedlichen Alters und Geschlechts in Kommunen verschiedener Größe und geografischer Lage diskutieren und anschließend schriftlich Fragen beantworten. Letztlich interessierte uns dabei auch, ob ihre Sichtweisen ggf. so unterschiedlich sind, dass sie Konfliktpotenzial bergen, das den gesellschaftlichen Zusammenhalt bedrohen könnte, und ob die Schwerpunkte der Gesprächsrunden von den Themen abweichen, die für die Politik in Bezug auf gleichwertige Lebensverhältnisse maßgeblich sind. Im Folgenden fassen wir die wichtigsten Befunde kapitelübergreifend zusammen. Anschließend gleichen wir ab, ob die von uns interviewten Vertreter der kommunalen Spitzenverbände in den vier Ländern ähnlich auf die Themen schauten wie unsere lokalen Gruppen und insofern gute Interessenvermittler sind. Schließlich geben wir einige Handlungsempfehlungen für Politik und Wissenschaft.

9.1 Begrenzte Konfliktlast trotz räumlicher Unterschiede

Wie wir in Abschn. 2.1 gezeigt haben, entwickelten die Parteien in Bund und Ländern gemeinsam mit weiteren Akteuren, v. a. der Verwaltung, über Jahrzehnte ein Leitbild gleichwertiger Lebensverhältnisse, das schon früh Stadt-Land- und Ost-West-Ausgleiche sowie wirtschaftliche, soziale und Nachhaltigkeitsaspekte umfasste, auch wenn das Augenmerk für den räumlichen Ausgleich und die dabei gesetzten Priori-

© Der/die Autor(en) 2025
A. Lorenz, L. Pischtschan, *Gleichwertige Lebensverhältnisse in Deutschland?*,
https://doi.org/10.1007/978-3-658-46602-2_9

täten über Zeit und nach Parteien variierten. Zahlreiche Gesetzesvorhaben, viele Stunden Debatten in Parlamenten und Parlamentsausschüssen zeugen davon, dass sich die Politik in Deutschland mit gleichwertigen Lebensverhältnissen befasst. Im Kontrast dazu waren unter den Teilnehmern unserer Gruppendiskussionen das Leitbild gleichwertige Lebensverhältnisse und der Begriff als solcher nicht präsent bzw. er wurde nicht spontan genutzt. Den Ausgleich von räumlichen Unterschieden referenzierten sie nicht als selbstverständliches, eigenständiges politisches Ziel; er wurde nicht direkt mit Politik assoziiert und auch nicht spezifisch genannt, als die Gruppen eigene politische Prioritäten bestimmen konnten. Das ist bemerkenswert, denn durchweg wurden räumliche Gegebenheiten und Unterschiede angesprochen. Besonders Gruppen in kleineren und ostdeutschen Kommunen thematisierten den Bedarf räumlicher Ausgleichsmaßnahmen; allein es fehlte offenbar ein Begriff, um entsprechende Anliegen plakativ zusammenzufassen.

Auch dass die Politik für die Gestaltung gleichwertiger Lebensverhältnisse relevant ist, war gerade beim spontanen Sprechen über die Lebensverhältnisse, ein gutes Leben und eigene politische Prioritäten nicht sehr präsent. Konkrete Akteure und Zuständigkeiten spielten da eine ganz untergeordnete Rolle. Sie wurden nur von einzelnen thematisiert. Das liegt nicht am methodischen Design, z. B. an der Allgemeinheit bestimmter Fragen, denn die interviewten Vertreter der kommunalen Spitzenverbände beantworteten weitgehend ähnliche Fragen unter Verweis auf Zuständigkeiten. Dass Politik beim spontanen Sprechen über die Lebensverhältnisse so untergeordnet ist, könnte damit zusammenhängen, dass – wie wir in Abschn. 2.2 herausgearbeitet haben – die verteilten Kompetenzen von Politik, Verwaltung und weiteren Akteuren für die verschiedenen Aspekte gleichwertiger Lebensverhältnisse ein zentralistisches „Durchregieren" einzelner Instanzen gegen die Interessen und Bedarfe anderer zwar verhindert, aber die ganze Angelegenheit zugleich sehr komplex machen. Im Alltagsgeschäft können daher Bürgerwünsche und die Kommunikation mit den Menschen etwas untergehen.

Für die Beschreibung ihres Lebens vor Ort, der Voraussetzungen für ein gutes Leben und sinnvolle politische Maßnahmen bezogen sich die lokalen Gruppen auf ganz ähnliche Themen, die im Verlauf der Gruppendiskussionen immer wieder angesprochen wurden, wenngleich nicht in jedem Abschnitt genau gleich intensiv. Die Ähnlichkeit bedeutet, dass die Relevanz, die unsere Gruppen diesen Themen beimaßen, nicht nach der Siedlungsgröße und geografischen Lage des jeweiligen Ortes variierte. Dies bestätigte sich in der anschließenden schriftlichen Befragung. Die Themen umfassten:

- Nähe der Familie und Freunde, intaktes soziales Umfeld
- Zugang zu Grün (Parks, Natur)

- Gute Verkehrsanbindung (Anschluss an Straßen- und Schienennetz, gut getakteter und bezahlbarer ÖPNV)
- Zugang zu (nicht bloße Erreichbarkeit von) medizinischen Versorgungseinrichtungen (Allgemein-, Facharzt)
- Zugang zu (nicht bloße Erreichbarkeit von) Bildungseinrichtungen (Kita bis Berufsschule bzw. Gymnasium)
- Zugang zu sozialen Diensten
- Bezahlbares Wohnen
- Wirtschaft (gut erreichbare, attraktive Arbeitsplätze, gutes Einkommen)
- Nähe von Sicherheitsdiensten (Brandschutz, Polizei).

Diese Themen repräsentierten also für unsere Gruppen zum Untersuchungszeitpunkt die „gesellschaftlich akzeptierten Standards".[1] Sie haben sehr wenig mit den Indikatoren zu tun, die im Gleichwertigkeitsbericht der Bundesregierung von 2024 der Analyse der Gleichwertigkeit der Lebensverhältnisse zugrunde gelegt wurden. Obwohl der Bericht sich auf sehr viele Indikatoren stützte (Abschn. 2.4), entsprachen diese also nicht den Themen, die für unsere Gruppen wichtig waren. Ihre Wünsche lassen sich aber mit den allgemeiner formulierten Maßnahmen der Bundesregierung von 2019 vereinen, mit denen diese auf die Empfehlungen der Regierungskommission „Gleichwertige Lebensverhältnisse" reagierte (Abschn. 2.2). So umfassten die Maßnahmen die (Verbesserung der) Mobilität und Infrastruktur in der Fläche, die im Gleichwertigkeitsbericht gar nicht unter den Indikatoren auftauchte. Allerdings hoben die geplanten Maßnahmen der Bundesregierung teilweise auf sehr allgemeine Aspekte ab – beispielsweise Dörfer oder Städte zu fördern – und nicht auf die konkreten Dinge, die damit erreicht werden sollen.

Andere Aspekte gleichwertiger Lebensverhältnisse wurden in manchen unserer lokalen Gruppen erwähnt, in anderen aber nicht. Ihre Bedeutung variierte demnach stärker nach Siedlungsgröße und geografischer Lage. Hierzu zählte beispielsweise die Ausstattung mit digitaler Infrastruktur, die auch unter den Indikatoren des Gleichwertigkeitsberichts auftaucht. Solche Themen können für die Erfassung gleichwertiger Lebensverhältnisse genutzt werden, aber sie gehören dann nicht zu den Schlüsselthemen, die unseren Gruppen räumlich übergreifend wichtig waren, sondern sind ggf. nur in manchen Räumen sinnvoll und politisch relevant, in anderen jedoch nicht.

Hinsichtlich der Operationalisierung dieser Themen zu messbaren Indikatoren ergab unsere Analyse, dass die Teilnehmer unserer Gruppendiskussionen – hier nun wiederum ganz ähnlich der Debatte in der Politik (Abschn. 2.1) – gleich-

---

[1] Kersten et al. (2012, S. 47). Siehe auch Abschn. 2.3.

wertige Lebensverhältnisse bei konkreter Nachfrage mit räumlichem *oder/und* interpersonellem Ausgleich assoziierten. Besonders in Gruppen in westdeutschen Großstädten wurden gleichwertige Lebensverhältnisse mit sozialer Gleichheit assoziiert. Gleichwertige Lebensverhältnisse als räumlich einigermaßen ausgeglichene Bedingungen in Stadt und Land oder verschiedenen Regionen kamen primär in kleineren Kommunen und Mittelstädten zur Sprache, räumlich ausgeglichene Bedingungen in Ost- und Westdeutschland in ostdeutschen Kommunen.

Ob eher in Richtung sozialer oder räumlicher Gleichwertigkeit argumentiert wurde, variierte oft nach dem konkreten Thema, das die Gruppen gerade besprachen. „Gleichwertige Lebensverhältnisse" scheinen daher in unseren einzelnen Gruppen und auch über diese hinweg nicht mit einem etablierten Rahmen an *spezifischen*, kohärenten Assoziationen, Narrativen und Einstellungen verknüpft gewesen zu sein, während beispielsweise Ansichten dazu, was für das Leben vor Ort und Voraussetzungen für ein gutes Leben relevant ist, sehr konsolidiert wirkten. Insofern lassen sich auf Basis unseres Materials bei einigen Themen die „gesellschaftlich akzeptierten Standards" nicht weiter ausbuchstabieren, weil die Diskussionsrunden sie nicht exakt operationalisierten. Dies muss bei der Interpretation repräsentativer Umfragen zu spezifischen Aspekten gleichwertiger Lebensverhältnisse beachtet werden: Selbst wenn Befragte sich zu ihnen positionieren, müssen sie nicht manifest relevant für sie sein.

Eindeutig ist aber beispielsweise, dass für die Gruppen bei der medizinischen Versorgung und Bildungseinrichtungen nicht nur die Erreichbarkeit von Angeboten wichtig war, sondern die tatsächliche Zugänglichkeit der Angebote. Die Erreichbarkeit wurde im Gleichwertigkeitsbericht der Bundesregierung 2024 und anderen, wissenschaftlichen Studien als Indikator genutzt. Gerade bei Arztpraxen, die aufgrund von Auslastung gar nicht jeden Patienten behandeln, bedeutet die Erreichbarkeit der nächsten Praxis gemäß den Schilderungen in den Gruppendiskussionen nicht, dass man zu dieser Praxis Zugang hat. Längere Wege als die statistisch berechneten wurden in mehreren Gesprächsrunden als Problem genannt, besonders in Bezug auf die fachärztliche Betreuung.

Bei einigen Themen, die übereinstimmend immer wieder angesprochen wurden, um das Leben vor Ort, Voraussetzungen für ein gutes Leben, politische Schwerpunkte o. ä. zu umreißen, und die also für die Gruppen eine besondere Relevanz hatten, variierten die inhaltlichen Assoziationen nach der Siedlungsgröße: In Großstädten wurde beispielsweise mehr die Bedeutung von Freunden und individuellen Entfaltungsmöglichkeiten betont, in kleineren Orten mehr die Bedeutung der Familie. In Großstädten wurden Parks in der Nähe als angenehm angesprochen, in kleineren die Natur. In kleineren Orten war die Nutzung des Autos selbstverständlich, um den Arbeitsort zu erreichen, Ärzte aufsuchen zu können oder einzukaufen, da solche Angebote vor Ort oft nur begrenzt bestehen; entsprechend

spielten die Straßenverkehrsinfrastruktur und Benzinpreise eine Rolle. In Großstädten wurden beim Verkehr oft Bahn und Öffentlicher Personennahverkehr oder
auch Radwege genannt. In Bezug auf die Sicherheit wurde in (manchen) Großstädten Kriminalität angesprochen, in kleineren Orten hingegen der Brandschutz –
ein Thema, das in den Großstädten keine Rolle spielte. Dies muss bei der Operationalisierung der Themen bzw. Indikatoren für die Analyse gleichwertiger Lebensverhältnisse berücksichtigt werden.

Und auch die Gewichtungen variierten: Verglichen mit Großstädten, sprachen
die Gruppen in kleineren Orten (bei ähnlicher Zusammensetzung und Durchschnittsalter) ausführlicher und in besonders positivem Licht über familiäre und
weitere soziale Kontakte. In kleineren ostdeutschen Kommunen wurde mehr über
die Bedeutung eines sicheren Arbeitsplatzes in der Nähe gesprochen, der eigenen
Interessen entspricht, Aufstiegsmöglichkeiten bietet und gleich bezahlt wird wie in
anderen Teilen Deutschlands, während in westdeutschen Kommunen Jobs als
wichtig erachtet, aber das Thema nicht weiter vertieft wurde. Die öffentliche Verkehrsanbindung war in manchen ostdeutschen Kommunen, die schlechter er-
schlossen sind, wesentlich wichtiger als anderswo.

In jeder dritten Gruppendiskussion wurde Skepsis geäußert, ob sich gleichwertige Lebensverhältnisse realisieren lassen, aber auch in anderen Gesprächsrunden wurde über strukturelle Grenzen und die Relation aus Kosten und Nutzen
von Maßnahmen gesprochen. Dieser zurückhaltende Ansatz, der sich darüber hinaus im Verzicht auf Maximalforderungen in Bezug auf die Bereitstellung von Leistungen durch die Politik bzw. den Staat äußerte, traf auf Gruppen jeder Siedlungsgröße und geografischen Lage zu, darunter solche, die die Lage vor Ort in Bezug
auf manche Aspekte kritisch bewerteten. Als Handlungsoption wurde hier oft die
Möglichkeit genannt, den Wohnort bei Bedarf zu wechseln. Dies kann Konfliktpotenzial infolge unterschiedlicher Lebensverhältnisse abmildern.[2]

Wechseln wir von der Analyse des Konzeptverständnisses der Teilnehmer zu
ihrem Blick auf ihr Umfeld, so wurde in allen Gruppendiskussionen zunächst eine
hohe Zufriedenheit mit dem Leben vor Ort ausgedrückt. Im weiteren Verlauf der
Diskussion zeigten sich aber auch eine räumliche Streuung der Zufriedenheit und
Unzufriedenheit mit bestimmten Aspekten der Lebensverhältnisse. Unzufriedenheit wurde v. a. in den westdeutschen Kommunen Frankfurt a. M., Kassel, Osnabrück und Stadtallendorf sowie in einigen ostdeutschen kleineren Orten geäußert.
Am zufriedensten mit dem eigenen Leben und der Politik waren die Teilnehmer in
der niedersächsischen Kleinstadt Bevensen-Ebstorf und in den ostdeutschen Großstädten Leipzig und Potsdam.

---

[2] In den ostdeutschen Kommunen war kein generell höheres Anspruchsniveau gegenüber
dem Staat als in den westdeutschen Kommunen erkennbar. Siehe dazu Abschn. 2.3.

In den genannten westdeutschen Städten bezogen sich Bekundungen von Unzufriedenheit auf hohe Mieten, Segregation und teils auf das Verschwinden von Geschäften und Einkehrmöglichkeiten in bestimmten Stadtteilen. In (manchen) ostdeutschen kleineren Orten richtete sich Kritik auf eingeschränkte Angebote der Gesundheitsversorgung, Bildung, von Jobs, Freizeit- und Einkaufsmöglichkeiten vor Ort und gerade im Zusammenhang damit auch auf Defizite der öffentlichen Verkehrsanbindung, die dabei helfen, mit der Unterversorgung praktisch zurechtzukommen. In kleineren Orten, v. a. in Ostdeutschland, sorgten sich Teilnehmer um die Bleibe- oder Rückkehrperspektiven für junge Menschen; deren Wegzug in größere Städte und andere Regionen nahmen sie als Verlust wahr. Vielerorts, besonders in kleineren Orten, wurde eine unzureichende allgemein- und fachärztliche Versorgung kritisiert. Allgemein befinden sich Schulen, medizinische Einrichtungen und weitere Angebote in dünner besiedelten Regionen in Mittelzentren, wo sich, „flankiert von landes- und regionalplanerischen Zuweisungen zentralörtlicher Funktionen", private und öffentliche Anbieter konzentrieren.[3] Kleinere Orte profitieren auch von Versorgungsangeboten in benachbarten Großstädten.

Die kritischen Töne korrespondierten mit Unterschieden in den tatsächlichen Lebensbedingungen. So sind Orte in ländlichen Regionen Ostdeutschlands, wie wir in Abschn. 2.4 berichteten, tatsächlich schlechter mit Einrichtungen und Dienstleistungen der Daseinsvorsorge ausgestattet.[4] Trotz der (mit den örtlichen Gegebenheiten korrespondierenden) Kritik gaben die Teilnehmer der meisten Gruppendiskussionen in der anschließenden schriftlichen Befragung an, gern in ihrem Ort zu leben. In keiner lokalen Gruppe dominierte die Ansicht, dass der Ort abgehängt sei. In den meisten ausgewählten Kommunen wurde die Lebenssituation vor Ort als eher „ungefähr so wie in anderen Orten in Deutschland" bezeichnet und nicht der Aussage zugestimmt: „Die Situation ist schlechter als woanders". Dies bestätigt das Ergebnis einer in Abschn. 2.4 zitierten repräsentativen Meinungsumfrage von 2023.[5]

Das klare Stimmungsbild kann zum einen daran liegen, dass viele der benannten Kennzeichen guter Lebensverhältnisse doch gut funktionierten. Damit würden Untersuchungen bestätigt, die darauf hinweisen, dass keineswegs überall staatliche Leistungen und Versorgungsangebote rückgebaut wurden.[6] Außerdem ist zu berücksichtigen, was alles gewissermaßen stillschweigend funktionierte. Unsere Gruppen sprachen beispielsweise nicht über fehlende Polizeiwachen und Kitas

---

[3] So Weingarten/Steinführer (2020, S. 659) über Klein- und Mittelstädte. Dies gilt auch für Großstädte.
[4] Bundesregierung (2023, S. 4).
[5] Bundesregierung (2023, S. 47).
[6] Weingarten und Steinführer (2020. S. 658).

oder die Schließung von Schulen und Schwimmbädern, die in der Vergangenheit mediale Aufmerksamkeit erfahren haben. Hier nahmen sie in ihrem jeweiligen Umfeld offenbar keine Defizite war. Ebenfalls selten und damit auch nicht negativ wurden die Versorgung mit Energie (abgesehen von Kritik an hohen Preisen in ostdeutschen Kommunen), Post, Telefon, Straßen, Kanalisation angesprochen – alles Aspekte, die zur Grundversorgung gehören, aber in den Gesprächsrunden nicht oder nur am Rande thematisiert wurden.

Zum anderen kann die Zufriedenheit mit der Höhergewichtung einzelner, als gut bewerteter Aspekte und der Akzeptanz bzw. Bereitschaft zur selbstständigen Kompensation von Nachteilen zusammenhängen.[7] So betonten Teilnehmer an Gruppendiskussionen in kleineren Orten Ostdeutschlands häufig ihre Heimatverbundenheit und fanden es ihretwegen nicht attraktiv, anderswo zu leben. Auch die besondere Betonung der familiären Bindungen und des sozialen Miteinanders in kleineren Orten, die schon in anderen Studien beobachtet wurde, könnte Nachteile in der infrastrukturellen Versorgung und anderen Aspekten ausgeglichen haben, wobei diese (bei längeren Transferzeiten) aber dennoch grundsätzlich zugänglich waren. In der Summe zeigten sich die Teilnehmer evtl. deshalb letztlich trotzdem relativ zufrieden.

Obwohl das politische Leitziel gleichwertige Lebensverhältnisse in den Diskussionsrunden – wie erwähnt – selten spontan angesprochen wurde, stimmte seine Intention durchaus mit dem Blick unserer Teilnehmer auf die Lebensumstände in Deutschland überein, denn räumliche Vergleiche waren in allen Teilen der Gruppendiskussionen und allen Orten präsent. Selten überschritten spontane Vergleiche die Grenzen Deutschlands. Daraus ergaben sich grundsätzlich recht hohe Ansprüche, wie die Daten zu den Lebensverhältnissen in Deutschland im europäischen Vergleich in Abschn. 2.4 nahelegen. Gemessen daran, fiel die Kritik recht moderat aus. Wo punktuell mit dem Ausland verglichen wurde, war dies mit positiveren Bewertungen der Lebensverhältnisse verknüpft, beispielsweise der sozialen Sicherungssysteme und der alles in allem doch guten Gesundheitsversorgung in Deutschland.

Relevant ist auch, dass Vergleiche in Gruppendiskussionen in Großstädten einen allgemeiner Charakter hatten oder um Großstädte kreisten (innerstädtische Vergleiche und Vergleiche mit anderen Großstädten). Die hier verbreitetere Kritik an sozialen Unterschieden hatte teilweise eine räumliche Dimension, wenn über soziale Unterschiede zwischen Stadtteilen gesprochen wurde. Insgesamt wurden hier aber eher weniger räumliche Unterschiede thematisiert. Gruppen in kleineren Kommunen äußerten sich hingegen stärker zu Lebensverhältnissen in der Region

---

[7] Siehe zur Gewichtung Abschn. 2.4 und zu Anpassungspraktiken und zur Deutung der Lage Abschn. 2.3.

und in unterschiedlich großen Orten. Sie verglichen also stärker räumlich und dabei (auch) mit dem Ungleichen als jene in Großstädten, wobei die Binnenheterogenität von Großstädten nicht Erwähnung fand. Der Vergleich mit dem Ungleichen führte keineswegs immer zu dem Schluss, dass man selbst schlecht dasteht. Ein Beispiel ist die in kleineren Kommunen häufig angesprochene und nicht positiv konnotierte Hektik in der Großstadt.

Ähnlich differenziert sind unsere Befunde zu Ost-West-Vergleichen. Sie wurden seltener angestellt als Stadt-Land-Vergleiche, waren aber bei Teilnehmern einiger Gruppen eindeutig fest im Sprechen verankert. Ost-West-Vergleiche wurden nahezu ausschließlich in ostdeutschen Kommunen gezogen, wiesen also eine klare räumliche Schlagseite auf. Allerdings traten sie in Ostdeutschland überwiegend in kleineren Kommunen auf. Ebenso ist einzuschränken, dass Ost-West-Vergleiche sich auf ganz spezifische Themen konzentrierten. Inhaltlich ging es zumeist um die Wirtschaft und Berufsperspektiven vor Ort oder unterschiedlich hohe Einkommen und Renten in Ost- und Westdeutschland als Probleme. Zugleich war in den entsprechenden Gruppen durchaus umstritten, ob der Ost-West-Vergleich angebracht ist; entsprechende Aussagen trafen oft auf dezidierte Ablehnung oder Relativierung durch andere Teilnehmer. Insgesamt liefert unser Material in Bezug auf die Sicht auf die Lebensverhältnisse keine Hinweise auf eine in Wissenschaft (Abschn. 2.3) und Öffentlichkeit teils behauptete Ost-West-Polarisierung.

In Bezug auf die *Politik* für gleichwertige Lebensverhältnisse äußerten sich die meisten Gesprächsrunden eher kritisch oder neutral als lobend. Dabei differenzierten die Teilnehmer selten zwischen verschiedenen Ebenen und noch seltener zwischen Parteien. In der schriftlichen Befragung wurden Bund, Länder und Kommunen überall ähnlich stark in der Verantwortung für die Schaffung gleichwertiger Lebensverhältnisse gesehen. Auch die Problemwahrnehmungen in Bezug auf die Politik ähnelten sich teilweise. In fast zwei Dritteln der Gruppen wurden fehlende Fachkompetenz und zu wenig Bürgernähe von Politikern sowie langwierige politische Prozesse moniert, in fast jeder zweiten Gruppe eine räumlich unausgewogene Politik. Trotz der Kritik blieben die Vorschläge für Änderungen moderat. Nirgendwo, auch nicht in den kritischeren Runden, wurde beispielsweise eine generelle Reform des Systems oder der Politik für gleichwertige Lebensverhältnisse gefordert.

Keine räumlichen Unterschiede zeigten sich bei den Themen, die aus Sicht der Gruppen politisch besonders wichtig sind. Sie hätten sich vorrangig für die Gesundheitsversorgung, Bildung/Soziales, Wohnen und Sicherheit eingesetzt, wenn sie politische Entscheider gewesen wären. Und in der schriftlichen Befragung hierarchisierten die Teilnehmer unabhängig vom Ort verschiedene von uns vorgegebene Anliegen sehr ähnlich. Ganz oben stand auch hier die Gesundheitsversorgung, gefolgt von der gleichen Grundversorgung in Stadt und Land. Erkennbar war die

Bereitschaft, von eigenen Interessen zu abstrahieren und eine überlokale Sichtweise einzunehmen, etwa wenn Teilnehmer auch in kleineren Kommunen angaben, dass Maßnahmen für gutes Wohnen wichtig sind, obwohl der Mangel an bezahlbarem Wohnraum überwiegend als Großstadtproblem wahrgenommen wurde, und Teilnehmer in Großstädten, die ansonsten kaum über kleinere Kommunen sprachen, in der schriftlichen Befragung auf konkrete Nachfrage eine gleiche Grundversorgung in Stadt und Land als wichtig bezeichneten. Die Einschätzungen zur Finanzierung von Ausgleichspolitiken waren ebenfalls sehr ähnlich. Unter anderem fanden die Teilnehmer aller Gruppendiskussionen, dass es keine höheren steuerlichen Belastungen der Privathaushalte geben soll

Dennoch sehen wir in Bezug auf politische Maßnahmen für gleichwertige Lebensverhältnisse durchaus räumliches Konfliktpotenzial. Dieses rührt nicht nur daraus, dass die Gruppen mit den Themen teils unterschiedliche Problemlagen assoziierten, wie bereits oben erwähnt wurde, sondern auch daraus, dass weitere, bisher nicht genannte Themen in manchen Gruppen ebenfalls noch als wichtig wahrgenommen wurden (wenngleich nicht prioritär), in anderen aber nicht. Das betrifft die Bereiche Digitales, Kultur und andere Themen. Beispielsweise wurde besonders in kleineren Kommunen eine mangelnde Netzabdeckung und langsames Internet angesprochen, aber bei weitem nicht überall. Den Gruppen in Mittelstädten war die Unterstützung von Kulturangeboten viel wichtiger als denen in Großstädten und kleineren Orten. Gruppen in kleineren Orten in ländlichen Räumen, wo die Einkaufsmöglichkeiten als beschränkt beschrieben wurden, fanden die Unterstützung des Einzelhandels wichtiger als solche in anderen Orten. Zu Unterschieden zwischen lokalen Gruppen gesellten sich teils solche innerhalb der Gruppen, etwa bei der Frage, wie wichtig politische Unterstützung für die Digitalisierung ist. Das war bei den als prioritär bewerteten Themen nicht so.

Konfliktpotenzial zeigt sich auch darin, dass sich die spontan geäußerten Verbesserungsvorschläge nach Ost- und Westdeutschland und der Größe der Kommune unterschieden. In mehr kleineren Kommunen und/oder Kommunen in Ostdeutschland wurden Änderungen im politischen Prozess, der räumlichen Schwerpunktsetzung der Politik, der Mittelverteilung und mehr Transparenz gewünscht. V. a. in westdeutschen Mittel- und Großstädten wünschten sich Teilnehmer mehr Investitionen in Bildung. In mehr ostdeutschen und kleineren Kommunen als in westdeutschen und größeren wurden Kürzungen im Politikbetrieb für sinnvoll erachtet, um die Bereitstellung gleichwertiger Lebensverhältnisse zu finanzieren. Und auch in der schriftlichen Befragung blieben bestimmte räumliche Unterschiede trotz ähnlicher Gesamthierarchie doch bestehen. So gewichteten Teilnehmer in Großstädten die Förderung von Dörfern als weniger wichtig als solche in kleineren Orten und Mittelstädten.

Im Zweifel sind solche Unterschiede für Konflikte mobilisierbar. Aus der Forschung ist bekannt, dass „relative Deprivation" – das Gefühl, schlechter behandelt zu werden, als es angemessen wäre – statistisch besser Unzufriedenheit mit der Demokratie erklärt als die „objektive Lage" von Befragten und ihre Zufriedenheit mit dem eigenen Leben. Es kann gezielt angesprochen werden, um Protest zu aktivieren. In unserem Sample war zwar die Zufriedenheit mit dem Leben vor Ort allerorten ausgeprägt und die Aussage „Wir sind abgehängt" wurde nicht unterstützt, aber zugleich betrachteten Teilnehmer in einem relativ großen Anteil der Gruppendiskussionen die Politik als räumlich unausgewogen und waren unschlüssig, ob die eigene Kommune angemessen behandelt wird. Stimmungsumschwünge infolge der Mobilisierung über Reizthemen könnten auch durch den Umstand gefördert werden, dass viele Teilnehmer unsicher darin schienen, welche Maßnahmen eigentlich gleichwertigen Lebensverhältnissen nützen.

Daher müssen die beobachteten Hinweise auf räumliches Konfliktpotenzial ernst genommen werden. Sie reichen potenziell über das Thema „Lebensverhältnisse" hinaus. Der in kleineren und ostdeutschen Kommunen stärker ausgesprochene Wunsch nach Änderungen im politischen Prozess, darunter einem weniger ausgreifenden Politikbetrieb, anderen räumlichen Schwerpunktsetzungen und mehr Transparenz, passt zur geringeren Zufriedenheit mit der Praxis der Demokratie in Kommunen mit diesen Merkmalen, wie sie in anderen Studien nachgewiesen wurde.

Für die Einordnung der Befunde ist wichtig, dass sich die Gruppen nicht nur kritisch gegenüber manchen Aspekten an der Politik äußerten, sondern auch gegenüber der aus ihrer Sicht mangelnden Verantwortungsübernahme durch ihre Mitmenschen. In vielen Gruppen, darunter in kleineren Orten und Großstädten, beklagten Teilnehmer eine sinkende Bereitschaft, im Ehrenamt kulturelle, sportliche oder andere Angebote für andere zu unterstützen. Manche Vorschläge, wie Bürger zu guten Lebensverhältnissen beitragen können, ähnelten sich lokal übergreifend, v. a. das Plädoyer für ehrenamtliches Engagement und die Beteiligung am Schönhalten des Ortes. Wie in der Forschung (Abschn. 2.3) war also auch in unseren Gruppen die Ansicht weit verbreitet, dass Bürger einen eigenen Beitrag zu gleichwertigen Lebensverhältnissen leisten können, indem sie helfen, bestimmte Leistungen bereitzustellen. Häufig wurde sogar betont, dass sie es sollen.[8] Aus den Diskussionen erschloss sich aber klar, dass dieses Engagement nur bestimmte Bereiche betrifft, während der Staat für die Grundversorgung zuständig ist.

Räumlich variierte leicht, wie die lokalen Gruppen das Verhältnis zwischen der Politik bzw. dem Staat und der Eigenverantwortung der Bürger beschrieben. In

---

[8] Ggf. spielt für diese Antworten eine Rolle, dass die meisten Teilnehmer Vereinsmitglieder waren.

Westdeutschland und kleineren Kommunen wurde mehr über ehrenamtliches Engagement und die Verantwortung der Menschen gesprochen, die durch die Politik nicht behindert und anerkannt werden sollte, in ostdeutschen Kommunen hingegen stärker betont, dass die Politik die Rahmenbedingungen für die Mitwirkung der Bürger schaffen müsse. Es handelte sich aber um Nuancen bei grundsätzlich ähnlichen Argumentationen.

Zusammengenommen erbrachten unsere Gruppendiskussionen in Bezug auf die Sicht auf die Lebensverhältnisse und die Politik für gleichwertige Lebensverhältnisse keine Hinweise auf konsistente Spaltungslinien zwischen Bewohnern verschiedener Orte, die ggf. Konflikte, wie sie für andere Themen in modernen Gesellschaften beobachtet wurden (siehe Abschn. 2.3), verstärken. Es zeigten sich keine solchen Brüche entlang der Siedlungsgröße oder geografischen Lage. Ähnliche Sichtweisen überwogen das Trennende. Das schloss unterschiedliche Problemwahrnehmungen bei auf den ersten Blick ähnlichen Thematisierungen durchaus ein und das Potenzial für Konflikte bei Reizthemen nicht aus. Unsere Befunde entsprechen damit denen jüngerer Analysen von Steffen Mau und anderen.[9]

Legt man die in Abschn. 2.3 beschriebenen Trends der Befunde und Argumentationen in der Forschung zugrunde, so schafft die begrenzte Konfliktlast gute Voraussetzungen für den gesellschaftlichen Zusammenhalt, auch wenn die in den Gruppendiskussionen formulierten Defizite der Lebensverhältnisse bearbeitet werden müssten, um Zufriedenheit, Teilhabe und Zusammenhalt abzusichern, v. a. in westdeutschen Großstädten und ostdeutschen kleineren Orten. Zugleich könnte die begrenzte Konfliktlast durchaus bereits ein Ergebnis erfolgreicher politischer Bemühungen um den Ausgleich räumlicher Unterschiede sein, die noch mehr Schieflagen in den Lebensverhältnissen verhindert haben. Untersucht haben wir dies aber nicht.

Erkennbar war außerdem die Bereitschaft der lokalen Gruppen, strukturelle Schwierigkeiten und Grenzen der Erzeugung gleichwertiger Lebensverhältnisse anzuerkennen und bei der Bewertung von Politik zu berücksichtigen. Insofern stützt unser Material für die Gestaltung der Lebensverhältnisse nur begrenzt die These einer unitarischen politischen Kultur[10] mit dem Wunsch nach einheitlichen Politikergebnissen.[11] Unsere Teilnehmer formulierten keine Maximalziele des Ausgleichs für alle Bereiche, bezweifelten oft, dass sich bestimmte Unterschiede komplett beseitigen lassen, und betonten, dass man sich individuell dazu ent-

---

[9] Mau et al. (2024); Hebenstreit et al. (2024); Hirndorf (2024); Roose (2021).

[10] z. B. Scharpf (2003, S. 510).

[11] Jeffery et al. (2014, S. 1353) unter Verweis (Binnenzitat) auf Oberhofer et al. (2013, S. 104–106).

scheiden könne, dort zu leben, wo die Lebensbedingungen den eigenen Wünschen ggf. besser entsprechen. Negative Effekte solcher individueller, auf räumliche Umstände reagierender Wahlentscheidungen wurden teils in Großstädten thematisiert (z. B. fehlender Wohnraum), aber nicht als Resultat des Umgangs mit ungleichen Lebensverhältnissen eingeordnet.

9.2   Die kommunalen Spitzenverbände als doppelte Vermittler von lokalen Sichtweisen

Menschen vor Ort übermitteln ihre allgemeine Sicht darauf, was für ein gutes Leben und gleichwertige Lebensverhältnisse wichtig ist, vermutlich nicht direkt an die Politik, sondern melden sich außerhalb von Wahlen eher dann zu Wort, wenn konkret irgendwo „der Schuh drückt". Wie erwähnt, waren nur 6 der 183 Teilnehmer Mitglieder von Parteien. Unter diesen Bedingungen kommt den kommunalen Spitzenverbänden eine potenziell große Bedeutung für die Vertretung lokaler Interessen und Sichtweisen zu.[12] Nachfolgend gleichen wir die Schlüsselbefunde unserer Studie mit den Aussagen von Vertretern der kommunalen Spitzenverbände ab, die wir eigens zu unseren Fragen interviewten. Die Analyse zeigt, dass sich viele Aussagen ähnelten. Abweichungen betrafen v. a. die Ursachen von Problemen um gleichwertige Lebensverhältnisse und nötige Änderungen in der Politik. Die von uns beobachteten Potenziale für räumliche Konflikte wurden durch Hinweise auf Interessenunterschiede zwischen Kommunen unterschiedlicher Größe und Lage bestätigt. Den Verbänden scheint es aber zu gelingen – motiviert durch gemeinsame Anliegen gegenüber der Politik – diese Interessenunterschiede zu überbrücken. Als Vermittler im doppelten Sinne können sie also dazu beitragen, räumliche Konflikte abzumildern.[13]

Ähnlich den Teilnehmern unserer Gruppendiskussionen nutzten die von uns befragten Vertreter der kommunalen Spitzenverbände in Brandenburg, Hessen, Niedersachsen und Sachsen den Begriff „gleichwertige Lebensverhältnisse" in den Interviews selten von sich aus. Sie bezogen sich auch wie die Diskussionsteilnehmer nicht spontan auf das Leitbild gleichwertige Lebensverhältnisse, um

---

[12] Die Bundesebene der Verbände vertritt Interessen gegenüber dem Bund und (im Ausschuss der Regionen) der EU. Die Landesverbände als Mitglieder sprechen primär mit dem jeweiligen Land und dem Bundesverband.

[13] Ob die interne Befriedung räumlicher Interessenunterschiede weiter so gut funktionieren würde, wenn ihre Schlüsselziele – mehr Subsidiarität bei der Gewährleistung gleichwertiger Lebensverhältnisse und eine bessere Grundfinanzierung – erreicht wären, wissen wir nicht.

bestimmte Ansprüche abzuleiten. Typischere in den Interviews verwendete Begriffe waren die verwaltungsrechtlichen Termini Daseinsvorsorge – wobei kritisiert wurde, dass diese auf immer mehr Sachverhalte bezogen werde, für die die Kommunen nun verantwortlich seien – sowie Regionalplanung. Gleichwertige Lebensverhältnisse wurden als „ein politischer Begriff" wahrgenommen, der aus dem Grundgesetz stamme. Es sei nicht eindeutig: „gleichwertig, was bedeutet das dann am Ende?", da die Rahmenbedingungen in Großstädten und kleinen Orten sich stark unterscheiden.[14]

Alle Interviewten dachten im jeweiligen Gespräch laut darüber nach, was der Begriff bedeute. Ihre Versuche, die Frage selbst zu beantworten, ähnelten in Inhalten und gewisser Uneindeutigkeit jenen der Teilnehmer unserer Gruppendiskussionen. Es gab keine Unterschiede nach Land oder Art der Kommunen, die der entsprechende Landesverband vertritt. So hieß es, bei gleichwertigen Lebensverhältnissen gehe es „darum, dass jeder die Chance hat, zufrieden zu sein mit dem, was er [lokal] vorfindet".[15] „dass alle zumindest die Grundversorgung auch so haben sollen wie jeder andere",[16] oder „dass man sowohl im städtischen als auch im ländlichen Bereich je nach den Gegebenheiten dann vor Ort, [...] gut und sicher leben kann".[17] Jeder Bürger sollte sich, „abgesehen von den geografischen Besonderheiten zumindest auf ein gleichermaßen vorhandenes soziales Netz doch zurückziehen können" und „gleichwertige Chancen haben, sich zu bilden, weiterzukommen, sich nach seinen persönlichen Präferenzen das Leben einzurichten".[18]

Die zentralen Themen, die Vertreter der kommunalen Spitzenverbände für die Beschreibung des Lebens im jeweiligen Bundesland und der Schwerpunkte der Verbandsarbeit mit Blick auf gleichwertige Lebensverhältnisse ansprachen, waren denen der Teilnehmer unserer Gruppendiskussion sehr ähnlich. Die nachfolgende Liste orientiert sich v. a. an den in den Interviews erläuterten Prioritäten der Verbandsarbeit. Die Befragten konnten – anders als die Gruppen – beliebig viele Themen priorisieren, aber sie nahmen doch (ähnliche) Hierarchisierungen vor, die damit harmonierten, welche Themen sie im Laufe der Interviews wie oft ansprachen. Dies berücksichtigen wir bei der folgenden Reihung der wichtigsten Themen. Wichtiger als das Ranking ist aber die Gesamtzusammenstellung der Themen:

---

[14] Interview mit Mischa Woitscheck, Sächsischer Städte- und Gemeindebund.

[15] Veronika Müller, Sächsischer Landkreistag.

[16] Felix Würfel, Hessischer Landkreistag.

[17] Sebastian Kunze, Städte- und Gemeindebund Brandenburg.

[18] Martin Grobba, Hessischer Städte- und Gemeindebund.

- Zugang zu (nicht bloße Erreichbarkeit von) Bildungseinrichtungen (Kita bis Berufsschule bzw. Gymnasium), angemessene Personalausstattung
- Zugang zu sozialen Diensten, darunter Pflege
- Gute Verkehrsanbindung (Anschluss an Straßen- und Schienennetz, gut getakteter und bezahlbarer ÖPNV)
- Zugang zu bzw. gute Erreichbarkeit von medizinischen Versorgungseinrichtungen (Allgemein-, Facharzt, Krankenhäuser, Rettungsdienst)
- Zugang zu digitaler Infrastruktur
- effektive Sicherheit (Brandschutz, Katastrophenschutz, Polizei, Ordnungsamt)
- Wirtschaftliche Struktur
- Umwelt, Zugang zu Grün (Parks, Natur)
- Zugang zu politischer Partizipation
- Kultur
- Verwaltung (Entbürokratisierung, interkommunale Kooperation)
- Einkaufsmöglichkeiten
- Bezahlbares Wohnen.

Eindeutig genossen Soziales/Bildung, medizinische Versorgung, Verkehrsanbindung eine ganz besondere Beachtung bei allen Interviewten. Hier zeigte sich kein Unterschied nach Verbandsausrichtung oder Land. Wie den Argumentationen entnehmbar ist, ergaben sich die Schwerpunkte aus den Kompetenzen der Kommunen bzw. Kreise. So sind sie Schulträger und in Sachsen auch verantwortlich für die Pflege. Teilweise folgten die Schwerpunktsetzungen durch die Verbandsvertreter aber auch aus dem wahrgenommenen Problemdruck auf lokaler Ebene. Dies galt etwa für die medizinische Versorgung (siehe unten).

Die anderen aufgelisteten Themen waren ebenfalls fast allen befragten Vertretern der kommunalen Spitzenverbände wichtig; wie in den Gruppendiskussionen ergaben sich hier nur punktuelle regionale Unterschiede, die nicht überschätzt werden sollten.[19] Sie umfassen auch Themen, die unsere lokalen Gesprächsgruppen etwas geringer gewichtet hatten: den Ausbau der digitalen Infrastruktur, politische Partizipation, Kultur und Einkaufsmöglichkeiten. Auch die Entbürokratisierung, die in den lokalen Gruppen im Gesprächsabschnitt zur Politik oft gewünscht worden war, zählte zu den als wichtig bewerteten Themen. Nicht als wichtiges Verbandsthema erwähnt wurde die Nähe von Familie und Freunde, aber die Interviewten sprachen teilweise über den Bedarf, die demografische Struktur zu be-

---

[19] Der Einsatz für politische Partizipation wurde in Hessen als etwas weniger wichtig erachtet, der für Kultur in Brandenburg, für Verwaltung in Brandenburg und Hessen, für Einkaufsmöglichkeiten in Brandenburg und Sachsen, für bezahlbares Wohnen in Sachsen.

achten, und über die Bedeutung einer intakten sozialen Struktur und des sozialen Miteinanders.

Die Ähnlichkeit der als wichtig bewerteten Themen bietet ungeachtet ihrer etwas anderen Gewichtung gute Voraussetzungen dafür dass die Verbände die in unseren Gruppen beobachteten „gesellschaftlich akzeptierten Standards" für gleichwertige Lebensverhältnisse angemessen an die Landespolitik vermitteln. Wie die lokalen Gruppen assoziierten sie gleichwertige Lebensverhältnisse mit räumlichem und interpersonellem bzw. sozialem Ausgleich. Die Ähnlichkeit mit den Sichtweisen der lokaler Gruppen impliziert, dass auch die obige Liste relativ wenig mit den Indikatoren zu tun hat, die im Gleichwertigkeitsbericht der Bundesregierung 2024 genutzt wurden. Insbesondere das extrem starke Gewicht der Wirtschaft und die teils sehr spezifischen Indikatoren dafür im Gleichwertigkeitsbericht entsprechen nicht den Aussagen in den Interviews mit den kommunalen Spitzenverbänden (und in den Diskussionsgruppen). Die thematischen Schwerpunkte, die ihre Vertreter benannten, harmonierten aber durchaus wieder mit den Themen der 2019 von der Bundesregierung geplanten Maßnahmen die auf die Regierungskommission „Gleichwertige Lebensverhältnisse" reagierten.

Wie in den Gruppendiskussionen deuteten sich in den Interviews mit den Vertretern der kommunalen Spitzenverbände bei den Einzelthemen etablierte Sichtweisen an, die aber nicht speziell unter dem Stichwort gleichwertige Lebensverhältnisse zusammengefasst und verdichtet wurden. Am routiniertesten erfolgten Hinweise auf räumliche Ausgleichsbedarfe in den Interviews mit den Landkreistagen; hier bezogen sie sich auf Ausgleiche zwischen Regionen sowie zwischen Stadt und Land. Auch Vertreter der anderen kommunalen Spitzenverbände gaben aber an, solche Bedarfe im Blick zu haben. Ganz eindeutig waren außerdem alle Befragten über viele Probleme in den Kommunen, besonders in Bezug auf die Infrastruktur, medizinische Versorgung und Personalmangel, sehr gut informiert. Dies zeigen die Ausführungen zu allen Themen.

Obgleich die Interviewten jeweils konkrete Themen ansprachen und in der Arbeitspraxis betreuen, kommentierten sie eher nicht bestimmte Politikinhalte, sondern äußerten sich primär zu Prozessen und Kompetenzen der Ausgestaltung von Politikentscheidungen sowie zu Finanzen. Dieser Fokus ergibt sich schon daraus, dass die Verbände parteipolitisch neutral agieren sollen und Gebietseinheiten mit unterschiedlichen parteipolitischen Mehrheitsverhältnissen vertreten. Gerade weil sie nicht eindeutig Positionen bestimmter Parteien oder Teilregionen vertreten, sind die kommunalen Spitzenverbände gute Vermittler der Sichtweisen von Menschen in den Kommunen – und zwar in doppelter Hinsicht: zum einen als Kommunikatoren von Sichtweisen gegenüber dem Land (und ihrem eigenen Bundesverband), zum anderen als ehrliche Makler zwischen Interessen verschiedener Regionen (Landkreistag) bzw. Orten mit verschiedener Siedlungsgröße und Regionen (Städte- und Gemeindebund, Städtetag). Ihre Aussagen repräsentieren bereits das Ergebnis der Zusammenschau von Sichtweisen, wie sie in den lokalen Gruppen zur Sprache kamen.

Interessenausgleich scheint ausweislich der Interviews zum Alltag der Verbände zu gehören. Eine gemeinsame Vertretung von Kommunen unterschiedlicher Größe bringe „auch gewisse Spannungen, Interessenkonflikte mit, weil kleine, große und mittlere Städte natürlich auch unterschiedliche Interessen haben", so ein Geschäftsführer.[20] Interessenunterschiede betreffen beispielsweise Förderprogramme; angesichts einer starken Förderung von strukturschwachen Gebieten sagten „natürlich auch die besser situierten Städte und Gemeinden [...], wir hätten aber auch gern mal eine höhere Förderung, auch wenn es uns wirtschaftlich gut geht, fehlt uns das Geld dann eben an anderer Stelle."[21] Oder die Städte reklamierten für sich mehr Geld für die Unterhaltung der intensiv genutzten Infrastruktur, die Landkreise wiederum mehr Geld, um wenigstens ein solides Basisangebot an ÖPNV trotz mehr Kilometern bei weniger potenziellen Nutzern gewährleisten zu können.[22] Das Augenmerk auf die je spezifischen Mitglieder, die die Verbände vertreten, und die unterschiedlichen Zuständigkeiten der Kommunen und Kreise seien stets erkennbar und daher Unterschiede von Positionen „logisch".[23]

Um dennoch gegenüber dem Land mit einer Stimme zu sprechen, unterstütze man im Verband bei substanziell ähnlich gelagerten Problemen aller Landkreise auch Anliegen einzelner Mitglieder, hieß es in Brandenburg.[24] In Hessen wurde die Versorgung mit Kita-Plätzen als regional übergreifendes Problem genannt.[25] Man achte darauf, „dass jeder auch sein Stück vom Kuchen abkriegt", war eine Einschätzung in Niedersachsen. „Und wenn der eine vielleicht an einer Stelle mal ein bisschen das Nachsehen hat, dass man dann auf der anderen Seite sagt: Ihr habt jetzt da was gegeben, jetzt müssen wir da aber wieder hingucken." So schaue man „im Grunde genommen immer, dass wir Lösungen finden, dass alle eine Chance haben".[26] Man kooperiere letztlich auch über die Verbände hinweg und sei „ja eine

---

[20] Mischa Woitscheck, Sächsischer Städte- und Gemeindebund.

[21] Oliver Kamlage, Niedersächsischer Städte- und Gemeindebund.

[22] Veronika Müller, Sächsischer Landkreistag.

[23] Johannes Wagner, Landkreistag Brandenburg.

[24] Johannes Wagner, Landkreistag Brandenburg.

[25] Felix Würfel, Hessischer Landkreistag.

[26] Nicole Teuber, Niedersächsischer Städtetag.

kommunale Familie", in der man sich gut kenne und eng zusammenarbeite, wurde in Hessen gesagt.[27]

Ähnlich den Gruppendiskussionen äußerten auch die Vertreter der kommunalen Spitzenverbände trotz ihrer Bemühungen um gleichwertige Lebensverhältnisse Zweifel, ob sie sich wirklich erreichen lassen. Sie sprachen strukturelle Grenzen des Ausgleichs und die Relation aus Kosten und Nutzen von Maßnahmen an. Man dürfe gleichwertige Lebensverhältnisse „natürlich nicht verwechseln mit gleichen Lebensverhältnissen. Also es wird nie gleich sein, es ist auch gar nicht nötig".[28] „Gleichwertig bedeutet nicht gleich", hörten wir auch aus dem Landkreistag Brandenburg und dem Niedersächsischen Landkreistag. Insofern ähnelten eher ländliche Gebiete einander, wie in Brandenburg in der Prignitz und in der Lausitz; die örtlichen Bedingungen würden sich „logischerweise" unterscheiden, das sei „ein Stück weit auch gut und normal", und die Leute die dort lebten, wüssten grundsätzlich schon, „welche jeweiligen Rahmenbedingungen vor Ort bestehen".[29] Das Ziel gleichwertige Lebensverhältnisse erwecke „eventuell die Erwartung […], dass es überall identisch ist."[30] Was es bedeute, müsse in Anbetracht der sehr unterschiedlichen Rahmenbedingungen vor Ort aber mit „Realitätssinn" beantwortet werden.[31]

Plastisch beschrieben die Vertreter der kommunalen Spitzenverbände große Unterschiede der Lebensverhältnisse und Herausforderungen in ihrem jeweiligen Land. In Niedersachsen bestehen sie demgemäß zwischen strukturschwachen Regionen im Süden und Südosten mit finanzschwachen, zergliederten Kommunen und einer eher überalterten Bevölkerung sowie den prosperierenden Regionen vor allem im Westen Niedersachsens und den Ballungszentren wie Bremen, Hannover, Braunschweig, Oldenburg.[32] In Hessen sei es „völlig klar", dass man im Rhein-Main-Gebiet schneller im Krankenhaus sei als wenn man „mitten im Hinterland irgendwo" lebe, auch der ÖPNV funktioniere besser. „Also gleichwertige Lebensverhältnisse werden Sie nie richtig bekommen an der Stelle, weil es […] muss ja auch organisiert werden, leistbar sein." Man habe auf dem Land und in der Stadt jeweils Vor- und Nachteile.[33]

---

[27] Felix Würfel, Hessischer Landkreistag.

[28] Veronika Müller, Sächsischer Landkreistag.

[29] Johannes Wagner, Landkreistag Brandenburg.

[30] Martin Grobba, Hessischer Städte- und Gemeindebund.

[31] Mischa Woitscheck, Sächsischer Städte- und Gemeindebund.

[32] Oliver Kamlage, Niedersächsischer Städte und Gemeindebund.

[33] Felix Würfel, Hessischer Landkreistag.

Zudem variierten die individuellen Bedürfnisse – ein Argument, dass ebenso in Gruppendiskussionen geäußert worden war. So sagte ein Verbandsvertreter: „aber ganz gleichwertige Verhältnisse wird es nie geben, weil es natürlich auch Unterschiede sind, die manche Menschen wollen und die manche Sachen auch lebenswert machen. […] wenn ich überhaupt keinen Nachbarn sehen will, dann kann ich nicht in der Nähe einer größeren Stadt wohnen. Geht nicht, da muss ich die Einsamkeit haben mit allen Nach- und Vorteilen."[34]

In mehreren Interviews wurde – ähnlich den Gruppendiskussionen – auf die Möglichkeit verwiesen, bei Bedarf den Wohnort zu wechseln. Gleichwertige Lebensverhältnisse bedeuteten, dass man sich als Individuum bewusst für sein Wohnumfeld entscheide, beispielsweise für den ländlichen Raum, wo man mehr Freiheiten und Möglichkeiten in mancherlei Hinsicht habe (z. B. schnelle Wege in die Natur), aber nicht erwarten könne, die gleichen Dienstleistungen zu haben wie an der Stadtgrenze. In einer Gemeinde wie Rathen mit 375 Einwohnern habe man nicht die Semperoper wie in Dresden, aber, „natürlich ein bisschen glücklich jetzt formuliert, die Waldbühne, die zwar keine Hochkultur ist, aber trotzdem eine kulturelle Einrichtung".[35] Es liege daher „immer im Auge des Betrachters, was dann sozusagen der wichtigere Aspekt ist".[36]

Wichtig sei, sagten manche Verbandsvertreter, Mindestbedarfe abzusichern. „Man muss schauen, was man als Mindestinhalt definiert bei dem Begriff gleichwertige Lebensverhältnisse. Das haben wir in der Diskussion zum kommunalen Finanzausgleich. Was muss das Land mindestens gewährleisten? Ansonsten … Es gibt nun mal Unterschiede, weil eine Kommune ein tolles Unternehmen hat mit gigantischen Steuereinnahmen, eine andere dafür mit Natur und Ähnlichem punkten kann."[37]

Ähnlich den lokalen Gruppen beschrieben die interviewten Verbandsvertreter das Leben in ihrem jeweiligen Bundesland weit überwiegend positiv. Sie hoben dabei die Vielfalt der Orte und Gegebenheiten und die Lebensqualität durch die Natur hervor, erwähnten wirtschaftliche Fortschritte an manchen Standorten (Dresden, Leipzig in Sachsen; Rhein-Main-Gebiet mit Hauptstandort Frankfurt a. M. in Hessen) und neue wirtschaftliche Entwicklungsmöglichkeiten (Brandenburg). In Hessen wurde der Vorzug der guten Verkehrsanbindung und in Brandenburg die Nähe zum Ballungsraum Berlin erwähnt und dass „Städte wie Lucken-

---

[34] Martin Grobba, Hessischer Städte- und Gemeindebund.
[35] Mischa Woitscheck, Sächsischer Städte- und Gemeindebund.
[36] Sebastian Kunze, Städte- und Gemeindebund Brandenburg.
[37] Martin Grobba, Hessischer Städte- und Gemeindebund.

walde oder Jüterbog mittlerweile davon profitieren".[38] Auf Nachfrage sagten alle Befragten, dass es sich in ihrem jeweiligen Bundesland so gut leben lässt wie in anderen Regionen Deutschlands. Die Sensibilität für mögliche Probleme der jeweiligen Vielfalt und die Wertschätzung ihnen gegenüber entsprachen den Gruppendiskussionen. Die Vertreterin des Sächsischen Landkreistags äußerte eine Beobachtung, die unseren Befunden zu kleineren Orten entsprach: Wo das soziale Miteinander „gut gelingt, da sind die Menschen auch zufriedener."[39]

In den Interviews mit den kommunalen Spitzenverbänden dominierten wie in den Gruppendiskussionen Verweise auf Unterschiede zwischen Stadt und Land und Regionen des jeweiligen Landes. Allerdings: In allen vier Bundesländern verglichen Befragte auch mit anderen Bundesländern, und zwar die Wirtschaftsstruktur, daraus resultierende Steuereinnahmen bzw. die finanziellen Rahmenbedingungen für die Kommunen – diese Perspektive hatte es in den Gruppendiskussionen nicht gegeben. Ost-West-Vergleiche waren wieder in Interviews mit Akteuren in Ostdeutschland stärker vertreten und konzentrierten sich auch bei den Vertretern der kommunalen Spitzenverbände auf wirtschaftliche Aspekte. In Brandenburg, Niedersachsen und Sachsen ging es um die durchschnittlich geringere finanzielle bzw. wirtschaftliche Stärke im Osten. Sie wirke sich auf die Daseinsvorsorge aus z. B. mit Blick auf die Versorgung mit Hausärzten,[40] aber auch auf die Höhe der Löhne und Gehälter. Dies habe wiederum negative Effekte auf den Anteil an Privateigentum, aber auch Vorteile, beispielsweise niedrigere Mieten.[41] Nicht immer werde auf politischer Ebene gesehen, dass die Ostländer wegen der strukturellen Unterschiede in der Wirtschaftskraft nach wie vor einer stärkeren Unterstützung bedürften.[42] Weitere angesprochene Aspekte waren Unterschiede in der Sozialisation, die sich in verschiedenen Ansätzen und Denkweisen über Gleichwertigkeit äußerten[43] sowie in einer im Osten weniger aktiven Lokalpolitik.[44]

Dass sich die Bundesrepublik schon frühzeitig vorgenommen habe, mit dem Blick auf gleichwertige Lebensverhältnisse einen Interessenausgleich zwischen den Regionen zu schaffen, bezeichnete ein Vertreter des Niedersächsischen Landkreistags als „Erfolgsstory" V. a. die Landespolitik und dort insbesondere auch die historisch großen Parteien hätten das Thema gleichwertige Lebensverhältnisse

---

[38] Sebastian Kunze, Städte- und Gemeindebund Brandenburg.

[39] Veronika Müller, Sächsischer Landkreistag.

[40] Johannes Wagner, Landkreistag Brandenburg.

[41] Mischa Woitscheck, Sächsischer Städte- und Gemeindebund.

[42] Mischa Woitscheck, Sächsischer Städte- und Gemeindebund.

[43] Mischa Woitscheck, Sächsischer Städte- und Gemeindebund.

[44] Oliver Kamlage, Niedersächsischer Städte- und Gemeindebund.

grundsätzlich auf dem Schirm, weil sie es als wichtig anerkennen.[45] Trotzdem äußerten die Verbandsvertreter ähnlich den lokalen Gesprächsgruppen mehr Kritik als Lob gegenüber der Politik. Ähnlich war auch, dass sie sich dennoch nicht für fundamentale Änderungen der Politik bzw. des Systems aussprachen und versuchten zu differenzieren. Anders als die lokalen Gesprächsrunden unterschieden sie genauer nach Ebenen der Politik und die Kritik konzentrierte sich mehr auf Sachverhalte, die die Kommunen betreffen, oft untersetzt mit konkreten Beispielen.

Die Kritik an der Politik richtete sich vor allem auf die Bundesebene, sah aber bei manchem ähnliche Tendenzen auch auf der Landesebene. Schwerpunkte waren eine Übersteuerung mit Großstadtfokus sowie eine falsche Kombination aus gebundener und ungebundener Finanzierung der Kommunen. Diese spezifische Kritik wich von den Gruppendiskussionen ab, was mit dem konkreten Tätigkeitsfeld der kommunalen Spitzenverbände und ggf. ihrer größeren Expertise für spezifische Themenfelder zu tun haben könnte. Der Intention der lokalen Gruppen entsprach, dass zur Lösung der Probleme keine Steuererhöhungen vorgeschlagen wurden.

Dass in der Politik eine „Großstadtperspektive" dominiere – was, so die Mutmaßung, mit dem Lebensumfeld der Spitzenpolitiker und der Ministerialapparate zu tun habe – wurde deshalb als besonders problematisch erachtet, weil sie sich nicht auf allgemeine Vorgaben beschränke, sondern oft sehr genaue Regelungen treffe, also übersteuere. Gerade da, wo mit dem Ziel von Einheitlichkeit „zu viele Vorgaben" gemacht werden, wie etwas auszusehen habe, werde sichtbar, dass die Politik „gar nicht weiß, wie der Bedarf vor Ort ist." Wenn dann noch kontroverse Entscheidungen getroffen und übliche Entscheidungsprozesse abgekürzt würden, sodass die Interessen der Kommunen nicht angemessen eingebracht werden könnten und Betroffene nicht vorbereitet würden auf das, was komme, entstünden Probleme.[46]

Gerade der Bund sei „dann doch irgendwie entrückt mitunter" und entwickle Lösungen, die sich primär für urbane Räume eigneten, beispielsweise in Bezug auf den Verkehr/ÖPNV.[47] Die Bundespolitik habe Entscheidungen getroffen, bei denen sie die Rahmenbedingungen der Gestaltung „nicht richtig einschätzen kann, was das für Dritte bedeutet" und ob ländliche Gemeinden die Änderungen in kurzer Zeit „überhaupt schaffen" können.[48] So würden beispielsweise die Hauptlasten der

---

[45] Lutz Mehlhorn, Niedersächsischer Landkreistag.

[46] Mischa Woitscheck, Sächsischer Städte- und Gemeindebund.

[47] Johannes Wagner, Landkreistag Brandenburg.

[48] Mischa Woitscheck, Sächsischer Städte- und Gemeindebund. Ähnlich Felix Würfel, Hessischer Landkreistag.

Energiewende in den ländlichen Räumen getragen.[49] Die Vorgaben zur Ganztagsbetreuung und „viele, viele Vorgaben im Bereich Klimaschutzgesetz" überforderten das Personal und die Finanzen auf kommunaler Ebene.[50] Auch der Breitbandausbau wurde als Beispiel für eine Übersteuerung genannt. Der Fokus Berlins auf die Großstädte äußere sich zudem darin, dass auf der Bundesebene Fördermittel für Entwicklungsmaßnahmen in ländlichen Räumen gestrichen würden.[51]

Als landespolitische Beispiele für ähnliche Problemlagen wurden in Sachsen die Festlegungen zu Mindestklassengrößen oder die Verteilung der Lehrer genannt. Es fehle die Bereitschaft zur Flexibilität (mehr Richtlinien als rigide Festlegungen) und generell eine Vorstellung davon, wie ländliche Entwicklung aussehen muss und was man dort brauche, „um es auch lebenswert vor Ort zu haben". Dies behindere de facto die Gewährleistung gleichwertiger Lebensverhältnisse in allen Kommunen.[52] In Niedersachsen hieß es, das Land könne etwa durch Erhöhung der Medizinstudienplätze mehr gegen Probleme der medizinischen Versorgung tun.[53]

Mehrfach wurde eine zu starke Konzentration von Angeboten in Städten auch in Bezug auf die medizinische Versorgung kritisiert. Berlin habe die Situation der Krankenhäuser und der ambulanten medizinischen Versorgung in der Fläche nicht im Fokus, wo Regionen „wirklich ganz krass vor einer medizinischen Unterversorgung stehen".[54] Ländliche Gebiete dürften nicht von der Grund- bis Maximalversorgung „abgeschnitten" werden.[55] Es sei zwar richtig, eine qualitativ hochwertige Krankenhausversorgung zu sichern, was eine Konzentration begünstige, „[a]ber es geht auch schlicht darum, gerade wenn man ältere Leute hat, dass sie, wenn dann ihr Partner im Krankenhaus ist, nicht Ewigkeiten da hinfahren müssen." Wenn sich die Menschen „abgehängt" fühlten, könnten sie, so die Sorge, „dann letztlich auch ein Stück weit ja das Vertrauen in die Politik" verlieren.[56] Obwohl die kreisangehörigen Kommunen im Bereich der medizinischen Versorgung eigentlich keine Aufgaben haben, führten Krankenhausschließungen, unterlassene oder fehlende hausärztliche Versorgung vor Ort unmittelbar zu Problemen, denn Städte und

---

[49] Lutz Mehlhorn, Niedersächsischer Landkreistag.

[50] Oliver Kamlage, Niedersächsischer Städte- und Gemeindebund.

[51] Gemeint waren GAK-Mittel. Oliver Kamlage, Niedersächsischer Städte- und Gemeindebund.

[52] Mischa Woitscheck, Sächsischer Städte- und Gemeindebund.

[53] Oliver Kamlage, Niedersächsischer Städte- und Gemeindebund.

[54] Oliver Kamlage, Niedersächsischer Städte- und Gemeindebund.

[55] Lutz Mehlhorn, Niedersächsischer Landkreistag.

[56] Johannes Wagner, Landkreistag Brandenburg.

Gemeinden seien erste Ansprechpartner vor Ort.[57] Dadurch stünden sie unter Druck, Lücken zu füllen und beispielsweise Medizinische Versorgungszentren einzurichten, zu betreiben oder stärker zu unterstützen.[58] Als Lösung grundsätzlicherer Art wurde genannt, dass sich der Bund auf die Sicherung eines bundeseinheitlichen Rahmens der gleichwertigen Lebensverhältnisse konzentriere in den Bereichen, in denen er zuständig ist. Beim Vollzug solle er den Ländern vertrauen und ihnen mehr Spielräume lassen. Ebenso sollten die Länder denen mehr „Beinfreiheit" gewähren, die wissen, „wie es in Buxtehude aussieht."[59] Gefordert wurde allgemein „mehr Vertrauen in die kommunale Selbstverwaltung, das heißt weniger Vorgaben und lieber mehr pauschale Finanzzuweisungen und dergleichen", damit die Kommunen selbstständig geeignete Maßnahmen entwickeln könnten, statt immer weitere, detailliert vorgegebene Aufgaben zu erfüllen.[60] Eine grundsätzliche Verschiebung von Kompetenzen hin zu den Kommunen ohne entsprechenden Finanzausgleich sei hingegen nicht hilfreich, da dann das Geld für die Gestaltung fehle: „Was ist dann verbessert?"[61]

Die aus ihrer Sicht falsche Kombination aus gebundener und ungebundener Finanzierung der Kommunen war eine generelle Kritik der kommunalen Spitzenverbände. Alle Vertreter wiesen darauf hin, dass die Kommunen eine angemessene finanzielle Ausstattung benötigen, um ihre jeweiligen Aufgaben zu erfüllen. Die kommunale Ebene werde in Deutschland im Vergleich zu anderen europäischen Ländern schon gut bedacht, hieß es in Brandenburg, aber es bestehe dennoch „ein immerwährender Kampf zwischen den Gemeinden, den Landkreisen und dem Land" um finanzielle Mittel.[62] Die Kommunen müssten beispielsweise besonders im Kontext von Zuwanderung Bildungsinvestitionen tätigen und bräuchten dafür eine angemessene finanzielle Ausstattung.[63] Statt eine auskömmliche Grundfinanzierung zu gewährleisten, schüfen Bundes- und Landespolitik „gerne" kommunale Aufgaben, „ohne dass die Kommunen tatsächlich da finanziell das

---

[57] Oliver Kamlage, Niedersächsischer Städte- und Gemeindebund.

[58] Mischa Woitscheck, Sächsischer Städte- und Gemeindebund, und Oliver Kamlage, Niedersächsischer Städte- und Gemeindebund.

[59] Lutz Mehlhorn, Niedersächsischer Landkreistag.

[60] Oliver Kamlage, Niedersächsischer Städte- und Gemeindebund.

[61] Veronika Müller, Sächsischer Landkreistag. Ähnlich Johannes Wagner, Landkreistag Brandenburg.

[62] Sebastian Kunze, Städte- und Gemeindebund Brandenburg. Ähnlich bspw. Martin Grobba, Hessischer Städte- und Gemeindebund.

[63] Sebastian Kunze, Städte- und Gemeindebund Brandenburg.

auch stemmen und umsetzen können", hörten wir in Hessen. Als Beispiel wurde die vom Bund beschlossene Ganztagsbetreuung für Schulkinder genannt, für die die Finanzierung auslaufe, obwohl weiter beträchtliche Ausgaben für die Kommunen anfallen. Dasselbe Problem wurde für die vom Bund mitfinanzierte „Ganztagsbetreuung in Kindergärten" erwartet, „weil die Gelder politisch nach einer Bundestagswahl anders verplant werden".[64]

Wenn Kommunen schon von Grund auf eine ungleiche Finanzausstattung hätten und dann auch noch weitere Aufgaben finanzieren müssten, bleibe bei vielen immer weniger Geld für freiwillige Aufgaben, wurde in Niedersachsen zu bedenken gegeben. Das gelte umso mehr für ohnehin verschuldete Gemeinden: „Und wenn sie in der Haushaltskonsolidierung sind, ist es umso verheerender, hier dann noch ein gutes Angebot auch für die Einwohner zur Verfügung zu stellen."[65] In Sachsen wurde die Finanzierung bei manchen Themen (z. B. Kultur) als gut bezeichnet. Man habe auch Glück, mehr Geld aus EU-Strukturfondmitteln zu bekommen als andere. Es könne beispielsweise für die Entwicklung ländlicher Räume genutzt werden. In manchen Bereichen (z. B. Pflege, ÖPNV, ökologischer Umbau) stehe aber weniger Geld zur Verfügung als nötig.[66]

Mehrere Verbandsvertreter äußerten sich kritisch zu Versuchen der Politik, speziell über Förderprogramme (z. B. für den Straßenbau, die Einrichtung Medizinischer Versorgungszentren) die Aktivitäten vor Ort inhaltlich zu gestalten bzw. vorzugeben, statt eine auskömmliche Grundfinanzierung der Gemeinden mit eigenen Entscheidungsmöglichkeiten zu gewährleisten. Dies harmoniere nicht immer mit den Rahmenbedingungen, Bedarfen und Interessen vor Ort: „Vielleicht wäre es sinnvoller, den Spielplatz oder Sportplatz neu zu machen".[67] Nach dem Auslaufen der Förderung fielen oft weiter Kosten an. Zugleich seien manche Förderprogramme nicht effektiv. Trotz des Digital-Pakts Schule des Bundes variiere etwa die Digitalisierung von Schulen; es mache einen großen Unterschied, ob ein Kind „digitale Bildung in der Schule hatte" oder in einem Ort lernte, wo dafür kein Geld vorhanden war.[68]

---

[64] Martin Grobba, Hessischer Städte- und Gemeindebund. Ähnlich Teuber, Niedersächsischer Städtetag.

[65] Oliver Kamlage, Niedersächsischer Städte- und Gemeindebund. Ähnlich Sebastian Kunze, Städte- und Gemeindebund Brandenburg.

[66] Mischa Woitscheck, Sächsischer Städte- und Gemeindebund.

[67] Sebastian Kunze, Städte- und Gemeindebund Brandenburg. Ähnlich Nicole Teuber, Niedersächsischer Städtetag.

[68] Nicole Teuber, Niedersächsischer Städtetag.

Gewisse Schnittmengen mit den Sichtweisen in unseren lokalen Gesprächsgruppen zeigten sich wieder bei der Frage, wie Mittel besser für gleichwertige Lebensverhältnisse eingesetzt werden könnten. Mehrere Interviewpartner sahen enorme Einsparpotenziale an anderer Stelle: in einer Reduktion der vielen jeweils befristeten Förderprogramme des Bundes und der Länder (zugunsten einer besseren Grundfinanzierung der Kommunen und Kreise) sowie in einer umfassenden Entbürokratisierung. Die vielen Vorgaben führten dazu, dass „jedes Vorhaben inzwischen immense Kräfte von Fachplanungen, Fachgutachten, Ingenieuren hervorruft".[69] Hinzu kämen Dokumentations- und Wiedervorlagepflichten. Dies und die Verwaltung und Prüfung bänden in erheblichem Umfang Personal in Behörden auf jeder Ebene einschließlich der Kommunen, die dafür Geld ausgeben müssten und immer schlechter Fachkräfte bekämen.[70] Bei Förderprogrammen fielen diese Kosten mit jeder Ausschreibung immer wieder neu an. „Natürlich" müsse durch einen geeigneten Rahmen gewährleistet sein, dass Gelder nicht veruntreut würden, aber: „es darf nicht so sein, dass die Verwaltungskosten gewissermaßen höher sind als das, was letztlich dann in der Fläche an Geldern landet."[71] Eine Entbürokratisierung der Fördermittelvergabe käme auch kleinen Gemeinden mit wenig Personal zugute: „Mit Nachhaltigkeitsprüfung und Umweltprüfungen und sämtlichen Nachweisen, die man sich nur irgendwie vorstellen kann, geht das gar nicht mehr."[72]

Allerdings forderten die Verbände anders als die meisten Gesprächsgruppen keine grundsätzliche Reduktion von Ausgaben im Politikbetrieb (wenn man die Personaleinsparungen durch Bürokratieabbau nicht hierunter fasst), äußerten sich zurückhaltend dazu, in welchen konkreten Ausgabenbereichen der Staat einsparen könne, und sprachen nicht über Steuererhöhungen oder Änderungen der Beamtenbesoldung.

Wiederum ganz ähnlich zu den Gruppendiskussionen waren die Sichtweisen der Verbandsvertreter auf die Rolle der Bürger für gleichwertige Lebensverhältnisse. Alle Interviewten vertraten die Auffassung, dass die Menschen vor Ort wüssten, was ihre Kommune braucht, und mitverantwortlich sind für die Gestaltung der lokalen Lebensverhältnisse. Die Politik sei aber für die Grundversorgung zuständig. Die Verantwortung der Menschen bezog sich in dieser Sicht ähnlich den Gruppendiskussionen auf ausgewählte Bereiche, beispielsweise Engagement im Sport und in der Kultur oder Nachbarschaftshilfe. Im Interview mit dem Sächsischen Land-

---

[69] Martin Grobba, Hessischer Städte- und Gemeindebund.

[70] Nicole Teuber, Niedersächsischer Städtetag.

[71] Johannes Wagner, Landkreistag Brandenburg.

[72] Oliver Kamlage, Niedersächsischer Städte- und Gemeindebund. Ähnlich Martin Grobba, Hessischer Städte- und Gemeindebund.

kreistag hieß es, die Menschen könnten selbst sehr viel dazu beitragen, wie das Leben vor Ort ist, v. a. über das „soziale Miteinander", den „Zusammenhalt" und die Stimmung, ob man gern vor Ort lebt. Aber man werde ihnen „schlecht zumuten können, jetzt tatsächlich irgendwie die Infrastruktur zu verbessern, die sie vor Ort vorfinden".[73]

Nachdenklichere Töne fanden sich zur Belastbarkeit des Engagements. Man dürfe das Ehrenamt nicht mit Aufgaben überfordern, auch nicht durch zu viel Bürokratie.[74] Teilweise wurde ähnlich den Gruppendiskussionen vermerkt, dass Menschen sich „meistens nur für einzelne Projekte" organisieren und ein längerfristiges Engagement eine Bindung brauche, was „schwierig" zu organisieren sei.[75] Engagement werde auch dadurch erschwert, dass Menschen weniger Zeit hätten und „wir [...] so ein bisschen in so einer Konsumentengesellschaft" leben.[76] Im Unterschied zu einigen Gruppendiskussionen wurde kein Bedarf von mehr Wertschätzung für Engagement durch die Kommunen und mehr politische Maßnahmen für die Stärkung der Eigenverantwortung erwähnt.

Wie in den Gruppendiskussionen wurden aber neben der Politik und den Menschen andere Akteure als wichtige Partner für die Gewährleistung einer guten Lebensqualität und gleichwertiger Lebensverhältnisse genannt, darunter „die Wirtschaft, das Handwerk, also alles, was, was erst mal Arbeitsplätze bietet und schafft." Ohne sie sei „einfach keine Gleichwertigkeit möglich".[77] Insgesamt verteilt sich die Verantwortung für gleichwertige Lebensverhältnisse auch aus Sicht der kommunalen Spitzenverbände idealerweise auf viele Schultern.

9.3   To-dos: Leistungen und Verantwortlichkeiten der Politik sichtbar machen

Wir könnten uns beruhigt darüber zeigen, dass die Teilnehmer unserer lokalen Gruppendiskussionen das etablierte politische Leitbild des räumlichen (und sozialen) Ausgleichs von Unterschieden unterstützen, dass sie offenbar keine grundsätzliche Änderung des Systems, der Politik und der Finanzierung für notwendig erachteten, dass Gruppen in unterschiedlichen Orten auf essenzielle Aspekte eines guten Lebens und gleichwertiger Lebensverhältnisse relativ ähnlich

---

[73] Veronika Müller, Sächsischer Landkreistag.

[74] Johannes Wagner, Landkreistag Brandenburg.

[75] Martin Grobba, Hessischer Städte- und Gemeindebund.

[76] Nicole Teuber, Niedersächsischer Städtetag.

[77] Veronika Müller, Sächsischer Landkreistag.

schauten, sodass die Konfliktlast bei ihnen im Großen und Ganzen begrenzt scheint, und dass die Interviews mit den kommunalen Spitzenverbänden als den dauerhaften Interessenvertretungen der Kommunen und Kreise gute Voraussetzungen dafür andeuten, dass sie sowohl intern als auch gegenüber der Politik die lokalen Sichtweisen in wichtigen Punkten angemessen vermitteln. Denn dies alles spricht für eine grundsätzlich gute Funktionsweise des bestehenden Systems und der Politik in Bezug auf gleichwertige Lebensverhältnisse und schafft letztlich auch gute Voraussetzungen für gesellschaftlichen Zusammenhalt und Diskussionen über notwendige Optimierungen des Betriebs.

Dennoch bestehen Handlungsbedarfe, die möglicherweise nicht automatisch in politikfeldbezogenen Routinen erkannt werden. Damit meinen wir Bedarfe, die über Problemlagen in einzelnen Politikfeldern – beispielsweise der medizinischen Versorgung und dem ÖPNV – hinausgehen. Diese politikfeldbezogenen Herausforderungen werden weit überwiegend bereits politisch thematisiert und bearbeitet, wenngleich Lösungen oft ausstehen. Auch wenn die ohnehin vom System zu leistenden Grundfunktionen und solche politikfeldbezogenen Reformprozesse bereits viel Aufmerksamkeit binden, halten wir es für ratsam, die in Abb. 9.1 dargestellten sechs politikfeldübergreifenden Handlungsbedarfe im Blick zu haben.

Das Leitbild gleichwertige Lebensverhältnisse stärker im öffentlichen Bewusstsein verankern. In unseren lokalen Gruppendiskussionen war das Leitbild gleichwertige Lebensverhältnisse im Sprechen über ein gutes Leben wenig präsent, obwohl die Teilnehmer implizit Normvorstellungen einer aus-

 Das Leitbild gleichwertige Lebensverhältnisse stärker im öffentlichen Bewusstsein verankern

 Bei der Erfassung und Abrechnung der Politik für gleichwertige Lebensverhältnisse die Sichtweisen der Bürger besser berücksichtigen

 Lebenswirklichkeiten jenseits der Großstädte systematisch mitdenken

 Informationen über Verantwortlichkeiten und Finanzausgaben für gleichwertige Lebensverhältnisse bürgerfreundlicher sichtbar machen

 Finanzregularien in den Verfassungen prüfen

 Offene Fragen durch eine Kombination von qualitativer Raumforschung und Umfrageforschung beantworten

Quelle: Eigene Darstellung.

Abb. 9.1 Sechs Handlungsempfehlungen auf einen Blick. (Quelle: Eigene Darstellung)

reichenden Grundversorgung aller Menschen, egal wo sie wohnen, artikulierten und dabei auch bestimmte Schieflagen der Lebensumstände in städtischen und ländlichen Kontexten oder verschiedenen Regionen kritisierten. Was genau der Kern des Problems solcher Unterschiede ist, ging aber etwas unter – es fehlte ein Begriff, an den Zufriedenheit mit guten Lebensverhältnissen, aber auch Forderungen andocken können. Der Begriff gleichwertige Lebensverhältnisse würde ihn liefern.

Eine stärkere Bezugnahme auf das Leitbild in der Öffentlichkeit und der Wissenschaft[78] könnte mehr als bisher ins Bewusstsein rücken, dass sich die deutsche Politik vorgenommen hat, nicht nur Sozialstaatlichkeit zu gewährleisten, sondern bei der Planung wichtiger Maßnahmen und der Verteilung von Ressourcen auch gleichwertige Lebensverhältnisse der Menschen vor Ort im Blick zu haben. Es meint eben noch etwas anderes als die materielle Sicherung einer menschenwürdigen Existenz, wie sie das Sozialstaatsprinzip umfasst, ist aber wie dieses eine wichtige Voraussetzung für gleiche Chancen, gut zu leben und frei das eigene Lebensumfeld auswählen zu können. In der wissenschaftlichen Literatur wird darauf hingewiesen, dass die Lebensverhältnisse in einem Zusammenhang mit dem Gefühl des Zusammenhalts und der Zufriedenheit mit der Funktionsweise der Demokratie stehen (Kap. 1, 3). Es handelt sich also um ein Ziel, das anspruchsvoll und normativ sinnvoll ist.

Der Geschäftsführer des Sächsischen Städte- und Gemeindetags nannte gleichwertige Lebensverhältnisse wohl zutreffend einen „politischen Begriff". Politische Begriffe können gut geeignet sein, wichtige Ideen oder Ordnungsvorstellungen zum Zusammenleben, die ansonsten umständlich und wortreich erläutert werden müssten, auf den Punkt zu bringen – man denke nur an die Begriffe „gesellschaftlicher Zusammenhalt", „soziale Marktwirtschaft" oder „Sozialstaatlichkeit". Sie erbringen den Nutzen, Zielmarken zu benennen, die beim Sprechen über tausend Einzelaspekte nicht sichtbar werden: Sie machen den Wald aus lauter Bäumen sichtbar, selbst wenn sie eine inhaltliche Unschärfe aufweisen.

Öffentlich gut verankerte Schlüsselbegriffe, hinter deren Idee sich viele versammeln können – bei der Idee eines räumlichen Ausgleichs ist dies ausweislich unserer Gruppendiskussionen so – können außerdem eine starke symbolische Integrationskraft für das Gemeinwesen entfalten. Die Bezugnahme kann dazu bei-

---

[78] Es geht hier nicht um eine affirmative Unterstützung der Politik durch die Wissenschaft, sondern darum, überhaupt zu thematisieren, dass es dieses Leitbild gibt. In der Politikwissenschaft wird es beispielsweise in keinem Grundlagenwerk zum politischen System angesprochen. Die Thematisierung kann auch die ergebnisoffene empirische Überprüfung der Umsetzung beinhalten.

tragen, sich bei allen für eine freiheitliche Demokratie lebensnotwendigen, Lern-
effekte anregenden Konflikten auch das Gemeinsame bewusst zu machen, das das
Gemeinwesen trotz Interessenunterschieden trägt.

Dass eine stärkere Bezugnahme auf das Leitbild gleichwertige Lebensverhältnisse die unrealistische Erwartung weckt, alles solle gleich sein, muss nicht befürchtet werden. In unseren Gruppendiskussionen sprachen Teilnehmer von sich
aus an, dass gleichwertig nicht gleich bedeutet und auch nicht bedeuten kann, weil
die strukturellen Rahmenbedingungen sehr verschieden sind. Auch die Kosten von
Maßnahmen für die Allgemeinheit wurden im Auge behalten. Ein Theater in jedes
Dorf zu stellen, wurde nirgendwo gefordert.

Ebenso wenig muss befürchtet werden, dass die stärkere Bezugnahme auf das
Leitbild automatisch ein paternalistisches Staatsverständnis befördert. Alle 24 von
uns befragten Gruppen vertraten die Auffassung, dass zur Schaffung gleichwertiger
Lebensverhältnisse nicht ausschließlich der Staat verpflichtet ist, sondern auch die
Menschen selbst, die Wirtschaft und die Zivilgesellschaft eine Mitverantwortung
tragen – in je eigenen Bereichen.

**Bei der Erfassung und Abrechnung der Politik für gleichwertige Lebens-
verhältnisse die Sichtweisen der Bürger besser berücksichtigen.** Die Aufmerksamkeit der Politik für Probleme rund um die Gleichwertigkeit der Lebensverhältnisse hat in den vergangenen Jahren wieder zugenommen, und die Politik versucht,
dies sichtbar zu machen, etwa im Gleichwertigkeitsbericht der Bundesregierung.[79]
Für Planung und Berichtswesen stützt sie sich auf eine ganze Reihe verschiedener
Indikatoren. Solche Daten nutzen auch wissenschaftliche Studien und ziehen teilweise weitreichende Schlüsse aus ihnen. So wird (in Ermangelung räumlich
differenzierter Umfragedaten für verschiedene Zeitpunkte) die Zufriedenheit der
Bürger anhand der Analyse von Strukturdaten zur Wirtschafts-, Infrastruktur- und
Versorgungslage und ihres Zusammenhangs mit Wahlergebnissen erfasst und zu
erklären versucht.

Ein solcher evidenzbasierter Zugang der Politik und der Wissenschaft ermöglicht es potenziell, Leistungsbilanzen zu prüfen, Probleme zu erkennen und systematisch anzugehen. Allerdings sollte dabei stärker berücksichtigt werden, welche
Themen – übersetzt in Indikatoren – Menschen in verschiedenen Siedlungstypen
und im räumlichen Konsens als relevant erachten. Im Gleichwertigkeitsbericht der
Bundesregierung von 2024 kamen beispielsweise Indikatoren zum Einsatz, die in
unseren Gruppendiskussionen so nicht angesprochen wurden. Lesen Bürger solche

---

[79] Bundesregierung (2024, Kap. V).

Berichte, kann der Eindruck einer „abgehobenen" Schreibtischperspektive entstehen. Beispielhaft wurde dies in Abschn. 9.1 für der Indikator statistische Erreichbarkeit von medizinischen Versorgungsangeboten problematisiert, der nicht die von Bürgern erlebte Wirklichkeit der medizinischen Versorgung in vielen Orten abbildet. Hapert es bei diesem Beispiel nur an der konkreten Operationalisierung, während die medizinische Versorgung an sich für unsere Gruppen sehr wichtig war, so fanden sich für die Relevanz mancher im Bericht genutzter Indikatoren aus Bevölkerungssicht überhaupt keine Anhaltspunkte, bspw. für den Anteil Selbstständiger oder den Anteil ausländischer Beschäftigter mit akademischem Abschluss. Andere Gesichtspunkte, die für die Gruppen sehr wichtig waren, fehlten ganz, bspw. die Verkehrsinfrastruktur.

Ähnliches lässt sich zu anderen häufig in Analysen gleichwertiger Lebensverhältnisse genutzten Indikatoren sagen, so zur Bevölkerungsentwicklung, zur Altersstruktur und Lebenserwartung, zum Wanderungssaldo, zur Wahlbeteiligung oder zu kommunalen Schulden. Hier lassen sich zweifelsohne inhaltliche Bezüge zu gleichwertigen Lebensverhältnissen herstellen, aber sie zeigen nicht den Stand der konkreten Lebensverhältnisse vor Ort in Bereichen an, die Menschen wichtig sind. Dafür sind die (in Studien genutzten) Indikatoren wirtschaftliche Lage, Einkommen, Verkehrsinfrastruktur, Wohnungsmarkt, medizinische Versorgung (allerdings Zugang statt statistische Erreichbarkeit per Auto), Zugang zu Bildungsangeboten und Breitbandanschluss (bei dann allerdings variierender Relevanzperzeption in der Bevölkerung) besser geeignet und sollten stärker im Fokus stehen, ggf. ergänzt durch weitere Faktoren.[80]

Es kann gute Gründe dafür geben, für bestimmte Fragestellungen, die gleichwertige Lebensverhältnisse betreffen, Indikatoren heranzuziehen, ohne die Sichtweisen der Bevölkerung zu berücksichtigen, z. B. falls die Menschen Basics – etwa ein funktionierendes Abwassersystem mit öffentlichen Kläranlagen – nicht angemessen als relevant wahrnehmen. Auch die Handlungsempfehlungen in diesem Abschnitt orientieren sich nicht an konkreten politikfeldbezogenen Thematisierungen unserer Gruppen, weil wir für den Zweck dieses Buches den größeren Nutzen in der Metaperspektive sehen. Öffentliche Leistungsbilanzen, also Rechenschaftslegungen der Politik, und wissenschaftliche Studien, die konkret die Zufriedenheit der Bevölkerung mit der Politik untersuchen, sollten bei der Auswahl ihrer Indikatoren hingegen im Idealfall die Bevölkerungssicht berücksichtigen. Dies

---

[80] Siehe dazu Abschn. 2.4.

würde zudem noch besser verdeutlichen, dass sie Politik und Wissenschaft wichtig ist.

Lebenswirklichkeiten jenseits der Großstädte systematisch mitdenken. Unter den Teilnehmern unserer Gruppendiskussionen in Großstädten gehörte die Förderung gleicher Lebensverhältnisse in Stadt und Land abstrakt zu den am höchsten gerankten politischen Zielen (neben mehreren anderen, als ähnlich wichtig bewerteten Anliegen). Beim spontanen Sprechen über ihr Leben, die Voraussetzungen für ein gutes Leben und die Politik für gleichwertige Lebensverhältnisse spielten Lebensräume außerhalb von Großstädten für sie allerdings nahezu keine Rolle. Allgemeine politische Dinge, individuelle soziale Unterschiede und Herausforderungen im Zusammenhang mit der Binnenheterogenität der Großstädte standen im Vordergrund, wenn verglichen wurde.

Ein solcher Fokus auf Lebensumstände, die für weniger als 40 % der Menschen in Deutschland (so viele leben in Großstädten) Alltag sind,[81] kann dazu führen, dass in den öffentlichen Diskursen – die ja oft maßgeblich von Akteuren gestaltet werden, die ihr Leben ganz oder zu einem großen Teil in Großstädten verbringen – die Lebenswirklichkeit von Menschen in anderen Siedlungsräumen zu stark ausgeblendet wird. Da ausweislich einer Studie von 2023 Netzwerke von Menschen in Großstädten überwiegend großstädtisch geprägt sind,[82] kann sich eine solche ausschnitthafte Wahrnehmung von räumlichen Lebenswirklichkeiten verstetigen. Zumindest wurde in Gruppendiskussionen in kleineren Orten und von mehreren Vertretern kommunaler Spitzenverbände die Ansicht vertreten, dass ländlichen Räumen zu wenig Beachtung geschenkt wird bzw. eine Großstadtperspektive in der Politik dominiere.

In den vergangenen Jahren wurde öffentlich verstärkt über Stadt-Land-Disparitäten gesprochen; sie sind auch in der politischen Debatte über gleichwertige Lebensverhältnisse präsent. Eine solche Gegenüberstellung scheint uns aber ebenso falsch wie ein Fokus auf eine bestimmte Raumperspektive. Unsere Studie hat ja den Hinweis anderer Autoren bestätigt, dass es „das" Land nicht gibt (ebenso wie „die" Stadt), sondern die Lebensumstände erheblich lokal variieren können. In einer Stadt-Land-Gegenüberstellung gehen auch Mittelstädte als regionale Zentren in ländlichen Räumen unter. Mit dieser Gegenüberstellung ist eine

---

[81] 39,5 % der Bevölkerung lebten Ende 2019 in dicht besiedelten Gebieten (Statistisches Bundesamt 2019).

[82] Teichler et al. (2023, S. 29). In der repräsentativen Befragung, die der Studie zugrunde lag, waren Netzwerke in ländlichen Regionen zu einem noch größeren Anteil räumlich homogen (hier ländlich) zusammengesetzt. In unseren Gruppendiskussionen sprachen die Gruppen in kleineren Orten allerdings breiter über das Leben in verschiedenen Siedlungstypen als solche in Großstädten, weshalb hier die Zahl für die Großstädte angegeben ist.

Vereinfachung verbunden, die zum Eindruck beitragen kann, dass die Lebensumstände der Mehrheit der Bevölkerung in Deutschland unrealistisch verkürzt als
„das Andere" zusammengefasst werden.

Auch die Konfliktperspektive scheint übertrieben zu sein. Unsere lokalen Gruppen führten Gespräche, die thematisch in den meisten Punkten über die Siedlungsgrößen und -räume hinweg untereinander anschlussfähig waren – wenngleich konkrete Bedarfe darin doch räumlich variieren, weshalb übersteuernde one-size-fits-
all-Politikmodelle an Grenzen stoßen. Die Tendenz öffentlicher Diskurse, ländliche
Räume nicht oder als homogen zu betrachten sowie die Ursache für Stadt-Land-
Konflikte eher dort zu sehen (weil Menschen andere politische Ansichten vertreten), sollte durch eine breitere und repräsentativere Abbildung von Stimmen und
Lebensrealitäten außerhalb von Großstädten abgelöst werden. Dem entspricht die
alte Idee der personalisierten Verhältniswahl, dass überregional organisierte Parteien in den Parlamenten über die drängenden Fragen der Zeit sprechen, aber jedes
Gebiet zugleich durch einen eigenen Wahlkreisabgeordneten an diesen Debatten
und Entscheidungen beteiligt ist.

**Informationen über Verantwortlichkeiten und Finanzausgaben für gleich-
wertige Lebensverhältnisse bürgerfreundlicher sichtbar machen.** Wie erwähnt, nahmen unsere lokalen Gesprächsgruppen – anders als die Vertreter der
kommunalen Spitzenverbände – selten Bezug auf konkrete politische Verantwortlichkeiten. Wir führen das darauf zurück, dass in der Politik und in der medialen
Berichterstattung über politische und Verwaltungsfragen Zuständigkeiten oft nicht
klar kommuniziert werden. Die Kompetenzverteilung zwischen Bund, Ländern,
Kommunen und der EU in Bezug auf gleichwertige Lebensverhältnisse ist komplex und variiert nach Materien (Abschn. 2.2). Für Menschen, die nicht zu einem
einschlägigen Thema arbeiten, ist sie schwer zu überschauen. Die Verbandsvertreter berichteten, dass Kritik an politischen Missständen oft an die Kommunen gerichtet wird, obwohl sie die betreffenden Regelungen gar nicht beschlossen haben.
Zudem wünschten sich Teilnehmer unserer Gruppendiskussionen mehr Informationen darüber, wer wieviel öffentliche Gelder bekommt.

Für das Beispiel Gesundheitsversorgung, das unseren Gruppen überall sehr
wichtig war, lässt sich die Unübersichtlichkeit – unvollständig – verdeutlichen: An
ihrer Ausgestaltung und Absicherung sind zahlreiche Akteure beteiligt, darunter
die Gesetzgeber in Bund und Ländern, die Krankenkassen, die Kassenärztlichen
Vereinigungen, die Träger der Krankenhäuser und Medizinischen Versorgungszentren bzw. Beteiligten an Trägerschaften (z. B. kommunale Gebietskörperschaften und Zweckverbände, Caritas, Diakonie, Private). Die medizinische Versorgung wird von der Kassenärztlichen Vereinigung verantwortet und Ärzte entscheiden persönlich, wo sie praktizieren wollen, aber vor Ort fehlende Haus- und
Facharzte werden der Politik angelastet. Die Landkreise und Kommunen ver-

antworten als Träger der Rettungsdienste, dass ein Krankenwagen in einer angemessenen Zeit zu den Menschen kommt; die Durchführung übernehmen aber teils Dritte, wobei das europäische Vergaberecht zu berücksichtigen ist. Die Mittelflüsse sind daher ebenfalls komplex.

Bürger haben einen legitimen Anspruch darauf, sich über Zuständigkeiten und die Ausgabe von Steuergeldern gut und schnell informieren zu können, denn sonst wissen sie nicht, wo sie ansetzen müssen, um Entscheidungen zu beeinflussen, und können damit ihre Bürgerrechte (Partizipation, Beteiligung an Debatten, ggf. Klagen) nicht effektiv nutzen. Darüber hinaus wird nur durch einen guten Überblick über staatliches Handeln sichtbar, was Politik und Verwaltung auf den verschiedenen Ebenen leisten und warum es diese Ebenen überhaupt gibt. Seriöse Medien informieren korrekt über politische Ereignisse, aber der Bezug etwa zu bestehenden Regelungen von Bund, Ländern, Kommunen und EU bleibt für die Menschen oft unklar. Die politische Einflussnahme erfolgt dann im schlechtesten Falle primär über Besserinformierte, darunter Vertreter von Partikularinteressen, oder Entscheidungen könnten undifferenziert einfach „der Politik" zugeschrieben werden.

Es mangelt nicht an verfügbaren Informationen. Sie sind heute in viel höherem Maße frei zugänglich als in der vordigitalen Welt. Die Informationsbestände sind aber schwer überschaubar und auffindbar. Menschen, die nicht in einem bestimmten Tätigkeitsfeld arbeiten, kennen zudem oft nicht die relevanten Suchbegriffe, die dabei helfen, rasch ans Ziel zu gelangen. Die zu starke Fachbezogenheit von Veröffentlichungen zeigt sich etwa in Bezug auf die EU-Mittel. Staatliche Stellen publizieren umfassend, wieviel Geld im Rahmen der EU-Strukturpolitik nach Deutschland und in die einzelnen Bundesländer fließt und welche Maßnahmen etwa für ländliche Räume von Bundesländern dadurch ermöglicht werden.[83] Aber wer findet diese Informationen? Wer weiß, dass sich der Ausschuss der Regionen in der EU für die stärkere Berücksichtigung ländlicher Gebiete bei Fördermaßnahmen einsetzt und in dem Zusammenhang mit Breitbandinfrastruktur, Gesundheitsversorgung und Verkehrsinfrastruktur genau solche Themen nennt, die auch unseren Gruppen in kleineren Orten wichtig waren?[84] Angesichts der nicht

---

[83] Beispielsweise findet sich auf der Website des Bundesministeriums für Wirtschaft und Klimaschutz eine Übersicht der EU-Strukturfondsmittel aus dem Mehrjährigen Finanzrahmen 2021 bis 2027 und Next Generation EU pro Bundesland (BMWK 2023), und auf der Website des Bundesministeriums für Ernährung und Landwirtschaft wird die Verwendung von EU-Agrarsubventionen in Deutschland dokumentiert (BMEL 2024b).

[84] Z. B. AdR (2020), Punkt 44. Dort heißt es u. a.: „Auf diese Weise wird die Basis für eine Ansiedlung von Bürgerinnen und Bürgern und Unternehmen auch außerhalb der städtischen Zentren befördert, was wiederum Arbeitsplätze schafft und den Abwanderungsdruck in die Städte reduziert."

leichtgängig vermittelten Informationen ist es kein Wunder, dass etwa die EU in unseren Gruppendiskussionen fast nie angesprochen wurde.

Politik und Verwaltung sollten es den Bürgern einfacher machen, zu Themen, die ihre Lebensbedingungen betreffen, schnell aussagekräftige Informationen zu konkret Verantwortlichen, geltendem Recht, Maßnahmen und Mittelverwendung zu erhalten. In einem Online-Portal könnten bereits im Netz vorhandene Informationen zu Zuständigkeiten und zur aktuellen Gesetzeslage für Bürger gut verständlich zugänglich gemacht werden. Es sollte konsequent aus der Perspektive der Bürger gedacht und aufgebaut sein. Diese wollen sich meist nicht abstrakt, sondern anlassorientiert zu einem bestimmten Problem informieren. Eine bürgerfreundliche Aufbereitung setzt voraus, dass die hinterlegten Informationen allgemeinverständlich verschlagwortet und zusammengefasst sind und mit Übersetzungstools verknüpft werden. Über die Nutzung Künstlicher Intelligenz könnten Fragen beantwortet werden.

In einer weiteren Ausbaustufe könnte zu den Parteien und relevanten weiteren Akteuren verlinkt werden. Die Relevanz der Akteure ließe sich anhand ihrer Listung im Transparenzregister in Parlamenten bzw. Vertretungsorganen feststellen. So könnten die Bürger rasch erfahren, welche Positionen Parteien und andere Akteure zu einem bestimmten Vorhaben oder Thema in der Politik vertreten. Eine gute Zugänglichkeit könnte nebenbei dazu beitragen, dass Medien ihre Berichterstattung über laufende politische Prozesse und Meinungen noch pluralistischer gestalten.

Finanzregularien in den Verfassungen prüfen. „Also am Ende hängt alles vom Geld ab", sagten uns Vertreter kommunaler Spitzenverbände.[85] Faktisch hätten die ärmeren Kommunen nicht die Möglichkeit, in allen Bereichen Lebensverhältnisse bereitzustellen, wie es sie in reicheren Orten gibt. Wenn für Themen, die in einem Ort als wichtig erachtet werden, die Ressourcen fehlen, dann kann dies zu räumlichen Konflikten in der Gesellschaft beitragen. Die Konfliktlast wäre geringer, wenn für wichtige Anliegen ausreichend Geld da ist und die Ausschüttung der Finanzmittel eine lokal variierende Verwendung erlaubt, die jeweils den örtlichen Bedarfen und dort gewünschten Maßnahmen entspricht. Und sie muss berücksichtigen, dass unter räumlich unterschiedlichen Rahmenbedingungen (z. B. in dichter und dünner besiedelten Regionen) die Kosten der Zielerreichung auseinandergehen. Dies wird bisher in Teilen berücksichtigt und immer wieder neuverhandelt.

Wir regen eine grundsätzliche und damit verfassungsrechtliche Diskussion der Finanzierung der Kommunen auf Bundesebene und in den Ländern an, da die übliche ressortspezifische Diskussion sowie die punktuelle ressortübergreifende Be-

---

[85] Lutz Mehlhorn, Niedersächsischer Landkreistag, fast identisch Nicole Teuber, Niedersächsischer Städtetag.

arbeitung von Kommunalfinanzen anlässlich von Haushaltsverhandlungen in den Ländern[86] angesichts der komplexen Gemengelage offenbar an Grenzen stoßen. Bereits seit Langem werden für die oftmals schwierige Haushaltslage der Kommunen strukturelle Gründe ins Feld geführt.[87] Bund, Länder und Parteien agieren je selbst in einem Geflecht von formellen und informellen Mittelbindungen, die die Handlungsspielräume beschränken, wollen aber ihr Wirken durch Aktivitäten öffentlich sichtbar machen und ihr jeweiliges Profil gegenüber der Wählerschaft herausstellen. Daraus rührt etwa die Neigung zu befristeten Förderprogrammen, auch wenn dies für die Kommunen die in Abschn. 9.2 beschriebenen Nachteile hat.

Aufgrund solcher Eigeninteressen der Parteien werden Alternatividen zur Finanzierung eher von Dritten vorgetragen. So forderte der Sachverständigenrat für Ländliche Entwicklung beim Bundesministerium für Ernährung und Landwirtschaft mit einer Steuerreform zugunsten der Kommunen Eingriffe in etablierte Verteilungsmodelle, „um den berechtigten Anforderungen der Bevölkerung in ländlichen Räumen an die Daseinsvorsorge Rechnung zu tragen".[88] Die kommunalen Spitzenverbände fordern seit langem eine andere Art der Finanzierung, um lokal differenziert auf Bedarfe und gesellschaftliche Wünsche in Bezug auf gleichwertige Lebensverhältnisse eingehen zu können. Es scheint so, als ließen sich die Herausforderungen etwa im Kontext des demografischen Wandels in schrumpfenden dünn besiedelten Räumen nicht nur durch technische und organisatorische Anpassungen bewältigen, sondern bedürften dieses größeren Schritts.

Entlastet würde die von uns angeregte Debatte über eine auskömmliche, Flexibilität ermöglichende Finanzierung der Kommunen dadurch, dass einen grundlegenden Systemwechsel keiner der Beteiligten wünscht. Unsere Gruppen und die kommunalen Spitzenverbände jedenfalls wollten nicht, dass der „ungeschriebene auf Wachstum, Umverteilung und einem spezifischen Rollenverständnis des Staates basierende Gesellschaftsvertrag in Deutschland" aufgekündigt und die Verteilung von Verantwortlichkeiten zwischen Ebenen und zwischen öffentlich und privat grundlegend revidiert wird.[89]

Die kommunalen Spitzenverbände bekannten sich zur Basisidee des Grundgesetzes, dass der Bund zugunsten bundesweit einheitlicher Standards Rahmenregularien festlegt, die Länder je nach Rahmenbedingungen diese ausgestalten und die Kommunen dies vor Ort umsetzen. Dies wurde auch in unseren lokalen Ge-

---

[86] Einschließlich der kommunalen Finanzausgleiche in den Bundesländern.

[87] Siehe bspw. die Beiträge von Heinrich Mäding, Dörte Diemert und René Geißler in Haus und Kuhlmann (2013).

[88] SRLE (2017, S. 10, 2021, S. 11).

[89] Zu dieser Fragestellung siehe Aring et al. (2011, S. 4, 6).

sprächsgruppen nicht infrage gestellt. Im Falle einer besseren Finanzausstattung wären die Kommunen weniger auf Förderprogramme angewiesen und die notwendige Prüfung ihrer Ausgaben könnte sich auf allgemeine Sachverhalte konzentrieren. Dadurch ließen sich Personal- und Verwaltungskosten auf allen Ebenen einsparen. In Sachsen zeigt die Umstellung der Straßenbauförderung für Kommunalstraßen auf Budgets ohne Antrags-, Bewilligungs- sowie Abrechnungsverfahren, dass Reformen möglich sind – auch unterhalb der Verfassungsebene.[90]

Die Debatte über die Finanzierung gleichwertiger Lebensverhältnisse sollte dem generellen Ziel der Sparsamkeit im Umgang mit Steuermitteln verpflichtet sein, aber fragen, inwiefern der Staat sich in ausgewählten Bereichen davon lösen soll. Wenn beispielsweise ein gleichwertiger Zugang zu Krankenhäusern für Menschen in allen Regionen als wichtiger Teil der Daseinsvorsorge definiert wird, dann sind auch dauerhafte Zuschüsse für Krankenhäuser vertretbar, die keinen Gewinn erwirtschaften, weil beispielsweise das Einzugsgebiet zu klein ist.[91] Das Gleiche gilt, wenn die öffentliche Hand und speziell Kommunen genau solche Versorgungslücken füllen sollen, die in privatwirtschaftlich organisierten Bereichen entstehen, weil kommerzielle Angebote hier nicht wirtschaftlich sind, so wie beim ÖPNV und der Breitbandversorgung in dünn besiedelten Regionen. In diesem Falle können sie von vornherein nur bedingt kostengünstig agieren und bezahlbare Preise lassen sich im Gegensatz zu Großstädten nur bei Zuschüssen bereitstellen. Selbst wenn alle Kommunen einen Anteil am Steueraufkommen erhalten, bleibt dieses Problem bestehen und muss gesellschaftlich gelöst werden.[92]

Solche Diskussionen über eine angemessene finanzielle Ausstattung verschiedener Akteure und Politikfelder gehören zum Alltag von Demokratien, auch in Deutschland. Sie zwingen zur öffentlichen Begründung staatlichen Handelns und tragen im besten Falle dazu bei, effiziente, bedarfsorientierte und damit bürgerfreundliche Modelle und Lösungen zu finden. Verfassungsdiskussionen unter Beteiligung von Sachverständigen und Betroffenen sind nicht nur absoluten Notsituationen vorzuhalten. Bund und Länder bringen regelmäßig qualifizierte verfassungsändernde Mehrheiten für staatsorganisatorische Grundgesetzänderungen auf.[93]

---

[90] Mischa Woitscheck, Sächsischer Städte- und Gemeindetag. Er wies allerdings darauf hin, dass die Einsparung von Aufgaben auf Seiten der Landratsämter und des Ministeriums sich noch nicht in Personaleinsparungen oder veränderten Aufgabenbereichen der bisher Zuständigen widerspiegele.

[91] Dies ein Hinweis von Johannes Wagner, Landkreistag Brandenburg.

[92] Martin Grobba, Hessischer Städte- und Gemeindebund.

[93] Lorenz (2023).

Offene Fragen durch eine Kombination von qualitativer Raumforschung und Umfrageforschung beantworten. In dieser Studie konzentrierten wir uns auf bestimmte Fragen in Bezug auf gleichwertige Lebensverhältnisse, die sich mithilfe unseres methodischen Ansatzes bearbeiten ließen. Sie liefert nebenbei Ideen für mögliche Zusammenhänge oder Differenzierungsbedarfe, kann aber keine Repräsentativität reklamieren. Eine Kombination aus qualitativer Raumforschung und Umfragen wäre besonders gut dazu geeignet, diese Hinweise künftig näher unter die Lupe zu nehmen und offene Fragen zu beantworten.

Repräsentative Befragungen wären beispielsweise sinnvoll, um zu prüfen, ob sich die Befunde unserer Studie zu Unterschieden lokaler Sichtweisen auf gleichwertige Lebensverhältnisse für ein viel größeres Sample bestätigen. Unser Datenmaterial verweist nicht nur auf Unterschiede der Sichtweisen nach Siedlungsgröße, sondern teils auch nach Bundesländern und nach Ost und West – siehe die zufriedenen Großstädter besonders in Leipzig und Potsdam und die kritischeren in Frankfurt a. M. oder Kassel bzw. die zufriedenen Kleinstädter in Bevensen-Ebstorf und die kritischeren in einigen ostdeutschen kleineren Kommunen. Zudem waren die lokalen Positionen in den Mittelstädten je nach Aspekt mal denen in Großstädten, mal jenen in kleineren Orten ähnlicher. Künftige Analysen können dazu beitragen, besser zu verstehen, wo je nach Thema feine räumliche Unterschiede bestehen. Einige umfragebasierte Analysen der vergangenen Jahre haben das Potenzial und zugleich den Bedarf einer solchen genaueren Untersuchung jenseits von Stadt-Land-Unterschieden belegt. Bestätigen sie sich, dann müsste in umfragebasierten Studien zu den Lebensverhältnissen und zur Politik idealerweise neben der sozialen Komposition der Befragten ihre räumliche Zusammensetzung noch besser begründet werden als bisher.

Ebenfalls mithilfe repräsentativer Befragungen ließe sich klären, inwiefern sich Sichtweisen der Mitglieder von (Sport-)Vereinen, wie wir sie überwiegend befragt haben, in Bezug auf gleichwertige Lebensverhältnisse oder die Politik generell von der breiten (lokalen) Bevölkerung unterscheiden. Hier kann an die bereits ausgebaute Engagementforschung angeschlossen werden. Falls ein Vergleich mit Befragungsergebnissen darauf verweist, dass unsere Studie aufgrund des Samplings Hinweise auf die lokalen Sichtweisen speziell sozial gut integrierter Menschen (verschiedenen Alters, Geschlechts, Berufs und Einkommens) liefern würde, bezöge sich auch die hohe Passung von Aussagen der Vertreter der kommunalen Spitzenverbände zu den Aussagen in den Gruppendiskussionen speziell auf das Segment der gut integrierten Menschen bzw. speziell Vereinsmitglieder.

Notwendig erscheint auch eine intensivere empirische Forschung zum Befund, dass in Orten, die Bewohner als infrastrukturell relativ schlecht angebunden und weniger von der Politik beachtet darstellten, sie das soziale Miteinander positiv bewerteten. Könnte das soziale Miteinander, der gesellschaftliche Zusammenhalt

oder auch „nur" das Narrativ des sozialen Zusammenhalts ein Kompensations-
mechanismus für Zufriedenheit mit dem Ort bei schlechter Infrastruktur sein?
Oder trifft die Vermutung der Vertreterin eines kommunalen Spitzenverbandes zu,
dass das Gefühl des sozialen Zusammenhalts überall beeinflusst, für wie gut die
Lebensverhältnisse befunden werden? In diesem Falle können auch objektiv gute
Lebensverhältnisse in einem schlechteren Licht dastehen, wenn das soziale Miteinander als unzureichend empfunden wird.[94]

Damit verbunden sollte auch die Frage beantwortet werden, wo die Grenzen
solcher Kompensations- bzw. Moderationseffekte des sozialen Miteinanders liegen. Wiegt ein gut funktionierender Verein Defizite der Gesundheitsversorgung
oder einer begrenzten Auswahl an Ausbildungsmöglichkeiten in der Nähe auf?
Und schließlich wäre es wichtig zu prüfen, inwieweit dies wiederum die Zufriedenheit oder Unzufriedenheit mit der Politik oder der Funktionsweise der Demokratie
beeinflusst. Auch hier kann bereits an Analysen angeschlossen werden.[95]

Weiteren Erkenntnisgewinn hinsichtlich potenzieller räumlicher Konflikte in
Deutschland versprechen zudem Studien auf Basis von Umfragedaten und qualitativen Methoden, die noch stärker die politikfeldspezifischen Präferenzen von Menschen in verschiedenen Orten und Räumen analysieren. Zwar dämpft es die
Konfliktlast, dass Menschen in verschiedenen Kommunen, wie von uns beobachtet,
ähnliche Themen (z. B. Gesundheitsversorgung, ÖPNV) als wichtig einstuften,
aber wir fanden auch Hinweise darauf, dass sich die ganz konkreten Problemsichten
und gewünschten Problemlösungen teils räumlich unterscheiden. Städter sind ggf.
mit dem preisgünstigen Deutschlandticket zufrieden, während es im ländlichen
Raum angesichts der schwächeren Taktung und wechselseitiger Ergänzung von
Verkehrsangeboten sowie langer Wege weniger Nutzen stiftet und sogar Investitionen in eine Behebung dieser Probleme erschwert. Solche Unterschiede
noch besser zu verstehen und die aus ihnen ggf. resultierende Konfliktlast einzuschätzen, wäre ein wichtiger nächster Schritt für die Forschung.

Und auch die Interessenvertretung durch die Kommunen bzw. ihre Spitzenverbände bedarf weiterer, im Idealfall auch auf Befragungen gestützter Forschung.
Bislang beruhen die Aussagen zur Rolle der Kommunen und Verbände v. a. auf
qualitativen Methoden. Hilfreich wäre es aber zu erfahren, ob die Bevölkerung
(ggf. in räumlicher Variation) die kommunalen Spitzenverbände kennt, wahrnimmt
und schätzt, und wie sie ihre Funktionalität im Vergleich zu anderen Kanälen der
Interessenrepräsentation in demokratischen Mehrebenenstrukturen bewertet.
Sehen Bürger sie als hilfreich für die Bereitstellung einer responsiven, bürger-
freundlichen Politik des Gesamtsystems an? Empirische Daten zu diesen Themen

---

[94] Veronika Müller, Sächsischer Landkreistag.

[95] Zu dieser These siehe Bayer ein (2020), zitiert in Abschn. 2.3 dieses Buches.

würden Hinweise darauf liefern, inwieweit das traditionelle Verbändesystem negative Effekte der abnehmenden Organisation der Bevölkerung in Parteien und Interessenorganisationen auf die Vertretung gesellschaftlicher Interessen in der Politik ausgleichen kann.

Forschung zu all diesen Fragen könnte dabei helfen zu klären, wie gut das komplexe politische System Deutschlands mit seiner Mischung aus überwölbenden Standards und Unübersichtlichkeit im Detail sowie einem stark integrierten Parteiensystem letztlich dazu geeignet ist, Menschen vor Ort ein gutes Leben und gleichwertige Lebensverhältnisse zu liefern sowie ihre Freiheit der Entfaltung und die Übernahme von Verantwortung für das Gemeinwesen zu schützen. Dem gesellschaftlichen Zusammenhalt würde dies dienlich sein.

Literatur

Abromeit, Heidrun 1992. *Der verkappte Einheitsstaat.* Opladen: VS Verlag für Sozial-wissenschaften.

Adams, James, und Lawrence Ezrow. 2009. Who do European parties represent? How Western European parties represent the policy preferences of opinion leaders. *The Journal of Politics* 71:206–223.

AdR [Ausschuss der Regionen]. 2020. *Stellungnahme des Europäischen Ausschusses der Regionen. Gleichwertige Lebensverhältnisse – eine gemeinsame Aufgabe für alle Verwaltungsebenen in Europa* (19.12.2020). 2020/C 440/02. https://eur-lex.europa.eu/legal-content/DE/TXT/PDF/?uri=CELEX:52020IR2612&from=EN. Zugegriffen am 05.02.2024.

Albrech, Joachim, Philipp Fink, und Heinrich Tiemann. 2016. *Ungleiches Deutschland: Sozioökonomischer Disparitätenbericht 2015.* Bonn: Friedrich-Ebert-Stiftung.

Andersson, Kjell, Erland Eklund, Minna Lehtola, und Pekka Salmi. 2009. Introduction: Beyond the rural-urban divide. In *Beyond the rural-urban divide: Cross-continental perspectives on the differentiated countryside and its regulation*, Hrsg. Kjell Andersson, Erland Eklund, Minna Lehtola, und Pekka Salmi, 1–21. Bingley: Emerald Publishing Group.

Ardielli, Eva, und Dominika Bémová. 2021. Performance evaluation of health care in the European Union member countries. In *Proceedings of the 14th international scientific conference public economics and administration 2021*, Hrsg. VSB Technical University of Ostrava, 11–19. Ostrava: VSB.

Aring, Jürgen. 2010. Gleichwertige Lebensverhältnisse – Inverse frontiers – Selbstverantwortungsräume. In *Weniger ist Zukunft. 19 Städte – 19 Themen*, Hrsg. IBA Stadtumbau Sachsen-Anhalt, 764–777. Berlin: Jovis.

Aring, Jürgen, Frauke Burgdorff, und Sigurd Trommer. 2011. *Mehr Selbstverantwortung – eine Chance für dünn besiedelte Räume. Ergebnisse eines Workshops in Günne/Möhnesee im Oktober 2010.* Bonn: Montag Stiftung Urbane Räume/Denkwerkstatt der Montag Stiftungen, Hrsg. https://issuu.com/montagstiftungen/docs/1104_mur_mehr_selbstverantwortung_w. Zugegriffen am 13.02.2024.

ARL [Akademie für Raumentwicklung in der Leibniz-Gemeinschaft], Hrsg. 2020. *Raumordnung: Anwalt für gleichwertige Lebensverhältnisse und regionale Entwicklung.* Hannover: ARL.

© Der/die Herausgeber bzw. der/die Autor(en) 2025
A. Lorenz, L. Pischtschan, *Gleichwertige Lebensverhältnisse in Deutschland?*,
https://doi.org/10.1007/978-3-658-46602-2

ARL [Akademie für Raumforschung und Landesplanung], Hrsg. 2016. *Daseinsvorsorge und gleichwertige Lebensverhältnisse neu denken.* Hannover: ARL.

Bach, Stefan, Markus Grabka, und Erik Tomasch. 2015. Steuer- und Transfersystem: Hohe Umverteilung vor allem über die Sozialversicherung. *DIW Wochenbericht* 8:147–155.

Bach, Stefan, Martin Beznoska, und Viktor Steiner. 2016. Wer trägt die Steuerlast in Deutschland? *DIW Wochenbericht* 51+52:1207–1217.

Bachtrögler-Unger, Julia, Mathias Dolls, Carla Krolage, Paul Schüle, Hannes Taubenböck, und Matthias Weigand. 2023. EU cohesion policy on the ground: Analyzing small-scale effects using satellite data. *Regional Science and Urban Economics* 103. https://doi.org/10.1016/j.regsciurbeco.2023.103954.

Barlösius, Eva. 2006. Gleichwertig ist nicht gleich. *Aus Politik und Zeitgeschichte* 37. Bonn: Bundeszentrale für Politische Bildung. https://www.bpb.de/apuz/29548/gleichwertig-ist-nicht-gleich?p=all. Zugegriffen am 19.03.2021.

———. 2010. Bilder des demografischen Wandels. In *Zukunftswissen. Prognosen in Wirtschaft, Politik und Gesellschaft*, Hrsg. Heinrich Hartmann und Jakob Vogel, 231–248. Frankfurt a. M./New York: Campus.

Barlösius, Eva, und Claudia Neu. 2005. „Gleichwertigkeit – Ade?" Die Demographisierung und Peripherisierung entlegener ländlicher Räume. *PROKLA. Zeitschrift für kritische Sozialwissenschaft* 37(1): 77–92.

———, Hrsg. 2008. *Peripherisierung – eine neue Form sozialer Ungleichheit?* Berlin: Berlin-Brandenburgische Akademie der Wissenschaften.

Baus, Ralf, Thomas Fischer, und Rudolf Hrbek, Hrsg. 2007. *Föderalismusreform II: Weichenstellungen.* Baden-Baden: Nomos.

Bayerlein, Michael. 2020. *Spatial inequality and populist voting in Germany and the United States.* American-German Institute. https://www.aicgs.org/publication/spatial-inequality-and-populist-voting-in-germany-and-the-united-states/#_edn3. Zugegriffen am 21.12.2020.

BBSR [Bundesinstitut für Bau-, Stadt- und Raumforschung]. 2011. *Raumordnungsbericht 2011.* https://www.bbsr.bund.de/BBSR/DE/veroeffentlichungen/sonderveroeffentlichungen/2012/DL_ROB2011.pdf;jsessionid=705255039B4B1CB2C2E8517C6346D21F.live21323?__blob=publicationFile&v=1. Zugegriffen am 05.05.2021.

———. 2017a. *Raumordnungsbericht 2017. Daseinsvorsorge sichern.* Bonn: Bundesamt für Bau-, Stadt- und Raumentwicklung. https://www.bbsr.bund.de/BBSR/DE/veroeffentlichungen/sonderveroeffentlichungen/2017/rob-2017-final-dl.pdf?__blob=publicationFile&v=1. Zugegriffen am 18.03.2021.

———. 2017b. *Wachsen und Schrumpfen von Städten und Gemeinden.* https://gis.uba.de/maps/resources/apps/bbsr/index.html?lang=de. Zugegriffen am 14.07.2024.

———, Hrsg. 2020. *Regionale Lebensverhältnisse – Ein Messkonzept zur Bewertung ungleicher Lebensverhältnisse in den Teilräumen Deutschlands.* BBSR-Online-Publikation 06/2020, Bonn. https://www.bbsr.bund.de/BBSR/DE/veroeffentlichungen/bbsr-online/2020/bbsr-online-06-2020-dl.pdf?__blob=publicationFile&v=6. Zugegriffen am 16.02.2024.

———. 2023. *Zahl der Pendlerinnen und Pendler gestiegen. Arbeitswege werden länger und variieren regional stark, Topmeldung 12.10.2023.* https://www.bbsr.bund.de/BBSR/DE/startseite/topmeldungen/pendeln-2022.html. Zugegriffen am 12.10.2023.

———. 2024. *Referenztabellen zu Raumgliederungen des BBSR, Tabelle „BBSR Raum-gliederungen", Gebietsstand 31.12.2022.* https://www.bbsr.bund.de/BBSR/DE/forschung/raumbeobachtung/downloads/download-referenzen.html;jsessionid=4F59BE2143BFFA3DFF879F7C032E9829.live21324. Zugegriffen am 07.02.2024.

Beauvais, Caroline, und Jane Jenson. 2002. *Social cohesion: Updating the state of the research.* Ottawa: Canadian Policy Research Network. http://cprn3.library.carleton.ca/documents/12949_en.pdf

Bednar, Jennar. 2019. *States as laboratories for policy experimentation: In conversation with Jenna Bednar.* London: Centre for the Study of Governance and Society (CSGS) at King's College London. https://www.youtube.com/watch?v=U2POXa2zwk. Zugegriffen am 10.08.2024.

Bedock, Camille. 2017. *Reforming democracy. Institutional engineering in Western Europe.* Oxford: Oxford University Press.

Behnke, Nathalie. 2015. Stand und Perspektiven der Föderalismusforschung. *Aus Politik und Zeitgeschichte* 65(28–30): 9–16.

Benz, Arthur. 1992. Themen, Probleme und Perspektiven der vergleichenden Föderalismusforschung. In *Föderalismus – Analysen in entwicklungsgeschichtlicher und vergleichender Perspektive*, Hrsg. Arthur Benz und Gerhard Lehmbruch, 9–50. Wiesbaden: Westdeutscher Verlag.

———. 1998. Politikverflechtung ohne Politikverflechtungsfalle – Koordination und Strukturdynamik im europäischen Mehrebenensystem. *Politische Vierteljahresschrift* 39(3): 558–589.

———. 2020. *Föderale Demokratie. Regieren im Spannungsfeld von Interdependenz und Autonomie.* Baden-Baden: Nomos.

Benz, Arthur, und Jörg Broschek. 2013. *Federal dynamics: Continuity, change, and the varieties of federalism.* Oxford: Oxford University Press.

Benz, Arthur, und César Colino. 2011. Constitutional changes in federations – A framework for analysis. *Regional & Federal Studies* 21(4–5): 381–406.

Berg, Matthias. 2021. Das Dorf als mediatisierter Kommunikationsraum. In *Räume digitaler Kommunikation. Lokalität – Imagination – Virtualisierung*, Hrsg. Thomas Döbler, Christian Pentzold, und Christian Katzenbach, 104–130. Köln: Herbert von Halem.

Berlin-Institut [Berlin-Institut für Bevölkerung und Entwicklung]. 2009. *Demographischer Wandel.* Berlin.

———, Hrsg. 2019. *Ungleichwertige Lebensverhältnisse und wie die Menschen sie wahrnehmen.* Berlin: Berlin-Institut für Bevölkerung und Entwicklung, Wüstenrot Stiftung. https://www.berlin-institut.org/fileadmin/Redaktion/Publikationen/PDF/BI_TeilhabeatlasDeutschland_2019.pdf. Zugegriffen am 27.11.2024.

Berlin-Institut [Berlin-Institut für Bevölkerung und Entwicklung]/Institute for Advanced Sustainability Studies. 2013. *Vielfalt statt Gleichwertigkeit. Was Bevölkerungsrückgang für die Versorgung ländlicher Regionen bedeutet.* https://publications.iass-potsdam.de/rest/items/item_147981_4/component/file_309214/content. Zugegriffen am 01.07.2021.

Bernauer, Julian, Nathalie Giger, und Jan Rosset. 2013. Mind the gap: Do proportional electoral systems foster a more equal representation of women and men, poor and rich? *International Political Science Review* 31(1): 1–21.

Bernstein, Robert, Anita Chadha, und Robert Montjoy. 2001. Overreporting voting: Why it happens and why it matters. *Public Opinion Quarterly* 65(1): 22–44. https://doi.org/10.1086/320036.

Blohm, Susanne. 2024. *Recht auf schnelles Internet: Ein Papiertiger ohne Wirkung.* Tagesspiegel Background, 30.05.2025. https://background.tagesspiegel.de/digitalisierung-und-ki/briefing/recht-auf-schnelles-internet-ein-papiertiger-ohne-wirkung. Zugegriffen am 04.07.2024.

BMEL. 2024a. *Integrierte Ländliche Entwicklung.* https://www.bmel-statistik.de/laendlicher-raum-foerderungen/integrierte-laendliche-entwicklung. Zugegriffen am 12.01.2024.

———. 2024b. *ELER-Monitoring – Förderung der ländlichen Entwicklung.* https://www.bmel-statistik.de/laendlicher-raum-foerderungen/monitoring-des-europaeischen-landwirtschaftsfonds-fuer-die-entwicklung-des-laendlichen-raums. Zugegriffen am 09.08.2024.

BMEL [Bundesministerium für Ernährung und Landwirtschaft]. 2019. *Ländliche Regionen verstehen. Fakten und Hintergründe zum Leben und Arbeiten in ländlichen Regionen.* https://www.bmel.de/SharedDocs/Downloads/Broschueren/LR-verstehen.pdf?__blob=publicationFile

BMI [Bundesministerium des Inneren, für Bau und Heimat]. 2019a. *Maßnahmen der Bundesregierung zur Umsetzung der Ergebnisse der Kommission „Gleichwertige Lebensverhältnisse".* https://www.bmi.bund.de/SharedDocs/downloads/DE/veroeffentlichungen/themen/heimat-integration/gleichwertige-lebensverhaeltnisse/kom-gl-massnahmen.pdf?__blob=publicationFile&v=4. Zugegriffen am 16.08.2024.

———, Hrsg. 2019b. *Deutschlandatlas. Karten zu gleichwertigen Lebensverhältnissen.* Berlin.

———. 2019c. *Warum gleichwertige Lebensverhältnisse?* https://www.bmi.bund.de/DE/themen/heimat-integration/gleichwertige-lebensverhaeltnisse/gleichwertige-lebensverhaeltnisse-node.html. Zugegriffen am 07.05.2021.

———. 2020. *Leitfaden zur Durchführung des „Gleichwertigkeits-Checks" (GL-Check) bei Gesetzesvorhaben des Bundes.* https://www.bmi.bund.de/SharedDocs/downloads/DE/veroeffentlichungen/themen/heimat-integration/gleichwertige-lebensverhaeltnisse/gleichwertigkeits-check.pdf. Zugegriffen am 14.02.2024.

———. 2021. *Bericht der Bundesregierung zur Zwischenbilanz zur Umsetzung der Maßnahmen der Politik für gleichwertige Lebensverhältnisse in der 19. Legislaturperiode.* https://www.bmi.bund.de/SharedDocs/downloads/DE/veroeffentlichungen/2021/04/zwischenbericht-gleichwertige-lebensverhaeltnisse.pdf;jsessionid=2DB02B80F9CF8AD4F26B4CF000D816B8.2_cid364?__blob=publicationFile&v=6. Zugegriffen am 11.05.2021.

BMWK [Bundesministerium für Wirtschaft und Klimaschutz]. 2021a. *Koordinierungsrahmen der Gemeinschaftsaufgabe „Verbesserung der regionalen Wirtschaftsstruktur" (GRW) ab 1. Januar 2024.* https://www.bmwk.de/Redaktion/DE/Downloads/J-L/koordinierungsrahmen-gemeinschaftsaufgabe-verbesserung-regionale-wirtschaftsstruktur.pdf?__blob=publicationFile&v=21. Zugegriffen am 16.03.2024.

———. 2021b. *GRW-Fördergebiete 2022–2027 und Fördergebiete des GRW-Sonderprogramms „Beschleunigung der Transformation in den ostdeutschen Raffineriestandorten und Häfen".* https://www.bmwk.de/Redaktion/DE/Downloads/grw-fordergebiete-2022-2027.html. Zugegriffen am 16.02.2024.

———. 2023. *EU-Kohäsions- und Strukturpolitik.* 17.01.2023. https://www.bmwk.de/Redaktion/DE/Artikel/Europa/eu-kohaesions-undstrukturpolitik.html#A3. Zugegriffen am 09.08.2024.

Bogumil, Jörg, und Lars Holtkamp. 2023. *Kommunalpolitik und Kommunalverwaltung.* Bonn: Bundeszentrale für politische Bildung.

Böhme, Kai, und Peter Schön. 2006. From Leipzig to Leipzig: Territorial Research Delivers Evidence for the New Territorial Agenda of the European Union. *disP – The Planning Review* 42(165): 61–70.

Böhnke, Petra, Jens Kersten, Tanja Klenk, Claudia Neu, und Berthold Vogel. 2015. *Der Wert öffentlicher Güter. Bericht der „Kommission Öffentliche Güter" der Heinrich-Böll-Stiftung.* Berlin: Heinrich-Böll-Stiftung.

Bohnsack, Ralf, Aglaja Przyborski, und Burkhard Schäffer. 2006. Einleitung: Gruppendiskussionen als Methode rekonstruktiver Sozialforschung. In *Das Gruppendiskussionsverfahren in der Forschungspraxis*, Hrsg. Ralf Bohnsack, Aglaja Przyborski, und Burkhard Schäffer, 7–22. Opladen/Farmington Hills: Budrich.

Bohnsack, Ralf, Aglaja Przyborski, und Burkhard Schäffer. 2010. Einleitung: Gruppendiskussionen als Methode rekonstruktiver Sozialforschung. In *Das Gruppendiskussionsverfahren in der Forschungspraxis*, Hrsg. Ralf Bohnsack, Aglaja Przyborski, und Burkhard Schäffer, 7–22. Opladen/Farmington Hills: Verlag Barbara Budrich.

Böick, Marcus, und Christoph Lorke. 2019. Aufschwung, Abbau, Anpassung? Eine kleine Geschichte des „Aufbau Ost". *Aus Politik und Zeitgeschichte* 46:32–40.

BpB [Bundeszentrale für politische Bildung]. 2019. Europa. Bruttoinlandsprodukt (BIP). https://www.bpb.de/kurz-knapp/zahlen-und-fakten/europa/70543/bruttoinlandsprodukt-bip/. Zugegriffen am 27.11.2024.

BpB [Bundeszentrale für politische Bildung]. 2024. *Soziale Situation in Deutschland. Bevölkerung und Haushalte.* https://www.bpb.de/kurz-knapp/zahlen-und-fakten/soziale-situation-in-deutschland/61584/bevoelkerung-und-haushalte/. Zugegriffen am 05.02.2024.

Brachert, Matthias, Everhard Holtmann, und Tobias Jaeck. 2020 *Einflüsse des Lebensumfelds auf politische Einstellungen und Wahlverhalten. Eine vergleichende Analyse der Landtagswahlen 2019 in drei ostdeutschen Bundesländern.* Bonn: Friedrich-Ebert-Stiftung.

Brake, Klaus. 2007. „Gleichwertigkeit der Lebensverhältnisse" und Wirkungskräfte der Raumstrukturierung. Zum Umgang mit einer Programmatik zu Zeiten der Globalisierung. *Raumforschung und Raumordnung* 65(3): 175–185.

Brandt, Edmund. 2006. *Gleichwertige Lebensverhältnisse als Rechtsproblem. Materialien der Interdisziplinären Arbeitsgruppe „Zukunftsorientierte Nutzung ländlicher Räume" 13.* Berlin: Berlin-Brandenburgische Akademie der Wissenschaften.

Braun, Sebastian. 2005. Bürgergesellschaft und sozialer Zusammenhalt. Theoretische Überlegungen und empirische Befunde zu den Integrationsleistungen von freiwilligen Vereinigungen im Dritten Sektor. In *Dritter Sektor/Drittes System. Theorie, Funktionswandel und zivilgesellschaftliche Perspektiven*, Hrsg. Karl Birkhölzer, Ansgar Klein, Eckhard Priller, und Annette Zimmer, 131–159. Wiesbaden: VS Verlag für Sozialwissenschaften.

Braun, Sebastian, Stephan Sielschott, und Ulrike Burrmann. 2022. *Ehrenamtliches und freiwilliges Engagement im Sport. Sportbezogene Sonderauswertung der „Deutschen Freiwilligensurveys" von 2014 bis 2019.* Bonn: Bundesinstitut für Sportwissenschaft. https://www.bisp.de/SharedDocs/Downloads/Publikationen/Publikationssuche_Sonderpublikationen/Freiwilligensurvey20142019.pdf?__blob=publicationFile&v=2. Zugegriffen am 27.11.2024.

Bräuninger, Thomas, und Marc Debus. 2012. *Parteienwettbewerb in den deutschen Bundesländern.* Wiesbaden: Springer VS.

Brede, Helmut, und Walter Siebel. 1975. Entwicklungslinien und Probleme regionaler Struk-turpolitik in der Bundesrepublik Deutschland. https://library.fes.de/gmh/main/pdf-files/gmh/1975/1975-01-a-011.pdf. Zugegriffen am 27.11.2024.

Brettschneider, Frank. 1995. *Öffentliche Meinung und Politik: eine empirische Studie zur Responsivität des Deutschen Bundestages zwischen 1949 und 1990.* Opladen: Westdeutscher Verlag.

Bröckling, Ulrich. 2023. You are not responsible for being down, but you are responsible for getting up. Über Empowerment. *Leviathan* 31(3): 323–344.

Brooks, Clem, und Jeff Manza. 2007. *Why welfare states persist. The importance of public opinion in democracies.* Chicago/London: The University of Chicago Press.

Bundesagentur für Arbeit. 2020. *Berufssektoren und Segmente.* https://statistik.arbeits-agentur.de/DE/Statischer-Content/Grundlagen/Klassifikationen/Klassifikation-der-Berufe/KldB2010-Fassung2020/Arbeitsmittel/Berufssektoren-und-Segmente.html. Zugegriffen am 09.02.2024.

Bundesregierung. 1975. *Unterrichtung durch die Bundesregierung: Raumordnungsprogramm für die großräumige Entwicklung des Bundesgebietes (Bundesraumordnungsprogramm). Deutscher Bundestag, 7. Wahlperiode, Drucksache 7/3584.* Bonn: Deutscher Bundestag.

———. 2024. *Gleichwertigkeitsbericht 2024. Für starke und lebenswerte Regionen in Deutschland.* Berlin: Bundesministerium für Wirtschaft und Klimaschutz (BMWK).

Bundesregierung/Der Beauftragte der Bundesregierung für Ostdeutschland, Hrsg. 2023. *Zum Stand der Deutschen Einheit. Bericht der Bundesregierung 2023.* Paderborn: Bonifatius.

Butzin, Anna, und Stefan Gärtner. 2017. Bürgerschaftliches Engagement, Koproduktion und das Leitbild gleichwertiger Lebensbedingungen. *Raumforschung und Raumordnung* 75(6): 513–526.

Buzner.de. [Bundesrecht – tagesaktuell konsolidiert]. 2009. *Raumordnungsgesetz* (ROG). https://www.buzer.de/gesetz/1288/index.htm. Zugegriffen am 07.05.2021.

BVerfG [Bundesverfassungsgericht]. 2000. *Urteil des Ersten Senats vom 22. November 2000 – 1 BvR 2307/94 –, Rn. 277.* http://www.bverfg.de/e/rs20001122_1bvr230794.html. Zugegriffen am 16.08.2024.

———. 2002. *Urteil des Zweiten Senats vom 24. Oktober 2002 – 2 BvF 1/01 –, Rn. 320 f.* http://www.bverfg.de/e/fs20021024_2bvf000101.html. Zugegriffen am 16.08.2024.

Castiglione, Dario, und Johannes Pollak, Hrsg. 2019. *Creating political presence. The new politics of democratic representation.* Chicago/London: University of Chicago Press.

CDU. 2017. *Für ein Deutschland, in dem wir gut und gerne leben. Regierungsprogramm 2017–2021.* https://archiv.cdu.de/system/tdf/media/dokumente/170703regierungs-programm2017.pdf?file=1. Zugegriffen am 11.05.2021.

CDU/CSU/FDP. 2009. *Wachstum. Bildung. Zusammenhalt. Koalitionsvertrag zwischen CDU, CSU und FDP. 17. Legislaturperiode.* https://www.kas.de/c/document_library/get_fi-le?uuid=83dbb842-b2f7-bf99-6180-e65b2de7b4d4&groupId=252038. Zugegriffen am 11.05.2021.

CDU/CSU/SPD. 2013. *Deutschlands Zukunft gestalten. Koalitionsvertrag zwischen CDU, CSU und SPD.* https://archiv.cdu.de/sites/default/files/media/dokumente/koalitionsvertrag.pdf. Zugegriffen am 07.05.2021.

———. 2018. *Ein neuer Aufbruch für Europa. Eine neue Dynamik für Deutschland. Ein neuer Zusammenhalt für unser Land, Koalitionsvertrag zwischen CDU, CSU und SPD für die 19. Legislaturperiode.* https://www.bundesregierung.de/resource/blob/65673 4/847984/5b8bc23590d4cb2892b31c987ad672b7/2018-03-14-koalitionsvertrag-data. pdf. Zugegriffen am 11.05.2021.

Chan, Joseph, Ho-Pong To, und Elaine Chan. 2006. Reconsidering social cohesion: Developing a definition and analytical framework for empirical research. *Social Indicators Research* 75:273–302.

Dahl, Robert A. 1971. *Polyarchy: Participation and opposition.* New Haven: Yale University Press.

Dalton, Russell J. 2018. *Political realignment. Economics, culture, and electoral change.* Oxford: Oxford University Press.

Danielzyk, Rainer. 2014. Gleichwertigkeit unter Schrumpfungsbedingungen. Herausforderungen für die Raumordnung. In *Gleichwertigkeit. Zwischenrufe zu den neuen Leitbildern der Raumordnung,* Hrsg. ARL, 16–19. Hannover: ARL.

———. 2019. Was heißt eigentlich Gleichwertigkeit der Lebensverhältnisse? Thesen zur aktuellen Diskussion. In *Gleichwertigkeit der Lebensverhältnisse: Zwischen produktiver Vielfalt und problematischer Ungleichheit,* Hrsg. Martin Junkernheinrich und Joachim Lange, 60. Rehburg-Loccum: Evangelische Akademie Loccum.

DBT [Deutscher Bundestag]. 2015. *Plenarprotokoll 18/124. Für gleichwertige Lebensverhältnisse – Kommunalfreundliche Politik des Bundes konsequent fortsetzen. Drucksache 18/6062.* https://dserver.bundestag.de/btp/18/18124.pdf#P.11999. Zugegriffen am 12.05.2021.

———. 2016. *Plenarprotokoll 18/190. Anlage 14. Zu Protokoll gegebene Reden zur Beratung der Beschlussempfehlung und des Berichts zu dem Antrag der Abgeordneten Dr. Axel Troost, Klaus Ernst, Matthias W. Birkwald, weiterer Abgeordneter und der Fraktion DIE LINKE: Solidaritätszuschlag für gleichwertige Lebensverhältnisse in ganz Deutschland verwenden (Tagesordnungspunkt 19).* https://dserver.bundestag.de/btp/18/18190. pdf#P.18945. Zugegriffen am 12.05.2021.

———. 2018. *Plenarprotokoll 19/60. Vereinbarte Debatte. Gleichwertige Lebensverhältnisse.* https://dipbt.bundestag.de/dip21/btp/19/19060.pdf#P.6691. Zugegriffen am 17.08.2024.

———. 2019. *Plenarprotokoll 19/108. Gleichwertige Lebensverhältnisse und Chancengleichheit für Ländliche Räume herstellen. Drucksachen 19/3164, 19/7768.* https://dserver.bundestag.de/btp/19/19108.pdf#P.13488. Zugegriffen am 12.05.2021.

———. 2023. *Antwort der Bundesregierung auf die Kleine Anfrage der Abgeordneten Heidi Reichinnek, Susanne Ferschl, Gökay Akbulut, weiterer Abgeordneter und der Fraktion DIE LINKE. – Drucksache 20/9398.* https://dserver.bundestag.de/btd/20/097/2009749. pdf. Zugegriffen am 12.01.2024.

———. o.J. *Drucksachen und Plenarprotokolle des Bundestages – ab 1949.* https://pdok. bundestag.de/. Zugegriffen am 17.08.2024.

De Wilde Pieter, Ruud Koopmans, Wolfgang Merkel, Oliver Strijbis, und Michael Zürn. 2019. *The struggles over borders. Cosmopolitanism and communitarianism.* Cambridge: Cambridge University Press.

Dehne, Peter. 2013. Ein Umbau der Daseinsvorsorge in ländlichen Regionen ist notwendig. In *Daseinsvorsorge in ländlichen Räumen unter Druck. Wie reagieren wir auf den demografischen Wandel?* Hrsg. BLE Bundesanstalt für Landwirtschaft und Ernährung, 6–8. Bonn: BLE.

Deitelhoff, Nicole, Matthias Middell, und Olaf Groh-Samberg, Hrsg. 2020. *Gesellschaftlicher Zusammenhalt. Ein interdisziplinärer Dialog*. Frankfurt a. M./New York: Campus.

Delhey, Jan, und Georgi Dragolov. 2015. Happier together. Social cohesion and subjective well-being in Europe. *International Journal of Psychology, Early view* 51(3): 163–176. https://doi.org/10.1002/ijop.12149.

Deppisch, Larissa. 2019. *„Wo sich Menschen auf dem Land abgehängt fühlen, hat der Populismus freie Bahn" – eine Analyse des populär-medialen Diskurses zu der Bedeutung von Infrastrukturverfall, Abstiegsangst und rechten (extremistischen) Werten für den Zuspruch zum Rechtspopulismus*. Thünen working paper, no. 119. Braunschweig: Johann Heinrich von Thünen-Institut. https://www.econstor.eu/bitstream/10419/193140/1/1049683927.pdf. Zugegriffen am 05.05.2021.

Dettmer, Bianka, und Thomas Sauer. 2019. Implementation of European Cohesion Policy at the sub-national level: Evidence from beneficiary data in Eastern Germany. *Papers in Regional Science* 98(1): 167–190.

Die Linke. 2017. *Die Zukunft, für die wir kämpfen! Langfassung des Wahlprogramms zur Bundestagswahl 2017*. https://www.die-linke.de/fileadmin/download/wahlen2017/wahlprogramm2017/die_linke_wahlprogramm_2017.pdf. Zugegriffen am 11.05.2021.

Diemert, Dörte. 2013. Aktuelle Dimensionen der kommunalen Haushaltskrise. In *Lokale Politik und Verwaltung im Zeichen der Krise?* Hrsg. Michael Haus und Sabine Kuhlmann, 84–99. Wiesbaden: Springer VS.

Diermeier, Matthias. 2020. Ist mehr besser? Politische Implikationen der disparaten Daseinsvorsorge in Deutschland. *Zeitschrift für Politikwissenschaft* 30:1–30.

Dijkstra, Lewis, Hugo Poelman, und Andrés Rodríguez-Pose. 2020. The geography of EU discontent. *Regional Studies* 54(6): 737–753. https://doi.org/10.1080/00343404.2019.1654603.

Dilling, Marius, und Johannes Kiess. 2021. *Sozial-, Wirtschafts- und Infrastruktur und Parteipräferenz hängen zusammen, EFBI Policy Paper #3*. Else Frenkel-Brunswik Institut.

Dimbath, Oliver, Michael Ernst-Heidenreich, und Matthias Roche. 2018. Hinten ist Beverly Hills und hier ist einfach Ghetto, The Bronx. In *Sozialraum erforschen: Qualitative Methoden in der Geographie*, Hrsg. Jeannine Wintzer, 51–68. Berlin/Heidelberg: Springer Spektrum.

Donnelly, Michael, und Zoe Lefkofridi. 2014. Economic & political inequality in modern democracies: Differential responsiveness to the policy preferences of economic classes. *EUI Working Paper. MWP Red Number Series* 13:1–21.

Dörre, Klaus, Hartmut Rosa, Karina Becker, Sophie Bose, und Benjamin Seyd, Hrsg. 2019. *Große Transformation? Zur Zukunft moderner Gesellschaften. Sonderband des Berliner Journals für Soziologie*. Wiesbaden: Springer.

Dossi, Samuele. 2012. How cities encounter Europe: Mechanisms and modes. In *Research design in European studies. Establishing causality in Europeanization*, Hrsg. Theofanis Exadaktylos und Claudio M. Radaelli, 160–177. Basingstoke: Palgrave Macmillan.

Dragolov, Georgi, Jan Delhey, und Klaus Boehnke. 2018. *Social cohesion and well-being in Europe*. Luxembourg: Eurofund, Publications Office of the European Union.

Dünckmann, Florian. 2006. Vorort, Bauerndorf oder explosive Enklave: Eine Faktoren- und Clusteranalyse zur Differenzierung von ländlichen Gemeinden im Umland von Verdichtungsräumen. In *Kulturgeographie der Stadt*, Hrsg. Paul Gans, Axel Priebs, und Rainer Wehrhahn, 167–183. Kiel: Geographisches Institut der Universität Kiel.

Durner, Wolfgang. 2009. Das neue Raumordnungsgesetz. *Natur und Recht* 31:373–380.

EAdR [Europäischer Ausschuss der Regionen]. 2020. *Gleichwertige Lebensverhältnisse – eine gemeinsame Aufgabe für alle Verwaltungsebenen in Europa. Stellungnahme, 140. Plenartagung, 12.–14. Oktober 2020. COTER-VII/004.* https://www.landkreistag.de/images/stories/themen/Europa/201012_Stn_AdR_gwLV.pdf. Zugegriffen am 17.08.2024.

Ebbinghaus, Bernhard. 2016. Demografische Alterung und Reformen der Alterssicherung in Europa – Probleme der ökonomischen, sozialen und politischen Nachhaltigkeit. In *Social Demography – Forschung an der Schnittstelle von Soziologie und Demographie*, Hrsg. Karsten Hank und Michaela Kreyenfeld, 325–348. Wiesbaden: Springer VS.

Eckey, Hans-Friedrich. 2005. Regionale Strukturpolitik. In *Handwörterbuch der Raumordnung*, Hrsg. Ernst-Hasso Ritter, 935–939. Hannover: Akademie für Raumforschung und Landesplanung.

Elsässer, Lea, Svenja Hense, und Armin Schäfer. 2016. *Systematisch verzerrte Entscheidungen? Die Responsivität der deutschen Politik von 1998 bis 2015. Endbericht zum Forschungsvorhaben im Auftrag des Bundesministeriums für Arbeit und Soziales.* Berlin/Osnabrück: BMAS/Universität Osnabrück.

Emilsson, Henrik. 2015. A national turn of local integration policy: Multi-level governance dynamics in Denmark and Sweden. *Comparative Migration Studies* 3:7.

Engel, Alexandra, Malina Haßelbusch, David Rüger, Claudia Busch, und Jan Schameta. 2022. Soziale Arbeit und Regionalentwicklung: Kohäsion durch Information und Partizipation in peripheren ländlichen Räumen stärken. In *Europäische Gesellschaften zwischen Kohäsion und Spaltung. Rolle, Herausforderungen und Perspektiven Sozialer Arbeit*, Hrsg. Florian Baier, Stefan Borrmann, Johanna M. Hefel, und Barbara Thiessen, 115–125. Opladen/Berlin/Toronto: Verlag Barbara Budrich.

Engelhardt, Carina, und Andreas Wagener. 2014. *Biased perceptions of income inequality and redistribution.* SSRN, CESifo working paper series no. 4838.

Europäische Kommission. 2004. *Mitteilung der Kommission an das Europäische Parlament, den Rat, den Europäischen Wirtschafts- und Sozialausschuss und den Ausschuss der Regionen. Weißbuch zu Dienstleistungen von allgemeinem Interesse. KOM (2004) 374 endgültig. 12.05.2004.* Brüssel: Kommission der Europäischen Gemeinschaften.

———. 2008. *Mitteilung der Kommission an das Europäische Parlament, den Rat, den Ausschuss der Regionen und den Europäischen Wirtschafts- und Sozialausschuss. Grünbuch zum territorialen Zusammenhalt Territoriale Vielfalt als Stärke {SEK(2008) 2550}. KOM(2008) 616 endgültig. 06.10.2008.* Brüssel: Kommission der Europäischen Gemeinschaften.

———. 2011. *Mitteilung der Kommission an das Europäische Parlament, den Rat, den Europäischen Wirtschafts- und Sozialausschuss und den Ausschuss der Regionen. Ein Qualitätsrahmen für Dienstleistungen von allgemeinem Interesse in Europa. KOM (2011) 900 endgültig. 20.12.2011.* Brüssel: Kommission der Europäischen Gemeinschaften.

———. 2017. *Siebter Bericht über den wirtschaftlichen, sozialen und territorialen Zusammenhalt.* https://ec.europa.eu/regional_policy/de/information/publications/reports/2017/7th-report-on-economic-social-and-territorial-cohesion. Zugegriffen am 17.06.2021.

———. 2023. *Die europäische Bürgerschaft. Standard-Eurobarometer 98. Winter 2022–2023.* https://europa.eu/eurobarometer/screen/home. Zugegriffen am 12.01.2024.

Eurostat. 2021a. *Krankenhausbetten nach NUTS-2-Regionen – historische Daten (1993–2016).* https://ec.europa.eu/eurostat/databrowser/view/hlth_rs_bdsrg/default/table?lang=de&category=hlth.hlth_care.hlth_res.hlth_rs_h. Zugegriffen am 13.09.2024.

———. 2021b. *Bevölkerung nach Bildungsabschluss, Geschlecht und NUTS-2-Regionen (%)*. https://ec.europa.eu/eurostat/databrowser/view/edat_lfse_04/default/map?lang=de&category=educ.educ_outc.edat.edat1. Zugegriffen am 13.09.2024.

———. 2022a. *Eisenbahnnetz auf regionaler Ebene NUTS 2*. https://ec.europa.eu/eurostat/databrowser/view/tgs00113/default/map?lang=de. Zugegriffen am 13.09.2024.

———. 2022b. *Characteristics of the railway network in Europe*. https://ec.europa.eu/eurostat/statistics-explained/index.php?title=Characteristics_of_the_railway_network_in_Europe. Zugegriffen am 16.09.2024.

Faludi, Andreas. 2010. *Cohesion, coherence, co-operation: European spatial planning coming of age?* London/New York: Routledge.

Farrington, John, und Conor Farrington. 2005. Rural accessibility, social inclusion and social justice: Towards conceptualization. *Journal of Transport Geography* 13:1–12.

FES [Friedrich-Ebert-Stiftung], Hrsg. 2019. *Ungleiches Deutschland: Sozioökonomischer Disparitätenbericht 2019*. Abteilung Wirtschafts- und Sozialpolitik: Friedrich-Ebert-Stiftung.

Fina, Stefan, Frank Osterhage, Jutta Rönsch, Karsten Rusche, Stefan Siedentop, Ralf Zimmer-Hegmann, und Rainer Danielzyk. 2019. *Ungleiches Deutschland. Sozioökonomischer Disparitätenbericht 2019. Hintergründe zu Trends, Indikatoren, Analysen*. Bonn: Friedrich-Ebert-Stiftung.

Fink, Philipp, Martin Hennicke, und Heinrich Tiemann. 2019. *Ungleiches Deutschland. Sozioökonomischer Disparitätenbericht 2019*. Berlin: Friedrich-Ebert-Stiftung.

Friedel, Anne-Sophie, Julia Günther, Sascha Kneip, Johannes Piepenbrink, Anne Seibring, und Robin Siebert, Hrsg. 2021. *Abschied von der Kohle. Struktur- und Kulturwandel im Ruhrgebiet und in der Lausitz*. Bonn: Bundeszentrale für politische Bildung.

Fuest, Clemens, und Lea Immel. 2019. Ein zunehmend gespaltenes Land? *Ifo Schnelldienst* 16:19–28.

Gabriel, Oscar W. 2019. Politische Partizipation im ausgehenden dritten Jahrzehnt des vereinigten Deutschlands. In *Die Umdeutung der Demokratie. Politische Partizipation in Ost- und Westdeutschland*, Hrsg. Everhard Holtmann, 143–218. Frankfurt a. M./New York: Campus.

———. 2023. Responsivität im polarisierten Pluralismus – Zur Entwicklung der Einstellungskongruenz zwischen Politikern und Wählern auf umstrittenen Politikfeldern. *Zeitschrift für Parlamentsfragen* 54(2): 408–439.

———. 2024. Responsivität im polarisierten Pluralismus – Teil 2: Die Rolle der Parteien. *Zeitschrift für Parlamentsfragen* 55(1): 171–203.

Gabriel, Oscar W., Frank Brettschneider, und Volker Kunz. 1993. Responsivität bundesdeutscher Kommunalpolitiker. *Politische Vierteljahresschrift* 34(1): 29–46.

Gaiser, Wolfgang, und Johann de Rijke. 2019. Politische und soziale Orientierungen in Ost und West. In *Aus Politik und Zeitgeschichte APuZ 46/2019. Ländlicher Raum*. Bonn: Bundeszentrale für Politische Bildung. https://www.bpb.de/apuz/300064/politische-und-soziale-orientierungen-in-ost-und-west-in-generationaler-perspektive?p=all. Zugegriffen am 19.03.2021.

García-Álvarez, María Teresa, Blanca Moreno, und Isabel Soares. 2016. Analyzing the environmental and resource pressures from European energy activity: A comparative study of EU member states. *Energy* 115(Part 2): 1375–1384.

Geis-Thöne, Wido. 2023. *Bildungsstand der Bevölkerung im europäischen Vergleich. Gute Lage, aber schwache Entwicklung in Deutschland*. IW-Report 3/2023.

Gesemann, Frank, Kristin Schwarze, und Alexander Seidel. 2019. *Städte leben Vielfalt. Fallstudien zum sozialen Zusammenhalt.* Gütersloh: Bertelsmann Stiftung.

Giebler, Heiko, und Sven Regel. 2017. Wer wählt rechtspopulistisch? Geografische und individuelle Erklärungsfaktoren bei sieben Landtagswahlen. In *Wiso-Diskurs* 16. Bonn: Friedrich-Ebert-Stiftung.

Giebler, Heiko, Sandra Horvath, und Bernhard Weßels. 2020. Legitimität der repräsentativen Demokratie in Ost und West. *Informationsdienst Soziale Indikatoren* 65:3–7.

Gimpelson, Vladimir, und Daniel Treisman. 2018. Misperceiving inequality. *Economics & Politics* 30(1): 27–54.

Gläser, Jochen, und Grit Laudel. 2010. *Experteninterviews und qualitative Inhaltsanalyse.* Wiesbaden: Springer VS.

Glinka, Philipp. 2018. „Gleichwertige Lebensverhältnisse"?, Zur Persistenz finanzpolitischer Abhängigkeit der neuen Länder. *Die Mediation Quartal 1:*70–74.

Göb, Angelina. 2021. Angenehmes Grün – zur Bedeutungsgestalt von Grünräumen in der Suburbia. Stadtforschung und Statistik. *Zeitschrift des Verbandes Deutscher Städtestatistiker* 34(2): 52–57.

Goldberg, Saskia, Dominik Wyss, und André Bächtiger. 2020. Deliberating or Thinking (Twice) About Democratic Preferences: What German Citizens Want From Democracy. *Political Studies* 68(2): 311–331.

Grotz, Florian. 2011. Verfassungsreformen in der Bundesrepublik: 1969-1994-2006. In *Verfassungswandel im Mehrebenensystem*, Hrsg. Christoph Hönnige, Sascha Kneip, und Astrid Lorenz, 108–129. Wiesbaden: VS. Verlag für Sozialwissenschaften.

Grundmann, Siegfried. 1997a Territorialplanung in der DDR Indikatoren zur Analyse regionaler Disparitäten – Die sozialräumliche Struktur der DDR in den 80er-Jahren. In *Regionale Strukturen im Wandel. Beiträge zu den Berichten der Kommission für die Erforschung des sozialen und politischen Wandels in den neuen Bundesländern e.V. (KSPW) 5(1),* Hrsg. Annette Becker, 105–146. Opladen: Leske + Budrich.

———. 1997b. *Die Sozialstruktur der DDR. Versuch einer Rekonstruktion auf der Basis einer 1987 durchgeführten soziologischen Untersuchung, FS III 97-402.* Berlin: WZB. https://bibliothek.wzb.eu/pdf/1997/iii97-402.pdf. Zugegriffen am 15.02.2024.

Grüner, Stefan, und Sabine Mecking. 2017. Wahrnehmung und Steuerung von Strukturwandel und Lebenschancen – Einleitung. In *Wirtschaftsräume und Lebenschancen. Wahrnehmung und Steuerung von sozioökonomischem Wandel in Deutschland 1945–2000,* Hrsg. Stefan Grüner und Sabine Mecking, 1–20. Berlin/Boston: De Gruyter Oldenburg.

Haffert, Lukas. 2022. *Stadt Land Frust. Eine politische Vermessung.* Bonn: Bundeszentrale für politische Bildung.

Hahne, Ulf, und Jan Matthias Stielike. 2013. Gleichwertigkeit der Lebensverhältnisse. Zum Wandel der Normierung räumlicher Gerechtigkeit in der Bundesrepublik Deutschland und der Europäischen Union. *Ethik und Gesellschaft 1: Der „spatial turn" der sozialen Gerechtigkeit.* http://www.ethik-und-gesellschaft.de/mm/EuG-1-2013_Hahne-Stielike.pdf. Zugegriffen am 26.03.2021.

Halikiopoulou, Daphne, und Tim Vlandas. 2020. When economic and cultural interests align: The anti-immigration voter coalitions driving far right party success in Europe. *European Political Science Review* 12(4): 427–448.

Hall, Peter A. 1993. Policy paradigms, social learning, and the state. The case of economic policymaking in Britain. *Comparative Politics* 25(3): 275–296.

Halstenberg, Friedrich. 1965. Das Bundesraumordnungsgesetz. *Der Städtebund* 20(5): 81–84.

Hanf, Thomas, Reinhard Liebscher, und Heidrun Schmidtke. 2011. Die Wahrnehmung und Bewertung der deutschen Einheit im Spiegel von Bevölkerungsumfragen. In *Diskurse der deutschen Einheit. Kritik und Alternativen*, Hrsg. Raj Kollmorgen, Frank Thomas Koch, und Hans-Liudger Dienel, 249–300. Wiesbaden: Springer VS.

Haunstein, Stefan. 2019. Bürgerschaftliche Verantwortungsübernahme in ländlich-peripheren Räumen. Eine kritische Auseinandersetzung am Beispiel genossenschaftlicher Dorfläden. In *Kritische Geographien ländlicher Entwicklung. Globale Transformationen und lokale Herausforderungen*, Hrsg. Michael Mießner und Mathias Naumann, 266–278. Münster: Westfälisches Dampfboot.

Haus, Michael, und Sabine Kuhlmann, Hrsg. 2013. *Lokale Politik und Verwaltung im Zeichen der Krise?* Wiesbaden: Springer VS.

Hebenstreit, Jörg, Everhard Holtmann, Tobias Jaeck, Lynn-Malou Lutz, Reinhard Pollak, Marion Reiser, Matthias Sand, und Pierre Zissel. 2024. *Deutschland-Monitor '23. Gesellschaftliche und politische Einstellungen. Themenschwerpunkt: Stadt und Land*. Berlin et al.: ZSH Halle et al. https://www.gesis.org/fileadmin/admin/Dateikatalog/pdf/Deutschland-Monitor23_Web.pdf. Zugegriffen am 05.02.2024.

Heidenreich, Martin. 2017. *Soziale Ungleichheiten in der EU*. https://uol.de/fileadmin/user_upload/koopera/heidenreich_2017_Soziale_Ungleichheiten_Kooperationsstelle.pdf. Zugegriffen am 01.07.2021.

Heider, Bastian, Benjamin Scholz, Stefan Siedentop, Jacqueline Radzyk, Jutta Rönsch, und Sabine Weck. 2023. *Ungleiches Deutschland. Sozioökonomische Disparitäten 2023. Wissenschaftlicher Hintergrundbericht*. Berlin: Friedrich-Ebert-Stiftung. https://library.fes.de/pdf-files/a-p-b/20535.pdf. Zugegriffen am 06.09.2023.

Heinrich, Roberto, Sven Jochem, und Nico A. Siegel. 2017. *Die Zukunft des Wohlfahrtsstaates. Einstellungen zur Reformpolitik in Deutschland*. Bonn: Friedrich-Ebert-Stiftung.

Hesse, Konrad. 1962. *Der unitarische Bundesstaat*. Karlsruhe: C.F. Müller.

Hesse, Mario. 2024. Öffentliche Haushalte und Finanzpolitik in Ländern und Kommunen in Deutschland seit 1991: Ost-West-Differenzierung trotz Annäherung noch immer klar erkennbar. In *Ostdeutschland: Identität, Lebenswelt oder politische Erfindung*, Hrsg. Lars Vogel, Astrid Lorenz, und Rebecca Pates, 43–67. Wiesbaden: Springer VS.

Hesse, Mario, Thomas Lenk, und Philipp Glinka. 2020. Öffentliche Haushalte in Ost- und Westdeutschland nach 30 Jahren – Vergleichende Bestandsaufnahme aus finanzwissenschaftlicher Perspektive. *Sozialer Fortschritt* 69(6–7): 395–415.

Hirndorf, Dominik. 2024. *Stadt, Land, … Unterschiede? Politische Einstellungen zwischen Großstadt und ländlichem Raum – Ergebnisse aus repräsentativen Umfragen*. Berlin: Konrad-Adenauer Stiftung.

Holtmann, Everhard. 2008. Einleitung. In *Führen Regierungen tatsächlich?* Hrsg. Everhard Holtmann und Werner J. Patzelt, 7–19. Wiesbaden: VS.

———. 2019a. Politische Partizipation und Effekte des Lebensumfeldes. In *Die Umdeutung der Demokratie. Politische Partizipation in Ost- und Westdeutschland*, Hrsg. Everhard Holtmann, 57–106. Frankfurt a. M./New York: Campus.

———. 2019b. Umbruchs- und Transformationserfahrungen als Einflussgrößen für politische Partizipation. In *Die Umdeutung der Demokratie. Politische Partizipation in Ost- und Westdeutschland*, Hrsg. Everhard Holtmann, 109–142. Frankfurt a. M./New York: Campus.

Hood, Christopher. 2004. Controlling public services and government: Towards a cross-national perspective. In *Controlling modern government*, Hrsg. O. Christopher Hood, B.G. Peters James, und C. Scott, 3–21. Cheltenham: Edward Elgar.

Hooghe, Liesbeth, und Gary Marks. 2018. Cleavage theory meets Europe's crises: Lipset, rokkan, and the transnational cleavage. *Journal of European Public Policy* 25(1): 109–135.

Horschel, Nicole, und Jochen Pimpertz. 2009. Wem hilft der Sozialstaat, wer finanziert ihn? Eine Bilanzierung monetärer Transfers und Abgaben auf Haushaltsebene. *Sozialer Fortschritt* 58(6): 111–118.

Hüther, Michael, Jens Südekum, und Michael Voigtländer, Hrsg. 2019. *Die Zukunft der Regionen in Deutschland: Zwischen Vielfalt und Gleichwertigkeit*. Köln: IW-Studie.

IW Köln Institut der Deutschen Wirtschaft. 2019. *Die Zukunft der Regionen in Deutschland*. Köln: IW Studien – Schriften zur Wirtschaftspolitik aus dem Institut der Deutschen Wirtschaft.

Jaeck, Tobias. 2019. Die langen Wellen im Entwicklungsverlauf von politischer Partizipation in Ostdeutschland von 1990 bis zur Gegenwart. In *Die Umdeutung der Demokratie. Politische Partizipation in Ost- und Westdeutschland*, Hrsg. Everhard Holtmann, 35–55. Frankfurt a. M./New York: Campus.

Jahoda, Marie, Paul F. Lazarsfeld, und Hans Zeisel. 1975 [1933]. *Die Arbeitslosen von Marienthal: Ein soziographischer Versuch über die Wirkungen langandauernder Arbeitslosigkeit*. Frankfurt a. M.: Suhrkamp.

Jeffery, Charlie, Niccole M. Pamphilis, Carolyn Rowe, und Ed Turner. 2014. Regional policy variation in Germany. The diversity of living conditions in a ‚unitary federal state'. *Journal of European Public Policy* 21:1350–1366.

Jenson, Jane. 2010. *Defining and measuring social cohesion*. London: UNRISD & Commonwealth Secretariat.

Jun, Uwe. 2011. Die Repräsentationslücke der Volksparteien: Erklärungsansätze für den Bedeutungsverlust und Gegenmaßnahmen. In *Krise und Reform politischer Repräsentation*, Hrsg. Markus Linden und Winfried Thaa, 95–123. Baden-Baden: Nomos.

Junkernheinrich, Martin. 2019. Gleichwertigkeit der Lebensverhältnisse und die Kommunalfinanzen. *Wirtschaftsdienst* 99(13): 36–43.

Kabisch, Nadja, Michael Strohbach, Dagmar Haase, und Jakub Kronenberg. 2016. Urban green space availability in European cities. *Ecological Indicators* 70:586–596.

Kahl, Wolfgang, und Jacqueline Lorenzen. 2019. Verfassungsrechtliche Grundlagen der Regionalpolitik in Deutschland. In *Die Zukunft der Regionen in Deutschland: Zwischen Vielfalt und Gleichwertigkeit*, Hrsg. Michael Hüther, Jens Südekum, und Michael Voigtländer, 49–67. Köln: Institut der Deutschen Wirtschaft.

Kallert, Andreas, und Simon Dudek. 2019. „Aktivieren statt Alimentieren": Austerität als Paradigma ländlicher Entwicklung am Beispiel Bayern. In *Kritische Geographien ländlicher Entwicklung. Globale Transformationen und lokale Herausforderungen*, Hrsg. Michael Mießner und Matthias Naumann, 177–191. Münster: Westfälisches Dampfboot.

Kawka, Rupert, und Gabriele Sturm. 2006. Objektive regionale Lebensqualität und subjektives Wohlbefinden: Was macht Bürgerinnen und Bürger zufrieden? *Informationen zur Raumentwicklung* 6/7:309–316.

Keim, Karl-Dieter. 2001. Trotz „Aufbau Ost": Schrumpfende Städte und peripherisierte Regionen. Wanderungsbewegungen in den ostdeutschen Ländern und ihre Folgen für Wohnsiedlungen. In *wohn:wandel. Szenarien, Prognosen, Optionen zur Zukunft des Wohnens*, Hrsg. Schader-Stiftung, 66–77. Darmstadt: Schader-Stiftung.

———. 2006. Peripherisierung ländlicher Räume. *Aus Politik und Zeitgeschichte* 37:3–7.

Kemper, Claudia, und Christoph Lorke. 2022. Ungleichheiten ohne Region. Beobachtungen zum Wandel der Debatte über gleichwertige Lebensverhältnisse seit 1990. In *Jahrbuch Deutsche Einheit 2023*, Hrsg. Marcus Böick, Constantin Goschler, und Ralph Jessen, 85–114. Berlin: Ch. Links Verlag.

Kemper, Claudia, und Christoph Lorke. 2023. Ungleichheiten ohne Region. Beobachtungen zum Wandel der Debatte über gleichwertige Lebensverhältnisse seit 1990. In *Jahrbuch Deutsche Einheit 4*, Hrsg. Marcus Böick, Constantin Goschler, und Ralph Jessen, 85–114. Berlin: Ch. Links Verlag.

Kersten, Jens, Claudia Neu, und Berthold Vogel. 2012. *Demografie und Demokratie. Zur Politisierung des Wohlfahrtsstaates*. Hamburg: Hamburger Edition.

———. 2017. Gleichwertige Lebensverhältnisse. Mindeststandards allein genügen nicht. *Arch+. Zeitschrift für Architektur und Städtebau* 228(*Stadtland. Der neue Rurbanismus*): 188–191.

———. 2019. Gleichwertige Lebensverhältnisse – Für eine Politik des Zusammenhalts. *Aus Politik und Zeitgeschichte* 46:4–11.

———. 2022. *Das Soziale-Orte-Konzept: Zusammenhalt in einer vulnerablen Gesellschaft*. Bielefeld: transcript.

Kilper, Heiderose. 2008. Variable Verflechtungsformen und Governance-Muster. Über institutionelle Vielfalt und pragmatische Anpassungsleistungen in der Regionalpolitik. In *Föderale Politikgestaltung im deutschen Bundesstaat: variable Verflechtungsmuster in Politikfeldern*, Hrsg. Henrik Scheller und Josef Schmid, 264–283. Baden-Baden: Nomos.

Klecha, Stephan. 2016. Wahlen und Wahlverhalten in Niedersachsen. In *Politik und Regieren in Niedersachsen*, Hrsg. Teresa Nentwig und Christian Werwath, 79–104. Wiesbaden: Springer VS.

Klein, Anna, und Wilhelm Heitmeyer. 2009. Ost-westdeutsche Integrationsbilanz. *Aus Politik und Zeitgeschichte* 28:16–21.

Klie, Thomas, Hrsg. 2019. *Demokratische Integration in Deutschland. Monitoring der Raumordnungsregionen in Deutschland*. Wiesbaden: Springer VS.

Klingemann, Hans-Dieter, und Andrea Volkens. 2001. Struktur und Entwicklung von Wahlprogrammen in der Bundesrepublik Deutschland 1949–1998. In *Parteiendemokratie in Deutschland*, Hrsg. Oscar W. Gabriel, Oskar Niedermayer, und Richard Stöss, 507–527. Bonn: Bundeszentrale für politische Bildung.

Klingholz, Reiner. 2009. Herr Minister, wir schrumpfen! *FAZ*. Juli 01. http://www.faz.net/-gqz-12uxc. Zugegriffen am 25.03.2021.

Klüver, Heike. 2013. *Lobbying in the European Union. Interest groups, lobbying coalitions, and policy change*. Oxford: OUP.

Kollmorgen, Raj. 2005. *Ostdeutschland. Beobachtungen einer Übergangs- und Teilgesellschaft*. Wiesbaden: Springer VS.

———. 2020. *Gleichwertigkeit in der Warteschlange – Krisensymptome und Defizite*. https://www.youtube.com/watch?v=TOlX-2Aa0lo. Zuletzt abgerufen am 11.05.2021.

Krajewski, Christian, und Claus-Christian Wiegandt, Hrsg. 2020. *Land in Sicht. Ländliche Räume in Deutschland zwischen Prosperität und Peripherisierung*. Bonn: Bundeszentrale für politische Bildung.

Kralinski, Thomas, und Carsten Schneider. 2020. Gleichwertige Lebensverhältnisse jetzt! *FAZ*. https://www.faz.net/aktuell/politik/inland/foederalismus-update-gleichwertige-lebensverhaeltnisse-jetzt-16817593.html. Zugegriffen am 17.08.2024.

Kriesi, Hanspeter, Edgar Grande, Romain Lachat, Martin Dolezal, Simon Bornschier, und Timotheos Frey. 2008. *West European politics in the age of globalization.* Cambridge: Cambridge University Press.

Kriesi, Hanspeter, Edgar Grande, Martin Dolezal, Marc Helbling, Dominic Höglinger, Swen Hutter, und Bruno Wüest. 2012. *Political conflict in Western Europe.* Cambridge et al.: Cambridge University Press.

Kubiak, Daniel. 2020. Deutsch-deutsche Identitäten in der Nachwendegeneration. *Aus Politik und Zeitgeschichte* 70(28–29): 35–39.

Kuckartz, Udo. 2014. *Mixed Methods. Methodologie, Forschungsdesigns und Analyseverfahren.* Wiesbaden: Springer VS.

Kühn, Manfred. 2016. Abgehängt? Peripherisierung und Chancen der Entperipherisierung von Klein- und Mittelstädten. In *Stadtluft macht reich/arm. Stadtentwicklung, soziale Ungleichheit und Raumgerechtigkeit,* Hrsg. Bernhard Emunds, Claudia Czingon, und Michael Wolff, 155–176. Marburg: Metropolis.

Kühn, Manfred, und Matthias Bernt. 2013. Peripheralization and power – Theoretical debates. In *Peripheralization. The making of spatial dependencies and social injustice,* Hrsg. Andrea Fischer-Tahir und Matthias Naumann, 302–317. Wiesbaden: Springer VS.

Kühn, Manfred, und Thilo Lang. 2017. Metropolisierung und Peripherisierung in Europa: eine Einführung. *Europa regional, Themenheft Metropolisierung und Peripherisierung in Europa* 23(4): 2–14.

Kühn, Thomas, und Kay-Volker Koschel. 2018. *Gruppendiscussionen. Ein Praxis-Handbuch.* Wiesbaden: Springer VS.

Küpper, Beate. 2017. *Rechtspopulistische Einstellungen in Ost- und Westdeutschland.* Institut für Demokratie und Gesellschaft. https://www.idz-jena.de/wsddet/wsd2-9/. Zugegriffen am 05.08.2021.

Küpper, Patrick. 2016. *Abgrenzung und Typisierung ländlicher Räume.* Thünen working paper 68. Braunschweig: Johann Heinrich von Thünen-Institut, Bundesforschungsinstitut für Ländliche Räume, Wald und Fischerei. https://www.thuenen.de/media/publikationen/thuenen-workingpaper/ThuenenWorkingPaper_68.pdf. Zugegriffen am 02.02.2021.

Küpper, Patrick, und Antonia Milbert. 2020. Typen ländlicher Räume in Deutschland. In *Land in Sicht. Ländliche Räume in Deutschland zwischen Prosperität und Peripherisierung,* Hrsg. Christian Krajewski und Claus-C. Wiegandt, 82–97. Bonn: Bundeszentrale für politische Bildung.

Küpper, Patrick, und Jan Cornelius Peters. 2019. *Entwicklung regionaler Disparitäten hinsichtlich Wirtschaftskraft, sozialer Lage sowie Daseinsvorsorge und Infrastruktur in Deutschland und seinen ländlichen Räumen, Thünen Report, No. 66.* Braunschweig: Johann Heinrich von Thünen-Institut.

Küpper, Patrick, und Annett Steinführer. 2017. Daseinsvorsorge in ländlichen Räumen zwischen Ausdünnung und Erweiterung: ein Beitrag zur Peripherisierungsdebatte. *Europa Regional* 4:44–60. https://nbn-resolving.org/urn:nbn:de:0168-ssoar-53589-9

Lago, Ignacio. 2022. Rural decline and satisfaction with democracy. *Acta Politica* 57(4): 753–771.

Lamnek, Siegfried. 2005. *Gruppendiskussion. Theorie und Praxis.* Weinheim/Basel: Beltz UTB.

Lang, Thilo. 2012. Shrinkage, metropolization and peripheralization in East Germany. *European Planning Studies* 20(10): 1747–1754.

────. 2018. Peripherie/Peripherisierung. In *Handwörterbuch der Stadt- und Raument-wicklung*, Hrsg. ARL – Akademie für Raumforschung und Landesplanung, 1687–1692. Hannover: ARL.

Lang, Thilo, Sebastian Henn, Wladimir Sgibnev, und Kornelia Ehrlich, Hrsg. 2015. *Understanding geographies of polarization and peripheralization. Perspectives from Central and Eastern Europe and beyond*. Hampshire/New York: Palgrave MacMillan.

Laufer, Heinz, und Ursula Münch. 2010. *Das föderale System der Bundesrepublik Deutschland*. München: Bayerische Landeszentrale für politische Bildung.

Lax, Jeffrey R., und Justin H. Phillips. 2012. The democratic deficit in the states. *American Journal of Political Science* 56:148–166.

Lechleitner, Marc. 2018. *Gleichwertige Lebensverhältnisse. Teil I: Begriff und Staatsziel. Potsdam: Landtag Brandenburg, Parlamentarischer Beratungsdienst*. https://www.ssoar. info/ssoar/bitstream/handle/document/61020/ssoar-2018-lechleitner-Gleichwertige_ Lebensverhaltnisse_Teil_1_Begriff.pdf?sequence=1&isAllowed=y&lnkname=ssoar-2018-lechleitner-Gleichwertige_Lebensverhaltnisse_Teil_1_Begriff.pdf. Zugegriffen am 26.03.2021.

Lefkofridi, Zoe, und Nathalie Giger. 2020. Democracy or oligarchy? Unequal representation of income groups in European institutions. *Politics and Governance* 8(1): 19–27.

Lehmbruch, Gerhard. 2000. *Parteienwettbewerb im Bundesstaat*. Opladen: Westdeutscher Verlag.

────. 2002. *Der unitarische Bundesstaat in Deutschland: Pfadabhängigkeit und Wandel*. MPIfG discussion paper 02/2.

Lengfeld, Holger, und Clara Dilger. 2018. Kulturelle und ökonomische Bedrohung. Eine Analyse der Ursachen der Parteiidentifikation mit der „Alternative für Deutschland" mit dem Sozio-oekonomischen Panel 2016. *Zeitschrift für Soziologie* 47(3): 181–199.

Lenk, Thomas. 1993. *Reformbedarf und Reformmöglichkeiten des deutschen Finanzausgleichs*. Baden-Baden: Nomos.

Lenk, Thomas, und Philipp Glinka. 2017a. Die Länder in den finanziellen Ausgleichssystemen: Verteilung von Aufgaben, Ausgaben und Einnahmen sowie die finanzielle Entwicklung der Länder im Vergleich zu Bund und Kommunen. In *Haushalts- und Finanzwirtschaft der Länder in der Bundesrepublik Deutschland (= Schriften zur öffentlichen Verwaltung und öffentlichen Wirtschaft 236)*, Hrsg. Tilmann Schweisfurth und Wolfgang Voß, 79–116. Berlin: Berliner Wissenschaftsverlag.

────. 2017b. Der neue bundesstaatliche Finanzausgleich – eine Reform und viel Reformaufschub. *Wirtschaftsdienst* 97(7): 506–512.

────. 2017c. Die Bund-Länder-Finanzbeziehungen – Zur Neuregelung und ihren Zukunftsperspektiven. *Zeitschrift für Staats- und Europawissenschaften* 2–3:417–442.

────. 2019. Die öffentlichen Finanzen als Grundlage gleichwertiger Lebensverhältnisse. In *Gleichwertigkeit der Lebensverhältnisse: Zwischen produktiver Vielfalt und problematischer Ungleichheit*, Hrsg. Martin Junkernheinrich und Joachim Lange, 88–97. Rehburg-Loccum: Evangelische Akademie Loccum.

Lenk, Thomas, Tim Starke, und Mario Hesse. 2019. Kommunaler Finanzausgleich – vertikale und horizontale Verteilung, Strukturprinzipien und Wirkungen. In *Haushalts- und Finanzwirtschaft der Kommunen in der Bundesrepublik Deutschland (= Schriften zur öffentlichen Verwaltung und öffentlichen Wirtschaft Bd. 242)*, Hrsg. Tilmann Schweisfurth und Walter Wallmann, 325–257. Berlin: Berliner Wissenschafts-Verlag.

Lijphart, Arend. 2012. *Patterns of democracy. Government forms and performance in thirty-six countries*. New Haven/London: Yale University Press.

Linden, Markus, und Winfried Thaa. 2011. *Krise und Reform politischer Repräsentation.* Baden-Baden: Nomos.

Lorenz, Astrid. 2008. *Verfassungsänderungen in etablierten Demokratien. Motivlagen und Aushandlungsmuster.* VS Verlag für Sozialwissenschaften.

Lorenz, Astrid. 2023. Die Verfassung der Bundesrepublik Deutschland: Vielfach geändert und doch stabil. In *Politische Akteure und Institutionen in Deutschland,* Hrsg. Lisa H. Anders und Dorothee Riese, 21–42. Wiesbaden: Springer VS.

Lorenz, Astrid. 2024. Constitutions and the rule of law. *Handbook of Comparative Political Institutions,* Hrsg. Adrian Vatter, Rahel Freiburghaus, 362–377. Cheltenham: Edward Elgar.

Lorenz, Astrid, und Luisa Pischtschan. 2024a. Gleichwertige Lebensverhältnisse in Deutschland? Methodenhandbuch, Globe Data, V1. https://doi.org/ 0.48736/GD1YKUEK9

Lorenz, Astrid, und Luisa Pischtschan. 2024b. Zivilgesellschaft in Deutschland – Unterschiedliche Dichte und Staatsquote in Ost und Westin. In *Ostdeutschland. Identität, Lebenswelt oder politische Erfindung?* Hrsg. Lars Vogel, Astrid Lorenz, und Rebecca Pates, 93–114. Berlin: Springer VS.

Lorenz, Astrid, und Hendrik Träger. 2020. Sozialkapital und Demokratie: der ambivalente Zusammenhang zwischen gesellschaftlicher und politischer Partizipation in Deutschland und Sachsen. In *Gesellschaftlichen Zusammenhalt gestalten,* Hrsg. Cathleen Bochmann und Helge Dörig, 97–119 Wiesbaden: Springer VS.

———. 2021. Die Landtagswahlen 2019 in der Lausitz. Ausdruck eines neuen Zentrum-Peripherie-Konflikts? In *Abschied von der Kohle. Struktur- und Kulturwandel im Ruhrgebiet und in der Lausitz,* Hrsg. Anne-Sophie Friedel, Julia Günther, Sascha Kneip, Johannes Piepenbrink, Anne Seibring, und Robin Siebert, 200–214. Bonn: BpB.

Lorenz, Astrid, Thomas Lenk, Mario Hesse, und Katharina Kolb. 2020. Gesellschaftlicher Zusammenhalt und gleichwertige Lebensverhältnisse im bundesdeutschen Mehrebenensystem – Politische Weichenstellungen und Instrumente. In *Gesellschaftlicher Zusammenhalt. Ein interdisziplinärer Dialog,* Hrsg. Nicole Deitelhoff, Matthias Middell, und Olaf Groh-Samberg, 245–272. Frankfurt a. M./New York: Campus.

Lupu, Noam, und Zach Warner. 2022. Affluence and congruence: Unequal representation around the world. *The Journal of Politics* 84(1): 276–290.

Macleod, Gordon, und Mark Goodwin. 1999. Space, scale and state strategy: Rethinking urban and regional governance. *Progress in Human Geography* 23(4): 503–527. https://doi.org/10.1191/030913299669861026.

Mäding, Heinrich. 2013. Die Krise der Kommunalfinanzen: Ursachen und Handlungsfelder. In *Lokale Politik und Verwaltung im Zeichen der Krise?* Hrsg. Michael Haus und Sabine Kuhlmann, 67–83. Wiesbaden: Springer VS.

———. 2021. Gleichwertige Lebensverhältnisse und Fachpolitik: Explorative Beobachtungen und Überlegungen am Beispiel der aktuellen Kohlepolitik, Raumforschung und Raumordnung. *Spatial Research and Planning* 79(1): 73–86.

Maretzke, Steffen. 2018. Gleichwertige Lebensverhältnisse im Kontext demografischer Struktur- und Entwicklungsindikatoren. Regional differenzierte Herausforderungen im Überblick. *BBSR-Online-Publikation* (11): 32–47. https://d gd-online.de/wp-content/uploads/2019/01/bbsr-online- 1-2018-dl.pdf. Zugegriffen am 3.02.2024.

Mau, Steffen. 2019. *Lütten Klein. Leben in der ostdeutschen Transformationsgesellschaft.* Berlin: Suhrkamp.

Mau, Steffen, Thomas Lux, und Linus Westheuser. 2024. *Triggerpunkte. Konsens und Konflikt in der Gegenwartsgesellschaft.* Berlin: Suhrkamp.

Middell, Matthias, Hrsg. 2024. *Varianzen des Zusammenhalts. Historisch und transregional vergleichende Perspektiven.* Frankfurt a. M./New York: Campus.

Mießner, Michael. 2016. „Gleichwertigkeit der Lebensverhältnisse". Zum Aufstieg eines leeren Signifikanten. *Planung neu denken* 69(46): 1–10.

Miller, Warren E., und Donald E. Stokes. 1963. Constituency influence in congress. *American Political Science Review* 57:45–56.

Milner, Helen V. 2021. Voting for populism in Europe: Globalization, technological change, and the extreme right. *Comparative Political Studies* 54(13): 2286–2320.

MKRo [Ministerkonferenz für Raumordnung]. 1993. *Raumordnungspolitischer Orientierungsrahmen.* Bonn.

Moffitt, Benjamin. 2015. How to perform crisis: A model for understanding the key role of crisis in contemporary populism. *Government and Opposition* 50(2): 189–217.

Monfort, Philippe. 2020. *Convergence of EU regions redux. Recent trends in regional disparities.* Luxembourg: Publications Office of the European Union. https://ec.europa.eu/regional_policy/sources/docgener/work/022020_convergence_redux.pdf. Zugegriffen am 23.12.2020.

Mormont, Marc. 1990. Who is rural? Or, how to be rural: Towards a sociology of the rural. In *Rural restructuring: Globale processes and their responses*, Hrsg. Terry Marsden, Philip Lowe, und Sarah Whatmore, 21–44. London: David Fulton Publishers.

Mudde, Cas. 2013. Three decades of populist radical right parties in Western Europe: So what? *European Journal of Political Research* 52(1): 1–19.

Müller, Eric, Katharina van der Beek, und Sven Jöckel. 2021. Kommunikation und Bewegung im Alltag zwischen Dorf und Region: Medienhandeln Jugendlicher in ländlichen Räumen. In *Räume digitaler Kommunikation. Lokalität – Imagination – Virtualisierung*, Hrsg. Thomas Döbler, Christian Pentzold, und Christian Katzenbach, 131–158. Köln: Herbert von Halem.

Münter, Angelika, Lisa Garde, und Frank Osterhage. 2022. *Wohnen nach Corona. Einflüsse der Pandemie auf Wohnstandortentscheidungen.* ILS-Impulse 02/22. https://www.ils-forschung.de/files_publikationen/pdfs/IMPULSE_WOHNEN_CORONA_ILS_CD_%20 2.22_ONLINE.pdf. Zugegriffen am 18.08.2024.

Naumann, Matthias, und Anja Reichert-Schick. 2012. Infrastrukturelle Peripherisierung: Das Beispiel Uecker-Randow. *disP – The Planning Review* 48(1): 27–45.

———. 2013. Infrastructure and peripheralization: Empirical evidence from North-Eastern Germany. In *Peripheralization. The making of spatial dependencies and social injustice*, Hrsg. Andrea Fischer-Tahir und Matthias Naumann, 145–167. Wiesbaden: Springer VS.

Neu, Claudia. 2009. Daseinsvorsorge und territoriale Ungleichheit. In *Daseinsvorsorge. Eine gesellschaftswissenschaftliche Annäherung*, Hrsg. Claudia Neu, 80–96. Wiesbaden: VS Verlag für Sozialwissenschaften.

Neu, Marc, und Elke Dahlbeck. 2020. Ungleiche Lebensverhältnisse in den Teilräumen Deutschlands – ein Messkonzept. *Ländlicher Raum. Agrarsoziale Gesellschaft e. V.* 71(3): 22–25.

Neufeld, Markus. 2017. Eine Frage des Maßstabs? Zum Verhältnis von Kohäsion und Polarisierung in Europa. *Europa Regional* 23(4): 15–29.

Niedermayer, Oskar. 2023. Parteimitgliedschaften im Jahre 2022. *Zeitschrift für Parlamentsfragen* 54(2): 376–407.

Norris, Pippa, und Ronald Inglehart. 2019. *Cultural backlash. Trump, Brexit, and authoritarian populism.* Cambridge: Cambridge University Press.

Oberhofer, Julia, Dieter Roth, Julia Stehlin, Roland Strum, und Felix Wille. 2013. Regional citizenship in Germany: Solidarity and participation in a unitary federal state. In *Citizenship after the nation-state*, Hrsg. Ailsa Henderson, Charlie Jeffery, und Daniel Wincott, 80–108. Basingstoke: Palgrave Macmillan.

OECD. 2018. *Elderly population*. https://data.oecd.org/pop/elderly-population.htm. Zugegriffen am 24.06.2021.

Orsetta, Causa, und Mikkel Hermansen. 2017. *Income redistribution through taxes and transfer across OECD countries*. OECD economics department working papers no. 1453

Pacheco, Julianna. 2013. The thermostatic model of responsiveness in the American States. *State Politics & Policy Quarterly* 13:306–332.

Page, Benjamin I., und Robert Y. Shapiro. 1983. Effects of public opinion on policy. *American Political Science Review* 77:175–190.

Pascariu, Gabriela Carmen, und Maria Adelaide Pedrosa da Silva Duarte, Hrsg. 2017. *Core-periphery patterns across the European Union: Case studies and lessons from Eastern and Southern Europe*. Bingley: Emerald Publishing.

Peichl, Andreas, Nico Pestel, und Sebastian Siegloch. 2013. Ist Deutschland wirklich so progressiv? Einkommensumverteilung im europäischen Vergleich. *Vierteljahreshefte zur Wirtschaftsforschung* 82(1): 116–124.

Persson, Mikael, und Anders Sundell. 2023. The rich have a slight edge: Evidence from comparative data on income-based inequality in policy congruence. *British Journal of Political Science* 54(2): 1–12. https://doi.org/10.1017/S0007123423000066.

Petring, Alexander. 2015. Parteien, hört ihr die Signale? In *Demokratie und Krise*, Hrsg. Wolfgang Merkel, 221–244. Wiesbaden: Springer.

Phipps, Shelley. 2003. Social cohesion and the well-being of Canadian children. In *Teamwork: The economics of social cohesion*, Hrsg. Lars Osberg, 79–120. Toronto: The University of Toronto Press.

Pickel, Susanne, und Gert Pickel. 2022. The wall in the mind – Revisited stable differences in the political cultures of Western and Eastern Germany. *German Politics* 32(1): 20–42. https://doi.org/10.1080/09644008.2022.2072488.

Pimpertz, Jochen, Nicole Horschel, und Christoph Schröder. 2009. *Soziale Umverteilung in Deutschland. Bestandsaufnahme und Ansätze zu einer rationalen Neukonzeption*. Köln: Dt. Inst-Ver.

Pohl, Martha. 2005. Kommunale Wirtschaftsförderung. In *Handwörterbuch der Raumordnung*, Hrsg. Ernst-Hasso Ritter, 509–514. Hannover: ARL.

Pokorny, Sabine. 2020. *Ticken Städter anders? Politische Einstellungen in urbanen und ländlichen Regionen*. Berlin: Konrad-Adenauer-Stiftung.

Pollack, Detlef. 2020. *Das unzufriedene Volk. Protest und Ressentiment in Ostdeutschland von der friedlichen Revolution bis heute*. Bielefeld: ZpB/transcript.

Powell, G. Bingham. 2004. Political representation in comparative politics. *Annual Review of Political Science* 7:273–296.

———. 2005. The chain of responsiveness. In *Assessing the quality of democracy*, Hrsg. Larry Diamond und Leonardo Morlino, 62–76. Baltimore: Johns Hopkins University Press.

Prognos. 2018. Wo lebt es sich am besten? Die große Deutschland-Studie 2018. *Studiendesign und Daten: Prognos AG; im Auftrag des ZDF*. https://deutschland-studie-senioren-familie.zdf.de/studie-2018/district/09162/default

Przyborski, Aglaja, und Monika Wohlrab-Sahr. 2014. *Qualitative Sozialforschung. Ein Arbeitsbuch*. München: Oldenbourg Wissenschaftsverlag.

Puntscher, Sybille, Christoph Hauser, Janette Walde, und Gottfried Tappeiner. 2015. The impact of social capital on subjective well-being: A regional perspective. *Journal of Happiness Studies* 16(5): 1231–1246.

Putnam, Robert D. 2000. *Bowling alone: The collapse and revival of American community*. New York: Simon & Schuster.

Rädicker, Stefan, und Udo Kuckartz. 2019. *Analyse qualitativer Daten mit MAXQDA. Text, Audio und Video*. Wiesbaden: Springer VS.

Ragnitz, Joachim. 2020. Gleichwertigkeit der Lebensverhältnisse: ein untaugliches Konzept. *Politikum 3/2020. Gleichwertige Lebensverhältnisse – Vision oder Illusion?*: 50–56.

———. 2024. Wirtschaftsstruktur und Wirtschaftsentwicklung Ostdeutschlands: Regionale Differenzierungen dominieren die gemeinsame Vergangenheit. In *Ostdeutschland. Identität, Lebenswelt oder politische Erfindung?* Hrsg. Lars Vogel, Astrid Lorenz, und Rebekka Pates, 27–42. Wiesbaden: Springer VS.

Ragnitz, Joachim, und Marcel Thum. 2019a. Zur Debatte um die Gleichwertigkeit der Lebensverhältnisse: Was soll man tun und was nicht? *ifo Dresden berichtet* 27(2): 3–5.

———. 2019b. Gleichwertig, nicht gleich. Zur Debatte um die „Gleichwertigkeit der Lebensverhältnisse". *Aus Politik und Zeitgeschichte* 46:13–18.

Reda, Jens. 2019. Zivilgesellschaftliches Engagement in ländlichen Räumen. Kritische Perspektiven auf eine soziale Praxis. In *Kritische Geographien ländlicher Entwicklung. Globale Transformationen und lokale Herausforderungen*, Hrsg. Michael Mießner und Matthias Naumann, 252–265. Münster: Westfälisches Dampfboot.

Reichard, Christoph. 1994. *Umdenken im Rathaus. Neue Steuerungsmodelle in der deutschen Kommunalverwaltung*. Berlin: Sigma.

Reiser, Marion. 2006. *Zwischen Ehrenamt und Berufspolitik: Professionalisierung der Kommunalpolitik in deutschen Großstädten (Stadtforschung aktuell Bd. 107)*. Wiesbaden: Springer VS.

———. 2018. Abgehoben und entkoppelt? In *Soziologie der Parlamente. Politische Soziologie*, Hrsg. Jenni Brichzin, Damien Krichewsky, Leopold Ringel, und Jan Schank, 111–134. Wiesbaden: Springer VS.

Renzsch, Wolfgang. 1991. *Finanzverfassung und Finanzausgleich. Die Auseinandersetzungen um ihre politische Gestaltung in der Bundesrepublik Deutschland zwischen Währungsreform und deutscher Vereinigung (1948 bis 1990)*. Bonn: Dietz.

———. 2010. Zur Finanzierung der deutschen Einheit: 20 Jahre danach – Kontinuitäten und Paradigmenwechsel. In *Jahrbuch des Föderalismus 2010*, Hrsg. Europäisches Zentrum für Föderalismusforschung, 96–116. Baden-Baden: Nomos.

———. 2017. Die verbogene Verfassung – zur Neuregelung der Bund-Länder-Finanzbeziehungen ab 2020. *Wirtschaftsdienst* 97(12): 876–880.

Reutter, Werner. 2021. Subnational constitutionalism in Germany. In *The Routledge handbook of subnational constitutions and constitutionalism*, Hrsg. Patricia Popelier, Giacomo Delledonne, und Nicholas Aroney, 145–161. London: Routledge.

Reutter, Werner, und Astrid Lorenz. 2016. Explaining the frequency of constitutional change in the German Länder. *Publius: The Journal of Federalism* 46(1): 103–127.

Rodden, Jonathan A. 2019. *Why cities lose: The deep roots of the urban-rural political divide*. New York: Basic Books.

Rodríguez-Pose, Andrés. 2018. The revenge of the places that don't matter (and what to do about it). *Cambridge Journal of Regions, Economy and Society* 11(1): 189–209.

Roose, Jochen. 2021. *Politische Polarisierung in Deutschland. Repräsentatuve Studie zu Zusammenhalt in der Gesellschaft*. Berlin: Konrad-Adenauer-Stiftung.

Rosenfeld, Martin T.W. 2018. Gleichwertigkeit der Lebensverhältnisse. In *Handwörterbuch der Stadt- und Raumentwicklung*, Hrsg. ARL, 837–849. Hannover: ARL.

Rosenfeld, Martin T.W., Björn Alecke, Peter Franz, Gerhard Heimpold, Heiderose Kilper, Kirsten Kunkel, Gerhard Untiedt, und Sabine Zillmer. 2007. Interregionale Ausgleichspolitik in Deutschland: Untersuchungen zu den Effekten ausgewählter Systeme zur Herstellung von „gleichwertigen Lebensverhältnissen". *IWH-Sonderheft 2/2007*.

Rosset, Jan und Christian Stecker. 2019. How well are citizens represented by their governments? Issue congruence and inequality in Europe. *European Political Science Review* 11(2): 145–160.

Rosset, Jan, und Anna-Sophie Kurella. 2021. The electoral rocts of unequal representation: A spatial modeling approach to party systems and voting in western Europe. *European Journal of Political Research* 60(4): 785–806.

Roth, Roland. 1999 Lokale Demokratie „von unten". Bürgerinitiativen, städtischer Protest, Bürgerbewegungen und neue soziale Bewegungen in der Kommunalpolitik. In *Kommunalpolitik*, Hrsg. Hellmut Wollmann und Roland Roth, 2–22. Wiesbaden: Verlag für Sozialwissenschaften. https://doi.org/10.1007/978-3-663-10504-6_1.

Rudzio, Wolfgang. 2019. *Das politische System der Bundesrepublik Deutschland*. Wiesbaden: Springer VS.

Sack, Detlef. 2013. Krise und Organisationswandel in lokaler Governance – Das Beispiel Public Private Partnerships. In *Lokale Politik und Verwaltung im Zeichen der Krise?* Hrsg. Michael Haus und Sabine Kuhlmann, 139–157. Wiesbaden: Springer VS.

Sackmann, Reinhold, Peter Dirksmeier, Jonas Rees, und Berthold Vogel. 2024. *Sozialer Zusammenhalt vor Ort. Analysen regionaler Mechanismen*. Frankfurt a. M./New York: Campus.

Schäfer, Anne, und Rüdiger Schmitt-Beck. 2017. A vicious circle of demobilization? Context effects on turnout at the 2009 and 2013 German Federal Election. In *Zwischen Polarisierung und Beharrung: Die Bundestagswahl 2017*, Hrsg. Sigrid Roßteutscher, Rüdiger Schmitt-Beck, Harald Schoen, et al., 109–128. Baden-Baden: Nomos.

Schäfer, Armin. 2015. *Der Verlust politischer Gleichheit. Warum die sinkende Wahlbeteiligung der Demokratie schadet. Schriften aus dem Max-Planck-Institut für Gesellschaftsforschung*. Frankfurt a. M.: Campus.

Schäfer, Armin, und Michael Zürn. 2021. *Die demokratische Regression. Die politischen Ursachen des autoritären Populismus*. Berlin: Suhrkamp.

Schäfer, Armin, Robert Vehrkamp, und Robert, und Jérémie Felix Gagné. 2013. *Milieus und soziale Selektivität der Wahlbeteiligung bei der Bundestagswahl 2013*. Gütersloh: Bertelsmann Stiftung.

Schammann, Hannes. 2015. Wenn Variationen den Alltag bestimmen. Unterschiede lokaler Politikgestaltung in der Leistungsgewährung für Asylsuchende. *Zeitschrift für Vergleichende Politikwissenschaft* 9(3): 161–182.

Scharmann, Ludwig, Axel Priebs, Klaus Einig, Gerold Janssen, und Andreas Stefansky. 2020. *Raumordnung: Anwalt für gleichwertige Lebensverhältnisse und regionale Entwicklung. Eine Positionsbestimmung. Positionspapier aus der ARL 115*. Hannover: Verlag der ARL – Akademie für Raumentwicklung in der Leibniz-Gemeinschaft.

Scharpf, Fritz W. 1976. Theorie der Politikverflechtung. In *Politikverflechtung: Theorie und Empirie des kooperativen Föderalismus in der Bundesrepublik*, Hrsg. Fritz W. Scharpf, Bernd Reissert, und Fritz Schnabel, 425–428. Kronberg/Ts: Scriptor Verlag.

Scharpf, Fritz W. 1976a. *Politikverflechtung. Theorie und Empirie des kooperativen Föderalismus in der Bundesrepublik Deutschland.* Kronberg/Ts: Scriptor.

———. 1976b. Theorie der Politikverflechtung. In *Politikverflechtung: Theorie und Empirie des kooperativen Föderalismus in der Bundesrepublik*, Hrsg. Fritz W. Scharpf, Bernd Reissert, und Fritz Schnabel, 425–428. Kronberg/Ts: Scriptor.

———. 2008. Community, diversity and autonomy: The challenges of reforming German federalism. *German Politics* 17(4): 509–521.

Scheller, Henrik. 2005. *Politische Maßstäbe für eine Reform des bundesstaatlichen Finanzausgleichs.* Berlin: Analytica.

———. 2008. Ursprünge und Rezeption des Politikverflechtungsansatzes – Auswanderung aus der Wissenschaft und politische Instrumentalisierung? In *Schriftenreihe des Europäischen Zentrums für Föderalismus-Forschung*, Hrsg. Henrik Scheller und Josef Schmid, 13–35. Baden-Baden: Nomos.

Scheller, Henrik, und Josef Schmid, Hrsg. 2008. *Föderale Politikgestaltung im deutschen Bundesstaat. Variable Verflechtungsmuster in Politikfeldern.* Baden-Baden: Nomos.

Schiefer, David, und Jolanda van der Noll. 2017. The essentials of social cohesion: A literature review. *Social Indicators Research* 132(2): 579–603.

Schmalz, Stefan, Sarah Hinz, Ingo Singe, und Anne Hasenohr. 2021. *Abgehängt im Aufschwung. Demografie, Arbeit und rechter Protest in Ostdeutschland.* Frankfurt a. M./ New York: Campus.

Schmidt, Manfred G. 2000. *Thesen zur Reformpolitik im Föderalismus der Bundesrepublik Deutschland. ZeS-Arbeitspapier Nr. 4/2000.* Bremen: ZES.

Schneider, Hans-Peter. 2013. *Der neue deutsche Bundesstaat. Bericht über die Umsetzung der Föderalismusreform I.* Baden-Baden: Nomos.

Schoen, Harald. 2005. Ist Wissen auch an der Wahlurne Macht? Politische Kompetenz und Wahlverhalten. In *Persönlichkeit. Eine vergessene Größe der empirischen Sozialforschung*, Hrsg. Siegfried Schumann und Harald Schoen, 137–155. Wiesbaden: Verlag für Sozialwissenschaften.

Schubert, Peter, David Kuhn, und Birthe Tahmaz (2023). ZiviZ-Survey 2023. *Zivilgesellschaftliche Organisationen im Wandel – Gestaltungspotenziale erkennen. Resilienz und Vielfalt stärken.* Essen: Stifterverband für die Deutsche Wissenschaft e. V. https://www.ziviz.de/ sites/ziv/files/ziviz-survey_2023_hauptbericht.pdf. Zugegriffen am 27.11.2024.

Schubert, Peter, Inger Kühn, und David Kuhn. 2024. *Sportvereine unter Druck: Gesellschaftliche Integrationsanker mit Problemen bei der Mobilisierung von Ehrenamtlichen. Sonderauswertung des ZiviZ-Surveys 2023.* Berlin: ZiviZ im Stifterverband für die Deutsche Wissenschaft e.V.

Schuppert, Gunnar Folke. 2001. Der moderne Staat als Gewährleistungsstaat. In *Empirische Policy- und Verwaltungsforschung*, Hrsg. Eckhard Schröter, 399–414. Wiesbaden: VS Verlag für Sozialwissenschaften.

Schuppli, Martin. 2020. Gleichwertigkeit der Lebensverhältnisse: Verfassungsrechtlicher Hintergrund, allgemeine Rechtsgrundlagen. *Zeitschrift für Umweltrecht* 31(2): 67–70.

Schwalb, Lilian, und Heike Walk. 2007. Blackbox Governance – Lokales Engagement im Aufwind? In *Local Governance – mehr Transparenz und Bürgernähe?* Hrsg. Lilian Schwalb und Heike Walk, 7–20. Wiesbaden: VS Verlag für Sozialwissenschaften.

Seils, Eric, und Toralf Pusch. 2022. Ungleichheit, Umverteilung und Preise im regionalen Vergleich. *WSI Policy Brief 70.*

Siedentop, Stefan. 2020. Die Vermessung der Gleichwertigkeit. Zur Rolle der Wissenschaft im Umgang mit räumlicher Ungleichheit. *Nachrichten der ARL* 01-02/2020: 27–30. https://www.arl-net.de/system/files/media-shop/pdf/nachrichten/2020-1-2/nachrichten-2020-1-2.pdf. Zugegriffen am 16.12.2024.

Silbereisen, Rainer K., Martin J. Tomasik, und Sebastian Grümer. 2008. Soziodemografische und psychologische Korrelate des bürgerschaftlichen Engagements Anfang 2000 in Deutschland. In *Individuum und sozialer Wandel. Eine Studie zu Anforderungen, psychosozialen Ressourcen und individueller Bewältigung*, Hrsg. Rainer K. Silbereisen und Martin Pinquart, 197–210. Weinheim/München: Beltz Juventa.

Simmank, Maike und Berthold Vogel. 2019. Das SOFI geht aufs Land. Impulse zum gleichwertigen Leben in ländlichen Räumen. https://sofi.uni-goettingen.de/fileadmin/user_upload/SOFI_Impulspapier_Land_M._Simmank_B._Vogel.pcf. Zugegriffen am 27.11.2024.

Simmank, Meike, und Berthold Vogel. 2022. Vorwort: Gesellschaft vom Lokalen her denken. In *Zusammenhalt als lokale Frage. Vor Ort in Saalfeld-Rudolstadt*, Hrsg. Meike Simmank und Berthold Vogel, 9–14. Baden-Baden: Nomos.

Simmel, Georg. 1999 [1908]. *Soziologie. Untersuchungen über die Formen der Vergesellschaftung*. Frankfurt a. M.: Suhrkamp.

Simonson, Julia, Claudia Vogel, und Clemens Tesch-Römer, Hrsg. 2016. *Freiwilliges Engagement in Deutschland. Der Deutsche Freiwilligensurvey 2014*. Wiesbaden: Springer VS.

Smętkowski, Maciej. 2013. Regional disparities in Central and Eastern European countries: Trends, drivers and prospects. *Europe-Asia Studies* 65(8): 1529–1554. Special section: Between growth and cohesion: new directions in Central and East European regional policy.

SPD, Bündnis 90/Die Grünen/FDP. 2021. Mehr Fortschritt wagen. Bündnis für Freiheit, Gerechtigkeit und Nachhaltigkeit. Koalitionsvertrag 2021–2025. https://www.spd.de/fileadmin/Dokumente/Koalitionsvertrag/Koalitionsvertrag_2021-2025.pdf. Zugegriffen am 27.11.2024.

SPD. 2017. *Es ist Zeit für mehr Gerechtigkeit: Zukunft sichern, Europa stärken. Das Regierungsprogramm 2017 bis 2021*. https://www.spd.de/fileadmin/Dokumente/Bundesparteitag_2017/Es_ist_Zeit_fuer_mehr_Gerechtigkeit-Unser_Regierungsprogramm.pdf. Zugegriffen am 11.05.2021.

SPD-Vorstand. 1975. *Zweiter Entwurf eines ökonomisch-politischen Orientierungsrahmens für die Jahre 1975–1985*. Bonn: SPD.

Spellerberg, Annette. 2014. Was unterscheidet städtische und ländliche Lebensstile? In *Urbane Ungleichheiten*, Hrsg. Peter A. Berger, Carsten Keller, Andreas Klärner, und Rainer Neef, 199–232. Wiesbaden: Springer VS.

SRLE [Sachverständigenrat Ländliche Entwicklung]. 2017. *Weiterentwicklung der Politik für ländliche Räume in der 19. Legislaturperiode: Stellungnahme des Sachverständigenrats Ländliche Entwicklung (SRLE) beim Bundesministerium für Ernährung und Landwirtschaft (BMEL)*. Berlin: SRLE. https://www.bmel.de/SharedDocs/Downloads/DE/_Ministerium/Beiraete/srle/Stellungnahme-SRLE-WeiterentwicklungPolitikLR.pdf?__blob=publicationFile&v=3. Zugegriffen am 14.02.2024.

———. 2021. *Weiterentwicklung der Politik für ländliche Räume in der 20. Legislaturperiode*. Berlin: SRLE. https://www.bmel.de/SharedDocs/Downloads/DE/_Ministerium/Beiraete/srle/stellungnahme-srle-2021-10-07.pdf?__blob=publicationFile&v=4. Zugegriffen am 14.02.2024.

Starck, Christian. 2007. *Föderalismusreform 2006. Eine Einführung*. München: Vahlen.

Statista. 2022a. *Anzahl der Gemeinden in Deutschland nach Gemeindegrößenklassen, Stand 31.12.2022*. https://de.statista.com/statistik/daten/studie/1254/umfrage/anzahl-der-gemeinden-in-deutschland-nach-gemeindegroessenklassen/. Zugegriffen am 09.11.2023.

———. 2022b. *Anzahl der Einwohner in Deutschland nach Gemeindegrößenklassen, Stand 31.12.2022*. https://de.statista.com/statistik/daten/studie/161806/umfrage/anzahl-der-einwohner-nach-gemeindegroessenklassen-in-deutschland/. Zugegriffen am 09.11.2023.

———. 2023. *Durchschnittliche Höhe des monatlichen Brutto- und Nettoeinkommens je privatem Haushalt in Deutschland von 2005 bis 2021*. https://de.statista.com/statistik/daten/studie/261850/umfrage/brutto-und-nettoeinkommen-je-privatem-haushalt-in-deutschland/. Zugegriffen am 05.09.2023.

———. 2024a. *Durchschnittsalter der Bevölkerung in Deutschland von 2011 bis 2022*. https://de.statista.com/statistik/daten/studie/1084430/umfrage/durchschnittsalter-der-bevoelkerung-in-deutschland/. Zugegriffen am 05.02.2024.

———. 2024b. *Erwerbsquote in Deutschland von 1991 bis 2022*. https://de.statista.com/statistik/daten/studie/2187/umfrage/entwicklung-der-erwerbsquote-in-deutschland/. Zugegriffen am 09.02.2024.

Statistische Ämter des Bundes und der Länder. 2024. *Zensus. Gebäude- und Wohnungen*. https://www.zensus2022.de/DE/Aktuelles/Gebaeude_Wohnungen_VOE.html. Zugegriffen am 05.07.2024.

Statistisches Bundesamt. 2019. *Grad der Verstädterung nach Fläche und Bevölkerung auf Grundlage des ZENSUS 2011 und Bevölkerungsdichte*. https://www.destatis.de/DE/Themen/Laender-Regionen/Regionales/Gemeindeverzeichnis/Administrativ-Nicht/33-verstaedterung.html. Zugegriffen am 05.11.2020.

———. 2020a. *Grad der Verstädterung nach Fläche und Bevölkerung auf Grundlage des ZENSUS 2011 und Bevölkerungsdichte*. https://www.destatis.de/DE/Themen/Laender-Regionen/Regionales/Gemeindeverzeichnis/Administrativ-Nicht/33-verstaedterung.html. Zugegriffen am 05.11.2020.

———. 2020b. *Bevölkerungsdichte der Landkreise Brandenburgs in den Jahren 2021 und 2022*. https://de.statista.com/statistik/daten/studie/1184786/umfrage/bevoelkerungsdichte-kreise-brandenburg/. Zugegriffen am 07.02.2024.

———. 2021. *Deutschland im EU-Vergleich 2021*. https://www.destatis.de/Europa/DE/Thema/Basistabelle/Uebersicht.html. Zugegriffen am 28.06.2021.

———. 2024a. *Krankenhäuser. Einrichtungen, Betten und Patientenbewegung*. https://www.destatis.de/DE/Themen/Gesellschaft-Umwelt/Gesundheit/Krankenhaeuser/Tabellen/gd-krankenhaeuser-jahre.html. Zugegriffen am 12.01.2024.

———. 2024b. *Bildungsstand. Tabelle Allgemeine Schulausbildung*. https://www.destatis.de/DE/Themen/Gesellschaft-Umwelt/Bildung-Forschung-Kultur/Bildungsstand/_inhalt.html#250186. Zugegriffen am 05.02.2024.

———. 2024c. *EU-weite Erwerbslosigkeit liegt Dezember 2023 bei 5,9 %*. https://www.destatis.de/Europa/DE/Thema/Bevoelkerung-Arbeit-Soziales/Arbeitsmarkt/EUArbeitsmarktMonat.html. Zugegriffen am 09.02.2024.

———. 2024d. *Ältere Menschen*. https://www.destatis.de/DE/Themen/Querschnitt/Demografischer-Wandel/Aeltere-Menschen/bevoelkerung-ab-65-j.html. Zugegriffen am 16.02.2024.

———. 2024e. *Deutschland im EU-Vergleich 2024*. https://www.destatis.de/Europa/DE/Thema/Basistabelle/Uebersicht.html#424480. Zugegriffen am 13.09.2024.

Stecker, Christian. 2015. Parties on the chain of federalism: Position-taking and multi-level party competition in Germany. *West European Politics* 38(6): 1305–1326.

———. 2020. Wie Koalitionsdisziplin den parlamentarischer Mehrheitswillen blockieren kann, GWP – Gesellschaft Wirtschaft. Politik 1:71–77.

Steinführer, Annett. 2015. Bürger in der Verantwortung. Veränderte Akteursrollen in der Bereitstellung ländlicher Daseinsvorsorge. *Raumforschung und Raumordnung* 73(1): 5–16.

Steinführer, Annett, und Patrick Küpper. 2012. Lokale Lebensqualität: Definitionen und Gestaltungsoptionen unter Alterungs- und Schrumpfungsbedingungen. In *DGD/BBSR-Dezembertagung 2012. Der demografische Wandel. Eine Gefahr für die Sicherung gleichwertiger Lebensbedingungen*, Hrsg. BBSR Online Publikation, 16–28. Bonn: BBSR.

Steinführer, Annett, Christian Hundt, Patrick Küpper, Anne Margarian, und Peter Mehl. 2020. Gleichwertigkeit der Lebensverhältnisse – wissenschaftliche Verständnisse und Zugänge. *ASG Ländlicher Raum* 3:12–19.

Strubelt, Wendelin. 2004. Gleichwertigkeit der Lebensverhältnisse als Element der sozialen Integration. In *Angewandte Soziologie*, Hrsg. Robert Kecskes, Michael Wagner, und Christof Wolf, 247–283. Wiesbaden: VS.

Sturm, Roland. 2018. Unitary Federalism–Germany Ignores the Original Spirit of its Constitution. *Revista d'Estudis Autonòmics i Federals – Journal of Self-Government* 28:17–46. https://doi.org/10.2436/20.3080.01.29.

Tautz, Alexandra, Jan M. Stielike, und Rainer Danielzyk. 2018. Gleichwertige Lebensverhältnisse neu denken – Perspektiven aus Wissenschaft und Praxis. In *Mal über Tabuthemen reden. Sicherung gleichwertiger Lebensbedingungen, Mindeststandards, Wüstungen…*, Hrsg. BBSR, 25–36. Bonn: BBSR.

Teichler, Nils, Jean-Yves Gerlitz, Carina Cornesse, Clara Dilger. Olaf Groh-Samberg, Holger Lengfeld, Eric Nissen, Jost Reinecke, Stephan Skolarski, Richard Traunmüller, und Lena Verneuer-Emre. 2023. *Entkoppelte Lebenswelten? Soziale Beziehungen und gesellschaftlicher Zusammenhalt in Deutschland. Erster Zusammenhaltsbericht des FGZ*. Bremen: SOCIUM, Forschungsinstitut Gesellschaftlicher Zusammenhalt. https://fgz-risc.de/fileadmin/media/documents/FGZ_Zusammenhaltsbericht_2023.pdf. Zugegriffen am 09.11.2023.

Terfrüchte, Thomas. 2019. Gleichwertige Lebensverhältnisse zwischen Raumordnung und Regionalpolitik. *Wirtschaftsdienst* 99(13): 24–30.

Tetsch, Friedemann. 1999. Zum Verhältnis zwischen EU-Regionalpolitik und nationaler Regionalförderung im Rahmen der Bund-Länder-Gemeinschaftsaufgabe „Verbesserung der regionalen Wirtschaftsstruktur" (GA). *WSI-Mitteilungen* 52(6): 371–379.

Thomas, William Isaac. 1928. The methodology of behavior study. In *The child in America*, Hrsg. William Isaac Thomas, 553–576. New York: A. A. Knopf.

Träger, Hendrik. 2018. Sachsens „blaues Wunder" bei der Bundestagswahl 2017. *Zeitschrift für Politik* 65(2): 195–216.

Uppendahl, Herbert, und Roland Popp. 1987. Responsive Demokratie und/oder kommunaler Korporatismus im Vereinigten Königreich. *Zeitschrift für Politik, NEUE FOLGE* 34(3): 249–260.

Upperman, Kate, und Anne H. Gauthier. 1998. What makes a difference for children. Social capital and neighbourhood characteristics. *Policy Options* 19(7): 24–27.

Vargas Chanez, Delfino, und Maria Merino Sanz. 2014. Public spaces in Mexico as social cohesion promoters: an structural modeling perspective. *Well-Being and Social Policy* 9(1): 155–177.

Vehrkamp, Robert, und Klaudia Wegschaider. 2017. *Populäre Wahlen. Mobilisierung und Gegenmobilisierung der sozialen Milieus bei der Bundestagswahl 2017.* Gütersloh: Bertelsmann Stiftung.

Vetter, Angelika, Hrsg. 2008. *Erfolgsbedingungen lokaler Bürgerbeteiligung.* Wiesbaden: VS.

Vetter, Angelika, und Lars Holtkamp. 2008. Lokale Handlungsspielräume und Möglichkeiten der Haushaltskonsolidierung in Deutschland. In *Lokale Politikforschung heute,* Hrsg. Hubert Heinelt und Angelika Vetter, 19–50. Wiesbaden: Springer VS.

Vogel, Lars. 2018. Die inhaltliche Übereinstimmung zwischen Abgeordneten und Bevölkerung im Spannungsfeld von Repräsentation und Professionalisierung. In *Soziologie der Parlamente,* Hrsg. J. Brichzin et al., 135–174. Wiesbaden: Springer VS.

Vogel, Lars, Astrid Lorenz, und Rebecca Pates, Hrsg. 2024. *Ostdeutschland. Identität, Lebenswelt oder politische Erfindung?* Wiesbaden: Springer VS.

Vogelsang, Waldemar, Johannes Kopp, Rüdiger Jacob, und Alois Hahn. 2018. *Stadt – Land – Fluss. Sozialer Wandel im regionalen Kontext.* Wiesbaden: Springer VS.

Wachendorfer-Schmidt, Ute. 2005. *Politikverflechtung im vereinigten Deutschland.* Wiesbaden: Springer VS.

Wagschal, Uwe. 1999. *Statistik für Politikwissenschaftler.* München/Wien: Oldenbourg.

Waldhoff, Christian. 2019. Normative und faktische Gleichheitserwartungen – die magische Formel von den „gleichwertigen Lebensverhältnissen" im Bundesgebiet. In *Gleichwertige Lebensverhältnisse bei veränderter Statik des Bundesstaates?* Hrsg. Hans-Günter Henneke, 11–32. Stuttgart: Richard Boorberg.

Weingarten, Peter, und Annett Steinführer. 2020. Daseinsvorsorge, gleichwertige Lebensverhältnisse und ländliche Räume im 21. Jahrhundert. *Zeitschrift für Politikwissenschaft* 30:653–665.

Wenzelburger, Georg, Stefan Wurster, und Markus B. Siewert. 2020. Responsive Politikgestaltung in den deutschen Bundesländern? Versuch einer Systematisierung und Konzeption eines Forschungsprogramms. *Zeitschrift für Vergleichende Politikwissenschaft* 14:33–47.

Weßels, Bernhard. 2011. Performance and deficits of present-day-representation. In *The future of representative democracy alonso,* Hrsg. Sonia Alonso, John Keane, und Wolfgang Merkel, 96–123. Cambridge: Cambridge University Press.

Winkel, Rainer. 2018. Leistungsfähige Daseinsvorsorge und gleichwertige Lebensbedingungen im Spiegel demografischer Strukturen und Trends. *BBSR-Online-Publikation* 11:48–56. https://dgd-online.de/wp-content/uploads/2019/01/bbsr-online-11-2018-dl.pdf. Zugegriffen am 13.02.2024.

Wlezien, Christopher. 2004. Representation: Dynamics of public preferences and policy. *The Journal of Politics* 66:1–24.

von Wolff, Nikolaus. 2018. *Altes Land und neue Wege. Perspektiven des Strukturwandels in Sachsen.* Dresden/Chemnitz: SLpB.

Wollenschläger, Ferdinand. 2023. *Gutachten für das Bayerische Staatsministerium für Gesundheit und Pflege, das Ministerium für Justiz und Gesundheit des Landes Schleswig-Holstein und das Ministerium für Arbeit, Gesundheit und Soziales des Landes Nordrhein-Westfalen zur Frage der Verfassungskonformität der Reform der Krankenhausplanung auf der Basis der dritten Stellungnahme und Empfehlung der Regierungskommission für eine moderne und bedarfsgerechte Krankenhausversorgung „Grundlegende Reform der Krankenhausvergütung".* https://www.stmgp.bayern.de/wp-content/uploads/2023/04/gutachten_verfassungskonformitaet_krankenhausplanung.pdf. Zugegriffen am 12.01.2024.

Zapf, Wolfgang. 1984. Individuelle Wohlfahrt: Lebensbedingungen und wahrgenommene Lebensqualität. In *Lebensqualität in der Bundesrepublik – Objektive Lebensbedingungen und subjektives Wohlbefinden*, Hrsg. Wolfgang Glatzer und Wolfgang Zapf, 13–26. Frankfurt a. M./New York Campus.

Zeit Online. 2019. *Darüber spricht der Bundestag*. https://www.zeit.de/politik/deutschland/2019-09/bundestag-jubilaeum-70-jahre-parlament-reden-woerter-sprache-wandel#s=gleichwertige%20lebensverh%C3%A4ltnisse. Zugegriffen am 28.01.2020.

Zick, Andreas, Beate Küpper, und Wilhelm Berghan, Hrsg. 2019. *Verlorene Mitte. Feindselige Zustände Rechtsextremistische Einstellungen in Deutschland*. Berlin: Dietz.

Zimmer, Annette. 2019. Wohlfahrtsstaatlichkeit in Deutschland: Tradition und Wandel der Zusammenarbeit mit zivilgesellschaftlichen Organisationen. In *Zivilgesellschaft und Wohlfahrtsstaat im Wandel. Akteure, Strategien und Politikfelder*, Hrsg. Matthias Freise und Annette Zimmer, 23–54. Wiesbaden: Springer VS.

GPSR Compliance

The European Union's (EU) General Product Safety Regulation (GPSR) is a set of rules that requires consumer products to be safe and our obligations to ensure this.

If you have any concerns about our products, you can contact us on ProductSafety@springernature.com

In case Publisher is established outside the EU, the EU authorized representative is:

Springer Nature Customer Service Center GmbH
Europaplatz 3
69115 Heidelberg, Germany

The manufacturer's authorised representative in the EU is Springer
Nature Customer Service Centre GmbH, Europaplatz 3, 69115 Heidelberg,
Germany. If you have any concerns regarding our products, please
contact ProductSafety@springernature.com

Printed and bound by CPI Group (UK) Ltd, Croydon, CR0 4YY
28/04/2026
02098509-0004